"**大学堂**"开放给所有向往知识、崇尚科学，对宇宙和人生有所追问的人。

"**大学堂**"中展开一本本书，阐明各种传统和新兴的学科，导向真理和智慧。既有接引之台阶，又具深化之门径。无论何时，无论何地，请你把它翻开……

后浪
大学堂 023

WORLD
HISTORY
世界史

［美］海斯 ［美］穆恩 ［美］韦兰——著

冰心 吴文藻 费孝通——译

by

C.J.HAYES
P.T.MOON
J.W.WAYLAND

天津出版传媒集团

天津人民出版社

前　言

　　《世界史》这样广泛地受到教师和同学们的热诚欢迎,这是最使人高兴的。在这次修订版中,前面各章保留原样,后面各章经过仔细地改写,尽可能使叙述的内容符合最近的发展。近年来的重大事件很自然地增加了一切有知识的人们对历史研究的兴趣。

　　同以前的著作一样,我们在文字方面曾做过特殊的努力,使一般中等学校的初学者易懂,真能享受到阅读的乐趣。出版者也曾慷慨地同我们合作,提供了很丰富的新插图,这些插图加上地图、图表以及选读的书目将增加青年学生们的兴趣,并帮助教师们的讲授。我们主要的和时刻关心的就是使本书便于在教学上实用。

　　这部《世界史》确实是一部世界的历史。它是简明的,老实说又是入门的,但我们相信它具有连贯性。它的确讲述了一个继续不断的人类的故事,从最古的猎人时代直到最近的大商业时代,从尼安德特人和克罗—马农人到布尔什维克和法西斯分子。它的确把所谓西方文明的历史,和中国、日本、印度以及美洲(不仅包括玛雅人、阿兹特克人、印加人以及殖民地的美洲, 也包括拉丁美洲各次革命以及美国的兴起——自独立到世界强权)的历史联系起来了。再者,它的确不仅强调了整个世界上各时代各民族的政治生活,而且也强调了他们的文化、社会和经济生活。

　　在描绘这样一幅宏大的全景时, 我们没有企图把一大堆微小的事物布满整个画面。我们倒是力图把主要的力量,特别是我们认为在今日的世界文明中具有最大贡献的那些较大的运动,带到清晰的、给予知识的视野上来。换句话说,我们企图给青年学生们提供一个人类过去的记录,帮助他们在知识生活中应付这个动而不静的当代世界。

　　这本新书,在力所能及的范围内,我们尽力使它达到准确的程度。我们利用大量的学术上的历史文献,作为书中的事实和见解的根据,其中有一些文献在海斯和穆恩的过去一些著作的序言中,曾更具体地提到过。此外,我们从许许多多富有经验的教师的批评和询问中,得到了教益。我们应该感谢的人太多了,不能一一致谢,只有以至诚的谦恭和感激来表达我们的谢意。

目　录

地图目录

绪　论

在远古年代的道路上,历史出现了,它迎面走来和我们相见。开始,它的脚步像一个婴儿那样,缓慢而飘忽;但是随着年代的前进,它走得更稳定了,它的语言更清晰了,它的故事也更完全了。

历史的价值　历史对于整个人类正像记忆对于每个人一样。它说明我们现在做的是什么,为什么我们这样做,以及我们过去是怎样做的。假如我们要问为什么美国的国旗有48颗星,或者为什么汉语没有字母,或者为什么大不列颠有一个国王,我们都必须到历史中寻找答案。历史,就我们目前给它下的定义,是人类生活的整个故事。它指出人类的失败,同时也指出他们的成功;叙述他们的法律,也叙述他们的战争;力图揭示他们的宗教,也揭示他们的艺术;注意他们的希望和恐惧,也注意他们的发明和发现。

历史以过去的光辉照亮了现在。它使我们同其他的民族相识,从而更能了解我们自己。它赋予我们阅读的书本、看到的城市、听到的音乐以意义,从而使我们的生活更臻丰富,更有趣味。

历史的统一性　我们切不可认为,历史上的日期可以把历史割成断片,相反地,这些日期倒可以给我们指出这条长链上的这些环节是在什么地方连接起来的。每一时代的每一件事物,同先前时代的某件事物或者许多事物都有所关联。美国的陪审制度就可追溯到中世纪的英国。我们研究工具和机械,研究科学,研究音乐,研究一星期有多少天,或者研究我们文字的字母,无一不使我们追溯到一段富有趣味的过去;这也使我们熟悉了旧世界中许多使人神往的地方和人物。

一个人童年时代的遭遇,往往能够说明他后来的生活。同样,人类童年发生的事情,也能帮助说明现在。我们是过去一切时代的后继者;我们继承的遗产包括流传下来的种种发明、艺术、信仰、制度和思想,其中有些是从历史的混沌初期流传下来的。

每一世代都加上它的赠品,好的或坏的。再用一个例子来说,人类的进步好像一条大河,在这河里,从遥远的山泉流下的水,和每一条新的支流带来的大水,汇合起来成为一股不断增长的河流。

第一编

文明的开端

在本书中，简短的各章必须讲述漫长的时期。最初几章尤其是这样。第1章所叙述的渔猎时代，就是一段漫长的时间。在这段时间里，人类跨出了最先的巨大而缓慢的进步的步伐。第2章的农业时代，我们只述其梗概，又是一段漫长的时间，在这期间有重要的发明，包括动物的驯化和植物的栽培，使得人们能够生活在文明社会之中。

第3章篇幅稍长一点，将揭示几个庞大帝国在近东的兴起，这些帝国以农业、贸易和战争为基础；在这些古代帝国中，我们将看到灿烂的文明正在形成，在工业、艺术和法律各方面都有进步，从而为希腊人和罗马人的光辉文化铺平了道路。

在第4章里，我们将向东遥望，看到印度和中国；也向西遥望，看到美洲的最初年代。这些"大地的尽头"，不但因为把它们同欧洲和近东比较起来挺有趣，而且也因为在它们后来进入近代世界历史的时候，曾经有过巨大的贡献。

第1章　渔猎时代

1.1 石头的故事

粗　石　人类在学会写字之前,曾有一段漫长的时期,使用石头制造的武器和工具。因此，如果我们想知道人类在那遥远而混沌的过去的任何事情，我们就必须研究石头——文字的记载是没有的。除石头之外,其他东西也曾被使用过,如棍棒、木矛和皮毛之类;但没有任何东西像石头那样,能持久地留存下来。

当一只饥饿的野熊拖着脚步向一户人家的住所走来的时候,也许这家的父亲会迅速地抓起一块石头,用尽全力向那只野兽掷去。在另一只熊到来之前,这个人大概已收集了很多大小合适的石块,堆积在一个他可以即取即用的地方。当他外出猎取野兽和鸟类做食物时,他无疑是用石头向它们投掷,不久他便学会投掷得越来越准确。假如他找到一些硬壳的甜果实,他便用一块石头把它们敲开。在挖取可食的根茎植物如胡萝卜和马铃薯时,他无疑地使用了一根棍子或一块尖石头。

因为在那遥远的年代,人们必须依靠渔猎为生,所以我们把人类生活最初的漫长时期,叫作渔猎时代。人们猎取野兽和鸟类,也要打鱼——打鱼和狩猎在方法上十分相似。也需要采集果类、浆果、硬壳果和根茎植物。这一切都是重要的食品。人们在当时既不知驯养牲畜以提供肉食,也不知垦地种植。他们必须依靠获取野生的东西——野兽、鱼类和植物。

因为使用的武器和工具都是石头制成的,也因为我们必须依靠石头给我们讲述遥远过去的故事,所以我们也将渔猎时代称之为石器时代。它的大部分时间是旧石器时代,较后的我们称之为新石器时代。

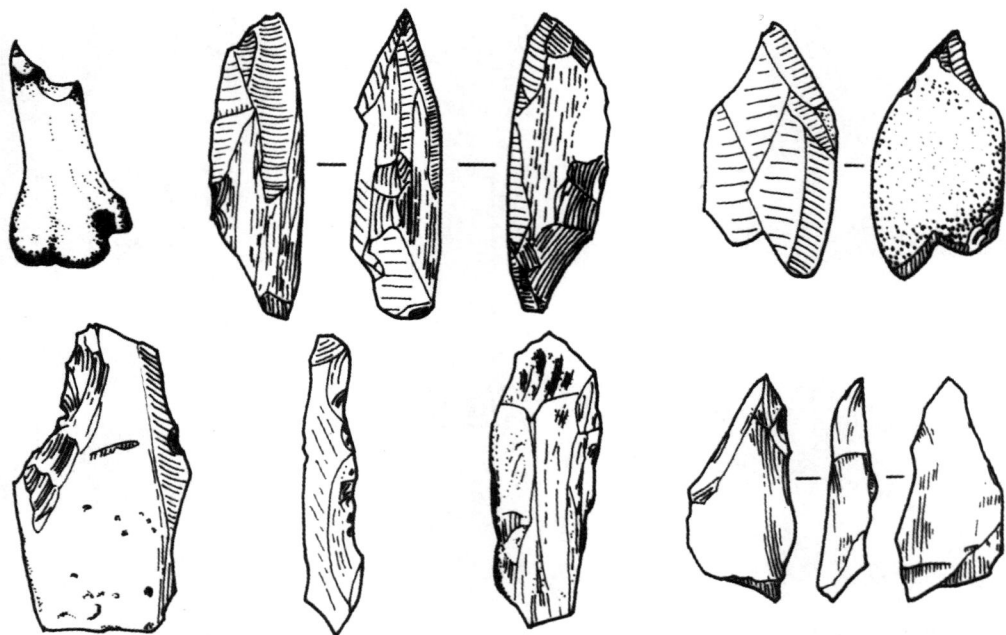

图1-1　中国华北地区旧石器时代遗址中发现的打制石器

成形石　最初人们找到石头就原样使用了，后来他们按照自己的意愿，开始对石头进行加工。他们把石头制成自己的手能掌握和自己所需要的形状。人们劈裂或打制一块石头，使它有锋利的边缘，作切割或挖掘之用；或者把一端弄锋利了，使它能够砍削树木或头骨，再把另一端弄圆滑，以便能用手把握。对于我们研究历史的人，这是极其幸运的。这些成形的石头对我们来说意义重大。把我们绊了一跤的那块粗笨而未成形的石头，也许曾经成百次地被人们用于同其他的人和野兽搏斗，但我们不能从这块石头学到什么东西。另一方面，我们在某时、某地找到一块石头，上面带有人类加工的痕迹，我们就开始读到历史了。这种工作是极其困难的，因为这些打制过的石头，是不怎么好的"教师"。

在石器时代，人类制造和用过的其他物件只有少量被发现，但石制的工具和武器却找到了成千上万件。漫长的年代把它们弄污变钝了。其中有许多精制佳品，必定是出自具有匠心妙手的人。在发现这些成形石的地方，我们也找到了人类的骨骼，有时还一并发现了一些绝迹已久的兽类的骨骼。这些骨骼经常被称为化石。除了石头和骨骼之外，还有一些极古老的绘图、雕刻和彩画，这都使我们进一步看到了过去。这些图画大都发现于早期人类居住过的洞穴里面。

因此，打制石头、人和兽的骨骼以及粗劣的古画，都能使我们看到混沌过去的一些闪光。从这些东西之中，我们可以知道人们制造的是什么样的工具和武器，他们猎取的是什么野兽,以及他们所喜爱的和恐惧的又是一些什么东西。但是另一方面,这些资料来源对于那些人想些什么,说些什么,或者他们怎样被统治,几乎没有给我们以任何暗示。

我们需要有文字的记录,来告诉我们有关语言、思想、政府的事情。然而,要全面研究人类的过去,我们需要石头的故事,就像需要笔写的故事一样。历史就是人类的全部故事。迄今为止,我们所有的仅是全部故事的一小部分,但我们仍在寻找更多的东西——也发现更多的东西。研究者经常在寻找更多的事实,而由于每年的新发现,人类的故事也越来越明白了。

没有记录的历史　有一些史学家把历史局限在有文字记录的年代之中,把它限制在至今的 50 个或 60 个世纪内。在本书中,我们将不划出这样的分界线,但我们将讲到两类历史。凡是根据文字记录的,我们叫它记录的历史。另一类,即较远古的一类,由石头、骨骼以及其他遗物拼凑而成的,我们就叫它没有记录的历史。

在渔猎时代里,石头的故事就是没有记录的历史,它教导了我们,也感动了我们。石头和骨骼,工具和武器,坟墓和庙宇,居处和绘画,都增加了我们的知识,并帮助我们了解。石头的故事是一个长而又长的故事。前面提到的有记录的历史,只限于最近的 50 个或 60 个世纪,而没有记录的历史,即石头的故事,大概要追溯到千百个世纪以前。

有两点我们可以断言:

(1)人类在地球上生活已经很久了;

(2)究竟有多久还没有人知道。

年代的估计　因此,我们不能确定渔猎时代的年代。我们只能用一个整数粗略地估计一下,但重要的是要时刻记住这个没有记录的历史年代是很长的。研究历史的人所用以推测年代的各种方法,是很有趣的。举例说,在尼罗河流域,从土里挖下去,到 18 米深的地方,曾发现了人类的工具。我们知道,近 3000 年来,尼罗河沉积的土量,平均每世纪约为 10.2 厘米。按此比率推算,就需要有 180 个世纪才能沉积起掩盖这些工具的 18 米深的土壤。因此可以估计,这些工具的年代大约有 18000 年。

但是,我们怎能确定,土壤沉积率都是一世纪 10.2 厘米呢?假如像有些人所相信的,尼罗河在早期带来了一层较厚的淤泥,那么 18000 年的估计值就得缩短。有些史学家倾向于把他们的估计减到 6000 或 7000 年;另外一些人就没有减去这么多。

在没有记录的历史中,这不是计算年代的唯一方法,但是它给了我们一个观念,即这样漫长的年代是必须加以考虑的,而且多方面的推测也是必须要做的。

曙石器和旧石器　在欧洲各地,发现了很多打击过的燧石碎片,看起来好像是曾经被人打制、使用过的。这些石器打制得那样粗糙,使人怀疑它们是否曾经由人手制造,但也有一些很好的理由,使我们相信它们是在最早的时期,即人类生存的曙期,曾经被用过的工具，它们被称为曙石器（eoliths），即曙期的石器。

随着时间的前进，打制燧石的技术改进了，这时人们制造的石头工具，已经可以毫不费力地被辨认出来。这些工具标志着旧石器时代的开始。这个时代是否持续了一千个世纪，或更长更短一些，我们永远无法知道。但我们可以很有把握地说，它是整个历史中最长久的时代。从哥伦布发现美洲到现在的这段时间，和人们打制燧石作为武器和工具的千万年相比起来，就好像是一眨眼的工夫。

1.2 猎取巨兽的猎人

同野兽搏斗 旧石器时代人们的生活是艰苦的。不是所有的兽类都是小的、易于打死的。有一种皮很坚韧的犀牛，它有一只 0.9 米长的角；有巨大的棕色熊；有剑齿虎，它的牙齿并不亚于獠牙；有大象，它的长牙比一个人还要长。此外，还有一种猛犸，是一种毛烘烘的怪物，大小如今日的大象，长着坚牢而弯曲的牙齿，有的长达 3 米以上。

用现代的来福枪站在一个安全的距离去射击这类野兽，可能是轻而易举的，但要用手斧去砍死这些野兽，情况就大不相同了。一把手斧是一块 10.2 到 12.7 厘米长的燧石，一端尖，一端圆，握在手里，用以掘地、敲骨、砍树，或和人兽搏斗。你愿意用这一类的武器去对付一只剑齿虎吗？个人用一把手斧面对一只虎或一只熊已经毫无把握，更不用说碰

图 1-2 这是更新世的北美洲生活的一些动物：猛犸象、如熊般大小的海狸、长毛象、乳齿象、树懒、野牛、老虎、马等。在亚洲和欧洲较寒冷地区，也可见到许多这类动物。这些大型甚至巨型动物如今大部分已经灭绝，或者是被驯化，这提示我们，原始人在面对自然界时可能并不如后人想象得那么弱小。美洲文明如玛雅文明、印加文明的复杂发达性并不亚于欧亚大陆的其他文明，但他们却始终未能制造出轮子，严重地阻碍了文化的进一步发展。究其原因，便是在于没有可以拉车的马，而马匹的缺乏则是由于美洲人在能够驯化马匹之前，已经将当地的野马都给吃光了

到一头犀牛或一只大象了。在可能的时候,往往是一群男人和男童联合起来,一同袭击一只巨兽,他们投掷石头,并用有骨尖或角尖的长木矛去冲刺,也可能把野兽赶入地坑或陷阱之中。即使这样,也还是艰苦而危险的工作,经常是当老虎或大象被杀死的时候,已经有两三个人要么奄奄一息,要么命归西天了。

御　寒　在渔猎时代中,有一个时期,欧洲的气候变得越来越冷了。猎人们注意到犀牛、老虎、大象以及彩色羽毛的鸟类,纷纷向南移动。冰河(即巨大的冰块)缓缓地从北方漫流而下, 摧毁森林, 冲倒岩石。跟着冰河一起来的是一批习惯于寒冷气候的北极动物——快腿的驯鹿、多毛的猛犸、皮毛蓬松的西伯利亚犀牛、麝香牛以及其他许多动物。斯堪的纳维亚半岛和北欧的其他部分,都被埋在一层很厚的冰壳之下。在北美洲,也发生了同样的情况。世界进入了一个长达几世纪的冬季。这个又结冰又寒冷的时代,往往被称为一个"冰期",即一个冰河期。它对于旧石器时代猎人的生活,有极其重大的影响。

宿营地和洞穴　很多手斧是在河岸一带发现的,因而很容易推测猎人们曾在那里宿营,因为有充足的水源,又便于捕捉那些来到河边饮水的兽类。由于冰川的寒气侵入欧洲,人们必须有个隐蔽所,否则就会冻死。幸亏在石灰岩中有很多天然的洞穴,它们曾被用作居处。假如当时没有这类居所供人使用,一切人类几乎都会冻死。即使那样,也有很多人死去了。

幸运得很,在石器时代的某一时间,人类做出了最大的发现——火。火的使用不仅使人类生活变得舒适,而且在冰期往往能保护他们的生命。它也给了人类更多的工具和武器,增加了食物供给。火也及时地把铁带到人的手里。

在华盛顿一个大建筑物的前面刻下了下面的几行字,其含义是非常正确的:

> 火:一切发现中的最伟大的发现
> 使人类能够生存于不同的气候之中
> 造出很多的食品并迫使
> 自然的力量为他们工作

就是火,以各种方式把光明带到黑暗的洞穴之中。我们知道猎人们的洞穴中已经有了火,因为它的灰烬仍然保存了下来。也许他们在沿河的宿营地上也有了火,但那里的风和雨夺去了这段历史——只有手斧保存下来了。

在洞穴和宿营地的垃圾堆中,我们找到无数的骨骼,大多数是兽类的——经常是巨兽的。有些大的骨头被敲开,根据我们的推测,这表示里面的骨髓已被取出以供食用。无论如何,由此不难看出石器时代的人们就是巨兽的猎取者。

猎人们　在某一个洞穴中,找到了埋在垃圾堆里的一具人的骸骼,做睡卧姿态,头枕在右臂上。在他的身旁,也许在他的手中,他的亲族或朋友们曾给他放下一把石制的手

图 1-3　大约 2 万年前,生活在今乌克兰的史前猎手利用猛犸骨头搭建了重达 23 吨的棚屋。一对大牙作为弧形入口

斧,在他的头下,还垒着一堆整齐的打制过的燧石。他的族人是不是相信,万一在他的来生中,还需要燧石做武器呢? 这个青年或少年,是历史中的第一个人类,他似乎在那里等着,来给我们传达一个信息。如果能说话的话,无疑地他一定能告诉我们,关于狩猎,关于洞穴火光下的宴会,或许关于爱情事迹、战争的故事呢!

同一时期的其他一些骷髅也曾经被发现过,主要在比利时、法国和西班牙。他们都属于大而粗的体型。科学家们把他们定名为尼安德特人,因为这一类型的最早的骷髅是在德国尼安德河谷发现的。"尼安德特"意思就是尼安德河谷。

从人们世世代代地居住在同一个洞穴中这一事实看来,我们奇怪的是为什么没有发现更多的人类骷髅。我们往往在一个单独的洞穴中,发现了千万件打制的燧石工具和千万块堆积着的兽骨,这一定需要一段极长的时间才能得到。这些工具、燧石碎片、骨骼以及其他各种垃圾,都遗留在它们散落的地方,年复一年,逐渐地被尘土掩盖了。洞顶上的石屑也时时落在它们上面。这样,这些工具、骨骼、垃圾、泥土和石屑,就极其缓慢地一层一层堆积起来了。

尼安德特人以后的克罗—马农人　这些一层层的垃圾,揭露出许多秘密,但它们毕竟是历史上的一个大哑谜。在尼安德特人的土层之上,我们经常发现另外一层,里面有一个不同类型的骷髅,这当然属于较晚的年代。这些较晚年代的人们个子很高,从 1.8 米到 1.9米。他们的前额比尼安德特人高,眼上的眉脊不那么显著。他们的颏部较为突出,脑量很大——超过现代人的平均数字。

这些高个子的人们在学术界被称为克罗—马农人,因为这类骷髅最初是在法国的克罗—马农洞穴中发现的,在法国其他地方和其他国家里,也曾发现过类似的骷髅。

这些高个子的猎人,是不是入侵了尼安德特人的土地,占据了他们的洞穴,并把矮胖的尼安德特人杀掉了呢? 我们可以想象到一场残酷的战争,用木棍、木矛、手斧相互厮杀,尼安德特人勇敢地捍卫他们的家族、居处和猎场,但最后却以失败告终了。那些儿童们是不是被战胜者所收养呢? 妇女们是不是被劫为妻室呢? 如果我们能够知道确实发生过什么事情,这就可以写成一段很好的故事。

1.3 猎人的技艺

火和石　火在最初是一个发现。后来,击石或钻木取火的方法,就变成一种技巧。再则,用火来烹调食物,用火来烧木矛使矛尖锐利,或用火来烧空一根大木料而造成一只独木舟,这些便都是猎人学到的技巧了。当然,打击燧石使之成为手斧或其他工具,也是一种技巧,特别是在石器时代的较晚时期。假如有人怀疑打制石器不是一种技巧的话,就让他试制一把手斧或一支箭头看看。

在尼安德特人居住在洞穴的时期,他们制造的燧石工具和武器,都具有比此前所用的更好的形式。他们使用了锐利的燧石片,而不用笨重的燧石块,并且由于细致地修磨了边缘,他们就能够制出锋利的石边和石尖。这类燧石石片在地中海周围的大多数国家里都曾有发现。

尼安德特人可能像爱斯基摩人一样,穿着皮衣,因为在他们的燧石工具中,有些好像是刮削皮革的石刀。

骨和角　克罗—马农人进入西欧,约在旧石器时代的后期,年代可能是在一万五千年以前。而这个旧石器时代后期,可能持续到距今八千或七千年。

这个时期的主要特征是:燧石工具的制造方法的改进、骨和角使用次数的增加、绘画、缝纫针的使用和弓箭的发明等。

克罗—马农人和同时期的其他人,对于制造燧石箭头、石刀和石刮刀,都显示出许多技巧的改进。他们发明了一种磨利边缘的新方法。在燧石边缘加重压力,比起用另一块石头去敲击,更能够在较直的线上把碎石片或石屑敲落下来。

但是克罗—马农人已经用骨头和象牙来制造很多的工具和武器了。他们有标枪、锤子、凿子,全是骨或角制造的;还有骨针、骨簪、骨钻、骨匙和口哨;甚至还有颜料管。许多用具是骨头和象牙制成的,用的最多的是驯鹿的角,因此我们也可以把这个时期叫作驯鹿时代。科学家们往往称之为上旧石器时代。这就是旧石器时代晚期,它的历史是从旧石器垃圾堆的上层中发现的。

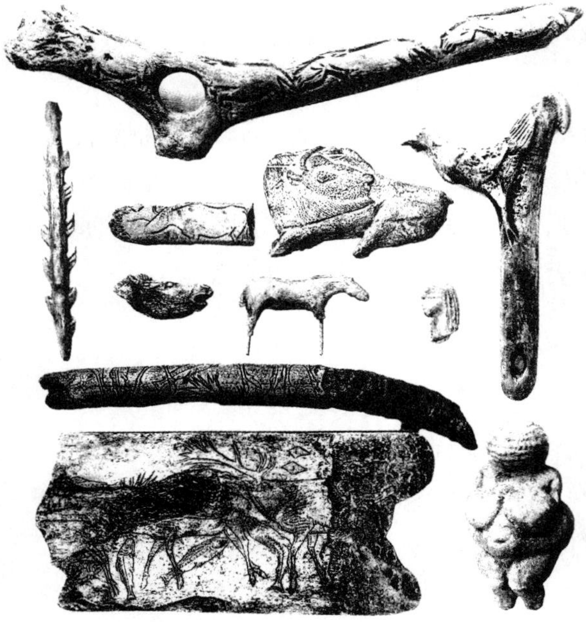

图 1-4　上旧石器时代制作的各种工具和艺术品。这个时期的人类的改造力量大为增强，也能够更多地留下自己的活动痕迹

洞　画　当我们在洞穴地面垃圾堆中挖掘的时候，我们一定要往上看。某一天，有一个人在西班牙的一个洞穴中挖掘燧石和骨头时，他的小女儿往洞顶一看，发现了一幅好多世纪以前的色彩鲜明的绘画。这就是阿尔塔米拉洞。在那里，今天人们还可看到多毛的红野牛、马匹、野鹿以及一只被追击的野猪等栩栩如生的绘画。在其他洞穴中，还有其他的图画。在许多骨、象牙和角的上面，以及洞穴的壁上，都有很细致的雕刻或蚀刻，其中有人们狩猎过的、使用过的、搏斗过的或惧怕过的各类野兽。那个小姑娘的偶然发现，给历史研究者们指出了古代艺术的一个丰富领域。

较好的武器　第一个尼安德特人或克罗—马农人，劈开一根硬木棍的末端，把他的手斧牢固地绑在中间，从而造成了一把锤子。他下次遇见熊或虎的时候，就可用这把锤子给以致命的打击。他的功绩并不亚于第一个制造矛枪以协助伙伴们同野兽搏斗的人；然而制造第一支弓和箭的成年男子（或男孩）才是他们种族的大恩人。这个武器，加上火，使人类战胜了野兽和大自然。弓和箭从一开始就被认为是一个伟大的发明。它不仅在旧石器时代的晚期使用，而且长期地在人类的狩猎和战争中作为主要武器之一，直到最后才被近代火器所替代。

千万年以前在洞穴里绘制的一些图画中，就有人们手执弓箭的画面。弓箭由来之古，这是很好的明证。

小　结　虽然旧石器时代在人类历史中，大概是最长的时期，但我们对它知道得很少，因为它缺乏文字的记录。从"石头的故事"和洞穴的绘画中，我们知道了许多有趣的事实，但那上面没有帝王的姓名，或战争的年月，或政府的轮廓。

然而在那个漫长的年代里，我们可以肯定，人们对大自然的控制，已经向前迈进了第一大步。他们制造了工具，发明了武器，还发现了火。他们学会了如何用皮和毛制衣蔽体，并发明了缝制衣服的骨针。他们也发展了绘图、雕刻和油画各方面的技巧。

当我们想到这个时期长达千万年之久，这个成就的清单，就似乎很小了。但是像一个婴儿学步一样,人类在进化中的最初一步,是最难跨出的。而且那些初期的成就,是作为近代进步的基础流传给我们的。近代的每一种发明都有赖于从前的发明。我们是石器时代猎人的受惠者。

即使是语言这个人类最伟大的发明,也必须追溯到石器时代。我们不知道那个时代有什么样的语言,因为文字是较晚才出现的。人们在会写字之前,就已在劳动和说话,不过在洞穴的壁画中,我们无疑地可以看出走向文字的一些迹象。

第 2 章　农业时代

2.1 最初的农人

一个新时代　八千年前,西欧人民还在旧石器时代,他们就是第 1 章后段所描写的那些爱好图画的猎人。在更东方,一个新时代来临了。新的发现和新的发明带来了新的技艺。人类能够生活得更舒适,文明露出了曙光。这个新时期通常被称为"新石器时代",一个更好的名称是"农业时代",因为农业的开端是这个时期最主要的特征。

在近东,农业时代开始于七千年以前或者更早一些。它实际上一直没有真正结束。在这一章中,我们仅仅描述这个新时代的开端和早期进步的一些情况。

近　东　我们将时时提到近东,因为这个地区是最初的几个伟大文明的发祥地。它过去是,现在仍然是欧、亚、非三大洲的会合点。近东是指环绕东地中海大片半圆形的区域,包括埃及、叙利亚、美索不达米亚、小亚细亚、爱琴海诸岛、克里特岛和希腊半岛等地。在埃及和美索不达米亚,有肥沃的冲积层和河边洼地,那些黑色而膏腴的土壤,曾给最早的各农业国家出产过丰盛的庄稼。在小亚细亚、塞浦路斯以及近东的其他各处,都有丰富的铜矿矿脉,等待着最早的冶金工作者。河流给人们提供了运输的方便,让他们能够驾驶独木舟和小船,而东地中海则在贸易上和探险上为水手和商人们提供了一条极好的大道。

正如我们已经看到的,当近东农业时代的黎明来临时,西欧仍然徘徊在渔猎时代(旧石器时代)。在美洲,现代印第安部落的祖先们,大概也处在相似的生活阶段。在北非,同样也有旧石器时代的猎人生活着。但对这个时期的中非、南非,以及东亚、南亚,我们知道得很少。

栽种植物　从极早的时候起,无疑地,人们食用他们找到的野生浆果和果实,可能还有一些根菜和种子。也许有的种子偶然掉在宿营地上或洞口近处,被泥土掩盖起来。当它们长出的时候,有人就想到在附近栽植种子,以得到方便的供应。毫无疑问,在获得最好的收成之前,人们经过了许多次的试验和失败。不过最后在埃及和西亚,再后来在欧洲,人们都在栽种大麦、小麦、玉米、豌豆和小扁豆等。以后他们又种植大豆和苹果,继而又出现了其他谷类、水果和蔬菜。真正的农业开始了。人们把谷物晒干,贮藏起来,并把它做成无酵的面包。面包变成"生活的必需品",而农业变成一个更灿烂的文明的基础。

驯养动物　当植物逐渐地在固定的地方栽种和生长起来的时候,猎人也渐渐变成了牧人。在旧石器时代,多少万年来,人们得到食物,都有赖于他们是否成功地成为猎人和渔夫。当野兽稀少或溪流干涸的时候,他们就得挨饿,有时甚至饿死。直到他们学会了栽种庄稼和驯养动物之后,他们才能有正常的、确定的食物供应。

第一种被驯养的野兽也许是狗。或许最初那些野狗徘徊于营地周围,拣吃人们餐后剩下的肉和骨。逐渐地这些徘徊者胆子更大起来,跟人更紧,野性也渐渐被驯化了。在一段时间之后,狗变成了人的伴侣,成为他的行猎助手和忠诚朋友。

也许就是由于这种驯狗的经验,启发了人们驯养其他的野兽。也许因为当时猎物少了,有人想出要捉些野兽并把它们喂养起来以提供肉食。无论如何,人们开始喂养牛、猪、山羊和绵羊。因此,他们的肉食供应就更有把握了。同时,母牛和山羊都提供乳品。一些最早的牧人依赖乳品和奶酪作为食品,比依赖肉食要多。

图 2-1　玉米由类蜀黍驯化而来,后者至今仍在墨西哥有广泛分布。类蜀黍与玉米的茎非常相似,但其"穗轴"只有7-12个籽粒,排成一列;而一个玉米棒上则有许多列,每列都有许多籽粒

根据我们获得的证据,最初驯养牛羊的地方大概是西亚或中亚,但养牛像种谷一样,很快地传播到了各地。

2.2　新的发明

磨石和斧　在第 1 章里,我们知道了某些发明,特别是弓和箭,在旧石器时代给予了人们很大的帮助。同样地,在新石器时代,其他的发现和发明,使人们得益更多。的确,一个简单的发明如磨刀石或磨石,就可以使"旧石器"变成"新石器"。

这个新时期通常被称为新石器时代,因为石器工具都是放在一块磨石上磨得光滑锐利,而不是用打击法打制出来的。研磨和磨光的方法,最初大概是在驯鹿时代开始学到,并应用于磨光骨角制的武器和工具。但用磨光法使石器成形而锐利,却是后来出现的。这种磨刀石和磨石,对于我们是这样熟悉,又是这样简单,很难使我们相信,在人类的进步中,它们曾经起过这样重要的作用。随着磨石而来的就是斧头。斧头也同样为我们所熟悉,也简单,但它也一度是崭新而稀奇的,它也改变了世界。在第 1 章中说过,第一个成年男子(或男孩)把一根粗柄绑在他的手斧上,他就是一个重要的发明家。到后来有柄的手斧做得更大些,又磨得锐利,就成为一把斧头了。就是这斧头,把穴居的人带出了潮湿黑暗的洞穴,使他学会建筑房屋、村落、市镇,建造舟船在海上航行。

如果说弓和箭使人在生活斗争中制服了兽类,斧头就在人类走向文明的进程中使他控制了森林。森林众多,既是障碍,也有益处。森林对于五谷的生长是一个障碍,而对于建造房屋和船只则有益处。

最初的石制斧头虽然边缘研磨得锐利,但割削的效用不大,也易于破碎,不过比起边缘是打击出来的旧手斧,已经是一个很大的改进。后来用金属制成的斧头,平时作为工具,战时作为武器,都是极其有效的。从使用的价值来判断,斧头是一件伟大的发明,而使得它锋利和有效的却是粗陋的磨石。

轮和车　发明轮子和制成第一部车子的人,搬走了人和牲畜背上的重担。人类在驯养牲畜过程中,也奴役了其中很大的一部分,如狗、驴子和公牛都用来驮运货物。在车子制成以后,很多牲畜是专为这个工作而喂养的。拉一辆重车往往和背负肩载同样艰难,但车轮却使畜力的效果加了一倍。除非道路十分崎岖,或山坡十分陡峭,牛或狗能够拉的东西比它能够背负的东西要多得多。

有轮的车子也能使人们旅行得更为舒适。货车使农人可以更迅速地聚集收成,商人可以更多地载运货物,国王和其他大人物在马车中巡行很显威风。马车在战斗中也成为可怕的武器。但快马所拖的战车,是在我们现在所研究的时期之后很久才出现的。当轮子

图 2-2　敞篷双轮马车,青铜制,22 厘米×52 厘米×17.5 厘米,约公元前 1500 年。出土于印度马哈拉施特拉邦,属于印度河谷文明,现存于孟买的威尔士亲王博物馆

进入历史,它就变得非常流行,也为很多目的而使用了。

2.3 农人的技艺

织机和亚麻布　在西亚,长着一种开蓝花的野生小植物。它的茎很长,外面包着强韧的纤维。如果把茎放进水里浸透,然后捣碎或锤碎,纤维便可分开并纺成细线。这种植物叫作亚麻,用亚麻线织成的布叫作亚麻布。

亚麻布似乎是最古老的布类。远在好几千年前,有些农人或者他们的妻子就发现了亚麻的作用,并且发明了纺线和织亚麻布的技艺。亚麻也可用来制麻绳、麻索,制渔网,以及制船上的帆。

纺线最初是一个极简单的过程。麻纤维的一端拴着一个小锤子,让它垂下去拉直纤维。然后把锤子拨转,这样纤维就捻成了一根线。同样,织机最初也是非常简单的。大概新墨西哥州和美洲其他地区的印第安人,把一些棍子和绳子粗糙地结合在一起用来纺织,同近东最初的织机十分相似。但是织机和其他早期的发明一样,在人类的进步过程中扮演了一个重要的角色。

陶器和油画　对于历史而言,制陶艺术似乎是一个贫乏的题材,但它具有很多有意思的特征。例如,当从一个很早的住所遗迹中找出一些陶器碎片时,我们几乎可以断定,住

图 2-3　中国新石器时代的鲵鱼纹形陶瓶，高 38 厘米，直径 7 厘米，1958 年甘肃甘谷县出土

过这房子的人们已经从狩猎阶段前进到农业阶段。陶器似乎是和农业一起成长的，也许因为坛子和罐子对于贮藏干燥的谷物和烹煮谷物都极有用。再则，由于罐子和坛子上的花纹和装饰都遵循着地方风格，从古陶器上所找到的各式各样的风格，往往给历史学家以关键的启示，如民族的迁徙和贸易的发达等。

最重要的是面对陶器这个主要渠道，人类把对于艺术的爱好写进了历史。早期制陶者心灵中的一些事物，仍然在烧过的黏土中留存。最初陶器只是有用，并不美观。后来出现了一种习俗，用某种物质，如石墨，在罐子外面摩擦，使它发出黑亮的光泽。在某些地方，大概在埃及或小亚细亚，发现了一种制造彩陶的新方法。将某种含有氧化铁的泥土掺进去，这样烧出来的泥土变成一种富丽的红砖颜色。因此，红陶就普遍流传在近东一带。

为了进一步装饰，制陶者在未烧的软黏土上刻画或压削了各种简单的花纹。以后，他们开始在更精致的瓶子和罐子上绘真正的图画，人物、船只、野兽、战役等——这些图画最后变成了美术中的佳制。

2.4　房屋和船只

我们已经观察到了，斧头的发明使人们能够建造房屋、船只和车辆。

房屋的建造　为安全起见，一些早期房子是搭在树上的。有的房子则在周围树立起高篱。在沿湖的一些地方，房屋是立桩建在水上的，这种做法也是为了安全。把一些又长又直的树干削尖一头，砸入水中，穿过水下的污泥到达硬土层，桩顶露出水面。也许要把上百根木桩钉在一块方形的范围内，彼此靠拢，然后把房子建在上面。但普通房子往往只用少数的木桩来支持。

在近东的许多地区，普通人的房子仅仅是用枝条和晒干的泥土造成的茅舍。茅舍的架子是用树条和细枝编在一起,然后敷上一层泥,很快地就被太阳晒干。不过在同一地方,宫殿和庙宇有时是用木头建造的,但后来更常用石头和砖建造。于是造砖和砌筑都成了重要的技术。砖块有时仅由太阳晒干,有时用火烘干。

  造 船 早期的一些船只(后来也是这样)都是用木头做成架子,然后用巨兽的皮紧紧地蒙在上面。还有一些是大的箩筐,用枝条或稻草密密地编成,上面涂上像柏油一类的东西。当人们懂得用火时,他们就把大木头烧到相当长度,再把中间烧空,制成船只或独木舟。等到人们有了石头或金属制成的刀斧,并用磨石磨得锋利时,他们就不仅能够制造木筏和小船,而且能够制造相当大的船只。这些船只是用桨和帆行驶的。

  就传播文明而言,四轮车在陆上很重要,而船只在海上则有更大的价值。

2.5 铜和商业

  铜是在新石器时代的某个时候,在某些地方被发现的。也许是在一个晚上,某个猎人或牧人碰巧用含铜的石头烧营火时,惊讶地看见一些红色光亮的珠粒从灰烬里滚了出来。如果这样,那个人当时在那里就有了一个重要的发现。不管怎样,约在六千年以前,埃及和西亚一带已经使用铜了。在很长一段时间里,铜只用作装饰品和工艺品,而人们仍旧依靠石头来制造工具和武器。在红海两角之间的西奈山附近,也在小亚细亚和其他地方发现了铜矿。铜的来源越来越多,它的用途也更广了。不久,近东的铜匠们就用铜来制造刀、斧和其他工具。

  但是铜太软,不能造出好的刀斧。之后有人发现如果在冶铜时掺进一些锡,这种混合物的硬度就远在锡或铜之上,这就是青铜。青铜可做锋利的刃边,因此刀、斧和矛等都用青铜制成。

  使用铜和青铜的一个极重要的结果,就是开矿、探矿和经商事业的发展。在很早的年代,西奈山和小亚细亚的铜矿已经开采出来了。热心的勘探者一定是到处去找更多的铜矿藏。在塞浦路斯、克里特岛、西班牙、意大利、大不列颠以及其他国家,都开采了矿藏。铜和青铜的成品从西班牙传到西欧,从意大利传到中欧,并从塞浦路斯传到叙利亚。总之,铜和青铜从一地转到另一地,交易地区之广是惊人的。

2.6 家和市镇

  当猎人们甚至牧人们因为寻觅野兽或牧草而必须到处迁徙的时候,他们几乎没有我们意识中所谓的家。直到小麦和大麦可以种植,一个家庭可以建造房屋定居的时候,真正家庭的生活开始了。几个家庭往往将他们的房屋建筑在一起,这样就形成了村落。那些位

图 2-4　哈苏纳文化遗址的房屋复原图。哈苏纳文化是西亚的新石器时代文化，年代为公元前 6000 年至公元前 5800 年,分布在美索不达米亚北部地区

置便于防御或经商的村落,就成了市镇和城市。在这些生活中心,为了配合贸易的需求,制造工具、武器、陶器和布匹等事业都变得活跃了。为了保障生命财产的安全,政府也组织起来了。在实用技艺提供了人们的生活必需品的同时,为了满足某些人渴望精美物品的需求,纯艺术品也发展起来了。有些人拥有足够的额外财富,来建造华丽的房屋和庙宇。他们和其他一些人,也都有足够的闲暇来欣赏艺术家和工匠们制造的美术品。

　　这样,随着人口的繁殖,文明和文化成长起来了。但是如果没有五谷种植或牲畜驯养的话,人们就仍然是猎人,人口少而分散。而现在,千百万的农人、工匠、商人却能够生活在一个仅能维持几千个猎人的地区里。

　　文明的建立　建立家庭的人也建立了文明。定居的家变成了管理、工作和宗教的中心。村落、市镇和城市都是较大的团体,往往是有亲属关系的家族根据地;同样地,市镇也变成了管理、工作、宗教和艺术的中心。这些市镇也是贸易的中心。商业是物质货物的交换,但它也往往造成思想、技艺和制度的相互交流。但是没有一个高等文明能够不依赖充分的粮食供应和其他必要的财富形式而发展起来。

　　最初的农人提供了最早文明所必要的财富。

　　时间和地点　我们可以把新石器时代看作是文明的一个阶段。这一阶段在近东开始于七千多年以前,终止于大约六千年前铜器开始应用的时候。近东领先,东亚和南亚似乎在追随它的脚步。美洲孤立于旧世界之外,但是在美洲的热带地区,丰富的农业生活发展了,这将留待更后一章再谈。欧洲落后于近东,但耕作和一些大发明在整个南欧和中欧逐渐传播,后来又推广到北欧。

第 3 章　近东的艺术和帝国

3.1 伟大文明的摇篮

我们现在从没有历史记录的混沌年代,过渡到有历史记录的较为光明的年代,这要感谢文字的发明。这个伟大的发明,是在人们的生活中缓慢地创制出来和使用的。它对当时的古人有重大意义, 对今日的我们也有重大意义。本章所要叙述的时期是从公元前3500 年或更早些开始,到公元前 500 年为止。这时期包括整个铜与青铜时代,直到进入铁器时代。

近东仍然吸引着我们主要的注意力。在近东,在尼罗河流域,在幼发拉底河流域,在克里特岛和爱琴海诸岛屿,我们都找到了丰富文化的摇篮。

古代的近东文明由于并肩成长,有许多共同之点,而且它们不仅交换商业上的货物,也相互交换思想和发明。假如能够把所有近东文明的历史都结合起来做一个单一的叙述,我们也许可以更清楚地看出它们之间是怎样相似和互相影响。但这种叙述会很纷乱而难于阅读。为求明白起见,还是把每个国家的故事分开讲述,但读者千万不要忘记,这些故事是应该放在平行的专栏之内的。

尼罗河流域　埃及是尼罗河的女儿,这话千真万确。连埃及的土壤也是从这条大河来的。许多世代以前,这条狭窄的尼罗河谷两旁的高原水量可能很大,但是,在很长一段时间里,埃及只是一片长而青绿的、肥沃的、16 到 48 公里宽的河滩地带,夹在黄色石灰岩和沙漠之间。尼罗河由北向南几千英里,发源于中非东部高地之间,每年大雨冲刷高地的强土,急流下注,直到尼罗河水升高 7.6 或 9 米,淹没了两岸的平地。水退之后,便留下了一

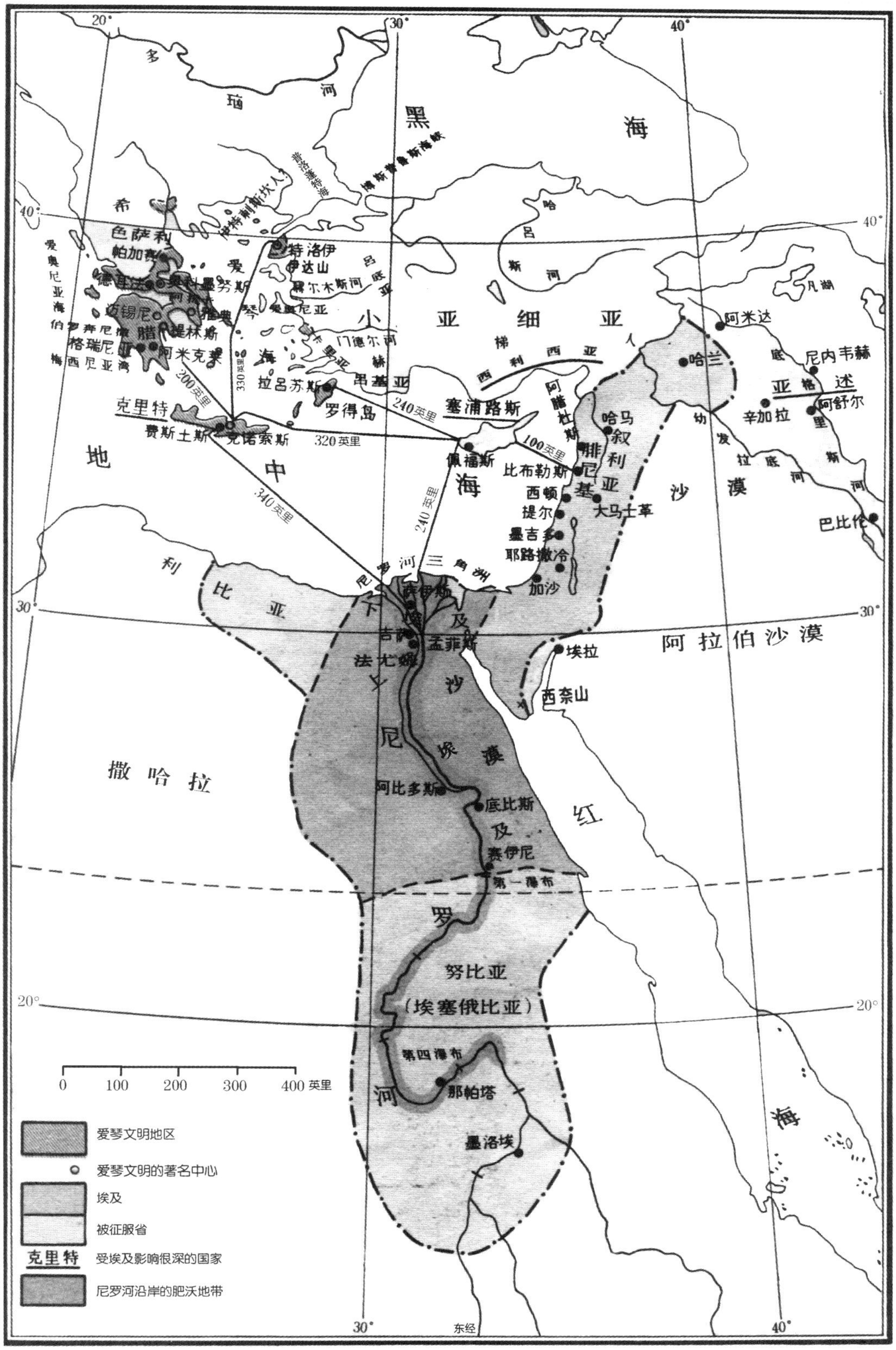

黑 海

多瑙河

小 亚 细 亚

哈 呂 斯 河

阿米达

凡湖

希 腊

色萨利
帕加索斯
德摩比勒
奥尔霍墨诺斯
海锡尼
腊
格瑞尼
梅西尼亚湾
阿米克莱

特洛伊
伊达山
累斯勃斯岛

爱 琴 亚
底比亚
门德尔河
拉呂苏斯
罗得岛

迈安德尔河

塞浦路斯

俾斯晋鲁斯海峡
博斯晋鲁斯海峡

梯利亚
西利西亚

哈兰

尼内韦赫
亚 述
阿舒尔
底格里斯河

辛加拉

幼发拉底河

哈马
叙利亚
排尼基

克里特
费斯土斯
克诺索斯

地 中 海

330英里
300英里

240英里

320英里

340英里

240英里

100英里

俾福斯
比布勒斯
西顿
提尔
墨吉多
耶路撒冷
加沙

大马士革

沙 漠

巴比伦

利 比 亚

尼罗河三角洲

赛伊斯
布托
吉萨
法尤姆
孟菲斯

下 埃 及

上 尼 埃 罗 漠 及 沙

埃拉

西奈山

阿拉伯沙漠

红

撒 哈 拉

阿比多斯
底比斯
及
赛伊尼
第一瀑布

罗

努比亚
（埃塞俄比亚）

第四瀑布
那帕塔

墨洛埃

河

海

20°

30°   东经   40°

0 100 200 300 400 英里

爱琴文明地区
爱琴文明的著名中心
埃及
被征服省
克里特 受埃及影响很深的国家
尼罗河沿岸的肥沃地带

地图 3.1　埃及帝国

层薄薄的黑色淤泥。

因此，古代埃及人称他们的国土为"黑土"，是有很好的理由的。土壤是黑色的，肥沃，富有生产力，农作自然成为主要的事业。尼罗河流域和幼发拉底河流域都有"古代世界谷仓"之称。我们将要看到，这些人类的早期摇篮对人类的其他贡献也是丰富的。

埃及的文字　古代埃及人发明文字，最初是画图，后来用某些符号代替某种声音。他们最古老的文字记录，被认定是在约公元前 3500 年，也可能更早些。如果考虑到它对人们思想生活的影响，文字的发明大概是埃及古代史上最重要的一桩事件。同时文字对商业生活也有重大的影响，因为有了文字，记账和写契约都成为可能。文字对政府的成长也有帮助，因为法律可以记录下来，官吏可以呈交报告给国王，国王也可以给他的官吏们颁布书面命令。

埃及人经常把他们的文字刻在石制的纪念物上，但大多时候，他们用墨水写在一种纸上，这种纸由一种叫作纸草的植物制成。的确，我们的"纸（paper）"字，就是从"纸草（papyrus）"一词得来的。

埃及的建筑　埃及人是伟大的建筑家。和大多数古代民族一样，埃及人最美丽的建筑物是庙宇、宫殿和坟墓。因为相信有来生，他们不仅给死者提供食物、饮料、武器，甚至擦脸的油膏，而且还要煞费苦心地设法保存遗体。因此，他们发明了擦油保尸的种种技艺，而且建造石头坟墓，希望灵魂需要肉体多久，坟墓就存在多久。国王们或法老们拥有大量的财富和许多可供他们驱使的劳动者，从而建起了巨大而堂皇的坟墓。

坟墓建筑大约在公元前 3000 年第四王朝的法老们时达到顶峰。当时最流行的帝王陵墓形式，是石头建成的大金字塔。胡夫或齐阿普斯国王建造了最大的一座坟墓，迄今仍是世界奇观。它巍然耸立，约 150 米之高，塔基占地 52609 平方米，通常被称为大金字塔。

埃及的政府　中央政府的首脑就是国王。国王制定法律，当低级总督法庭的案件向他上诉时，他是最高裁判者。他指挥军队，也指导下级官吏的工作。地方政府由大约 40 名总督管理，每个总督就是一州之长。州长征收谷物和牲畜作为赋税，然后送到都城孟菲斯去。同时州长也裁判案件，指挥本州的民团，主持崇祀本地的神祇。

这个历史上第一个伟大的政府是非常重要的。它被称为古王国，所做的事情不仅是征税和进行纳税人的普查，还维持了全国的法律和秩序，监督了埃及赖以繁荣的灌溉系统。大约公元前 2630 年，古王国解体了，但它持续了近 1000 年。

埃及人在古王国时代已从事许多技艺——农业、畜牧、石工、木匠、雕刻、陶业、纺织、音乐及其他。

幼发拉底河流域　幼发拉底河距离尼罗河东北上千英里，自北向南流向，而尼罗河却是自南向北流向；但是幼发拉底河流域在很多方面同尼罗河流域极其相似，它们约在同

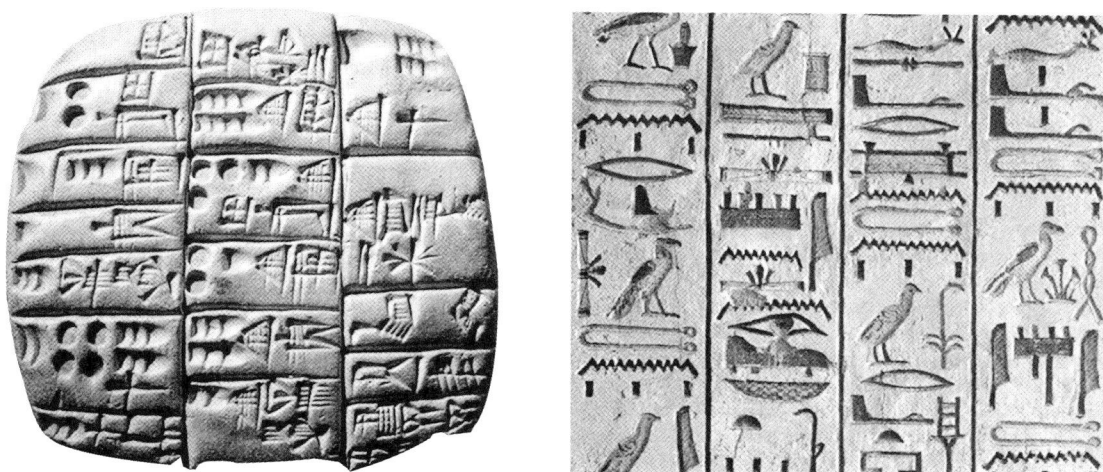

图 3-1　楔形文字和象形文字

一时间成为两种相似的文明。

在幼发拉底河发源地亚美尼亚山岭,同时还有一条大河流出,叫作底格里斯河。最初两条河流向相反的方向,以后就几乎平行,最后又汇合起来,一同流入波斯湾。在这两条河之间的肥沃平原,历史上称为美索不达米亚。这是一个希腊名词,意思是两河之间的地方。因此,当我们提到幼发拉底河流域的时候,我们务必记得,它也包括底格里斯河流域,或底格里斯河的下游。

美索不达米亚是一块富饶的、无险可守的土地,因此不断地被敌人从东、西、北三方入侵。一些城市兴起又没落了;一种语言和另一种语言融合了;一个国王打倒了另一个国王。在这简短的评述里,我们只能注意到几个名字和几项成就。

苏美尔的文字　美索不达米亚平原上一个著名的早期民族就是苏美尔人。他们和埃及人一样都是农人,在有水利灌溉的河谷平原上种植小麦和大麦,牧养提供乳品的家畜,纺织布匹, 以及制造陶罐等。苏美尔人和埃及人一样, 也使用石制工具, 但他们在公元前4000 年或更早便已知道使用铜。苏美尔有一种文字系统,和埃及的文字系统一样古老。

最初的苏美尔文字是刻在石头上的,但因美索不达米亚的石头很少,同时又不生长纸草,所以他们就把文字写在软泥板上,然后烤干。他们用一管尖笔书写,像一支铅笔或钻子,写出来的文字是楔形体。由于文字是"楔形"的,便被称为楔形文字,正如同时期的埃及文字被称为象形文字(原意是"圣图")。楔形(Cuneiform)这个字渊源于一个拉丁字,而象形(hieroglyphic)则渊源于两个希腊字。因为许多书写者都是祭司,古代埃及的图画文字被认为是神圣的。

试想一切书信、商业契约、公开记录,都写在泥板上或砖上! 它们一定非常笨重,但却

图 3-2 汉谟拉比法典是汉谟拉比为了向神明显示自己的功绩而纂集的,刻在一根高 2.25 米、上周长 1.65 米、底部周长 1.90 米的黑色玄武岩柱上,共 3500 行。法典分为序言、正文和结语三部分,比较全面地反映了古巴比伦社会的情况

留存得很好。对于我们研究历史的人,这是幸运的。美索不达米亚的历史,大半是从这些泥板上发现的。

苏美尔的闪米特人 曾有一个很长的时期,苏美尔很多城市被来自西方的闪米特人入侵者所统治。他们最伟大的国王是萨尔贡,他的帝国幅员广大。约在公元前 2870 年,他在美索不达米亚上方,即现在的巴格达城附近,建立了都城阿卡德。因此,他在历史上被称为阿卡德的萨尔贡,也称为萨尔贡一世。

汉谟拉比法典 有一段很长的时期,幼发拉底河流域下游的一部分地区被称为阿卡德。同时,这地区也被称为巴比伦尼亚,由巴比伦城而得名。巴比伦是古代世界的著名城市之一。大约 4000 年前,在巴比伦有个汉谟拉比王,他是古代美索不达米亚最著名的统治者。他征服了整个阿卡德和苏美尔,而且将伊拉姆人逐回到他们东方的山地,把他的统治从波斯湾沿幼发拉底河和底格里斯河远远向北扩展。虽然他在军事上很成功,但汉谟拉比引以为豪的,是他所疏浚的灌溉大运河和他所建筑的华丽庙宇。

不过我们对汉谟拉比知道得最多的,还是他编纂过一部法典。不久前发现了刻在一块黑色石头上的法典,已经历了 40 个世纪之久了!我们可以肯定,在苏美尔人和埃及人中还有更老的法典,但是汉谟拉比法典是第一套重要的法规,它的全部原文一直保留到现在。此法典共有 282 条法规,比起现代的法律固然简短,但却能处理经常为人们所感兴趣的事情——商业、婚姻、工资、谋杀、偷窃以及债务等。

巴比伦的商业 在汉谟拉比的法律保护之下,商业繁盛起来,这从千万块泥板中得到了证明。谷物、油、枣子、皮革以及陶罐,都被由背负重载的驴子组成的商队,运输到邻近国家去。巴比伦交换回来的是金、银、铜、石头、木料、盐、奴隶及许多其他货物。汉谟拉比的继承人继续建筑庙宇,用丰盛的祭物供献神祇,建立城市,以及挖掘灌溉农田的运河。最后的一个君王于公元前 1926 年被好战的赫梯人推翻。关于赫梯人我们下面将知道更多的情况。

3.2 蛮族、马和帝国

简略的复习 前面各节已经叙述了埃及和巴比伦尼亚两个伟大的文明王国的兴起。在这两个地区,河边低地的肥沃土壤有助于稠密定居的农业人口的增长,而这些农业人口已经团结起来组成了一个组织紧密的王国。差不多在同一时期,在近东的其他各处,特别是克里特岛和爱琴海诸岛,文明也在生长起来。后面将谈到这些地区的更多情况。

在巴比伦尼亚的喀西特人　公元前 18 世纪,埃及和巴比伦尼亚都遭受了蛮族的入侵。在巴比伦尼亚,侵略者就是喀西特人——来自底格里斯河以东山区的一支耐劳的游荡民族,他们最初作为收割工人来到了巴比伦尼亚,后来就作为强盗和袭击者,而最后变成了征服者。这是后来一再上演的蛮族攫取有文化的平原财富的故事。喀西特人采用了被征服民族的神祇和习俗,企图学习作为商业和政府语言的巴比伦用语。他们也企图学习古苏美尔文字,当时只有祭司和其他有学问的人才使用它。

大约有六个世纪之久,喀西特征服者一直维持着他们在巴比伦以及阿卡德和苏美尔的其他城市的统治。他们征服的直接后果,就是内部纷乱、地方酋长的争吵以及文明的衰落。

喜克索斯人在埃及　几乎在喀西特人攻击巴比伦的同时(约在公元前 1800 年),埃及也受到蛮族的入侵。这支蛮族是从叙利亚越过西奈半岛来的,被吓坏了的埃及人称他们为喜克索斯人,或"沙漠王子"。喜克索斯人是骑着马来的。人们有理由想象到埃及步兵们的惊慌,当驾着战车的喜克索斯战士们以青铜铸成的弯剑左右乱砍,向他们猛冲过来的时候,他们只有无力的弓和箭、铜斧、青铜短剑以及宽边的矛。惭愧和失败之余,尼罗河畔骄傲的民族不久就发现自己已被奴役,他们的财产被掠夺,他们的土地被侵占,他们的庙宇被玷污,他们的祖坟被劫掠,他们华丽的宫殿被毁坏。这在埃及人中间留下了长达几世纪之久的愤怒和痛苦。

当喜克索斯诸王统治埃及的时候,在尼罗河上游的底比斯,一个本土的埃及王子宣布独立,号召爱国的埃及人集合在他的旗帜之下,向外来的国王进攻。这个时候,也许埃及人已开始用马同喜克索斯人作战。经过长时期血战之后,大约在公元前 1580 年,喜克索斯人终于被驱逐出埃及,越过西奈半岛,逃入巴勒斯坦和叙利亚。

马和战车　在喜克索斯人和喀西特人入侵以前,埃及和巴比伦尼亚的农人们,无论在战争或在和平的工作中,都未曾使用过马匹。可是,喀西特人和喜克索斯人都是用马的民族,无疑是由于用了马,他们才能够那样成功地扫荡了富庶的平原。马的出现是一桩至关重要的事件。无论埃及人还是巴比伦人,这时都开始用马,用于驾驶战车和其他工作。征服者这时可以迅速地驰骋到遥远的行省并赢得胜利。在以前,征服往往同劫夺性的袭击差不多,因为当征战的军队回家的时候,被征服的地方又可以重新独立。但自从用马以后,征服者可以迅速派遣使者和士兵,而叛乱也可以更快地被扑灭。至于对文明的影响,就更为重大了。由于马的使用日益广泛,近东各地在商业和文化上的接触也日益密切起来,文明由此进步了。

车轮和马匹相结合,既是征服和法律的重要陆路运送者,也是商业和技艺的重要陆路运送者。车轮和马匹使得版图辽阔的帝国的建立和统治成为可能。

赫梯帝国   由骑手们建立的最早和最伟大的帝国之一,就是赫梯帝国。在喜克索斯人入侵埃及和喀西特人征服巴比伦尼亚之前的某个时期,赫梯骑手们曾在小亚细亚建立过一个强盛的王国。赫梯诸王用战争、联盟和条约等各种方法,逐渐地扩展了他们的领土,直到可以恰当地称为一个帝国。这个帝国的极盛时期约从公元前1400年到公元前1200年,它是当时近东最强大的国家。

直到几年以前,我们对于这个伟大的国家还知道得很少,但近年来人们辨读了赫梯文字系统,了解了许多有关赫梯民族的组织良好的政府、法律和历史。就军事和政府而言,赫梯人可同埃及人和巴比伦人相媲美,但整个说来,赫梯人对文明的贡献是次要的。约在公元前1200年,赫梯人被称为"海上民族"的侵略者所击败,一度雄立的帝国崩溃了。

3.3 埃及帝国

战争和征服   那个领导埃及人攻击喜克索斯人而取得胜利的埃及王子,大约在公元前1580年自立为王,定都底比斯。他的继承人都属于第十八王朝,其中几个是显赫的将领和伟大的征服者。在长期反抗喜克索斯人的斗争中,埃及人变得较为好战了。他们的弓箭手从喜克索斯人那里学会了便利的方法,即用一个箭袋多带一些箭作为额外的供应。他们对致命的目标瞄准正确,赢得盛名。喜克索斯人带进埃及的马拉战车也被埃及人采用了。好战的诸法老中最成功的是图特摩斯一世和图特摩斯三世,他们用象形文字把自己的武功刊刻在华丽的纪念物和庙宇中。被征服的地区并没有真正成为埃及版图的一部分,但是它们被迫缴纳贡品,并承认法老为太上君王。叛变经常发生,如叙利亚就屡次叛变,也屡次被征服。

但是,这些征服有一定的结果:(1)它们使埃及文明向南传入努比亚,向东北传入叙利亚。(2)它们给法老们增添了财富。法老们从叙利亚和努比亚接受到很多金银贡物。他们还得到成群的奴隶,因为战时的俘虏都被奴役了。(3)由于和其他各民族的接触,埃及人接受了新的观念,采用了别族的习俗,也知道了别族的宗教。

美术和建筑   在首都底比斯,为奉祀阿蒙神而建立起许多华丽的庙宇。其中最大的莫过于今日称为卡纳克神庙的宏大建筑物,庙顶用花岗岩做成的大石柱支撑着,从庙宇通到河滨的大道两旁排列着怪兽斯芬克斯的造像。全世界没有任何城市可以赛过底比斯这个"一百个城门的城市"。

关于这一时期埃及的美术和建筑,有几点是可以注意的。(1)美术和建筑主要为显耀法老们和诸神之用。最巨大和最优美的结构都是为诸神建造的庙宇和为法老建造的宫殿。(2)建筑师们在雕刻巨大石像方面显出非常的技巧,而在处理巨大石块方面也显出惊人的能力。他们可以从遥远的采石场凿下一块重 1000 吨的花岗石,运到底比斯,然后雕成一具高达 27 米的巨像。(3)在绘画和雕刻方面,埃及的艺术家们都遵照一些固定的法则,然而人像的面部和一些雕像却奇妙地栩栩如生。(4)庙宇的四壁往往布满了各种绘画和象形文字的铭刻。这些在当时主要的目的无疑是作为装饰,现在却成为富有价值的史料。(5)无论在巍峨的建筑中,在石刻中,或在绘画中,埃及人都是先驱者。埃及人的作品被许多国家所仿效,同时也刺激了整个近东艺术的进步。

　　宗　　教　埃及人是多神教徒——他们有很多的神。各个地方都有自己特有的神。他们总共有好几千个男神和女神。有一些神以鸟兽和爬虫来代表,例如鹰神、豺神和鳄鱼神。另一些神代表大自然的力量,如拉是太阳神,奥西里斯是河神。

　　在古王国时代,太阳神拉作为最大的神被崇拜,法老则被认为是拉的儿子。帝国建立后,首都从孟菲斯迁到底比斯,底比斯神阿蒙变得至高无上。不过,拉也部分地同阿蒙成为一体,因此这两个名称往往写在一起:阿蒙—拉,好像他们是一个神。

　　关于诸男神和女神的婚姻、争吵和其他活动,有许多很有趣的故事或神话。从某些保存下来的神话和圣歌看来,受过教育的埃及人是相信来生的,因此,正如我们已经看到过

图 3-3　卡纳克神庙是古埃及最大的神庙,太阳神阿蒙神的崇拜中心,在开罗以南 700 公里处的尼罗河东岸。遗址占据当时底比斯东城的北半部

的,这才导致了保存尸体的技艺和建筑精美的坟墓。

《亡灵书》　为了帮助一个埃及人在他死后获得诸神亦即死者审判官的恩赦,关于他的某些好话就写在纸草上,并放在墓中他身旁。下面是一些例子:

> 我没有造成过饥荒
>
> 我没有和奴仆的主人一起伤害过奴仆
>
> 我没有盗窃过死人殉葬的食物

这类言语被认为具有符咒的作用,有巫术魔力。把这类言语全部收集起来的书籍通常称为《亡灵书》。

图坦哈蒙　1922 年发现了图坦哈蒙的坟墓,他是公元前 1358 年到公元前 1352 年统治底比斯的一个法老。在发现这个王室木乃伊的同时,也发现了很多金器、几个精致的瓶子、一些华丽的袍服以及其他王家贮藏品。

埃及的祭司,特别是在图坦哈蒙年代以后,变成拥有极大财富和权力的人。

经济生活　在尼罗河流域,农业继续占有首要的地位。只要灌溉的运河随时很好地加以修理,农人们从事他们的工作,埃及总是富裕的。不过,国内的土地多为国王、祭司和富有的贵族所占有。而在土地上劳作的人民却多半是奴隶、雇工、牧羊人和牧民。精细活和制造业发展了。凿石工人、石匠、陶匠、木匠、珠宝工人、画工、铜匠以及金匠等,多到数以万计。

对外贸易在早期就开始了,随着贸易的发展,精巧的花瓶、纸草、亚麻布、珠宝等大量生产,以供输出。早在公元前 3000 年,埃及已经得到了欧洲金矿采出的金子,自叙利亚买进了牲畜、鱼类、酒、香,甚至船只和有轮子的车辆,自南方的努比亚输入了象牙、黄金和鸵毛。公元前 15 世纪时,历史上有名的第一个伟大妇女哈特谢普苏特女皇,派出了五只埃及船向南航行,经过红海到达蓬特,大概就是今天的索马里。甚至在此以前,一条从尼罗河到达红海北端可通船舶的运河已经挖成了。

衰弱和伟大　到公元前 1200 年,埃及帝国衰弱了。当时构成军队的士兵大多数是俘虏,他们身上都刺有法老的名字,还有外国雇佣兵。后来统治者相互竞争。公元前 670 年,埃及被亚述人所征服,公元前 525 年,被波斯人所征服,其后又被其他民族所征服。

但如果认为埃及武力的衰落和它独立的丧失就是它的重要性或影响的终结,那将是错误的。它的伟大不在于战争,而更在于农业、工业、艺术和思想。在这些方面,直到被征服之后很久,埃及仍然是伟大的。它的制陶术影响了其他各地陶器的风格,直到今日还被仿效着。玻璃和陶器上釉都是它的发明。远在希腊人之前,埃及就使用了柱廊,又在罗马人之前发明了拱门。它留给近代世界的,还有一年 12 个月和 365 天的日历。它的学者们

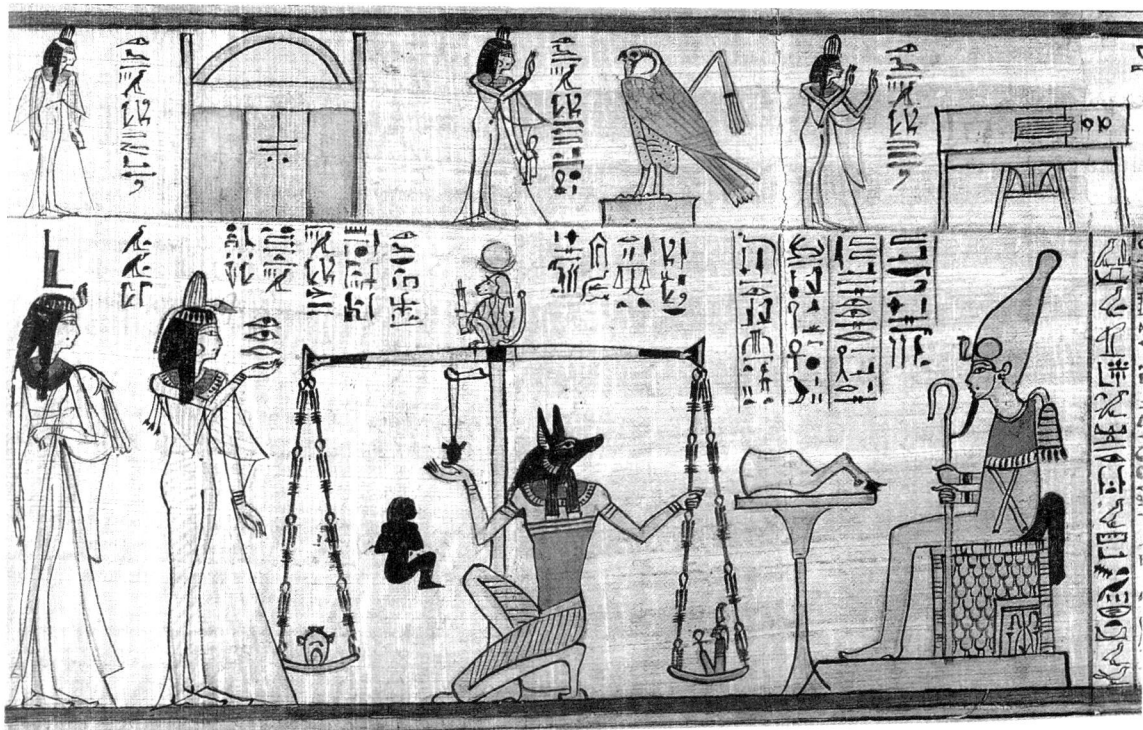

图 3-4　亚尼死后来到亡灵之主奥西里斯的王座前，接受审判。导引亡灵之神阿努比斯在称量死者的心脏，天平的另一边是代表正义公理的"羽毛"。天平平衡便代表死者生前善良公正，可以复活。不平衡则说明死者生前作恶多端，他的心脏将被取出，丢给一旁的怪兽"阿敏"吃掉，再无法复活

已经把算术和几何的初级基础给演算出来了。

3.4　爱琴文明和克里特的海王

克里特和埃及的早期贸易　在东地中海，希腊南面，埃及的西北面，是一个多山的长岛即克里特岛。直到公元 19 世纪结束之前，历史学家们从没有想到克里特岛曾经是一个古代帝国的发祥地。但是从那时起，掩埋的废墟逐渐被发掘出来，它告诉了我们一个富庶的帝国和它突然遭遇的悲剧故事。

在埃及的金字塔建立之前，克里特岛上的居民已经开始用铜做器物，制造陶罐，建造村落，而且也许冒险在海上行船。他们是否曾航行到埃及，或者埃及人是否曾经来到克里特岛，我们无从知道，但很清楚的是这两个国家彼此有过接触，因为双方都有勇敢的船员。克里特的陶器、武器和各种金属器具制造者，从埃及学来了很多东西。克里特艺术家们通过模仿和企图改进埃及的图案，使技艺变得更加精巧了。克里特成为埃及文化向北传播的主要通道。

克里特的米诺斯时代　约自公元前3400年到约公元前1200年的两千多年里,克里特是文明的最重要中心之一。这个时期经常被称为米诺斯时代,因为在希腊传说中克里特的国王叫作米诺斯。大体上讲,克里特的米诺斯时代,相当于埃及自古王国的开始到帝国的衰亡;又相当于美索不达米亚自苏美尔诸城邦时代起,迄喀西特人统治之末为止。

克诺索斯的光荣　约自公元前2000年到公元前1400年间,克里特文化达到了顶峰。发掘材料显示,当时克里特有很富庶的城市,其中最大的是克诺索斯。显然克诺索斯的统治者便是全岛之王,也许他在希腊和其他地方已有了殖民地。根据克诺索斯宫殿废墟所显示的,国王既有众多的机匠、珠宝工匠、艺术家和劳动者,又有听他指挥的很多官吏和办事人员。在宫殿的储藏室里,有一排排的大罐子,装着橄榄油、酒和谷物。还找出了一堆堆的泥板,上面写着政府档案和记事。假如有人能够读懂克里特文字,毋庸置疑,这些记录可以告诉我们很多有趣的秘密。

艺术、贸易和海权　克里特人在金属制造和制陶方面都极精巧。他们用来自塞浦路斯的铜和从欧洲远方采出的锡,铸造出精美的短剑、长剑和其他青铜器具。他们的陶罐是用陶轮制出的,而且画绘得极其华丽,驰名于近东一带。还有其他技巧的工作,如王宫内的取水和排水系统。克里特人没有建筑过像埃及那样堂皇的庙宇,或雕刻过那样巨大的石像;但在壁画上,在陶罐的绘画图案上,及在金属作品的装饰上,他们都曾表现出极高的艺术才能。

尤其是在海权和贸易方面,克里特是很重要的。它的船只不仅到了埃及,并且遍达东地中海沿岸各地,也许还到达过西岸。在塞浦路斯,在希腊,也许还在西西里岛,都找到了克里特的殖民地。克里特的海军一定强大到可以捍卫遥远的殖民地,警卫克里特的海上贸易,以及守护克诺索斯的宫殿。克诺索斯王是一位真正的"海王"。

克里特人把他们的文化播遍爱琴

图3-5　克诺索斯出土的牛头形角状杯。希腊神话传说中,克诺索斯国王的儿子米诺斯是牛首人身怪物,国王专门为之建造了一座王宫,复杂精致如同迷宫,投入其中的男女均成为他的食物。后来,雅典被要求每年向其供奉童男童女七对,王子门修斯主动要求以身为饵,带着其他童男童女来到克里特。他得到克诺索斯国王的女儿的垂青,公主暗中给他一个线团,由此,门修斯得以在杀死怪物后顺利走出迷宫

海周围的区域,因此克里特文化常被称为"爱琴海文明"。但最重要的是,我们必须着重克里特对希腊的影响。希腊半岛当时的文明不如克里特,克里特人在希腊半岛上建立过殖民地。这些殖民地的遗址,在迈锡尼、梯林斯和其他地方都被发现过。我们将在讲到希腊城邦那一章时再加以论述。

克诺索斯的覆灭　约在公元前 1400 年,在克里特发生了一个突然而神秘的悲剧。克诺索斯的伟大王宫被劫掠了,焚毁了,克里特的其他城市也遭到了同样残酷的命运。是叛乱吗?是地震吗?很可能的似乎是外来敌军打败了或躲过了克里特海军,突然扫向那些富庶的城市,劫走了大量的财物。也许入侵者就是从希腊半岛,或者从迈锡尼来的海盗们。

3.5 叙利亚和闪米特人

民族的迁徙　克诺索斯被劫掠之后的一个时期,爱琴海区域有过一次大规模的向南迁徙。这是一个迁徙和侵略的时期。一队队的冒险者到处打家劫舍,从故乡被赶出来的各族人民,不得不向新的土地寻找定居之处。一些流浪者乘船漂在海上,另一些人却乘着笨重的两轮车,从陆地上通过小亚细亚和叙利亚。最先的几批人遇到了从埃及来的一支军队,被打败并被杀害了。但在他们以后出来的人们就在叙利亚和巴勒斯坦定居下来。

叙利亚是地中海东岸一条山岳地带的国家,北起托罗斯山脉,延伸到南面的西奈半岛。巴勒斯坦不过是最靠近埃及的叙利亚的南部地区。虽然叙利亚的东南两面都以沙漠为界,但它出产的牛羊、酒、蜂蜜和橄榄油,它的铜矿,它的商业,以及从布满黎巴嫩山坡的柏树林出产的良好木材,都是远近驰名的。

由于埃及在南面,小亚细亚在北面,幼发拉底河流域在东北面,叙利亚在历史上一直是一个战场,一条商业的通道,一个会聚和混合的地方。叙利亚是古代世界动荡的熔炉,它的居民由各种族混合而成。腓力斯丁人来自克里特岛和小亚细亚;赫梯人来自小亚细亚;其他民族来自其他地方。然而,这个国家在语言上却比在血统上更为一致。流行的许多语言都属于通常叫作闪米特语的一个语族,凡讲这些语言的人通称为闪米特人。不仅希伯来人,而且邻近的部落和阿拉伯人在语言上都是"闪米特人"。甚至腓力斯丁人也学会了使用一种闪米特语。

希伯来人　希伯来人,或称以色列的儿女,他们的神圣著作构成犹太人的圣书和基督教圣经中的《旧约全书》。他们是游牧民族,到处流荡,为他们的牛羊寻找牧场。《旧约全书》告诉我们,希伯来人怎样在饥荒时期南下埃及,后来受到压迫,又逃走了,并经过漫长的游荡之后才回到了巴勒斯坦。

在巴勒斯坦,希伯来人伟大的国王是大卫和所罗门。公元前 10 世纪,在所罗门统治之下,由于商业发达而获得财富。一支红海上的舰队驶向"阿裴尔地方"去采金。从埃及运来了马匹、麻线和战车,向香料商人征收了过境税,并派了船只远航至西班牙。但是所罗门最大的光荣还是他在耶路撒冷为耶和华建造了一座华丽的庙宇。所罗门死后不久,王国分裂成两部分,后来分别被亚述人和巴比伦人所征服。

宗教的教师　以色列对世界主要的贡献,是它的神灵的福音:向世人发出警告,不可崇拜偶像,反对崇拜多神(多神教),坚持崇拜和奉祀唯一的、至高无上的上帝耶和华。有些希伯来人认为耶和华是他们那个部落或民族独有的神,然而一些较大的教师们却认为耶和华是全人类的上帝,是至公和至圣的。这种上帝的观念,及其十诫和其他崇高的教义,给予世界在宗教上和道德上一种新的标准。除非一个人懂得构成其他古代宗教的人祭、邪恶仪式以及低劣信仰,否则他就不能理解希伯来人作为宗教上和道德上的教师,对世界的贡献是多么大。再则,希伯来的先知们已在人们的心灵中为基督教奠定了基础。

腓尼基人　在叙利亚沿岸一带住着腓尼基人。他们属于闪米特人,也是希伯来人的邻居。他们主要的城市是提尔、西顿和毕布勒斯。他们最大的工作是商业和殖民。在克里特覆灭和埃及衰落之后,腓尼基人便在非洲北岸,在西西里岛,在塞浦路斯,也许还在希腊,建立了殖民地。殖民地中最大的是迦太基,在现在的突尼斯。它在很长的时期内是罗马的一个竞争者。

腓尼基人由于使用了字母,经常被认为是英文文字系统的发明人。即使腓尼基人没有创造过字母,至少他们使用了字母并把它传播到其他各民族。也许希腊人是从他们那里接受了字母,再由希腊人传下给我们。这件事在世界史上的重要性,远超过一个图特摩斯法老的战争或一个所罗门王的财富。

Alphabet(字母)这个词,是由希腊文头两个字母 alpha 和 beta 组合而成。每一个字母当初都是有含义的,例如 beta,来源于闪米特文 betha,意思是房屋;如 alpha,来源于闪米特文 aleph,意思是牛。也许 A(alpha、aleph 等)最初是一个牛头的符号或图画。大概每一个字母最初都是一个图画或符号,但后来这符号变为只做一个音节使用,它可以和其他许多音节结合起来,构成无数的词。由此我们可以看到字母是一个多么有价值的发明。同时我们也可以看到,洞居人的粗劣图画已开其先河,埃及人和其他民族的图画文字又引导我们走上现代文字的道路。

3.6　铁器时代的帝国

铁器时代　在埃及、美索不达米亚和克里特早期诸王国的漫长历史中,青铜是制造工具和武器的金属。但到了公元前 1100 年之前的某个时期,人们熔化铁矿石把它模铸出需要的形状,并把它的边缘锻炼得坚利等技巧已开始应用。这对于近东的诸王国和诸帝国具有惊人的影响。那些使用铁的民族能够征服其他的民族。这样铁就成为一项重要的商

图 3-6 尼布加尼撒二世时建造了这座献给女神伊师塔的城门,是古巴比伦城的北城门。亚述文化甚为推崇狮子,此门上便雕刻了为数众多的狮子。19世纪德国发掘了遗址并运往本国,现在伊师塔门的大部分保存于柏林的佩加蒙博物馆

品,而且各国为了争夺铁矿,引起了许多战争。

早期亚述 在铁器时代以前,亚述就已经很重要了。亚述位于巴比伦尼亚的西北方,远在底格里斯河上游。它必须和叙利亚明确地区别开来。

亚述人在泥板上写字,骑马,驾战车,并以强弩射箭。他们的战车队和骑兵队威震远近。他们的矛手、剑手和射手组成的步兵,在作战时都是组成不易攻破的密集队形或方阵。到公元前 11 世纪的时候,亚述人已经用铁制兵器作战了。

扩张和帝国 从公元前 11 世纪开始,亚述有过一长串好战的国王,几乎每年都要召集他们的人民,放下耕犁,拿起刀剑,进行一次猛烈的短期侵略战争。国王们自己也在战场上,在残杀中,锻炼得非常强悍。他们的暴行和他们的名字一样,都可以列成长表。公元前 9 世纪,沙勒马奈塞尔三世曾强迫叙利亚的许多小国向他纳贡,并征服了有丰富银矿的西里西亚。下一个世纪,提格拉特—皮勒塞尔三世和萨尔贡二世在亚述北部的丛山中,从亚美尼亚人手里夺取了铁矿和铜矿。公元前 7 世纪,辛那赫里布击溃了巴比伦尼亚和伊拉姆的叛乱,并完成了对叙利亚的征服。他的儿子埃萨尔哈东又征服了埃及,从公元前 670 年到公元前 651 年埃及一直在亚述的统治之下。这时亚述的确是近东最强大的帝国。

东方的罗马人 亚述人和我们即将讲到的罗马人有许多相似之点。亚述人就是东方的罗马人。他们都好战,都凭武力建立起庞大的帝国。在帝国的组织和统治中,他们都使用铁拳,但在管理上他们显示出非常的技巧。他们修筑了良好的道路,使信使和军队能够迅速地移动。

亚述的农业原先都是小农场,但后来竟一变而为掌握在少数富人手中的大庄园,而且使用奴隶来耕种。至于制造业与商业则任凭其落入外国人的手中。

亚述文化　在文明上，亚述人也像罗马人一样，是借自其他民族，但他们把它传播下去。这一点就是他们主要的文化功绩。不过在某些事情上，例如建筑，亚述人就不仅是模仿者。在建筑宫殿上，每一个亚述王都企图胜过他的前人。辛那赫里布王重建古城尼尼微作为首都。阿树尔巴尼帕尔是一个君王学者，他收藏了大量的书籍，并借助于一部字典自己攻研，竟读懂了古代苏美尔人的文字。

阿树尔巴尼帕尔王在位是从公元前 669 年到公元前 626 年。在他之后灾难发生了：内战、叛乱、入侵。公元前 612 年，骄傲的尼尼微在巴比伦人、米底人和斯基泰人的联军攻击之下陷落了。当时的一个学者简短地写道："他们从城里掠走了财物，数目无法计算，然后他们把这个城市毁成残破的土墩。"

巴比伦再度占了上风。尼布甲尼撒王从公元前 605 年到公元前 562 年在位，使巴比伦又开始了侵略战争。我们记得他，特别是因为他曾攻占并焚毁了耶路撒冷，把许多俘虏带回巴比伦去，其中一个是年青的先知丹尼尔。

在巴比伦，尼布甲尼撒建造了他的华丽的宫殿，并为他的波斯籍皇后建筑了有名的"空中花园"。空中花园实际上是个大阳台。皇后十分怀念波斯故乡的山水，而在巴比伦没有那样的景物，国王用人工为她建筑。尼布甲尼撒死后，巴比伦强盛之势并不太长。公元前 539 年，巴比伦被波斯人征服了。

3.7　波斯的兴起

古代波斯是北至里海、南达波斯湾的多山的伊朗高原的一部分。这个高原的另一部分是米底亚。米底人和波斯人常是合在一起提的。他们居处相邻；他们在历史上也同时出现；他们大概有近亲关系，因而他们都自称为伊朗人。我们统称他们的国土为伊朗高原。

米底人　米底人经常败于他们好战的邻人亚述人之手，直到公元前 7 世纪，这种局势才颠倒过来。米底人的王——奇阿克萨列把他的骑兵训练得超过了亚述人。伊朗人是熟练的骑士，他们能够迅速地包围敌人（正像美洲印第安人曾做过的那样），而且在快马飞驰的时候，还是箭无虚发。我们在前面已经看到，就是奇阿克萨列联合了巴比伦人和斯基泰人，共同毁灭了尼尼微城。

波斯人　大约半世纪以后，即约公元前 550 年，波斯王居鲁士征服了米底亚。我们以后必须记住，波斯人一词要包括米底人，波斯一词也包括米底亚。居鲁士精通战术，野心勃勃，他一生的事业就是从事征掠战争。他征服了全部小亚细亚，并在公元前 539 年，就像我们已经看到的，将巴比伦变成波斯的属国。由此，居鲁士的帝国也包括了美索不达米亚以及巴比伦的叙利亚属地。

波斯是巴比伦和亚述的后继者　这个年轻鼎盛的波斯帝国继承了也攫取了杰出的文

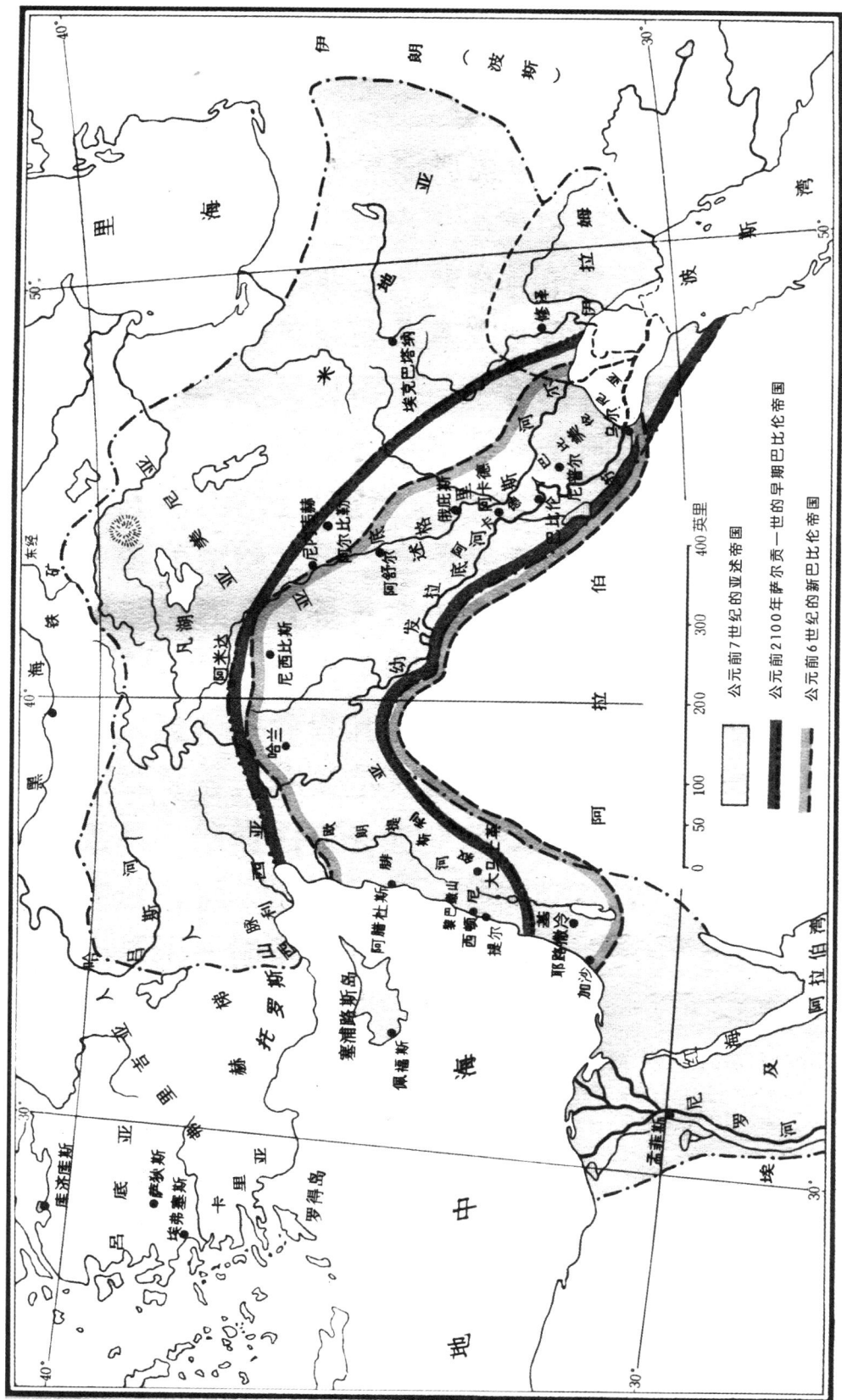

地图 3.2 亚述和巴比伦帝国

图例：
- 公元前7世纪的亚述帝国
- 公元前2100年萨尔贡一世的早期巴比伦帝国
- 公元前6世纪的新巴比伦帝国

比例尺：0 50 100 200 300 400 英里

化。它的文明构成因素大部分是我们已经在别的地方看到过的。从古代美索不达米亚，波斯人继承了楔形文字；从亚述人那里，直接或间接地承袭了建筑术、军队组织以及统治一个帝国的方法。

琐罗亚斯德　在宗教上，波斯人却有新的不同东西，作为对文明的贡献。他们有自己的先知，名叫萨拉苏什特拉，希腊语是琐罗亚斯德，后一个称号更为著名。琐罗亚斯德年轻时，他所信仰的生命和光明之神，即阿胡腊·玛士达，曾在多次异象之中，显示给他以许多智慧的言语。这些言语以及多种圣歌和格言都记在《阿维斯陀》中，这本书可以称为古代波斯人的"圣经"。

根据琐罗亚斯德的说法，阿胡腊·玛士达和一切善人，都在不停地同恶神阿利曼及一切恶人做斗争。这样说来，生命就是一场持续不断的战斗，但最后阿胡腊·玛士达和善人一定得到胜利。每个人死后灵魂必须受到审判，如果善行多于罪恶就进入天堂；反之，就被交给阿利曼。

最初琐罗亚斯德的皈依者人数很少，后来他的教义便迅速传播开了。琐罗亚斯德可能死于在为新宗教而进行的多次战争中的某一次，但是琐罗亚斯德教却成了波斯的宗教信仰。

第4章　远东和远西

当我们把近东这个"旧世界的心脏",亦即文明历史开始的地方记在心里的时候,我们切不可忘记还有远东和远西。中国、印度和远东的其他国家都有很古老的文化;而美洲虽然在人类历史中较为年轻,在好几千年前也已有了一点文明。远东被沙漠和山脉隔开,而远西也被海洋隔开,但不管怎样,近东、远东和远西甚至在古代就已有过一些往来,它们对于近代世界都有重要贡献。

4.1 古代中国

中国的传说　近代学者们在试图追溯中国技艺最初的来源时,有多种不同的学说。有些人认为这些技艺是由商人或移民从中亚带来;另一些人认为它们是由近东的探矿者带来。中国人自己就有很多传说。在中国人定居于中国西北部黄河上游的时候就已经开始传诵这些传说了。他们说,那里就是他们中华民族的摇篮。近似神话的故事记述了一系列的帝王——有些好的帝王曾从事于发明和技艺;有些坏的帝王很残酷而凶恶。而石制工具和陶器碎片所叙说的故事,就不是那么传奇式的。这些东西似乎可以表示:在中国,和在欧洲以及近东一样,曾经有过一个旧石器时代,接着又有一个新石器时代,当时人们学会了农作,再后便是一个铜与青铜时代,当时中国的技艺制品和近东一带的出品相似。

周　朝　中国历史到了周朝帝系的时候,才更为可靠。从公元前 1122 年到公元前 249 年,周朝帝王的统治经历了几乎九个世纪。在这个漫长时期里,中国文明是在进步之中,疆界向东扩展至海,向南到达长江。当时,用青铜制造的瓶壶成为一种艺术。人们开始用铁制造工具。农夫们在精耕细作的田地上进行灌溉。学者们已在记录历史和作诗。

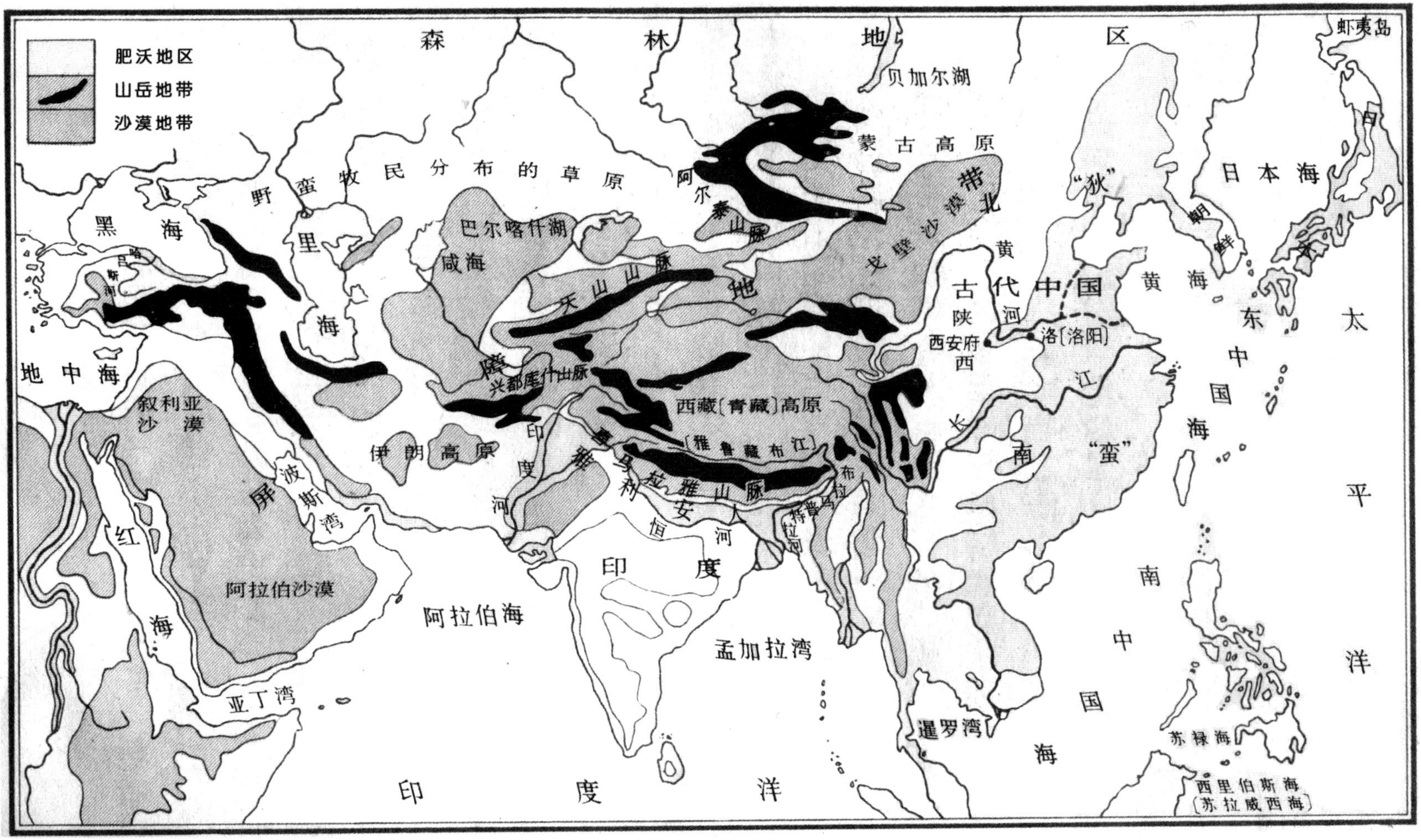
肥沃地区
山岳地带
沙漠地带
森林地区
贝加尔湖
蒙古高原
野蛮牧民分布的草原
阿尔泰山脉
戈壁沙漠带北
黑海
里海
巴尔喀什湖
咸海
天山山脉
地
兴都库什山脉
西藏〔青藏〕高原
雅鲁藏布江
喜马拉雅山脉
地中海
叙利亚沙漠
伊朗高原
印度河
恒河
印度
波斯湾
阿拉伯沙漠
红海
亚丁湾
阿拉伯海
孟加拉湾
印度洋
古代中国
黄河
陕西
西安府
洛〔洛阳〕
长江
“狄”
“蛮”
黄海
日本海
朝鲜
虾夷岛
东中国海
南中国海
太平洋
暹罗湾
苏禄海
西里伯斯海
〔苏拉威西海〕

地图4.1　亚　洲

当时帝国版图还很小。东北、蒙古和西藏都还没有被征服。首都不在北京,而是在黄河边上的西安府附近。

边疆诸侯国和蛮夷　当时中国人把他们的国土叫作"中国",在中国的边疆上有一些受王侯统治的附庸国或诸侯国。这些附庸国或诸侯国,至少在理论上承认中国帝王为他们的君主。这些边疆诸侯国的任务,就是对帝国以外的蛮夷进行持续不断的战争,以阻止他们的入侵。建在山顶的烽火台时刻在戒备着。当烽火燃起的时候,火光从一个山顶传到另一个山顶,迅速地传遍大地,这就是蛮族来到的一个信号。这时,边疆诸侯就得驾驶战车迎拒敌人。为了御敌于国境之外,中国人建起了世界奇迹——万里长城。

到公元前 6 世纪,中华帝国已经变成许多几乎独立的诸侯国,极其松弛地集结在一个权力微弱的帝王之下。几个主要的诸侯为了互争雄长,经常彼此交战。

中国文字　中国人发展了一种文字系统,虽然和埃及的象形文字或巴比伦的楔形文字不同,但可同两者相比拟。第一,中国文字也是由图画文字组成的,就是说,图画被简化成代表事物的符号。第二,它也包含有会意文字,即用以表达某些观念的各组图画文字。第三,中国文字也还有谐音文字,即代表某些声音的符号。这个文字系统,从前是,现在仍然是中国文化进步的一个巨大阻力,因为成千上万不同的字都要会读、会写,是很困难的。等大量中国文献写出之后,中国人才知道有简单的字母,不过等到知道的时候,他们已不愿放弃他们长期尊重的文字系统了。

假如中国在周朝时代和近东有更多的贸易往来,一种简单的字母体系可能会被采用。当时中国和近东虽曾越过沙漠和山岭的天然障碍,有过一些贸易,但数量太少,不足以给中国人以思想上和习惯上多大的印象。

孔 子　到周朝晚期,伟大的中国哲人孔子出现了。他的教训对中国的宗教、政府和伦理,曾有极大的影响。一个结果就是使人民趋向于保守——更倾向于固守旧的事物。旧文字系统之所以能够保持得这样长久,无疑这是一个原因。关于孔子的事,后面还要再讲述。

朝鲜和日本　朝鲜是中国东北方的一个半岛,近年来已逐渐闻名。古代中国历史学家常常提到朝鲜是中国的藩属国。朝鲜的文明似乎是从中国传入,这并非不可能。中国文化要达到日本诸岛就不那样容易,因为早期中国人不习于海上航行。日本有可靠记载的历史,仅开始于公元之后。此后,日本人也像朝鲜人一样,向中国学习的事物甚多。

4.2 古代印度

印度的孤立　印度的土地是一个巨大的三角形,底边是崇高的兴都库什山脉和喜马拉雅山脉,尖端是一个不规则的、楔形的酷热平原,向南伸展入印度洋。印度本身差不多自成一个大陆。它像中国一样,由于沙漠和高山的天然障碍,同欧洲和近东隔断,此外,它的三分之二的疆界濒海。可以肯定,甚至在远古的时候,已有一些沿岸航行的船只,在印度和美索不达米亚之间进行少量的海上贸易。古代印度通过美索不达米亚接受了腓尼基的字母。铁也是外来的,大概最初从西方输入。同样地,侵略者也偶尔从北方越过高山通道,长驱直入肥沃的印度河流域和恒河流域。

印度的白人和黑人　我们有证据说明,在远古的年代里,曾有一次白人侵入印度北部。当那些或许是来自欧洲的白人侵略者越过北方山岭进入印度的时候,他们发现了一个肤色黝黑的种族。他们征服了后者,很自然地骄傲起来,并称自己为雅利安人。"雅利安"的意思就是一个出身于善良或高贵的家庭的人。

《梨俱吠陀》　有记录的印度历史始自一部著名的诗集《梨俱吠陀》。它有一千首古诗,由祭司们背诵下来,代代相传,不知道究竟过了多长时间,才用文字写下来。假如《梨俱吠陀》中最古老的部分是像精通此经的学者们所断言的,作于公元前1200年左右的话,那么,印度的历史就会开始于埃及帝国已逐渐变得古老而衰弱之后,即克里特国王被推翻,他的宫殿被焚毁之后。

一个新近的发现　然而,现在可以叙述一个全然不同的故事。1931年,一个值得注意的发现被报道出来。在印度河沿岸埋藏极深的泥层之下,发现了一座五千年前的古城遗址。在遗址上发现了建造得很好的砖屋、雕像、陶罐和铜碑,证明在印度至少早在公元前

图4-1　摩亨佐-达罗是目前已发现的印度河谷文明遗址的最大城市,在今巴基斯坦境内,人口约3万至5万,在公元前2000年左右突然消失。图为它出土的印章和神像。在左边的印章中,可见牛的形象,而今天的印度教仍然极为尊崇牛。印章上方的刻画符号可能为文字,类似的符号已发现有数百个

3000 年,也许在同埃及和苏美尔一样早的时候,文明已经存在了。

梵文及有关的语文　《梨俱吠陀》所用的文字是梵文。这种文字与古代希腊文、拉丁文及波斯文极其相似。这四种文字和某些其他文字,例如现代德文、法文等,常常被称为"印欧"语言。这些语言显然是互相关联的,形成了可以说是同类的语系。很可能使用这些语言的所有民族在血统上或种族上是相联的,但我们不能肯定。

肤色和种姓　在印度南部,今天还有一些肤色黝黑的民族,叫作达罗毗荼人。他们大概就是《梨俱吠陀》上所描绘的那些为雅利安人所征服或奴役的黑色土著的残余或苗裔。无疑地肤色和征服成为印度种姓制度的基础。所谓种姓是一种十分严密的社会等级,随出生而固定。这种阶级或等级,在古代埃及、希腊和其他许多国家,不论是古代还是现代,都曾有过。在印度《梨俱吠陀》时代,有四个主要的阶级:(1)婆罗门或僧侣;(2)刹帝利或贵族;(3)吠舍或农人;(4)首陀罗或农奴。

公元前 1200—前 600 年的印度　雅利安人在印度不仅向南散布,也向东散布。饲养牲畜和耕种田地似乎是财富的主要来源,但市镇中的工业和商业也逐渐发达起来。黄金逐渐取代了牛,作为货币的标准。但一旦有外来强权入侵,印度还没有一个强有力的中央政府能够抵挡得住。

佛　陀　轮回的宗教观念,是和种姓的习俗密切地结合在一起的。人们很害怕灵魂在下一次投生的时候,会变成一个低级种姓的人,或变成一只下贱的畜生——也许是一只狗。同时他希望在来生会变成一个高级种姓的人。他的最高希望,就是与伟大美好的万物创造者婆罗摩①合而为一。约在公元前 550 年,一个伟大的宗教改革家乔达摩王子诞生了。他以佛陀著称,即大智慧、大觉悟者之意。他对印度的影响,可与琐罗亚斯德对波斯的影响、孔子对中国的影响相比。以后我们还将了解到他的事迹。

4.3　古代美洲

印第安人的来源　印度的土著居民,现在通称为东印度人(East Indians)。我们在这里所称的印第安人,当然是指美洲印第安人。哥伦布称他们为印第安人,是因为他当时以为已经到了印度,自那以后美洲的土著居民一直被称为印第安人。公元 1492 年,当哥伦布第一次到达美洲的时候,一些部落仍然处在石器时代,但其他部落已经有了高级的文化。

新世界最早的居民似乎是从西伯利亚来到阿拉斯加的,因为美洲的许多印第安人同亚洲的各民族很相似,而阿拉斯加和西伯利亚两地相距极近。白令海峡的宽度还不及 80 千米。人类来到美洲,必定是在许多世纪以前——一些作家相信在一万年以前,另一些人

---

① 婆罗门所崇拜的神最高者为婆罗摩,又称梵天王。——译者

认为更早些。

农业和水利 我们可以想象，最初的印第安拓荒者在石器时代就已擅长于打制石头武器和工具、钻木取火，善于编制筐篮，但对于农作、畜牧、制陶、文字以及金属的使用，则茫然无知。不过在某些地区，特别是在那些现在属于美国西南部的地区、墨西哥、中美洲以及秘鲁等地，农作已经开始，文明的基础也奠定了。可是印第安人种植的，不是旧世界所熟悉的小麦和大麦，也不是东南亚作为主食的水稻，而是一种新的植物，叫做玉蜀黍或玉米。玉米原应是美洲的一种野生植物，为当时的旧世界所未知。后来印第安人用人工种植和选种方法加以改良。重要的蔬菜也已栽种了，例如墨西哥的甜薯和秘鲁的白薯。

在很多高原和山坡上，不引水灌溉就不能生长谷物。水利工程的设计需要大群人的通力合作，由此看出印第安人放弃了猎人的游荡生活，定居下来成为农人。然后，只要更进一步，便可建造村庄、市镇和城市，并且修建庙宇、宫殿、要塞，以及创作艺术作品。水利工程在美洲正像它在埃及和美索不达米亚一样，都意味着文明。

开矿和建筑 在墨西哥南部或中美洲的某些地方，出现了一个农业文明，并从那里分别向南北传播开来。制陶业和纺织业都已发展起来。人们已发现并使用金属。制铜工作各处都有。他们已经知道金、银和锡，但仅用于制造装饰品，而不制造工具或武器。后来墨西哥、中美洲和秘鲁的古代人民，终于有了一种从许多方面说都算是丰富的文化。他们的庙宇建筑师们和雕刻师们所遗留下来的墙壁和纪念物，可与埃及和巴比伦的相媲美。那些壮丽的城市、庙宇和宫殿的建筑，似乎是出自玛雅人之手，时间在公元前1000年到基督诞生之间。

图4-2 这个阿兹特克人的面具是一个形象套着另一个形象，戴着此面具的人应该是希望借此获得动物的力量和让人恐惧的能力

玛雅人 玛雅人选择了中美洲的低地定居下来。他们清除了森林来种植玉米，得到了比在高原生产更为丰富的收获。财富和人口增多了，拥有华丽的宫殿和庙宇的城市建立起来。虽然没有铁或青铜制工具，建筑师们却能够钻凿大块的石头，来建造宏伟的建筑物，并用石雕装饰得丰富多彩。玛雅的制陶师们技巧很高，审美观念也强。玛雅人有一个象形文字系统，他们精于数学，并发明了一种历法。

托尔特克人 托尔特克人来自北边某一地方，也许是从科罗拉多河一带南迁，定居于墨西哥高原的南部。像玛雅人一样——他们大概从玛雅人那里学到了很多东西——他们也建造了宫殿和顶上有庙宇的金字塔。托尔特克人在乔卢拉所建造的金字塔,底基比埃及的大金字塔还大,而高度还不及后者之半。

阿兹特克人　阿兹特克人也是从北方来的,也许来自加利福尼亚州。他们杀戮、歼灭当地的托尔特克人,取得他们的居住地,但同时也像一切蛮族经常做的那样,向他们的受害者学习。就在现在的墨西哥城,他们发现了一个湖,湖中有岛,他们在岛上建造茅舍以防御外来攻击。他们还修建了人工岛屿,村庄逐渐变成城市。它有几分像美洲的威尼斯,但它的海拔却高达 2134 米!阿兹特克人像玛雅人及托尔特克人一样,迷信、崇拜蛇神、在祭台上以人体为牺牲来献祭,这些都证明他们是野蛮人。

印加人　秘鲁的印加人也许拥有在美洲早期各民族中最优美的文明。在农业、建筑和政治上,他们都是最有效率的;就是在崇拜上,他们也似乎不那么残酷和嗜杀。用石板铺成的令人惊异的军用大道,长达几千英里,是他们工程技巧上的良好范例。首都库斯科有辉煌壮丽的太阳神庙和其他大建筑,确是一座奇异之城。

我们所受的恩惠　近代世界既是近东和远东各民族的后继者,也是美洲印第安人的后继者。我们从每个民族,从所有民族,都曾接受过丰富的礼物。现在特别想想远东和远西,我们看出一个对比:中国的贡献主要是发明和技艺,如瓷器、丝绸和火药;古代美洲的贡献主要是植物,如玉米、马铃薯、烟叶、番茄、南瓜、草莓、菠萝和花生。

公元前和公元后　在基督教国家里,历史学家都从基督诞生的年份计算起,来区分年代,例如我们说中国的周朝始于公元前 1122 年,就是说,在基督诞生前多少年。迄今为止,在本书中所学到的年代日期大部分都是在公元前——基督诞生之前,只在本章中某一段内,我们说到一桩重要的事件,它发生在基督诞生之后的许多年——就是哥伦布于公元 1492 年发现了美洲。这"A．D．"两个字母,拉丁文是 Anno Domini,意思即"在我主之年",或基督诞生后某年。在这以后,我们将逐渐地从公元前的年代进到公元后的年代。

假如我们想要知道公元前年代和公元后年代的总数字,我们只要把两个数字加起来就可以了。例如,从周朝的开始到美洲的发现,就是 1122 加上 1492,共计 2614 年。

这种区分时期的方法,是直到基督诞生后很多年才开始的,以后在划分点即基督诞生年份的计算上,发现曾有三年或四年的差错,但这对我们来说是无关紧要的。一切的年份都有了计算,或者是公元前,或者是公元后。

年代图表

	欧洲	非洲	西亚	印度和中国	中美
前4000—前3000年	石器时代	文明在埃及的成长（灌溉、文字、金字塔、铜）	文明在苏美尔和阿卡德的成长（灌溉、文字、铜）	石器时代	石器时代
前3000—前2000年	青铜时代	埃及的文明王国	在美索不达米亚的城市和帝国（萨尔贡、汉谟拉比）	印度河文明	石器时代
前2000—前1000年	青铜时代 克里特的繁荣和衰落 迈锡尼时代 铁器时代的黎明 多立斯人侵入希腊	喜克索斯人在埃及 新埃及帝国 图特摩斯一世和三世	加喜特人在巴比伦尼亚 赫梯帝国兴起和衰落 铁器时代开始 特洛伊战争 希腊殖民地在爱奥尼亚	铜和青铜 周朝 雅利安人在印度	玛雅文明的兴起
前1000—前500年	希腊殖民地扩张 文化在爱奥尼亚的昌盛（萨福、泰勒斯） 伊利刺斯坎人在意大利 雅典和斯巴达的兴起 罗马一个小城邦 爱奥尼亚被波斯征服	埃及衰弱 亚述统治下的埃及 希腊商人在埃及 迦太基兴起 波斯征服埃及	所罗门国王 亚述帝国兴起和衰落 新巴比伦帝国兴起和衰落 吕底亚的克雷兹 居鲁士建立波斯帝国 波斯的大流士	周朝和中国的封建时代 印度教文明在印度 铁器时代开始 乔达摩佛陀 孔子	玛雅文明在成长（文字、立法）
前500—前1年	波斯战争 伯利克里和雅典帝国 伯罗奔尼撒战争 亚历山大大帝 罗马统一意大利 布匿战争 罗马征服希腊、高卢、英格兰 尤利乌斯·恺撒 奥古斯都	亚历山大征服埃及 托勒密王朝统治下的埃及 希腊化文明 罗马统治下的迦太基 罗马统治下的埃及	波斯帝国昌盛 亚历山大征服波斯 塞琉古王朝 帕提亚帝国的兴起 罗马统治下的小亚细亚和叙利亚 耶稣基督的诞生	亚历山大侵入印度 孔雀帝国在印度 中国的汉朝	玛雅文明昌盛

第二编

希腊城邦的古典文明

Classical 这个词的来源是值得注意的。在古代罗马，属于最高社会等级的公民称为 classici，而这个词有时也应用于作家。最优秀的作家们是 classic，就是说，他们是一流的。所以一个 classic，是指一个最优秀的作家，或一部最优秀的作品。

古代希腊和罗马在艺术、文学和哲学上的成就是那样辉煌，所以希腊和罗马作家的著作一般称为"古典"，而希腊—罗马的文明也便称为"古典"文明。

以下三章将主要地探讨古代希腊文明的成长，及其因亚历山大的征服而向近东的伸展。第三编的几章将说明它在罗马帝国里的进一步传播。

我们将不采用"古典"这个词的狭义，把它局限于古代希腊或罗马的文化，而承认把它应用于任何地方的杰作都是合适的。因此，对于今天的中国人来说，孔子可称之为古典，就像荷马对于欧美人一样。所以，我们将不仅仅讨论希腊和罗马的古典文明，在第四编里，还将讨论古典文明在印度和中国的兴起，以及它们之间的关系。假如我们想了解世界历史，这种较为广阔的看法是必须采取的。

第 5 章　希腊城邦的兴起

5.1 希腊人继承的遗产

各时代的继承者　希腊人是历史的继承者,同时也是杰出的遗产管理者。他们接受了前人许多东西;他们也留给后人许多东西。

远古时代流传下来的语言、火种、工具和武器他们仍在使用。除此之外,旧石器时代曾给予他们缝纫、绘画、雕刻以及宝玉饰品;他们从新石器时代又承袭了栽种谷物、使用牲畜、磨制石器、盖房、制陶、纺线、织布以及制造轮车的秘诀。

不仅如此,希腊人还可以从文明程度很高的邻人——克里特人、腓尼基人、埃及人和亚述人那里借用手艺和技巧。正如我们已经看到的,那些近东的人们懂得怎样去制造青铜工具,制造船舶,建筑豪华的石庙,雕刻精美的石像,演奏乐器,书写法典和文书,以及组织强有力的政府。对于这些,希腊人不需要自己发明,只是采用就够了。

多样性和进步　多样性往往是进步的因素。对希腊文明来说正是如此,有很多东西可以供希腊人选择。举例来说,有多种不同的文字,如巴比伦人的楔形文字、埃及人的象形文字以及闪米特人的表音字母,可供他们选择。希腊人聪明地或幸运地选择了字母,拿这个最简便而又最好的方法运用于自己音调优美的语言。对于文字如此,对于其他技艺方面,希腊人的选择也极为聪明,而且一经选定之后,他们还努力改良,很快便出于蓝而胜于蓝了。

克里特的赠与　特别是从克里特那里,古代希腊人学得了文明的艺术。正如我们所知道的,在公元前 1600 年到公元前 1200 年之间,克里特文化的一些前哨是很繁荣的。迈锡尼和梯林斯一带的岩石遗址,当时原是阴森森的山顶城堡,为豪强的地方首领们所据有。

图5-1　1876年，对《荷马史诗》坚信不疑的施里曼在迈锡尼著名的"狮子门"城墙内发现了几个竖穴墓，他断定这就是史诗中所述的阿伽门农的坟墓，墓中一个金色面具则被他宣布为阿伽门农金面具。但事实上"阿伽门农的坟墓"是迈锡尼早期的墓葬形式——竖井墓，年代约在公元前16世纪，阿伽门农面具也并不属于阿伽门农本人

在那些城堡遗址里所发现的艺术宝藏，有力地使我们想起了克里特的艺术。在迈锡尼一带，尽是这种财富和权势的迹象，所以有些历史学家认为迈锡尼的统治扩展得很远很广，于是称这个时代为"迈锡尼时代"。

"亚该亚时代"和"荷马时代" 但是，这个时代的后期还有另外两个名称。一个为"亚该亚时代"，因为这些希腊首领以亚该亚人知名。这一点是值得记住的，因为亚该亚人是我们最熟悉的第一批希腊人。另一个名称"荷马时代"也是饶有趣味的，因为它使我们想起，我们关于亚该亚人的知识，大部分都得之于荷马。

荷马这个名称意指两篇伟大的诗歌《伊利亚特》和《奥德赛》。伊利亚特得名于一个城市伊利翁或特洛伊；奥德赛得名于奥德修斯，他帮助夺取特洛伊城。根据传说，这些史诗原是一位盲诗人荷马所写。有些批评家相信，荷马是公元前9世纪的人，他的史诗是根据浪漫的叙事诗写成的，而这些叙事诗以前曾为行吟诗人所传唱。另一些批评家则认为这些诗篇不是出于单一作家之手。总之，在英雄诗体里，它们诉说了一个恋爱和战争的迷人故事，对于亚该亚的国王们、希腊人的生活和宗教、战马和战车、小小的船舶，以及围有墙垣的特洛伊城，都描绘得很清晰。

诗中有画 有人说过，一切民族的童年都是在歌唱里度过的。他是指最古的文学作品都是诗歌。人们经常用诗歌记录他们最早的历史。雅利安人的《梨俱吠陀》，希腊人的《荷马》，都是如此。

荷马同时丰富了诗歌和历史。他描绘了国王和贵族们的狩猎，以及狩猎后在豪华的会堂里举行宴会，赏听音乐。对于农民和牧民他着墨不多。但关于男女神祇，如众神与人类之父宙斯、白色眼睛的雅典娜、傲慢的宙斯之妻赫拉、海神波赛冬、爱神阿芙洛狄蒂，他描绘了他们荒诞和神异的行为，使我们感到亲切。

亚该亚人生活里一个动人的特征是慷慨好客。无论生人还是熟客都予以款待，不但供应最好的住所，而且在临走时还赠以厚礼。如果拒不款待，或者侮慢来客，那都是会触怒众神的。这一点使我们懂得了特洛伊战争的原因。

特洛伊战争 荷马告诉我们，有一天，斯巴达王麦尼劳斯的宫里，来了一位年青的访客，特洛伊王子帕里斯。当然，麦尼劳斯以王室之礼招待了他。但是，帕里斯竟不顾信义，引诱美丽的海伦——麦尼劳斯的妻子——和他一同逃跑，越过爱琴海，回到特洛伊。于是麦尼劳斯和他的兄弟，迈锡尼的国王阿伽门农，召集了其他的亚该亚国王，带着他们的士兵和船舶，一道去征讨特洛伊。

特洛伊坚持了十年。战争形式多数是决斗，例如在一次生死格斗中，特洛伊的伟大英雄赫克脱竟死于骁勇的希腊人阿喀琉斯之手。最后，奥德修斯提出了一个诡计。希腊人都登上了他们的船舶，像要驶回家乡，只在特洛伊城前留下了一匹巨大的木马。特洛伊人高兴地夺取了木马，拖进城里。但是，木马的内部却藏有希腊的士兵。到了晚上，他们悄悄地出来，替他们的伙伴打开了城门。这样，特洛伊城被攻陷了，成了废墟和灰烬。

无疑地，这个故事同时包含了事实和虚构。近年在爱琴海东北岸发掘出了一座焚毁的古城遗址，它的石垣厚达 4.6 米。历史学家相当肯定，这便是亚该亚人攻下的特洛伊城，时间大约在公元前 1200 年。

铁制的刀剑 在荷马所写的亚该亚战士的英雄时代之后，接着是一个黑暗时代。麦尼劳斯、阿伽门农和奥德修斯的孙儿和曾孙们，竟被从北方来的凶猛的入侵者所压倒。这些征服者很可能是亚该亚人的远亲，后来被称为多利安人。他们所操的希腊语被称为多利安方言，用以区别于其他使用很广的希腊方言，即爱奥尼亚方言、埃俄利斯方言和阿卡迪亚方言。多利安人入侵之后，希腊半岛遭到了破坏，金属工艺衰退了，瓶罐的式样与花纹过于简单，人们开始穿着一种新式的袍子（宽袍大袖扣以别针），也开始使用铁制刀剑（在较早的时代希腊人使用青铜）。由于多利安人的侵入，大约在公元前 1100 年左右，希腊的铁器时代才有了曙光。

希腊人的恩惠 很难说清希腊人是些什么人，只知道他们是一个混合的种族，而且分成许多集团。他们的语言和梵语及波斯语有亲缘，所以人们假定，他们和印度的雅利安人、波斯的伊朗人都是远亲。后来，希腊人自称为"赫伦人"，即赫伦的子孙；同时称他们的土地为"赫拉斯"，即赫伦人的地方。

我们必须把赫伦和特洛伊的海伦区别清楚。赫伦正像是希腊人的亚伯拉罕。希腊人追忆到他，正像犹太人追忆到亚伯拉罕一样。

但是我们在许多方面受惠于希腊人，这是很容易认识到的。在艺术和文学方面，我们的思想和理想大部分是希腊的。我们的字母是稍稍变更了的希腊字母，我们的许多词语，例如"民主"和"心理学",都是希腊的词语。我们所学习的几何定理是希腊学者们推演出来的。诗歌、哲学和戏剧有赖于希腊的也很多。甚至我们的体育运动,如"马拉松"和"奥林匹克"竞赛,无不使我们回想到令人惊叹的古代希腊。

5.2 商业、殖民地和文化

假如把古代希腊认为仅限于希腊半岛,那就错了。公元前 1200 年至公元前 1000 年之间,希腊人越过了爱琴海,散布到了特洛伊地区以及小亚细亚的其他部分。稍晚,在公元前 750 年到公元前 550 年之间,在较远的黑海沿岸,在南面——非洲的地中海沿岸,在西面——今日的意大利、法国和西班牙等地,他们都建立了城市。商业随着殖民地而扩展,文化亦然。

东希腊　东希腊包括希腊半岛、爱琴海内部和周围的许多岛屿,以及小亚细亚较近的海岸。这个地区的一些地方住着埃俄利斯人,一些地方住着爱奥尼亚人,还有一些地方住着多利安人。这些都是希腊人,但在商业和文化方面,很可能也在殖民地方面,小亚细亚的爱奥尼亚人城市在一个长时期占据了最重要的地位。

卓越的爱奥尼亚人城市　在小亚细亚大陆,爱奥尼亚人的城市共有十个。邻接的岛屿如萨摩斯和开俄斯,也是爱奥尼亚人的。萨摩斯岛差不多对着米安德河河口;开俄斯岛更往北,正对着赫尔木斯河口。这些爱奥尼亚人的城市和周围的乡镇,在古代希腊文明的发展上扮演了最重要的角色。就一方面说,它们具有宜于种植的温和气候和广阔的河流平原,条件比大多数希腊人的居住地要好。就另一方面说,他们从遇到和征服的本地人手里接受了一些东西,同时又从埃及、美索不达米亚、叙利亚接受了一些古代文化。这种希腊和非希腊的混合,意味着一种文化的混合,而且往往使文化更加丰富。同时,这些爱奥尼亚的光辉,又返照到爱琴海以西,带动了希腊半岛的雅典及其他城市的文化发展。

典型的米利都　小亚细亚爱奥尼亚人杰出的城市之一是米利都。它的历史正说明了东希腊过去所发生的一切。在小亚细亚沿岸米安德河河口附近,希腊人到来之前已有一个城市十分繁荣。在公元前 1200 年和公元前 1000 年之间,有一队爱奥尼亚希腊人在这里登陆,占领城市,杀了男人,娶了妇女,又为他们自己建造了一座新城,这就是米利都。它很快成为巨大的贸易中心,财富增长了,殖民地建立了,艺术也培养出来了。

到公元前 8 世纪,米利都的船舶已开进黑海,从事贸易和建立殖民地。在这期间,已经建立了和埃及的通商关系。甚至在公元前 700 年,尼罗河口还有一个米利都的贸易站。米利都的船舶还扬帆向西,到了靴形的意大利的脚跟和脚尖,建立了许多城市。这些城市(主要是锡巴里斯)富庶而伟大,以人们习于逸乐和庖丁精于烹调而闻名。直到今天,"锡巴里人"还意味着一个爱好奢华的人。同时,通过锡巴里斯,米利都人还把希腊和埃及的

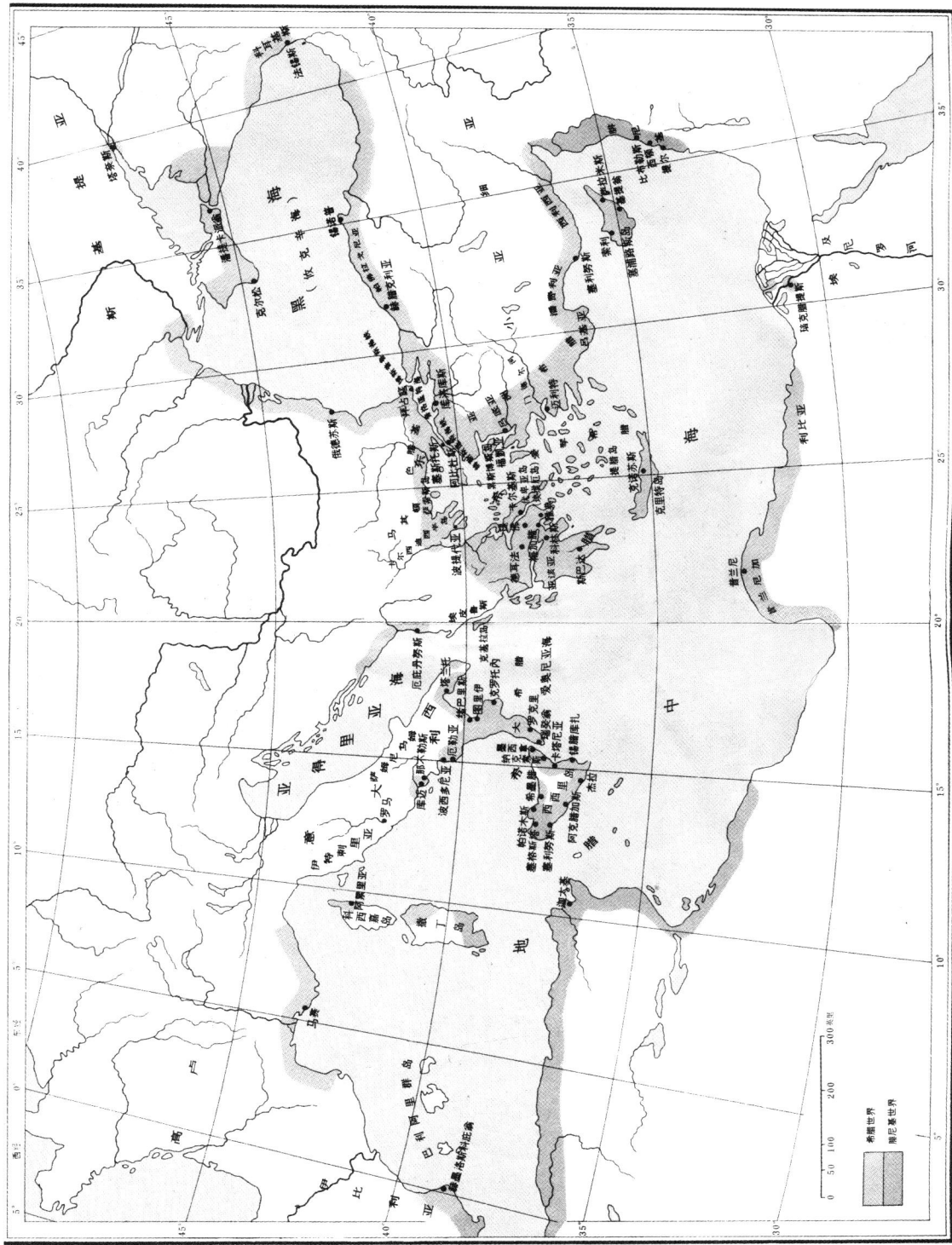

地图 5.1　古代希腊人和腓尼基人的世界

希腊世界
腓尼基世界

0　50　100　200　300 英里

图 5-2　希腊的重装步兵装备了圆形大盾和长矛,结成紧密的阵形行进,只要阵形保持,其战斗力很强。此为公元前 7 世纪的希腊瓶画,反映了两队步兵在交战,左侧持笛者领着另一队士兵准备加入战场

货物送上意大利的西海岸,越过台伯河口,直达伊特鲁里亚。米利都之所以伟大,不仅由于它的富庶与海上力量,而且由于它的文化和实用艺术。被希腊人推为七贤之首的哲学家泰勒斯(公元前 640—前 546 年),原是一个米利都人。在埃及,他学习了几何学。后来他把这门科学教给了希腊人,希腊人又传给了我们。他的学生们把米利都作为一个哲学和科学的中心,他们的工作奠定了后来雅典那些更伟大的哲学家们的思想基础。米利都又是一个著名的艺术中心,特别是建筑和雕刻。

希腊人铸造货币始于爱奥尼亚的城市。作为对贸易的刺激,硬币的使用是头等重要的。

爱奥尼亚人和埃俄利斯人的城市又是希腊文学的摇篮。在莱斯沃斯岛上,米提利尼的萨福也许是古今最伟大的女诗人——她的确是最有名的。柏拉图称她为"第十位缪斯女神"。①

优卑亚和科林斯　在商业和殖民地方面,米利都有许多敌手,包括优卑亚岛上爱奥尼亚人的城市卡尔西斯和厄瑞特里亚,以及希腊半岛上邻近著名地峡的多利安人的城市科林斯。科林斯最大的殖民地是西西里岛上的叙拉古。优卑亚人既是战士,又是水手。他们发明了作战的方阵,由持着盾牌和长矛的战士形成一个牢固的行列。对于它,无组织的敌

---

① 缪斯,宙斯的女儿,共有九个,司文学、艺术等。——译者

人很少有取胜的机会。

西希腊　西希腊由远布在各处的希腊殖民地组成,包括意大利南部、西西里、撒丁和科西嘉等岛屿,以及法国和西班牙的沿岸。由于希腊在意大利南部和西西里岛有众多殖民地,人们经常称这个地区为"大希腊"。

黑海圈　我们一看地图就可以明白黑海完全被希腊人的殖民地围绕起来。所以米利都曾经自豪地说,它是黑海南岸七十多个市镇的母亲或祖母。

5.3 斯巴达及其军队

一个对照　在我们想象之中,没有比爱奥尼亚进步的贸易城市和斯巴达肃严的军营之间的对照更为尖锐的了。斯巴达是一个军国主义和寡头政治的不幸试验:军国主义是对战争的崇拜;寡头政治是少数特权者的统治。

特洛伊战争之后,当多利安人侵入希腊的时候,麦尼劳斯和海伦的宫殿被摧毁了,一部分多利安的战士定居于欧洛塔斯河流域,成为征服者和主人。他们自己分占了最好的土地,把本地人作为他们的仆役或农奴。他们的首都是斯巴达,一个新的市镇,或者说,一些乡村的集合体。它没有墙垣。带着铁剑的人们便是它的防护者。

斯巴达之"最好的人"　由于人口的增加,斯巴达的贵族政治需要更多的土地。"贵族政治"(aristocracy)这个希腊词的意思是"贤人政治"或好人政治。它也可以应用于统治阶级。这种好人政治,正像寡头政治一样,是少数人的统治,但是,在好人政治里,统治阶级通常由贵族组成,这些人自认为是"最好的人"。

只要征服,不要殖民地　不像米利都和其他城市那样把过剩的人口送到辽远的殖民地去,斯巴达的贵族们,即斯巴达的领主们,试图用攫取邻近希腊人(麦西尼西人和其他邻人)的土地的办法来解决问题。麦西尼西人做了殊死抵抗,但最后还是为斯巴达人所压倒。斯巴达夺取了他们最好的土地,同时把他们变为农奴。

此后有一个时期,文化和奢侈品盛行于斯巴达豪富的地主家里。他们的地方以狩猎、好客和美丽的妇人而著名。稍后,在公元前 7 世纪,麦西尼西人得到几个嫉妒斯巴达的邻邦的支持,起来做流血的反抗。斯巴达的根基彻底动摇了。这次反抗尽管被粉碎了,但是从此以后,斯巴达人便在死亡恐怖中过活。军事训练和战争成了他们的生活。

斯巴达人的训练　当一个婴儿出生时,城邦的官员应决定是否让他存活。如果是羸弱或残废的,就带上山丢弃,让他死去。男人们都不在家里居住,只在营房里准备打仗。男孩们每年必须受鞭笞一次,以考验他们忍受痛楚的能力。女孩们必须接受严格的体育训练,希望她们能把较强的体力传给儿女。

希洛人和庇里阿西人　在耕地里住着许多农奴,叫作希洛人(helots)。虽然领主既不能

图 5-3 科林斯的青铜雕像,约公元前 500 年,表现了一个举盾的斯巴达战士

出卖也不能释放他的希洛人,但是希洛人不能迁走,实际上是领主的奴隶。斯巴达人的领地周围有大约一百个附属于斯巴达人的市镇,居民叫作庇里阿西人,意思是"住在周围的人们"。庇里阿西人可以采矿和经商,但在政府里他们却很少有份。他们必须帮助斯巴达人对内看守希洛人,对外防御入侵者。庇里阿西人和希洛人都可以被征召去帮助作战。

对文明的影响 斯巴达的制度使它在希腊成为主要的战争力量,"斯巴达"这个名称也便成为严厉的纪律和对痛苦的坚强忍受的同义语。但是,斯巴达对于希腊的艺术或学问的贡献极少,它有一个国王曾经傲慢地自夸,斯巴达无意从别的邦国里学习任何东西。它的制度终于使斯巴达停滞、衰弱和退化。

伯罗奔尼撒同盟 在崩溃来临之前,斯巴达也有展示军威和顺利征服的时期。它开始同好战的邻邦结成联盟,到公元前 6 世纪末期,希腊南部的大部分邻邦都和它联合起来。这个联盟受斯巴达的军事领导,被称为伯罗奔尼撒同盟。

色雷斯,北方的斯巴达 在那时,同盟的唯一真正敌手是色雷斯。色雷斯之在希腊北部,正像斯巴达之在希腊南部。色雷斯的贵族们拥有全希腊最大最富庶的平原。同样,色雷斯也有它的同盟。它正像斯巴达,也是由占有农奴的领主们所统治,而且对文明极少贡献。它的骑兵要比它的文化好一些。

5.4 雅典及其法律

另一个对照 上面所指出的斯巴达和爱奥尼亚城市的对照,在许多方面对于斯巴达和雅典之间的对照也适用。在古代希腊的一切城邦里,对丰富人类生活贡献最大的是雅典。但是,像我们将要看到的那样,雅典的人们同时也能够是很好的战士。

一个理想的城邦 在城邦制是希腊的理想制度的时代,雅典正是一个理想的城邦。希腊最伟大的哲学家之一曾经写过,一个理想的城邦所包括的民众,应相当于在一个演说者的声浪范围以内可以集合起来的数目。其他的古希腊作家们同意他的说法,认为在一

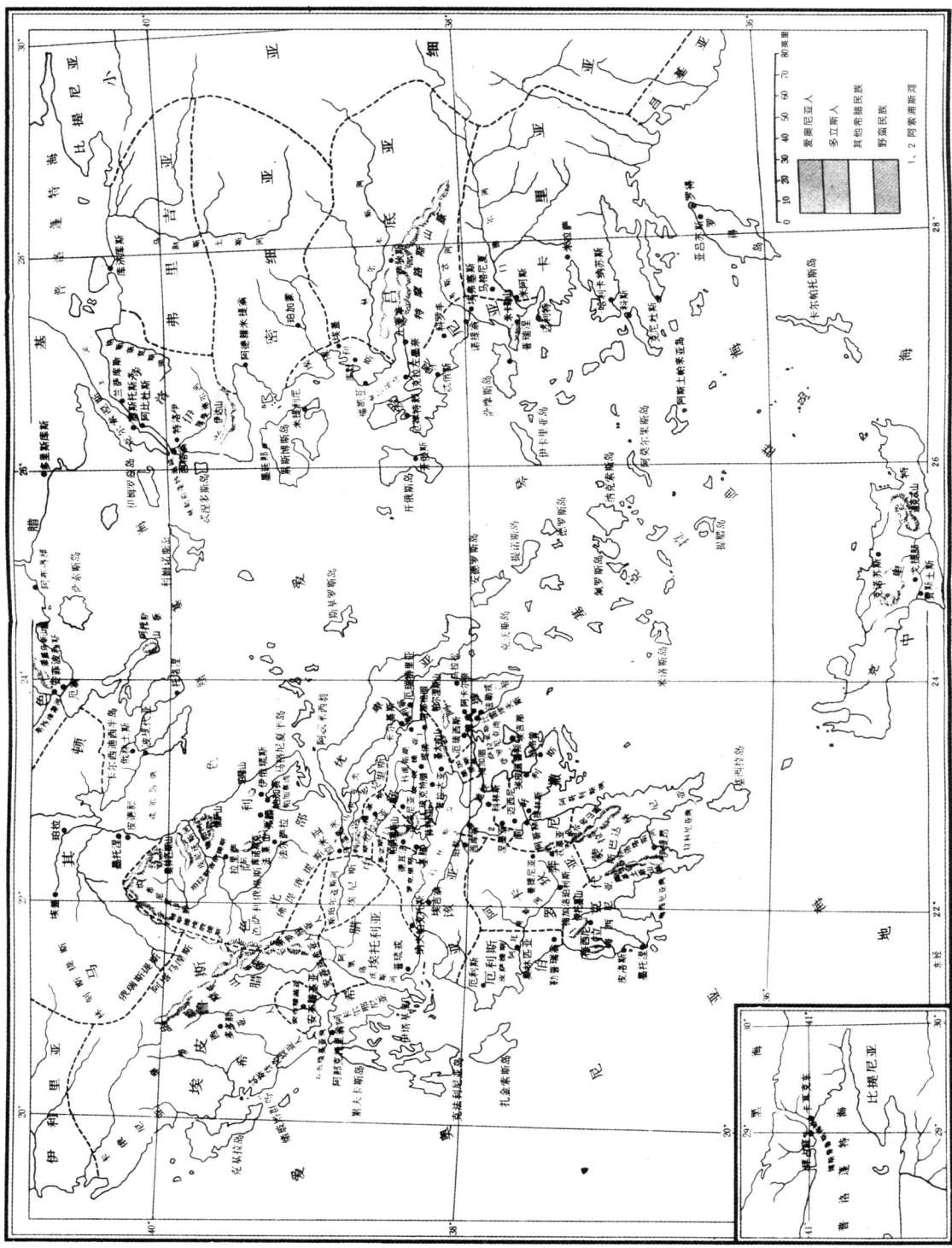

地图 5.2 古代希腊

个城邦之内，如果所有的公民都能相见而且习于相识，都能参加市民和宗教的典礼，都能出席公共的剧场，欣赏神庙和公共建筑物，以及以高度的热忱爱护他们的城市，那是值得称颂的。

典型的城市成群地围绕于一个山冈或高岩，理由很简单。山顶原是天然的要塞，同时容易建筑工事，防御敌人。所以山顶或城堡最初便是城市，在希腊语里叫作 polis。由于居住地扩大，分布到山冈周围很远的地方，于是中央高处布满建筑的地方，叫作卫城（acropolis），原意是"城顶"或"城市最高处"。

希腊的国家经常真正是一个城邦，因为典型的国家通常只包括一座城及其周围 518 或 777 平方千米的耕地。从卫城远眺，市民可以看到整个国家，整个乡土。在希腊城邦里只有少数城邦具有 16 千米以上的半径。

典型的城邦是排外的。公民权通常是世袭的，由父亲传给儿子；异邦人不准和城邦公民结婚，不准拥有土地，也不准参与宗教仪式。公民权是一种值得骄傲的特权。每个城邦都有它的特殊的男神或女神作为保护者。例如赫拉守卫着阿哥斯城邦，阿波罗保卫着阿波罗尼亚，白色眼睛的雅典娜，这个持矛冠盔的少女战士，则监守着雅典。

雅典正是一个典型的希腊城邦。

早期的雅典　在古代，雅典仅是阿提卡崎岖岩石上的一个城堡，至今它以"卫城"著称。周围的许多地方都是岩石重叠，而且雨量很少。像大多数古希腊人一样，雅典居民是混合的种族，虽然多数是爱奥尼亚人（至少在语言上如此）。

在公元前 8 世纪以前，雅典原是阿提卡周围地区 12 个小城邦之一，虽然它是主要的一个。在公元前 700 年以前的一段时间里，所有这些阿提卡的市镇是统一的，而雅典人的祖先便在这时候迁入雅典，成为后来的雅典人。但是，那时整个阿提卡的面积并不超过 2590 平方千米。

德拉古的法律　直到公元前 621 年，雅典的法律还没有成文——人们只得服从贵族们所述说和解释的惯例。早期的国王曾经为贵族们赶跑了。政府就成了贵族政治。

因为农民和工人遭受压迫，被剥夺了政治上的一切发言权，所以他们心中不满，要求改革。为了适应这个要求，执政官（Archons）或行政长官之一德拉古在公元前 621 年把这些法律写成明文。他的法典是很严厉的，正像大多数古代法典那样；但是，这毕竟是走向公正和民主的一步，因为它使得一切民众知道这些法律是什么。

工业和贸易　由于工业和贸易，雅典成长得很快。金银铸币也开始使用。雅典的制陶工匠输出了精致的瓶瓮。酒类和橄榄油也成为重要的产品。雅典的船舶航行到了埃及、塞浦路斯与黑海，同时带回了谷物。从米利都运来了精美的毛制斗篷，青铜器来自卡尔西斯，杯瓶之类则来自科林斯——许多奢侈品都是供给富有的贵族们。不幸的是，谷物的输入降低了农产品的价格,阿提卡的许多农民因此债台高筑,最后丧失了土地,变成富人田园里的佃农。更糟糕的是他们中的一部分只得把自己抵押出去——他们或他们的儿女便成了债务奴。

梭伦的改革　公元前 594 年,一个深得众望的军事领袖梭伦被选为执政官,他解除了民众的一些痛苦。虽然自身是一个富人,但他同情贫民而且期望得到公平。他以很大的勇气一举释放所有的债奴,取消有关土地的一切抵押,同时还严禁将来的一切债务奴制度发生。但是,他也没有像有些贫民所期望的那样极端。他的改革消除了许多不平,也给了普通民众以少量的政治权利,但大部分权力还是留在贵族手里。这些贵族组成了执政委员会及其他会议。

政党和僭主　尽管梭伦推行改革和施以善意的劝告,骚乱还是在阿提卡发生了。水手、渔民、陶工和其他工人联合成一个政党"海岸"党。拥有最好土地的富有贵族们组成了另一个党"平原"党。于是,一个名叫庇西特拉图的有抱负的青年领导

图 5-4　古代雅典以商业立国,一个著名的产品便是用于盛装橄榄油和酒的双耳罐,上面绘有精美的图画。这个公元前 6 世纪的土罐,便显示了收割橄榄——雅典最重要的作物之一——的情景

了第三个党,成员包括心怀不满的羊倌、牧民和小农们,诨名叫作"山冈"党。

庇西特拉图对他的追随者许下了美好的诺言,同时自立为僭主,夺取了对城邦的控制权。在往后 30 年中,他经历了许多起伏,雅典也是一样。在大部分时间里,他是一个军事独裁者,可是在农业、艺术和文学方面,他做了许多贡献。雅典人笃信宗教,在崇拜男女神祇时,庇西特拉图通过增加仪式和节日的盛大壮丽来取得人心。

庇西特拉图的儿子们也是继位的僭主。他们也都有为公的精神,经常促进公众的福利。但是,在公元前 510 年,贵族们得到了斯巴达的援助,把他们赶走了,于是雅典又成为寡头政治。

克里斯提尼的改革　尽管如此,民主的精神毕竟在雅典成长起来了,"海岸"党不久就

获得了控制地位,而且他们的首领克里斯提尼成为绝对的立法者。他可以确切地被称为希腊民主政治之父。他把公民权扩大到更多的民众,对各族做了一种新的、更为民主的安排,创立了一个代表会议,把军队建立在更符合人心的基础上,同时又制定了陶片流放制度。这个词多少有点像我们近代的罢免,但是更为严厉。在陶片流放里,公民们可以用投票的方式放逐任何一个他们认为危害城邦的人。

第6章　波斯战争和雅典人的胜利

6.1 波斯帝国

更多的对照　第5章里所指出的对照也许可以帮助我们了解另一个对照——城邦制的希腊和帝制的波斯之间的对照。波斯是西亚空前伟大的军事帝国。公元前500年后不久,雅典和其他希腊城邦为了生存,不得不和它作战。这种斗争的意义,只有在明白了希腊和波斯之间性质和幅员的不同之后才能了解清楚。

希腊的城邦承袭了较古的克里特、埃及和西亚文明中的最好部分,并且发展出一种新的、有希望的、充满活力的、仍在成长的混合文明。他们发展着艺术和文学的精美形式,新的哲学和科学,同时——在雅典——正发展着一种新型的政府,即民主政治的城邦。最为重要的是,希腊人所珍视的理想,是一种自由的城邦国家,这和以武力统治的世界帝国正相反。

波斯人正如希腊人一样,也是较古文明的继承者。在建筑和艺术方面,他们有些精美的东西,在政治和军事方面,也有一些很有效的制度。尽管如此,依我们的眼光来看,波斯人的选择不如希腊人的聪明:和希腊人相比,波斯那种混合文明显然不同,而且价值较少。在文字上,他们使用楔形文而不是西方的字母;在艺术上,他们宁愿追随亚述而不追随埃及。在文学方面,他们是较次的;他们理想的国家是一个在军事独裁下的帝国,而不是一个以民主为基础的自由国家。

波斯的军事帝国主义　正像历史上许多其他军事国家那样,波斯人有一个好战的贵族政体,蔑视工商业。他们获得财富和奢侈品的方法与其说是靠商业,不如说是靠征服。征服可以使他们从臣属民众手里获得战利品和贡品,同时也满足了他们对冒险和荣誉的渴望。

居鲁士大帝　只要看波斯帝国的扩张步骤便可以明白,波斯是怎样和希腊人冲突起来的。如第3章所述,这个帝国是居鲁士大帝在公元前549年统一米底亚和波斯以后所创立

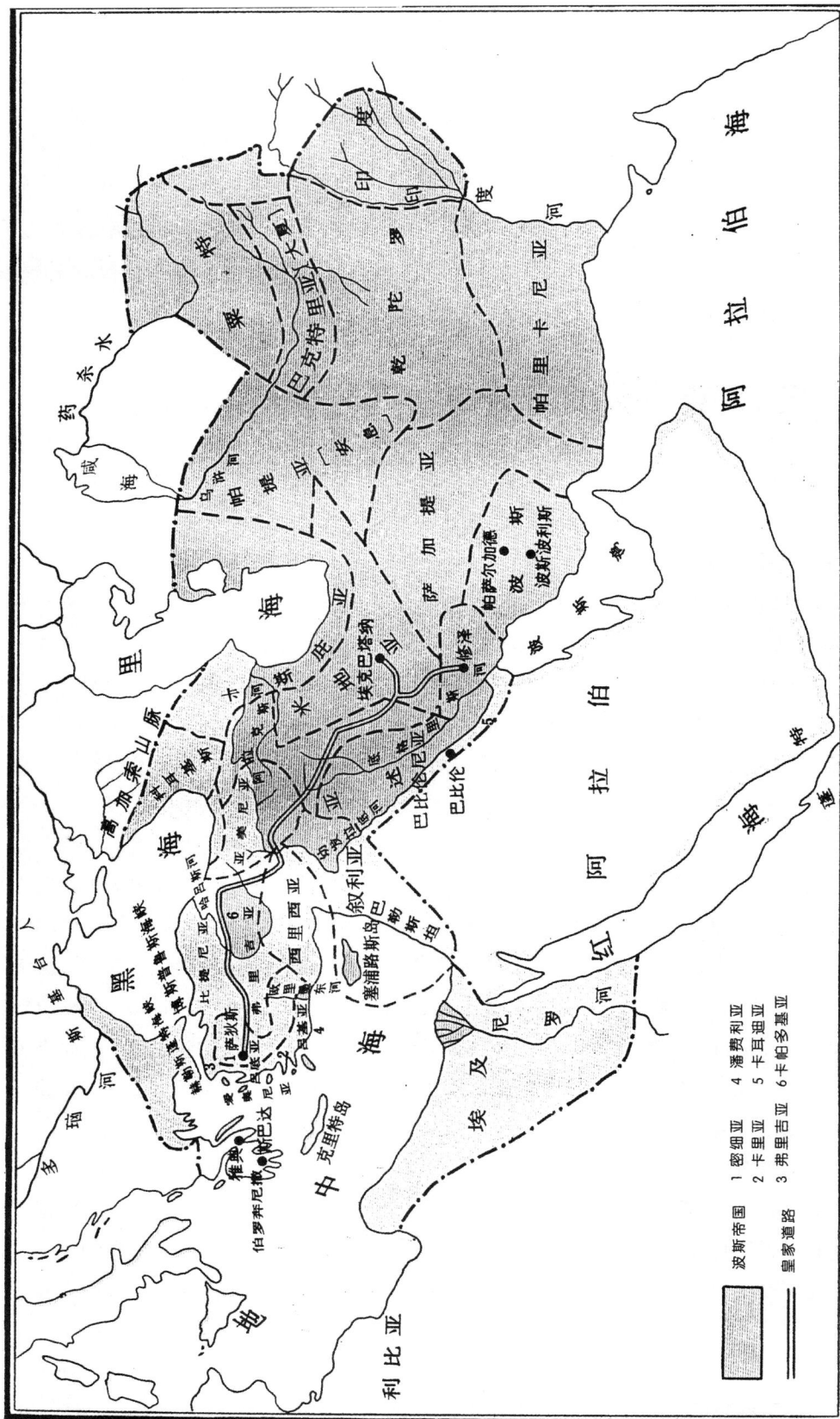

地图 6.1 约公元前 500 年的波斯帝国

的。他要求得到亚美尼亚和安纳托利亚的东半部，这些都曾经是米底亚帝国的一部分。为了努力实现这个要求，他采取了下一个重大步骤，就是在公元前546年到公元前540年间，征服了小亚细亚西部的吕底亚和爱奥尼亚。他羞辱了吕底亚骄矜而富有的国王克罗伊索斯，又把他的首都萨狄斯作为小亚细亚西部波斯总督的驻地。接着他又逐一征服了爱奥尼亚的许多城市。这些城市也曾抵抗，但没有结果。如果它们听从泰勒斯的忠告，联合起来一同抵抗居鲁士的话，也许会把他击退。现在，它们被迫纳贡，承担波斯军队分配给它们的壮丁名额，接受波斯的统治。不过，它们还被允许保留某种程度的自治。

征服米底亚是波斯帝国扩张的第一步，并吞吕底亚和爱奥尼亚各城市是第二步。第三步是侵略巴比伦并劫持它的国王，这是居鲁士在公元前540年到公元前539年间进行的。这样，他不但得到了美索不达米亚，而且还得到了叙利亚和巴勒斯坦，以及腓尼基的城市和战舰。

冈比西斯 再下一步当然是夺取埃及了。自从一个多世纪以前（公元前651年）埃及人推翻了亚述人的统治以来，尼罗河流域经历了一个重新繁荣强盛的时期。希腊人对埃及的复兴帮助不小。他们从事的谷物、油料及酒类等贸易带来了繁荣。他们的战士为埃及人所雇用，组成了法老的军队。埃及原是克罗伊索斯的同盟者，虽然它没有帮助他抵御波斯。然而因为这个同盟，埃及不久便受到了惩罚。居鲁士在惩戒它之前已在战役中阵亡，但是，他的儿子冈比西斯继续予以贯彻。冈比西斯募集了一支庞大的军队，带着载水的骆驼越过沙漠，侵入了埃及，夺取了有名的底比斯城，并自封为埃及的法老。他留在尼罗河畔3年，努力扩大他的新设行省，把利比亚和埃塞俄比亚的北部一同兼并进去。

大流士 冈比西斯从埃及归来之后便死去了（也许是自杀），一个能干而有雄心的王子大流士夺取了王位。他镇压了帝国边远地方一次又一次的叛乱。他甚至到了埃及，处死了可疑的总督，而自封为法老。第二年，他率领一支大军，横渡博斯普鲁斯海峡到了欧洲，惩罚黑海北岸凶悍的斯基台部落。斯基台人避开了他，但这是波斯帝国对欧洲的首次袭击。小亚细亚的希腊人早就被划入了它的疆界，在阿提卡和邻接城邦的希腊人不久也将感到它的威胁了。

大流士统治下的帝国 这个行将把希腊各小城邦紧抓在一起的帝国，是世界上前所未有的最大帝国。在亚洲，它向东伸展到了印度河；向北到达了咸海、里海和黑海；向西通过叙利亚扩展到了地中海，通过小亚细亚到了爱琴海。在非洲，它囊括了埃及、利比亚和埃塞俄比亚的一部分。在欧洲，它获得了色雷斯。

大流士把他的广大国土分为若干行省，每个行省由一个总督管理，总督向他本人负责。他又建立了驿路制度，从首都苏萨出发，在一定的距离之内设有驿站，预备了待用的马匹。当国王的使者沿路疾驰而来，无论白天黑夜，总有一匹壮马等待着。于是使者火速换骑，继续疾驰。这使我们想起了近代美洲横越大平原和落基山脉的"小马快邮"。从苏萨

图6-1　在波斯首都波斯波利斯的一幅浮雕,大流士接见纳贡的使者。他所持的王杖和莲花暗示他的王权,身后所站的是他的儿子薛西斯(约前519—前465年)

到萨狄斯2414千米的长途旅程,通常的旅客一般需要3个月的时间才能走完,但是国王的使者却只需14天,或者更少一些。此外,国王所派的视察员,带有总督汇报的快差,运送贡品的司库员,以及作战时国王的部队,也都经由这些驿路。

在某些方面,波斯的帝王是宽大的。他们并不强迫所有的臣民使用波斯语言或者皈依波斯宗教。举例来说,国王曾经允许犹太人回到巴勒斯坦,并且赐以资金重建他们的寺院。波斯人并不要传播他们的语言或宗教,而是要征收贡品——钱币、谷物和其他产品,以及服军役。

6.2　希腊反对波斯的斗争

希腊人和波斯帝国的冲突开始于大流士统治时期,即公元前500年以后不久,当时斯巴达正是伯罗奔尼撒同盟的首脑,而雅典也正试验着克里斯提尼的民主改革。冲突起始于小亚细亚爱奥尼亚人城市的反抗。

爱奥尼亚人的反抗　在被居鲁士征服之后的四十多年间,小亚细亚的爱奥尼亚城市和其他希腊城市在波斯的统治下是比较驯顺的,缴纳了贡品,提供了兵员。但是,在公元前499年,它们却组织了一次反抗。它们攻占了萨狄斯,而且不经意间把它焚烧了。波斯人自然要兴师问罪。于是陆上的军队,海上的船舶,一齐动员起来。公元前494年,这场战争达到了顶点,当时希腊小亚细亚的名城米利都被围攻而陷落,大部分居民也被波斯人屠杀。

雅典在危急中　雅典和厄瑞特里亚曾经派了船只支持爱奥尼亚人对波斯的反抗。此外,希庇亚斯这个雅典过去的僭主曾请求波斯人帮他复辟。波斯人同意了。于是大流士用许多船舶运载大军去攻打希腊。希庇亚斯也和他们同行。

一部分波斯军队在优卑亚岛登陆，袭击了厄瑞特里亚。雅典人准备去解厄瑞特里亚之围，同时又派一个飞毛腿菲力彼得斯到斯巴达求援。菲力彼得斯在 48 小时之内，飞跑过了 241 千米崎岖不平的田野，但是，斯巴达人却说，他们在月满之前不能进军。

正当雅典的 1 万名重装步兵向厄瑞特里亚长驱进发的时候，传来的消息说，一支波斯大军正在马拉松登陆，离雅典仅仅 32 千米山地。

米太亚得和马拉松　这支小小的雅典队伍迅速地改变了路程，向马拉松进军。在越过山冈往下走的时候，他们看到了波斯大军正在下面的平原登陆。波斯人的数目远超过他们，大约是 10 比 1；而这些波斯兵又一向被认为是世界上最厉害的战士。怪不得这一小队希腊人迟疑不决了，正像大卫站在哥利亚面前那样。

接着噩耗传来，厄瑞特里亚陷落了——被焚烧了，它的居民也被屠杀或驱逐了。现在，另一支波斯军队也可以腾出手来攻打雅典。迟延是危险的。于是米太亚得，雅典将领里的一员，说服大家投入战斗。命令传了下去，重装步兵摆好阵势，大家紧紧地靠拢在一起，厚盾重叠，长矛前指，形成一道密列的樊篱，驰下山冈，越过平原，冲向敌人。冒着波斯人雨雹般的箭阵，直到短兵相接。于是，没有装甲的波斯兵溃散了，逃回他们的船上。

公元前 490 年的马拉松之战，是历史上决定性的战役之一。那时是九月的天气。道路大概是十分炽热、尘沙飞扬的，但马拉松那些疲惫而身经苦战的希腊士兵，又及时地回到了雅典，在另一支波斯军队登陆之前拦截了他们。波斯人一看到成队的希腊长矛，便调转船头，驶回亚洲去了。

雅典得救了，但这还不是最后的胜利。虽然大流士的死去暂时中止了报复，他的儿子薛西斯继位之后，又准备了另一支军队来侵略希腊。

泰米托克利斯　正当薛西斯在他广大的帝国内，征集了数以百计的船舶和数以千计的士兵，做再一次征伐的时候，希腊人也采取了防卫的措施。有些城市是这样做了，另一些城市的政党实际上鼓吹投降波斯，相信这是比较安全的方针，或者他们打算牺牲他们的政治对手以取悦波斯人。例如，在雅典就有一个党派希望波斯人能让希庇亚斯复辟。

在这个时候，雅典人幸亏有一个能干而爱国的领袖——泰米托克利斯。他很早就主张雅典应该有一支海军来保护和发展商业。现在，他说，在这次危机中海军是最好的防御。他用了很大的努力说服雅典公民大会，决定使用从阿提卡丰富的银矿里取来的 100 塔伦特①银子，建造 200 艘 3 层桨战船。

这种战船是木制的，长约 40 米，由分坐 3 排的 170 名桨手划行。战船的嘴部突出，其尖端用金属包住，可以冲撞敌船；如果冲撞不成功，船员们也可以用长矛和利剑来对付敌

---

① 这是古希腊量衡里最重要的一种。一塔伦特合约 26 千克。——译者

图 6-2　三层桨战船的复制品。这种船在公元前 5 和前 4 世纪主宰了海上战争

方的船员。

雅典和斯巴达组织了一个希腊同盟，反对波斯人，又在科林斯召集了一个希腊诸邦代表大会，商讨应付波斯的计划。斯巴达被推为陆军的统帅。大多数希腊城邦加入了这个同盟，但是，个别的却超然事外。在希腊人中间，分裂几乎经常是一个巨大的危险。

温泉关的死亡　分裂和背叛引起了战争中一段最悲惨和最英勇的插曲。公元前 480 年，当薛西斯统率他的大军从东方和北方直下的时候，斯巴达王列奥尼达斯率 1 万人扼守天险温泉关。如果正面攻击，他们是不可战胜的；但是，一个希腊的叛徒却给波斯人指点了一条绕山的小路，由此他们可以从背面袭击列奥尼达斯。列奥尼达斯调集了大部分军队去迎击背面的攻袭，只留下了 300 名斯巴达人和 1100 名其他希腊人把守关隘，抵抗大军，直到所有的斯巴达人都倒了下去。"命运否定了他们的胜利，但却赐予他们不朽的英名。"

雅典的灾难　薛西斯胜利地前进了，底比斯和波奥提亚的其他希腊城市都归附了他。雅典该怎么办呢？德尔斐神谕的阿波罗曾说，"信赖你们的木墙罢"。泰米托克利斯解释说，这是指战船上的木壁，并说服民众放弃雅典和阿提卡，加入海军。于是妇女和儿童都被送到邻近的岛屿，而几乎所有的战士都准备在船上作战。波斯人蹂躏了阿提卡，占领了雅典。少数留在卫城保卫神圣寺庙的希腊人都被杀了，神庙都被焚毁。

萨拉米的胜利　但当波斯的海军将领认为他们已把小小的希腊舰队困于萨拉米岛和大陆间的狭窄海峡时，泰米托克利斯给了他们一个出其不意的打击。希腊舰队出来了，不是逃跑而是作战。这个狭窄的空间正有助于小小的舰队。从山冈上观战的薛西斯只看到他的船舶大半被冲撞,被沉没,或者被掠夺。萨拉米一役是在公元前 480 年 9 月 23 日进行的,证明了泰米托克利斯战略的正确,同时也决定了战争的胜负。

普拉太亚的胜利 薛西斯带着他的大部分陆军沮丧地返回亚洲,只留下三分之一的军队,在他的将军马多尼乌斯指挥下继续作战。马多尼乌斯试用了外交手腕。他提议交还雅典原有的土地,重修神庙,免除惩罚,并接纳它作为波斯的一个自由盟邦。一个雅典的政客赞成考虑这个提议。这个人被私刑处死了,愤怒的雅典妇女更用石头砸死了他的一家人。雅典人是绝不肯投降的。于是马多尼乌斯焚烧了这个城市。但是,第二年(公元前 479 年),在普拉太亚一次决定性的战役中,他被斯巴达人和其他希腊士兵击败了。

6.3 叙拉古和迦太基

当雅典和斯巴达对抗波斯、保卫希腊半岛的时候,叙拉古和阿克拉加斯也正在为保卫西希腊而对抗迦太基,并获得了同样的成功。

西西里的竞争 正像已经看到的那样,西西里岛上的叙拉古城邦原是科林斯最大的殖民地。它虽然规模较大,财富充裕,却并不总是能过好日子。当叙拉古发生群众和统治阶级之间的内战时,附近希腊城市盖拉的僭主格隆引兵介入,并自立为叙拉古的僭主。他又带领盖拉和其他城市的许多贵族,把宫廷迁到了叙拉古,因为他决心要使叙拉古成为希腊城邦里最大的一个。他通过建筑、设防、奖励商业、扩充海军,又通过和西西里南岸的希腊主要城市阿克拉加斯的人通婚而与之结成了同盟,顺利地实现了他建设叙拉古的计划。

另一个隔着意大利海峡的希腊城市利基翁感到十分妒忌,企图组成一个强大的同盟来对抗叙拉古和阿克拉加斯。在"大希腊"范围以内,它找不到足够的支持者,于是采用了一个不顾死活和危险的手段,竟招请外来势力来帮它对抗自己的希腊同胞。

迦太基的危险 这个外来势力就是迦太基,即邻近非洲海岸的很大的腓尼基城市,一个商业帝国的中心。作为一个敌人,它很使人担心。因为它有一支地中海上最强大的舰队和一支凶猛的蛮族陆军。同时,迦太基正怀着征服别人的野心。

希腊的胜利 但当考验来临的时候,胜利还是属于希腊的。迦太基的一支大军在西西里北岸希墨拉登陆以后,叙拉古和阿克拉加斯的军队取得了胜利。只有一艘孤零零的船逃脱了,把这个灾难的故事带回迦太基。

希墨拉一役(公元前 480 年)恰好是和萨拉米之役在同一天进行的,它使西部希腊人解除迦太基之威胁达 70 年之久,正像萨拉米一役把雅典和它的邻邦从波斯的威胁下拯救出来一样。

6.4 雅典帝国

胜利的结果　在对波斯战争的结果之中,有三点特别值得注意:(1)对于男女神祇的深切感激,尤其是对宙斯和雅典娜,这表现在艺术和文学方面。举例来说,缴获的物资用来重建被破坏的卫城;用波斯的武器来铸造一座巨大的雅典娜铜像;以马拉松战役为题材,绘成一幅精美的油画。(2)胜利意味着自由以及希腊商业范围的扩大,因此希腊变得繁荣。(3)雅典的声望和影响的增长。我们即将看到,这第三点在历史上占有重大的地位。

斯巴达的失败　雅典虽然在马拉松和萨拉米两役中获得了荣誉,斯巴达仍被认为是希腊的宝剑。斯巴达人领导了普拉太亚的胜利。但是,马拉松、萨拉米和普拉太亚三役虽然拯救了希腊半岛,却没能解放或保护小亚细亚的希腊城邦。这些城邦始终害怕波斯人。它们希望求援,尤其是对于斯巴达。但是,斯巴达并没有海军或眼光远大的政策去解放或防卫它们。此外,斯巴达的态度也激怒了它们。

斯巴达的冷淡正是雅典的机会。雅典能够站出来作为亚洲希腊人的保护者来对抗波斯。斯巴达刚一放弃爱琴海一带希腊军事力量的领导权,雅典便接过手来了。

提洛同盟　为了支付抵抗波斯、保卫爱琴海的费用,在公元前 477 年,雅典和岛屿上的以及亚洲海岸上的爱奥尼亚城市一同组成了一个同盟,这便是提洛同盟。之所以这样称谓,是因为公共财政的金库保存在提洛小岛上,同盟的集会也在那里举行。参加同盟的每个城邦都保持独立和自己的政府。同盟的主要作用,是维持一支 200 艘 3 层桨座战船的舰队。雅典和少数其他较大的城邦提供战船和人员,较小的城邦无力装备战船,则缴纳货币。

雅典帝国　渐渐地,提洛同盟转变成雅典帝国。那些最初提供战船和人员的城邦,为了更加方便,一个一个地转而缴纳货币,把更艰苦危险的海防任务留给了雅典。于是领导权和战斗任务越来越多地落到雅典肩上。在某些情况下,雅典的盟邦发生过反抗。但是,它们最终被制服了,而且降低到纳贡的从属地位。公共财政的保管也从提洛岛迁到雅典。爱琴海变成了雅典的内湖。雅典的制海权增长了,它的商业也随之扩展了。

雅典的设防和美化　围绕着雅典筑起了防卫的墙垣。不但雅典本城,而且雅典的港口比雷埃夫斯也同样地围有墙垣。后来,连雅典和比雷埃夫斯之间相隔不足 8 千米的距离,也以有围墙的宽阔通巷连接起来。只要雅典的海军控制着海上,又有士兵守卫着这条"长墙",食物便可以运到比雷埃夫斯,再从那里运到雅典。与此同时,雅典人又把很多财富用于辉煌的建筑,精美的绘画,以及稀有的雕刻,以装饰雅典这座名城。曾存在提洛的公共财政,有一部分钱无疑是用于这些方面。

四个重要人物　使雅典拥有强大的制海权并且为雅典城构筑工事的主要领袖就是领导萨拉米胜利的泰米托克利斯。他的天才在于,他敏锐的眼光能在别人视若无睹的事

物中看到价值。其次是"正直的"阿里斯提德，他最初是反
对泰米托克利斯的，但后来和他一同工作，尤其是在处理
提洛同盟各事上。再次是西蒙，他是雅典最能干的海军将
领，又是负有众望的政治家。他是马拉松英雄米太亚得的
儿子。担任城邦官员期间，实行了美化雅典的计划。比如，
他扩大了卫城的范围，并在上面建立了一个雅典娜的巨大
铜像。

　　第四个杰出的人物是伯利克里，他是克里斯提尼的孙
子。伯利克里比上述 3 人都年轻得多。他参加公共生活约在
公元前 465 年，正好接过了前 3 个人留下的衣钵。我们几乎
可以说，他把他们三位所遗留下来的职务一起肩负起来。他
领导雅典人民长达三分之一个世纪，非常重要，以致历史学
家把他的名字作为这个时代的名字。

6.5 伯利克里时代

图 6-3　伯利克里

　　伯利克里　大约在公元前 461 年，伯利克里成为雅典领袖，当时他也许还没有超过
30 岁。他是一个民主的贵族。和当时其他的雅典领袖一样，他也是贵族出身，而且继承了
大量的财富。他所受的教育包括体育训练、竖琴伴唱、文学、哲学和论辩原理。他的经历最
为杰出。他扩展了泰米托克利斯的海军和商业政策，贯彻了西蒙美化雅典的艺术思想，完
成了克里斯提尼的民主计划。作为一个演说家，他出类拔萃。作为一个善于说服民众的领
袖，他在历史上几乎难寻对手。

　　在某种意义上，伯利克里是雅典的"政治首领"，但在实际上远不止此。他诚然身居高
位，但是他的力量与其说是靠他的政治地位，不如说是靠他对于公民大会的影响，而这种
影响又靠他的雄辩和声望。他不是软弱的阿谀者，而是一个富有胆量的政治家，在必要的
时候，他敢于反对甚至激怒民众。

　　雅典的民主政治　雅典城邦推行直接民主政治，而与我们现代国家所实行的代议制民
主政治有所不同。在我们的一个州里，拥有大量的选民，或许是几百万，我们必须把几乎所
有的公共事务都通过代表们来办——因为不可能让所有公民聚集到一个地方。雅典呢，只
有一块狭小的领土和少量的人口，几乎可以实行一种纯粹的或直接的民主政治。当然，要让
5 万名或者更多的雅典公民全部参加一个公共大会，仍将是十分困难的。因此，尽管每个公
民都有权利参加，但通常只有少数人到会。

　　公民大会　雅典政府的主要组成部分是公民大会，至少理论上是由全体公民组成的。

缔结条约、宣战与媾和,大会都有权做最后的决定;大会也有权撤免一个官吏,甚至处他以死刑。具体政府事务主要交给一个较小的团体,即五百人会议,这些人是每年由抽签决定的。公民大会和五百人会议又把许多重要的工作移交给陪审团或委员会。

陪审团　陪审团和委员会的人选通常也是由抽签决定的。陪审团很大,由 401、501 人或更多的成员组成。受审的人必须自己辩护,虽然他的辩词也许是律师写成的。任何一个公民都可以在公民大会上提出诉状,但是经过讨论之后,诉状通常是交给陪审团去做最后的判决。

将军　雅典的主要官员是 10 位将军。伯利克里在他参与公共生活的大部分年份里,都担任将军之职。这些将军每年由公民大会选出。供水的管理者也是这样选出的。其他一切官员则由抽签决定。将军们统率着陆军和海军,同时也负责外交事务。

雅典民主的原则　约在公元前 430 年,伯利克里在雅典阵亡将士追悼会上发表了一次演说。在这次演说里,他陈述了雅典民主政治的一些原则:"虽然在私人争论中,法律须得保持对一切人的公平,但对于个人在美德上的优越,也是必须承认的;一个公民只要在某方面是杰出的,国家应当优先予以公职,这不是作为一种特权,而是作为功绩的报酬。……直认贫困对我们并不是一种耻辱;真正的耻辱在于不想办法去避免贫困。……一个对于公共事务没有兴趣的人,我们认为是一个无用的人。"

雅典,"希腊的学校"　伯利克里曾经称雅典为"希腊的学校",它确是一个学校,这既是真的指称学校教育,也具有借喻的成分。雅典的孩子们从很小时就得接受使他们成为良好公民的教育。此外,其他城邦的公民也都来到雅典,参观、学习。直到今天,我们在研究希腊历史的时候,也选择雅典,因为它确是能使我们学到最多知识的城邦。

音乐和戏剧　在雅典,文学和音乐的教育是和公共的宗教节日相联系的。每一年里,这种节日大约有 60 次。一些主要的节日不但有游行队伍、体育比赛和竞技,而且还有公众合唱和戏剧表演来庆祝。新编剧本总是选择一个佳节来上演,而作家们之间也有尖锐的竞争。一些历史上最伟大的剧作家,都是伯利克里时代及其前后在雅典从事写作的。埃斯库罗斯、索福克勒斯和欧里庇得斯是卓越的悲剧作家;而阿里斯托芬的喜剧绝世无双。

艺术和艺术家　雅典最华美的建筑物是神庙,最有名的是帕特农神庙,它是雅典娜的神庙,在伯利克里时代建于卫城,虽然已经荒废,但直到现在还屹立着。在建筑、雕刻和绘画方面,也产生了许多杰作。雅典确是一个美术博物馆,而卫城为其中心。许多伟大的艺术家都曾在雅典工作,但主要的是菲狄亚斯,他是伯利克里的朋友和想法实施者。

历史和历史学家　在这个时期来到雅典的外国人之中,有"历史之父"希罗多德,他写过一部希波战争的纪事和一部叙述周围国家"蛮族"的行为和习俗的作品。在希腊人看来,一切非希腊人都是"蛮族"。修昔底德,一个较年轻的历史学家,声望却可以和希罗多

图 6-4　帕特农神庙建立在雅典卫城的最高点,供奉雅典的保护神雅典娜。雅典人追求高雅的生活格调,在修建神庙中更是尽显豪华奢侈。整个卫城的财政预算是 340 至 800 塔兰特银币,而 1 塔兰特银币能够支付一艘战舰上 170 名划桨手一个月的工资。庙内原来的雅典娜神像,其肌肉用象牙制成,铠甲由纯金打造。神庙基座占地面积达 2137 平方米,有半个足球场那么大,46 根高达 10.4 米的大理石柱撑起了神庙

德媲美,他是雅典本地人。他的名著是一部关于雅典和斯巴达间战争的历史。在书里,他记下了上述我们所引的伯利克里的《在葬礼上的演讲词》。

品达的诗歌　这个时代主要的抒情诗人品达,原来不是雅典人,而是底比斯城邦公民。底比斯是雅典的对手,而且往往是仇敌。这个底比斯是波奥提亚的一个希腊城邦,而不是埃及的底比斯。品达来到雅典,在当地著名教师那里学习音乐,他以一种本地人无法超越的修辞歌颂了雅典。雅典人非常欣赏他的诗篇和颂歌,所以选他为雅典在底比斯的倡导人,赠以巨款,并在雅典树立了他的雕像。

雅典民主政治的限度　在雅典,妇女是没有政治权利的。游民如果父母是公民,也可以当公民和出席公民大会,但不能担任较高的职务。总人口的一大部分或一半是奴隶,完全没有政治权利。异邦人不管在雅典住得多久,也不管怎样有技术、财富或文化,都不能在政府里担任任何工作。公民权是世袭的。

有人说,雅典是由最能干的公民所统治的民主政治。更真实地说,它是一种由最能干的公民来统治的贵族政治。同时,这个贵族的民主政治也是帝国主义的——它本来就是一个帝国的首脑。

雅典的扩张　在伯利克里政权下,提洛同盟不但变成一个雅典统治下的帝国,而且这个帝国大范围地扩张了。它又包括了色雷基、赫勒斯蓬特和黑海。同时,它也在希腊半岛扩张。波奥提亚、福基斯、洛克里、亚该亚以及其他诸邦也成为盟邦或属邦。

伯罗奔尼撒战争　这些扩张都是对斯巴达的挑战,长期以来,斯巴达原是希腊诸城邦的领袖。接着,雅典又支持科林斯的殖民地克基拉岛反对母邦,这便造成了一个战争的机会。科林斯原是伯罗奔尼撒同盟的一个成员,于是斯巴达、科林斯以及它们所有的盟邦一致起来反对雅典。雅典控制着海面,但是它的敌人在陆地上却更强大。

雅典的战败　这次战争拖了27年,从公元前431年到公元前404年。伯利克里死于公元前429年。许多殖民地叛变了,波斯又给予斯巴达以援助。在战败和绝望之中,骄傲的雅典城不得不接受了敌人的条件,拆除它的长墙,缩减它的舰队到12艘,同时,承认斯巴达为战时与和平时的领导。

这次战争中具有决定性的事件,可能是公元前415年的西西里远征。当时雅典派了一支庞大的舰队,攻击科林斯最大的殖民地叙拉古,结果遭遇惨败。

持续着的帝国　这个建立在战船和利剑上的帝国终于终结了,但是,比战船、海上霸权和坚固的墙垣更为重要的某些事物仍然留存着。公元前5世纪雅典的政治家建成了一个思想上的帝国。在战争与和平问题上,雅典虽然降为斯巴达的臣属,但在艺术与文学、哲学与科学诸问题上,雅典的伟大则持续着。雅典的艺术与智慧的帝国,遍布整个古代世界,远远超过泰米托克利斯或伯利克里的船舶所航行过的里程,并且,它在今日世界里也还作为一种无价的遗产长期持续着。

第7章　希腊的扩张和亚历山大的征服

7.1 希腊世界里倒塌的墙垣

希腊世界　我们必须牢记,希腊世界不仅包括雅典和它的爱琴海的从属,而且也包括数以百计的其他希腊城市,其中有许多是在希腊半岛、黑海沿岸、西西里岛、意大利南部,甚至还有少数远在法兰西和西班牙的地中海沿岸。在几十个希腊城市之中,任何一个我们都可以研究它的政治、建筑、雕刻,或者文学和思想的成长。我们之所以选择雅典,只因为雅典比它的一切对手都更为优越。

崩溃中的墙垣　公元前404年失败之后,雅典的墙垣被拆毁了。那些墙垣的拆毁,象征了一个巨大的变化正来到希腊世界,这是任何一个人都没有想到或有意那样做的。其他数以百计的希腊城市,也有和雅典一样的墙垣。这些墙垣曾经是一种保障,人们爱护城邦的感情也曾经在其中成长。但是,墙垣虽是个保障,也是个限制。希腊文化是要等到大多数的城垣拆除之后,才能向更广阔的世界发展和散布。石造的墙垣不一定都拆除了,但精神上的墙垣却正在脆弱和倒塌。那种坚持城邦之独立性的城垣,爱国之心不超越公民目光所及范围的城垣,关心当地的卫城甚于关心外面世界的城垣——这一切精神上的城垣,都在雅典的石墙被拆毁的年代中,纷纷地崩溃了。

换句话说,希腊文明已不再是一种城邦文明。它扩展了,已经变成民族的和国际的。在公元前4世纪和前3世纪尤其如此。这种进程可以见之于政治生活和其他活动的方式之中。而且,正像拆除雅典石墙的要求来自外界一样,一些引起精神上扩展的力量也是来自外界。

走向联合的趋势　政治扩张的步骤始于公元前4世纪,比如说若干城邦结合为较大的单位。如我们所知,甚至在希波战争以前,斯巴达已组成了它的伯罗奔尼撒同盟,将一部分城邦置于它的军事领导之下。雅典在挫败了波斯人之后,也把爱琴海的诸城邦统一于它的控制之下。不少政治家都曾梦想前进一步,使得这两个相互抗衡的同盟与其他希腊城市一道,即使不能真正地结为联邦,也能制订出某种和平相处的安排。

宗教、语言和习俗有利于这种和睦。的确,在这些方面,希腊人的文化一致性业已存在。宙斯和其他主要的神祇几乎为所有的希腊人所崇拜。在奥林匹亚举行的祭祀宙斯的宗教节日,及在德尔斐举行的祭祀阿波罗的皮托①运动会,希腊诸城无论远近都派出了它们的代表。

联合的障碍　但是,虽然有这些和其他类似的纽带,希腊诸城仍然敏锐地意识到它们的差异,不但没有统一,还在公元前431年到公元前404年间进行了灾难性的伯罗奔尼撒战争。

在古代,分裂始终是希腊人的一个政治弱点,他们在这一点上不止一次地吃了苦头。希腊世界里这种持续的分裂和冲突,有两个主要的原因:一是即使有些城邦团结在一个较大的城邦——如斯巴达或雅典——之下,其中较弱的城市多少总是不满现状,怀抱着自由的希望。另一个原因是若干城市都同时热衷于取得领导的地位。它们互相牵制,各有追随者。斯巴达可以在伯罗奔尼撒征服它的邻邦,雅典可以在爱琴海统一它的左右,叙拉古可以统一西西里岛的大部分;但是,没有一个能真正统一整个希腊世界。

雅典在伯罗奔尼撒战争中的失败,使斯巴达在东希腊成为最强者,而叙拉古则是西希腊的最强者。但是,当时的斯巴达在面对弱邦如雅典、底比斯、科林斯、阿哥斯时,也力不从心,面对强大的波斯帝国当然就更不容易了。而叙拉古也有它当地的敌手,还有迦太基人反对它的权威。

内部的抗衡　假如没有迦太基,叙拉古也许可以在西部获得成功。我们还记得,公元前480年,迦太基人曾被叙拉古和阿克拉加斯击败于希墨拉,西西里得以自由呼吸了70年。但到了公元前409年,非洲威胁的阴影重新笼罩了这个岛屿。一支巨大的迦太基舰队突然袭击了西西里海岸,毁灭了两座希腊城市,屠杀当地男子,载着成千上万希腊妇女和成吨战利品,胜利地回到了迦太基。3年之后,西西里的另一个希腊城市又被毁灭于同样野蛮的方式。整个西西里的西部完全落在迦太基人手里。

独裁者狄奥尼修斯　公元前405年,一位年轻的军官狄奥尼修斯利用当时的形势,自立为叙拉古的僭主。除了为自己取得权力以外,他还有两个目的:(1)使西西里从迦太基的手里解放出来;(2)把西希腊统一于叙拉古之下。他以一支强大的军队和迦太基作战。

---

① 皮托系希腊语 πυθω 的音译,即德尔斐地方的古名。——译者

除了西西里岛的西部尖端以外,他控制了整个西西里。在和迦太基作战的间隙,他还把势力扩展到意大利,征服了意大利长靴的整个脚尖。此外,他进而在亚得里亚海岸建立了殖民地,控制了海上的贸易,同时还在科西嘉和厄尔巴两岛建立他的权势。

在狄奥尼修斯独裁之下,叙拉古成了西希腊的中心。但是,他残酷无情,对人民课以高额税款,缺乏对神庙的崇敬,惯于在军队中任用非希腊人,这都使他不得人心。他死于公元前 367 年,不久以后,他的帝国便崩溃了,西希腊依然处于分裂之中。

斯巴达的失败　东希腊的联合也失败了。在伯罗奔尼撒战争胜利之后,三十年时间里,斯巴达是强盛的,但是也不得人心。它坚持在雅典和其他从属的城市里建立寡头政治,以代替那里原有的民主政治。这引起了人们对斯巴达领导权的憎恨。它又与波斯结盟,导致失去了其他希腊城市的信任,他们甚至认为斯巴达的领导是啼笑皆非的事情。

叛乱不可避免地爆发了。公元前 371 年,底比斯在它的军事天才埃帕米农达斯领导下,在琉克特拉战役大败斯巴达军队。于是,几年以内,底比斯成了东希腊的领导城邦。但是不久便旧事重演:叛乱,战争,分裂。

一个外来的征服者　在这漫长的战争之中,希腊半岛城邦的财力和人力都耗尽了。城邦间的抗衡曾经是希腊文明的巨大驱策力,刺激着希腊的文明发展。例如在体育与文艺中相互竞争,政治中也能互争完美。但到了公元前 5 世纪和前 4 世纪,这驱策力变成了一把双刃剑。竞争变成了漫长的内争。直到公元前 338 年,马其顿的菲利普征服了希腊半岛,这些希腊城邦间的战争才终止。但这停止也为时不久。

政治和社会的变迁　在叙述马其顿的征服故事之前,让我们先说一下政治、经济、艺术和思想的变迁。这些变迁发生于公元前 4 世纪,即希腊独立终结之前。

举例来说,一个城邦的军队应该由它自己的公民组成的旧观念消失了,许多希腊城邦都雇佣了无公民籍的士兵来作战。在政治方面,贵族家庭不再据有一切职位。首领们是从平民中间崛起的,能投合群众的心愿。经济的变迁有助于解释这些政治趋势。贫民不满现状的心情与日俱增,他们发现,富人继续享受着闲暇和奢侈,物价和生活费用却不断上涨。流通量扩大了,货币的购买力随之减缩了。另一个物价高涨的原因是雅典和其他许多城市越来越依靠进口食物。再者,大商人们又经常企图垄断市场和抬高物价。

另一个重要的变迁是奴隶制的不断增长。在公元前 4 世纪的雅典,远超过半数以上的人口都是奴隶。

正如政治和经济那样,希腊文化——艺术、建筑、演说、科学和哲学,都反映了这个时期希腊生活里的变化。

7.2　公元前 4 世纪的希腊文化

艺术里的新精神　过去艺术中的拘谨和严肃都消融而成了优雅和自由。雕刻师和建筑师不再专为神庙工作。他们把更多的时间用在住宅、冢墓和剧场上。他们制作了更多的活人雕像，神像减少了。即使是神像，也制作得更人格化。普拉克西特勒斯和其他伟大的雕刻师，都宁愿雕刻赫耳墨斯和阿芙罗狄蒂那样逼真的两性美的典型，而不愿雕刻生硬的武装的雅典娜或严肃的奥林匹亚的宙斯。有些批评家相信，米洛斯岛上的阿芙罗狄蒂，即通常所说的米洛的布汶斯，就属于我们所讨论的这个时期的作品。

这个时期的画家，据说使过去的一切画家都黯然失色。但是我们还不能确切断定，因为他们的绘画作品能保存下来的实在太少了，除了一些画在瓶瓮上的。

这个时期的建筑师建立了高大的装饰华美的大厦。早期的希腊神庙通常都很小，而且设计非常简单——单层的长方形构造，在两头或四面加上几排圆柱或方柱。上述的巴特农神庙就是其中最优美的例子。在公元前 4 世纪以前，圆柱的式样大多采用"多里安式"。这种式样比较简单而庄重，但是适当匀称，而且优雅地向顶端逐渐尖削。到了公元前 4 世纪，产生于小亚细亚的"爱奥尼亚式"变得更为流行。爱奥尼亚式的圆柱较为细长，并不尖削，柱基和柱冠都刻有花纹。还有第三种式样，在较后几个世纪里极为风行，称为"科林斯式"，用的是较高的圆柱和装饰着莨苕叶形的柱冠雕刻。

过渡中的文艺　埃斯库罗斯、索福克勒斯、欧里庇得斯和阿里斯托芬使雅典成为了剧

图 7-1 埃皮达鲁斯剧院是希腊古典建筑中最著名的露天剧场之一，建于约公元前 350 年。它也是希腊保存得最好的古剧场与古典建筑之一，除了舞台经过重建之外，其他部分均保持原样

场的集中之地,同时发生了两种变化:(1)戏剧的宗教意味减少了,甚至敢于嘲弄当时的政客和流行风尚;(2)在别的城市里也建造了剧场。到公元前 4 世纪末,文明的地中海世界里一切较大的希腊城市都有了剧场,同时,希腊演员们不但演出前一世纪的古典剧目,还演出了许多新的剧本。总之,剧场变成了希腊城市生活中的一个普遍特色。

演说术　希腊演说术的顶峰在公元前 4 世纪,正当希腊各城市丧失独立的前夕。更为大众化的政府和陪审团的出现,引发了公共演说技巧的需要。而雅典、叙拉古和其他城市怀有抱负的青年,也经年累月地致力于法律和政治生涯的训练。他们学习的课程既包括了雄辩术,也包括政治、历史和文学。希腊最伟大的演说家,也许是历史上最伟大的演说家是狄摩西尼(公元前 384—前 322 年)。他出生于一个富裕家庭,却被监护人骗取了他的财产。他被作为一个弱者抚养长大,没能接受一般希腊儿童所受的训练,却立志要成为一个有力的演说家。后来有许多关于他的故事——说他是怎样地嘴含卵石说话以矫正语言的缺点,他是怎样地对着波涛汹涌的大海呼喊以加强他的声音。最后,他对阴险的监护人的诉讼终于获得了胜利。于是,他成为一个专业的作家,为其他在陪审团前辩护的人撰写诉讼词。他又成为雅典第一流的政治家。他的逻辑如光束般直接明了,他的言辞如利箭般直达人心,他希望以此来唤醒雅典人原先那种公共精神。他又指出蛮族征服的威胁,尤其是来自北方的马其顿。他敦促雅典应该作为希腊人的领袖,坚强地抵抗马其顿王菲利普。

狄摩西尼最有名的演说是《痛斥菲利普》,虽然这也许还不是他最精彩的。这些演说词针对菲利普,号召希腊人组成一个反对他的联合阵线。但是,希腊诸邦还是为菲利普所征服,而狄摩西尼最终成为流亡他乡者。

科　学　公元前 4 世纪,希腊在科学、哲学和伦理学方面,都进步斐然。进步的一个原因是希腊人增加了与埃及和西亚较古文明的接触。新思想中的一个方向,是尝试以少数简单的元素或原理来解释世界。当时一个通行的理论是:一切事物都是由热、冷、湿和干四种元素构成的。这四种元素由火、气、水和土所表现出来,而爱和憎是使这些元素结合或分离的力量。

在天文学、数学和医学方面,也有了确实的进步。日、月食都能预测,其原因也都能确定了。继泰勒斯之后,毕达哥拉斯和其他人发现了至今还在讲授的初等几何学的大部分原理。在医学方面,希波克拉底和其他人奠定了一些健全的基础。希波克拉底(公元前 460—前 377 年)至今还被称为“医学之父”。虽然因为缺乏化学,而解剖尸体在当时又被认为是不正常的事,使他的工作大为困难,但他还是能寻求自然的方剂,诸如卫生、饮食、药品和手术的一切规则,断言“每一种疾病都各有其自然的原因”。

哲学和哲学家　在公元前 4 世纪,希腊的演说、法律、道德和宗教等的教师,一般被称为诡辩学者(Sophists),这是从希腊语“智慧”(sophia)这个词衍生的。他们自认为智慧的教

图 7-2　苏格拉底之死，1789 年法国画家雅克·路易·达维特为激励革命者而作。苏格拉底被指控引诱青年、亵渎神圣，最后被判处服毒自杀。他的朋友与弟子均劝他逃往国外避难，但他拒绝了，当众服下毒药

师。诚然，有些时候，他们并没有获得多大的荣誉，而我们今天也惯于以批判的眼光来对待"诡辩"；但是，他们中仍有许多值得重视的人。他们经常在不同的地方旅行讲学。他们既是世界上第一批雄辩术，也是世界上第一批政治科学和社会科学的职业教师。这个时代有三个伟大的教师，即苏格拉底、柏拉图和亚里士多德，我们通常称他们为哲学家而非诡辩家。苏格拉底（公元前 469—前 399 年）是一个先驱，他是柏拉图的老师，同时通过柏拉图，又是亚里士多德的老师；苏格拉底并不是一个为报酬而工作的职业教师。他是一个勇敢的真理追求者。他一天又一天地在雅典的市集上奔走和讲授知识，不分贫富，一律有教无类。但他竟被误解和诬告，最后，政府甚至判处他以死刑。

柏拉图（公元前 427—前 347 年）是苏格拉底最伟大的弟子，是一个著名的教师和作家。他提出了有趣的理论，主张我们所看到的和感觉到的事物，仅仅是完美的和永久的理念的不完善的摹本；而这种理念就是神，神是宇宙的创造者。柏拉图的重要成就之一是在雅典郊外创办了一所学校，这便是人们所称的柏拉图学园。

亚里士多德（公元前 384—前 322 年），柏拉图最伟大的弟子，经常被称为"斯塔基拉人"，这是由于他出生在马其顿的斯塔基拉。他创办了一所新的学校，被称为莱森学园

(Lyceum)。他的门徒们经常被称为"逍遥学派"(Peripatetics)，因为亚里士多德在授徒时总是往来漫步。他的伟大不仅在于他广博的知识，而且还在于他精密的研究方法和富于逻辑的思想风格。他的著述几乎涉及一切学科。他写了一本至今无人超过的、关于逻辑和正确思维的书。他死后将近 2000 年间，一直被推崇为"唯一的哲学家"，许多学生至今仍怀着钦佩的心情来阅读他的著作。

小　结　公元前 4 世纪的希腊诸城邦虽然经历了政治上的衰落，而且最终被外来势力所征服，但这个时期它们在绘画、雕刻、建筑、文艺、医学、数学和哲学各个方面，都产生了丰硕的果实。希腊文明生气勃勃地生长着，它超出了古老的城邦墙垣之外。下面我们将看到这些墙垣是怎样倒塌的，以及亚历山大大帝是怎样把希腊文明扩展到一个更大的领域中。

7.3 亚历山大大帝的帝国

马其顿和菲利普　希腊诸城邦是被一个在公元前 4 世纪中叶以前很少听说过的王国征服的，它就是马其顿，又称马其多尼亚。希腊人认为它是"野蛮"、落后和粗暴的，但是它的民众却从希腊人那里学到了足够的事物，转而征服他们。因此当马其顿成为一个世界帝国的时候，帝国里盛行的仍是希腊文化。

一个年轻的马其顿王子菲利普，曾经被掳到底比斯，作为人质在那里待了 3 年。当时的底比斯正是希腊主要的好战之邦，菲利普羡慕底比斯的财富和文化，尤其是它的军队。他喜爱埃帕米农达斯的作战方阵，在继任了马其顿国王之后，便训练他的步兵以方阵作战，但给他们装备更长的矛——长度竟达 7.3 米！他又训练骑兵，当敌人动摇的时候，从侧面冲杀进去，把他们击破。

菲利普和希腊　带着他占优势的军队，带着从色雷斯矿藏得来的充足黄金，菲利普向南前进。色雷斯以及希腊诸邦一个接一个地向他俯首称臣。狄摩西尼唤起了雅典人的爱国心；雅典领导希腊城邦同盟，也建立了一支军队，但它不是菲利普的重装方阵和雷霆般的骑兵的对手。在公元前 338 年喀罗尼亚一役中，希腊人惨败了。

这次战役是决定性的，但它并没有终结希腊的公民生活或希腊的历史。希腊诸城市仍被允许有地方自治，同时希腊的文化也正被传送到世界各地去。喀罗尼亚一役所终结的只是希腊的分裂——而且只是短时期。菲利普强迫它们组成一个希腊同盟，并且设置一个联邦会议，在这个会议里每一个邦都有代表出席。在马其顿的统治下，希腊人形成了一个巨大的力量。他们构成了菲利普军队里的一大部分。但当菲利普正在计划入侵小亚细亚的时候，他被杀害了。

亚历山大和世界　菲利普的王位和比王位更重要的军队都由他的儿子亚历山大来继

图7-3　这幅1831年从古罗马庞贝遗址中发掘出来的壁画,被称作"伊苏斯壁画"。伊苏斯壁画长5.82米,高3.13米,由50万块小马赛克组成,完成于公元前2世纪晚期。它描绘了这场决定波斯命运的战役的最后时刻。左边是亚历山大正率领近卫骑兵冲锋,他手中的长矛将一个波斯骑兵刺穿;右侧是高居战车之上的波斯王大流士以及簇拥在他周围的禁卫军,他正惊恐地从战场上逃离

承,他只有20岁,大胆,聪颖,而且是传奇式的人物。他的家世是马其顿的,但他的教育是希腊的。他的老师不是别人,正是亚里士多德这位最有声望的希腊哲学家。亚历山大对于希腊文化的爱慕是如此地热烈,他不但梦想征服世界,而且还梦想把世界希腊化。荷马笔下的战士阿喀琉斯是他心目中的英雄。他可以无情残忍,但他对敌手的天才和宗教却予以尊重。例如他继位后不久,在镇压底比斯叛乱的时候,把民众都卖为奴隶,并毁灭了整个城市——只有神庙和诗人品达的故居被保留了下来。

小亚细亚和叙利亚　亚历山大只带了3万或4万名士兵侵入小亚细亚。他在古特洛伊城遗址附近停了下来,给相传是阿喀琉斯的墓献上花圈。在第一次激战中,他击败了小亚细亚的波斯总督们。当时他很可能解放了爱奥尼亚的希腊诸城市,把它们后面的一些行省加入他的版图。但是他长驱东进,然后南向叙利亚,在有名的伊苏斯战场上击败了波斯皇帝大流士三世(公元前333年)。于是亚历山大攻占了腓尼基的几个海港,这些港口的海军原是支持波斯的。

埃　　及　从叙利亚出发,亚历山大继续他的胜利进军,进入了早就不甘于波斯统治的埃及。他自封为法老,以阿蒙神儿子的身份接受膜拜,还在肥沃的三角洲上建立了一座城市。有了这一段光辉的历史,这座城市至今还用着他所给予的名称——亚历山大比亚。

这是一幅地图，图中主要地名标注如下：

地中海、地中海、里海、黑海、波斯湾、阿拉伯、阿拉伯湾、咸海

印度河、约克萨河、马拉坎达、栗特坎纳、巴克特里亚（大夏）、巴克特拉、索格德、阿腊科西亚、上印度、下印度、印度河

亚历山大里亚、提（安息）、帕提亚、卡尔马尼亚、波斯利斯斯、格德洛西亚、贝腊

埃克巴塔纳、米底、苏西阿那、波斯、巴比伦尼亚、库那克萨、巴比伦、底格里斯河、幼发拉底河

亚美尼亚、亚述、塞琉西亚、美索不达米亚、伽乌加美拉、戈尔底乌姆、卡帕多细亚、帕夫拉戈尼亚

安据俄克、叙利亚、耶路撒冷、腓尼基、提尔、大马士革、伊苏斯、西里西亚、吕西亚、卡里亚、弗里吉亚

拜占庭、马其顿、色雷斯、多瑙河、哈利卡那苏斯、以弗所、米利都、萨迪斯、戈尔底乌姆、希腊、科林斯、斯巴达

埃及、孟菲斯、阿蒙、亚历山大、帕赖托尼翁、利比亚沙漠、利比亚、努比亚（埃塞俄比亚）

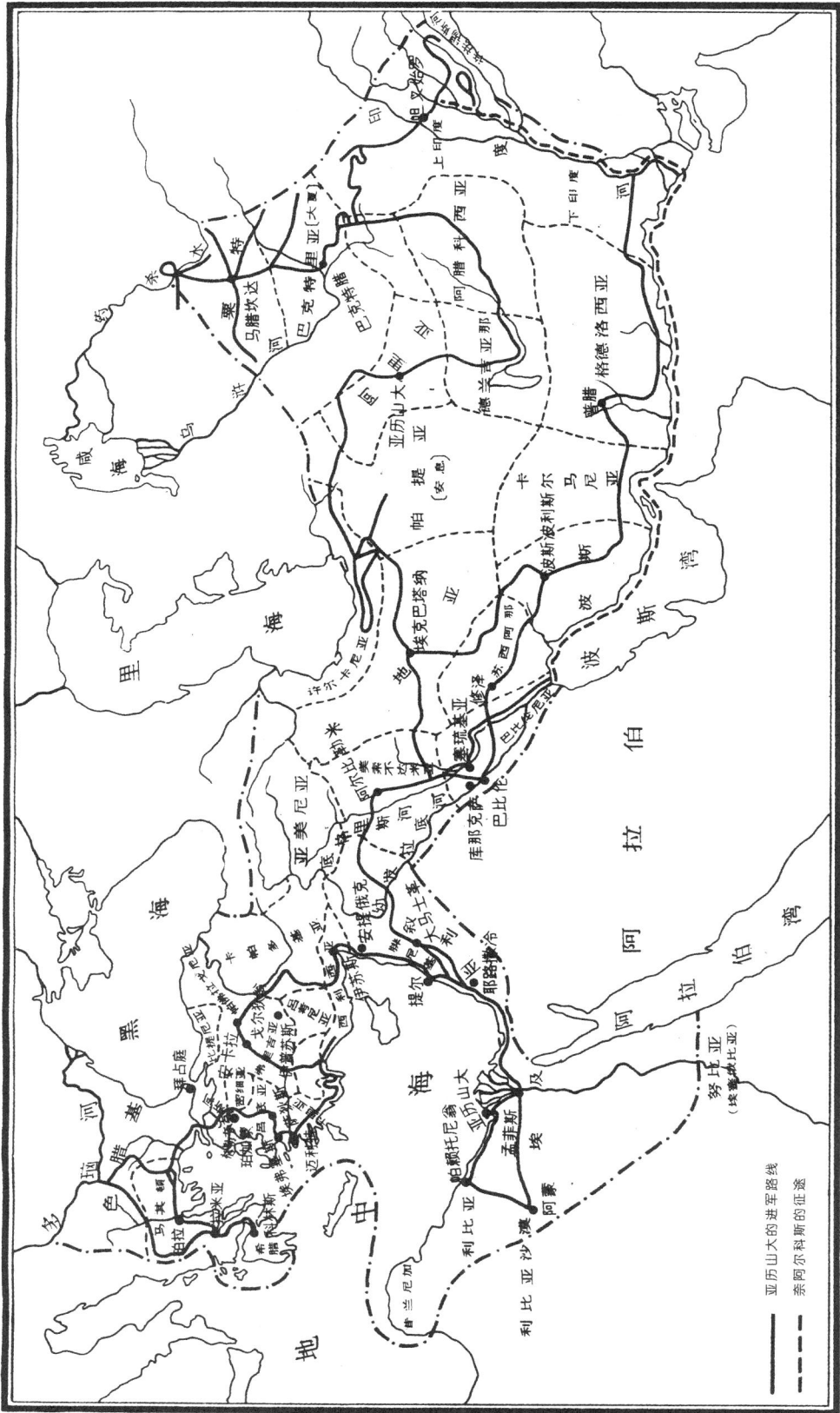

地图 7.1　亚历山大的帝国

—— 亚历山大的进军路线

—·—· 奈阿尔科斯的征途

波　斯　离开埃及,回师穿过叙利亚,亚历山大又率领他的军队东进。在底格里斯河畔,古尼尼微的附近,他又遇到了波斯皇帝大流士和一支新的大军。战象和战车,步兵和骑兵,射手和枪手,他们以惊人的数量浩浩荡荡地开向阿尔比勒的平原。但是,亚历山大以他的熟练和大胆,竟使这支大军陷于混乱,然后把它击溃。大流士从战场上逃走了。阿尔比勒一役(公元前331年)是决定性的。亚历山大几乎没有遇到抵抗就进入了巴比伦。在苏萨和波斯波利斯,他掠取了大量的白银,铸成货币。他还亲自把一支点燃的火炬投进波斯波利斯的皇宫,以戏剧式的姿态预示了这一古老帝国的灭亡。

印　度　从波斯波利斯出发,越过了伊朗和帕提亚,亚历山大又来到印度的西北部。他在那里建立了城市,设置了驻军,以维持他的势力。无疑地,他垂涎印度的巨大财富。他也许想踏遍全境,但是他的士兵对于炎热的气候颇有怨言,他只得班师。他回到苏萨,又到了巴比伦,派出探测的远征队,还制订了其他计划。正当他准备带着海军将领尼阿库斯去寻找一条绕道阿拉伯通往埃及的航路时,他病倒了。艰苦的行军,旧日的创伤,过量的豪饮,这一切都足以致命。直到弥留时刻,他还演戏似的做了一次最后的检阅:让他的老战士们走过他的面前,看着他死去。亚历山大以12年的时间征服了文明世界的大部分。但公元前323年在巴比伦,32岁的亚历山大却走上了另一条探险之路,不过它既不在海上,也不在陆地。

亚历山大帝国的瓦解　如果亚历山大活得够长,能把他的帝国组织得更为彻底,那么,这个帝国也许能支持得更长久一些,他的理想也许能实现得更圆满一些。但事实却是,他的将领们很快便彼此争吵而且争斗起来,于是他广大的帝国便瓦解了。在一系列战争之后,出现了3个王国:马其顿、埃及和西亚。最后一个经常被称为塞琉古王国,因为它的国王都是塞琉古将军的后裔。

7.4 希腊化文明

希腊化世界　据普鲁塔克所记,有70个以上的希腊城市,即希腊文明的中心,都是亚历山大在他12年征战中建立的。其中有几个称为亚历山大,是以他自己的名字命名的;有几个称为菲力庇,是以他父亲的名字命名的;还有一个在印度的布克法拉,是为了纪念他的爱马布克法路斯而命名的。希腊的神庙、希腊的剧场、希腊的艺术和文学、希腊的商业,以及希腊的殖民者,早已遍布帝国各处。希腊科学和希腊语言的胜利,比马其顿方阵的成功更为持久。在征战的帝国粉碎之后,文化的帝国依然存在。

亚历山大帝国瓦解之后的3个王国,都为希腊—马其顿国王所统治,而这些国王都热心于推崇希腊文明。马其顿现在自称为希腊的一个邦,并俨然自居为半岛希腊人的领袖和维护者,领导他们对抗来自多瑙河流域的蛮族侵略。塞琉古王朝统治着从小亚细亚到印度边境的各国,也保卫着希腊—马其顿的城市,这些城市都是亚历山大作为希腊文化在亚洲的中心而设置的。甚至在埃及,上层阶级也希腊化了。

文化的新中心　在新兴的希腊城市之中,成为希腊艺术、文学、戏剧和哲学的伟大中心的,我们可以列举出最卓越的四个来,即:尼罗河口的亚历山大比亚、小亚细亚的帕加马、叙利亚的安条克,以及小亚细亚海岸罗得岛上的罗得。

艺术的新杰作　萨莫色雷斯岛上美丽的妮克(胜利女神)和望楼上的阿波罗雕像①,都是在亚历山大以后的世代里雕成的。拉奥孔这个有名的悲剧形象和他的两个儿子挣扎翻腾于两条神蛇的缠困之中,是公元前 1 世纪罗得雕刻家们的作品。绘画也繁荣了,在埃及,希腊艺术家又学习着模仿彩石镶嵌细工的绘画。

图 7-4　拉奥孔父子雕像。在特洛伊战争中,特洛伊人受木马计所骗,祭司拉奥孔欲加以劝阻,因而激怒了雅典娜,她派遣巨蟒将拉奥孔父子三人缠死。雕像便是描述这一故事。它制作于公元前 1 世纪,于 16 世纪初被发现,米开朗琪罗誉之为举世无双的最完美的雕塑

艺术更普及更绚烂了,同时也比过去更逼真了。在文学方面,诗歌和戏剧更多描述一般民众的生活,以及浪漫的传说和恋爱的故事——这些都是老一辈作家们不常感兴趣的题材。

一个新的形容词　新的领域要求新的形式;新的机会导致新的成就;新的结合产生新的特性。不仅希腊影响了东方,希腊的特性和文化也因它们和东方的接触而有了改变。亚历山大和他的 1 万名士兵都娶了亚洲的女子。这位征服者开始穿起细软的衣服,同时依照东方专制君王的方式,要求进谒者吻他脚下的尘土。他下令让 3 万名波斯男童学习希腊语言和马其顿的兵法。在亚历山大之后,希腊文化多少有些不同,包含的东西比以前更

---

　　① 这具阿波罗雕像公元 15 世纪晚期发现于意大利古代昂提乌姆的废墟,当时的教皇把它买来,陈列于梵蒂冈的望楼,因此得名。——译者

多了。在埃及,它和埃及的事物混合;在叙利亚,它部分变成是闪米特的。我们似乎应有一个新的形容词来描写它,历史学家通常称它为希腊化文化。从亚历山大起到埃及被罗马征服为止这一段时间(公元前323—前30年),在近东被称为希腊化时代。

希腊化的埃及　在希腊—马其顿的统治之下,十分重要的一件事是埃及的经济复兴。希腊的商人传入了硬币——埃及人原是普遍实行物物交换,没有货币的。在建设运河、堤坝、港口和灯塔上,希腊人带来了较好的制造方法和更为精巧的技术。另一方面,希腊人改良了农业方法。他们甚至著述了使农耕科学化的书籍。埃及比过去更成为世界的谷仓。人们种植橄榄树并输出橄榄油。引进了绵羊的新品种,生产出了玻璃、挂毯、细麻布、香水和纸草纸书籍。埃及垄断纸草的生产,所以是书籍的主要制作者。在那时,书是一张很长的纸草,文字写在上面,然后卷在一支棍棒上。

但是,当我们谈到当时的埃及是如何繁荣和富庶的时候,我们必须记得,当地的人民并不如此。他们中的大多数实际上是农奴,是附属于土地上的奴隶。埃及的财富集中于王族和希腊剥削者的手里。

然而,国王和统治阶级的富裕也使文化的繁荣成为可能。富人们资助了艺术。托勒密王族在亚历山大建立了一所图书馆,里面藏有50万卷以上书籍。他们又在王宫设立了一所学院,学者们在那里研究得到赞助。有些人还为著名的书籍制作副本。为了纪念缪斯(Muise),他们把这所学院称为"博物馆"(Museum)。

地理学和天文学　希腊化时代最有创见和光辉的成就是在自然科学领域。由于亚历山大的出征,由于探险的远航和商业的扩展,地理学兴起了。公元前3世纪的地理学家不但知道地球是圆的,而且对于它的大小也有清楚的概念。有人从两个不同的方位去观测太阳,推算出地球的圆周是4.5万千米。考虑到当时的一切情况,这可是惊人地接近于正确的数字。就是这个名叫埃腊托斯特讷的人,像哥伦布那样断言:人们向西航行,越过大西洋,是可以到达印度的。不过他比哥伦布早得多。

虽然希腊化时代的天文学家知道地球是一个球状体,但他们中的大多数又相信它是静止的。一个大胆的预言者,萨摩斯岛上的阿里斯塔库斯却说中了真理——他认为太阳比地球大得多,地球绕着太阳运行;又说地球每天都在自己的轴线上运转。没有人相信他。他比他的时代前进了不只一步。

生物学和解剖学　这是一件有趣的事实:亚历山大在他出征期间,竟能找到时间把亚洲的动植物标本送回给雅典的亚里士多德。生物学(对于有生命的东西的研究)这门科学,在公元前3世纪的亚历山大比亚开展得很活跃。在埃及,科学家可以自由解剖动物的躯体,包括人。这使那里的学习者懂得了许多过去在希腊只能加以猜测的东西。在公元前3世纪早期,赫罗菲鲁斯在亚历山大比亚发现了动脉输送的是血液,而不是空气;思想的器官为头脑而非心脏;感觉是靠神经来传达的;而脉搏的计算为健康或疾病的检查提供了一个可用的指数。

数学和物理学　公元前 3 世纪，亚历山大比亚一个名叫欧几里得的希腊人总结了当时的几何学，写成了 13 章或 13"卷"，每一"卷"便是一卷纸草纸。两千多年以来，他的著作一直是研究几何学的基础。叙拉古的阿基米德既用几何，又用代数，发现了许多重要的定理。他对圆周、球体和锥体都做了专门的研究，还发现了很多关于重力和浮力的定理。有一天，叙拉古的僭主问阿基米德，他新制的王冠是不是纯金的。阿基米德把这顶王冠和等重的纯金先后放在一桶水里，同时记下它们排水量的差数，这样便解决了问题。

阿基米德对杠杆的研究十分热心。"给我一个支点，"他说，"我就能撬动地球。"他用杠杆、螺旋和齿轮，制成了一具转动船舶的机器。他也发明了一种投掷重弹的机械，在罗马人围攻叙拉古的时候对抗罗马人。据说他还利用一面大镜子的反射，使敌人的船舶着火。

图 7-5　四个发条的塔楼。这个至今仍然屹立在雅典的建筑，是由一个天文学家所建，作为日晷、水钟(滴漏)和风标。这是希腊化科学应用到日常生活的极少数例子之一

发　明　此外还有其他种种发明，例如抽水机、水磨、洗涤器、开门器和日晷。但是，使我们惊讶的是，当时的科学在生产和日常生活的应用上竟这样少。对许多希腊学者来说，科学太"纯粹"或"抽象"了。他们并不想用它来做平常的工作。无疑地，当时劳动力的低廉，也是统治阶级并不要求使用节省劳力的机械的一个原因。

宗　教　由于在商业和其他方面与别的民族有了许多接触，希腊人在他们的宗教观念上经历了不少变化；同时，自然科学的成长，像上面所简述的，也影响了他们对于男女神祇的信仰。在某些场合，希腊人接受了外来的神，或者把他们原有的信仰和其他国家的信仰混合了。举例来说，在埃及，对于塞腊皮斯①的崇拜，便是希腊和埃及仪式的一种奇妙结合。

哲　学　哲学家们继续热忱地寻求生命和世界的起源。许多人似乎都倾向于把宇宙

---

① 这是司冥府的神。——译者

看作是一架由科学规律控制着的巨大机器,而不再把雷鸣归之于宙斯,把海上暴风归之于波赛冬,以及把其他自然界的奇迹归之于各种男女神祇。

但是,人类幸福仍然是一个待解决的问题。一个人如何可以得到幸福?三个不同的学派,或三类不同的哲学家,以三种不同的想法答复这个问题。犬儒学派最有名的发言人是第欧根尼。他说,一个人必须了解自己,同时按照他自己的本性来生活。第欧根尼穿着破烂的衣服,住在一只桶里。伊壁鸠鲁学派主张在快乐中寻求幸福——这指的不是肉体的快乐,而是心灵的快乐:既没有痛苦,也没有烦恼,又没有奢望。这是一种自私的哲学,剥夺了生命中的希望和努力。斯多噶学派主要的导师是芝诺,一个闪米特人,主张一个人必须依照理性和自然而生活。他们说,一切自然都是合理的和美好的,所以人们不必为似乎不幸的事情而忧伤。斯多噶学派是一神论者,他们教给人们以人类的平等。

结　论　现在,我们将暂时放下希腊化世界,以便追溯罗马的早期历史,它是希腊和近东的征服者和继承者。但是,让我们记住三件事实:(1)在亚历山大之后,希腊人对世界文明的影响比从前更大。(2)亚历山大的征服,在三个大陆交界处融合了各种族和文化,成为商业上和文化上的联合,尽管不是永久的政治统一。(3)在公元前的最后一个世纪,地中海东部的希腊化各国,已经准备好一种在思想、艺术和财富各方面都高度发展的文明,提供给正在扩展中的罗马共和国。

第三编

罗马帝国内的古典文明

从埃及、巴比伦尼亚和克里特这些最初的伟大文明王国的诞生，到亚历山大帝国的瓦解，我们的叙述包括了超过3000年的时期。我们已经看到近东最古的文明，特别是埃及文明，先通过克里特岛、后来又通过希腊与埃及的商业，传给了希腊人。我们还留意到，希腊诸城邦在抵抗了巴比伦和亚述诸古文明的继承者波斯帝国的进攻之后，把这个文明发展到了辉煌的高度。

　　亚历山大征服了波斯帝国，开启了希腊化时代，又把希腊文化传遍了近东。希腊化文明主要是一个近东文明，虽然它在黑海沿岸和地中海西部有遥远广泛的据点。

　　在这出戏的下一幕里，罗马扮演了主角。在第8章里，我们将看到罗马在北方的伊达拉里亚人和南方的希腊人之间的台伯河岸兴起。但是不久之后，罗马便征服了整个意大利。在第9章里，我们将看到它跨出意大利，把环绕地中海的全部土地合并成一个大帝国。但是这个帝国的建立也影响了罗马本身，把罗马共和国变成了一个君主国。第10章说明了罗马帝国怎样接过近东的希腊化文明，并把它加以改变，传播到更远的西方——意大利、法兰西和西班牙，以及非洲的北岸。

第 8 章　罗马城邦的兴起

8.1 罗马兴起前的意大利

当希腊化文明正在地中海东部沿岸盛行的时候，一个新的强国在西方兴起了。在意大利，一个好战的城市开始打出一条指向世界帝国的道路。我们现在必须注视这个兴起中的城邦。

意大利诸部落　假如我们在青铜时代末期——大约公元前 1000 年——走过意大利，我们将会在亚平宁山脉西南的富饶平原上见到若干有关联的部落。他们是混杂的种族，但是我们可以称它们为意大利诸部落。他们中间有些是农夫，种植麦豆，放牧牛群，榨葡萄酿酒，植麻以供妻女纺织。有些是铜匠，已经能用青铜制造精美的刀剑和工具。但是在所有那些用泥土和柳条筑成的茅屋所形成的小小的意大利村落里，却找不到一个能读书写字、设计寺庙或建筑大理石宫殿的人。尽管如此，在拉提乌姆有一个部落，他的成员被称作拉丁人，住在台伯河畔一系列山丘的顶部和四周。他们将渐渐名声大振，拉丁语和拉丁法律将要从他们的罗马城传遍整个世界。

伊达拉里亚诸城市　约在公元前 900 年，一伙冒险家——也许是海盗——沿意大利西岸上行，靠近拉提乌姆。他们经过台伯河口在更北的地方登陆。他们强行侵入这个地方，并及时地在亲族的协助下建立了十来个有围墙的城市。他们似乎是来自小亚细亚，在历史上被称作伊达拉里亚人。他们所建立的那一部分意大利在古代被称作伊特鲁里亚，近代名称是托斯卡那。

伊达拉里亚人在历史上的重要性与其说是由于他们自己的原因，倒不如说是由于他们把意大利和东方较古诸文化联结起来这一事实。从很早的时候起，他们和希腊商人的

图8-1 伊特拉里亚人的金属工艺在古代世界甚为著名。这是约公元前6世纪制造的青铜雕像，为罗马城的象征。两个婴儿不是和母狼一起雕塑的，而是文艺复兴时期补充上去的。据古罗马传说，公元前8世纪，国王被胞弟篡位，其女儿与战神马尔斯结合生下孪生兄弟罗慕洛和勒莫。两个婴儿被抛入台伯河，却被一头母狼喂养成活，长大后杀死篡位者，在台伯河畔建立新城，罗慕洛杀死勒莫，以自己的名字命名新城为罗马

交易就很兴隆。这些希腊商人急于用希腊的陶器和布匹来换取伊达拉里亚的铁和铜。伊达拉里亚人从希腊人那里借用了字母、甲胄、战术、绘画和雕刻的风格，把这些东西传给了罗马。不仅这些，还有巴比伦人砌造拱门的技术，以及较古诸文明的许多其他特征。

希腊诸殖民地　在伊达拉里亚人之后，希腊殖民者很快就接踵而来。这些殖民者主要定居在意大利南部和西西里岛。在意大利的诸希腊殖民地中，最古老的一个是库米，约建于公元前800年。库米远处台伯河之南，那不勒斯湾之北——较意大利西南部其他殖民地更靠近北方。

在公元前8和前7世纪期间，意大利南部沿海及西西里岛，特别是该岛东部，希腊殖民地建立得很密集。西西里岛东部的叙拉古城已经成为一个强大的势力。正如我们已见到的，西西里岛东部和意大利南部实际上是希腊世界十分重要的一部分，甚至后来竟然被称为大希腊，或"更大的希腊"。大约直到公元前300年，大希腊的诸城市似乎比罗马更为重要和更有前途。但是罗马将把它们全部征服，而它们的文化却反过来将罗马俘获。

8.2 罗马城

一个小小的王国　根据古代罗马传说，这个城是在公元前753年，由两个被一只母狼哺养大的孪生兄弟——罗慕洛和勒莫——所创建的。近代历史学家却不相信这类传说。罗马曾有一个时期是一个小小的城邦，一个小小的王国，和它的邻邦屡次发生战争，最后的塔克文王朝似乎是在公元前6世纪末被推翻。相传公元前509年，罗马成为一个共和国。

一个强壮的共和国　早期，大多数罗马公民是强壮的农夫，他们的农田和牧场就在城墙的外边。种地是光荣的职业。几个世纪以来，在罗马，农夫是头等公民。他们哺育罗马的儿女，和罗马的敌人作战，但是他们没有铸造的钱币。他们用牛和铜块当做货币。买卖和商业必然处在极为简陋的阶段。在相当长的时期里，台伯河上的城市比爱琴海边和其他地方的希腊城市要更小也更落后。公元前5世纪的罗马并没有菲狄亚斯，没有埃斯库罗斯，也没有苏格拉底。艺术和文学不大受欣赏。公民住所大多是土墙茅屋。很少公民能书写。

罗马人向伊达拉里亚人学习为供奉神灵而建筑庙宇,但他们用的不是花岗石或大理石而是普通的粗石,他们得雇用伊达拉里亚和希腊的艺术工匠来装饰这种建筑。但是罗马铁匠已能制造农具、防身的甲胄和有效的武器。

优良的位置　地理条件有利于这个兴起中的市镇。它离台伯河口只有十多英里,离海够近便于贸易,又处在够远的内地,足以躲避许多出没无常的海盗。台伯河中有一个小岛,通过架起木桥,成为沟通南北的一条长长小路的渡河之处。7 个山丘密集地靠拢这个小岛,分布在河的两岸,既是建筑庙宇和宫殿的好地基,也提供了防御的地势。富饶的农田一望无际。

伊达拉里亚的影响　罗马从最初一个土墙茅屋的村落变成一个石砌的城市,我们相信,比其他任何因素更重要的是伊达拉里亚的教导。无论如何,在公元前 6 世纪和以后的时间里,罗马受到伊达拉里亚的影响极为深刻。罗马最后的几个国王可能就是伊达拉里亚人。罗马人主要是从伊达拉里亚人那里学会了书写,采用了一种修改过的希腊字母,这是伊达拉里亚人从库米学来的。其中最重要的是,罗马军队使用的是希腊式方阵。以前,罗马人和其他意大利部落的人一样,打仗时没有秩序或纪律。从伊达拉里亚人那里,他们学会了用希腊的甲胄——盔、矛和盾——来装备他们的步兵,并且用密集队形作战。

罗马的宗教　早期罗马人主要的宗教中心是家庭和农场。每一个住所有它的神和代表神的偶像。拉里(Lares)是祖先的神灵,朋纳(Penates)是护仓神。维斯塔(Vesta)是灶神。家庭是最重要的庙堂,一家礼拜之地。除了家庭外,城邦也有它的神。天神朱庇特被认为是罗马特有的保护者,有如雅典的雅典娜。最高的女神朱诺是妇女的保护者。雅努斯的庙宇在打仗的时候庙门洞开,和平的时候庙门紧闭。马尔斯是战神。此外还有许多其他的神。

8.3 罗马共和国内的贵族和平民

贵　族　罗马是个贵族共和国。只有贵族能进入元老院或担任最高级的政府职位,在公共崇拜神

图 8-2　古罗马的一位贵族以及他的两个祖先的半身像,大理石制,真人大小,公元前 1 世纪晚期

灵的仪式里当祭司,或解释当时还不成文的法律。贵族的身份是由父亲传给儿子的。

贵族通常占有最大的农场,拥有大批佃户。他们被认为在社会上比平民高出一等。平民大多数是工人、佣人和小农。他们是自由民和公民,但权利很少。这些平民对当时的情况非常不满意,抱有怨言。例如他们常埋怨政治地位太低,债款利率过高,富人的牛羊都在公共草地上喂养,使他们的牛羊无处放牧,贵族们将大量公共所有的土地占为私有。

罗马的主要官职   最高的官员是两个执政官,分别是主要的行政长官和军队指挥官。约在公元前 5 世纪中叶,又选出两名"财务官",作为司库和档案保管员,后来增至四名。"监察官"进行人口普查,征收捐税,选定公共工程的承包。"营造官"监督市场、街道和用水的供应。公元前 4 世纪选出了若干"副执政"以协助执政官,主要是在诉讼中当法官和每年公布哪些法律应予实施。所有这些官员都由平民大会选举,除了营造官之外必须全都是贵族。

元老院和平民大会   罗马元老院由贵族组成,是一个极有权力的机关。所有的法律和所有重要官职的候选人都需经元老院批准。平民大会在不同时期有不同的形式。在公元前 5 世纪,它主要是平民的集会,和同时期雅典的公民大会相比,它权力小得多。它常常只是批准已经由官员们起草好的法律、已经订立的条约和已经由贵族领袖们选择好的候选人。

平民的进步   平民曾屡次威胁要退出、脱离罗马并建立他们自己的政府。这种方法很见成效,公元前 466 年平民们赢得了在他们自己中间选举四个新的官员——"保民官"的权利。保民官的作用是保障平民的权利。不久之后一切法律都以文字的形式记录下来,平民大会更民主了。

到公元前 5 世纪快结束时,财务官可以由平民担任。公元前 4 世纪,选出了第一个由平民担任的执政官。从此之后,两个执政官中必须有一个是平民。这个世纪,平民也初次被选为独裁者、副执政和监察官。到了公元前 4 世纪末,城邦祭司的职务也允许他们担任了。这一切改变使得每年有少数平民进入元老院,因为所有退职的高级政府官员都是元老院的终身成员。

公元前 287 年,平民大会获得了更大的立法权,因而平民的权利又迈进了一步。所以,经过了长期的艰苦斗争,平民和贵族之间大部分旧有的障碍被平民打破了。不少平民变得富有,身居最高职位,进入元老院,并和贵族的家族通婚。

没有解决的问题   可是从经济观点来看,那些现在包括少数平民在内的富有的上层阶级同广大的穷苦农民、佃农及城市工人之间的鸿沟依然存在。政客们许下种种诺言,因而赢得短暂的声望和选票,但是土地问题和债务问题依然得不到解决。这些问题在许多年里继续困扰着罗马。

8.4 罗马统一意大利

在上述这些政治变化发生的同时，罗马进行着一连串几乎没有停止过的战争。因此，约从公元前 350 年到公元前 265 年间，阿诺河和卢比孔河以南全部意大利都落入了罗马的控制之下。

罗马的战争机器 罗马征服成功的部分原因在于它的战争机器。从伊达拉里亚人那里学来的装备雄厚的方阵，在平原作战中很有效；但是当罗马军队必须行进更远，进入丘陵和山岭地带时，另一种阵形和装备就成为必要了。因此罗马发明和采用了军团的编制。一个军团分成若干支队，操练纯熟，能迅速变成不同的队形。它在必要时能分成小集体，随时又能重新集合起来。每个军团的士兵

图 8-3 扈从跟随主要官员出现在公共场合。左边一人扛着斧头，象征在罗马城外军事指挥官可以处死任何罗马公民。另两人扛着束棒，这表示官员可以对公民施加肉体惩罚，但必须经过审判

都有头盔、盾牌和披甲的保护。他手执装有铁尖的重标枪，可向敌人投掷，在狭窄的地方则可用短剑。行军途中，军团每夜都构筑设防的营垒。

罗马的战士 武器、队形、训练和防御措施对罗马军事成就都有重大的关系，但比机器更重要的是个人。他们是在四面皆敌的环境中成长起来的——他们习惯于为生命而战；现在，随着人口的增多，他们又为土地、战利品和荣誉而战。

罗马和维爱 在 12 个伊达拉里亚城市中，最靠近罗马的是维爱，仅在罗马以北 19.3 千米。罗马和维爱打来打去，打了许多年，但在公元前 396 年，当高卢人在北方进攻伊特鲁里亚时，罗马攻占了维爱，并把它毁坏了。9 年之后，罗马本身也陷落高卢人之手，遭受了几乎与维爱相同的命运。高卢人攻占了罗马，烧毁了一部分城市，但是他们如果不是像罗马传说的那样被赶走的，就是得了 453.6 千克金子的贿赂才退出的。

拉提乌姆的征服 罗马不久就从高卢人的入侵中恢复过来，建立得更大更强了。它击败了在拉提乌姆边境上的两个意大利部落——埃魁和沃耳西。其他拉丁城市眼看着罗马的成长，都感到妒忌。它们和罗马结成一个称作拉丁同盟的松散联邦已超过一个世纪之久，这时它们之间的战争却爆发了。经过两年的战斗和围攻（公元前 338—前 336 年），罗马成了这个平原的无可争议的主人。

萨莫奈人的战争 在罗马之东、那不勒斯之北的亚平宁山脉中，一些萨莫奈人组成的

顽强部落开始引人注意。它们南下攻入沿海富饶的平原。那不勒斯和卡普亚大为惊慌,乞援于罗马。罗马援助了它们,也是为了帮助自己。和萨莫奈人的战争是持久和猛烈的。罗马屡次面临失败,但是它没有认输。这场战争拖了 35 年,从公元前 325 年到公元前 290 年。最后萨莫奈人和他们的盟邦都被征服了,成为罗马的"盟邦"。

伊特鲁里亚的征服　在公元前 280 年以前,所有伊特鲁里亚的城市,如维爱,都被罗马征服而变成了它的"盟邦"。大约同时,高卢人被驱逐到卢比孔河之北,他们的土地被罗马并入版图。这样,罗马的边境向北推进到了卢比孔河和阿诺河。

大希腊　在意大利半岛南部那些称作大希腊的具有高度文化的希腊城市中,主要的是利基翁、罗克里、赫腊克利亚、图里和塔兰托。不过这些城市里的公民已失去了好战的性格。像当时其他许多希腊城市一样,他们依靠雇用的外邦人去为他们打仗。不仅如此,他们也仍然展示了希腊人的那种特性——缺乏团结。他们之间互相争吵,图里请求罗马协助他们攻击塔兰托,塔兰托向东渡海,乞援于雄心勃勃的年轻的伊庇鲁斯国王皮洛士。

皮洛士像他的名字暗示的那样,性如烈火,又很能干。他带来了罗马人从未遇到过的最好的军队。此外,他还有受过训练的战象。来自台伯河七丘的罗马军团遭到惨败。皮洛士从意大利南部长驱直入,几乎到达罗马的城门,在那里他再度击溃罗马军团。但是罗马并不求和,而和迦太基结盟,顽强地继续战斗。

皮洛士又把战争推进到西西里岛,希望挫伤迦太基。他在西西里岛上的希腊"朋友们"背弃了他;迦太基人击沉了他的舰队。他回兵意大利,又被罗马人打败了。皮洛士带着他方阵的残兵败卒回到伊庇鲁斯。他吃了败仗,更为消沉些了,不过也学得更聪明些了。不久塔兰托对罗马打开了门户。到公元前 270 年,整个意大利南部都在罗马的统治之下了。

罗马人的现实感表现在他们拨用了一部分从这场战争中夺得的战利品,去建筑一条 60 千米长的高架渠,从山上把清水引到罗马城里。

实力政策　在对待被征服的民族上,罗马是非常精明和成功的。制服了的敌人通常被允许保持他们大部分的土地,并按照他们自己的法律和习俗管理本地的事务。在被征服的土地上,罗马到处建立一些殖民地。每个殖民地大约有 3000 个罗马公民,每人分得一片小农场。这些殖民地的建立不仅是为了给罗马增长的人口提供土地,而且也保证了边远地区有个效忠于罗马的公民社区。罗马还有一个很好的方法,用以奖励那些被征服的城市,就是如果某地的人民能证明他们对罗马真正效忠的话,就可以扩大他们的特权。

罗马的道路　同时罗马也在做应付紧急情况的准备。例如,它修筑了良好的道路。有句谚语,"条条道路通罗马。"事实上,他们最初主要是想有可以从罗马通出去的道路。他们的用意是在战争时便于军团迅速开往各地,便于罗马城和它的殖民地能经常保持联系。但罗马的道路却是文明的动脉,它们促进了旅行和贸易。它最初所铸造的银币大约在公元前 269 年,随着这些道路——贸易的路线——散布出去,刺激了商业。罗马的第一个剧作家就是从塔兰托沿着著名的亚壁大道带到罗马的一位俘虏。这条大道通向南方,是亚庇乌斯·克劳狄在和萨莫奈人的战争中建造的。

　　罗马的道路也通向机遇——那种罗马能够抓住的机遇。亚历山大的帝国瓦解了,罗马的帝国正在缔造。罗马的道路是引它达到帝国的道路。

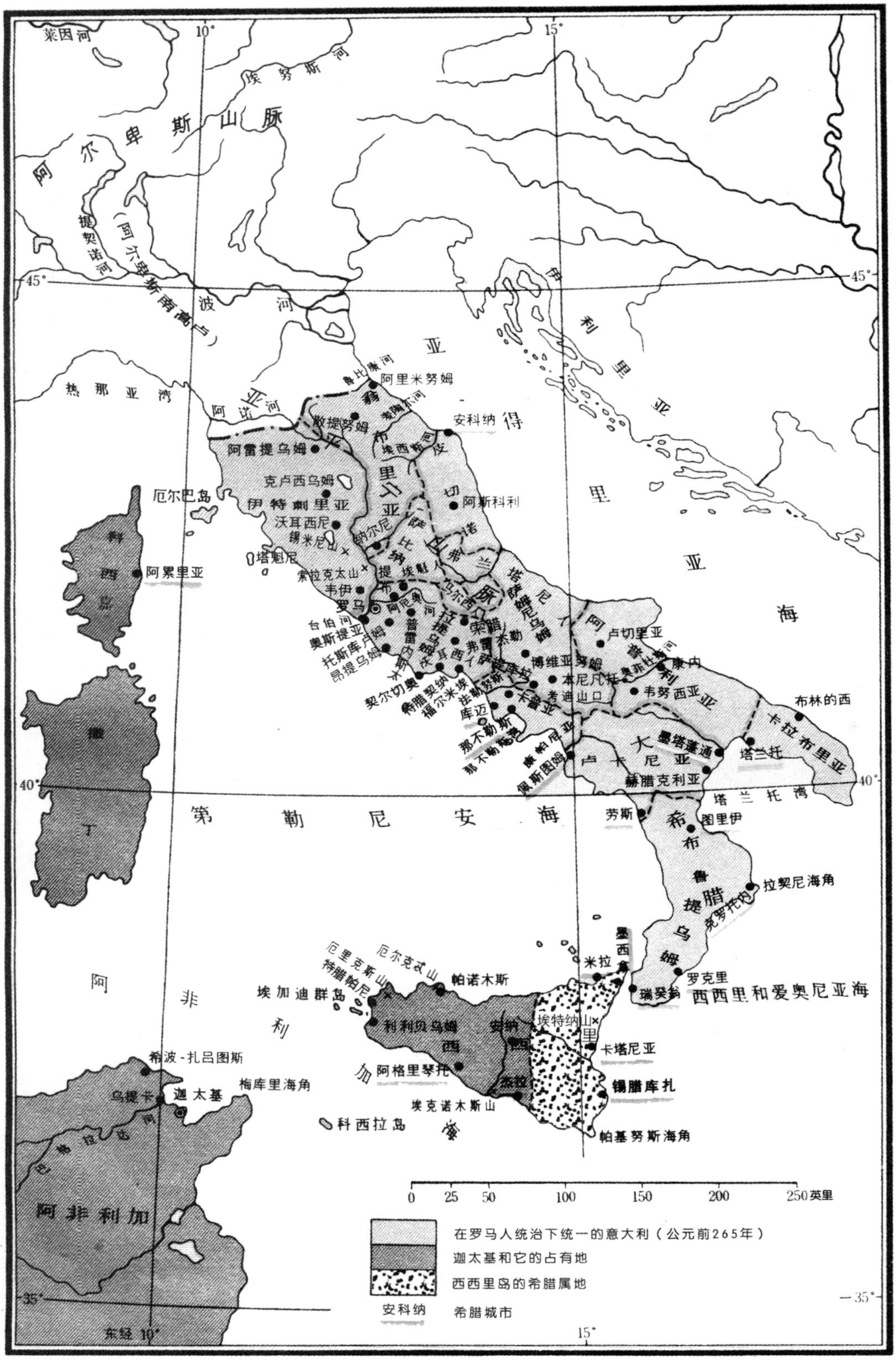

地图 8.1　约公元前 265 年的意大利

第 9 章　罗马共和国的得失

9.1 征服迦太基西部

罗马的道路通向帝国,但是罗马的农人—士兵似乎最初并没有任何成为帝国创业者的意向。

贪婪和恐惧　当罗马拔刀指向迦太基时,主要的原因是贪婪和恐惧:贪婪的是要劫掠财物和更多的土地;恐惧的是庞大的、日益成长的迦太基帝国将会把它吞并。

迦太基,布匿人的骄傲,腓尼基最大的殖民地(布匿是腓尼基人的拉丁名称),比罗马更古老、更富足。提尔著名的紫色被迦太基的红色所遮盖了。迦太基的红色毛织品驰名远近,但这不过是迦太基许多制成品和商品中的一种。商船和军舰挤满了它繁荣的海滨。从西西里岛到直布罗陀海峡,地中海是迦太基的一个内湖。据说,一个迦太基的船长曾自负地说:"罗马人不得到我们的允许就不能在海里洗手。"

第一次布匿战争　公元前 275 年,皮洛士在败仗中离开西西里岛。他忧伤地安慰自己,预言联合攻击他的罗马人和迦太基人不久就会互相残杀。他预见到西西里岛是他们之间一块争夺的骨头。事情果真如此。拥有肥沃田地和富饶城市的西西里岛正是布匿战争的第一个战场和第一个争夺的目标。布匿战争是罗马和迦太基之间一连串你死我活的悲剧,从公元前 264 年开始,断断续续绵延了 119 年。

在第一次布匿战争中,罗马人建立了一支舰队,在迦太基的地盘——海面上与其作战。同时战斗也在西西里岛上展开。公元前 260 年的米拉海战是历史的转折点。它表明了罗马将既是一个陆上强权,又是一个海上强权。但是它付出了沉重的代价。在第一次布匿战争的 24 年中,古代的作家写道,罗马损失了 700 条船和 20 万人。但是在公元前 241

图 9-1 罗马在第一次布匿战争后成为海上强国。此雕刻显示一艘罗马船只正准备撞击或登上敌船

年,迦太基按罗马的条件议和了。迦太基付出了大量黄金做赔款,并放弃了在西西里岛西部所占有的一切。

于是罗马人获得了一个拥有大量麦田、橄榄林和葡萄园的地方。在西西里岛,罗马采用了迦太基的税收方案,对农作物收成和出口货物各征收 5% 的税金,这样每年能为它的国库增加 100 万美元左右的收入。

此后的几年中,罗马用它的新海军从迦太基手中夺取了科西嘉岛和撒丁岛,并越过亚得里亚海在伊利里亚获得了一个据点。

第二次布匿战争 从公元前 218 年到前 201 年的第二次布匿战争,是一场巨人间的较量:迦太基一边是哈斯德鲁拔和汉尼拔,罗马一边是费边和西庇阿。在第一次布匿战争中,迦太基的主将是哈米尔卡,别号"闪电"。当他的儿子汉尼拔("巴尔神的恩典")9 岁时,哈米尔卡把他带进巴尔—莫洛克的庙里,要他发誓永远敌视罗马。第二次布匿战争主要是汉尼拔和他的兄弟哈斯德鲁拔发动的,汉尼拔是这次战争中最出色的人物。

汉尼拔无疑知道罗马和迦太基为了争夺对地中海西部的控制迟早会重新开战。为了遵守他的誓言和替他父亲报失败之仇,他故意向罗马挑战。公元前 219 年,他占领了西班牙的萨贡托,罗马的一个盟邦。罗马要求交出汉尼拔,迦太基予以拒绝。罗马于是兵分两路,一路在西班牙惩罚汉尼拔,一路进攻迦太基。但是汉尼拔先发制人,把战争推进到了意大利本土。他率领部下的老战士从西班牙,经过法国南部和瑞士,由北向南进入意大利。半数战士和全部战象都死在阿尔卑斯山脉里。当他到达波河流域时,手下只有步卒2万,骑兵6000。罗马却有28万能执干戈的公民,并能从它的意大利诸盟邦里征调也许两倍于此数的队伍。但是罗马通常每次只用4万人上阵,而其中很多人已因多年的和平而变得拙于战斗了。不仅如此,正如汉尼拔所预料到的,阿尔卑斯山脉南面的高卢人和他联合起来了。他们新近被罗马所征服,所以急于得到反击的机会。在几个月之间,他得到了2.5万个高大的高卢人,同他从非洲和西班牙来的老战士们一起作战。

汉尼拔在意大利南征北战15年,一次又一次地战胜了罗马,从来也没有失败过,但是始终没有把罗马征服,也没有进攻过罗马城。他深知拿他的士兵去同石头城墙硬拼是没有好处的。他没有攻占城池的器械。

汉尼拔最辉煌的胜利是公元前216年在坎尼赢得的。罗马名将费边善用侧击战术来拖垮汉尼拔,他的诨名是"拖宕者"。罗马人要求一个真正能够作正面战斗的将领。瓦罗于是代替了费边在坎尼与汉尼拔作战。据说汉尼拔从在坎尼阵亡的罗马骑士手指上收集的金戒指就有一斗之多,有些书上说是三斗。这是罗马黑暗的一天。但是罗马人了不起之处就在于从来不知道他们什么时候打了败仗。他们不获胜利决不收兵。

年复一年,汉尼拔的日子越来越黯淡了。他得不到家乡的接济。他的队伍越来越小了。他的兄弟哈斯德鲁拔试图从西班牙率领一支军队来援助他,但是在通过可怕的阿尔卑斯山脉时被杀了,军队也溃败了。一个年轻的罗马天才科内利乌斯·西庇阿在西班牙占领了新迦太基,然后从罗马出航进攻非洲的老迦太基。迦太基求和,并从意大利召回了汉尼拔。

但汉尼拔依旧是一个强大的势力。他回到迦太基不久就成立了一支新的军队,劝导他的人民继续作战。但是结局已经不远。公元前202年,在迦太基南面的扎马,他又和西庇阿相遇,吃到了生平第一次败仗。西庇阿凯旋罗马的盛况是世界上前所未见的。自从扎马之役以后,他被称为阿非利加的西庇阿。迦太基又被迫付出大笔黄金作为赔款;所有的战舰除10艘外一概交出;割让西班牙,包括它丰富的银矿;还有一个条件,就是非经罗马的许可,不得向任何国家再启战端。

第三次布匿战争　又过了若干年,但是迦太基和罗马都过得不很愉快。迦太基人因惨痛的屈辱和不平而恼火;很多罗马人又被恐惧的老幽灵所缠绕。现在他们倒不是害怕被人征服,而是害怕商业和农业的竞争。迦太基的农人和商人是不容易对付的。罗马仇恨迦太基的人的领袖是个名叫卡托的性格冷峻的老农。他在元老院或其他地方演说时每次都用这样的话来结束:"迦太基必须毁灭!"

结果,他如愿以偿了。公元前149年,迦太基出兵惩罚一个捣乱的邻居——努米迪亚的国王。这件事给罗马军团以开入迦太基的借口。在罗马的要求下，迦太基人被吓倒了，交出了武器。他们也交出了三百多个贵族作为人质。随后一个罗马执政官冷冰冰地通知他们说，他们的城市必须毁灭。在愤慨和决死的心情下，迦太基人的抗战准备非常激烈，把每一块可以找到的废铁都用来铸造武器。妇女们剪下她们美丽的长发拧成弓弦。他们紧闭城门，严守城墙。坚持了两年，他们的城池终于沦陷和被毁了。没有被杀的人被卖为奴隶。罗马人在废墟上用犁翻了土，表示这个城永远不得重建。

这个腓尼基人最大的殖民地荒废了。罗马得到了"阿非利加"——迦太基所占有的那一部分北非。最后一次布匿战争就这样结束了。

布匿战争的结果　（1）古代地中海世界的文化是通过欧洲而不是通过非洲传给我们的。（2）罗马作为一个海陆强权出现了。（3）它统治了西西里岛、科西嘉岛和撒丁岛、西班牙和非洲西北部，在地中海西部成为霸主。（4）崇尚希腊精神——许多罗马人对希腊文化的爱好。（5）罗马内部的阶级冲突——穷人反对富人，小农反对大农场主，下层群众反对政府。

9.2 征服希腊化的东方

当罗马征服西方时，它也注视着东方。它与埃及有着相当友好的关系——在罗马因汉尼拔入侵而发生饥荒时，埃及送来了谷物。对希腊文化的爱好和对希腊精神的崇尚正在增长。此外，罗马害怕马其顿。马其顿的国王曾经协助过汉尼拔，并有当第二个亚历山大的雄心。

崇尚希腊精神　自从第一次布匿战争时起，对希腊精神的崇尚在罗马已增强了。罗马军团在西西里岛看到了点缀着希腊化城市的大理石庙宇和雕像、绘画、剧场。不久希腊戏剧译成拉丁文，在罗马上演。第二次布匿战争中，叙拉古、卡普亚和塔兰托都因协助汉尼拔而受到惩罚和劫掠，罗马从这些城市运走了许多财物和希腊的艺术品。对希腊艺术和文学以及奢侈品的狂热，在罗马上层阶级中风靡一时，尽管卡托和其他一些人曾严厉地予以斥责。最后，卡托自己也学习希腊文了！

在东方的希腊化诸邦　我们记得，亚历山大的帝国在他死后分裂成了三个王国：托勒密治下的埃及，安提戈努斯治下的马其顿，及塞琉古治下的叙利亚（西亚）。这三个王国在整个公元前3世纪直到公元2世纪期间，是东地中海世界的强国。上述三个君主都是希腊艺术和学术的赞护者。希腊商人和希腊教师到处可见。

除埃及、马其顿、叙利亚以外，还有一大批小邦——较小的希腊诸邦。雅典已经丧失了实力和商业的领导地位，但依然被誉为哲学的故乡和艺术的圣地。罗得这个希腊海岛已经成为商业、文化和外交上极为重要的中心；在小亚细亚西部的帕加马迅速地成了希腊艺术的故乡,及一个相当强大的王国的首都。爱琴海的若干希腊城市已经从属于埃及。爱好地方独立自治的希腊旧传统还是很强,虽然在伯罗奔尼撒半岛上,大多数希腊城邦已联合成为亚该亚同盟,同时希腊北部和中部的城邦形成了埃托利亚同盟。

科林斯的欢乐日　公元前 196 年在地峡运动会上,罗马执政官站立在一大群来自许多希腊城邦的运动员和观众面前,宣布科林斯和其他以往受马其顿支配的希腊城邦现在都可获得自由。全场欢声雷动。不久之前,马其顿的国王也许梦想成为亚历山大,率领他的方阵,以遂征服之愿。这震惊了埃及、罗得、帕加马、雅典和埃托利亚同盟,他们都乞援于罗马。在罗马,爱好希腊文化的人们对所有的希腊圣地都是热切关心的。罗马的政治家认为马其顿的国王应当予以制止。因此,冠以金鹰的军旗高举起来了;军团也开动了。在库诺斯克法莱山("狗头山"),罗马军团击破了马其顿的方阵。

罗马胜利了,但是罗马却是宽大的。它可以像 4 年前对迦太基那样,夺取领土和要求黄金赔款。但是这次它什么也不要,反而给希腊诸城邦以更多的自由。它扮演了大姊的角色。这一天,罗马在科林斯成了希腊人的拥护者和保护人。

安条克　当叙利亚的国王安条克侵入希腊时,罗马用了同样的精神来对付他。罗马军团在著名的温泉关战场上把他击败;第二年(公元前 190 年)又在阿非利加的西庇阿的率领下,把他追到小亚细亚,在马格尼夏摧毁了他的实力。安条克的雄心受到汉尼拔的鼓励,这时汉尼拔虽已被放逐,但依旧是罗马的敌人。更糟的是埃托利亚同盟曾许下帮助安条克抑制其他希腊诸邦的诺言。曾经常在希腊引起纠纷的这类希腊人之间相互敌视的事情,势必再度发生。

还有一件有意义的事实应当注意。罗马虽则在击败安条克之后没有并吞他的领土,但是罗马军队带回了大量战利品。这表明如果他们还要一次一次地出去打仗,可以预料他们还会这样干。卡托和其他许多罗马人念念不忘的是有利可图。他们感觉到,若是罗马人为了在东方打仗而缴了税,他们应当从而获得领土。面向这个目标,在公元前 168 年,当马其顿的另一个怀有雄心的国王被征服时,罗马采取了一个决定性的步骤,将马其顿分裂成 4 个共和国,它们每年都得向罗马纳贡。透过丝绒手套,仍可感觉到罗马的铁掌。

科林斯的伤心日　公元前 146 年,罗马军团洗劫了科林斯并把它焚毁了。这正是 50 年前欢乐景象的伤心对比。如今,宽大的拥护者已变成了残酷的征服者。

双方都有不是。在声称给希腊诸邦以自由、自治的同时,罗马希望希腊诸邦尊重自己的权利。它要求他们必须服从它的愿望。不仅如此,它的影响常是袒护希腊城市里的贵族。这自然会使民主派联合起来和罗马对立。当然,希腊的民主派和贵族是互相对峙的,希腊城市之间又是互相嫉视的。当罗马忙于第三次布匿战争时,希腊人之间的争吵也闹

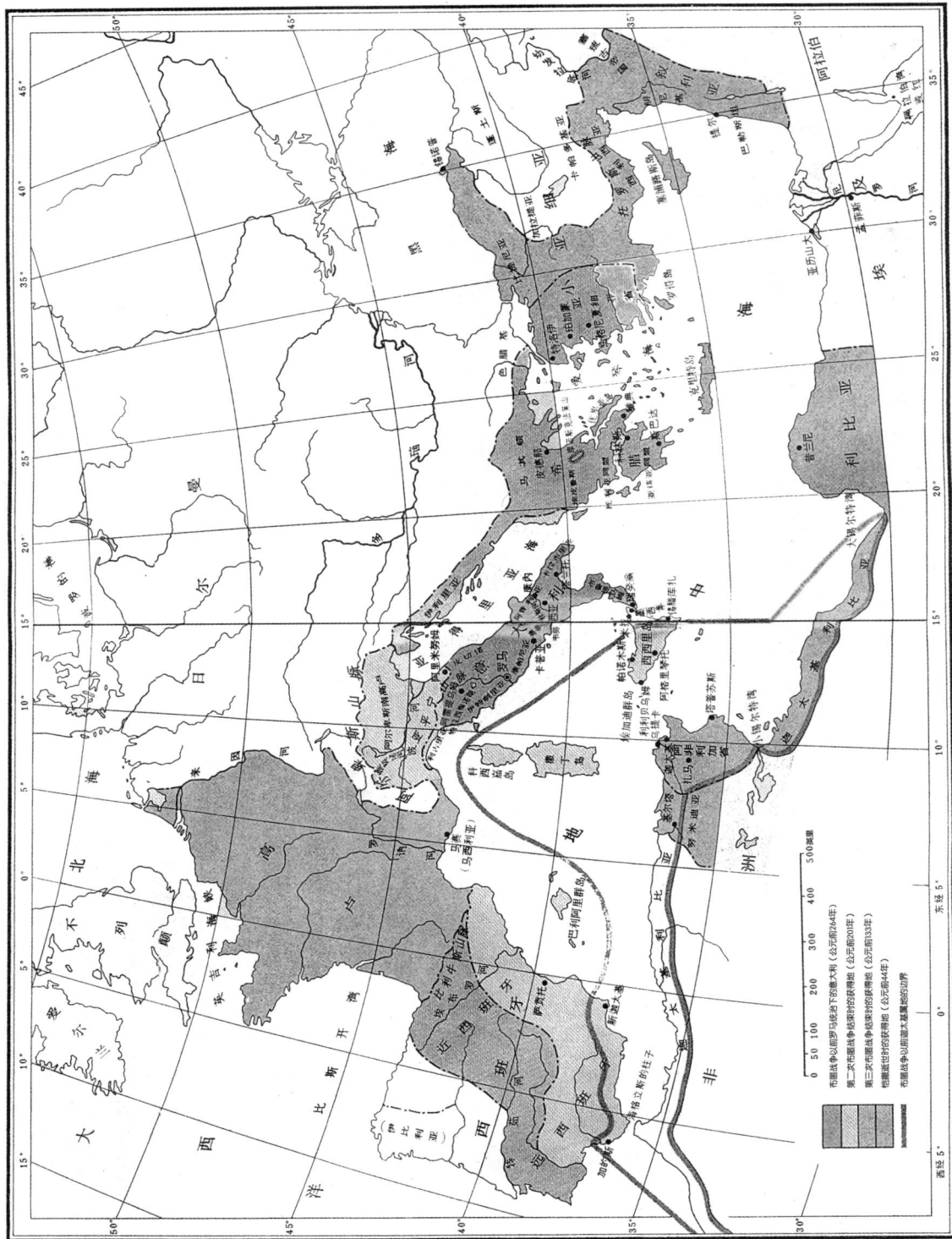

地图 9.1　罗马共和国的扩张,迄公元前 44 年

布匿战争前夕即罗马统治下的意大利(公元前264年)
第二次布匿战争结束时的获得地(公元前201年)
第三次布匿战争结束时的获得地(公元前133年)
恺撒逝世时的获得地(公元前44年)
布匿战争公元前264年直属地的边界

0　50　100　200　300　400　500英里

大　西　洋

北　海

地　中　海

非　洲

亚　洲

得很凶。科林斯和亚该亚同盟的其他成员抓住这个机会进攻斯巴达。这是他们致命的错误。罗马击败了这个同盟。科林斯在公元前 146 年被毁灭了,成为对希腊人和其他所有人的一个具体的鉴戒:罗马的权威是必须尊敬的。

科林斯和迦太基是在同一年被毁灭的。经济动机可能对其都有一些影响,因为两个城市都是罗马在商业上的竞争者。

只早一两年,马其顿成了罗马的一个行省,受罗马总督的统治,因为这个地方的另一个雄心勃勃的国王曾公然反抗罗马。

米特拉达特　东方那些雄心勃勃的国王,在把罗马从保护者变成征服者这件事上所起的作用,并不在争吵不休的民主派之下。我们已见到叙利亚的安条克和马其顿的国王们是怎样搞的。另一个对这样的下场起过重要作用的人是蓬土斯的米特拉达特,尽管他是无意的和不情愿的。蓬土斯是黑海靠近南岸的一个小王国。公元前 89 年,当罗马在意大利和它的盟邦交战的时候,米特拉达特进攻了小亚细亚的一些罗马的"友邦"。意大利的纠纷一经解决,米特拉达特就受到了惩罚。同他站在一起的雅典和其他希腊城市也受到了惩罚,被迫罚款、纳贡并割地。几年之内,米特拉达特王国成了罗马的一个行省。在攻击米特拉达特的战争中,最为杰出的两员罗马名将是苏拉和庞培。

不久之后,叙利亚被征服了,成为罗马最重要的行省之一。小亚细亚的许多其他地区也被纳入罗马的统治,或是作为行省,或是作为纳贡的属国。

9.3 经济和社会的变迁

阶级冲突　我们已经提及,布匿战争最坏的结果之一是罗马阶级冲突的发展。战争时期,元老院管理外交和军事,范围之广使得群众性的大会和平民的保民官完全变得黯然无色。在经济生活上,与贵族政治的复活并行的是有钱人的财富迅速增长。战争常常给狡猾的承包商以积累财富的机会。布匿战争不但使商人更富,而且也使农民更弱了。当农人们为罗马而战的时候,很多人丧失了他们的农田,而主要的胜利果实却归他人所有。

元老阶级　罗马的东征西伐,大大增加了少数贵族家族的财富。这些家族的成员占有了元老院大多数席位和大多数政治和军事要职。他们喜欢将新得的财富投入到大规模农业中。

第二次布匿战争之后,罗马在征服的行省里得到了很多土地。在意大利也还有许多没有利用的土地,其中有些划分成 1.2 到 2.4 平方千米,一块一块地出租给农人。但是大部分却大片大片地被富裕的大牧场主所占有,他们既没有取得土地的法律根据,又不必缴纳地租。这些牧场由奴隶们照管,主人们却在罗马过着奢侈的生活。有时候主人们也会到牧场去,在他们称为别墅的乡间豪华公馆里住上一个季度。这些别墅有许多房间、镶嵌的地板、大理石的柱子、美丽的花园、浴室、游泳池和喷水池。

　　希腊哲学和希腊奢侈品正在被吸收和采用。旧罗马那种严峻的正义感,以及对旧有神灵和旧有习俗的尊敬都在衰退。离婚在增多,道德在败坏。伴随希腊文化的精华一起到来的,是败坏罗马共和国基础的各种力量;而这些邪恶的力量主要影响着元老这个控制政府的阶级。

　　有产者　这些战争也增强了罗马的有产者,即富裕的城市商人,有别于元老阶级的贵族地主。有产者,即罗马资本家,被称为骑士(equites)。他们是暴发户,还没有被接纳到元老贵族中去。他们并不都是罗马本地人。很多是诸行省的商人,还有一些是希腊或叙利亚籍自由民(以前的奴隶)。他们中有许多是包税人,就是政府批准的各项公共工程或一定地区税收的承包人。大将庞培对于包税人是很拥护的。口若悬河的雄辩家西塞罗也是如此。

　　农　民　当元老们和骑士们在增加财富和影响的时候,意大利的农民却在衰落。农民,即在自己小农场上耕种的农人,一度是军团和邦国的骨干。他们不仅是粮食的供应者和战士,而且又是拥护民主的公民。但是战争中的大量伤亡减少了他们的人数,拆散了他们的农场,使他们闲散地聚集在罗马城里,其中许多人还困于债务。当然,留下来的农人

图9-2　罗马人在迦太基战争后获得了大量奴隶,他们成为农业活动的主要劳动者,此图中奴隶们正在扬谷。奴隶们的劳动,对于原本的罗马自耕农和平民造成了巨大冲击

还是为数很多的，有些是自耕农，有些是大地产的佃农；但是头等重要的事实是意大利正在变成一个拥有更多大地产和大理石别墅、更多离地领主和非意大利籍奴隶的地方，而不再是一个主要是小农场和强壮的农人—公民的地方了。

奴　隶　所有从战争里得来的俘虏都成了奴隶。有好几千人被海盗所掳劫，在德罗斯岛的奴隶市场上出卖，德罗斯岛是奴隶买卖的中心。大多数的奴隶被带到意大利，在农场、橄榄园、葡萄园、牧场或工厂里劳作。有些，特别是有教养的希腊人，被用来抄书、教育儿童或担当罗马绅士们的顾问和清客。像庞培那样的百万富翁可以把他的奴隶和佃农组成一支军队。正如他所说的，他只要在地面上跺一跺脚，就可以召来成千上万的士卒。

兵　士　军队正在变为职业化。它不再是由大部分时间种地、只是有时在短暂的战役的农人组成。当人们必须常年远离家乡在亚洲或高卢打仗时，战争便成为他们的职业。这对于士兵和将军都是一辈子的事，他们必须从中觅取荣誉和报酬。

无产者　在罗马，没有财产的阶级，包括奴隶在内，都称作无产者。他们无疑大多是依靠某种体力劳动或零售商业谋生。但是他们中间很多人并没有经常的工作或行业；一旦失业，他们就到处奔走，只要有个生路，遇到什么就做什么。在罗马城里，许多贫民租住在肮脏拥挤的房屋里，面对着狭隘的街道和弯曲的胡同。这些贫民窟正在成为罗马的一个问题。

无产者在罗马政治中颇为重要。一个候选人如果许下土地随便占、面包不要钱、借债不用还之类的漂亮诺言，说不定就可以在无产者中得到支持他的力量。

9.4　煽动家和独裁者

罗马有这样一个容易被贿赂或用土地、谷物、权力的诺言所争取的无产者阶级；有这样一个急于在政府里受到更多重视的富裕的骑士阶级；有这样一个决心保持它古老特权的元老贵族阶级；有这样一些屡建功勋还醉心于新的胜利的将军们；于是，要有一个公正和安定的政府是越来越不容易了。那些雄心勃勃有才干的人物却越来越容易成为煽动家和独裁者了。

格拉古兄弟　并不是所有富于雄心的罗马政客都是坏人。其中大多数，虽然也有不智的举动，但常能以一些好的事情为目标。这一类的典型人物是提比略·格拉古和他的弟弟盖约·格拉古。他们是贵族，是阿非利加的西庇阿的孙子，但是他们却站出来作为无产者的支持者。

提比略·格拉古是哥哥，他在公元前 133 年因提出土地改革的政纲而被选为保民官。他建议凡是富人占用公有土地作为牧场的，面积每块不得超过 1000 尤格拉（2.7 平方千米）。余下的公地应划成小农场分给没有土地的公民，政府应贷款购买农具和牲畜。

　　拥有土地的富裕元老们利用了另一保民官否决了这个建议，把它击败了。但是提比略敦促平民大会罢免了那个保民官，并通过了他有关土改的法案。他无视元老院和宪法，还要参加保民官的重选争取连任。一个元老及其党羽带着他们的武装奴隶袭击了他，把他杀死。

　　十年之后，他的弟弟盖约·格拉古当选为保民官。他怂恿平民大会重新制定他哥哥的土地法。他又成功地通过了其他有利于无产者的措施。运送农产品进入罗马的道路得以改进。他计划遣送无地的罗马人到迦太基、卡普亚、塔兰托去建立殖民地。他采取了十分激进的步骤，以市价的一半出售谷物给罗马贫民。

　　为了取得这些改革所需的经费，盖约建议通过一条法律来增加亚洲行省的税收。这取得了有产者的好感，因为亚洲的税收将由包税人，即资本家承包者去收取。他又建议把罗马公民权扩大到拉丁和意大利诸盟邦，就是说，包括所有意大利的人民。这个建议并没有实行，但是增加了盖约·格拉古不少的声誉。

　　他曾一时成为无产者的偶像——他是罗马政治的"头子"。他再度当选为保民官。但是他无疑有他的敌人，特别是在元老院里。当他离开罗马去迦太基建立一个殖民地的时候，他的对手在他竞选第三任保民官时用暴乱把他击败了。他一回来，正值群众闹事，在混乱中他被元老们和他们的奴隶所杀（公元前 121 年）。几年之后，格拉古土地法修改了，小农场的分配也停止了，而元老们的牧场和种植园却丝毫未动。

　　马略和军队　格拉古兄弟未能保持权力是由于他们只有无产者的选票支持。要成为一个成功的罗马独裁者还必须有一支军队。凯尤斯·马略就是个证明。他不是贵族，只是个骑士，以承包工程致富。他在政治和军事上步步上升，在公元前 107 年被选为执政官。作为一个执政官，他屡建战功而煊赫一时。他击溃了努米迪亚国王朱古达，挫败了从北部入侵意大利的凶猛的日耳曼部落——辛布里人和条顿人。马略当了 6 年执政官，而盖约·格拉古却只能掌 2 年的权。有没有一支军队是个重大的区别。当马略从政治上退休时，他还有许多朋友和追随者。

　　社会战争　马略放弃当独裁者之后，意大利陷入了一场通常被称为社会战争的冲突之中。我认为，把它称为一场意大利内战也许较好些。这是一场意大利人争取公民权利的斗争。它从公元前 90 年一直闹到公元前 88 年，由于罗马拒绝把公民权扩大到意大利其他地区而引起。经过 3 年战斗之后，罗马把已经建立起来的敌对共和国都弹压了下去，但这是以和平外交而不是以武力取胜达到的。它用给予所有投降者以公民权利的方法赢得了胜利。从此所有的意大利人都是罗马人了；意大利就是罗马。

　　苏拉和他的公敌宣言　科尔奈利乌斯·苏拉是一个贵族，跟马略学习军事。后来，他在意大利内战里统率军队，赢得的声誉使马略也为之减色。当罗马必须出兵东征米特拉达

图 9-3　罗马广场，与希腊的广场相似，集中了市场、神庙，也是公众聚会的场所，鼓动家往往在此演说。它在以后的年代中还将继续扩大

特时，他和马略两人都热切希望统率这支军队；但是苏拉的军团刚同意大利人打仗回来，把马略及其支持者赶走，在元老院的祝愿下引兵东征。

经过了在希腊和小亚细亚 4 个胜利的年头（公元前 87—前 83 年），苏拉回到罗马，他发现自己被他的政敌，即马略的朋友们，剥夺了公权，没收了财产，他的支持者们也被杀害。他的报复是骇人的。他在罗马广场上一天接一天地披露一批又一批的名单。被披露名字的那些人"被宣告为公敌"；就是说，他们的公权被剥夺了，他们可以被杀戮，财产可以被没收。他的敌人中有几千人就是这样被搞掉的；由于其中有许多是富裕的骑士，苏拉因而能用土地和别墅来酬报他的兵士和其他支持者。

以军队和贵族为后盾，苏拉在公元前 82 年至前 79 年间成为独裁者。他很可以被称为国王或皇帝，但是他具有不少卡托式的旧式淳朴作风。他的目的是恢复元老院的贵族统治，略加修改以便使它适应世界帝国的需要。他推行了那些自认为可以持久的改革之后，退休到他美丽的别墅里，第二年就死去了。无疑地，他认为他已为罗马的政府留下了一个稳固的基础。但是人们不久就忘记了他的法律。可是，他们记住了他的榜样，因为还有别人热切希望着做煽动家和独裁者。

克拉苏和庞培　李奇尼乌斯·克拉苏和格奈尤斯·庞培是在苏拉部下服过役的两名将军，但在政治上都有超过他们老师的雄心。他们两人虽然都和苏拉一样反对过马略和民主派，现在却在相互之间和跟无产者之间做成了交易。在无产者、骑士们和他们自己胜利的军队的支持下，他们威吓元老院，当选了公元前70年的执政官。庞培在任满后，又因在地中海东部歼灭海盗、再度击败米特拉达特和并吞叙利亚而获得了名将的声望。克拉苏在贩卖奴隶、银矿和罗马地产上继续进行投机而富上加富。他们两人都在热烈地争取获得更多政治上的荣誉。

9.5 尤利乌斯·恺撒的独裁统治

庞培通过同克拉苏携手而成功了。无疑地，他理解到三个人在一起总会比两个人更有成就。无论如何，我们不久就见到克拉苏和他又同第三人尤利乌斯·恺撒结合起来了。庞培和克拉苏谁也没有料想到，这个年轻的恺撒会在历史上占有这样伟大的地位。等到庞培了解的时候，会使他大为伤心。

第一次三头政治　庞培、克拉苏和恺撒的政治合伙被称为三头政治，即三个人的团体。庞培是个军事上的英雄，克拉苏是个富有的资本家，恺撒是个机敏的政客和有才能的演说家。苏拉自称为"幸运者"；他授予庞培的称号是"伟大的"。人们把克拉苏说成是"富翁"。当时，也许别人还没有给恺撒提什么称号，但是不久他自己缔造了他的称号。如果庞培有名，克拉苏有钱，那么恺撒有的是智——也有雄心。他这时年约40，是一个相当有影响的政客，一个有成就的演说家和法律家，及一个有经验的军官。他出身于名门贵族——尤利氏族，虽然他在政治上站在民主派一边。他的姑母曾是马略的妻子；他自己的妻子是一个杰出的民主派领袖的女儿；他的女儿尤莉娅是庞培的妻子。

恺撒在高卢　同伙们设法使恺撒当选为公元前59年的两个执政官之一。任职期间，恺撒成功地操纵了一些法案的通过，如给庞培的老战士们公共土地，批准庞培在亚洲的活动，及减少同克拉苏友好的包税人的亚洲收税特权费，准许他们少向国库缴纳三分之一等。

于是这三个人进而瓜分罗马世界。恺撒分得西部，克拉苏分得东部，庞培分得中部和南部。恺撒当了5年的高卢总督和其他地区的总督；克拉苏出征波斯；同时庞培待在罗马，统率意大利的军队和地中海的舰队。

恺撒在高卢的功勋卓著。他"安抚"了一个又一个部落；建筑了一座横跨莱茵河的桥梁，挡住了日耳曼人；两次渡过海峡出征不列颠；并用流利的拉丁文写下了他惊人的事迹，这是至今仍为中学生爱读的一本书。他在高卢的5年任期延长到10年，他的军团也扩充了。他把罗马的边界向北推至莱茵河,向西推至大西洋,从而为罗马赢得了一个巨大的行省，名叫阿尔卑斯北高卢。作为罗马政治家,他第一个承认高卢人不仅在罗马军团里是优秀的兵士,而且也可以成为良好的罗马公民。

在恺撒和其他人的手上,罗马支配着地中海世界;但是帝国的军国主义即将支配罗马。马略和苏拉的榜样是抹煞不了的。恺撒不久又将给有雄心的战士们一次更为出色的实际课程。

跨过卢比孔河　庞培和恺撒逐渐疏离了。庞培现在是唯一的执政官,他企图剥夺恺撒在高卢的兵权;于是争雄变成了敌对。恺撒向罗马折回——带着他的军团!形势相当紧张。当他到达卢比孔这条小河,旧日的罗马北方边界时,他踌躇起来。他知道带着他的军团渡过卢比孔河向罗马进军,就会被认为是宣战。庞培和元老院这时正联合在一起反对他。克拉苏在哪里呢?克拉苏已经死了。他在波斯打了败仗,被俘了。波斯人听说他爱金如命,就用熔化的金汁灌进他的喉咙来发泄残酷的幽默。现在不是三个人,而是两个人了,罗马的世界和罗马的统治正处在他们两人之间。这两个人就是庞培和恺撒。

恺撒当机立断。他常是这样的。他大呼:"骰子已经掷下去了!"于是跨上战马,跃入卢比孔河,向罗马前进。当然,他的军团紧紧跟着他。

这是公元前 49 年 1 月 7 日。恺撒迅速自立为罗马的主人。庞培从意大利出亡。元老院不敢抵抗这些曾经有效"安抚"过高卢人和日耳曼人的可怕军团。第二年,恺撒率领一支军队向东进入色雷斯,在法尔萨拉一役中击败了庞培。庞培逃往埃及,在那里被暗杀。其后的 3 年里,恺撒镇压了他在埃及和小亚细亚的敌人。在法萨卢斯之役的前一年,他对庞培在西班牙的同党进行了一次迅速而有效的征伐。他们中许多人从此就跟随了恺撒。

恺撒的权力和称号　在罗马,恺撒把一切实权都掌握在自己手里,但设法保存共和国的形式和名称。元老院继续开会,但受他控制。执政官依然是两个,但恺撒是其中之一。这就是说,凡是执政官权力所及的,他的话就是法律。保民官也依然存在,但是他们主要的权力却已授予恺撒了。财务官和助理执政官的人数增加了一倍,但他们都是恺撒的亲信。

图 9-4　罗马士兵的勇敢和坚韧使得罗马帝国的创建成为可能。这具青铜雕像表现了公元 2 世纪罗马全盛时期的罗马战士。他的胸甲由金属带重叠而成

他有权宣战、媾和、统率军队、支配国库和任命官员。他成了终身独裁者,被授予了除国王之外的所有其他称号。有人认为,他也曾想得到国王这个称号。他最引以自豪的似乎是"国父"这个称号。

恺撒的改革　恺撒的雄心无疑有一部分是出于自私,但他也是慷慨和有远见的。他通过军事上的胜利取得了政治上的权力,但是他用武力强加的和平却使商旅安稳,贸易兴隆。他的种种市政法律使全意大利的城市政府统一了规格。在亚洲的行省里,他制定了正规的赋税以代替包税人无限制的勒索。他接受非意大利人参加军团,并对更多的阶级和地方扩大了政治权利,把公民权作为遵守法律的奖赏。他在意大利和诸行省里建立了殖民地,著名的是在迦太基和科林斯等故址。他以减少发放救济粮的办法来抑制罗马的游手好闲之徒。他所做的事业中流传得最久的是制定了一个新的历法,至今为了纪念他,还称其为恺撒历法。

恺撒之死　但是恺撒的伟大,不仅触怒了他的敌人,也使他的朋友震惊,他们害怕他的雄心和他的权力。公元前44年3月,在元老院的会堂里,元老院讨论允许他在意大利以外的地方可以享受国王尊号的法案,马可·布鲁图、恺尤斯·卡西约以及其他被认为是他朋友的人把他刺死,为了公众的福利"牺牲"了他。莎士比亚在剧本里让他们说道,他们并不是不爱恺撒,但是他们更爱罗马。23刀的创口流着鲜血,自己的披风盖着他的脸,恺撒就这么倒在庞培塑像的脚下。

9.6 奥古斯都的帝国君主政体

同庞培一样,恺撒是罗马的无冕之主。比庞培更甚的是,他推动了真正君主政体的建立。刺客们虽然断送了恺撒的性命,但是不久就发现并没有断送掉他的声望。他们也没有改变产生恺撒的局势。不论是卡西约和布鲁图的利剑,还是西塞罗的雄辩,都改变不了这个局势。

第二次三头政治　在最高权力的追逐者之中,起初最有名的是马可·安东尼。他在高卢时曾是恺撒的部下,并在恺撒的独裁时当过执政官。安东尼使民众忆念起恺撒的伟业,发动恺撒部下的老战士们起来反对那些刺客,公布了恺撒的遗嘱——恺撒在遗嘱中将他自己美丽的花园赠予罗马作为公园,并允诺给每个罗马公民一笔赠款。安东尼用十分巧妙的方法企图来接任死者的位置。

但是有一个和他竞选的对手,就是屋大维。恺撒在他的遗嘱里点名屋大维作为他的养子和他大部分巨大财产的继承人。屋大维是恺撒姊姊的孙子。但是因为屋大维只有18岁,没有掌握军队,政治上也没有追随者,安东尼没有把他放在心上。

但是屋大维又是个恺撒。他毅然接过遗产权,来到罗马,采用了恺尤斯·尤利乌斯·恺撒·屋大维这个名字。由于他站在元老院里共和党的一边反对安东尼，他被任命为将军，因而获得了一支军队。西塞罗和其他反对安东尼的人认为他们可先利用这个青年，以后再抛弃。但是屋大维却模仿了恺撒的手法，率领他的军队开进罗马，强迫元老院和平民大会任命他做执政官。

还是遵循恺撒的榜样，公元前 43 年屋大维同他的对手安东尼以及雷必达结成了三头政治，一个三人的独裁统治。这三人都将担任为期 5 年的执政官。

决定性的战役　在这个三人团体里，这个恺撒（屋大维）又是最不知名的；但又一次证明了天才比财富或名望更有影响。不过，屋大维还拥有恺撒的财富。他参加这第二次三头政治是为了得到安东尼的协助，来推翻元老院里的共和党，击败布鲁图和卡西约率领的共和党军队。

包括西塞罗在内，约 300 个元老被杀死了。这些人及其他被害者的地产分给了三巨头和他们的兵士。至于

图 9-5　奥古斯都

布鲁图和卡西约的共和党军，公元前 42 年在马其顿有名的菲利皮战役是有决定性的。共和党联合的兵力有 8 万人，被这三巨头打败了。布鲁图和卡西约自杀。三个胜利者于是瓜分了帝国。安东尼得到最大的一份（高卢和东部诸行省），雷必达得到阿非利加，屋大维得到西班牙和意大利。没过几年，雷必达辞职。屋大维接收了阿非利加和高卢，成了整个西方的主人。最大的份儿由此转到了屋大维手中。

安东尼在东方企图征服波斯，他曾一度表现得很有力量；但是才智和美色毁灭了他。才智是屋大维的，美色是克里奥帕特拉的。克里奥帕特拉是迷人的埃及年轻女王。正如他的老上司尤利乌斯·恺撒一样，安东尼陷入了"尼罗河巫女"的情网，但又不像恺撒那样容易自拔。他迷失了心智，做出不明智的举动。他的妻子屋大维娅是屋大维之妹。他命令她待在意大利。因此，他不仅跟她和屋大维破裂了，也跟罗马破裂了。

安东尼陷入了东方的豪奢，梦想做另一个亚历山大。为了出征波斯，他向罗马要求军队。当屋大维拒绝他时，他和克里奥帕特拉率领庞大的军队和众多战舰直指西北。公元前 31 年，在希腊西海岸阿克提翁一次重大海战中，问题解决了。屋大维成了整个帝国的主人。安东尼自杀。克里奥帕特拉又想魅惑屋大维，但是没有成功，她也自杀了。

两年后，公元前 29 年，当 33 岁的屋大维在罗马庆祝他的胜利时，他是——正如他所

说的——"一切事物的主宰"。在名字上和事实上,他都是第二个恺撒。

伪装的专制政体   屋大维的统治有 43 年之久(从公元前 29 年到公元 14 年),而不是 4 年;他在高龄平安地寿终正寝,而不是被人谋害;这大部分是由于他懂得他的君主政体必须加以伪装。屋大维比伟大的恺撒高明之处在于,他成功地给专制政体披上了共和政体形式的面纱。同恺撒一样,他是执政官和大祭司;他行使保民官的权威,享有 Imperator(将军)和 Pater Patriae(国父)的尊号;但是他明智地拒绝把执政官的任期延长到终身,或接受独裁者的头衔。他确是接受了奥古斯都(Augustus,威严)的称号。他也允许把元首(Princeps)一词应用到他身上。这个名词是英文"prince"(王子)一词的来源,但应用在屋大维身上时,它的意思只是"罗马的首席公民"。摒除了浮华和礼仪,他的生活像一个元老式贵族,而不像一个东方暴君。

权   力   在表面上,罗马共和国仍然保持着共和的形式;但在事实上,奥古斯都拥有几乎绝对的权力。在外交、宣战媾和以及供应城市谷物这些无比重要的事务上,他行使了最高的支配权。他最重要的权力(特别是军团的统率和诸行省的管辖)是每隔 5 年或 10 年授予一次的,但总是继续授予,终其一生没有发生过问题。他的尊严和权力并不是来自某一单独的职位或称号;它是由他所有职位综合构成的,是牢固地建立在他的声望、他的机敏、他对军队的控制和他个人的财富上的。他用私人的钱修建庙宇、公共建筑、高架渠、街道和公路,从而增加了他的声望。

和   平   奥古斯都给罗马带来了和平。人民厌倦战争,特别是内战。当雅努斯的庙门在公元前 29 年关闭的时候,群众欢声雷动。这是两个世纪以来第一次关闭了这座战时要打开的庙门。在阅兵的马提乌斯广场上,树立了一座雕刻精美的圣坛,作为"奥古斯都的和平"的纪念。除了几次剧烈和不幸的间断外,这个和平维持了 200 年——在罗马。虽然军队不断地在为帝国开疆拓土,但战争是在遥远的地方进行。

奥古斯都通过征伐增加了若干新的行省,主要是为了把帝国推进到容易防御的边界,如海洋和大河。他去世时,帝国边界北至多瑙河和莱茵河,东至黑海、幼发拉底河和阿拉伯沙漠,南至撒哈拉,西至大西洋。

繁   荣   在少数军团不时从事边疆战争的同时,环绕地中海的这一圈文明地带却正享受着前所未有的和平。和平意味着繁荣和文化。这个秩序维持得很好的地中海现在是罗马的内湖,湖上成千上万的风帆往来如梭,运载着麦子、酒、橄榄油、亚麻布、毛织品、碗碟和金属器皿,商业欣欣向荣。如庞培和许多其他古代城市的遗址所显示的,这是一个富庶的时代。奥古斯都曾夸口说,他见到罗马时,罗马是一座砖砌的城市;而离开时,罗马却是一座大理石垒成的城市了。这当然是言过其实,没有考虑到群众居住的贫民窟;但是仅就兴建庙宇和公共建筑而言,他的说法可能是近乎事实的。

图 9-6　和平祭坛用于纪念奥古斯都保持了和平的果实。这是祭坛中的一部分,大地女神与她的孩子们在一起,地下的牛和羊代表和平带来的繁荣

文　学　在文学上,这是罗马的"黄金时代"。维吉尔正在写他的伟大史诗《埃涅阿斯纪》,叙述埃涅阿斯在特洛伊沦陷后的流浪生活,很像荷马在《奥德赛》里对奥德赛的惊险遭遇的描述。维吉尔的作品在形式上是荷马希腊史诗的拉丁摹本;在内容上,它进一步发挥了将罗马与爱琴海世界联结起来的希腊神话。它也是一篇对罗马和它的统治者的颂歌,这个统治者的家族自称是特洛伊王子埃涅阿斯的后裔。

奥古斯都时代的另一个有名的诗人是贺拉斯,以他的抒情诗《颂歌》而著名。奥维德在不以他自己的爱情故事做题材时,就根据希腊和拉丁神话,把众神的爱情和其他事迹写成优美的诗句。散文作家李维以连载体发表他文辞凝练的长篇罗马史。

其他著作家们正在著撰关于斯多噶派和伊壁鸠鲁派的哲学、修辞学、建筑学、其他十多种学科的书籍。奥古斯都所聘请的家庭教师编纂了一部百科全书。梅切纳斯是一位优秀的艺术和文学评论家,也以慷慨赞助诗人们而著名,同时他还是皇帝身边有影响力的朋友。

不仅在罗马,而且在其他各处,特别是在希腊化的东方,艺术家和著作家都在为奥古斯都文明增加光彩。这时代最伟大的地理学家是小亚细亚人斯特拉波,曾在亚历山大钻研多年。雅典依然吸引着罗马的学生。在诗歌、散文、绘画和雕刻各方面,这个时代和这个皇帝都受到颂扬。

宗　教　罗马的神在这时已和希腊神话里的神融合了起来。同时,民众对他们的信仰却削弱了:忘记了他们的拉里和朋纳,也忘记了他们的朱庇特和马尔斯。很多罗马人,特别是上层阶级,不是转向希腊化哲学,就是沉醉于肉体方面的享乐。轻薄和淫佚在罗马社会里蔓延。奥古斯都极力要恢复道德和保持强固的旧罗马式家庭。他通过法律给结婚成家的男子以专有的权利。他放逐了诗人奥维德,因为他写了淫词艳语。甚至他自己的女儿也因为她不光彩的恋爱而被放逐。但是他的努力效果不大。旧有的神灵和古老的美德都日趋消亡。

在奥古斯都的统治时期,耶稣诞生于伯利恒。但是关于基督教和其他宗教的发展,我们将留在以后的章节里加以叙述。

黑暗的阴影　公元 9 年,奥古斯都死前 5 年,一支罗马军队在日耳曼的森林里被打得溃不成军。这是一个悲剧性的警告:罗马还是需要美德和英勇。马略把日耳曼人阻截在阿尔卑斯山脉,恺撒把他们阻截在莱茵河;但是一到时候,他们就将渡过莱茵河和多瑙河,越过阿尔卑斯山脉来分裂这个帝国。

第 10 章　罗马帝国和希腊—罗马文明

10.1 奥古斯都的继承者

世袭的君主政体　尽管奥古斯都这样谨慎地尊重罗马共和国的旧习惯，他遗留给继承者的，实际上是一个世袭的君主政体，虽然没有皇号或皇冠。它通常被称作一个帝国，奥古斯都被称为皇帝。它也被称作元首制，因为统治者的一个称号是"元首"。在理论上，皇帝是由元老院和平民大会把他选到各项职位上去的。但事实上，每个皇帝都选择他自己的继承者。这个继承者总是皇室成员，如果不是皇帝的儿子，也是他的养子。

这是一般的通则，维持到公元 68 年。因此奥古斯都的君主政体历经了提比略、凯尤斯、克劳狄和尼禄诸帝。

奥古斯都的继承者就不如他那样小心地去伪装他们的专制政体了。他们常常被选为终身职。平民大会已不再有任何实权。元老院则继续投票通过皇帝提名的官员和他所建议的法律，但是它对政府的控制已经无力，它的尊严已经消失。政府里三个最主要的部门：军队、财政和公共工程，都集中在皇帝的手中。

面包和马戏　皇帝的庞大收入部分用在皇室的奢侈生活上，但是它也用来供应市民的粮食和娱乐，收买军队的效忠和建筑公共工程。从埃及运来的谷物免费分配给罗马的无产者。罗马节日的庆祝活动有街上的游行、剧院演出、马戏场的战车比赛、竞技场里的角斗和搏战；届时整个罗马倾城而出，人们坐在看台上拍手欢呼。这些表演是皇帝们收买效忠和声望最有效的手段。面包和马戏是人民的要求，也是他们所得到的东西。他们对杀戮流血如此无动于衷，因而他们在节日最喜爱的娱乐是观看角斗士互相残杀或者和狮豹搏斗。

图 10-1 罗马从共和国时起不断扩张，与之伴随来的却是作为共和国基础的平民的衰败。大量失去土地的人民拥挤到城市里，成为流氓无产者。为了安抚和收买这些寄生阶级，皇帝们慷慨的赐予面包，并且供应各种公众娱乐。角斗士表演的血腥与暴力，尤其为这些人所喜爱

公共工程和宫殿　皇帝们除了公共娱乐上的花费外，在公共工程的花费上也是毫不吝啬。他们建筑辉煌的石砌道路和街衢；他们不仅在罗马而且在行省的诸城市里兴建大理石的庙宇和广场。他们用新建的石砌高架渠为罗马供应更多的水。当公元 64 年罗马大火焚毁了大半个城市后，尼禄重建了笔直宽阔的大道，并用较好的房屋来代替旧有的木棚。他为了公共娱乐，半夜里把被控为纵火犯的基督徒作为火炬来焚烧。他把大部分被烧光的地方开辟成一个大公园，在园里建造了有名的"金屋"，一座用石头和大理石砌成的巨大宫殿。

奥古斯都在生活上力图不尚浮华，不事显赫，假装只是个罗马的首席贵族，但他的继承者却神气了起来，模仿东方帝王的奢侈生活。至少有两个人，凯尤斯和尼禄，坚持要作为神灵受人崇拜。在这一点上，他们是模仿埃及的国王。

暴君和恐怖政治　"暴君"一词来源于希腊，在希腊最初的意义只是指用暴力来取得统治地位的僭主。不久它也用来指好压迫人民和嗜杀的统治者。从这两个意义上说，许多罗马的独裁者和皇帝都是暴君。一个依靠权力来维持其地位的统治者总是会对他的权力感到不稳定，害怕不能持久。

不管他们怎样的浮华和自负，奥古斯都之后的四个皇帝对他们的皇位甚至性命都没有安全的把握。要对元老们和民众施加威压，他们不能不依靠近卫军精锐。每个新的皇帝首先要亲自到场获取近卫军士兵的支持。每个皇帝赖以扫除敌手的就是这支近卫军。但是如果这支近卫军造起反来又怎么办呢？这正是使皇帝们感到害怕的幽灵。无疑地，这种

不稳定和猜疑的心情，同这时期罗马生活里突出的放纵的狂饮和血腥的残忍多少有关。同样无疑地，这可以帮助我们理解，为什么奥古斯都以后的四个皇帝被认为是嗜血的暴君和怪物。

提比略是位中年的将军，一个勤勤恳恳的官吏，他继位时并不残忍，但后来在他统治时期内，凡是他怀疑对他有危险的人都被杀害，使他得到了暴君的名称。凯尤斯是个25岁的青年，起初很得人心，但是4年的皇位给了他疯狂的挥霍和缺乏人性的残忍的恶名。更闻名的是他的绰号卡利古拉，即"小军靴"，因为他小的时候喜欢穿一双军靴，装模作样地到处行走。克劳狄是个有书卷气的中年人，可是在他治下却认真地开始征服尤利乌斯·恺撒曾经踏访过的不列颠。尼禄是个17岁的少年，哲学家塞内加的好学生，热爱诗歌、绘画和音乐，不久就沉溺于酗酒、杀人和荒淫。这些人仿佛总是自己犯着怕别人会犯的罪行。

卡利古拉是被谋杀的，克劳狄是被毒死的，尼禄是以自杀来避免被刺的。其后，三个皇帝在一年之内（公元68—69年）接连兴起和灭亡，其中两个被杀，一个自杀。接着就位的是从地方行省来的韦斯帕西安。

韦斯帕西安　奥古斯都君主政体的一个弱点在于它太罗马化了。诸行省和边疆上的诸军团感到他们在选择皇帝的决定上应该起更大的作用。尼禄死后，西班牙、高卢、莱茵地区、沿多瑙河一带和在东方的驻军全都对皇位提出了候选人。韦斯帕西安是一个颇孚众望的司令官，最初得到驻犹太和埃及军团的支持，随后得到多瑙河军团的支持，赢得了皇位这个目标。但是，正如恺撒和奥古斯都，他是靠军团的力量登基的。

韦斯帕西安无意于继续尼禄的挥霍和炫耀。他拆毁了"金屋"，在这空场的一部分地面上建筑了一座大圆形竞技场，这座巨大的石砌剧场内表演过无数流血的场面，它的遗址至今是个阴沉沉的奇观。他是个能干的统治者，对各行省很宽大。但是在他统治期间，犹太人造了反，他的儿子提图斯率领一支罗马军队攻克和破坏了耶路撒冷（公元70年）。韦斯帕西安在公元79年寿终正寝。

图拉真　不管是好的或坏的罗马皇帝，我们想在此将他们的名字一一写出来是不可能的。不过，其中有些是需要我们注意的。图拉真（公元98—117年）不仅平息了叛乱，还以他平易近人的风度和作为指挥官的成功赢得了军队的效忠。在他治下，帝国的边疆推进到最大限度。他以几乎层出不穷的表演来讨好罗马的民众。从他开始，行省统治了罗马。他自己原籍为西班牙。在元老院里已经有许多从外省来的人。自从他以后，罗马的皇帝都是外省人了。

哈德良　哈德良是个军人又是位学者。他给罗马人民带来了21年的好政府（公元117—138年）。他把帝国的边疆略为收缩了一些，但是加强了防御。他美化了罗马，但是也十分注意各行省的事。他用了多年工夫巡视各地,足迹遍及全国。他在雅典完成了奥林匹亚·宙斯的大庙;在罗马,他建立了许多建筑,其中万神庙和他壮丽的皇陵至今还很好地保存着。

马可·奥勒留　从公元 161 年到 180 年之间的这位罗马皇帝,是斯多噶派美德的显著例子。他当权的 20 年始终踏踏实实地忠于职守。他杜绝奢侈,生活几乎和一个穷人一样简朴,从早到晚勤勤恳恳地工作。图拉真和哈德良两人都受到斯多噶派哲学的影响,重视德行和仁慈。马可·奥勒留和他的前任安东尼本人就是哲学家。马可写了一本有名的书《沉思录》;在书里他既表达了斯多噶派的精义,也表达了他对人类的深厚同情。

不幸的是,这些皇帝在治下多多少少对基督徒都进行过迫害,即使最好的皇帝也在所不免。马可·奥勒留治下尤其如此。这些基督徒被人们所误解,被说成是对邻人不友好和对政府仇视的人。

10.2　后期的帝国

内战和塞维路斯　马可·奥勒留的儿子在公元 192 年被下毒和绞死之后,驻在罗马的禁卫军及在不列颠、叙利亚和多瑙河的军队都提出了皇位候选人。经过一场残酷的内战,他们中的一个,塞普提米乌斯·塞维路斯,得意洋洋地披着沾满了鲜血的紫色皇袍出现了。

塞维路斯出生于布匿的阿非利加,学习过拉丁文,出身于马可·奥勒留部下,从多瑙河上一支军队的司令官一跃而为罗马世界的首领,是一个不折不扣的军事独裁者。他在位 18 年(193—211 年),其中 12 年用于征伐东方各地和半归顺的不列颠岛。他最著名也最危险的政策是整批地屠杀有钱人,把他们的地产充公分给他的兵士。这当然不是新创的;但是从这时开始却变成了皇帝们经常的措施。它的恶果有三:它杀掉了能干的和有文化的人;它使每个军队和每个有雄心的将军都想夺取权力和进行掠夺;它使帝国的繁荣受到了惨重的侵害。

30 个皇帝　塞维路斯去世和其后 6 年他的儿子卡拉卡拉被刺之后,罗马帝国成了军人们角逐的战场。他们为自己追求权力,

图 10-2　罗马人的公共工程水平一直为人所称道,尤其是其引水渠和道路。比如在法国境内的这段引水渠,至今仍在使用

并为他们的部队掠取财物。在 53 年里(公元 217—270 年),就有 30 个皇帝,平均每两年一个,还没有把许多自封为王的计算在内。30 个皇帝中只有一个是善终的。在短促的 5 年里(公元 270—275 年),一位多瑙河农民出身的能干的将军奥勒利安连恢复了秩序和统一,但是他也和他的三个继承者一样被谋杀了。

公元 3 世纪的内乱有四个灾难性的后果:(1) 它导致了毫不掩饰的专制政体;(2)它破坏了罗马在帝国里的有效领导;(3)它损害了帝国的所有城市;(4)它削弱了帝国在边疆上的防御,招致蛮族的入侵。

戴克里先　戴克里先打破了这个可悲的局面,重新建立了秩序。公元 284 年到 305 年,他作为罗马的皇帝,不仅恢复了秩序,平息了叛乱,收复了失去的行省,也改革了政府。他认识到这个帝国太大,一个人不能治理得好,于是把它分为四个部分。他自己统治其中一部分,其他部分分别交给了助理们。助理中有一个在地位上仅次于他自己,称号是"奥古斯都";其他两个的称号是"恺撒"。

戴克里先改革了军队和税收系统。他试图规定物价和工资,但是失败了。他直接地实行专制统治,自称具有神圣的性质;但是掌权 21 年后,他采取了非常的行动,辞去皇位并退入私人生活中。

君士坦丁　戴克里先之后又发生群雄相争的局面,一直到君士坦丁的出现。君士坦丁先在公元 312 年赢得了对帝国西半部的控制,然后又征服了东方,最后成了唯一的皇帝(公元 324—337 年)。他从罗马迁都君士坦丁堡。这是拜占庭的旧希腊城市,但是他重建了,并且以自己的名字重新命名,"君士坦丁堡"意思是"君士坦丁的城"。他挑选这个地方是因为它是欧洲和亚洲之间的十字路口。除了在这里建立一个"新罗马"和改进帝国的政府,君士坦丁还接受了基督教,并把它立为合法的宗教,这样结束了帝国对基督徒的迫害。在历史上他被称为"君士坦丁大帝"。

至于基督教怎样变成帝国的主要宗教和蛮族怎样侵入帝国,我们将在第五编里叙述。

查士丁尼　在 4 世纪之后,两个皇帝并立成了习俗:一个在东方,以君士坦丁堡为首都;一个在西方,以罗马为首都。在 5 世纪,西方的帝国不复存在,代之而起的是若干蛮族的王国。在 6 世纪,东方的皇帝查士丁尼一度恢复了某种统一的局面(公元 527—565 年)。他从蛮族手里收复了意大利、阿非利加和地中海;由于编纂了一部伟大的罗马法典,他获得了不朽的盛名。

查士丁尼死后,东西两方又分裂了,以君士坦丁堡为中心的东方事实上成了一个希腊帝国。1453 年以前,君士坦丁堡挡住了一切入侵。在 800 年及其后,复兴西罗马帝国的尝试或多或少取得过一些成就。

10.3 罗马世界

我们可以说"罗马世界"，因为罗马是第一个也是唯一一个征服和统治了整个环地中海地带的强国。罗马使这个海名副其实，成为"大地的中心"，世界的中心。

文化在欧洲的扩张　罗马主宰了地中海，使有文化的古老东方和野蛮的西方密切接触。由于征服了近东的希腊化世界，罗马把希腊文化向西传播，就如亚历山大把它向东传播。罗马帝国也包括了布匿的或迦太基人的世界。罗马把欧洲西南部跟希腊化的和布匿的世界联了起来，这样，使意大利、西班牙、高卢和不列颠成为古代文明的直接继承者。虽然后来蛮族入侵的浪潮几乎把不列颠和欧洲北部其他地方的罗马制度都冲刷掉了，但是意大利、西班牙和高卢（法国）依旧保持了罗马的语言和性格。

北部边界　罗马征服的地方越多，需要防御的地方也越多。到了奥古斯都的时候，面临的问题是怎样可以得到那些易于防御的自然边界。在意大利北部，阿尔卑斯山看来是这样的一条边界；但是奥古斯都发现好战的山地居民有时还是侵入他的领土进行劫掠。因此，他把边疆向北推进，越过阿尔卑斯山，远及多瑙河。他企图征服在莱茵河和易北河之间的日耳曼部落，但是在公元 9 年，三个军团在条顿堡林山被阿米尼乌斯所击溃，这使他撤退到莱茵河的后面。

于是，从奥古斯都到西罗马帝国的崩溃，莱茵河和多瑙河始终是北部的主要边界线。在不列颠北部和其他没有深河天堑的地方，则建筑了石墙。这些象征了帝国的遭遇。一个个世纪过去了，它越来越不能依靠它的兵士——它必须越来越依靠石墙来防御蛮族的入侵。后来甚至连石墙和河流都挡不住了。

在边界的河流和石墙之后，设防的兵营里驻扎着军团。兵营和兵营之间有军用道路相贯连，在比较重要的兵营四周发展起了城市。英国的切斯特、兰卡斯特、唐卡斯特是这类城市的例子。"切斯特"和"卡斯特"是从卡斯特拉（castra）这个拉丁词来的，是兵营的意思。你们是否已经注意到莱茵河上的主要城市都是在西岸，在多瑙河上的都是在南岸？它们一度都是罗马的营地，因此很自然地建立在边界的罗马这一边。

南部边界　罗马帝国的其他边界情况就不同了。南部，在阿非利加的大沙漠比任何石墙都更可靠。它把罗马北非诸富饶的行省同热带未开化的黑人部落隔离开。

东部边界　在亚洲，罗马占有小亚细亚和叙利亚。这里也有一个沙漠——阿拉伯沙漠作为屏障，这个沙漠地带真正被罗马征服的只是它的边缘。在叙利亚、埃及和红海之间的西奈沙漠是罗马的一个行省，叫作阿拉伯省。可是在更北的地方，在叙利亚北部和小亚细亚的边疆上却没有这种天然疆界了，结果是使那里的边界线因频繁的战争而经常前后移动。

不少时间里，罗马占有美索不达米亚的上部，即底格里斯河和幼发拉底河的巨大弯

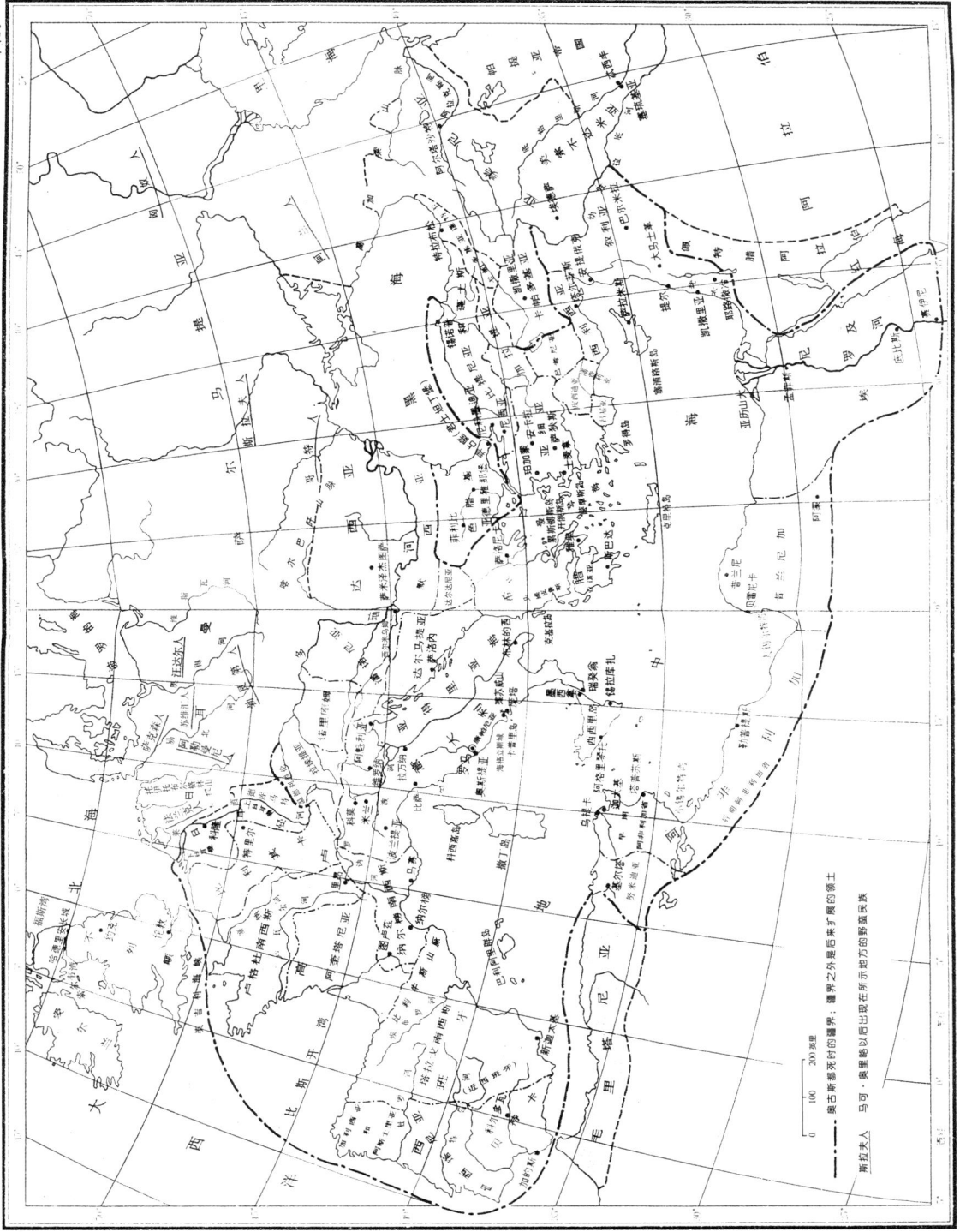

地图 10.1　罗马帝国

斯拉夫人

——— 奥古斯都死时的疆界；疆界之外是后来扩展的领土

马可·奥里略以后出现在图示中所示在所在地方的野蛮民族

0　　100　　200英里

曲之间的地区,将其作为一个行省,并控制亚美尼亚这个属国;但是罗马对这两个地方的控制受到帕提亚人及其在波斯的继承者的顽强争夺。

罗马治下的和平   当罗马世界以河流、石墙和艰苦斗争来防御它的边疆时,罗马的内部却享受着长期的和平。当然,匆忙地浏览罗马内战史很可能得到相反的印象。但是事实上从奥古斯都登位(公元前 29 年)到康茂德被谋杀(公元 192 年)之间,帝国内部的和平几乎没有间断过。只有公元 68 年到 69 年之间短促的内战是一个例外。罗马帝国保持了超过两个世纪的和平。

这个罗马治下的和平(Pax Romana)并不是自由民族之间自愿达成协议的结果,它是罗马的武力所强加的。但这终究还是和平。在罗马兴起之前,地中海世界一直是一个无休止的争霸和战争的舞台。这些是商业和文化的大敌,战争破坏过不止一个卓越的文明。罗马治下的和平是罗马对人类进步的最大贡献。它建立起了好几十个兴旺的城市,它意味着更大的繁荣,文明的艺术因它能得到空前的兴盛和传播。地中海世界里的古典文明,在这时候达到了顶峰。

10.4 政府和法律

罗马的榜样和影响   除了建立和平之外,罗马对政府和法律也做出了十分重要的贡献。举一项来说,罗马提供了一个在古代史上最明显的共和国榜样。在其他地方和更早的时期,特别是在雅典和其他希腊城邦,固然也有闻名的共和国,但是没有一个像罗马这样能成功地获得和治理如此广阔的地域。近代共和国受罗马传统的影响也很大。"共和国"和"自由"这些词都是来源于拉丁语。在选任官吏上,近代民主政府沿用的是罗马的选举方法,而不是雅典常用的抽签选定的方法。同样的,近代各国的参议院使我们回想起了罗马。18 世纪美国和法国制定宪法的人们,主要从罗马历史中取得共和政体的观念和范例。

另一方面,罗马在给近代世界遗留下共和政体传统的同时,也遗留下了专制政体的传统。它既有元老院和群众性的大会,也有独裁者。英语中的"Emperor"(皇帝)和"Prince"(王子)都纯粹是罗马后期君主所用的 imperator 和 princeps 等尊号的形式。权杖、皇冠、皇座和紫色的皇袍都是罗马从更古的专制政体那里借用来的,又传给了近代的皇帝和国王。

行   政   在治理庞大帝国的方法上,罗马胜过了先前所有各国。在已经征服了的行省里,它最初只任命一个总督和他的部属,并征收贡品,对地方事务和官吏不加干涉。但是,日子久了,总督和他的部属就一步步地把地方行政事务接收过来。

凡是可能的地方,被征服的民族逐渐被组织成在形式上相当一致的市镇和城市。行省里的市镇也逐渐升级,并给予更多的特权。罗马的公民权,由于被征服者的效忠和表现良好,一步步地扩大到整个帝国。但是罗马共和国从来不是一个允许各自治邦选

图 10-3　查士丁尼和他的廷臣

派代表组成的联邦。它一直是高度中央集权的,最初集中在罗马,后来集中在皇帝和他的军队手里。

立　法　法律的发展和政治制度的成长是携手并进的。罗马人是古代最伟大的法律制定者,他们的法典深刻地影响了近代法律体系。

罗马城邦最早的法律是简单和严峻的——古代法律大多如此。这些法律大约在公元前 449 年由 10 个人组成的委员会第一次记录下来并刻在 12 块青碑上。它们做出了罪行和刑罚的定义,并规定了财产权、个人权利和讼诉程序。随着城市的成长——共和国的形成和帝国的建立,人和人的关系变得更复杂了,当然法律也相应地扩充和精细了。

财富的增长和大规模商业的兴起,需要制定关于财产和商业契约的更完善的法律。在共和国末期和帝国早期,道德的衰败和家庭生活的破裂引起立法者更大的关心和更多的努力。帝国的扩张和商业的推广使得罗马的法庭要处理很多外国人事务,这些人不熟悉罗马法律,而习惯于其他种类的法律。因此不久就必须在罗马设立一个专门法庭去受理有关在这个城市里的外国人案件。在各行省,总督们也要应付相同的问题。因此,在这种情况下,法官们有时用罗马法的原则做出判决,有时依据有关外国人的习俗指导判决。

法律的繁杂　结果是产生了若干种类的不同法律。当然,首先是罗马政府通过了对罗马公民有约束力而对于隶属民族和异邦人无效的法律。但是这些法律常常要由法官加以解释和扩充,于是产生了那种我们可以称为"法官制定的法律"。适用于异邦人的法律大多是法官制定的,它们与为罗马人所制定的法律又有些不同。

后来,立法机关所通过的法律、法官们所制定的法律、皇帝所颁布的法令如此之多,以致最有学问的法律家也常常被难住了。尤利乌斯·恺撒想做的一件事就是把所有的法律和判决都收集在一起,归结成一部简明的法典。6 个世纪后查士丁尼完成了它。

查士丁尼法典 查士丁尼是公元 527 年到 565 年的皇帝。他做了许多杰出的事业,其中以搜集、编纂和解释罗马法最具久远价值。他成立了一个由 16 个能干的法律家组成的委员会,汇集和编纂了许多法律和法令,汇集成《法典》。委员会随后工作了 3 年,把重要的法学家意见加以审订,按题逐条分编,以备参考。这样编成的意见汇集称作《法理汇要》。然后,为便于学生之用,查士丁尼要他的法律家编写一本阐明罗马法原理的简明课本,称作《法学总纲》。

以后的若干年里,查士丁尼时时颁布新的法律,用以修正或补充这个法典。

《法典》《法理汇要》《法学总纲》和补编合在一起,称为查士丁尼的《民法大全》(Corpus Juris Civilis),常简称为《查士丁尼法典》。

到查士丁尼的时候,适用于罗马人的法律和适用于非罗马人的法律之间的区别大体上已经消失,因为公民权已经推广到整个帝国,也因为法律已经变得更合理和更人道了。例如,一个父亲已不再能把他的儿女处死,一个奴隶主也不能把他的奴隶处死。逐渐承认不同种族,也是使法律趋于温和的一个原因。更有力于促进理智和公道的是斯多噶派哲学和基督教。基督教引起了关于结婚和离婚法律的彻底修改。有关上帝的父爱和人们之间的兄弟情谊的教导也对抗着奴隶制的推行,促进了对弱者和不幸者的仁慈。查士丁尼本人是基督教的一个热忱信徒。

10.5 经济生活

贸易的扩张 罗马和平和罗马法意味着经济的繁荣。在地中海里来往的商运船舶不再受到敌舰或海盗的威胁。陆路上来往的商人受到罗马法律和秩序的保护。良好的军用公路网促进了贸易,这不仅是指帝国旧有的部分,而且也包括边疆的诸行省。罗马钱币在各地已被接受为标准货币,便利了商业经营。

贸易不只在数量上增加,而且范围也扩大了。罗马帝国的货物输出又远又广,遍及国境内外——达到了斯堪的纳维亚、日耳曼、俄罗斯、印度、中国、东印度、阿拉伯和非洲中部。从这些遥远的地方,罗马世界换回了许多奢侈品。

大量生产和地区分工 商业对农业和制造业有着显著的影响。它使每一个地方专门

图 10-4　贸易是早期罗马帝国繁荣的重要一环。这幅罗马港口奥斯蒂亚的墓葬画,显示了工人将谷物搬到开往罗马的小商船上。船长站在舵旁,旁边是船主

生产它最能获利的东西;为了出售而大量生产,从而换取其他地区所专门生产的东西。

　　这有时叫作大量生产和地区分工。例如,当意大利的农人发现从外地输入谷物比在本地生产更为便宜时,他们很多人就少种谷物而专门制造能出售谋利的酒类和油类。意大利工匠制造的灯远销整个文明世界。有一个地区专门造砖,另一个地区专门铸铁和炼钢,第三个地区专门制造玻璃或青铜器。埃及既运输某些东方奢侈品,又运输谷物、亚麻布、纸张到意大利。西班牙出口橄榄油以及金属品。高卢由于高卢酒、陶器、羊毛外衣、亚麻布、别针和金属器皿在地中海各市场上的畅销而变得繁荣起来。

　　近代世界当然在专门商品的大量生产,以及剩余产品的交换上远胜罗马,但是罗马却胜过了较早的其他帝国。

　　城　市　罗马贸易和工业发展的一个结果当然就是城市的兴起和成长。制造业、商业、市镇的成长和商路的改进,常常是结合在一起的。在高卢、西班牙及其他地方魔术般地兴起的新城市,是商业中心也是文化中心。一个典型的行省城市是一个方格形的区划,其中有一个体育场和一些优美的建筑——剧院、公共图书馆、公共澡堂、议会厅、庙宇和礼拜堂。私人住宅和公寓也常用石头或大理石建造得十分精美,有些房子里还装备有极好的水管。

　　劳　动　每个城市里都有富裕的商人、银行家和承包人,他们都以慷慨地赞助艺术为

荣。但是工业的成长和贸易的扩张并不常常意味着人民群众的福利。劳动阶级也许能在观看美丽的公共建筑、坐在公共剧院里和利用公共澡堂时得到一些享受,但是和富裕的人相对照,工人们的生活比起更早期来就不那么好了。在这些城市里,很多人是奴隶,为了主人的利益而辛苦劳动。自由工人人数不算少,但必须与奴隶劳工相竞争。

在乡下,帝国早期自耕农耕种自己的小农场,奴隶们耕种大的农场。随着时间的推移,一个个小农场逐渐被大农场和大畜牧场所吞并。许多小农场主失去了他们的土地,变成了大农场的佃农。同时许多农场上的奴隶被解放了,成为佃农。后来,农场上的佃农表现出一种移入城市或其他地方的倾向,于是通过一些法律禁止他们离开农场。这些就此被强迫留在同一块土地上世世代代当佃农的人被称为农奴。罗马帝国里很多人是农奴。

工具和耕种方法　罗马人在那个时代所使用的农具种类甚少,方法也很简单。罗马农夫们所用的犁在硬土里耕得不深,不能把它翻成规则的垄沟。谷物是用镰刀来收割,用连枷或用牛践踏来脱粒。在一定程度上采用了轮作和施肥的方法。制造业大部分是手工作业。罗马人有过一些发明,但是似乎并不需要。据说,一个发明家有一次向韦斯帕西安皇帝呈献了某种机器,但是这位皇帝却把它搁在一边,因为这个发明会使许多人失业。

家长作风和衰落　在罗马帝国早期,政府很少干涉工业和贸易。然而,逐渐地皇帝和他的官吏对商业的管制越来越多了。

在公元 3、4 和 5 世纪,经济衰落了,土地的肥力或许也衰竭了,赋税很重。政府的管制不但无助而且有害。农奴制死气沉沉,最严重的是经常发生的内战。

10.6　希腊—罗马的文化

一个艺术的时代　罗马文学的"黄金时代"出现于奥古斯都时期,在他的后继者治下得到了扩展和继续。在罗马帝国初期的两个世纪,内部的和平和繁荣在美术上有过精彩的反映。这些统治阶级有时间和金钱来促进艺术。在长达两个世纪的时期内,在建筑、雕刻和绘画上有如此多的杰作,这在以往从未有过,也没有其他的帝国曾留下这样多的辉煌遗址。

在相当大的程度上,罗马艺术是希腊化艺术的继续,而且罗马艺术家中有一部分就是希腊艺术家和其他近东艺术家。通过罗马,近东的艺术得以传布到更广大的地区。但是罗马的艺术家并不完全是模仿者。或者即使他们是模仿者,在某些方面他们胜过了他们的老师,特别是在建筑上。罗马人非常善于建筑。

拱门和圆顶　罗马人并没有发明拱门建筑,这是他们从伊达拉里亚人那里学来的;但是罗马人利用了它,也发扬了它。在高架渠和桥梁建筑上他们应用了拱门,留下了既美观又实用的杰作。在像罗马大圆形竞技场一类的结构上,他们采取了重复的拱门,并和希腊的圆柱相结合。他们把进门的甬道盖成拱状。他们建立了拱形的凯旋门来纪念皇帝们的战功。罗马广场及其附近现在还可以见到三座这样的凯旋门:一座是纪念提图斯的,一座是纪念塞普提米乌斯·塞维路斯的,一座是纪念君士坦丁大帝的。

当然,圆顶所根据的原理是和拱门相同的。罗马人用它来作为巨大公共建筑的屋顶,使得整个建筑的内部空间不必用柱子支撑。在建筑圆顶或拱门时必须用一个临时的支架;但是等到拱门的石块都嵌砌完毕,或是圆顶上的水泥凝固之后,这个支架就可撤去,拱门或圆顶屹然独立,成了优美雄壮的纪念物。世界上最大的圆顶之一是罗马的万神庙,由哈德良所建造。查士丁尼在君士坦丁堡所建的圣索菲亚大教堂,高耸的拱门支持着巨大的圆顶,被认为是近东这类建筑中最为宏伟壮丽的。

书籍和教育　在文学上和在艺术上一样,罗马和平取得了丰硕的果实。奥古斯都以后的 5 个世纪里,出产的书籍为数极多。当我们说书籍时,我们指的是一条条纸草制成的长纸,卷成圆筒的样子。但是有时用鞣制羊皮代替了纸草制成的纸。当时还不知道印刷,所有的书籍都是用手细心地抄写下来的。

市镇里的初等学校遍及整个帝国。在较大的城市里聘有教授为有抱负的青年讲授修辞学——演说、作文和辩论的艺术。有钱的人家送他们的子弟到罗马或雅典去接受相当于大学的教育。在罗马或雅典的学生和教师为数很多。拉丁语并不是罗马帝国使用的唯一语言。在叙利亚,人们使用称为阿拉姆语的一种闪米特语言。在埃及,群众

图 10-5　罗马大竞技场在韦斯帕西安时期修建,据说动用了 4 万奴隶,可容纳 5 万观众,主要用途是角斗士表演

说当地埃及（科普特）方言。所有东部行省通行希腊语，西方大部分地区有教养的人能说希腊语。相应地，帝国东部各地所出产的书籍很多是用希腊文书写，而西方所出产的则用拉丁文。

大作家　我们在这里要提到一些作家，把他们挑出来是因为他们的作品足以说明罗马帝国的文学种类之多，范围之广。普鲁塔克（公元46—120年），哈德良皇帝治下的一个希腊籍教师和官员，写了一系列的传记，至今流诵，如他的《名人传》。马可·奥勒留皇帝在他的《沉思录》里给世界提供了一部斯多噶派哲学的经典著作。马可·奥勒留的同时代人伽伦，生于帕加马，寄寓罗马，旅行极广，写了许多关于逻辑、伦理学、语法及其他科目的书，但最有名的是他关于解剖学和医药的著作。

克劳狄·托勒密是希腊人，生于埃及，在公元2世纪写了一部关于天文学的伟大著作，并给三角法做了一个很好的总结。他关于大地、太阳和其他天体的观念在欧洲一直流行到16世纪。托勒密还写了一本关于地理的名著，并画了一张有名的世界地图——他相信世界就是这样的。

昆体良约在公元35年出生于西班牙，他用拉丁文写了关于演说术和教育的著作。罗马两位皇帝韦斯帕西安和图密善都曾为之赞扬。塞内加也出生于西班牙，是在世称拉丁文学的"白银时代"——紧接奥古斯都的"黄金时代"之后——最杰出的作家。塞内加的著述涉及许多科目，最好的是关于道德哲学。他是尼禄的私人教师和顾问，但是逐渐地他的财富和影响的扩大引起了尼禄的妒忌，尼禄最后竟因此强迫他自杀。

"白银时代"另一个有名的作家是普林尼，称作老普林尼，以别于他有名的侄子。老普林尼写了一部巨著《自然史》，包括植物学、地理学、农学和其他种种科目。为了收集这部书所需要的事实，他参考了2000本书。在书中，他用拉丁文将希腊的、希腊化的以及罗马的知识熔为一炉，可读性很强。

公元2世纪初期，尤维纳尔是一个尖刻的拉丁诗人，塔西佗是一位生动的历史学家。在塔西佗的笔下，我们可以读到关于罗马人、日耳曼人和罗马征服不列颠的记载。

古典文学的衰落　罗马帝国后期的几个世纪里，非基督教的重要作家较少。从公元3世纪到6世纪，最好的和最有活力的作品出自那些基督教作家之手。《新约全书》是公元1世纪的产品，后来，希波的圣奥古斯丁写了一些杰出和渊博的著作，贡献极大。优西比乌的历史著作引人入胜，有启发性。基督教"神父"们也写了很多其他著作。

小　结　罗马军队的征伐统一了地中海文明世界。这些征伐对罗马的影响是摧毁了旧的共和政体，而代之以帝国的君主政体，不久又变成一个军事暴政。同时，商业扩张在贫民中发展了农奴制，在富人中发展了文化和奢侈。在艺术、文学、商业和科学中，地中海周围各种不同的民族融合在一起。罗马世界中的一般效果是日益文明化了，但并不是全部令人满意。

即使在它最盛的情形下,罗马统治下的古典文明也有一定的缺点:(1)一人统治;(2)以奴隶制和农奴制为基础的经济体系;(3)宗教信仰的衰弱;(4)越来越多的由蛮族和异邦人组成的军队。

总之,古代非基督教世界的古典文明在经历了一个惊人的扩张和辉煌的时期之后,似乎变得枯竭了。人们可以把它比作一棵枝叶茂盛的大树,但它曾经粗壮的树干如今正在被衰败侵蚀着,相当危险。

第四编

远东的古典时代

我们已经追溯了地中海各地约有 1000 年之久的故事。其间几乎没有涉及印度和中国，因为那些地方几乎完全隔绝了。

在古代，远亚的历史同地中海诸民族的历史不是密切联系着的。然而我们必须记住正如在美索不达米亚、埃及和南欧一样，当时在中国与印度（还有美洲的部分地区）伟大的文明已经繁荣昌盛了。在第 4 章，我们曾把印度和中国的历史一直叙述到了公元前 600 年或稍后的年代。

现在是我们回到印度与中国的时候了。在这 10 个世纪的漫长时期中，当波斯帝国由盛而衰，当雅典度过它的盛世，当亚历山大正在征服"世界"，当罗马正在建立它的帝国的时候，印度与中国曾经发生了什么事情（见年代图表）。

一般说来，中国史、印度史与地中海世界史之间，有显著的类似之点。在这三个地区都建立过伟大的帝国，在每个地区中，文明得以成长和繁荣。每个地区在艺术上与思想上都产生了杰作。这些杰作在后世都被认为是绝伦超群的"经典著作"，是世世代代效法的典范。

第 11 章 印度及其圣人

公元前 6 世纪,现在称作印度的地区并不是一个统一的国家。在政治上,它被分成许许多多的王国、诸侯国和贵族共和国。在文化上,早期的雅利安入侵者的后裔,还没有同被征服的肤色黝黑的本地民族完全混合起来。尖锐的种姓界线,使得人们分隔在各个不同的社会团体之中,使混合受到阻碍。不同种姓的成员之间不得互相通婚。

印度各地的低等阶级讲几种不同的语言,但受过教育的上等阶级则都熟习梵语。梵语是古老雅利安语的一个变种。祭司和贵族们都以宗教的崇敬来看待《梨俱吠陀》和后来的梵文圣书。

11.1 佛陀与佛教

婆罗门教的探讨 婆罗门教或印度教是印度雅利安人的古老宗教;印度的人民,尤其属于雅利安族的土著,我们可以称他们为印度人。对许多古代印度人来说,他们的宗教即婆罗门教的关于神的粗俗概念、嗜血的祭祀和阴郁的人生观等,变得越来越使人不满。正像希腊和罗马一样,文明的成长引导了很多富有思想的人对旧思想发生疑问,印度也是这样。有些人试图以变为苦行者来寻求拯救,就是说,使自己专心致力于宗教的冥想,摒绝尘世的一切奢侈和生活享受。有些人走得更远,刻苦到使自己濒于挨饿,并且以种种不适和痛苦来折磨自己的肉体。许多改革家和"圣人"出现了,他们宣扬新的宗教教义或新的取得心灵宁静的方法。

乔达摩·佛陀 在所有这些宗教大师之中最有名的, 也是我们唯一需要记住的一个,就是乔达摩王子。他生活在公元前 6 世纪,并在那时期宣教。他作为一个年轻贵族,似乎

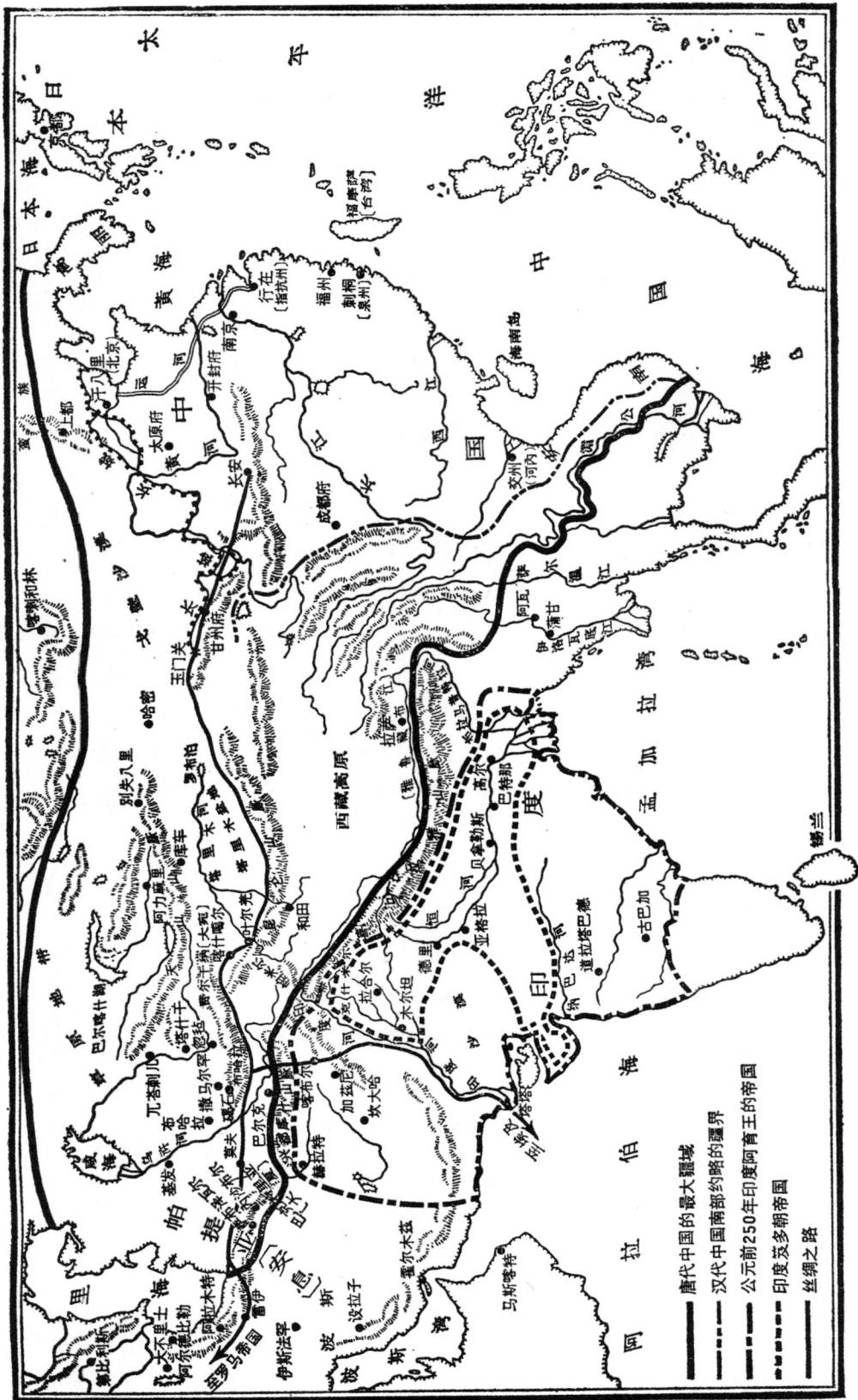

地图 11.1 古典时代的亚洲

唐代中国的最大疆域
汉代中国南部约略的疆界
公元前250年印度孔雀王朝的帝国
印度笈多朝帝国
丝绸之路

命定要过一辈子晏安享乐的生活，因为他是一个"罗阇"（贵族）的儿子，他的领地位于喜马拉雅山岭的斜坡上。在他父亲的稻田里做工的肤色黝黑的农奴们给他提供财富。他有听他使唤的仆役。他可以乘车驰骋，打猎，参加竞技和满足每一欲望来消磨他的光阴。但是他瞥见了生活的较阴暗面，那些命运不如他的人过着艰苦的生活，他从中悟到一个真谛。当他遇到一个衰老穷苦的乞丐或一个被恶疾折磨的病人的时候，或当他看见一具没有埋葬的尸体的时候，就提醒他一切世人都必须受苦受难，迟早总要死去。

故事是这样传下来的：正当乔达摩萦回于这些阴郁思想的时候，他听到他的年轻美貌的妻子刚刚生下一个儿子，他的第一个也是唯一的孩子。当晚举行了一个庆贺的欢乐舞会。但乔达摩觉得心神不安。舞会过后，全家的人都已睡着，他从床上爬起来，静悄悄地踮着脚走进他妻子的房间，对他们的婴儿做了最后一瞥，便在仲夏的月光之下偷偷地溜出去了。

他跨上马驰走了。和同时代的许多印

图 11-1　日本东京附近镰仓的大青铜佛。完工于 1252 年，原安放在专门修建的庙内，现置露天，至今每年仍有数百万人前往游览和参拜。该佛为当地普通人集资营造，显示了佛的同情慈爱之心

度教信徒一样，他也终于相信只有变成一个苦行者，才能得到心灵的宁静。他穿上乞丐的破烂衣裳，虚心地倾听婆罗门僧侣们宣讲的一切，但他还不满意。他摒弃了生活享受，甚至不进饮食，直到因绝食而身体衰弱下去，但是这一切都是枉然。

有一天，当乔达摩坐在一棵大榕树的凉荫之下，正在默想他是怎样舍弃了财富、家庭、爱情以及人生一切享乐的时候，他突然把事情看得更透彻了。他满怀喜悦地站了起来，告诉他的朋友们说，他已经得到了真理的启示。人们便群集在他的跟前，听他宣讲。他们虔敬地赞颂他为"佛陀"——"大觉者"，真理的教师。

他和他的门徒们周游恒河上下，穿着黄衫，随处乞食，传布新的教训。就是这个乔达摩，在他 35 岁时成了一位佛陀，开始宣扬一种宗教，这一宗教不久就以各种不同的形式，

风靡于印度大部分地方,而且越过高耸的喜马拉雅山岭,传入西藏和中国内陆,又渡海传到锡兰、日本和马来群岛。

佛陀的教义　佛陀像同时代的其他宗教教师一样,也是用言语说教(当时印度也许还不知道文字),他的教训直到他死后两三代才写下来。但是这些教训是由他的门徒极其细心地背诵下来的。

他的信仰的精义可以归纳为“四圣谛”:(1)生命必然是充满忧愁与痛苦的;(2)忧愁与痛苦是来自我们的欲望;(3)烦恼只有通过“涅槃”才能得到解脱;(4)只有通过“八正道”才能成涅槃。

涅槃被解释为宁静,即灵魂不受干扰的宁静,只有一个人从自己的心灵中完全消灭一切野心,一切恶念,一切逸乐的追求,一切对于来生的欲望,甚至对于今生一切的希求,一切的骄傲,一切的愚昧,才能到达涅槃的境界。

这与婆罗门教再生的信仰——轮回——是相吻合的,就是说一个人一直有在来生变成低级种姓或下等畜生的不测危险。人们的没有得到满足的欲望,从最好的方面来说,也只导致了下一次轮回中新的肉体,这将意味着一个忧虑和痛苦的来生。唯有涅槃,一切欲望的灭绝,才能拯救人免于重生。换句话说,如果一个人能完全信奉佛教,达成涅槃,他就不会重生。

佛陀说,要达到涅槃,必须通过八正道,就是正见、正思维、正语、正命、正业、正精进、正念、正定。

佛陀的四圣谛和八正道同斯多噶派哲学极其相似。其中寓有大智慧,而且的确高尚。他要人们竭力避免伤害别人,根除错误,抑制激情,克服愚昧。但是受过基督教思想方法熏陶的人,对涅槃的感染力很难理解。它似乎很阴郁——好像吹灭一盏明灯。

11.2 印度与近东的接触

亚历山大的入侵　佛陀宣告他的八正道之后两个世纪,印度被亚历山大从西北方侵入。在两个世纪之中,印度仍然处在雅利安人(或许现在应该称他们为印度人)的小诸侯国的分散统治之下,除了传入字母以外,文明没有多大进步。这种字母大概是阿拉伯商人从近东带进印度的。

到了公元前 327 年,马其顿的征服者亚历山大大帝率领他那些面目被晒黑的、久经战阵的士兵,在以长矛蹂躏波斯之后,又越过兴都库什山脉,侵袭印度。他从山上杀了下来,最后到达印度河。第二年年初,他的方阵军用船只搭起一座浮桥,渡河行进,侵占了今天印度的旁遮普。胜利虽像往常一样向他微笑,但是他被迫退回,因为他的疲乏不堪的士兵们不愿意再向前进了。

亚历山大把印度河以西的地方置于马其顿总督的直接统治之下，河东狭长的被征服领土则任命当地原来的土王为副王来管辖。然后他惋惜地顺着印度河扬帆入海，又率军登陆，返回波斯。

亚历山大的短暂入侵仅仅碰到印度的西北边缘，但是它却有深远的影响。它使印度与希腊化的世界接触。希腊化的工业制品、美术与思想，都经过印度河输入印度。在建筑上开始流行使用石头了；佛像用石头来雕刻；希腊化的宗教信仰也渗入了印度。政治上也是这样，亚历山大对印度的入侵所留下的痕迹在后面将会看到。印度的王侯们可以像亚历山大那样行事。

旃陀罗笈多 印度诸王侯中熟悉亚历山大的是孔雀王朝的旃陀罗笈多。因为热切地想模仿那个马其顿的征服者，这个孔雀王子收集了一支好战的蛮族组成的军队，自立为中印度北部的主人。消息传到叙利亚，亚历山大的部将之一，征服者塞琉古，愤怒地率军迅速东行来扑灭他。但是这个印度的暴发者竟把塞琉古打败了，因此，他不但赢得了印度河和该河西岸山岳地带无可争辩的主人地位，还得到了一个白皮肤的妻子，塞琉古的女儿。

孔雀帝国 旃陀罗笈多以侵略战争征服了恒河流域的大部分，自立为统治几乎全北印度的皇帝。他的帝国是印度历史上的第一个大帝国。它由一个专制君主统治，依靠一支由步兵、骑兵、战车和训练过的驯象所组成的庞大军队来维持。一个古时记载说，这些训练过的战象共有九千头之多。

旃陀罗笈多拥有一套精心制定的官吏制度，向农民征收租金，清查户口，维修灌溉运河，管理市场，控制酒类贸易，以及执行他所发布的其他各种命令。他的都城建在恒河边上，围以木栅，绕以壕沟。他的宫殿虽是用木头建造的，但以镀金的梁柱装饰起来，皇帝过着蛮族的豪华生活。

阿育王 旃陀罗笈多一生事业中最为重要的是为他孙子阿育王的事业打下了基础。阿育王以古代专制帝王公认的对邻国从事征服战争的方式，开始了他的长期统治（公元

图 11-2 鹿野苑的石狮柱头，今日印度的国徽便是来自于此。柱头下层为钟形倒垂的莲花，中层是饰带，刻有一只大象、一匹马、一头牛和一只老虎，彼此间都以象征佛法的法轮隔开，最上层是四只背靠背的圆雕雄狮。阿育王石柱坐落在室利达摩罗吉迦塔之前，是阿育王时代艺术的代表物，是古印度佛教艺术的极品，为公元前 3 世纪孔雀王朝君主阿育王崇佛而下令建造

前 273—前 232 年）。在一块石碑的铭文上,阿育王述说了当他发现这样的一次征服所造成的屠杀、死亡以及掳走平民数目之庞大的时候,他是怎样地惊恐;这场战争据说杀死了 10 万人,俘虏了 15 万人。

从此以后阿育王极力避免战争。印度的大部分,除了半岛南端以外,都在他的统治之下。他没有再使用刀剑扩张领土的尝试。他说,真正的征服是精神上的;阿育王之所以被后人纪念,主要还是因为他在精神上的征服。

阿育王是佛教的第一个护教皇帝。他对佛教做了一些修改,但也大大地予以促进。他把诏示刻在帝国各地的岩石上,告诫臣民要学习佛陀的教训,遵循安分守己的教律,说实话,服从父母,不侵犯一切有生命之物,不打猎杀生,善待奴隶,周济穷人。他使印度境内布满了壮丽的佛教"寺庙"和佛陀塑像。他派遣他的弟弟妹妹带领一批佛教传道者去劝化锡兰(今称斯里兰卡)岛上的居民,他们成功了。斯里兰卡至今仍然主要信奉佛教,它的灌溉和石刻也主要归功于把技艺带进此地的这些佛教使节。阿育王也派遣了传道者到缅甸,这是另一个迄今仍信佛教的地方。

其他的接触　阿育王派遣到波斯、埃及、希腊等地宣传佛教的使节,没有取得这样的成功,但这对我们仍是有意思的,因为这是印度与希腊化世界之间已经建立密切接触的证据。我们可以指出,这样的接触对印度佛教是有显著影响的。从此佛教徒更加把佛陀的伦理体系变成宗教,把佛像作为神明来崇拜;使佛教成为一个有僧侣(或和尚)、寺庙和仪式的宗教;成为一个使埃及人和希腊人认为和他们的崇拜相似的宗教。甚至在佛陀的雕像上也常常表现出希腊美术标准的痕迹,以及希腊—埃及关于神灵的各种概念的痕迹。印度就是这样被引入文明的主流之中,同时它自己通过派出佛教使节,也能把斯里兰卡、缅甸及其他亚洲各国引入自己的渠道里。

孔雀帝国的衰落　阿育王在长寿和虔诚中终其天年,把帝国留给他的两个孙子分治。关于他们和其后的继承人,我们知道得很少。渐渐地帝国崩溃了。希腊化的冒险家们在西北边境建立了一些小诸侯国,有一个时期把他们的疆域和希腊化的影响伸展到了北印度全部,直到后来蛮族的入侵把它们扫清了。印度西北部曾有一个时期被帕提亚帝国所统治。后来随着更多的蛮族到来,新的朝代统治了北印度。

同罗马帝国的贸易　这样简略的写生笔法,图景会显得很荒凉,如果我们不赶紧添上在这期间印度同叙利亚和埃及之间正在进行着繁盛贸易的话。公元前 1 世纪,每年航行于埃及和印度之间的船只,为数始终在一百以上。下一世纪中,数目又增加了,因为有一个希腊航海家(希帕路斯)发现了利用季风可以自亚丁湾直渡阿拉伯海达到印度,不必像过去那样缓慢地沿着漫长的海岸航行。这样,人们就可以在 7 月从埃及出发,9 月底到达印度,在 11 月回航,下一年 2 月就可以到达亚历山大城。

在印度发现的大量罗马钱币,可以作为一个证据,指出罗马帝国的早期几个世纪中,东方与近东的贸易往来极其活跃。罗马人从印度输入的有棉织品、珍珠、翡翠、钻石、象牙、大米、胡椒以及中国丝绸。他们运往印度的不但有金银钱币，还有铜、锡、铅、珊瑚、玻璃、酒、麻布，以及受过训练的歌童与女奴。

笈多王朝　几个世纪这样过去了，直到公元4、5世纪，一个印度土著帝王的新朝代笈多王朝，把阿育王帝国的相当大部分重新统一起来，使印度得到了有时被颂扬的"黄金时代"。一些最精致的印度雕刻就是在这个时期产生的。5世纪的美术家所作的壁画被认为是印度教最优美的美术。印度有学问的人对于希腊化的一些科学例如数学、天文学之类，逐渐熟悉起来了；著名诗人写下了不朽的诗句。这的确是一个古典的时代。

梵文的复兴　指出这一点是重要的：印度文化的昌盛，是和作为文学语言的古梵文的复兴，以及印度教徒的古婆罗门宗教的恢复联系在一起的。佛教逐渐地、极其缓慢地丧失了人民的信崇，在印度消亡了。就在这个时期，大约在公元67年传入中国的佛教却赢得了显著的胜利。佛教之所以仍是世界伟大宗教之一，不能不归功于它在中国、日本、中亚、缅甸、斯里兰卡等地保住了阵地。但是在它诞生之地的印度，佛教却已经消亡了。

11.3 印度的黑暗时代

笈多历朝帝王都无力抵抗一系列的新的蛮族入侵。突出的入侵者和破坏者是匈奴，即突厥—鞑靼诸部落的集团，他们曾多次在许多地方给亚洲和欧洲各国带来了灾难。早在公元前2世纪，他们已威震中亚。他们最出名的领袖阿提拉曾在公元5世纪中叶蹂躏了欧洲。匈奴有"白匈奴"与"黑匈奴"之分，虽然这两个名词的解释似乎还有疑问。匈奴侵入了这个伟大的印度笈多帝国，使之一蹶不振。印度的"黄金时代"不久就没落下去；到了公元6世纪初期，笈多王朝的权力终于破灭了。

自6世纪到14世纪，印度只是地理上的一片广阔土地——一片在政治上分裂成无数小王国的、被长期战争弄得支离破碎的广阔土地。这8个世纪的悲惨时期的确是黑暗时代。印度处在痛苦和衰弱、富庶而毫无防御能力之中，似乎在机缘的道路上被命运所阻挠，直至14世纪穆斯林以征服者的姿态进入。关于穆斯林，我们在以后几章里会了解更多。

第 12 章　中国及其智者

中国像印度一样，与地中海世界隔绝到如此地步，使得思想与发明必须极其缓慢地越过中亚的屏障，有时竟至毫无来往，但它并不是完全隔断的。这种分隔固然有效，但并不彻底。例如关于铁的知识，是在小亚细亚的赫梯人为他们的邻居冶炼铁器好几个世纪之后才传到中国；但时隔不久，我们发现中国已在运送生铁到罗马去。还有远在石雕艺术传入印度之前几千年，埃及人就已在雕像了，而这种艺术又从印度和佛教一同（也许是第一次）传入中国。字母很晚才传入印度，而从来没有传到中国，等到字母传入中国时，要中国人去放弃他们自己的美丽而又极为复杂困难、由无数形符和意符构成的文字体系已经太晚了。

东方和西方　在古代，近东与远东之间关于科学、信仰、思想等的交流，只在较小的程度上进行；然而人的本性和人的兴趣是大体相同的。基普林说的话中，这一句最为不正确："东方是东方，西方是西方，两者永远不会相遇。"在面对永久的问题时，人类总是人类，不管生活在东方还是西方。我们在前面已经看到，佛陀的思想很像斯多噶派哲学家的思想；以后我们还将看到，对于人生的同样想法在中国兴起。

在全部历史中，东方和西方已经相遇，而且相互类似，并互相影响了。

12.1　老子与孔子

老　子　只从伟大事物的相似之处而不从细节的差别来着想，我们也许敢说那位在公元前 6 世纪诞生的老子，就是中国的乔达摩。老子就是"老哲学家"的意思。他原名李耳。老子同乔达摩一样，以正当生活之"道"或"路"训导世人。他的训示基本上与佛教和斯多噶派相同，就是说，人只有抑制欲望才能得到快乐；但是老子训导这些比佛陀早了 50

图 12-1　曲阜孔庙大成殿。孔庙的建筑用黄瓦红墙,满雕龙纹,是中国唯一一座非皇居而采皇宫规格的建筑。大成殿是孔庙的主体建筑,据说乾隆皇帝来祭孔时,其檐下石柱均用红绫包裹,恐皇帝见其超过皇宫气魄而怪罪

年,比斯多噶派的芝诺则早了 250 年。

老子说过"故知足之足常足矣"。一个人绝不可让激情和欲望破坏他心灵的宁静。"驰骋畋猎,令人心发狂,难得之货,令人行妨。"[1]这一类格言与下一世纪的佛陀,或者芝诺,或者 7 世纪后的皇帝兼哲学家马可·奥勒留不谋而合。

老子在世时只是一个有洞察力的哲学家,后来他的地位却日见增高。首先他成为一个传统的哲学派别,然后成为一位神明。在他死后 700 年,一座崇祀他的庙宇建立起来了。逐渐地,他的教训同巫术也同旧的中国鬼神崇拜混合在一起。老子的弟子们的宗教被称为道教,成为中国的伟大宗教之一。

孔　子　虽然这位老哲学家的名声卓著,但另一位年轻的哲人——孔夫子的名声比他还高。这个名字的意思,就是"孔哲学家"。

孔夫子诞生在公元前 550 年左右,与乔达摩大约同一时代。他是一个英勇军官的儿子,年轻时虽然贫苦,但本质上仍是一个中国绅士,因为我们能够从贵族家世上追溯出他尊贵的门第。他像同时代的其他中国绅士一样,学到了音乐、阅读、射箭、骑马、养狗、行猎和钓鱼(礼、乐、射、御、书、数)等技艺。他也是一位严守良好风尚的人,写过一本我们可以称为中国礼仪的书——关于一个绅士如何生活的规则。

孔子的教训对中国发展礼仪的喜好是大有影响的。当他在世之日,宗教习俗的实践是正确风尚的一部分。孔子对于这些习俗的遵守是极其严格和精确的。他谨慎地履行对各种家宅神祇和祖先的崇祀,他也尊重对于天地的一切风俗奉祀。他解释说,对父母的真正尊敬,应当是"生,事之以礼;死,葬之以礼,祭之以礼"。他还教导说:"三年无改于父之

[1] 见《道德经》王弼本第四十六、十二章。——译者

道,可谓孝矣。"①

孔子的箴言 孔子像佛陀一样,对鬼神的关注较少,对人生的关注较多。他所说的话大都与宗教很少关系,其性质多属格言,譬如说,"多闻阙疑,慎言其余,则寡尤";"学而不思则罔,思而不学则殆";"见义不为,无勇也",②等等。也许孔子流传最广的名言,是"己所不欲,勿施于人"③。

孔子论政府 孔子关于政府,就像对于私人行为一样,有他自己的思想和见解。环顾周围,在他所处的时代,诸侯和其他显贵们过着骄奢淫逸的生活,压迫平民,互相争吵,进行着破坏性的战争。孔子深信并教导,只要统治者像父亲对待儿女一样对待他的人民,遵循良好的古道,用智慧和公正从事统治,这样的罪恶就能得以纠正。

直到他51岁时,孔子才真正有机会把他的理论付诸实践。那时鲁定公任命他做中都宰。鲁国就是现在山东省的一部分。孔子治理中都政绩卓著,不久便升任司寇,掌管全国司法。传说他把那个地方的犯罪行为几乎完全消灭了。

因为得不到鲁定公应有的支持,孔子辞职了,他周游列国,到处受到人们的尊敬。不过他改革中国政府统治、停止帝王手下各封建诸侯之间纷争的希望,却没有得以实现。

孔子的纲领 对于一个像孔子那样的教师和改革家的事业,要把它的要点总括起来,不是容易的事,不过我们至少可以注意到下列几点。(1)作为一个政治改革家他失败了,但是他关于管理政府的规则,以及关于帝王的崇高地位的理论,对后世却有极大的影响。(2)他谨慎遵守的那些古时的宗教礼仪,变成关于他的传统的一部分,结果使他的名声与崇拜祖先,以及崇敬旧的宗教密切地联系在一起。(3)他关于礼仪的规则和关于道德的简练格言,在中华民族性格的塑造上,是一个有力的因素。(4)他留下了一套已经证明是对中国人民有巨大贡献的书籍。

五　经 孔子留下的书籍就是五经,有点像中国文献中的百科全书,是这位哲学家自己和他的弟子们所撰述的。这些书包括过去各时代的传说及历史、诗篇和智慧。这些书明白而坚定地代表着他的保守思想;这些思想诱导他的国人遵行旧道。从他的时代起,孔子的著作一直受到中国人的尊重和引用。在他的书中,他所做到的远不止是保存过去的学问和文献;他还给了中国最伟大的经典著作。

12.2 中国同印度和近东的接触

"丝绸之路" 古代中国在其西陲是以大戈壁沙漠和荒凉的西藏高原为界;但是大约公元前120年,伟大的汉武帝开辟了一条漫长的"丝绸之路"。这就使得中国商人能同印

---

① 见《论语》卷二《为政》篇、卷一《学而》篇。——译者
② 以上三句均见《论语》卷二《为政》篇。——译者
③ 见《论语》卷十二《颜渊》篇。——译者

度、波斯、叙利亚以及近东其他各地发生接触。

　　戈壁本身就已是一个极大的困难,但它还住着剽悍的、被欧洲人称作鞑靼人或突厥人的游荡骑手。中国人把他们叫作匈奴。万里长城的修筑就是为了要把匈奴拒于国门之外。当时匈奴正在向更远的西边和南边移动,进入中国,直到长城脚下。形势是很严重。于是武帝派遣张骞将军向西寻找盟国,来共同抵抗匈奴。张将军带着 100 个人启程。不过他们全被匈奴俘虏了,关押了 10 年。但是张将军和他的随从们后来逃脱了,继续西行。他们远达奥克苏斯河(今阿姆河),仍然没有为中国找到盟国。尽管如此,他们的旅行是有重大结果的。他们将突厥斯坦的快马以及像葡萄这样的新植物带回到中国去;并且带来了从西方可以获得大量贵重玉石供应的好消息。也许他们还带回了一些有关印度和波斯令人神往的故事。

　　无论如何,几年以后,武帝终于派出了一支大军,驱逐匈奴,穿过山道,向西跟踪追击,进入塔里木河流域,再进而到达奥克苏斯流域。不久以后(公元前 114 年),中国商队开始循这条路线到达突厥斯坦和波斯。这条路线就成了著名的到西方去的"丝绸之路"。此后中国同印度和近东在商业上和文化上就有了接触。武帝最重要的征服就是开辟出这条"丝绸之路"。

　　沿着"丝绸之路"　一年总有 10 个或更多的商队携带了中国的丝绸和铁条,越过这条新得到的贸易道路,到西域去换回珍贵的宝石、玉石、琥珀、珊瑚和玻璃。显然,中国商人同希腊人或罗马人通常不是直接交易,而是通过突厥斯坦人或波斯人作为中间人,将中国货物运往近东,或由陆路穿过波斯和美索不达米亚,或循印度河下到阿拉伯海,再从那里用船运到埃及和地中海一带。

　　中国的丝绸　中国的丝绸运到叙利亚,在那里染成紫色,用金线绣上花之后,再由叙利亚商人转卖给希腊和罗马的富人。奥古斯都大帝时,这种丝绸在罗马极为时行。奥古斯

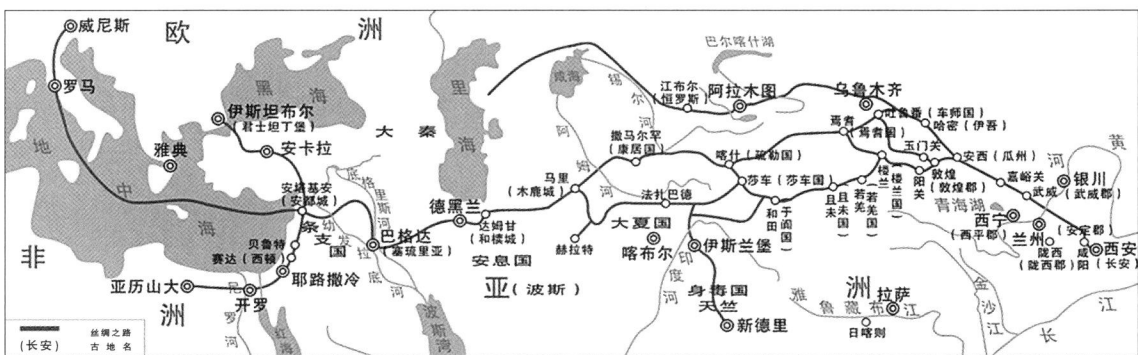

地图 12.1　丝绸之路

都的继承人提比略曾设法禁止罗马的富人穿着这种奢侈的新织品,但是没有成功。有些罗马人觉得为了购买中国丝绸,罗马的金钱向东方流得太多了。

然而这种贸易继续着,而且日益兴盛;显然许多罗马人很想和中国人交往,不使中间人波斯得到利润。这也许是罗马人同波斯帕提亚朝诸王之间进行战争的原因之一,即希望免除那些中间人的利润。他们多次尝试开辟一条直通中国的海上路线;中国历史记载,在公元166年,一只叙利亚船开到中国。但这航程过长,未受欢迎。旅行家和罗马帝国派出的特使,有时宁愿冒险从陆路穿越中亚到中国去。但是这条路的距离也实在太远,因此,罗马和中国之间大部分贸易仍然通过中间人——波斯和印度来进行。

一个有价值的秘密　就是因为距离太长,中国人和罗马人之间很少直接贸易,所以罗马和中国这两个伟大帝国之间很少相互影响。罗马人热切地想要知道制造丝绸的秘密,但直到查士丁尼帝在位时才终于得到。查士丁尼派遣了两个修士前往中国。约在公元551年,他们带回了一根装着一些蚕卵的空心手杖——这些蚕卵比起和它们等重的黄金更有价值,因为它们意味着丝绸业在小亚细亚和欧洲的开始。

12.3 佛教在中国及其他各地

皇帝的一个梦　如果说中国同罗马的接触大多是间接而微弱的,那么,它同印度的接触却更直接,而且效果也更重要。佛教在公元1世纪由印度传入中国,可能是到中国经商的印度人带去的,也可能正如中国史书所叙述的那样,以更带有戏剧性的方式传去。

根据中国方面记载的说法,汉明帝梦见了一个金人,有大臣劝告说,他的梦是一个神圣的、要他派遣使节的命令,于是他派遣了特使到印度去,他们从那里带回一匹白马,装载着一些佛像和许多部佛经。总之,大约在公元67年,这个中国皇帝就在都城建立了一座佛寺,将佛经译成中国文字,并使佛教成为中国国教的一部分。

缓慢的成长　有好几个世纪,佛教在中国多少被视为外来的宗教。佛教僧侣都是从印度来的传教者,而中国热忱的佛教徒则到印度去朝拜。中国佛教徒把印度看作"圣地";从公元4世纪开始,在6个世纪中,中国佛教朝拜者的人流不断地涌入印度。这些朝拜者中有几个写了游记,它们有助于我们对印度佛教史的了解,也给了我们其他关于印度的有趣事实,这些事实都是印度文献上没有保存下来的。

在中国,佛教逐渐地结合到中国的风尚和习俗中去,同中国的其他信仰相融合,传布极为广远,直到它或多或少地变成广大人民群众的宗教的一部分。

中国以外的佛教　佛教的一个重要影响,就是凡是佛教使徒所到的地方,如朝鲜、日本、西藏、蒙古和安南,中国的文明就随着传布开来。中国的佛教大概是在公元6世纪经过朝鲜传到日本,那些传布佛教的僧人又回到中国去招募熟练的中国工匠来到日本,修造庙宇,建立佛像。其结果是日本模仿了中国的建筑、雕刻风格和绘画艺术,以及中国的文字系统。一时曾掀起一股对中国的一切,从哲学和文学以至舞蹈和战争武器,都加以赞美和模仿的高潮。然而日本人表示出一种善于修改和应用中国艺术,使之适合他们的喜好和需要的显著技巧。他们决不是单纯的模仿者。例如在文字上,他们最初借用了中国的会意字(用汉字来表达他们的词汇),但是他们把它简化了,使之适合于日本语的音节。

建筑和美术　佛教在中国和中国以外各地的传布,对美术和建筑起了最有趣、明确的影响。佛教寺院和美丽的庙宇布满了各地;它刺激了庭园布置;雕刻和绘画的惊人发展应归功于它。关于佛像的雕塑,中国艺术家吸取了印度人从西方学来的某些希腊化的艺术传统,按照他们自己的方式修改,产生了一种不同于印度艺术的中国艺术,虽然在某些方面又令人想起印度艺术。我们的博物馆里所看到的大部分美丽的中国佛像,青铜铸的,陶制的,或石雕的,都是在佛教传入中国之初和以后制造的。

12.4 中华帝国

周朝末年　在孔子生活的时期,中国是由几个相当大的诸侯国,如齐、秦、晋、楚等所组成的。这些诸侯国每一个又都是由许许多多的小国(公国、伯国、男国等),在一种称为封建主义的制度之下统一起来的。在封建制度之下,男、伯、公及其他诸小国的统治者都应当忠于他们各自的王侯或国王,而王侯或国王又应当忠于帝王。但事实上,王侯们彼此间却不断地交战。这就是封建主义在当时中国的真正意义。封建主义在中国存在了几个世纪,时间越长,形势也越恶劣。最后在公元前 249 年,边境公国之一的秦国的统治者把周朝推翻了。

"始皇帝"　在争雄的诸王之中,经过长时期的斗争,其中的一个击败了其他诸王后,取得了皇帝的称号(公元前 221 年)。他采用了始皇帝的称号,在历史上他也是以此著称。始皇帝的意思就是"第一个皇帝"。

他是一个真正的皇帝。他是中国的旃陀罗笈多,因为他也是用武力征服把不同的地区和集团统一在他之下。他结束了封建制度。他设立了郡守和郡尉取代从前的公侯,由他亲自任命和监督,统治帝国内重新划分的三十六郡。他组织优良的军队,把他的权力向南扩张,跨过长江,在版图上又添了四个郡。道路和运河也修筑起来了,把帝国的各部分更紧密地结合在一起。这一切都使我们想起了波斯的大流士和罗马的恺撒。

道路和城墙　从这时起,中国的移居者和中国文明逐渐地把长江以南的"蛮族"地区变成了中国的一个完整部分。为了抵抗北方"蛮族",即匈奴,始皇帝进行了一次高度成功的战争;然后,为了防止他们在将来扰乱中国(他预计会那样),他修筑了一道万里长城,起于东北的黄海,越过黄河的弯曲地区,迄于西北丛山之外。这道长城虽然最初是土筑的,但对于从北方来的那些野蛮骑手,还是一个真正的屏障。这是迫使中亚细亚的游牧民族宁肯向西方寻求出路,而不南下进入中国的一个重要因素。大概就因为这缘故,蛮族侵略从亚洲横扫过来,便进入了欧洲。

后来其他中国朝代又把长城延长了。到了近代,明朝又用石头重建了长城,使之成为世界奇迹之一。

剑和书 始皇帝虽然在许多方面值得他的人民爱戴,但当他在世之日,是为人民所畏惧,在他逝世以后,更为人民所憎恨。中国的传统把他描写成一个嗜杀、残酷的暴君。他之不得人心,部分是因为他试图扑灭儒教的缘故。他曾下令除了农业医药等实用学科的书籍以外,所有儒家的书籍和一切人们珍爱的古文典籍都要烧掉。几百个有学问的人曾试图抢救自己的书籍,都被斩首了,其他的人则被流放。

当始皇帝在世的时候,很少人胆敢抗拒他残酷的措施;但当他的死讯(公元前 212年)传开时,各地区相继发生了叛乱,他的儿子们都被杀死了。

图 12-2 马踏匈奴雕像。在汉朝初期,匈奴势大,汉高祖曾被匈奴包围在平城白登整整七日,几不得脱。此后汉朝便用和亲来羁縻匈奴。但到武帝时,汉朝国势增强,多次主动向匈奴发动攻击,迫使匈奴远遁西域。这是武帝时名将霍去病墓前的雕像,表现了霍去病的赫赫战功

汉　朝　始皇帝死后爆发的战争,很快被一个能干的、农民出身的冒险家结束了,他成为汉王,击败了他的敌手以后,又自立为皇帝(公元前 202 年)。他和他的后裔保住皇位超过四个世纪之久,即所谓的汉朝。他们带来了领土扩张、文化发扬及商业繁荣的一个"黄金时代"。

新书和旧书　汉朝文学活动焕然昌盛,部分是因为纸和一种新式笔——毛笔的发明,可以用它将中国文字极为灵巧地画在纸上。另外一个原因是废除了始皇帝禁止古书的敕令。手稿现在从藏匿的地方取出来了,抄了许多副本。新书也撰写出来了。一个皇帝为研究中国文学而创立了太学,开始了一种竞争性的文官考试制度。自此以后,官吏都是从那些经过经书考试而名列前茅的人中间选拔出来的。官职和社会的地位是以学问而不再以门第的高下为依据。孔子及其弟子的著作都被称为圣贤之书。

汉武帝和"丝绸之路"　汉朝最初几个皇帝在扶植儒教文化的同时,也积极地扩张国土,促进商业。其中最伟大的也许就是我们已经听说过的武帝。虽然他的名字对于美国读者是生疏的,但他在历史上的地位大概可以与亚历山大大帝、尤利乌斯·恺撒以及查理大帝相提并论。武帝在他那漫长的统治年间(公元前 141 年—前 87 年),曾重新征服了长江以南的地方,并将朝鲜的一部分并入版图,但是他最重要的武功,还在于他开辟了通往西方的"丝绸之路"。

汉朝衰亡　公元 220 年,汉朝落得了一个不光荣的结局。此后中国分成三国。这不是使我们想起亚历山大和他的帝国吗? 内战变得漫长,"蛮族"冒险家在北方诸郡自立为统治者。帝国的北部事实上已经丧失了;国都南迁到长江畔的南京。这是一个黑暗时代,然而中国文化,像我们所看到的,还在这期间传到朝鲜和日本。也许就是在这个时期内,即公元 5 世纪,中国水手们开始使用指南针作为罗盘,在远程航行中去引导他们的船舶。

唐朝复兴　在公元 618 年到公元 907 年, 唐朝统治之下的伟大复兴证明了国家的生命力。这在中华帝国的历史上被认为第二次"黄金时代"。失去的领土恢复了,国境更向外拓展了。波斯、君士坦丁堡,以及穆罕默德派遣的特使都来拜访中国朝廷。阿拉伯商人乘船到中国来购买丝绸,其他外国商人则与中国商队在中亚相会,互相交换货物。雕刻、绘画和诗歌都繁荣起来了。

中国印刷术　虽然从公元前 1 世纪起, 中国人有时已用木版印刷一些图画和经文之类,但直到公元 10 世纪才第一次大规模地使用印刷书籍的艺术。当时,根据皇帝的命令,孔子经书的新版本以及两大部百科全书编好付印了。

假如中国和欧洲之间有了密切接触的话,那么在公元 10 或 11 世纪的时候,印刷术就可以传到西方。但在当时的情况下,欧洲不得不等到公元 15 世纪,才开始应用这个划时代的发明。

第五编

从古典文明过渡到基督教文明

正当地中海世界的希腊和罗马古典文明在奥古斯都统治下繁荣昌盛、远东的中华帝国汉朝兴旺之时，在西亚出现了一个新的宗教。当时无论奥古斯都或汉朝皇帝都不知道这个宗教，但它注定要改变希腊和罗马的古代文明，并使之传播到欧洲，而且到后来对中国和整个世界都发生了重大的影响。

　　这个新的宗教——基督教，传播很快。在4个世纪以内，它已成为罗马帝国盛行的宗教。它对社会制度、艺术和文学发生了深刻的影响。它和罗马帝国的古典文明相结合，产生了一种半基督教半罗马的文明。

　　然而不久之后，来自罗马帝国之外的一浪又一浪的蛮族入侵，打碎了这个帝国，也几乎毁灭了它的文明。工业和商业遭到可怕的挫折。许多城市消逝了。艺术和文学日趋衰落。一言以蔽之，在这些蛮族信奉基督教和开化以前，西欧大部分地方倒退成未开化状态，经过了一个阴郁惨淡的"黑暗时代"。

　　可是，尽管在"黑暗时代"，为西欧将来建立一个崭新、光辉灿烂的文明的途径正在开辟中。同时，作为昔日罗马帝国一部分残存的拜占庭帝国，在近东，尤其是在它的坚固都城君士坦丁堡，还保存着一些活生生的古老文明。

第 13 章　回顾与前瞻

13.1 古代世界的诸伟大文明

前 12 章包括人类最长一段历史，我们已经看到旧石器时代的巨兽猎手们不断地在学习文明生活的技艺。我们已经看到新石器时代他们的后裔在建立农村、驯养兽类，并且做了一些有用的发明。到了铜器和青铜时代，我们已经看到有些强大的开化了的王国正在兴起；而到铁器和马匹的时代，我们已经看到还有更多、更突出的文明在发展，大帝国此兴彼衰，互为消长。

在前面的概述中，并没有包括所有的民族，也没有包括一切令人感兴趣的文明。例如，关于北欧的各民族、墨西哥以北的美洲印第安人，或者非洲的黑人，都很少提到。这是因为他们和我们前面已讲过的那些民族比较起来，文化没有那么发达，影响也小得多。

伟大的古代诸文明　在近东，有埃及、巴比伦和亚述的文明，有克里特和爱琴海的文明，有叙利亚以及波斯的文明；在远东，有印度和中国的文明；在远西，有玛雅文明；而在地中海世界，有罗马，其中包括迦太基的西方和希腊化的东方，所有这些文明在上古史中都占显著的地位，因为它们大多数不仅产生过伟大的政治帝国，而且在工业、商业、艺术、文学、宗教和哲学方面都产生过更为持久、更为重要的结果。

13.2 古典文明的弱点

奴隶制度和农奴制度　尽管古代的古典文明在艺术、文学和哲学方面取得了辉煌的成就，但却是建立在一种不健全的社会经济基础之上——一般民众过于劳累，并且地位过于卑贱。

由于制造业靠手工操作,农业靠粗笨而吃力的方法进行,所有这些古代帝国的大多数人口不得不辛劳度日,以谋求最低限度的生活,同时却在供养上层阶级的奢侈生活。这种或那种类型的奴隶制或农奴制是大多数古代文明的特点。

上层阶级的腐化 拥有奴隶和指使农奴并不一定抬高主人和地主的地位。从穷人们直接或间接掠夺来的大量财富并不一定能使富人高雅。当统治阶级剥削群众的时候,往往陷于奢侈、挥霍和不道德。罗马的情况正是这样。当罗马成为世界主宰的时候,它的统治阶级的巨量财富导致了虚荣、放纵、娇气和恶习。几乎可以说,罗马贵族政体是被他们不知怎样使用的大量财富和权力所窒息了。

帝国政府的失败 古代帝国的第三个弱点是政治性的。专制、独裁、一人政府,总是危险的。它完全靠一个人。古时的帝国一般都是专制的帝国,绝对独裁的君主国。当这一个人碰巧是像阿育王、奥古斯都或哈德良这样聪明能干的统治者时,一人政府就是好政府。当这一个人是像图拉真、居鲁士、图特摩斯或汉武帝这样谙熟军事的将领时,征服的战争就能成功。但是当这一个人碰巧缺乏能力或正义感,那就招致暴政和混乱;而这样的情况还屡见不鲜。

由于缺乏联邦权力和地方权力,管理一个大帝国行省的实效也必须依靠这位意志就是法律的人的聪明才智,以及他所任命的代理人。

此外,一人政府还意味着由于野心勃勃的廷臣和获胜的将领急于篡权而时常发生的阴谋。在一个民主国家或共和国里,权力是在广大人民手中,任何人无论怎样能干,也很难从整个团体夺取大权;但是如果全权归于一人,而他又懦弱无能,或者由于暴政或愚蠢丧失了人心,这种情况就不同了。那些玷污了罗马帝国历史的连绵不断的阴谋、暗杀、篡夺和内战,在埃及、亚述、波斯、中国和印度的一人政府中同样屡次发生。总之,古代的专制国家从来没有解决如何选择一个人、一个适当的人这个根本的问题。

像雅典和早期罗马这样的城邦曾发展民主政府,这些值得注意的尝试失败的原因,大半由于对外战争和帝国的扩张。当新领土被征服时,民众权利就让步了,被军事权力搁在一边。在一个战争和征服的世界里,民主政治似乎不可能存在。

外 敌 每一个拥有肥沃土地和富庶城市的古代国家对于外敌都是一种诱人的战利品。从这个事实,我们找到了为什么有如此众多的辉煌帝国崩溃的一个原因。经常有大群的蛮族,如喀西特人、匈奴人、日耳曼人,时刻准备去侵略具有丰富文化的国家。当然也必须记得,那些国家本身的衰败往往是伴随财富和奢侈而来的。

刚毅和爱国心的丧失 令人惊奇的一件事,就是许多古代的民族似乎丧失了他们的活力,变得不能自卫。埃及相继成为亚述人、波斯人、马其顿人、罗马人、阿拉伯人和土耳其人的牺牲品。亚述崩溃在文化较低的波斯人面前。波斯屈服于亚历山大。如我们将要见到的罗马帝国，为日耳曼人侵所蹂躏。中国屈服于蒙古夷狄。印度被蒙古人征服，后来又被阿拉伯人征服了。

看起来，财富和奢侈耗损了上层阶级的刚毅，腐蚀了他们的政府，也增加了宫廷阴谋的次数，致使统治阶级逐渐失去了能力和勇气，与此同时，被苦役和不平所压迫的劳动阶级，也对保卫他们的主人不感兴趣。

在罗马、迦太基以及埃及，我们可以看到这些帝国怎样长期依靠雇用蛮族来为他们打仗，变得不能自卫。罗马帝国的情形便是个例证，至少有某些实例证明，在罗马各省中呻吟于重税之下的人民，实际上欢迎侵略者，希望侵略者将会结束罗马对他们的压迫。如果主人丧失了他们的男子气概，他们的农奴和奴隶丧失了他们的爱国心也不足为奇了。

妇女的低下地位　致使古代帝国社会衰弱的原因之一乃是他们对妇女的看法。早期罗马有些美好的故事，谈到某些妇女鼓励或劝阻她们的丈夫和儿子。妇女有时也成为统治者，至少在埃及和中国是如此。无疑地在许多家庭中，妻子和母亲是受到爱护和尊敬的。不过一般说来，妇女的地位比起今天来低多了。

被征服民族的妇女经常被卖作奴隶，成为购买她们的男人的私产。在希腊、埃及以及照例在亚洲，君主们和富有阶级的男人们有许多妻妾，把她们关在后宫，不让她们在社会上自由交际。就君主们来说，多妻制这个风习是政府衰弱的一个根源。有许多例子记载一个国王的精力消耗于维持他妻妾之间的和平，也记载妻妾们互相谋害，想让她们自己的儿子登上王位。就广大的社会来说，妇女地位的降低意味着家庭这个基本的社会组织的日趋衰弱。

过去的束缚　大多数古代文明衰弱的另一个原因是崇古。在发明和进步的时期，艺术和文学的杰作产生了，治理政府的方法和工业也改进了，此后，在几个世代里，似乎有休息一下、带着赞慕的心情往后看的倾向，对新的成就没有了劲头或力量。

例如在埃及，在雕刻艺术卓越优秀的伟大时代之后，后来的大多数艺术家都满足于做出古杰作的低劣模仿品。罗马帝国也是一样，在奥古斯都的黄金时代之后的一个时期，作家们似乎只想模仿死去的大师们的风格。同样的情况也发生在中国和印度。当"古典作品"被过于盲目地欣赏和模仿，而发明和实验成了牺牲品的时候，现在就被过去束缚了。

旧信仰的崩溃　古代非基督教的各宗教看来并没有为古典诸文明奠定一个坚固的基础；更新的信仰和哲学，如斯多噶哲学和佛教，也始终没有满足刚强的人们的精神和愿望。往往随着丧失对神灵的信仰而来的，是品格的衰弱和习惯的腐化。

罗马帝国末期，对旧神的信仰减弱了，受教育的上层阶级采纳了斯多噶哲学，信奉外来的一些宗教，或者采取什么都不相信的态度。乔达摩在印度传授一种"八正道"，但它只是一种避世之道，即逃避欲望和逃避生活。孔子的道德箴言是伦理生活的指南，但不能起强有力的鼓励作用。斯多噶派、佛陀以及孔子的教训,不管在罗马帝国、印度或中国,对于一般人民群众来说都是不够的。人们想借助庙宇和宝塔,偶像和烧香,巫术和神秘仪式,来满足他们的宗教本能。但是这些东西好像都不能提供人类不断进步所要求的道德指导或精神力量。

13.3 文明中的新力量

非基督教的各宗教都崩溃了。旧神都在失去威力。人民在丧失信仰,同时也在丧失力量和勇气。如果希腊—罗马世界始终信奉异教,我们可以断言,我们的社会遗产决不会是这个样子。欧洲的历史也许会更像亚洲各国的历史,而我们祖先的故事和中国人及印度人的故事也许会更加相似。

但是在近东,出现了一个新的力量,传播到欧洲,又从欧洲渡过海洋,给予世界历史以一种新的活力和一个新的方向。这个新的力量在文明发展上起了如此深刻的变化,以致可以合适地将它进入人类生活看作是古代世界终结和新世界开始的标志。

这个新的力量就是基督教。

第14章 基督教在罗马帝国

14.1 基督教的开端

犹太地 基督教是从耶稣诞生在地中海东岸一个小小山国犹太开始的。犹太是古代巴勒斯坦的一部分,是希伯来民族和犹太教的家乡。它曾被埃及人、亚述人、巴比伦人、波斯人、马其顿人、希腊人以及罗马人先后征服。在耶稣的时代,犹太是罗马帝国的行省,但它还保留着自治政府的一些迹象。它有一个土著国王,名叫希律王,也有它自己的宗教组织,在一个祭司长和一个长老议事会(Sanhedrin)的管治之下。但实际上它是被一个由罗马委派的、有罗马军团支持的罗马总督所管辖。犹太人民渴望有一个可以把他们从外国统治下解放出来的自己的领袖。

拿撒勒的耶稣 耶稣诞生在犹太伯利恒城一个马棚里,不过是在加利利的拿撒勒成长起来,并度过他的大半生;因此常被称为拿撒勒的耶稣。他30岁时开始教人和传道,来往于加利利、犹太以及附近地区。大约在3年以后,他被控违犯犹太宗教而遭到逮捕。当时他被人向罗马总督彼拉多告发,指控他蔑视罗马,企图自立为犹太人的国王。彼拉多根据犹太人的迫切要求,判处耶稣死刑。公元29年左右,在犹太人的逾越节①那一周的星期五,耶稣和两个小偷一道,被钉在俯瞰耶路撒冷的一座小山的十字架上。

他的教训 耶稣赋予旧的训诫和成规以新的意义。他强调公正、仁爱和尽责这些品德。他探索人们的内心,深入到人们行为后面的愿望和意志。他坚决主张,除了敬爱和祀奉上

---

① 逾越节(Passover)是犹太人的一个纪念节。据《旧约·出埃及记》记载,摩西领导犹太人摆脱埃及的奴役,上帝命犹太人宰羊涂血于门楣,天使击杀埃及人时见有血的人家即越门而过,故称逾越。——译者

帝之外,人的最高职责就是爱人如己。在"金律"("你想人怎样待你,你也要怎样待人")中,在以"我们的父"开始的简短祈祷中,他把他的教训总结为人与人和人与上帝的关系。

他宣称他就是犹太人的古先知所应许的"弥赛亚"(救世主)和王(基督)。但是他使犹太的领袖们失望了,他们希望的是一个尘世的王带着光荣和权力而来,使他们从罗马统治下得到解放。耶稣直言不讳地说他的王国不属于这个世界,而是看不见的天国,它存在于那些愿意悔罪并且遵行神意的人们的心里。

他也十分严厉地批评犹太领袖们的形式主义和铁石心肠。而且他作为上帝之子,作为比先知们更伟大的一个人,用权威的口气说话。因此不难了解为什么他的大多数同胞和他发生争执,谴责他亵渎神明,要求罗马总督处他死刑。但是也有很多人相信他、追随他。

他的品格 耶稣并不属于任何贵族阶级。他没有财富,也没有重要的社会地位。他是一个凭双手工作、多半凭双脚旅行的普通人。可是他有一样东西,即非凡的品格,使他在当时以及后代,都与众不同。

他极其令人爱慕,他喜欢花,喜欢儿童,也喜欢人类的友谊。他宣讲"皆大欢喜"的福音,证明他自己是婚宴上受欢迎的客人,是许多家庭的快乐的来宾,同时他的心深切地为

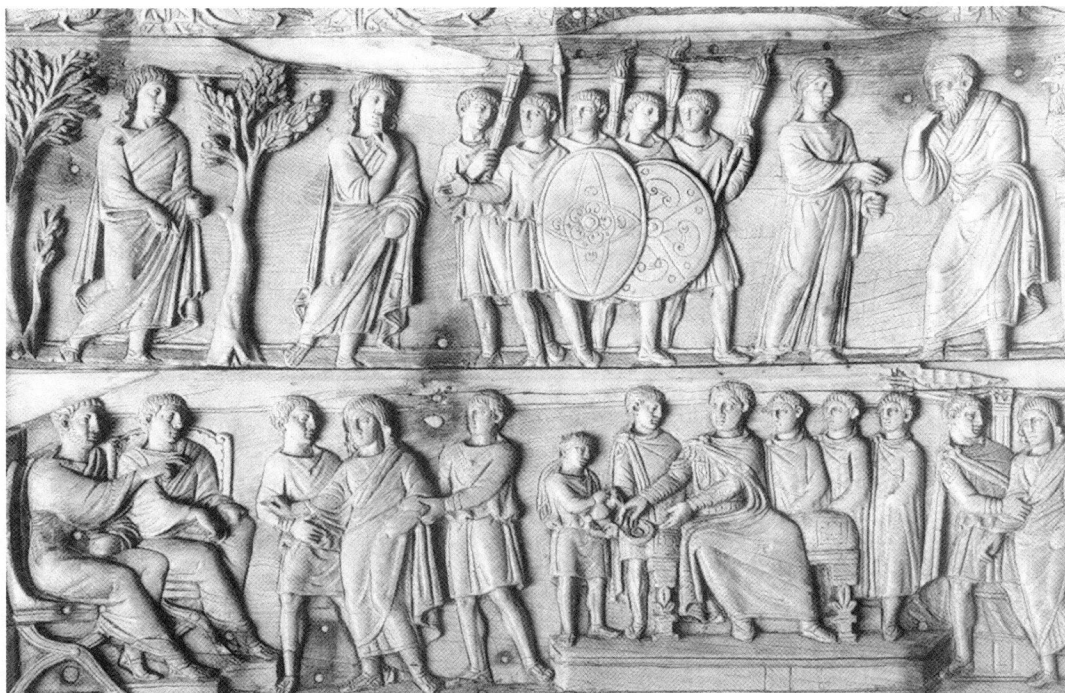

图 14-1 这是早期基督教艺术的一种,显示了基督被罗马士兵带走。注意基督被描绘成胡须刮得很干净且穿着罗马贵族的服饰

贫穷或痛苦的情景所触动。"他到处行善。"他不耻与被弃的人结交,那些最令人厌恶的病患者和罪人也从他那里获得仁慈的援助。有关他的记载提到他医治了精神病,他使瘫子行走,瞎子复明,聋子复聪,哑子说话,而且他让死者复生。

表面的失败 无疑的,在公元 29 年春那个命运攸关的星期五,在民众看来,耶稣既然被钉十字架,他的使命好像是失败了。他的信徒们惊慌走散。其中有些对他失去了信心。他没有留下片纸只字——没有详细的纲领使他的使徒们有所遵循。就罗马总督本丢·彼拉多说来, 整个事情好像是在恺撒伟大帝国之一角的贱民中间的一件微不足道的小事。他想这件小事不久就会过去,被人遗忘。但是钉十字架并没有结束这件事,而这件事也没有被人遗忘。

复 活 基督教的福音书中记载,耶稣在被钉十字架后的星期天从死里复活,而在此后 40 天中,经常同他的门徒和其他的人在一起,以后又"被接升天"。

对于耶稣的门徒和后来一切的基督徒,他从死里复活使沮丧变为欢乐,失望变为希望,恐惧变为勇敢,失败变为成功。对于他们,这件事充分证明了耶稣是弥赛亚和基督,是上帝的儿子。他们相信他是弥赛亚,他为拯救人们脱离罪恶和不致永远死亡而死在十字架上,这种信念于是坚定不移,而他的复活之日,即复活节,从此永远成为欢乐和希望的节日。

使 徒 耶稣在他的门徒中挑选了 12 人来加以特别训练。这些人当然是门徒中的领导者。他们在耶路撒冷传道,并且在那里过犹太人的五旬节①那天,正如耶稣早已应许他们的,他们接受了来自圣灵的新力量。他们很快地不仅在耶路撒冷、犹太和加利利,而且也在小亚细亚、埃及,以及其他国家都得到许许多多的皈依者。

在一个时期,使徒和其他基督徒只对犹太人传道。因此有好几年所有的使徒和早期门徒,以及几乎一切基督教皈依者都是犹太人。而且他们大多数是普通人。犹太人的宗教领袖们憎恨这些使徒及其赞助者,正如他们曾经憎恨耶稣一样。他们对信徒们加以监禁或迫害,并且把有的人处死。

保罗的传教 不久,非犹太人的外邦人也被接纳进基督教团契。这让人想起耶稣曾说过,他的福音将传给万邦。再回忆到《旧约》里的预言,也是与此相符的。

有几个使徒向外邦人传播福音,并且使犹太基督徒相信这样做是对的,但是担任这项工作的主要是保罗。他是犹太人,也是罗马帝国公民,而且受过传教和讲道的良好教育。他工作的效果和影响都非常之大。他的犹太名字叫"扫罗",但以保罗著称;他传播福音的工作如此重要,以致他常被人称为"外邦人的使徒"。这个名称的真实意义是"万邦的

---

① 五旬节是犹太人于逾越节之后第 50 天庆祝谷物收成的节日。——译者

使徒"。这就是当时的保罗。

　　叙利亚的安条克　不久,叙利亚的安条克这个伟大的希腊化城市,变成了基督教活动和势力的中心。公元 42 年左右,就在安条克,"基督徒"这个名称第一次用来称呼耶稣的信徒。保罗和其他信徒为了宣传福音的明确目的,最初也是从安条克出发做长途布道旅行。保罗和他的同伴们继续这项工作约二十年之久。《使徒行传》记载了他们动人的故事。他们忍受了各种困难,面临反对,航行中他们挨了打,遇到了覆舟和监禁,但他们得到了广泛的皈依者。约在公元 62 年,保罗被处死,成为信仰的殉道者。但他死在了罗马! 他不仅传播耶稣的福音给万邦,而且也传播到了恺撒的宫门,罗马帝国的正中心。

　　保罗的贡献　保罗对传播基督教的伟大贡献,在于他把基督教应当是所有人的宗教,不分犹太人与外邦人这个原理,付诸实施。他逐渐赢得了基督教教会领袖们的同意。另一个伟大的贡献是他作为传教士,作为教会组织者的那种热忱和榜样。他留下了很多重要的著作。他的书信构成《新约全书》的大部分。

14.2　基督教和异教的冲突

　　期待的世界　基督教出现的世纪正是罗马帝国发展近于顶点, 而异教文化也发展到最高峰的时期。这是奥古斯都及其继承者的"黄金时代"。对于智识的好奇十分活跃,教育也十分普及。尽管基督教是在一个小小的山陵地带,在木匠和渔人中间创始的,然而在以后的 2、3 世纪里它竟然传布到所有的阶级,不分贫富、贵贱和智愚。

　　基督教广布的原因　(1)"罗马治下的和平"使基督教传教士能够广泛旅行和到处传教。(2)正如我们已经看到的,希腊语已成为罗马帝国大部分地方所熟悉的一种语言。《新约全书》是用希腊文写的,无疑地大多数基督教传教士都能说希腊语。(3)人民群众的贫困使他们渴望人类兄弟般友爱的信息。(4)基督徒以一种坚定的信念,对许多已经开始怀疑旧宗教真实性的异教徒进行传道。

　　基督教的障碍　但是基督教的取胜并不容易,也并不是立即取得胜利。最初,如我们所看到的,基督徒受到犹太人领袖们的迫害。后来他们又遇到异教徒中间的敌人;不久,他们又感到罗马当局的巨大压力。

　　当时的基督徒被那些不了解他们的人误解了, 因此也被错误地反映给那些当权者。基督教产生于下层人民这个事实,使许多有钱的和有文化的人对它怀疑。同时,基督教最初被认为只是一个犹太教教派;而犹太人是被许多罗马人所憎恨的。另一件事,基督徒与人隔绝——他们不肯参加异教徒所普遍爱好的战车竞赛和格斗表演。这是他们被邻居们误解的一个原因。基督徒不但不接触异教徒邻居所喜欢的许多事情,他们还把这些事情当作罪恶来加以尖锐攻击。他们并没有用武力来争取信徒或和异教人争斗,但他们不屈不挠,绝不妥协。

基督徒遭受迫害 以上情形很快地使基督徒遭到罗马皇帝们的反对。皇帝们觉得能把国土掌握在一起的唯一办法就是坚持他们自己是神圣的,而且只宽容那些承认他们是神圣的宗教。基督徒不愿这样做。他们说他们很愿意给恺撒以他应得的那些东西,但他不是上帝,他们不愿意崇拜他。因此,他们被控为背叛皇帝,背叛国家,遭到了反复的、可怕的迫害。

此外,任何巨大的灾难,如火灾、地震或瘟疫,常常被归咎于基督徒。异教神的发怒被认为是由基督徒的不虔敬引起的。例如尼禄在位时罗马发生的那次大火灾,被作为借口,对基督徒施加残酷的迫害。甚至有些好的皇帝,如马可·奥勒留,也感到镇压基督徒是他们的责任,相信基督徒危害了公共福利。

图 14-2 圣马迈是一个早期基督徒,公元 275 年时因为拒绝放弃他的基督教信仰而被投给狮子,成为早期殉道者之一。11 世纪制作的这个镀金银徽章中,描述了这位圣徒手持十字架骑在狮子上,象征他战胜了死亡和遗忘

许多殉道者 照字义说来,殉道者就是见证人。在基督教文献里,殉道者这个名词变成因信仰而被处死的人。保罗和彼得就是在罗马被处死的。十二门徒的大部分和其他许多基督徒都是罗马帝国各个地方的殉道者。有的被钉十字架,有的被杀头,有的被焚,有的甚至被绑进大竞技场和其他圆形剧场去喂狮子。然而这些殉道者连续不断,前仆后继。基督教冲过了种种狂风暴雨,依然幸存。

基督徒经常不得不秘密地集聚礼拜。在罗马,他们往往进到地下很深的埋葬死人的隧道墓穴去做礼拜。在那些静寂的黑暗洞窟里,今天还保存着许多象征基督教的画像和雕刻。的确,早期的迫害是地方性的、分散的,但迫害发生的地方,情况是很可怕的。到公元 3 世纪,基督徒的人数更快地增长,有几个皇帝不断努力在整个帝国里根除基督教。成千上万的基督徒被逮捕、被拷打,有的被杀,或送到矿中奴隶般地折磨到死。无疑有些表白了新信仰的人受到死刑或拷问的威胁就放弃了信仰,但是没有任何恺撒的权力或体系能完全达到根除它的目的。

基督教的成长 基督教面临一切反对,仍然在罗马帝国内向前进展。1 世纪结束时,帝国的所有主要城市里都有基督徒。2 世纪末,基督徒已达到了帝国人口的 5%。到 3 世纪结束时,尽管基督徒仍占少数,但他们已是一个组织完善、日益成长的少数群体。

基督教和异教之间,最终决定胜负的是早期基督徒的热诚信仰,以及他们所宣传的虽然简单,却能使人心服的福音。

14.3 早期的基督教教会

最初的教会 最初的基督教教会是在耶稣复活和升天之后立即在耶路撒冷创立的。然后,随着这个新的信仰宣传到犹太境外,教会也就在安条克、亚历山大城、以弗所、科林斯以及其他城市建立起来了。克劳狄在位时(公元41—54年),帝国首都罗马似乎建立有一个基督教教会。保罗写的著名使徒书信之一就是给它的,后来他还亲自访问过这个教会。

形式和名称 据信,在每个有若干基督徒按时集会礼拜的地方,都成立了一个联合团体。希腊文称集会或会议为 ecclesia,因此一群集会礼拜和工作的基督徒就成为一个 ecclesia,我们可以称之为一个公会或者教会。从 ecclesia 这个字,我们又造出一个长的形容词"ecclesiastical",意即属于教会的或具有教会性质的。

每一个 ecclesia,或联合的基督徒团体,就成为一个教会。同时,所有地方小组的总和,各处忠实基督徒的整体,总称为教会。这指全教会,即 Catholic。Catholic 这个词也是从希腊文来的,意即为了一切的或属于一切的或公的。称基督教教会为公教会,也意味着它是为万邦、为全世界的,因此和异教信仰不同,异教信仰平常只限于一邦,正如最初犹太人所想的基督教一样。

教职和组织 最早的地方教会组织的确切性质,以及地方教会和整个教会关系的确切方式是争论不休的问题。我们不知道全部的详情,因为记录不全,而且对已有的记录也可以做不同的解释。但是,到2世纪时,基督徒的组织大概是这样的:

被认为使徒继承人的主教常

图 14-3 基督教在罗马帝国合法后,基督徒开始建造礼拜的教堂。这是建于公元 432—440 年的罗马圣母玛利亚大教堂内部

驻在各主要城市,分别监督本城及其附近地区的教会;其次,在最邻近的主教监督之下的神父或长老,分别管理各自的教会;第三,有一些会吏,在每个教会团体里协助神父,兼照顾穷人。

罗马的教会 在各地的教会中,罗马教会起了突出的作用。保罗被拘留在罗马时曾访问过它;据普遍相信的传说,彼得也曾访问过它。其他值得注意的地方有耶路撒冷和安条克,也曾被这些大师光临过,并且传过道;但是据传说,他们都是在罗马殉道的;他们在那里的坟墓很受崇敬。再者,耶路撒冷已经被一支罗马军队毁坏,不再居重要的地位。不过最大的理由,莫过于认为罗马主教是使徒长彼得的继承人,因此罗马成为基督教教会的主要中心。

罗马的主教 公元最初几个世纪,"pope"(意即"父亲")这个词是对一切主教的尊称。但是到了后来,它变成几乎是专用于罗马的主教,被称为一切基督教主教之长(即教皇)。

圣 经 正当基督教教会开始组织的时候,基督教的经书《新约全书》也形成了。保罗在公元 50 年至 62 年间写的许多使徒书信,也许是这些基督教著作中最早的。我们不明确马太、马可、路加和约翰这四本福音书究竟何时写成。我们只知道到 2 世纪中叶,这四种记载耶稣生活和教训的文献已经被认为是使徒时代作者撰写的可靠叙述。基督徒做礼拜时,将这四本福音同《旧约》中的某些记载一道宣读。大致可以肯定,四本福音书都是在公元 1 世纪末以前写成的。

《使徒行传》是由路加作为他的福音史话的续篇写成的。第四福音书《约翰福音》和《启示录》,似乎在 1 世纪将近结束时已经形成了它们现在的样子。

异 端 教会除了遭受外来的迫害以外,它的内部还有种种的困难和分歧。大多数基督徒都能坚持同一信仰,同一实践,但不可能使所有的基督徒都团结一致。几乎从最初起,各处有些人或地方教会采取了与教会主要教义相反的某种信念或实践。这样一些不同的主张统称为异端。在最初 3 个世纪中,到处都有信奉异端的派别不时发生。各地主教斥责了它们,但不久其他异端又出现了。这些异端能持久的很少,但它们往往妨碍基督徒呈现出一个联合阵线。

14.4 基督教在罗马帝国的胜利

转变的潮流 到了公元 3 世纪,潮流开始转变为有利于基督徒。更多有地位的人,各阶层人士——律师、医生、军官、文官、法官,甚至各行省的总督,都改信了基督教。妻子、姐妹以及女儿,都随着男人,或者更经常地先于男人改信了基督教。

为堵住这股潮流,戴克里先皇帝在 4 世纪初年着手对基督徒进行最大的也是最后的一次迫害。教堂被捣毁了,基督教书籍被没收和焚毁了,而且下令所有的基督徒向异教神献祭,违者处以严刑和苦役。成千上万的基督徒被处死。然而这次迫害失败了。戴克里先不能把他的大部分臣民统统处死。他的继承者从事使自己的权势与基督教调和起来这种较易的工作。

米兰敕令 公元311年,伽勒里乌斯皇帝颁布了一个敕令,结束对基督徒的迫害并予以宽容。然后是君士坦丁登场。据传说,公元312年正当他争取皇位时,他和他的军队看见天上一个发光的十字架,上面有"制胜以此为记"几个字;在当夜梦中,基督又吩咐他用十字作为旗号。

君士坦丁立即用象征基督教的十字代替罗马军旗上的异教之鹰,战胜了他的竞争者,于是成为皇帝。次年,他颁布了著名的米兰敕令,扩大和发展了两年前伽勒里乌斯颁布的敕令。宗教宽容政策在历史上第一次正式被确立了。此后约一个世纪,它成为罗马帝国通行的法律。

尼西亚会议 君士坦丁直到公元337年临终的时候,才公开承认他是基督徒而接受了洗礼。但是他在位时的特点就是做了许多对基督教有益的事。基督教的第一次主教全体会议,就是在他的赞助下举行的。公元325年,这个重要的会议在小亚细亚的尼西亚召开。经过长达几个世纪的迫害之后,有必要把基督教的信仰和教令写成权威性的文告,以保证教会的统一。君士坦丁本人最急于保持教会的统一和力量。出席尼西亚会议的约有主教三百人,他们来自帝国各地(不列颠和伊利里亚除外)和亚美尼亚。代表罗马主教出

图14-4 异端几乎贯穿整个基督教历史。1945年在埃及发现了哈马迪文献。它们是在公元400年左右时由诺斯替教派(Gnostic)埋藏的,包含被教会称为异端的早期基督教文献的抄本和译本

席的是他的两个神父。

阿利乌派异端　尼西亚会议通过了几条教规,也处理了几件小的争端。会议的主要任务是处置发生于埃及、有分裂教会危险的一个新的异端,即阿利乌派。这是一个名叫阿利乌的神父宣传的学说,他怀疑基督的神性,也怀疑上帝的同一性。这次会议在以"尼西亚信条"闻名的文告中规定了正式的信仰,并且宣判阿利乌派为异端。

但是尼西亚会议并没有终止阿利乌派。它特别流行于帝国东部各省,并且从君士坦丁之子和继承人君士坦提乌斯那里获得官方的支持。从一个时期看来,阿利乌派好像要成为国家的宗教了。

自公元361年至363年,唯一当政的皇帝尤利安试图一举消灭基督教,恢复异教。他虽然失败了,但他对各式各样的基督教,包括阿利乌派在内的敌视,使基督徒中的天主教多数胜过了阿利乌派少数。

君士坦丁堡会议　狄奥多西大帝(公元379—395年)终于使罗马帝国成为一个基督教帝国。他在公元380年受洗。次年他又召集了基督教的第二次主教全体会议。这次会议在君士坦丁堡举行,重申了尼西亚信条。从此以后,虽然阿利乌派作为来自北方的各蛮族部落的信仰仍继续存在了300年之久,但它在罗马帝国内逐渐消亡了。

狄奥多西和他的继承者真正地使基督教成为国教,免除了教会的捐税,解除了教会人员的兵役,并且赋予主教以相当大的行政权限。异教被宽容为个人的宗教,但不是国教。信奉异端的教徒(违反官方信仰的基督徒)则受到严厉的对待。公元385年,在帝国西北边境的特里尔,有七个异端教徒被处死。宗教不宽容又成为罗马帝国的法律和实践,这一次却是为了基督教的利益。基督教为了成为国教,付出了悲惨的代价。

大教长管区　随着教会的成长和兴旺,许多宏伟的教堂建筑起来了,而教会的组织也相当紧密地仿照了帝国的模型。正如帝国为了政治上的行政管理分为四大部分一样,教会也分成四区,称为大教长管区。这四个教区的中心是罗马、亚历山大城、安条克和耶路撒冷。不久以后又增加了第五个,以君士坦丁堡为中心。这些大教长管区同相应的政治分区一样,又分为若干大教区和主教管区。

基督教的影响　基督教在罗马帝国内的胜利,意味着基督教的风俗习惯变成了常规。基督教教会的星期日和特别节日从此就定期地作为帝国的节日来遵守。结婚、出生和丧葬,都采用了基督教的仪式。

基督教特别强调家和家庭是宗教生活和道德生活的真正中心。它也特别提高了妇女的地位。奴隶制度并没有在一次、或者凭任何一道法令而完全废除,但教会鼓励解放并保护自由民。同时,教会指出耶稣当木匠时亲手劳动,对于树立劳动神圣的观点起了重大的作用。诚实工作、质朴、勤俭以及节制等理想都受到支持。

随着基督教的胜利,格斗式的竞技逐渐趋于终止,各种残酷行为和罪恶也减少了。医院更多地建立起来,而穷人、病人、盲人以及其他不幸的人得到了更多的照顾。

艺术和文学　基督教在艺术和文学方面创造了新的典型和新的形式。许多美丽的教堂都是按辉煌灿烂的罗曼式风格建成的。绘画和雕刻受到新的影响,反映基督生活和教会历史的场面很精致地表现了出来。在装饰方面,产生了令人惊奇的嵌镶品,嵌镶细工制造业兴旺了起来。

基督教引起了希腊和拉丁文学的革命化。凯撒里亚的博学的主教优西比乌斯,用希腊文写了一部伟大的《教会史》、一本《君士坦丁传》和一本《年代记》。君士坦丁堡主教约翰·克利索斯托姆以善于讲道著名,而且留下了许多优美的希腊文的讲道词。他极有口才,因此赢得了"克利索斯托"(意为"金口")的称号。

米兰主教安布罗斯编写了几首美丽的拉丁文赞美诗,至今许多基督教堂还在歌唱。希波(在北非)主教奥古斯丁用拉丁文发表了一本引人入胜的他早年生活的自传,即《忏悔录》,他还写了一本巨著《上帝之城》。当时第一流的学者哲罗姆(公元340—420年)写了许多书,但他的主要贡献是把圣经从希伯来文和希腊文翻译成拉丁文。他的翻译被称为"通俗本",这个"通俗本"成为西方天主教教会所用圣经的钦定本。

旧的和新的　决不要设想新的基督教文明是和旧的异教文明完全割裂的。新的在旧的中间成长起来,而且凡是旧的中间有可取的和能通过的东西,新的都予以采纳。与其说基督教毁灭了异教文化,毋宁说基督教修改了它,加上了它自己的特征。我们将在后面的几章中有机会看到,基督教文明如何不只一次,而是多次受益于它所征服并替代了的旧文化。

第 15 章　来自北方的蛮族

15.1 日耳曼部落

河　外　就像我们所看到的,公元最初 400 年间,罗马帝国的北疆以莱茵河与多瑙河两条大河为界。这两条大河上游相近,都是发源于阿尔卑斯山的北坡,却流到相反的方向,莱茵河流入北海,多瑙河流入黑海。河外居住在北边的若干部落,说着各种不同的语言——日耳曼语、斯拉夫语、芬兰语和凯尔特语,但都被希腊人和罗马人称为"蛮族"。日耳曼人(或条顿人)为数最多。他们不会读写,可是他们在欧洲史上很出名。

部落和酋长　日耳曼人不像罗马人,政治上没有统一。相反地,他们和北美印第安人一样,分裂成不同的部落,而日耳曼各部落互相作战的激烈程度不亚于他们向凯尔特人、斯拉夫人或罗马人的进攻。每个部落有一个被战士们推举出来的酋长;还有一个由头人、祭司和预言者组成的会议。他们都穿拖地的长袍和野兽皮,他们的主要事务是打仗和打猎。体力劳动由妇女和沦为奴隶的俘虏来承担。

土地和法律　然而日耳曼人在文明上也有所进步。他们有了固定的住所,懂得一些农业的技巧。他们没有城市,只住在村庄或农场中分散的茅屋里。土地为每个部落所公有,以后不时分配给各家。在互相往来方面,他们受风俗习惯的严格约束。这些常规虽没有写成文字,但为数很多,而且是相当仔细地规定出来的。这些常规汇集起来,通常称为日耳曼法。

年和日　日耳曼人有一种划分年月和计算时辰的日历。使人感兴趣的是在我们的日历里,一星期有四天的称呼是来源于古老日耳曼男女神祇的名字:星期二(Tuesday)来自提乌神(Tiu),星期三(Wednesday)来自沃登神(Woden),星期四(Thursday)来自托尔神

(Thor),星期五(Friday)来自弗莱雅神(Fria)。这些神名还有其他写法,但以上写法适合于我们的星期几的名称。"众神和人类之父"沃登神、力大无穷的掷锤者和创造雷电的托尔神,是好战的日耳曼人的主神。他们有宗教节日,并有神圣丛林作为拜神的地方。

渡　河　长期以来,日耳曼人就以各种不同的办法渡过莱茵河及多瑙河。从公元1世纪到4世纪,他们进入帝国的人数不断增加,有些是和平地进来的,有些则是袭击者或战士;还有一些是俘虏和奴隶。日耳曼人在沿河流域及海岸各处早已学会了很多造船和驶船的技术,只要他们能躲过罗马的卫兵,他们要渡河并不困难。一伙战士时常在一个勇敢的酋长率领下,冲破守卫,袭击附近的农场和城市。从农场劫走牲口、谷物和工具;向城市勒索武器、珠宝和金钱。罗马公民有的被杀,有的被俘去作为奴隶或借以勒索赎金。远征队还尽可能要以武力强渡,打回北边。

许多日耳曼人作为商人或永久定居者和平地越过边境,进入帝国。有些则是在战争中被俘,或者去日耳曼进行惩罚性的征讨时俘获,在罗马大庄园里做奴隶或农奴。为替代那些不断迁入城市的罗马农人和劳动者,大庄园需要这些俘虏。来到罗马境内的日耳曼商人有时带了奴隶来贩卖——有的是日耳曼人,也许是打仗时从别的部落俘获。日耳曼和罗马各省之间的奴隶贸易,已经有了很长一段时期。

军队中的日耳曼人　进入罗马帝国的日耳曼人,有许多在军队中服役,有时是被迫的,有时是自愿。到后来,在帝国服役的蛮族部队实际上超过了罗马土著部队的数目;而且这些蛮族人在争夺皇位的不断内战中总是更为积极的参与者。但是,他们大多和罗马本地人一样,长期持续地对帝国非常尊敬。4世纪和5世纪的几个皇帝都有日耳曼血统。到4世纪时,有许多日耳曼人必然已变成了罗马公民。

渡河与征服　4世纪将近结束时,日耳曼入侵的性质发生了显著的改变。从那个时候起,特别在5世纪,他们全部部落都来了。他们来到了,他们征服了,而且他们留了下来。这便是日耳曼人的大规模入侵。他们占领了帝国的西部地区,把这些地区变成若干日耳曼王国,这样就给西欧近代各国奠定了半日耳曼半罗马的基础。公元9年在条顿堡山林,日耳曼人摧毁了一支罗马军队的悲剧,可以说是预告。日耳曼各部落现在毁灭了罗马帝国的不少地方,特别是在西部。但是,日耳曼人和许多其他蛮族一样,从有教养的被征服者那里学到了不少东西。

主要部落　正当各部落在渡过莱茵河与多瑙河的时候,让我们沿着从北海到黑海这条长达3219千米的前线看一下,并记下各个部落的名称。沿莱茵河靠近北海,有一些结成联盟的部落,统称为法兰克人。他们的目光注视着高卢的北部。法兰克人以北有萨克森人、盎格鲁人和朱特人。他们正在估计渡过北海到不列颠的距离。在美因河流域,即今德国南部,有阿勒曼尼人和勃艮第人。多瑙河上游北部,沿奥得河一带,以及奥地利和匈牙利的平原地区,有汪达尔人。汪达尔人的后面有苏维汇人和兰哥巴德人或伦巴德人。就在多瑙河下游的北边,即现在的罗马尼亚,有西哥特人;至于黑海的北边则有一群散布很广的部落,称东哥特人。

所有这些部落都热切地注视着罗马帝国,因为那里有富庶的城市和肥沃的土地。罗马帝国的确是一个诱人的战利品。

后面的匈奴人　前面丰富的战利品吸引着日耳曼人向前进。后面凶暴的敌人也驱使他们往前奔。从亚洲出来的大群游牧部落——凶猛的匈奴人和阿兰人——不断地袭击一个又一个日耳曼部落,征服了其中的一些,占领了他们的土地,造成了普遍的恐怖和不安。

东哥特人是匈奴人和阿兰人攻击的最先受害者。有些投降了入侵者,有些向南向西逃走,并且断然地对他们的亲属西哥特人施加压力。西哥特人不能击退东哥特人,转向西方攻击近邻日耳曼人,同时请求君士坦丁堡的罗马皇帝允许他们渡过多瑙河,以便在帝国境内获得土地和保护。这种危险、蔓延的恐惧和哥特人的前车之鉴,很快传给了汪达尔人、苏维汇人、勃艮第人、阿勒曼尼人、法兰克人和萨克森人。所有这些日耳曼人似乎只有一种想法、一个目的——定居在罗马帝国境内,躲开游牧人。大规模的入侵开始了。

西哥特人得到瓦伦斯皇帝的批准,在 376 年渡过多瑙河;但由于罗马官员的虐待,他们起来武装反抗,在 378 年的阿德里安堡战役中打败了罗马军队,杀死了瓦伦斯。瓦伦斯的继承者狄奥多西大帝把下默西亚省的土地给予他们作为议和条件,但他们并不满足。狄奥多西死后(395 年),他们再度开战,而且发现他们的青年酋长阿拉里克是一个能干的领袖。

被压倒的帝国　如果我们能把这些大规模的入侵依次叙述,当然可以更清楚一些,但它们几乎是同时发生的。如果日耳曼诸部落是单独地在不同时间到来,他们也许会受到抵御,或者被吸收进来而帝国不遭严重损害。然而事实并非如此,同时要防卫长达 3219公里的北部疆界各个据点,这项工作是罗马皇帝们所不能胜任的。

15.2　罗马帝国土地上的日耳曼王国

西哥特人　阿拉里克并不想毁灭罗马帝国。他只想为他的人民获得更多更好的耕地,以及为他自己在罗马政府中获得某种高级职位。由于受到了罗马当局的拒绝,他威胁君士坦丁堡,但对他来说,这城太坚固了。他和他的部落在希腊两年,以劫掠和宴饮度日。然后他三次从伊利里亚率大军远征意大利。第二次远征时,他从罗马榨取了巨额赎金;410年第三次远征时他占领了罗马,除公共建筑和基督教教堂以外,都洗劫一空。西哥特人在意大利前后共约 10 年,阿拉里克在劫掠罗马后不久便死在那里。412 年,他们越过阿尔卑斯山,猛攻高卢南部。他们在高卢南部和西班牙北部建立了一个与罗马帝国联盟的半独立王国。

汪达尔人、苏维汇人和阿兰人　汪达尔人和苏维汇人最初受到亚洲的阿兰人的逼迫，离开了他们在北方的家乡；后来阿兰人与他们合并，三个民族于406年强渡莱茵河，蹂躏了高卢，侵入意大利北部，又于409年越过比利牛斯山脉侵入西班牙。罗马皇帝很快不得不与他们议和。他把西班牙北部分给了苏维汇人；把葡萄牙和西班牙中部分给了阿兰人；把西班牙南部分给了汪达尔人。苏维汇人和阿兰人不久被西哥特人征服，并入西哥特王国，而汪达尔人则从直布罗陀海峡渡海进入北非。

在非洲的汪达尔人　汪达尔人有个伟大的首领名叫盖塞里克，或根塞里克。439年他占领了迦太基，建为汪达尔王国的首都。因此迦太基再次成为一个帝国的中心达一个世纪之久。盖塞里克活得很长，以善于建设也善于破坏而闻名。除建立一个王国外，他还创建了一支庞大的舰队，以天才和成就与罗马皇帝交战。他率领的海上远征军劫掠了西西里和意大利，在455年占领了罗马，使他的兵士有足够的时间把410年西哥特人劫掠剩余的财宝搜刮干净。他俘虏了皇后和她的女儿，把后者配给他的儿子。盖塞里克死于477年，事实上，他终结了罗马在地中海西部的统治。

在高卢和不列颠的日耳曼人　同一时期，高卢的北部和中部，以及不列颠的东部也在遭受日耳曼部落的蹂躏。阿勒曼尼人征服了斯特拉斯堡和莱茵河上游地区；勃艮第人越过阿勒曼尼人进入罗讷河流域；而无数的法兰克部落则侵占了高卢北部的大部分。同时，也许稍晚一些，萨克森人、盎格鲁人和朱特人渡过北海，占领了不列颠比较靠近大陆的几部分。大约从407年起，罗马帝国在不列颠的势力就停止了，而在高卢的势力也迅速趋于衰落。

图15-1 带有狄奥多里克头像的金币。金币上的字母为"国王迪奥多里克"，但没有戴王冠表明他还不被认为是皇帝

东哥特人　东哥特人在他们曾将西哥特人赶走的地方，即多瑙河以北，逗留了几年。380年，他们得到皇帝的允许，渡过多瑙河，定居在潘诺尼亚和上默西亚。他们作为几乎独立的若干部落，在那里住了一个世纪，有时作为皇帝的同盟者，有时又袭击或抢劫帝国的各省。他们的酋长狄奥多里克曾在君士坦丁堡受过教育，也指挥过罗马的军队。488年，皇帝派遣他去把几年来在意大利擅作威福的日耳曼酋长奥多瓦卡尔或奥多阿克尔逐出意大利。狄奥多里克率领东哥特人打败并杀死了奥多瓦卡尔；然后他使东哥特人永远定居在

意大利,直到 526 年逝世时为止,他一直是那里的实际统治者。

蛮族入侵的结果　到公元 5 世纪末,在意大利、高卢、不列颠、西班牙和北非的大部分地区,与其说是罗马统治,不如说是日耳曼统治。罗马皇帝的权力只局限于地中海东部地区,此后,君士坦丁堡代替了罗马成为统治中心。日耳曼入侵以后剩余的罗马帝国,正在变成一个东部希腊帝国。至于西部,则有若干日耳曼王国在基督教罗马的基础上建立了起来。

日耳曼统治下的罗马人民　也许除在不列颠以外,还没有一个日耳曼王国驱逐过罗马本土的人民,或者故意地废除罗马的法律或习俗。每个蛮族之"王",除不列颠和莱茵河流域外,一般都让原来的居民保留他们自己的地方官吏,他们的罗马法律,他们的一部分土地,以及他们自己的宗教,无论他们是异教徒或是基督徒。但每个蛮族之"王"所重视的是,要他自己的日耳曼民族占有政治上和经济上的优势。日耳曼人继续遵守他们固有的部落法律。他们的头目成了一种新的贵族。最初,日耳曼人都不许和罗马人通婚,但不久互相通婚就成为风气。

罗马文化的影响　在这些新的王国中,日耳曼部落向他们的罗马邻居学到了不少东西——拉丁语言、服装及建筑的式样、风尚和习俗。这些日耳曼人很快采用了罗马人的土地私有制。在学习拉丁语时,这些蛮族从其中创造出别的东西。他们把拉丁语和自己的语言混合起来。因此可以预料到,北部各王国中混合的语言主要是日耳曼语,南部则主要是拉丁语。

不列颠的特殊情况　遭受日耳曼侵略和统治之苦最深的地方,莫过于不列颠。它距离罗马最远(在西部),受罗马化最少。由于屡遭侵略,它日耳曼化的程度最深。撒克逊人、盎格鲁人和朱特人在进入不列颠之前离罗马势力很远,提供的罗马文化几乎没有。他们和罗马化了的凯尔特人之间进行过剧烈而艰苦的战争——混乱达两世纪之久;然后日耳曼(盎格鲁—撒克逊)语言和法律以英格兰的形式胜利地出现了,同时凯尔特语言和法律则被推到北边苏格兰高地、西边的威尔士山区,并渡过狭窄海峡进入爱尔兰。不见得是英格兰所有的罗马化了的凯尔特人都被杀尽或被驱逐——可以肯定有些妇女和儿童是得救了;因此近代英国人除了继承盎格鲁—撒克逊的血统外,还可能继承了某种程度的凯尔特和罗马的血液。

但是日耳曼人征服不列颠的情况是特殊的,盎格鲁人和撒克逊人与大陆上他们的日耳曼兄弟不一样,并没有采用被征服地方的语言或法律。

不断的战争　所有的日耳曼王国,无论在英格兰的或在大陆上的,都几乎一直不停地从事战争。在他们不和罗马帝国或凯尔特人打仗的时候,他们就在互相争夺和征服。到525 年,最重要的日耳曼国家是:高卢的法兰克王国,西班牙的西哥特王国,意大利的东哥

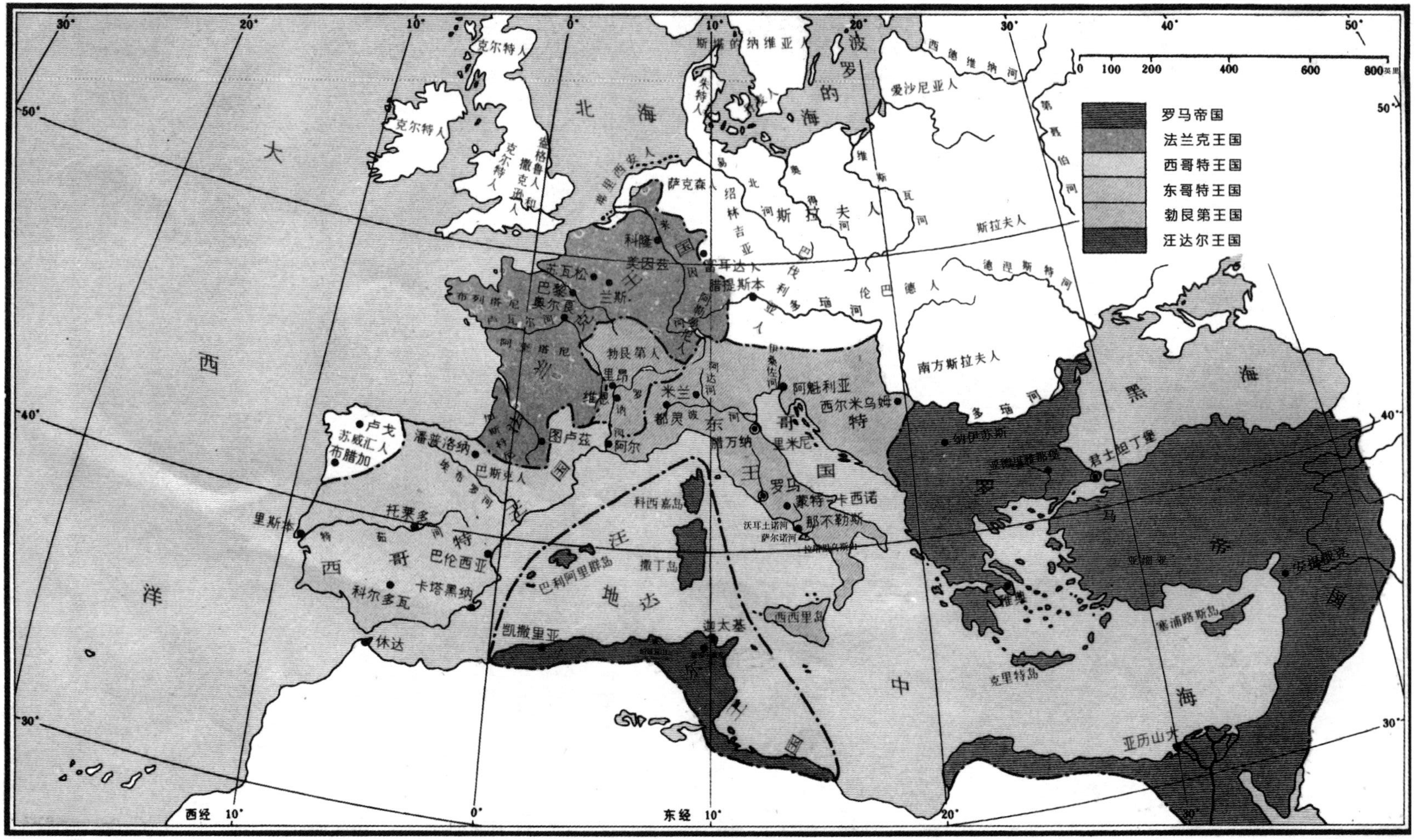

地图 15.1 公元 525 年西欧的日耳曼诸王国

特王国和北非的汪达尔王国。

罗马的复兴　查士丁尼皇帝(527—565 年)对东方的波斯人和西方的日耳曼人都进行过胜利的战争。对迦太基的攻占,宣告了汪达尔王国的灭亡。在一个时期,几乎整个北非再次成为罗马帝国的一部分。意大利和西班牙的东南角,也重新归并于罗马帝国。

不列颠仍然掌握在盎格鲁—撒克逊人手里;高卢仍然掌握在法兰克人手里;而西班牙的大部分仍掌握在西哥特人手里。

6 世纪后半期,另一个日耳曼种族伦巴德人从北方来到意大利,公然无视罗马帝国,建立了一个王国;到 7 世纪,非洲成了阿拉伯人轻易到手的牺牲品,后面我们将再看到。

15.3　匈奴人和斯拉夫人

我们已经看到,日耳曼部落在 4 世纪末和 5 世纪初侵入罗马帝国的一个原因,是他们惧怕匈奴人和阿兰人。这些凶猛的流寇,不仅将日耳曼人驱进罗马帝国,而且他们自己也进来了。

匈奴人　4 世纪后半期,一群蒙古游牧部落由于他们的牛羊群在西伯利亚南部缺乏水草,转向西行,并且猛攻黑海北部的日耳曼族东哥特人。这些游牧部落包括匈奴人和阿兰人,无疑地还有其他若干我们不知其名的部落。通常统称他们为匈奴人。他们向多瑙河与莱茵河以北的东哥特人和其他日耳曼部落进攻,并把他们驱进了罗马帝国,定居于匈牙利平原。他们以此地为中心,向整个中欧进行劫掠。

阿提拉　5 世纪前半期,匈奴人的领袖是阿提拉。他和大多数匈奴人一样,矮矮胖胖的,仅双肩比一般人宽些;大头,扁鼻,一双距离很宽的锐利的黑眼,粗硬的黑发和稀疏的胡须。面目可憎,为人贪婪,自负而又迷信,但也狡猾,大胆,长于战斗,善于外交。他是一个横暴的征服者,以劫掠和破坏为主要目的,他和他的铁骑是这样可怕,以致日耳曼人和罗马人一致给他起了个"上帝之鞭"的绰号。他控制了欧洲大部分地区多年,连罗马帝国也不得不向他纳贡,以求免遭他的野蛮战士的践踏。他总是提出更多的要求,有一次他侵入希腊逼索额外的赔款,进入温泉关和色雷斯,长驱直抵君士坦丁堡城下。

沙隆战役　451 年,罗马皇帝拒绝继续纳贡,阿提拉又发动他的人马四处劫掠。他的军队估计有 50 万人,其中包括被征服的日耳曼部落组成的部队。他们从匈牙利出发,渡过莱茵河,侵入高卢。但是在马恩河岸沙隆附近,他遭到了挫败。当时由罗马将领埃提乌斯率领的一支罗马人和西哥特人的联军,经过了顽强的战斗和双方惨重的损失之后,打垮了他的势力。他不得不从高卢撤退。沙隆战役把西欧从匈奴人的践踏下救了出来。

阿提拉在意大利　次年,阿提拉入侵意大利到处焚杀,接近罗马的时候,罗马主教(教皇利奥一世)出来向他恳求,使他深受感动,保存了这座"永久之城",退回到匈牙利。453年正当他和一个日耳曼少女举行婚礼的时候,他死了。

匈奴人的解体 阿提拉死后不久,匈奴人的游牧部落便解体了。他的许多儿子互相争夺遗产;他们的党羽在随后的内战中被杀者数以千计。剩下来的人逐渐采取了定居的、文明些的生活方式,并且和多瑙河下游及俄罗斯南部的其他民族混合了起来。

斯拉夫人 受匈奴人影响的不仅有日耳曼人和罗马人,斯拉夫人也受了影响。当历史的帷幕拉开的时候,斯拉夫人的本土是在中欧东部,特别是在今波兰东部地区。他们曾一度遭受日耳曼人从西面和南面的攻击。在日耳曼人迁移和匈奴人瓦解之后,斯拉夫人向南向西扩张。特别是他们来到了日耳曼人所退出的多瑙河一带。他们吸收了一部分匈奴人。

在巴尔干半岛的斯拉夫人 野蛮的斯拉夫人一到达多瑙河畔,便猛烈地进逼罗马帝国东部各省。从6世纪开始,他们侵入马其顿,不仅给当地人民,而且也给君士坦丁堡的皇帝带来了新的恐怖。查士丁尼不得不和他们开战;而在565年他逝世后不久,他们便蹂躏了整个希腊。在7世纪,斯拉夫人逐渐地永久定居于整个巴尔干半岛,构成罗马帝国东欧各省中居民的大多数。

有些斯拉夫人(例如那些在希腊的)采用了希腊语言,正如西方的许多日耳曼人学习拉丁语言一样。其他斯拉夫人(特别是塞尔维亚人)则和不列颠的盎格鲁—撒克逊日耳曼人一样,仍然保留他们原来的语言。

一群令人感兴趣的斯拉夫人,在7世纪被一个凶猛的蒙古族游牧部落——保加利亚人征服了。这个游牧部落正如两世纪以前的匈奴人一样,沿着里海和黑海向西横扫,定居在多瑙河下游的南部,即罗马的默西亚行省。这些保加利亚人不久便与被征服的斯拉夫人混合起来,而且采用了他们的语言;但是,和高卢的法兰克人一样,这些征服者以他们自己的名字来称呼被征服的土地及其人民。

斯拉夫人和奴隶制度 完全不是出于本意,斯拉夫人使世界对一项古老的罪恶即奴隶制有了新名字。匈奴人赶走日耳曼人以前,日耳曼人俘虏了许多斯拉夫人,并且把他们卖给罗马人作奴隶,因此"斯拉夫"(slav)就逐渐变为"奴隶"(Slave)的意思。拉丁文和英文中的"奴隶"一词,都来源于斯拉夫人这一名称。

15.4 基督教在蛮族中间的胜利

日耳曼人入侵以前,基督教已成为罗马帝国最有势力的宗教。日耳曼人的入侵使这一新的信仰受到了严峻的考验。它能够持久吗? 它能否赢得这些蛮族?

日耳曼人之改信基督教,主要归功于那些充当基督教传教士的修士。修士都是正规教士,是一些将生命和工作奉献给教会的人。他们人数很多;他们的生活受严格教规的管制;他们隶属于各种不同名称的会社或教团。

修士和他们的教规　教团的成长和教规的制定,自然都需要一个过程。最初,修道院(众修士之家)是偶然成长起来的;没有两所是一模一样的;而且发生了严重的弊端。可是,逐渐地,它们被置于教会的监督和纪律之下。由某某著名的修士,某一团体的领袖,为他自己的修道院制定的教规,也逐渐地为其他修道院所采用。例如巴西尔教规,原来是 4 世纪后半期住在小亚细亚的一个修士制定的,后来为帝国东部各地绝大多数修道院所采用。同时在西方,大多数修道院和女修道院则采用了著名的意大利修士本笃制定的本笃会规。女修道院是专为教会奉献生命和工作的众妇女之家。

巴西尔规定他的修士们必须同住、同吃、同祈祷;也规定他们必须为他们的同胞服务,尤其要照顾孤儿、穷人和病人;还要教人工作,管理学校。本笃的会规与此相似。他不仅重视宗教,也重视看书写字,用脑和手工作。他所特别强调的体力劳动是农活,但他的

图 15-2　圣本笃一手持教规,一手祝福新修士。背景是他创立的卡西诺山修道院

会规却规定修士们应做任何一种最有用的工作。从一开始,他的一部分修士就在修道院附设的男童学校任教。

修士和他们的工作 在意大利、高卢和西欧其他国家,无数的修道院和女修道院都采用了本笃会规。他的徒众,即本笃会的修士,在随后的几个世纪里做了很多有效的工作。他们是日耳曼人中间传教工作的主力,使日耳曼人基督教化也文明化了。他们既以言教,也以身教。在有组织的工作上,在农作上,在各种工艺和贸易上,以及在和平而有秩序的生活上,他们都提供了教学实例。他们在蛮族王国中管理学校;他们也抄写和保存了拉丁文经典著作。

阿利乌派的活动 日耳曼人改信基督教是一个缓慢的过程,而且是以各种不同的方式来实现的。必然有许多个别的日耳曼人在入侵以前进入罗马帝国,他们和基督徒来往而改变了信仰,但帝国以外日耳曼部落大批地改信基督教,是在入侵之前不久开始的。第一批去帝国外的日耳曼部落传教的人是阿利乌派教徒。

乌尔菲拉和哥特人 向日耳曼人传教的先驱是乌尔菲拉(311—383年),他儿童时代在小亚细亚被西哥特人俘虏了,西哥特人将他带到多瑙河以北他们居住的地方。乌尔菲拉被养大成一个西哥特人,但他的祖父母在小亚细亚原是基督徒;他青年时代作为使者或人质,在君士坦丁堡逗留了一段时期。他在那里学习了希腊文和拉丁文,并且接受了阿利乌派基督教,当时的皇帝君士坦提乌斯是支持这派基督教的。乌尔菲拉30岁时被授任主教,他将此后40年的生命全部贡献给劝化哥特人的工作。他在多瑙河以北的西哥特人中间传了7年道,直到他的成功引起一个酋长的敌视为止。后来为了使他的信徒们免遭迫害,并且得到了君士坦提乌斯皇帝的同意,他率领他的信徒们渡过了多瑙河,定居于默西亚。但是他仍然派遣传教士渡过多瑙河回去传教,因此在376年,当其他西哥特人进入帝国时,他们大部分都是阿利乌派基督徒。这一点说明了他们在410年劫掠罗马时没有毁坏教堂的原因。

乌尔菲拉的伟大业绩中有一项是最重要的:他将圣经翻译成哥特文,成为第一部用日耳曼文写的书。乌尔菲拉在为哥特人翻译圣经时,删去了《列王纪》和《撒母耳记》,理由是哥特人本来就过于喜欢斗争和战争,他不愿意他们念这些好战的书而刺激起战争的情绪。

乌尔菲拉这个名字,据说是"小狼"的意思。

日耳曼人中的阿利乌派 阿利乌派基督教在4世纪得到西哥特人信奉之后,很快就传播到东哥特人、汪达尔人、勃艮第人、伦巴德人以及其他日耳曼部落中间,当时由于狄奥多西克及其继承者禁止阿利乌派,它在罗马帝国正在消亡。结果到了5世纪,在西班牙、非洲和意大利建立的日耳曼王国,它们的国王和统治阶级都是阿利乌派基督徒,而大

图 15-3　克洛维皈依基督教是为他的法兰克王国争取教会支持的重要因素。在这幅中世纪的插画中，主教和贵族们注视着受洗的克洛维。一个贵族手捧王冠，而圣灵带着神油从天而降

部分被统治的罗马国民却都是天主教基督徒。这些宗教方面的差异加强了其他方面的差异超过一个世纪之久。

查士丁尼着手重新征服了非洲、意大利和西班牙，不但是为了政治理由，也是为了宗教理由。他的成功使非洲和意大利的基督徒得以暂时喘息；但伦巴德人很快在意大利建立了另一个日耳曼王国；而这些伦巴德人像西哥特人一样，都是阿利乌派教徒。

法兰克人不是阿利乌派教徒　同时，西方本笃会的传教士们，得到天主教的主教们，尤其是罗马主教们的赞助，正在劝化法兰克人、阿勒曼尼人等皈依基督教。法兰克人第一个基督徒国王是克洛维，他从 481 年到 511 年成为征服和劝化的力量。他的妻子是一个勃艮第公主，早已是基督徒，他主要受了她的影响。496 年圣诞节，克洛维同他的三千名战士一起，在兰斯教堂受了洗礼。高卢成了法兰克兰（法兰西），而法兰克兰成了基督教国家。罗马教皇们盛赞法兰西，称它为天主教教会的长女。在各蛮族王国中间，它的确是如此。

西班牙和英格兰   西班牙是第二个信奉基督教的国家。587年,西班牙西哥特王国的统治者放弃了阿利乌教而接受了基督主教。然后就是不列颠——盎格鲁兰(英格兰)。

奥古斯丁在英格兰   一天,一个本笃会修士格列高利在罗马广场看见一些头发金黄、面颊红润的日耳曼儿童。他问道:"他们是什么人?"有人告诉他说是"盎格鲁人"。他回答说:"不是盎格鲁人,是安琪儿(Angels)。"他立即打定主意去盎格鲁兰(不列颠)做一名传教士。他受到阻碍——他不能去;但不久他当了教皇,于是他有权派遣别人去。

格列高利以"格列高利大教皇"著称于世,从590年到604年任教皇;他派遣到不列颠的一群传教士由奥古斯丁率领。奥古斯丁带着三四十个助手,于597年从法兰西渡海进入了不列颠。肯特的王埃塞尔伯特允许他们驻在坎特伯里。埃塞尔伯特很快就受了洗礼,而坎特伯里成了基督教化的英格兰的伟大中心。埃塞尔伯特的妻子贝尔塔是一个法兰克公主,对这项工作的成功尽了不少力量。

奥古斯丁又可称为"坎特伯里的奥古斯丁",以别于"希波的奥古斯丁"。

惠特比的宗教会议   早在不列颠是罗马帝国的一部分时,基督教便已移植到不列颠了。由于非基督徒的盎格鲁人、撒克逊人和朱特人的侵入,449年以后,基督教在不列颠的东南部各地被压倒了,但是在西部各地它还幸存,而且从这里,尤其是从苏格兰和爱尔兰之间一个名叫艾欧纳的小岛上,凯尔特传教士们重新回到英格兰,大多回到英格兰的北部各地,这比奥古斯丁在597年到达坎特伯里更早。

可以预料得到,这些凯尔特传教士的布道和实践与圣奥古斯丁及其继承者的布道和实践之间,存在着一些差异。664年,在英格兰北部的惠特比召开了一个宗教会议,决定了奥古斯丁和其他最近从罗马来的传教士的实践,应为英格兰全体基督徒所遵循。这个决议使不列颠群岛的所有基督徒都统一起来,并使他们和罗马有了密切的联系。

伦巴第人的皈依   在7世纪,由于几任教皇和意大利本笃会修士们的种种活动,伦巴第人也改信了天主教,这是最后一批阿利乌派教徒改信基督教。

小　结   到了700年,基督教已经在西方,即那时日耳曼人的西方,赢得了双重的胜利:日耳曼人已经变成了基督徒,而那些最初是阿利乌派教徒的也都改信天主教。至于昔日的帝国边境之外,基督教已覆盖了爱尔兰和苏格兰,而且正向莱茵河以北推广。

然而在东方,基督教已经失势。一种新的宗教,即穆罕默德教或伊斯兰教,正在席卷亚洲和非洲。

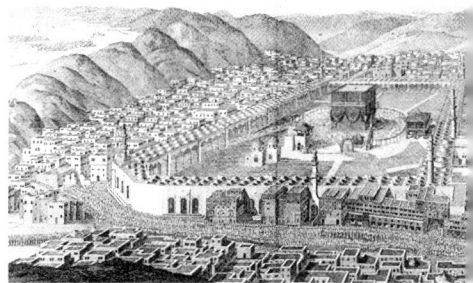

第 16 章　来自东方的侵略者

16.1 科斯洛埃斯和波斯人

在5 到 7 世纪,正当罗马帝国被日耳曼人、匈奴人和斯拉夫人从北方、西方和西南方进攻和蹂躏的同时,罗马皇帝和罗马军队却与波斯人在东方和东南方进行着激烈的战争。

波斯人　罗马帝国最东边的几省(在美索不达米亚和亚美尼亚的那些行省)长期以来因罗马人和波斯人之间的战争而困扰不安。波斯人既不像蒙古游牧民那样野蛮,也不像日耳曼人或斯拉夫人那样未开化;他们的历史和文明回溯起来比罗马人还要早。事实上,波斯是和罗马人有密切接触而未被他们的帝国吞并或他们不能吞并的唯一具有高度文明的国家。

很久很久以前,波斯曾被亚历山大大帝所征服,他的希腊继承者也曾统治过波斯一个时期(公元前 323—前 170 年)。但是约在公元前 170 年,波斯从希腊的统治下获得解放,从此保持了它的独立,最初称帕提亚帝国,后来在萨珊王朝统治下更名副其实地称为波斯帝国。但是在这些漫长的朝代里,波斯大部分时间必须防御东方的亚洲游牧民族和西方的罗马帝国。

波斯和罗马　罗马人和波斯人之间的抗衡,自从苏拉和庞培时期以来已经持续很久,在公元 5 和 6 世纪由于宗教上尖锐的敌对而更加剧烈。萨珊朝国王们非常热心支持波斯古代宗教——琐罗亚斯德教。他们把它奉为国教,用公款来维持它的庙宇和祭司,并且要求所有的波斯人都信奉它。在罗马帝国,基督教也已成为国教,5 和 6 世纪的皇帝们都渴望他们所有的臣民统统成为基督徒。因此,原来为争夺领土和商业而在波斯与罗马帝国之间发动的战争,现在带上了宗教性质,变得更加频繁,更有破坏性了。

不幸的是，查士丁尼和那个时期的其他罗马皇帝必须击退来自北方的日耳曼人、匈奴人和斯拉夫人的侵略，同时还不得不跟东边的波斯人打仗。如果东边的仗打得少些，也许罗马皇帝们在西边会比较得手；但是和波斯的作战一直持续不断。这些皇帝以雇用的方法来奉承一些斯拉夫的"国王"，并且试图在帝国军队里使用一些斯拉夫战士来增强他们的军团。

科斯洛埃斯的征服   7世纪初，波斯国王科斯洛埃斯二世知道罗马帝国在西欧受日耳曼人、在东欧受斯拉夫人和匈奴人的强力进逼，便率领他的所有武装部队和罗马帝国作战，赢得了一系列的辉煌胜利。他的军队征服了美索不达米亚和亚美尼亚，进而开到叙利亚境内。他们占领了安条克和大马士革。614年，他们围困并攻陷了耶路撒冷。次年他们蹂躏了小亚细亚，进驻君士坦丁堡的对面，然后将战争推进到埃及，并占领了亚历山大城。

科斯洛埃斯的败退   这个时期在君士坦丁堡的罗马皇帝是希拉克略，他是一个勇敢的人，一个有经验的将领，但这时连他也很动摇，甚至在绝望中建议放弃君士坦丁堡，到迦太基去避难。可是在他的主教，即君士坦丁堡大教长的恳求之下，希拉克略壮起胆来决定应战。他从教会借了一笔款，从斯拉夫人和匈奴人中募集了一批士兵，使他能够上场和波斯人交战——获得了出乎意外的结果。他收复了小亚细亚，深入到亚美尼亚，又在美索不达米亚获得了一次巨大的胜利。正在这个关头，波斯发生了革命，科斯洛埃斯被废黜了，他的继承人同希拉克略媾和。两国恢复了旧的疆界，而罗马帝国重新获得了它在小亚细亚、叙利亚和埃及的几个行省。

和波斯战争的后果   罗马人和波斯人之间这些频繁而具有破坏性的战争，使得双方都日趋贫困和削弱了。希拉克略和科斯洛埃斯之间最后这次剧烈的战斗，经过了好多年，互有胜负，消耗了大量的财富，又损失了成千上万人的生命。这些结果已经够坏了，但很快接着来到的是另一种在历史上具有更大影响的后果。波斯和罗马帝国都如此衰弱，以致数年之后没有一方能够抵御另一个文化较不发达的民族——阿拉伯人的攻击和侵略。波斯的全部和罗马帝国剩余的大部，都落到阿拉伯人的征服大军管制之下。

16.2 穆罕默德和阿拉伯人

范围宽广的阿拉伯人的征服，一个新的世界性宗教——伊斯兰教的传播，以及穆罕默德的生平，都是紧密联系在一起的。伊斯兰教创始人穆罕默德，是阿拉伯人的伟大先知。阿拉伯人接受了伊斯兰教，并凭借他们的征服推广了这个宗教，使之成为基督教的一个劲敌。伊斯兰教成了一种特殊文化的基础，这种特殊文化在近东和中东控制了一大片地区，而且深刻地影响了西欧某些部分。

　　阿拉伯人　阿拉伯人过去（和现在）都说一种闪米特语；那是与希伯来语同系的一种语言。他们的本土从太古以来便是巨大的阿拉伯半岛，它拥有广袤的沙漠和狭窄的滨海肥沃地带。由于故土的性质，大多数阿拉伯人———一切所谓的贝都因阿拉伯人———从来就是游牧民，到处游荡，以畜牧和劫掠为生。贝都因阿拉伯人和突厥斯坦以及其他亚洲部分的蒙古游牧民族，在很多方面是相似的。

　　然而并非所有的阿拉伯人都是游牧民。从很早的时候起，有些阿拉伯人就居住在红海东岸和波斯湾周围的市镇和村落里，从事农业，或者和叙利亚及美索不达米亚的其他说闪米特语的民族通商。这些定居的阿拉伯人在公元头几个世纪文化还没有高度发展。他们没有文学，很少有艺术或学术，所写的一些文字纯粹是为了商业目的。

　　阿拉伯人的迁徙　贝都因阿拉伯人与蒙古游牧民的生活方式极其相似，也面临同样的问题，对于他们有文化的邻居也有同样的威胁。一个贝都因人营帐或氏族，为了增加它的不固定的畜群收入，就去抢劫附近的农场，伏击商队，或者受雇于贪婪的商人或有野心的酋长作战。在这种情况下，阿拉伯这块地方不可能有多少和平与秩序。而且，如果接连来了几个荒歉的季节，牧草和谷物全部受害，那么一些凶猛的、饥饿的部落人员就会从阿拉伯迁徙到叙利亚、埃及和美索不达米亚一带。

　　早期阿拉伯人的袭击　公元最初几个世纪，阿拉伯人曾屡次侵入罗马帝国东南部几个行省，但在当时他们不像蒙古人在北方和东方造成的破坏那么大。阿拉伯人为数较少；他们的需要不是那么急迫；他们完全不能团结成群，或作为一个集体向罗马帝国进攻。因

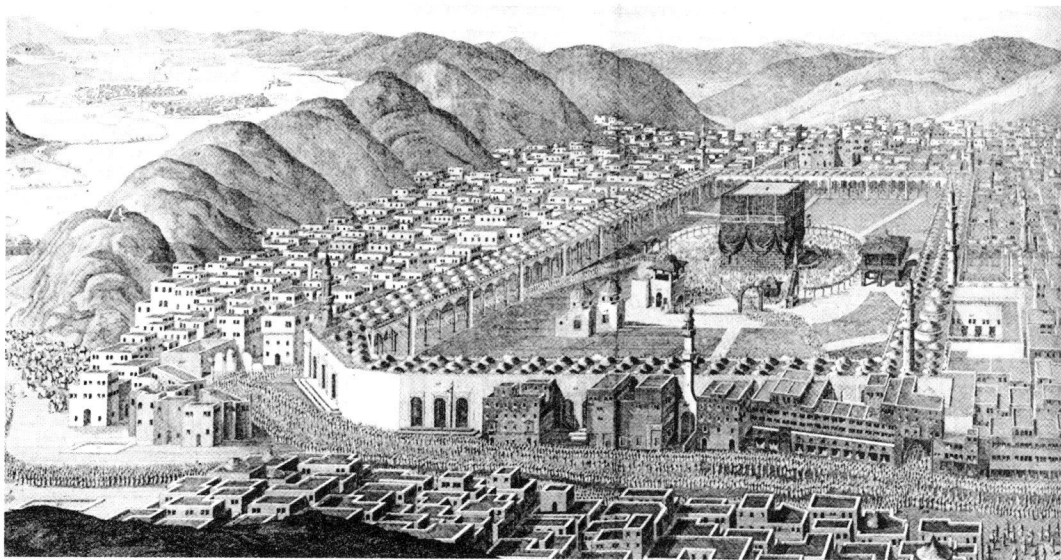

图 16-1　麦加和中间的克尔白

此罗马行省的居民拦截或者安置一些分散的阿拉伯袭击小队没有遇到严重的困难。

伊斯兰教和阿拉伯的统一　但是到了 7 世纪,阿拉伯人从伊斯兰教中找到了一条统一他们的宗教纽带,这种前所未有的统一,既是精神的,又是军事的。有了这个统一的纽带,阿拉伯人在 7 世纪的侵略呈现出远为重要的局面。阿拉伯人这时不但侵略了罗马帝国,占领了它的大部分,并且建立了一个半政治半宗教的大国。

穆罕默德的生平　伊斯兰教或穆罕默德教,是由一个名叫穆罕默德的阿拉伯人创立的,他在公元 570 年左右生于阿拉伯半岛的麦加城。他出身于一个相当富有的定居阿拉伯人的家庭,但他的父亲大约在他诞生的时候去世了,穆罕默德由他的伯父抚养成人。他是在阿拉伯人信仰的一种原始宗教中成长的,这种宗教祀奉多神,其中以安拉(真主)为主神。麦加城有一个圣堂,阿拉伯全境的人都来朝拜。崇拜的主要对象是在一座立方形石屋中的一块小黑石。这个被异教徒尊奉的圣地,由穆罕默德的信徒们接收过来,而安放小黑石的那个立方形石屋——克尔白(立方体),至今仍为许多朝圣者所朝拜。

穆罕默德结过婚,大概是从事农业和商业。他不能看书写字,他是否旅行过很多地方也是可疑的。他肯定不熟悉阿拉伯以外更大的世界。至于他如何对宗教发生兴趣,我们无从知道,但他居住的地方不但有异教徒朝圣者,还有犹太人经常来往,基督教也开始渗入。因此,可能由于与他本城宗教相反的基督教和犹太教的讨论,使他立志做一个先知和立法者。无论如何,在中年,他说服了一些亲友,使他们相信他是先知,是神派来宣示神的意旨的。穆罕默德从来不自称是神,他只坚持说他是最后的、也是最大的一个先知,神通过他对世人讲话。

古兰经　穆罕默德公开传教,直到公元 632 年他逝世为止,在他传教的整个时期,他有过多次感到神思昏忽或见到幻象。当这样的情况发生时,他就感觉自己是受神的启示,说出关于许多不同事物的论题的神秘言语。这些被认为是神的启示,由他的朋友们记录下来,在他逝世以后汇集成古兰经。古兰经是采用神自己说话的形式写成的,它就是穆斯林(穆罕默德教徒)的圣经。对于穆斯林来说,它和圣经之于基督徒一样,是一本神圣的书。古兰经也标志了阿拉伯文学的开端。

穆罕默德的教义　穆罕默德的宗教训示,据古兰经所载,主要分以下几项:

(1)一神教。坚持最严格的一神论。只有一个神(安拉),没有像异教徒所说的许多神;也没有像基督徒所说的三位一体的神;只有一位神,唯一的神。神是全能的,全智的,和大慈大悲的。他最早通过犹太人的先知,以后通过耶稣,最后通过穆罕默德启示世人。

(2)来世。灵魂不死是肯定的。永远的处罚和火刑的苦痛等待着不忠实和作恶的人,而无穷的快乐则赐给忠于正义的人。穆罕默德从犹太教借用了它的一神主义,又似乎从基督教派生出它的来世的说法,但有一点不同:在他的天堂里,快乐主要包含肉体享乐。

（3）道德。虽然穆罕默德是对阿拉伯人说教，正如耶稣是对犹太人说教一样，但两人都提出一些适用于全人类的道德戒律。因此，穆罕默德和在他之先的耶稣一样，是为一个世界的宗教，而不是为一个部落的宗教提供了一个伦理上的典范。穆罕默德的伦理典范包含了犹太教的"十诫"；在某些方面，它和基督教的伦理观点相似，尤其是在它强调宽恕伤害他的人而不报复这一义务上。它特别禁止饮酒。

图 16-2　穆斯林庆祝斋月结束

穆罕默德的教规，在许多方面不如基督的高尚。允许多妻制；妇女不受特别的尊重；的确，她们的地位在信奉伊斯兰教时并不比昔日信奉阿拉伯异教时高多少。奴隶制度不但被承认，而且还受到鼓励；而忠诚信奉伊斯兰教的，奉命以武力传教。

（4）礼拜。关于某些礼拜的仪式是要遵行的，例如，背诵信条"安拉是唯一的神，穆罕默德是安拉的使者"；个人祈祷一日五次，公共祈祷则于每星期五举行；在每年把斋一个月，期间每天从日出到日落禁食；施舍贫病者；赴麦加朝圣。以对克尔白中的黑石接吻而告结束的麦加朝圣，显然是从阿拉伯的异教借来的仪式。

总之，伊斯兰教的礼拜仪式少而简单。它从来没有发展一种繁复的礼仪，或者一种高度组织的圣职制度。

（5）出走。最初的一批穆斯林是一个小小的秘密团体，参加者仅仅是先知的亲戚和朋友。后来因为逐渐地他们也劝别人信奉了伊斯兰教，于是穆罕默德不再保密，公开敦促他的乡人放弃偶像崇拜而接受伊斯兰教。他没有立刻成功。麦加城的大多数居民起而反对他，于是在 622 年他和他的门徒从麦加逃出，去另一个阿拉伯城麦地那避难。

这次出走（Hegira）是穆罕默德和伊斯兰教历史的转折点，因为麦地那的人民接受了这个新的宗教，并奉穆罕默德为他们的宗教领袖和地方长官。穆罕默德以麦地那为中心，向外传播伊斯兰教。公元 622 年，即从麦加逃亡到麦地那的一年，成了穆斯林纪元的第一年。

穆罕默德在麦地那　在麦地那，穆罕默德利用他的宗教势力建立了一个强固的政府。他颁布了一些好像是直接由神而来的法律。他以同样的神权显示和执行了法律裁判，并创建一支热忱的乃至狂热的军队。他利用他的军队维持本城的秩序，抑制反对者，特别是在麦地那的犹太侨民,又击退了来袭的贝都因人,甚至攻击和抢劫了麦地那附近路过的商队。

这些对商队的袭击有两个直接的结果:他们使穆斯林富足了,又使穆罕默德的声名和对他的敬畏遍及整个阿拉伯。630年,麦加城人向一支进攻的穆斯林军队投降,接受了伊斯兰教。两年后穆罕默德逝世时,他的宗教很快推广到了阿拉伯人定居的各部落,也推广到了贝都因人中间。

16.3 伊斯兰教的传播

欧美人习惯于称呼穆罕默德的宗教为"穆罕默德教";同时称他的门徒为"穆罕默德教徒";但穆罕默德并不用这些名称,他的信徒们也不喜欢这些名称。他们自称他们的宗教为"伊斯兰",意思是"顺从",他们自称为"穆斯林",意思是"顺从的人"。因此对于他们来说,任何人自愿顺从真主的意旨,并且承认穆罕默德是代表真主的最后和最大的先知,就成为一个穆斯林,一个伊斯兰教徒。

穆罕默德告诉他的信徒们去做的事,是不是他们全都遵照着去做值得怀疑,但他们在一桩事情上是奉命唯谨的,那就是以刀剑传道。他们的确做到了。他们在公元630年(伊斯兰教历第9年)征服了麦加,以及如前所述,其后两年他们的侵略活动,都证明了对垂死的先知所做的诺言和誓约:他的征服命令将得到遵从。

哈里发　公元632年穆罕默德逝世之后,他的门徒设立了哈里发的职位,并且经常选举继位人充任。哈里发是穆罕默德的继位者和挑选出的代表。最初的几个哈里发都住在麦地那,虽然第三个是麦加贵族家庭出身的。这些哈里发不但是伊斯兰教的宗教领袖,也是先知所创立的阿拉伯国家的政治和军事领袖。他们的政府是一种神权政治,即政教合一、教会主导的政府。

麦地那的几个哈里发惩罚了对阿拉伯穆斯林的袭击,组织了海盗式的远征队去劫掠叙利亚、美索不达米亚和埃及的非穆斯林教徒,从而保证了阿拉伯部落人员的忠诚。因此阿拉伯人在哈里发的领导下学到了团结和协作,同时还对较为富有而文化也较高的民族,即罗马人和波斯人进行战争,以满足他们对财富的渴望。

罗马和波斯的衰弱　就像我们所看到的,罗马帝国和波斯帝国由于希拉克略和科斯洛埃斯之间长期而有破坏性的战争,双方都惨遭削弱。那次战争之后,两个帝国又因内争而更加疲敝。此外,罗马皇帝还必须与君士坦丁堡附近侵略马其顿的斯拉夫人斗争。无怪乎穆斯林认为这是实现先知遗训而向外征服的机会。

阿拉伯人的征服　有组织的阿拉伯穆斯林很快从袭击变为征服,而麦地那这个小国也很快向外扩张成为一个穆斯林阿拉伯帝国。635年,他们攻占了大马士革。次年,希拉克略皇帝的一支军队遭到惨重的失败。叙利亚的罗马臣民只好起来自卫,在一些设防的城市中进行抵抗。耶路撒冷于 638 年投降于阿拉伯人;两年以后,罗马帝国在叙利亚最后的据点恺撒里亚也陷落了。

胜利的阿拉伯人从叙利亚往南北两方前进。往北,他们侵入并占领了亚美尼亚。往南,他们蹂躏了埃及,最后在 646 年取得了亚历山大城。他们于是装备了一支舰队,在攻占塞浦路斯时赢得了第一次海战胜利。从埃及,阿拉伯的陆上武力向西推进,越进越远,经过了的黎波里、突尼斯、阿尔及利亚和摩洛哥。他们结束了北非的罗马统治,使柏柏尔和摩尔部落人员改信了伊斯兰教,并且利用这些新的皈依者维持和加强了地中海沿岸的阿拉伯帝国。

征服波斯　同时,另一支阿拉伯部队已经侵入波斯王国,而且于 637 年在克德西亚赢得了一次决定性的胜利,获得了底格里斯河与幼发拉底河流域。自此以后,他们将战争推进到波斯本土,击溃了波斯人的顽强抵抗,废除了萨珊王朝,控制了波斯全境。

初次真正受挫　胜利的穆斯林阿拉伯人在君士坦丁堡遭到了第一次严重的挫败。他们从海陆两面围攻这个皇都一年之久以后, 在 718 年被利奥三世皇帝和他的士兵击退。这次失败对于伊斯兰教是一个有效的制止,而对于基督教的欧洲则是一个有挽救力的防御。

在西班牙和法兰西　711 年,柏柏尔人和摩尔人的一支远征队在阿拉伯将领统率下,渡过了直布罗陀海峡,推翻了西哥特王国。穆斯林掌握了除西北角山地以外的整个西班牙半岛之后,又越过比利牛斯山脉,突击法兰西南部。732 年,正是穆罕默德逝世后 100 年,法兰克的基督徒领袖查理·马特在图尔城附近和突进的穆斯林交战,大获全胜。由于这次失败,穆斯林对外扩张的西方界线被遏止于比利牛斯山脉。

16.4 阿拉伯帝国

西方与东方　穆斯林的向外扩张从波斯继续往东,到 732 年穆罕默德逝世 100 周年,穆斯林帝国的版图从西欧的比利牛斯山脉起,经过西班牙,横跨北非,又经叙利亚、亚美尼亚、美索不达米亚和波斯,再经中亚,一直延展到印度和中国的边界。

这样一个帝国,就疆土之广阔来说,在世界史上是空前的,它包括许多不同的种族、语言和宗教,但核心则是阿拉伯和穆斯林。

这些穆斯林阿拉伯人,最初只局限于阿拉伯半岛,这时已四处散布——有些是从军的士兵,将哈里发的统治推广到非洲和亚洲;更多的是跟着胜利军队后面定居下来的人,他们遍布于这个庞大的新帝国中,充当了官吏、商人和农民。特别是在大多数土著居民仍然说近似闪米特语的叙利亚和美索不达米亚,大批阿拉伯人带着他们的新宗教和能迅速

图 16-3　图尔大战被西方许多历史学家认为是历史上重大的转折性事件。在此之后,欧洲的基督教势力开始了漫长的反攻,一步步地将伊斯兰教势力从欧洲赶回北非。英国的史学家爱德华·吉本甚至说,假如查理的法兰克军队在图尔之战中失败的话,如今牛津大学的学生就都要研习古兰经了

适应新环境的巧妙本领迁移进来了。

从麦地那到大马士革　在 661 年第四任哈里发逝世以前,已经很清楚,麦地那和麦加以及阿拉伯本土,都不过是阿拉伯的权力和影响的前哨,穆斯林帝国的真正中心却在叙利亚和美索不达米亚。哈里发阿里喜欢美索不达米亚,他的继承者,即第五任哈里发和所谓倭马亚朝的创始人,却决然地、最后地把首都从麦地那迁移到叙利亚的大马士革。在大马士革,倭马亚朝的哈里发们从 661 年到 749 年统治帝国。

穆斯林的宽容政策　不论是麦地那的哈里发或大马士革的哈里发,都从来没有企图毁坏他们所占领地方的文明,或者灭绝现存的宗教。在大多数事物上,他们给予被征服人民的,远不及他们所接受的多。他们仅仅把他们的政治、语言和宗教置于基督教和异教文明之上。在宗教方面,他们出乎意外地宽容。他们从来不强迫被征服人民接受伊斯兰教,实际上他们反而保护异端教派,使之不受正统教派的迫害。

伊斯兰教的皈依者　尽管如此,在阿拉伯帝国建立以后,伊斯兰教仍然获得了许多皈

依者。它从一个纯粹属于阿拉伯部落的信仰,变成了一个不分国界的世界宗教;至于叙利亚和北非的大部分居民,则放弃基督教而改信了伊斯兰教。

他们这样做,有各种不同的原因。其中某些人对关于基督教的创建者究竟是有一个本性或两个本性,一个意志或两个意志这个纠缠已久而又激烈的争辩,感到厌烦;伊斯兰教的信条比较简单而较少神秘性,更投合他们的心意。另一些人觉得穆罕默德的道德训示比耶稣的更为实际。再有一些人认为伊斯兰教比基督教对人更为宽容和"气量大"。还有一些人是想讨好那些穆斯林征服者。

此外,阿拉伯统治者在宽容基督教的同时,对臣服于他们的基督徒改信伊斯兰教给以实际的奖励。例如,只有穆斯林才能担任重要职位,而非穆斯林则需纳税。换句话说,基督徒改信了伊斯兰教就停止纳税,同时也就有资格担任国家一切职务。据说,大马士革的哈里发很快为大批基督徒涌进伊斯兰教而大吃一惊,因为这种情况好像要剥夺穆斯林帝国的税收,使之濒于破产。

坚定的基督徒　在阿拉伯帝国中,有些基督教社区幸存下来。亚美尼亚人坚信基督教,从未接受伊斯兰教。西班牙的罗马人和西哥特人大半还是基督徒,而且是天主教徒。甚至在埃及、叙利亚和美索不达米亚,基督教教会的残余部分也持续下来。除了这些之外,阿拉伯帝国的基督徒这时都改信了伊斯兰教。

伊斯兰教在波斯　基督徒改信伊斯兰教的一些原因,大多数也可以说明琐罗亚斯德教徒为什么改信伊斯兰教。不久之后,波斯人几乎全都变成了穆斯林。一些琐罗亚斯德教徒至今还残留在波斯,而稍大的一部分已迁到印度,他们的后裔(被称为"帕西人")至今还有。伊斯兰教在波斯得到了完全的胜利;但是它也有它的不利之处;因为自此以后,建立了穆斯林帝国的阿拉伯人,必须同波斯人分掌领导权;我们在后面将要看到,因为改信伊斯兰教的波斯人的缘故,阿拉伯帝国不久便分裂了。

图 16-4　岩石清真寺,亦称圆顶清真寺,为古城耶路撒冷的主要标志。建成于公元 7 世纪末,代表了伍麦亚王朝的黄金时代

16.5　穆斯林文明

阿拉伯人征服和统治了东西方许多国家,他们也就在他们的新家乡,尤其在叙利亚定居下来并接受了文明。他们学习得很快。他们把从更文明的基督徒和改信伊斯兰教的基督徒那里学来的艺术和科学,和他们自己固有的知识结合起来,创造了一种伟大的阿拉伯文明。他们固有的主要东西是宗教和热忱。他们带着这种热诚和真挚与古代异教文化和较新的基督教文明接触,获得了相当的成就。这个成就因而具备各种因素的成分。

这个方兴的阿拉伯文明逐渐地影响到整个穆斯林世界,并且创造了一个近东与中东的共同文化区。这个地区是在西方基督教区和远东的印度及中国之间;但它的摇篮和永久的家乡却是在叙利亚。在这里,若干极其堂皇的建筑建立起来了,如耶路撒冷的奥马尔清真寺和大马士革的倭马亚清真寺。阿拉伯文学,尤其是诗歌,在大马士革倭马亚朝诸哈里发的灿烂辉煌的宫廷中开始发扬起来。阿拉伯科学也在这时开始出现。

小　结　7世纪阿拉伯人的侵略和迁移,标志着三个世纪以来蛮族入侵基督教的罗马帝国的顶点。这些入侵是由日耳曼人、匈奴人、斯拉夫人、波斯人,以及最后由阿拉伯人进行的。到7世纪,日耳曼人已经在意大利、高卢、不列颠和西班牙结束了罗马的统治;阿拉伯人在叙利亚、美索不达米亚、亚美尼亚、埃及和非洲也已结束了罗马的统治。

这些侵略开始的时候,整个罗马帝国已经从希腊—罗马异教转变为基督教,而所有地中海各地也从异教文明转化为基督教文明。在这些侵略达到高潮时,基督教在欧洲正取代了日耳曼异教,并且将它自己的文明类型推广到凯尔特人、日耳曼人、匈奴人以及斯拉夫人之中;但是同时,基督教在亚洲和非洲却被伊斯兰教取而代之;一种新的穆斯林文明于是在昔日罗马帝国东部各省的人民中间推广,也在阿拉伯人和波斯人中间推广了。

曾经一度统一了的地中海世界,最初受异教的罗马帝国的统治,其后受基督教的罗马帝国的统治,这时又分裂成两个世界,即基督教的西方世界和伊斯兰教的东方世界。如果阿拉伯人完全依靠他们自己的工作,那么伊斯兰教的东方世界决不会,也不可能成为那样文明的世界。没有征服者从被征服者那里得来的艺术、学问和工业,就没有发展高度文明的可能。

第 17 章　黑暗时代

　　4 世纪将近结束时开始的各蛮族对罗马帝国西方各省的侵略和征服，标志着基督教文明史中一个黑暗时代的开端。这个时代一直持续到 11 世纪。

　　战争耗尽了各种各类的积蓄,妨害了农业和制造业,干扰了贸易,使生命和财产失去保障。城市很快衰落了,在街道上也长着蔓草。罗马人维持的公共学校关闭了。文学方面,各种艺术和科学方面,也都衰落得可怜。艺术上没有任何杰作产生,建筑方面可能除外。在这个时期的大部分时间里,文化的变迁是向下的,而不是向上的。

　　然而这个黑暗时代也并不是像有时形容的那样黑暗。君士坦丁堡在这个时期一直是基督教文明和文化的伟大中心。在西方以及东方,基督教的主教和本笃会修士都保存了许多旧的文献,唤起了新的兴趣,并且继续点起了研究学问的灯光。几乎每个修道院都附设有一个学校;而随处也有某个伟大的国王用他的宫廷作为教师和学者会集的场所。如果说在黑暗时代希腊和罗马的旧文化是破碎了,没落了,那么,日耳曼人、凯尔特人和斯拉夫人的新文化却正在形成和成长。

17.1 查理大帝和艾尔弗雷德大王

　　黑暗时代的两个杰出人物是两个国王:800 年左右大陆上的法兰克人查理;900 年左右英格兰的撒克逊人艾尔弗雷德。

　　父亲和祖父　查理的父亲丕平和他的祖父查理·马特,都是法兰克兰(今法国)历史的创造者。在定居罗马帝国西部各省的日耳曼各族中,以法兰克人最为重要。我们应当不会忘记他们的第一个基督徒国王克洛维。

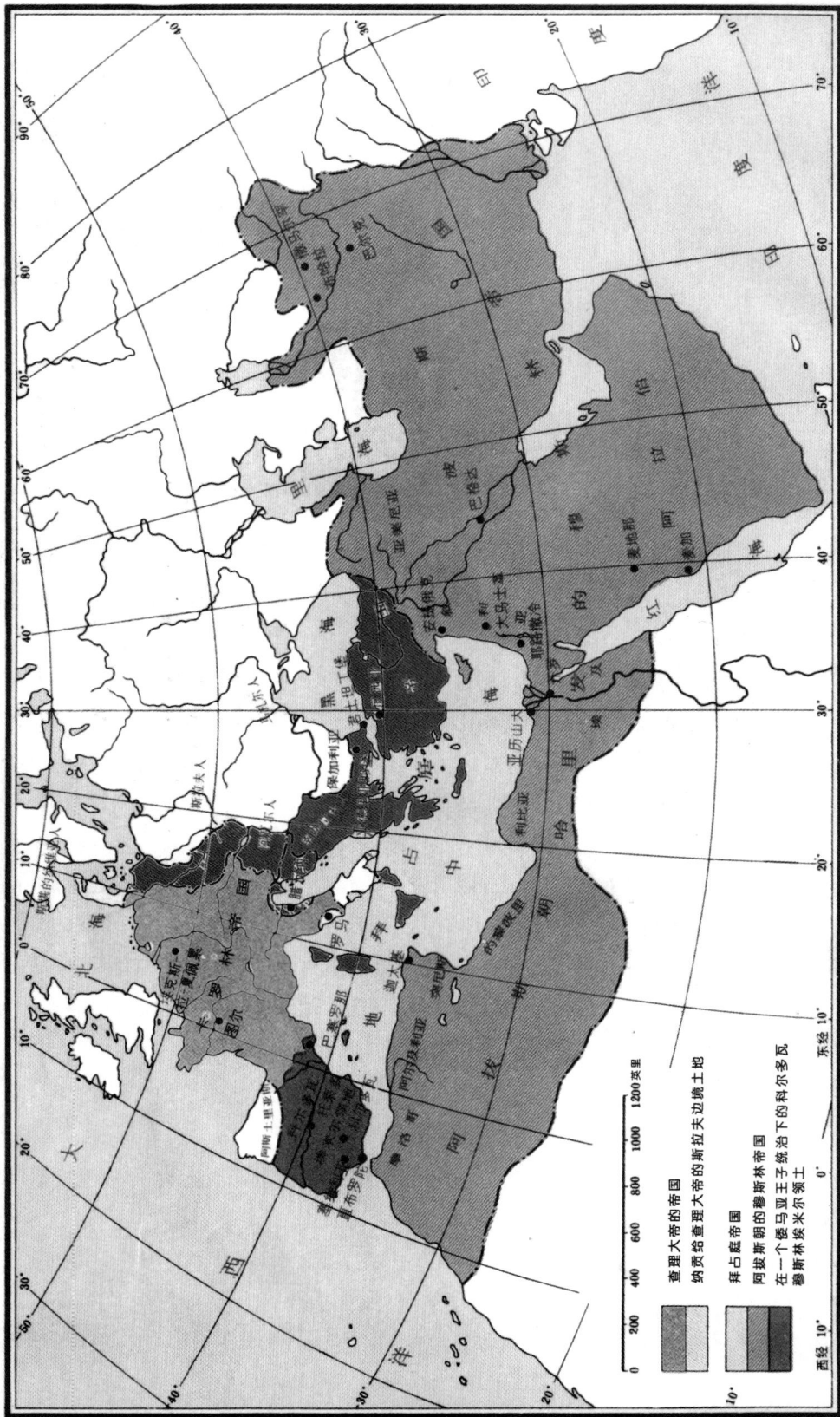

查理大帝的帝国

纳贡给查理大帝的斯拉夫边境土地

拜占庭帝国

阿拔斯王朝的穆斯林帝国

在一个倭马亚王子统治下的科尔多瓦

穆斯林埃米尔尔领土

0　200　400　600　800　1000　1200英里

印　度　洋

里　海

黑　海

地　中　海

红　海

波　斯　湾

阿　拉　伯　海

北　海

大　西　洋

732 年在图尔阻击穆斯林的查理·马特不是法兰克人的王,但他是王的得力助手。他被称为"宫相"。多年以来,法兰克兰的宫相的地位比国王更为重要。马特的儿子丕平绰号矮子丕平,先是宫相,后来称王。作为国王,他在法兰西建立了一个王朝——加洛林朝,这得名于他的儿子查理大帝。查理的拉丁语名称是加洛卢,因此称"加洛林王朝"。丕平称王是从 751 年到 768 年。

查理大帝　查理·马特和丕平都是伟大的人物,但从 768 年至 814 年称王的丕平的儿子,则更为伟大。他以查理大帝或查理曼著称。为他做传记的爱因哈德形容他身材魁梧,高近 2.1 米,双目大而发光,鼻稍长,面色红润,表情欢愉。他的私生活习惯并不都是好的,但他谨守宗教仪式,而且对于教会举办的传教事业和学校非常关心。尽管他从来没有学会写文章,但他懂日耳曼文和拉丁文,能听懂希腊语,虽然说得不好。他非常钦佩有学问的人,而且做过很多鼓励学问研究的工作。他不但是一个战士和政治家,而且是学问和宗教的庇护者。

查理称帝　查理大帝凭借婚姻、政治联盟和战争,将他的权力扩展到了西欧的大部分地方。因为查理已将法兰克兰王国扩张成为一个真正的帝国,又因为他对于教会的忠诚,教皇利奥三世决定承认他为皇帝,就是说,承认他为罗马旧帝系的继承者和持续者。公元 800 年,查理在罗马圣彼得教堂跪下礼拜,利奥给他加冕,称为皇帝。

此外,查理的父亲丕平曾经是教会的扶持者。他曾防守罗马城免受伦巴德人的侵袭;并曾在 756 年拥立教皇为罗马城及其周围一大片地区的统治者。这个包括罗马在内的地区,因此成为一个教皇国;教皇从 756 年到 1870 年一直在这里指导他的政府。

从 800 年查理加冕以后的若干世纪,在基督教区有两个帝国,一个是以君士坦丁堡为首都的东方帝国,一个是以埃克斯为首都的西方帝国。东方的一个通常被称为拜占庭帝国。君士坦丁堡的皇帝经过很久才勉强承认查理为西方的皇帝。

开化者查理大帝　尽管查理花费了大部分时间去打仗,他和他的帝国在西欧日耳曼人中传播基督教—罗马文明上仍然是最重要的。他喜爱历史、天文和地理。他亲聆文法课的讲授,他最喜爱的书是奥古斯丁的《上帝之城》。他在宫廷里建立了一所学校,远近的学者都会集在那里,穷人的孩子也和富人的孩子一起受教育。他在图尔开办了一所学校,这所学校成为他的帝国各处许多学校的模范。他收集书籍,设立修道院,扶植教会,并训练教士。

凡尔登的分割　查理曼的帝国和亚历山大的帝国一样,在他死后不久就分成三块。843 年在凡尔登,他的三个孙子做出了分割的决定。一个获得西部,即今法国;一个获得东部,即今德意志;一个获得南部,即今意大利以及越过阿尔卑斯山脉直趋莱茵河流域的楔

图 17-1 公元 799 年，一次叛乱迫使教皇向查理寻求庇护，查理为此亲往罗马调解纠纷。次年，教皇为查理曼加冕，这使他成为罗马帝国瓦解后西罗马的首位皇帝

形地带。这个沿莱茵河的楔形地带，此后成为法兰西和德意志经常争执的地方。

这样，在 9 世纪，查理大帝的帝国就灭亡了；但是在西方，一个帝国，即神圣罗马帝国的概念，并没有灭亡。这个概念一直存在了许多世纪，也有过几次多多少少有点成功的重建帝国的尝试。这个神圣罗马帝国在整个中世纪西欧史上是一个重要的体制，尽管它从来不能与古代罗马帝国相比，也不如查理大帝的帝国那么辽阔。

艾尔弗雷德大王 艾尔弗雷德大王继起于查理大帝之后差不多整整一个世纪，他在英格兰所引起的变化和查理在大陆上所引起的变化是很相似的。

在这个时期，无论不列颠群岛或西班牙，都不属于任何一个罗马帝国。西班牙的大部分仍在它的穆斯林征服者的手中。不列颠群岛都信奉基督教，而且正派遣若干传教士到大陆上的日耳曼人中去传教。约在 830 年，西撒克逊王埃格伯特统一领导了所有不列颠的撒克逊王国，因而奠定了英格兰的联合王国的基础，但是丹麦人在很长一个时期中侵扰着这个岛。从 871 年到 901 年做了 30 年撒克逊人之王的艾尔弗雷德，苦于与丹麦人进行的频繁战争，但他还是为他的国家做了伟大的工作。

艾尔弗雷德收集了各种法律，编写成盎格鲁—撒克逊文字。他改进了法院；在他的统治下，英格兰恢复了对于教育的兴趣。艾尔弗雷德跟查理大帝一样，有一所宫廷学校，他的周围也有许多学者，其中大多数是他从大陆聘请来的。他喜爱学问和善良的人。他把拉丁文的书籍翻译成了盎格鲁—撒克逊文，并且派人编纂了一部伟大的史书——《盎格鲁—撒克逊编年史》，这是早期英国史的主要史料之一。他加强了英格兰的基督教教会，并使它和大陆上的诸教会发生了更密切的联系。

查理大帝从他的父亲和祖父那里得益很多。据说，艾尔弗雷德得力于他母亲的也不少，在他童年，他的母亲费尽心力来教育他。他是英国唯一被尊称为"大王"的国王。

17.2 拜占庭帝国

从 330 年到 1453 年，君士坦丁堡这个由君士坦丁大帝在旧拜占庭建立的新城，1100 多年来一直是漫长的罗马帝系的都城，又是一座抵抗日耳曼人、匈奴人、斯拉夫人和阿拉伯人等蛮族的堡垒。

以君士坦丁堡为中心的拜占庭帝国，自称为古代罗马帝国真正的继续。事实也是如此。从奥古斯都·恺撒的时候起，经过君士坦丁、提奥多西、查士丁尼以及希拉克略的几个时代，都是一个皇帝接着一个皇帝，直到后来的几个世纪。旧时罗马的法律和习俗在君士坦丁堡仍然被遵守，只不过由于逐渐缓慢的发展，正常地带来了一些改变。

在这些方面，拜占庭帝国和西方的加洛林帝国——查理大帝等的帝国，形成鲜明的对比。前者是旧的、延续的；后者是新的、间歇的。教皇和日耳曼人也许把查理大帝的国土、或者某某能干的继承者的国土称呼为罗马帝国，但是穆斯林和希腊人及斯拉夫人一样，直到今天还总是把"罗马"（或如他们所称的"鲁姆"）和"拜占庭"等同。对东欧人和亚洲人说来，拜占庭帝国是独一无二的罗马帝国。不过拜占庭帝国，特别是在希拉克略当政以后，缺乏早期罗马帝国那种兼收并蓄的特征。它不再是一个包括许多种族、语言和宗教的帝国；它主要是一个说希腊语的人民的国家。

拜占庭文化 从 6 世纪到 11 世纪的几百年里，西欧可以说是黑暗时代，但在拜占庭帝国就不是如此。在那里希腊语仍是文化方面使用的语言，各图书馆里都收藏有大量的新旧希腊文献。在 5 世纪建立了一座大的宫廷学校或大学，到 9 世纪又重新改组了。法律和医药都在讲授，普通教育也在推进。美术和建筑达到了一个高度优美的水平。若干教堂和宫殿里闪耀着珍贵的大理石、发光的镶嵌品以及美丽式样的金银器皿。华丽的圣索菲

图 17-2 圣索菲亚大教堂内部。圣索菲亚大教堂建于东罗马皇帝君士坦丁统治时期，至今仍是拜占庭文明最优美的建筑表现。1453 年君士坦丁堡被土耳其攻陷后，成为清真寺

亚大教堂至今仍被称为拜占庭艺术的杰作。

大教长和教皇 拜占庭帝国天主教教会的主要职位是君士坦丁堡的大教长，到了 8 世纪，他和罗马主教（教皇）之间展开了不少的竞争。随着时间的推移，这个竞争由于东欧和西欧之间日益增长的差异而更加强烈。例如，希腊语是拜占庭帝国内的教会使用的语言；拉丁语是西方罗马人、凯尔特人和日耳曼人中的教会使用的语言。君士坦丁堡的主教或大教长受皇帝的影响很深，而罗马的教皇则拥有更多的独立性。这就使后者更加在教会和国家两方面扩展了他的势力。从 8 世纪到 11 世纪，在东西方之间，基督教教会内部的分裂一直在发展。

1054 年以后，欧洲有两个分立的基督教教会，一个在东方，以爱国情感依附于拜占庭皇帝和君士坦丁堡的大教长；一个在西方，忠诚地依附于罗马主教即教皇。两个教会都自称是普遍的和正统的。称西方的教会为"天主教"，称东方的教会为"正教"，这主要是近代的习惯用法。

17.3 基督教在北欧的胜利

正当穆斯林阿拉伯人被利奥三世从君士坦丁堡赶走（718 年），又被查理·马特从法国南部赶走（732 年）的时候，基督教的传教士们正将文明传到中欧和北欧。在此之前的一段时间里，来自爱尔兰和苏格兰的凯尔特族修士已经在日耳曼旅行和布道了。

日耳曼的皈依 在日耳曼传教和组织教会最突出的人物，是出生于 680 年左右的英国人温弗雷德，后来被称为卜尼法斯。当时他的本国人改信基督教还不久，他怀着皈依者的热忱、青年的勇气和政治家的眼光，决定将教皇格列高利和奥古斯丁曾给予英格兰的光明和欢乐给予大陆上的日耳曼人。他在图林根、黑森和巴伐利亚苦心工作了 30 年。754 年，他作为一个殉道者牺牲在那些他想为之服务的人的手里，但是成千上万的人改信了基督教，还有数百个传教士被培训了出来，修道院和学校也纷纷建立起来了。尽管这是黑暗时代，但许多盏明灯都被点燃了。卜尼法斯以日耳曼的使徒闻名于世。

卜尼法斯开始的工作，由查理大帝和加洛林王朝的其他皇帝继续进行，并得到了罗

马主教的同意和支持。到 9 世纪末,中欧西部从莱茵河到波罗的海一带都信奉了基督教,并且作为天主教教会的一个部分而组织了起来。

斯拉夫人的皈依　在 9 世纪,中欧东部从君士坦丁堡来的两个兄弟西里尔和美多迪乌斯,正在斯拉夫人中做着与卜尼法斯曾在日耳曼人中所做的同样工作。他们劝化今捷克及斯洛伐克地区的斯拉夫人信奉基督教,并且培训和组织了他们。由于他们用斯拉夫语教授这些人念书写字,因此为斯拉夫文学奠定了基础。他们还感召了许许多多的门徒,后来去欧洲其他斯拉夫人中传播基督教的福音。

基督教从捷克斯洛伐克传播到波兰。一个波兰酋长梅什科受到他的妻子,一个捷克公主的影响,改信了基督教。他们的儿子波列斯瓦夫是一个热心的基督徒,对于劝化他的人民做了不少的工作。约在同时(11 世纪初期),来自君士坦丁堡的传教士们,在近代俄罗斯人的祖先——东部斯拉夫人中传布了基督教。

"天主教"和"正教"　到了 11 世纪,斯拉夫人都信奉了基督教,但他们分别向教皇和大教长表示他们的忠诚。波兰人和捷克斯洛伐克人归附于西方教会,拥戴教皇——他们就成为"天主教徒";另一方面,俄罗斯人加入东方教会,拥戴君士坦丁堡的大教长——他们就成为"正教徒"。因此,波兰人和捷克斯洛伐克人接受了罗马的文化势力,而俄罗斯人则相应地受君士坦丁堡的影响。

南方斯拉夫人也被劈成两半。在多瑙河以南的变成了正教徒;在多瑙河以北的变成了天主教徒。保加利亚人在 9 世纪改信了基督教。他们也都是正教徒。

基督教文明的推广　因此从 8 世纪到 11 世纪,基督教在欧洲取得了广泛的进展。它通过中欧,在日耳曼人和斯拉夫人中间,从北海到第聂伯河,从莱茵河与多瑙河到波罗的海向外扩张。它保证要迅速地去驯服并开化那些历来未开化的地方和人民。它引进了较安定、较优雅的生活方式,读写的艺术以及较好的政府。

新来的蛮族　如果没有新的蛮族入侵,基督教在中欧和北欧的开化影响也许更为有效。在 9、10、11 世纪,查理曼、艾尔弗雷德以及其他人点燃的灯光已经开始照亮,但不幸又发生了斯堪的纳维亚人、匈牙利人和穆斯林海盗的入侵。他们把黑暗时代延长了。

斯堪的纳维亚人　斯堪的纳维亚人是丹麦、挪威和瑞典的日耳曼部落,在 9 世纪时猛烈地袭击了欧洲。他们在英格兰被称为丹麦人,在法国被称为诺曼人或北欧人,在许多地方他们以维京人(北欧海盗)闻名——所到之处,无不畏惧。他们乘坐一种狭长而坚固的快艇,航行到英格兰、爱尔兰、法兰西、冰岛、俄罗斯,甚至到达君士坦丁堡和北美洲。他们开始只是一些凶猛的强盗,后来逐渐变为征服者和拓殖者,除了他们的第一批远征队的突然袭击、广泛扫荡和凶猛以外,最令人吃惊的事莫过于他们在各民族中定居后,就迅速而彻底地采用了各民族的风俗习惯。这样就保存了很多的文明。到时候他们都变成了基

图 17-3 维京人船只上的动物船首。木雕艺人为船只、雪橇、大车、床架雕出各种装饰构件。很多雕刻形象可怖，为的是要阻挡邪恶和恐吓

督徒——不仅那些定居在基督徒中间的，就是那些留在很远的北方故乡的人，也都改信了基督教。到 11 世纪，许多热心的传教士已经使斯堪的纳维亚改信了天主教。

匈牙利人 正当这些北欧海盗从西北方横扫而下的时候，一群从亚洲来的新的游牧民族，即匈牙利人或马扎尔人，从东方长驱进入欧洲。他们表现出阿提拉的匈奴人的一切勇气和狡猾，一切凶猛性和破坏性。他们把斯拉夫人从多瑙河以北富饶广阔的平原赶走，用他们自己的名字称这个地区为匈牙利。他们就在阿提拉的

匈奴人曾经待过的地方，并且和阿提拉的匈奴人一样，也从匈牙利向四方袭击。942 年他们直抵君士坦丁堡城下，得了重贿才退走；但在 955 年莱希费德战役中，他们遭到决定性的失败，从此定居于匈牙利。被俘的基督徒教他们农业，又给他们上基督教的宗教方面和文明方面的第一课。在此后的 40 年中，这些马扎尔人都改信了天主教，并且采取了有秩序的生活方式。

穆斯林海盗 正当欧洲遭受北欧海盗和马扎尔人侵略的时候，穆斯林海盗（欧洲基督徒称他们为萨拉森人）也正掠夺地中海基督徒的商业，并且攻占和劫掠了地中海内及其周围的岛屿和城市。只是到了 11 世纪斯堪的纳维亚人和匈牙利人受到基督教开化的时候，拜占庭帝国才在地中海东部占了穆斯林海盗的上风，而法兰西的诺曼人在罗伯特·吉斯卡尔的率领下，将他们逐出意大利和西西里。

17.4 阿拉伯帝国的革命

一个难控制的帝国 穆罕默德创立的由先在麦地那、后在大马士革的那些哈里发统治的穆斯林阿拉伯帝国，寿命是短促的。它过于以征服为基础，而且由过多的不同成分所组成。它的版图太大；结合到一起也太快，不是逐渐成长的。阿拉伯人建立了帝国，但是他们不能团结一致。他们的人数太少，又分散在太多的地方；甚至在他们自己中间也缺乏坚强的民族情感。他们关心各自的部落胜过关心他们的帝国。他们毫无缔造帝国的经验。

此外，在阿拉伯帝国内还有一些雄心勃勃的民族，尤其是波斯人。虽然他们已经信奉了伊斯兰教，但是他们对阿拉伯人的统治从来没有好感。

巴格达的新哈里发 750 年，阿拉伯帝国发生了一次革命。穆罕默德的叔父阿拔斯的后裔，赢得了几个反抗部落的帮助，推翻了倭马亚王朝哈里发政权，建立了阿拔斯王朝哈

里发政权。他们将首都从大马士革迁到底格里斯河上新建的城市巴格达。波斯取代叙利亚成为阿拉伯帝国的中心。这次革命等于波斯人对阿拉伯人的一次胜利。

哈伦·拉希德 巴格达的阿拔斯王朝哈里发中最著名的一个是哈伦·拉希德。他从786年到809年在位，和查理大帝同时代。在哈伦的统治下，巴格达成了穆斯林世界的首要城市。在大小、美观和财富上，它都堪与君士坦丁堡相比。它是一个大的商业中心。中国的丝绸商、俄国的皮货商以及埃及和西班牙的商人，都在那里会集。哈伦本人是一个学者，又是诗人，而且对于历史造诣很深。他的周围不但有小丑和音乐家，还有学者。与此同时，他还笃信宗教。他的声誉传遍了欧洲，查理大帝也同他交换过礼物和贺词。现在人们还熟知哈伦是《天方夜谭》中许多故事的主角。

帝国的分裂 750年的革命不但使波斯成为穆斯林帝国的中心，使巴格达大放光辉，也导致了帝国的瓦解。幸免于750年屠杀的一个倭马亚王子，从大马士革逃奔出来，越过非洲，乘柏柏尔人、摩尔人和阿拉伯人之间发生纠纷时，在西班牙夺取了政权。非洲不久也丢给了巴格达的哈里发。到10世纪末，有三个互相争雄的哈里发政权：巴格达的阿拔斯王朝；埃及开罗的法蒂玛王朝；西班牙科尔多瓦的倭马亚王朝。每一个哈里发政权都由于内部革命和外敌入侵而很快地削弱了。

穆斯林文化 在政治上，阿拉伯帝国是瓦解了；但在文化上，阿拉伯人的宗教伊斯兰教仍然是一种力量。伊斯兰教和基督教一样，与其说是世界帝国的创造者，不如说是恒久而广泛的文明传播者。希腊、波斯和阿拉伯的学者们汇集于哈伦的宫廷，并将他们的学识传给了大马士革、麦加和科尔多瓦的穆斯林学校。写字纸的制造、指南针的使用、我们现在称为阿拉伯数字的简单数字（1，2，3，4，5，6，7，8，9，0）、高等数学，以及其他许多在艺术和科学上的成就，巴格达都比君士坦丁堡先学到。

图 17-4 阿拉伯天文学者在天文学上取得了很多成就。他们完善了星盘，这是用来观测和计算天体位置的工具

它们是经过穆斯林世界才传到欧洲的。

阿拉伯数字的使用最初是在印度,然后是阿拉伯人,然后才是欧洲人。

摩尔人的西班牙   穆斯林文化和基督教文化的主要接触地是西班牙。就繁荣、艺术和学问等方面说来,科尔多瓦都堪与巴格达相比;而穆斯林西班牙作为一个整体来说,算是欧洲最富庶、人口最密集的国家之一。在阿布德·艾尔·拉赫曼三世统治下,科尔多瓦的兴盛达于顶点,他从 929 年至 961 年任科尔多瓦的哈里发,是西方的哈伦·拉希德。

穆斯林在西班牙改良了农业,引进了大米、蔗糖及其他有价值的东方作物的生产方法。他们建筑了大的水利工程,广泛开矿,并且纺织了不少羊毛和丝绸,当时仅在科尔多瓦就有 1.3 万名纺织工人。他们也引进了玻璃、写字纸和皮货的制造工业。托莱多制作的刀剑和甲胄闻名全球。商业繁荣了。一种优美的建筑风格也发展起来。在阿布德·艾尔·拉赫曼三世的统治下,科尔多瓦是西欧首要的文化中心。

对欧洲的影响   西班牙的这个穆斯林文明,使西欧在许多方面受到了影响。西班牙的基督徒对于他们的穆斯林邻居影响较少,而穆斯林对于他们的基督徒邻居则影响较多。他们经常为了彼此之间的差异而互相战斗,但往往也在他们共同赞赏的事物上互相帮助。有的时候他们也互通婚姻。法国、意大利和德国的基督徒学生来到科尔多瓦留学。这样,穆斯林和基督徒一样,都是在使黑暗时代日趋光明。

第六编

中世纪欧洲的基督教文明

经过 5 个世纪的动乱之后(在此期间蛮族的入侵几乎毁灭了欧洲的文明),大迁徙停止了,整个大陆在较有秩序的生活中安定了下来,黑暗时代的阴云也逐渐为日益成长的基督教文明的光辉所驱散。欧洲进入了一个新的历史时期,通称为中世纪。

我们所用的中世纪这个名词,是指从公元 11 世纪到 14 世纪。在此时代,欧洲,特别是西欧,已摆脱了野蛮状态,并且建立了一个丰富的、多方面的文明——"中世纪文明"。

中世纪文明是丰富而多方面的,但并不是全新的。它有许多东西要归功于古代,特别是归功于古希腊和古罗马的古典文化,归功于基督教。但是这些蛮族入侵者,也带来了一些新的因素——新血液,新体力,新吸收力,新求知欲。新旧因素这时互相结合调整起来,产生了与任何古代文明都不相同的中世纪欧洲文明。

在中世纪,欧洲发生的事情很多。我们不可能全部介绍出来,如把其中的任何重要部分详述起来,也会使人感到紊乱。就像树木过多了,看不到森林一样。因此我们所要做的只是描述中世纪的主要特点:社会——人们是如何生活和工作的;政治——人们是如何被统治以及如何参与统治的;文化——人们做了些什么来提高自己。

我们先开始描述中世纪生活及其独特的一面——封建制度。

第 18 章　中世纪的生活

18.1　封建制度

封建制度是什么　封建制度是在一个重大危险时期，作为一种相互保障的社会而产生的。它最简单的方式是一个强有力的人与许多弱者联合起来,共同持有和耕作一大片土地,共同保护他们的生命和财产。封建制度是中世纪流行于西欧的社会状态。它具有保护和服役两种主要特点,是一种弱者服役于强者、强者保护弱者的社会状态。这种相互关系的主要基础是土地占有权——对土地的持有。

不是一个制度　就其真正的意义来说,封建制度并不是一种制度。它缺少一种制度所必须具备的规律性和一致性。虽然它几乎盛行于西欧各地,但其间仍有许多地方性或个人色彩的差异。一个地方的形式有别于另一地方的形式;某个人所订的封建契约又经常有别于其他的人所订的契约。然而就其一般情况和实践而言,封建制度在各处仍是大体相同的。

封建制度的起源　封建制度并没有经过人们事先的计划或议定。它的成长恰恰由于当时没有固定的政府来保障生命和财产,或规定人与人之间的相互关系。蛮族的入侵摧毁了旧的罗马政府,而新国家的法律和秩序的建立又需要若干世纪。在此期间,在这种紧急状态下,由于缺乏更好的办法,封建制度就生长起来了。

当然,在封建制度以前已有先例,古罗马人就已经有过保护人与被保护人之类的协定,其中某个拥有大农场的富人对生活在他的土地上的若干贫苦佃农,给以指导和保护。在日耳曼诸部落中也有一种习俗,若干青年"勇士"自愿依附于某个有经验和名望的老战士。因此,在黑暗时代,当战争和入侵十分频繁,盗匪成群,四出劫掠时,一个小农除了去乞求富有的地主邻居庇护以外,没有其他办法。为了使自己和妻儿得到所希冀的庇护,他甘愿付出任何代价——他把自己的农田交给地主。他仍被准许生活在这块土地上——他作为领主的佃农而持有这块土地。其他没有土地的穷人，便只有卖身投靠——他变成领主的贴身侍从。他也许在领主餐桌旁侍候，或者在领主城堡门口站岗。

所以，我们可以看到，封建制度不但是一种成长的东西，而且是一种自然成长的东西。在当时实际情况下，这是唯一可能的事情。

封建契约　每一种封建关系实质上都是一种契约。每一个人都许下诺言，而且有责任去履行他的诺言。到时候，西欧的国家、国王和皇帝——甚至城市和教会——都被引入封建契约之中。换句话说，封建制度包括了社会中的一切阶级和制度。

封建名词和形式　我们必须了解某些封建名词的意义和某些封建措施的内容，否则关于封建制度的任何有趣的故事，我们都不能理解。

图18-1　这是一幅7世纪时的画，描绘封臣向领主效忠。由此结成的契约关系是双方面的，两方均对另一方负有相应义务

领主　封建土地的所有者叫作"领主"。这些土地可能是他原来已有的，也可能是他得自某个农民，以后仍准许农民继续生活在那块土地上。不论是哪一种情况，他总是持有土地的主人，或直称"领主"，也称为"王侯"和"宗主"。

封臣　佃户，即土地持有者，称为"封臣"。到了封建后期，封臣又通常是个贵族；往往一个封臣之下又有其他封臣——那些又持有他的一部分土地的人。封臣也被称为"家臣"，或"臣属"；有时还直称为"人"，即领主所属的人。

采邑　封臣所持有的一块土地或其他财产称为"采邑"，也称为"封土"。这样我们就容易理解"封建制度"这个名词的意义。采邑或持有物的另一名称，叫作"世业"。如果一个人持有的土地是"世业"，他只是一个佃户，即封臣；如果他持有的土地是"绝对世业"，他就是所有者。现在法学家仍常用"绝对世业"这个词，他们指的就是充分所有权。

最初，封臣所持有的土地名为"领

地"，但以后领地变成世袭，父子世代相传，就又称为采邑。

还有两个名词是我们必须了解的，即"臣礼"和"锡封"。

臣礼和锡封　一个人通过仪式答应服从领主并为他服役，这种仪式就叫作"臣礼"。一个领主通过仪式把采邑交付给封臣，答应加以庇护，这种仪式就叫作"锡封"。

在臣礼仪式中，封臣要到领主的宫廷去，跪在领主面前，把自己握着的双手放在宗主手中，并且宣称："我宣誓像一个人对他的领主所应做的那样，效忠于你，依附于你。"然后领主将采邑"锡封"给封臣。他交付给封臣一面旗帜，一根木杖，一张契据，或者只是一根小树枝或一个土块，作为他封赐产业和许诺庇护的一种象征。这就是锡封。

相互的义务　这样可以看到，在封臣和宗主之间的封建契约总是包含着双方的义务。这始终是每个契约的本质。宗主不仅要庇护他的封臣以抵抗入侵者和盗贼，而且还要注意他们在任何分歧或论争中是否获得公道。宗主还经常在他的公馆里开庭审理关于封臣的案件。

封臣对其领主担任的服役有如下几种：兵役、宫廷劳役等；在某些情况下，他或许被摊派特别款项：(1)如果领主被敌人俘虏而需缴纳赎金；(2)当领主的长子被授予骑士称号时；(3)当领主的长女婚嫁时。这些特别款项称为"助金"。

封建等级　领主和封臣由于"贵族出身"而区别于平民。他们都是战斗人员，因而自视为高于体力劳动者。他们具有不同的地位或等级：公爵，仅次于王；侯爵；伯爵；男爵。每个贵族都拥有一批称为骑士的战斗人员。

骑　士　骑士的主要职责是骑马作战，如有需要，每年服役达 40 天之久。他必须自备马匹和武器以及人马的防护甲胄。他通常带着一个侍从骑士，即一个随从，替他牵引备用的马匹和随身带着枪刀，如果骑士被击坠马或受伤，侍从必须随时准备救护。在中世纪欧洲的军队中，骑士是真正的战斗人员。一个领主的势力大小是以他能召集骑士的人数多少来衡量的。

不过，应该记住，就是国王和大贵族也都要把他们的儿子授为骑士，作为一种荣誉的标志或一种教育的手段。因此，任何以公认的方式获得这个称号的人，都称为骑士。

遗　产　领主或封臣死后，他的产业或采邑，连同其封建契约中所承担的义务，均传给他的法定后嗣。继承与遗产的规则是有变化的。曾有一个很长的时期，如果有几个后嗣，则大家分享产业和采邑；但后来长子承袭全部财产成为惯例。这就是"长子继承"的特权，它是一个真正的阶级——骄傲的地主贵族——的基础。但这是后来的事。在中世纪早期，贵族地位是以他个人的勇敢和领导能力来估定的。

市　镇　不仅农庄，市镇也卷入到封建契约之中。大多数市镇就是属于一个国王、公爵、伯爵或主教的采邑，必须向宗主提供士兵和钱财来换取他的庇护。另一方面，一个市镇可能又是一些附庸农庄和村落的宗主。

教　会　教会也大部分封建化了。主教和修道院院长变得兼为封臣和宗主。许多主教就他们拥有的封建财富和封建权力的范围和性质而言,同大贵族十分类似。虽然教会禁止他们身携武器,但他们却经常派遣自己的封臣去作战。

例　外　欧洲还是有一些人和一部分地方处于封建关系之外。在意大利和其他地方有几个城市,总是设法维持它们的独立。在一些地区,罗马法一直被遵守,农民保有土地的完全所有权;但是在整个西欧,封建制度是占统治地位的和盛行的社会基础。

封建制度的价值　封建制度并不完善,但它满足了一个需要,也适应了一个目的。在当时当地,它可能是最好的社会形式。它减轻了新的蛮族入侵的危险,在当时普遍的无法无天的情况下,它给人们以某些保障。虽然它阻碍了民族的统一,但也遏制了有野心的诸王。它帮助欧洲摆脱了奴隶制,因为它承认几乎每个人都能参与一种契约;也就是它承认了他是一个人,而不是一件单纯的财产。单就骑士制度是封建制度之花而言,它对义侠美德是一种鼓励。

封建制度的祸害　就像我们已经看到的,封建制度把国王和其他可能成为暴君的人

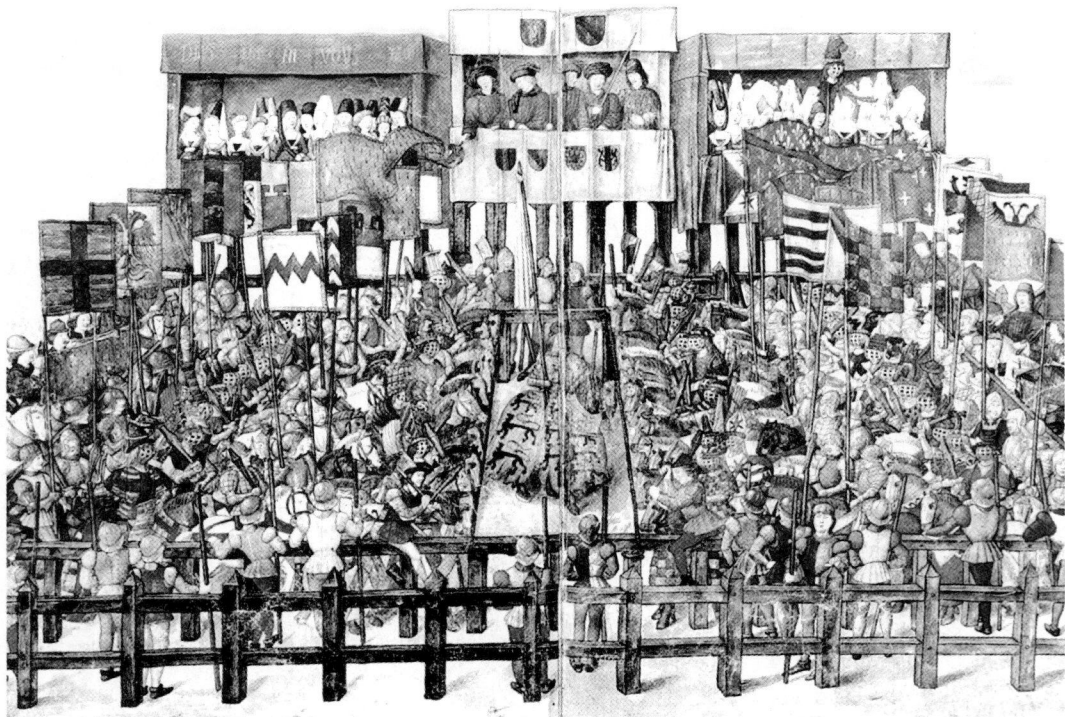

图18-2　大比武。为了取代私斗,大比武便成为一种为社会所接受的方式。这幅插图里,武士们正在列队准备进行一次模拟的战斗。画面上方是穿着红袍的裁判与观战的贵妇人

的权力分散到许多封臣手中,以遏制他们的权力,这样也就长期推迟了民族的统一以及在广大疆域上建立起坚强稳定的政府。封建制度还抬高和推进了贵族政治、等级和阶级的种种特权。它在西欧的每一个国家中煽起了国家与教会之间的剧烈斗争,这点我们将在下一章里看到。最坏的是,封建制度鼓励了战争。它之所以能够这样,就是由于地主经常有可供召唤的人员,再就是它所培育和崇尚的武士精神。中世纪人们所喜好的运动和娱乐就是"马上比武",勇士们竟将对方击坠马下,以博取贵妇们的欢笑。它是一种游戏,但却是和战斗非常相似的游戏,使得骑士们经常处于实战的训练和心情之中。

"上帝的和平"　基督教教会牢记着它的和平使命,力图制止封建战争。宗教会议给某些阶级和地方颁布和平的教令——称为"上帝的和平"。还有一些宗教会议在某些特定时期,如一星期的某些天和一年的某些季节,颁布和平教令——称为"上帝的休战"。所有这一切都有些帮助,但也可看出暴力与骚乱是十分平常的事。只有在国王的力量增强时,封建战争才停止以至最后结束。

18.2　城堡和乡村

庄　　园　中世纪的典型农场并不是一个人拥有一块土地,由他和家属或几个雇工终年耕作。说得更恰当一点,它是由若干家庭共同持有、共同耕作的一大片地产——在英国称为庄园。正如我们所看到的,只有极少数中世纪农民是他的土地的绝对所有者。一块地产即庄园中的大多数人不过是份地持有者或佃农。庄园的面积大小不一,从 4 平方千米起,到今日美国人所称的乡。

领主的城堡　每个庄园的首领就是领主。领主通常不过是一个骑士,但在某些情况下,领主是一个主教或一个修道院院长,或者是一个大封建贵族,如伯爵或男爵,他们都占有许多庄园。领主都有一座庄园宅邸作为他的居所,如果他是一个有权势的贵族,则有一座城堡。

城堡通常建筑在山上或崖上,既是住所又是要塞。在欧洲,迄今仍可看到许多这样的古老城堡,大部分已成为倒塌的废墟。宅邸本身——城堡主楼——是用木料或石头筑成的,有几处地窖、一间大厅、一座小礼拜堂以及领主家属的卧室。四周是守望塔。院落中有库房以及仆役和工役的住房。在整个城堡的四周还筑有坚固的围墙,围墙之外绕以壕沟,上架吊桥。

佃农的村庄　庄园的其他成员——一般佃农,住在茅屋里,集结在一起成为一个村庄,也许几个村庄。一般地说,这些村庄均离城堡或设防的庄园宅邸不远。把佃农村庄放在庄园宅邸或城堡的附近是为了方便和安全。在处理日常工作和事务上,佃农与领主便于联系;一旦遭受攻击,佃农就能迅速撤入城堡以求安全,同时可以协助领主进行防御。

图 18-3　英国现存一座城堡的壕沟与入口

农业的重要性　中世纪欧洲的绝大多数人民群众是生活在农村之中,田庄之上,以耕种土地为生。如旧日罗马一样,大多数人的社会地位是由农业来决定的。一个封建领主的财富和权势,主要依靠他的庄园的面积和价值大小而定。

土地的分配　在每个庄园中,领主占有某些特殊田地作为自己的专用地,称为"私有地";每个住户,不论是领主或佃农,都有他自己的一个园子。庄园的其他一切土地则由领主和佃农们共同使用。

距离村庄最近的是可耕地,分为若干长条,每条又以狭窄的草堤区隔开来。在可耕地外面是提供干草的草地,即培植牧草之地;离村庄更远的地方——在庄园的外圈——是荒地、牧地和林地。

每个佃农均有若干块专用的可耕地,种植谷物以供家属和牲畜之用。他也可以在某条特定的草地上刈割干草。同样,他也有权在公共牧场上放牧一定数量的牛羊,有权在公共林地采伐一定数量木料用于建筑或燃料。各块可耕地的分配有时是抽签决定,各条草地的分配则经常是抽签决定的。

自由农与农奴　佃农分为两个相当明显的阶级:"自由农"与"农奴"(serfs)或"佃奴"(vilieins)。

　　自由农居少数。他们是较富裕的佃农,只需向领主缴纳固定租金,便可以自由使用某部分土地。他们可以留在庄园,觉得合适的话也可以离开。他们参与领主的法庭,也可以到国王的法庭去申诉。佃奴则既非奴隶,也不是自由民。领主并不占有他们的人身,不能出卖他们。虽然他们对领主负有特定义务,但与其说他们附属于领主,不如说是附属于土地。他们在庄园中生活的权利不能被剥夺,但没有得到领主的同意,他们也不能离去。他们参与庄园的法庭,即领主的法庭,但不能上诉到国王的法庭。

　　佃奴的义务　在佃奴中也分几等,但作为一种常规,每个佃奴须为自己分得的那份领地付出钱币、实物和劳力。在钱币方面,他要付出一小笔定额租金和一定的税款。在实物方面,每十二只鸡交出一只,每一打鸡蛋交出一个,每十磅蜂蜜交出一磅,如此等等。在劳力方面,他的负担就重得多。或许一年中有一半时间须为领主工作。除此之外,每当收获或其他农忙季节,他可能被召去承担额外的劳动。更有甚者,所有庄园运输的工作均由佃奴去做。他们有时还得把货物拖送到远至 161 公里以外的地方去。修整犁头、树立篱笆、挖掘壕沟、修剪羊毛以及其他一些杂务,也都由佃奴去做。

　　中世纪的农作法　中世纪的耕畜很小,谷物种植稀疏。庄园里一切牲畜都同时在公共牧地上随意放牧,因而妨碍了畜种的改良。笨重的犁和其他粗陋的农具都不能使农民在整地或栽培作物方面做有效的工作。犁是木制的,一般都没有铁尖。种子是用手撒播的;不知使用化肥;作物轮种法没有多少人知道;因此一半或三分之一的可耕地每年只好闲置。

　　庄园是一个经济单位　尽管耕作落后,牲畜矮小,愚昧无知,墨守成规,饥馑不时到来,封建战争频繁,中世纪的庄园仍然是一个经济单位。这就是说,它实际生产一切食物、衣服、工具以及它所使用的其他经济货物。每个庄园都有一座磨坊,一所面包房,一个酿酒坊或一架葡萄榨汁器,以及一些特别店铺;在这些佃农中,除农夫外,还有工匠,如铁匠、磨坊工、酿酒工和织工。此外,还有行政人员:管家,代表领主并监管其庄园中的事务;领监或领班,代表佃奴,并分配他们的劳役;下面还有羊倌、猪倌、养蜂者以及牛倌。每个村庄都有一所教堂和一个教区神父。他通常与领主和佃农都是朋友,而且既是这个社区的讲道者,又是教师。

　　简陋的农舍　农民(包括自由农和农奴)的生活一般是艰苦而单调的。他们日出而作,日落而息,极少使用蜡烛。因为怕火灾焚毁他们草屋顶的村落,他们就不设火炉或壁炉,烹调烘烤都集中在一个中心炉灶上。他们的农舍不仅在冬天无法取暖,而且一年到头都是十分凄清简陋的。伙食粗劣,烹调不好。家庭洗濯均由妇女到河边或池塘边去做。天花、伤寒、霍乱以及其他疾病时常发生。出生率很高,但死亡率,特别在幼儿中间,也同样地高,以致在整个中世纪欧洲的农业人口简直没有增长。

阴暗的城堡　一般的城堡无疑要比一般的农舍暖和得多，领主的家庭及其宾客与农民相比，也有较好的食物、衣着以及较多的闲暇；然而由于它的厚厚的围墙，既少又窄的窗户，以及它同外界的隔离状态，也显得黑暗、潮湿和阴沉。城堡里没有电灯、浴室、电话，甚至连好的灯火都没有。当然，那里也没有缝纫机，所以妇女都是手工缝纫——她们必须用上很多时间。领主和他的家人没有多少娱乐活动，也很少有兴趣去阅读或研究。许多领主用剑的本领高于用笔，许多贵妇使用绣花架的本领高于使用书本。

光明面　人们几乎可以说，中世纪生活中比较光明的一面还是在户外——农民肯定享有充分的户外生活；但是在城堡里面也时时举行盛大的典礼、节日宴会以及快乐的运动比赛，宽大壁炉的火焰压倒了微弱的烛光，人们载歌载舞，欢笑和音乐回荡在整个大厅。遇到某些盛会，特别是圣诞节和复活节，农民们是可以全体参加的。

教区礼拜堂是社交中心，所有的村民为了做礼拜和互致友好的问候经常在这里聚会。中世纪庄园的农村生活尽管有它的一切缺点，但比起古罗马或古埃及农庄的农村生活要好一些。例如，这里几乎没有奴隶制。每个人都有一定的人身权与财产权，一般都受到尊重。虽然领主与佃奴属于分隔很大的社会阶级，但他们都是基督徒，从而能以人与人的地位互相会见。庄园是一个合作的社会，每个佃农、佃奴或自由民和领主一样在庄园中都持有自己的一份地，在管理方面也都有其发言权。因此，中世纪庄园的底子里存在着农业民主的思想。

18.3　市镇和贸易

旧市镇和新市镇　黑暗时代目击了市镇人口和市镇繁荣的急遽衰落。中世纪则以市镇生活和市镇活动的复兴作为它的特征。

旧市镇重新繁荣起来了，新市镇产生了。有些中世纪城市，特别在南欧的，是古罗马时期的残存，例如罗马、那不勒斯、热那亚、比萨、佛罗伦萨、马赛、里昂、科隆、美因茨、伦敦和约克。威尼斯是一颗苦难中的宝石。它是在6世纪正当伦巴德人入侵时，由意大利的流亡人民在亚得里亚海顶端的沼泽地带中的许多小岛上建立起来的。还有在尼德兰、德意志的中部和北部、波兰、捷克斯洛伐克以及匈牙利的许多城市，是在黑暗时代或中世纪早期，由国王和封建领主等新建起来的。

建立这些城市的原因各不相同，而且很有意思。有时是因为一个国王需要一座都城；有时是一个边防要塞；有时是一个主教的驻节地和基督教教会工作需要建立的中心。城市兴起的地方常是交易的场合，因为来自不同庄园的人和商人们在那里汇集。有时一个城堡及其附近村庄由于发展了制造业和贸易而成长为城市。在欧洲的许多古老城市中，至今还可以找到立于巉崖之上的古城堡。它从前或许只是一所庄园宅邸，但恰巧地点适宜于工商业，于是这座宅邸和邻村就发展成为城市。

市镇和封建制度　大多数的中世纪市镇都是总封建网中的组成部分。有些是主教的采邑，有些是国王或皇帝的采邑，有些则是公爵、伯爵或男爵的采邑。一个城市的宗主也可能又是某个国王或主教的封臣。一个城市本身也可能是其他几个城市的宗主。有少数城市，特别在意大利，像前面已看到的，保持了他们的独立性——完全不受封建契约的束缚。

城市的地方自治　因为许多中世纪城市是主教的驻节地，这样也就成为教会的管理中心。又由于它们有坚实的城池和武装的市民，经常抵御住了蛮族的袭击，而赢得了皇帝、国王以及其他封建领主的尊敬，从而逐渐取得较大限度的"地方自治"或自治。一个城市同它的封建领主所订立的封建契约通常是写下来的。这种特许状，亦即有关权利与义务的成文记载，在治理和商业方面给予城市以确定的基础。在中世纪，市镇无论在数字、面积以及重要性方面都增长得很快；它们不仅发展成为制造业和贸易的中心，也发展成为政治与社会民主的中心。

图 18-4　一个中世纪城镇的街景

贸易的复兴　在古希腊和古罗马时期极为重要的商业,在黑暗时代衰退了;而到了中世纪,由于整个欧洲的基督教化和文明化以及蛮族入侵的中止,商业又复兴起来。尽管事实上每个中世纪庄园大部分都能自给自足,但仍有许多种货物是交换来的,有的还从远方输入。例如铁,并非各处都有,但各处都需要它。腌存肉类的香料和盐通常到处贩卖。马鞍和缰辔、手推车和四轮货车、刀剑和甲胄也是如此。此外,富有的领主及其家人,还有他的一些讲究的家臣,不满足于穿着庄园自制的羊毛衣服和笨重的鞋;他们希求更精美的、饰有珠宝的服装。教区神父也需要或渴望礼拜用书、雕像、油、酒和供香。这些物品大部分必须从外面输入。

贸易的障碍　中世纪由于缺乏安全便利的交通运输工具,商业受到了阻碍。那时没有铁路、卡车、电报或电话。邮政服务也很少,而且通常是危险的,道路也不很好。甚至可以通航船舶的河流也不是自由和开放的。每个封建贵族都要向通过他庄园的货物征税,而每个桥梁、渡口、村落和城堡都要征收通行费。任何单独的商人都不可能走得很远。所以商人们为了促进生意并保护他们的利益,便联合起来成为强有力的组织。

商人行会　中世纪市镇的商人结合称为"商人行会"。它通常强大到足以在城内和水陆道路上得到公平待遇。它也可为商队雇用武装保镖,来保卫他们免受土匪和强盗般的男爵们的袭扰。当然,在战争时期,任何保卫都是不够的。

手艺行会　正如贸易导致了商人行会的兴起一样,制造业也导致了"手艺行会",即手艺工人和当地小商人组织的兴起。在每个大市镇中,都有屠夫、面包师、蜡烛匠、酿酒师等行会,同样也有织工、钟表匠、刀剑工匠、制甲匠和银匠的行会。

任何手艺行会的正式会员都是"行东"。他既是店主,又是熟练工人;既是资本家,又是劳动者。他买来原料,加以制造,然后把制成品在自己的家,也就是他的作坊出售,或放在镇内市场的货摊上,或在附近集市上出售。如远销外地,他的货物还可能为市镇商会购入然后运出。他的产品真正是用手工制造的。极少用机器。

行东的工作有时由他的妻儿给予临时性的帮忙;但行东通常总有些学徒和帮工。学徒是学做生意的一些青少年。帮工则是已完成几年学徒工的青年人,但由于某些原因还没有自己开店。

一个学徒就是他的行东家的一种农奴,既不是自由的,也不是奴隶。他必须工作,必须服从行东的命令,但是反过来,他也得到安全和生活的保障。帮工则较为独立自主。他一般能得到工作的工资,也可以从一个市镇走到另一个市镇,但在他结婚并自立门户以前,就休想能被承认为行东;须等到他成家立业以后,他才会被手艺行会正式接纳为行东。

儿子一般是承继他父亲的手艺,但也不总是这样。例如,蜡烛匠的儿子可以去一个鞋匠或呢绒商,或其他手艺的行东那里做学徒。

市　集　中世纪买卖货物最惬意的地方就是市集。当然,商品交换每天都可以在正规的镇内市场上进行,但一些大市集会在指定的市镇和特定的时间内举行。各种各样的货物都运到这些市集来出售,远近商人也云集于此。迄今欧洲某些城市还因此类市集而出名。

市镇内的生活　就生活上的便利和舒适而言,中世纪市镇不如现代的大多数城市。大多数的街道都是狭窄、弯曲、嘈杂而有臭味的,两旁都有木造高楼,楼房上层伸出来遮暗了街道。城市街道如同封建城堡一样,也是相当阴暗的。街道若是修过的话,总是铺着鹅卵石,在高低不平的石道上,骑马的人、车夫和行人都拥挤在一起，东躲西闪,竭

图 18-5　行会仲裁决两个工匠——砖瓦匠和木匠之间的纠纷

力穿过这些可怕的道路。房屋都是三层、四层、五层楼,阴暗且污秽;白天从一些小玻璃窗得到微弱的亮光,而在夜晚的烛光下就更为黑暗。

白天,市镇市场通常是一个有声有色的、闲聊的聚会场所;而夜生活多在公众酒窖以及数不清的街角啤酒店。在供水方面,有些中世纪市镇仍然利用古罗马的蓄水池和高架渠;其他的则依靠水井和抽水机,这些还遗留在农村中。市镇与农村一样,总会受到经常发生的流行病和瘟疫的灾害,也容易发生火灾。

多数中世纪城市都有城墙围起来,并有人守卫;即便如此,它们也不经常能够抵御袭击。更坏的是,在城墙以内,它们不时为一些敌对集团内部的争吵和武斗所困扰。手艺行会之间的冲突,政治集团之间的党争内讧,敌对家族的世仇械斗,都使得生活和商业危险不安。尽管各家夜晚都悬灯窗内来照亮街道,还有一些善良市民轮流执行警察任务,但盗贼仍能设法在拐弯抹角的地方伺机行劫。这一切都使得老实人夜间独行或不携武器成为危险的事情。

但是,中世纪的城市生活无疑地比农村生活更有吸引力。一个普通人有更大的机会

去做随心所欲的事。如果他有能力购买,就可以得到更多样化的食物。当然,周围事物是更有兴趣的,娱乐更是多种多样。然而最好的还是市镇人民赢得了更多的公民权利,也担负了更多的公民义务。

18.4 心和手

合作是主旨　在中世纪,合作是社会生活中显著的原则,然而那只是小单位的合作。最小也最基本的合作单位是家庭——父亲、母亲和儿女,他们共同处理家务。父亲在农田或是店铺中工作,母亲做家务,缝制衣服;男孩协助父亲,女孩协助母亲。他们互相协助。

不仅在农村,在城市也同样,各种工作都以家为中心,又以户为出发点。青年人在成为户主以前不能成为一个有完全资格的行东、自由民或佃奴;所谓成为户主就是说他必须结了婚,并有了家。家庭是一个具有最高宗教裁认的契约团体;它是一个社会的和经济的单位;它是一个具有重大价值的教育和道义的机构。

庄园,作为农业生活和劳动的一个更大单位,也是合作性质的。对于那些聚居在同一村落,并以同一方式在公共耕地、公共草场和公共林地上共同劳动的家庭来说,庄园代表了他们的共有权和联合行动。在市镇,则要算商会和手艺行会了。对于那些聚居在一起,以同一方式,并在他们自己共同订立的规章之下做同样工作的家庭来说,商会和行会也代表了他们的联合行动。

有限的忠诚　家庭、庄园、行会以及市镇的力量,对于更广泛的忠诚,特别是民族爱国主义的增长,是敌对的。德意志的农奴对他的家庭、他的庄园、他的领主,可能是非常忠诚的。意大利的技工对他的家庭,他的行会,他的城市,可能是极其忠诚的。然而不论农奴还是技工,都没有多少把德意志或者意大利作为一个整体的感觉。忠诚是地方性的,而不是全国性的。

基督教的理想　那个使得庄园与市镇互相结合,并把西欧和中欧的所有家庭团结在共同的社会生活之中的主要凝固力量,就是基督教信仰。它的代表机构就是基督教教会。教会教导人们说,耶稣的箴言不但必须应用于每个人的私生活方面,而且也必须应用于社区公共生活方面;而教会的职责就在于解释并执行这些箴言。这就是人们一般的信仰。虽然并不能经常得到信守,但它总是个理想。

商业道德　在商业生活中,优良和诚实的工作质量以及公平交易被看作基督徒的职责。索要超过公正标准的价格被认为是错误的。工匠出售货物时,只应接受足以偿付其原料成本费加上他本人和助手的合理工资的价格。使用分量不足的度量衡器要受到谴责,而基督徒是被禁止放债取息的。

基督教的慈善事业　救济贫病的事业做了很多,主要是由教会兴办。到处都建立起麻风病院和其他各类医院、孤寡收容所、盲人院、跛瘸院、精神病院,并且维持了下去。每一所修道院都有一个特别的职员,即赈济员,专门负责教会的慈善事业。他受到训诫说,在分配救济物品时必须审慎小心,对于那些有急需的旅客、乞丐以及麻风病人要给予最大的关怀。他要经常去拜访和扶助那些卧床不起的年老体弱者、跛瘸者及盲人。在修道院中他所主管的那部分,通常有些收容病人的房间。一切残羹剩饭以及修士穿旧了的衣裳均交由赈济员分配,在圣诞节期间,他还有许多积攒下来的袜子和其他物品作为礼物发给寡妇和孤儿。

修道院的好客　好客被视为一种义务和美德。主教、教区神父和修士们自己出钱来供给陌生人和旅客的食宿,被认为是理所当然的事情。每个修道院都在本院房屋以外,专为旅客配备一套宿舍、食堂和厨房。一个专职人员来照顾他们的需要,院内的教友们则亲自出来伺候。如果客人是非神职人员的话,只要他能够工作来偿付自己的食宿所需,就可以无限期地住下去。因此,中世纪的修道院同时也是旅店、农舍、学校和慈善机关。虽然有时它们的慈善事业是不明智的施与,然而它们却增补了当时的社会生活,没有任何其他团体能够或真正做到这种增补。它们满足了一种真正的社会需求。

骑士身份与骑士制度　文明和优雅的教会影响表现在骑士制度的兴起和流行。换句话说,宗教已把手放在粗厚的战盔上,以基督教的理想灌输给披甲的战士,使他有了一些高尚之风。这就使得骑士制度成为封建主义之花。骑士身份的候选人必须是个基督徒,勇敢,重承诺,忠诚于教会和领主,热忱于保护弱者,尤其是妇女和孤儿。骑士的身份可以在战场上授予,但更经常的是在盛大的教会节日期间,如圣诞节或复活节。

骑士候选人必须到神父那里接受他对佩剑的祝福,在这仪式之前,骑士必须在教堂里通宵祈祷和守夜;然后,在次日,神父在圣坛上接受候选人的宣誓,给他带上佩剑,并击以一掌,此即所谓"骑士授爵礼",然后再加上一句话:"做一个英勇的骑士!"

这几个字概括了骑士精神的教导。它们的意思是说,首要的,骑士必须在他的一切举止行动上光荣可敬。基督教给封建制度以荣誉的概念,而荣誉就是骑士精神的灵魂。

美丽和神秘　每个中世纪城市都有一座辉煌宏伟的大教堂,设备华丽,仪节庄严,音乐崇高感人。除大教堂之外,每个城市还有一些其他教堂,其中也有许多是宏伟精美的。就是农村的一些教堂也保存有若干艺术作品,而他们的礼拜仪式中还呈现出或多或少的优美与神秘。在建筑和艺术装潢上,时常有一些商人行会和各手艺行会的行会会所、市政建筑物(如市政厅之类),以及贵族和教士们(主教和修道院院长)的富丽堂皇的宅邸,都可与城市教堂媲美。

教区的教堂,特别是农村的教堂,是社会生活的创造者和倡导者。在命名礼、坚信礼、婚礼和葬礼中,它以庄严肃穆的仪式深切地触动了青年和老人的感情与志趣。教堂用会餐、禁食和圣日假期中各种精心设置的节目,深刻地触及了所有观众的心灵,并鼓舞了他们的日常工作。在不安与危难的时代,人们的身心两方面都得到了增强。

第 19 章　中世纪的政府

19.1　一条杂乱拼缝的政治坐褥

与近代国家对比　现今我们已经习惯于这样一些强大的民族国家,如法国、德国、大不列颠、意大利以及美国,它们在各自领土内都有一个能维持秩序和执行法律的政府。某些事务,包括宗教在内,则留给个人自由处理,但是其他许多事务,包括教育在内,则由公职人员负责管理。在中世纪欧洲,情况就大不相同了。

一条政治上杂乱拼缝的坐褥　如果我们要画一幅中世纪初期欧洲的政治地图,我们不能展示几个大的民族国家如法国、意大利和德国,而必须展示几百个甚至几千个细小部分,诸如公国、伯国、城邦和主教国家。

例如,在法国就有诺曼底、勃艮第、波旁、吉延和加斯科尼诸公国,以及巴黎、香槟、昂热、普瓦提埃、布卢瓦、阿尔图瓦、瓦罗亚等伯国。在意大利有萨瓦和米兰公国,有威尼斯、热那亚、佛罗伦萨和锡耶纳等城邦,有教皇的主教国家,以及西西里与那不勒斯王国(以"两西西里"著称)。在德国有巴伐利亚、奥地利、萨克森、西里西亚、卢森堡等公国;有符腾堡和提洛尔伯国;有勃兰登堡和路萨提亚侯国;有科隆、美因茨、特里尔、斯特拉斯堡、闵斯特尔、乌德勒支、马格德堡和萨尔茨堡等主教国家;有汉堡、吕贝克、不来梅、拉提斯本、纽伦堡、沃尔姆斯、斯皮雷斯和法兰克福等城邦。

上面所举的只不过是构成中世纪初期欧洲杂乱拼缝的政治坐褥的大批碎块中的几个。这些碎块有些非常之小,有些则相当地大。有些是共和国,有些是君主国,有些是贵族政体的国家。

国家与"等级"　封建的形式和惯例盛行一时。中世纪国家的普通类型是公国或伯国,

图 19-1 中世纪人们认为,社会可以划分为教士、武士和劳动者三个等级,分别由此图中的修士、骑士和农民来代表

它由一群与公爵或伯爵都有封建附庸关系的庄园,往往还有一些市镇所组成。这样一个国家的元首——公爵或伯爵——一般都有一个首都,也就是他的城堡所在,他就在此听政;还有一支由封建骑士和雇佣兵组成的小军队;有一个代表其公国或伯国内"等级"(Estates)的议会。

"等级"在这里意即社会各阶层。教士为第一等级;贵族为第二等级;其他人等有时统称为第三等级。

在"各等级"的同意下,公爵或伯爵可以制定法律、征收赋税以及治理他的领土。每个封建宗主均可颁布法律、征收赋税、铸造钱币、宣战、缔结条约以及在自己宫廷中审理案件。

中世纪大多数封建国家的历史是沉闷混乱的,同样的事一再重演。然而,时代在前进,变革终于出现了。

国王与王国 在有些国家中,最显著的如英国、法国,国王占了上风,然后把那些公国和伯国合并到大的民族国家之内。而在其他一些国家中,最显著的如意大利和德意志,公爵和伯爵们仍然把国家分裂成若干公国、伯国等,而许多城市实际上也是独立的。

本章的计划 前一章关于封建制度的研究可以帮助我们来理解这条杂乱拼缝的坐褥。本章则将进一步提到几个大的城邦,而且也要看到国王们是如何在封建领主之上建立他们的王国的;但是首先我们必须再讲讲教会,以及神圣罗马帝国。

19.2 教会和国家

在中世纪的欧洲,基督教教会是最有势力的机构。主教和国王及皇帝总是有密切联系的——这种关系有时是友好的,有时是敌对的。

教会的体制 就我们所知,西方基督教会的首脑就是教皇,即罗马的主教。教会所在的各国都被划分为大教区、主教管区和教区。大教区是一个大区域,它的首席主教称为大主教或总主教。主教管区是大教区的一部分,受一个主教的管辖。教区则是主教管区的一部分,一般只有一个教堂,包括到这个教堂去礼拜的人们所住的村庄或城镇的一个区。每个教区有一名神父,主持弥撒,并管理圣事。在重要教区内,还可能设有助理神父和会吏。

所有这些教士们——大主教、主教、神父、会吏——统称为世俗教士。之所以称为世俗,是因为他们在尘世中生活和工作。

正规教士　正规教士包括修士、托钵僧、修女,他们都是脱离尘世的,并且在一种特定的宗教规章下生活。

有几种正规教士:(1)本笃会修士和修女,均住在固定的男女修道院中;(2)十字军教团,如圣殿骑士团和条顿骑士团,出现于 12 世纪,按军事体制组织起来;(3)托钵僧,或行乞僧团。

托钵僧最初并无固定住所,只是四处云游,靠周济生活——故此称为"托钵的"或"行乞的"僧团。他们向普通人传道。这些教团在 13 世纪始崭露头角,最著名者为方济各会及多明我会。第一派仿效阿西西的弗兰西斯(1182—1226 年),力主对贫苦人要谦卑友爱;第二派是多米尼克(1170—1221 年)的信徒,他们激发了布道的热忱。

大多数正规教士都曾立誓自甘贫困、独身与服从。所有的托钵僧团和本笃会修士在教育史上都很知名,中世纪大多数伟大的学者都是修士或托钵僧。然而正规教士加入世俗教阶组织的事并非罕见,有的成为主教,甚至成为教皇。

政府中的教会　教会的主要作用当然是规定和指导人们的宗教生活,但是由于人们还有其他需求,且黑暗时代和中世纪都缺乏政府管理,教会也做了其他事情。正如我们已看到的,修道院代替旅舍来接待旅客,并为老弱贫病提供了方便。因为没有公立学校,教育就完全由教会来主持。天长日久以后,教会在行政管理方面取得了日益重要的地位。到后来它竟有了自己的一套法庭和法律体系。教会的法规称为教规。

图 19-2　多米尼加和弗兰西斯修会。不像其他的修会,多米尼加和弗兰西斯并未居住在修道院,而是到处祈祷及与异端战斗。他们通过自己的劳动和信徒的友善维生

教会法庭不但审理涉及教士的一切案件,而且也审理平信徒(非神职人员)的婚姻、渎神或对遗嘱的争执等案件。作为封建宗主,许多主教和修道院院长统治着广大地区,在这些区域内行使立法、铸币、征税等权力。教皇则为罗马城及其周围的教皇国的统治者。简言之,在中世纪,教会是政府中的一大势力。

野蛮是个问题   黑暗时代的一些问题困扰着中世纪。异教徒的蛮族当然已经皈依了,他们的后代也在开化过程中,但广大人民仍然是愚昧无知的;许多好战的封建贵族虽然有基督徒之名,但在内心却比蛮族好不了多少。迟至11世纪,教会还在试图教导这样的战士不要闯入教会,不要伤害修士,不要在宗教节日打仗。换言之,对于这许多粗野的战士,所谓"上帝的和平"和"上帝的休战"都没有多大意义。

封建主义是个威胁   教会丰富的地产对于那个时代的封建领主来说,几乎是一种不可抗拒的诱惑。有时他们用武力攫夺教会的土地。更经常的,他们企图使自己的心腹和亲戚选上教职从而控制教会的财产。我们必须记住,修道院院长和主教都是广大地区的宗主,他们从中得到大量收入。因此,富有野心的封建领主,甚至国王和皇帝,都在不断地试图把他们自己的人安放在这样的位置上,这些人往往缺乏虔诚,有时还缺乏道德。在10世纪和11世纪初期,这样的事甚至影响到教皇职位本身。

教会的流弊   另一流弊则是有些人总是企图以贿买方式获得教职,使他们自己及其亲戚因而致富。这种行为曾被改革家们所斥责,他们愤激地称之为"买卖圣职"(simony),此词来自西蒙·马古,他因企图以金钱购买圣灵的力量而遭到使徒彼得的严厉训斥。

另一困难的起因涉及教士的独身生活,即教士不得结婚的规定。独身生活并非从来就有的规定,但是在西欧,4世纪和5世纪时,教皇和宗教会议力主所有教士都不得结婚。这种规定很难实行,而且经常被破坏,特别是被那些以政治势力或以"西蒙式"取得教职的世俗贵族们所破坏。

克吕尼与改革   反对这些流弊的运动是由各类修士进行的,特别是法国的克吕尼的修士。克吕尼改革运动遍及全欧。它得到几个皇帝的支持。

红衣主教团   11世纪中叶,富有改革精神的教皇在运动中带头反对"买卖圣职",反对对教会的政治控制,反对教士结婚。1059年,教皇尼古拉二世颁布命令:此后教皇不得由皇帝或罗马的贵族家族提名,而应由罗马的主教、神父和会吏合组的团体推选。这种方法意图把较好的人放在职位上,使他们有较多的独立性,不受外来影响。这个选举团体后来以红衣主教团著称。

希尔德布兰德   11世纪最伟大的改革家是希尔德布兰德,即教皇格列高利七世。他是诚挚、正直而无畏的。在热忱与精力方面,他可与先知以利亚相比拟。他致力于增强教会统治权,在锡封问题上同皇帝亨利四世发生了冲突。格列高利禁止任何世俗统治者——

即使是国王或皇帝——锡封教职人员，即授予后者戒指与牧杖作为神职的象征。

亨利与卡诺萨　特别是在德意志和意大利北部，兴起了抗议的风暴。皇帝拒绝服从，而且试图废黜教皇。格列高利则以开除皇帝的教籍相回敬——把他从教会中驱逐出去。不久亨利发现自己面临着一场德意志的叛乱，在惊慌之中他赶忙到意大利求见教皇并乞求宽恕。在积雪的亚平宁山中的卡诺萨城堡里，教皇让皇帝穿着悔罪人的粗布衣，赤脚站在庭院中达 3 天。教皇想给其他专横的统治者一个教训的实例。然后教皇宽赦了他，并接纳他回到教会。这是在 1077 年。

但是亨利没有遵守他的诺言。冲突又重新开始了。封建领主们也参与了这场争端，因此德意志被内战困扰了许多年。格列高利七世实际上被逐出罗马，1085 年死于流亡中。临终时他说：“我爱好正义，憎恨罪恶；因此我在流亡中死去。”

沃尔姆斯宗教协定　多年以后，到了 1122 年，格列高利所力争的改革才在沃尔姆斯宗教协定中完成了，这个条约同意，只有教皇或他的代表才能以戒指和牧杖锡封主教或其他教职人员。

英诺森三世　在锡封的冲突中获胜以后，教皇就可以发挥巨大的权威，并要求成为最高权威。或者可以说，教皇影响达到最高是在英诺森三世（1198—1216 年）时，他曾宣称，尽管“王侯受有尘世之权”，而教士却有一种更崇高的权力，因为他们处理人类的灵魂。英诺森三世的野心就是要使教皇成为一切基督教国家的最高统治者和君主。

在他的一切政治成就中，最著名的是他对英格兰国王约翰的胜利，后者胆敢反对他任命斯蒂芬·兰登为坎特伯里大主教。

灵性的基础　教会的真正力量并不在于它的政治活动，而在于它的成员对于它具有神圣使命的信心。教会声称，也被人们承认，它是耶稣基督为了传布他的福音、施行圣礼并为人类在永恒的生命中取得永恒的幸福而建立的永恒的基础。

异教徒与异端裁判所　在中世纪的欧洲，异教徒总是被人以愤怒和恐怖来看待。有些人则被处死。13 世纪时还设立了

图 19-3　意大利托斯卡那的女伯爵玛蒂尔达（约 1046—1115 年）是教皇改革理念的坚定支持者。她在她的城堡安排了教皇和皇帝的戏剧性会面。在画面中，皇帝下跪，教皇演讲，而伯爵劝说，表明达成了谅解，亨利重归教门

一种特殊的法庭体制来审理异教徒。这种体制在历史上以"异端裁判所"著称。犹太人并不作为异教徒来审理。他们被许可保有他们的教堂和祭司,但总是有很多反对他们的偏见。我们还将看到,为了反对穆斯林进行了一系列十字军的恶战。

宗教上的不宽容　中世纪的悲剧是,基督徒竟然忘记了他们自己的创始人曾是不宽容的受害者,他曾教导世人要宽容。但是对他们来说,不宽容已成为一种遗传的习性,很难丢掉。这是符合他们的强烈信仰和深切热忱的。而这种或那种的不宽容,在我们自己的时代也并没有完全绝迹。我们所谓的宗教自由也只是一个新近的尚不完善的成就。

19.3 帝　国

一次罗马的复兴　我们已经看到,中世纪的西方帝国并不是古代罗马帝国的直接延续。它是一个新的帝国,沿用着扩大了的旧名称。800年教皇利奥三世为查理大帝加冕为罗马皇帝。在西方又没有了皇帝一个时期之后,公元962年,教皇约翰十二世为伟大的德意志国王鄂图加冕为"神圣罗马皇帝"。这个理想就是说,帝国要像天主教教会一样,应该包括一切基督教王国。因此,帝国在政治领域中的目的也像教会在精神领域中的目的一样。它坚持它是古代基督教罗马帝国的真正继承者。所以它自称为"神圣罗马帝国"。

神圣罗马帝国　这个帝国的最大范围曾包括日耳曼、尼德兰、波希米亚(捷克及斯洛伐克)、奥地利、瑞士、勃艮第以及意大利的大部分。它从未包括法兰西的西部、英格兰、西班牙、斯堪的纳维亚诸国或匈牙利。

德意志王国　鄂图一世及其继承者的神圣罗马帝国是建立于德意志王国之上的,后者实际上是在843年根据凡尔登条约从加洛林帝国分裂出来的。鄂图自己首先是和最主要是德意志国王,而从他以后,无论谁是德意志国王,在正常情况下都是神圣罗马皇帝。但情况常常是不正常的。

如果这些德意志国王只把全力用在德意志境内,他们或许像在英格兰和法兰西建立的民族国家那样,早就建立了一个强盛的德意志民族国家。但由于个人的野心、古代光荣的诱惑和教皇的敦促,他们脱离了实际而转向幻想。他们企图在他们的德意志王国上重建古老的罗马帝国——然而失败了。他们只有一个帝国的虚名。德意志并没有统一起来。

皇　帝　帝国的元首由王侯们推举,在他受教皇的加冕之前,称为"德意志国王"或"罗马人之王"。之后,他就是"罗马皇帝"。皇帝总是设法使他的儿子在他活着的时候当选为"国王",以便在他自己的家庭中取得继承权;就是以这种方式,皇帝称号便在长时期内父子相传下去。

从理论上说,皇帝握有大权——他是君士坦丁和狄奥多西的继承人——但事实上他

地图 19.1 早期中世纪的欧洲，1095 年

并不比封建领主大多少,只不过有从自己地产中获得的,或说服他的封臣们赠予他的那么一点权威。但他的封臣们也都是唯恐丧失权力的,并小心翼翼地不使皇帝过于成为他们的主人。

选帝侯　我们已经看到,某些封臣(王侯)可以选举"德意志国王";因此,他们也就间接地选举了皇帝。他们以"选帝侯"或"选侯"著称。其人数因时代不同而稍有变化,但1356年著名的"金印诏书"最后规定为七人。"诏书"在当时是对法令或盖有印章的文件的流行称呼。它只是一个拉丁字"bulla"即印章的简写。之所以叫作"金印诏书",是因为它的印章是放在金盒之内的。按照"金印诏书"所规定的七个选帝侯是:美因茨、特里尔与科隆的三个大主教,波希米亚王,享有王权的莱茵伯爵,萨克森公爵和勃兰登堡侯爵。

自由城市　在神圣罗马帝国中,某些城市变得非常重要,特别是在意大利北部、莱茵河和美因河流域以及北海和波罗的海沿岸的一些城市。它们从皇帝和王侯那里索取到特许证,从而发展起大量的自治权,甚至最终在实际上变成独立的。在德意志还有为数极多的小骑士和男爵,他们在理论上是皇帝的直接封臣,但在实际上,他们目无法纪,各逞所欲,经常从他们的城堡中出袭,劫掠行旅客商。商人和城市同盗匪般的男爵们作战;城市同男爵们又相互作战;王侯们和城市又时常同皇帝作战。凡此种种,当然都损害了皇帝的地位,并削弱了所谓的帝国。强大到能够维持秩序的皇帝是罕见的。

议　会　在帝国中演变出了一种议会(Diet)。它并非由普遍投票选出,而是由某些集团和阶级选出。它特别代表了选帝侯、主教和男爵们以及自由城市。它时常开会,通常在法兰克福,由皇帝召集,向皇帝提出建议和进行协助;但是它的成员关心他们自己的特殊利益甚于关心一般的福利;所以议会通常总是没能协助皇帝或加强帝国的力量。

锡封权的冲突　但是把帝国的弱点最明显地暴露出来,而且使其声誉更加减损的,还是皇帝与教皇之间一系列的争吵,特别是关于锡封权的长期争吵,最值得注意的事件之一就是亨利四世在卡诺萨的屈辱。

莱尼亚诺之役　卡诺萨事件之后100年,绰号巴巴罗萨("红胡子")的皇帝腓特烈一世与教皇亚历山大三世,为争夺霸权发生了一场激烈的斗争。两人都是强手,于是他们的争吵便发展成为一场巨人的较量。1176年争吵达到了顶峰,当时意大利北部诸城市,即伦巴第同盟,加入了教皇一边,并在著名的莱尼亚诺战役中打败了皇帝。14年以后,巴巴罗萨死于一次十字军的远征中——一次对东方穆斯林的远征。

里昂会议　巴巴罗萨之孙皇帝腓特烈二世也向教皇挑战。他力图在意大利扩张他的王国来吞并教皇国。经过多年的文字和刀剑的战争之后,皇帝的部队被逐出意大利,1245年在法国里昂召开了一个全体教会会议,将他废黜。5年之后他死了,帝国也几乎和他一同消亡了。

哈布斯堡王室 从 1250 年到 1273 年没有真正的皇帝,因为选帝侯之间也在争吵。但是到了 1273 年,他们选出了哈布斯堡家族的鲁道夫。他由于为自己和家族搞到了奥地利公国而知名,这个公国一直在哈布斯堡家族统治之下,直到 1918 年。在鲁道夫去世后一个半世纪之久,皇冠传递于不同的家族之间,但自 1437 年以后,大多数"神圣罗马皇帝"都是哈布斯堡家族的人。在那个时代,帝国不过是一个幽灵,但它仍然是萦绕于人们梦寐的幽灵。它一直传到现代。

一些结果 帝国的失败容许了某些民族国家的形成——匈牙利、波兰、斯堪的纳维亚诸国、法兰西、西班牙,以及英格兰。其次,从那些颠覆帝国的封建混乱之中出现了某些强大的家族——奥地利的哈布斯堡、巴伐利亚的维特尔斯巴赫以及普鲁士的霍亨索伦。第三,阿尔卑斯山

图 19-4 神圣罗马帝国的皇冠,上有皇帝康拉德二世(1024—1039)的名字

谷里坚强的日耳曼人联合起来,无视帝国的封建领主,建立了瑞士的若干共和国。一个较强的帝国本来可以防止这类的事。之所以把这归因于帝国,似乎主要是因为它软弱无能。第四,帝国的积弱与失败,使得德意志和意大利的城市能够赢得独立,并建立起城邦,它们在工业、商业、艺术、学术以及自由主义政体诸方面都做出了伟大的贡献。

19.4 城 邦

中世纪大的城邦都在德意志、尼德兰以及意大利北部。在西欧,每个重要的市镇都有它自己的政府,对一切其他政府来说,它至少是部分独立的。在某些地区内,市镇发展为实际上享有自由的城市,而在另一些地区内,它们又逐渐成为民族国家的一部分。

民族国家的城市 在英格兰、法兰西、斯堪的纳维亚诸国、波兰、匈牙利、西班牙以及意大利南部,国王们胜过了封建领主,并建立了强大的中央集权国家。在这些国家中,市镇总是从属于国家的君主,并归并于民族国家之内。然而这类市镇从它们的皇室所有者那里,一般可以得到管理它们地方事务的相当自由的特许证,及在国家议会中的代表权。

自由城邦 由于处于日益削弱和衰败的帝国之内,德意志、尼德兰以及意大利北部的市镇得以摆脱外来的控制,成为自由城市。由于在东西方商业来往中处于优越的位置,它们变得既繁荣昌盛又人烟稠密。许多公民既有财富又多闲暇,因此这些城市便成为艺术

与学术的中心；由于在自治政府中有了机会也有了责任，他们就做出了许多近代民主政治的措施。

中世纪的这些自由城邦与古代腓尼基人和希腊人的城邦相似。每一个城邦——威尼斯、热那亚、比萨、佛罗伦萨、米兰、吕贝克、不来梅、汉堡、但泽、科隆、布鲁日、根特，以及许多其他城邦——都是一个市镇，包括四围一定数量的乡村，时常在较远地区还有贸易据点。每个城邦都享有它的公民的第一认同。举例说，一个佛罗伦萨或但泽的本地人总是首先自认为是一个佛罗伦萨人或但泽人，而从不承认自己是一个意大利人或德意志人。

当然，各个自由城市都有它自己的政府、法律、法庭、货币以及军队。如果它是个海口，它也有自己的海军。每个城市均可结盟作战，以及订立条约，就像任何民族国家所能做的那样。

"盛"与"衰"　大多数中世纪城邦的历史是极其相似的，而且很像我们所回忆到的关于雅典、科林斯、米利都以及罗马的故事。它是关于城市与外来势力进行斗争的故事，是为政治权利而反抗封建领主的故事，或因商业利益而与对立城市相斗争的故事。它同样也是内部斗争的故事，是为了控制政府及其政策而引起的，在商人与手艺人、富人与穷人、贵族与平民、"贵族"与"平民"之间冲突的故事。

威尼斯　在中世纪最著名的城邦之一威尼斯，富商从早期就取得了优势，并且形成了被长期证明是具有高度效能的政府。由一些威尼斯贵族家族组成的大会议选派了官吏，制定了一般法律。一个小型元老院管理外交和商务，负责宣战与媾和。还有一个十人会议专门监视公共道德以及侦察反对政府的阴谋。它有权逮捕和秘密审讯，而且可以判处任何人以死刑。

威尼斯的政府称为共和政体，其元首是由选举产生的督治或公爵。他由内阁协助，指导政府工作，并指挥陆军和海军。特别是由于它的海军力量和十字军时代的贸易，威尼斯在 12 和 13 世纪时发展得十分繁荣。同古雅典一样，它也建立了一个海上帝国，包括塞浦路斯和克里特等大岛。

热那亚　位于意大利西北海岸的热那亚，也是中世纪的一个著名城邦。它内部的历史比威尼斯更要动荡不安，其特征是平民与贵族之间的战争，贵族内部的世仇械斗以及拥护和反对皇帝的人们之间的冲突。只在 14 世纪时，在一个督治管理下，它确曾有过一个相当稳定的政府。然而中世纪的热那亚人在扩展对外贸易与建立海上帝国两方面，与威尼斯人几乎同样成功。由于同另一个意大利城邦比萨战争的结果，热那亚取得了科西嘉和撒丁等大岛；另外因它参加了十字军，也像威尼斯一样，在地中海东部取得了某些贸易据点。后来，在威尼斯与热那亚之间发生了一次长期较量，导致了前者的胜利与后者的衰落。

佛罗伦萨　佛罗伦萨在 12 世纪成为共和国。它的主要官吏是执政官们；虽然贵族们在一个时期中曾控制了政府,但平民却是非常独立而好乱的,他们以组织完善的手艺行会而成功地施加影响,超过在威尼斯或热那亚。有的时候,佛罗伦萨政府几乎可以说是民主政治。但终于有几个富有的家族实际上成为佛罗伦萨民主政治的独裁者或"头子"。这些家族之一是大银行业的美第奇家族,在 15 世纪时兴旺起来,并且把它的统治变为世袭。佛罗伦萨成为托斯卡那的主要城市和首府,托斯卡那即古伊特鲁里亚。佛罗伦萨作为一个艺术中心的美名一直延续下来。

米　兰　米兰在伦巴第所起的作用与佛罗伦萨在托斯卡那所起的作用极其相似。米兰也曾发展为一个半民主的政府。它在与腓特烈·巴巴罗萨作战中表现杰出。它是伦巴德同盟的一个领导成员,1176 年这个同盟在莱尼亚诺击败了巴巴罗萨。1262 年,维斯孔蒂家族在米兰夺取了政府的控制

图 19-5 意大利各城邦多为商业城市,商人在其中占有重要地位。而其中,尤为显赫的是掌握资金流向的银行家,从事金融兑换来获利。甚至皇帝、国王或贵族都是他们的借贷人

权——比佛罗伦萨的美第奇还早一些。维斯孔蒂统治了米兰近 200 年。随着时间的推移,米兰城邦扩展为米兰公国,它包括了伦巴第的大部分。迄今米兰还是意大利最富庶的城市。

其他城市　中世纪的许多其他城市也都变得富庶和强盛,并拥有著名的历史。例如布鲁日城之于尼德兰,犹如威尼斯之于意大利;而与布鲁日争雄的根特,则是属于热那亚一类的。德意志诸城市同样很重要,甚至在德意志王国和神圣罗马帝国的事务中起着指挥的作用。

城市同盟　为了商业的、政治的和军事的目的,中世纪的城市组成同盟是很平常的事。我们已经注意到伦巴德同盟,它的组成主要是抵抗皇帝的权威。在德意志则是汉萨同盟("商人公会"),它的组成主要是保护它的各盟员城市的商业。它始于 13 世纪,吕贝克是组建过程的领导者。它在全盛时期曾包括了七十多个城市。它召集会议,组织陆军和海

军的远征,不但在德意志内部以及它自己的盟员之间,而且也在德意志与外国之间促进了贸易。它在英格兰、意大利、尼德兰、斯堪的纳维亚以及俄罗斯都保持有贸易据点,在 14 世纪达到了顶峰。

政府与外交 中世纪的城邦先后建立了几乎所有我们曾听到过的各种类型的政府,包括市政官计划在内。在意大利还曾产生出了一个职业的市政官阶级。近代外交惯例有许多都是来自中世纪城邦,特别是来自意大利城邦。13 世纪威尼斯曾产生了一个职业的大使阶级。有一种奇特的规定,即大使不得携妻出国,怕她泄漏机密。另一规定则要求他携带自己的厨师,以免被人毒害。

19.5 民族国家

我们所谓的民族国家的意义是什么呢?一个民族国家就是操同一语言的民族的一个政治组织;它不受外国政府的干涉;它的中央集权程度,足以控制它自己疆域以内的一切地方政府。

在 10 世纪,即中世纪开始之前,整个西欧的政府几乎全是封建的、地方性的。那时还没有民族国家。到了 14 世纪,中世纪之末,在神圣罗马帝国以及德意志和意大利诸城邦内,封建主义和地方主义仍是常规,而在其他各地民族国家则正在兴起。

民族国家兴起的因素 有几个因素促成了民族国家的兴起:(1)具有显著特点的语言在一定地区之内逐渐形成;(2)基督教教会在英格兰、西班牙、波兰等地建立民族制度方面所做出的范例;(3)自入侵初期就有了的诸蛮族王国的传统;(4)罗马法的复兴,它是地域性的而非部落性的,强调君主的至高无上;(5)经过封建制度的实验,证明需要有更加稳定和集中的权力。

大民族国家的建立意味着国王们对于大批封建领主的胜利。由于人们是那样地渴望秩序与安全,渴望能有在不受干扰的情况下工作的机会,使得他们甘愿在国王手下忍受沉重的负担。所有早期的民族国家都是君主政体。

19.6 英格兰

英格兰迈向民族王国的步骤, 是在撒克逊人埃格伯特和艾尔弗雷德大王统治下,是在丹麦征服者施韦根和坎纽特,以及被重新扶植起来的撒克逊人忏悔者爱德华和哈罗德统治下走过来的。这就把故事带到了 11 世纪中叶。在 1066 年,诺曼底公爵威廉渡过了英吉利海峡,在战争中杀死了哈罗德,征服了英格兰,建立了更彻底的政府集权。

一本书与一个誓约 1086 年,威廉(被称为威廉一世或征服者威廉)派出官吏走遍英格兰,将每个人的财产做出清册,汇编成英国历史上所称的《土地清册》。手边有了这本书,国王就能知道每人应该或能够交纳多少赋税。同年,威廉要求某些地主到索尔兹伯里来见他,并宣誓只效忠于他而反对一切其他人。这样就使他们直接受到了国王的约束,甚至不得不去反对他们的顶头封建领主。这个誓约以索尔兹伯里誓约而知名。

这样,威廉一世根据《土地清册》和索尔兹伯里誓约办到了两件事:(1)他将征税放在有条理的基础之上;(2)他削弱了英格兰的封建制度。此后的国王还会与封建领主们发生纠纷,但威廉却以这本书和这个誓约为英格兰的民族国家奠定了一个良好的基础;而且他以自己的工作,为那个时代的一个国王应该怎样做,树立了一个良好的榜样。

语言与法律　威廉一世把曾一度阻碍了民族性发展和统一的两件事物——诺曼—法兰西语与诺曼—法兰西法律(即旧罗马法的一部分)——带到了英国。诺曼—法兰西语被指定为政府使用的语言——这是征服者的语言。拉丁语仍是教会使用的语言。而大部分人民则说盎格鲁—撒克逊语。但是英吉利语及时出现了,三种语言各占一部分,主要的是盎格鲁—撒克逊语。而英国的法律最后变成了部分是诺曼—法兰西的,部分是盎格鲁—撒克逊的。

亨利二世,他的成功与失败　大约在诺曼人征服之后 100 年,开创一个新王朝的亨利二世,与贵族和教士进行过一场激烈的斗争。他是在一段软弱的统治时期之后即位的,在此期间男爵们目无法纪,压榨人民。亨利二世曾与这些男爵们发生过许多纠纷,但最终还是迫使他们顺服了。他曾想强使那些违犯国王的某些法律的教士也到国王的法庭上受审,就像他们在教会法庭受审一样。教士特权的主要拥护者是坎特伯里大主教托马斯·贝克特。争论一直进行了多年;后来在 1170 年,大主教被国王的朋友谋杀了。

但是大主教的被害不但没有帮助,反而损害了国王的事业。大主教被人们作为殉道者来纪念和推崇;国王屈服了,在贝克特墓前举行了悔罪仪式,并放弃了他贬抑教士的努力。他贬抑了的是贵族而不是教士。

图 19-6　贝叶挂毯,大约制作于 1073—1083 年间,描绘了在 1066 年的黑斯廷斯战役中,骑在马上的征服者威廉催促士兵与英军交战

陪审团与习惯法 亨利二世最永久的业绩是改进法庭。他派出他的审判官定期巡回全国各地,并且建立了陪审员制度,即在每一地区由正直人士经过宣誓,汇报罪情,并协助判决案件。有了这样的程序,巡回法庭以及陪审团和习惯法便被应用了。一些地方性法律,旧日的封建法律,为国王的法律和国王的审判官的判决所代替了。这就使得法律在全国具有普遍性,亦即同一性。这就是英格兰的习惯法的起源。它大部分都是由法官制定的。现在,当我们提到"习惯法"时,我们的意思是指旧英国法,正如我们已见到的,它部分是由法官制定的。习惯法从英格兰一直推行到一切英语国家。

大宪章 英格兰国家政府发展的第二个重大步骤就是自由的获得——对君主专制政体的反作用。1215 年,反对国王的贵族们联合某些主教以及若干中等阶级人士,强迫亨利二世的儿子约翰王签署了大宪章(Magna Carta)。在大宪章里,国王许诺要尊重贵族的权利。

约翰王还做了两件他所不愿做的重要事情。(1)他变成教皇的封臣——承认教皇是英格兰的封建宗主;(2)他把自己在大陆上的土地放弃给法兰西国王。我们之所以记得约翰王,就是凭着他所做的那些他不愿做的重大事情。如果当时没有那么多种力量联合起来压迫他,也许他还不会让步得这么多。无怪乎他在次年就死去了!

第一个下议院 但约翰王在世的时间足够使他去违犯或者试图违犯大宪章。他的儿子和继承人亨利三世则有一段漫长的和多难的统治时期(1216—1272 年)。困难主要是他也违犯了大宪章。他面临内战,因为男爵们总是企图要他坚守宪章。男爵们的主要首领是国王的妹夫西蒙·蒙特福特。1265 年,在亨利战败被俘以后,西蒙召集了一个议会。结果变成一种新型议会。除了由贵族、主教和修道院院长组成的旧的枢密院外,西蒙还从每个郡召集了两名骑士,每个市镇两名公民。这些新的人民代表就是下议院的开端。他们同那个比较旧的团体一起组成了议会。

模范议会 1295 年,国王爱德华一世没有模仿他的父亲国王亨利三世,而模仿了他的姑父西蒙·蒙特福特,使下议院成为议会的正规部分。从那时起,州郡和市镇就派遣它们的代表,与主教和贵族们一同出席国家的立法机构。这是英格兰代议政府的另一个重大收获;由于 1295 年爱德华的议会被后人奉为模范,因此它在历史上以"模范议会"闻名。

在英格兰之外 1282 年爱德华一世征服了威尔士。后来,1301 年,他赐他的儿子以威尔士亲王的称号,从那时起它就成为英国王位继承人的称号了。爱德华还曾从事于对苏格兰的征服,但只有暂时的成功。在这整段时期,以及此后的多年里,英格兰的国王也力图拥有法兰西的广阔领土。

19.7 法兰西

我们还记得,843 年根据凡尔登条约分裂出来的查理大帝帝国的西部成为法兰西。它的大部分是古法兰克兰。987 年,一个名叫于格·卡佩的贵族成为法兰西的国王,他的后裔卡佩家族在以后若干世纪一直是法兰西的国王。由于封建制度在法兰西比在英格兰强大得多,法兰西的国王比英格兰的国王一般要软弱一些。换句话说,法兰西在成为一个真正的民族国家上迟缓得多。

菲利普·奥古斯都　从 1180 年到 1223 年的法国国王菲利普二世,习称为菲利普·奥古斯都,为加强法兰西的君主政体做了许多事。他废除了国王需向领受采邑的贵族致敬的习惯;1214 年,他在布汶击败英格兰的约翰王,并夺取了约翰在法国的土地,从而粉碎了法兰西北部和中部封建制度的势力;然后他改组了法兰西政府,以他自己的代理人代替了封建的官吏。简言之,他以刀剑、外交和王家法律战胜了封建制度。

也是当菲利普在位的时候,虽然没有他的积极支持,法兰西的贵族们对法兰西南部的异端基督徒阿尔比派进行了一场十字军征讨。结果是图卢兹伯爵的势力崩溃了,数年以后,法兰西南部的一大部分就直接置于法兰西王权统辖之下。

路易九世　菲利普二世之孙路易九世(1226—1270 年)是中世纪的模范基督教国王。教会公认他为圣路易。他只有一个目的——公平对待一切人。由于他的个人声誉,也由于他的明智立法,他为法兰西君主政体的巩固做出了不朽的贡献。由于他对穆斯林的两次十字军征讨,他赢得了广泛的声望,他在第二次十字军征讨时死去。

美男子菲利普　路易九世之孙、绰号美男子菲力浦的菲利普四世(1285—1314 年),为人机敏,不择手段,而又总会成功。他有坚定的决心要把法兰西统一在他之下,他要求有向教士征税、并在王家法庭审讯法兰西主教之权。教皇反抗了,并以开除教籍与废黜菲利普相威胁。为了争取人民作他的后盾,菲利普召开了一个议会,叫作法兰西三级会议。它由三个集团组成:主教、贵族与平民。平民的代表在以后的法兰西历史中以第三等级著称。

在三级会议中,连主教院都站在国王一边。他们希望摆脱向罗马纳税——他们认为税率太高;而且他们感觉到一种反对任何外来势力的新的民族情操在激荡。高龄的教皇卜尼法斯八世被压服和屈辱了——不久就死去了。菲利普的一个法兰西朋友当选为教皇,继承了卜尼法斯,于是教皇的宫廷就在法兰西的阿维尼翁建立起来。时为 1305 年。教皇居住在阿维尼翁达 70 年之久,时常在法兰西国王的影响之下。

法兰西成为民族国家　菲利普四世在位的末年,1314 年,法兰西的大多数封建采邑都已隶属于国王,封建制度已经衰弱。长期以来迁移不定的首都,也在巴黎建立起来。法兰西国王在他们的法兰西民族国家中终于成为至高无上。然而在它能彻底完成国家统一与发展深厚的民族爱国主义以前,法兰西还必须经历同英格兰进行的一场可怕的百年战争(1337—1453 年)。

19.8 其他民族国家

法兰西和英格兰并不是在中世纪产生的仅有的民族国家。苏格兰、匈牙利和波兰也都是在同一时期变成民族国家,丹麦、挪威和瑞典几个斯堪的纳维亚国家也是如此。在西班牙半岛也兴起了三个民族国家,即葡萄牙、卡斯蒂尔和阿拉贡。意大利的两西西里王国以及尼德兰的佛兰德郡,也都有成为民族国家的某些希望。

因此,在中世纪,西欧的政治地图已开始具有迄今依然存在的一般面貌。到了 14 世纪,欧洲的大部分已经在民族的基础上,从政治上组织起来了。地方主义只在意大利、德意志以及尼德兰依然流行;而其他各地都是有本民族国王的民族国家。

但是中世纪的大多数国王并不是专制的。他们都不由自主地受到严格的限制。封建制度的遗留、叛变的危险、不时的选举、特许证以及议会都是他们的妨碍。共和主义同君主政体一样,民主政治的萌芽同贵族政治一样,都在中世纪政府里出现了。

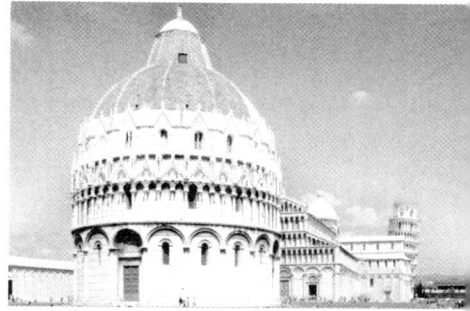

第 20 章　　中世纪的文化

20.1 语言和文学

拉丁语言曾经是文明的一个伟大传递者。在中世纪的中欧和西欧,每个受过教育的人不但能说本地的土语,而且也都懂拉丁语。

拉丁语是一种国际语言　拉丁语曾是一种活的语言——每个神父、修士、律师、医生、教师以及有教养的绅士每天都在使用它。同样,它也是那些广泛流通于不同国家的书籍的用语;它也是外交用语——政府之间的官方事务所用的语言。

中世纪的文学　古代的古典文学都是以拉丁文流传到中世纪的,例如维吉尔的诗、教会的公祷书以及哲罗姆所译圣经通俗本。但是有许多闻名的文学作品是在中世纪产生的——大多数也是用拉丁文写的。我们在这里只能提到几部杰作。

在法律方面,有 12 世纪在博洛尼亚编纂的格拉提昂的教规法典;还有查士丁尼民法的各种不同版本,上面有著名法学家的注释。

在历史方面,有两个大著作家,一个是法兰西的修道院院长絮惹,还有一个是德意志的主教,弗赖辛的奥托,两者都是 12 世纪的人。絮惹写了一本关于他的圣德尼修道院的记事,以及路易六世和路易七世在位时的历史。奥托写了一本世界史,以及一本关于腓特烈·巴巴罗萨皇帝的名不虚传的著名传记。

许多优美的赞美诗也产生了:曾写作了阿西西的佛兰西斯的传记的作者切拉诺的托马斯,撰写了《天谴之日》;一个圣方济各会修士写了《圣母悼歌》,这个修士是教皇卜尼法斯八世的同时代人和批评者;13 世纪的托马斯·阿奎那写了《只是由于如此》和《啊! 有益的献祭》;此外还有各种不同的祈祷圣诗,其中包括 12 世纪克莱沃的贝尔纳所写的《耶稣,只要想到你》和《耶稣,你是爱心的喜乐》。贝尔纳的圣诗已译成了几乎每一种现代文字,而且受到一切派别基督徒的赞扬和喜爱。

值得记住的是,这些拉丁圣诗与拉丁古诗不同,全是押韵的,而我们韵诗的写作就是在中世纪发展起来的。

希腊古典作品穿上拉丁服装 希腊和阿拉伯名著的翻译,使中世纪的拉丁文学丰富了起来。亚里士多德的伟大著作介绍到了西欧,部分是从希腊文译成拉丁文,部分是从希腊文译成阿拉伯文再译成拉丁文。

直到 14 和 15 世纪,学习希腊文才成为西欧学者热衷的事。那时拉丁文正在衰微,正在兴起的土语受到欢迎。

土　语 土语就是普通人所说的地方性的语言或方言。

在南欧出现了诸罗曼语或罗马语:意大利的意大利语,法国北部的法兰西语,法国南部的普罗旺斯语,西班牙东部的加泰罗尼亚语,西班牙中部的卡斯蒂尔语,葡萄牙的葡萄牙语,罗马尼亚的罗马尼亚语。这些都是从拉丁(罗马)语中发展出来的。

在西北欧出现了条顿语或日耳曼语:德语、丹麦语、挪威语、瑞典语、荷兰语,等等。英语可以认为是条顿语和罗曼语的混合物。

在中东欧形成了斯拉夫语:俄语、波兰语、捷克语、南斯拉夫语,等等。在最西部——爱尔兰、苏格兰、威尔士、布列塔尼(法兰西的西端),凯尔特语幸存下来了。

所有这四组语言——凯尔特语、斯拉夫语、条顿语以及罗曼语——连同拉丁语和希腊语,都是雅利安语或印度欧罗巴语。马扎尔人和芬兰人则说属于另一大语系的语言——图兰语。

但是这样的一张清单还是太简单了。它没有说明全部的情况。实际上,在中世纪欧洲,有多少个州郡和城市,差不多就有多少种英语、法语、德语和意大利语的方言。

土语著作 最初学者们总是轻视土语,但是有些作品逐渐开始以土语出现了。举例说,为了增强尘俗之人的虔诚起见,神父和修士用普通人的语言写出祈祷书,译出一部分圣经。国王和其他统治者也开始以他们的臣民所说的语言来颁布法律。

还有诗人们——那时当然是有诗人的——开始写下了诗和戏剧、故事和歌曲。其中有些是旧的,有些则是新的。"一切民族的童年都是在歌唱中度过的。"如果中世纪确切说来还不是民族的童年,但它肯定是语言和文学的童年。所以大量诗歌的出现是意料之中。诗主要有两种:关于香花、少女与爱情的轻松抒情诗,以及关于骑士与战斗的英雄叙事诗。

在中世纪的抒情诗方面,法兰西的行吟诗人与德意志的吟游诗人最为著名。法兰西南部的行吟诗人漫游四方,在堂皇的城堡里和农民的村落中,随编随唱他们的歌曲。在德意志,最负盛名的吟游诗人是瓦尔特·冯·德尔·福格尔维德。

　　在叙事诗方面,法兰西的《罗兰之歌》,西班牙的《熙德》,以及德意志的《尼伯龙根之歌》都是广泛流传的。战歌的歌者和情歌的歌者一样,漫游各地。在法兰西他们叫卖艺诗人,在德意志叫市民诗人。

　　传奇文学与戏剧　有时艺人们以歌唱与朗诵交替着来讲述故事,因为最早期的这类故事是用一种从罗马语演变而来的土语创作的,所以称为"传奇"(Romance)。中世纪所写的戏剧主要是宗教性质的,且多在教堂中演出。它们包括根据圣经和教会史写的神秘戏剧,根据圣徒的生活写的奇迹戏剧,以及为了道德教训写的道德戏剧。

　　托斯康意大利语　正当法兰西的行吟诗人、卖艺诗人和历史学家将法语固定在典雅的精确性上,吟游诗人、市民诗人以及其他的人促使德语成为历史、哲学和诗歌的工具的时候,阿西西的弗兰西斯、但丁以及其他的人也正在使佛罗伦萨语和托斯康语发展成为意大利的文学语言。弗兰西斯的一生既是宗教的一生,又是诗歌的一生。他的《太阳赞歌》是一首可爱的宗教抒情诗。伟大的佛罗伦萨学者和诗人但丁(1265—1321 年)用意大利文写了一部在任何时代都是伟大的文学杰作。他的不朽之作《神曲》把许多中世纪的艺术和思想都珍藏在内。

　　紧接但丁之后,又出现了两个伟大的意大利作家——彼特拉克(1304—1374 年)和他的优雅的十四行诗,还有薄伽丘(1313—1375 年)和他的逼真的故事。

　　在中世纪,葡萄牙语和西班牙语连同西欧其他的土语一样,变成了文学的语言。在英国,杰弗里·乔叟(1340—1400 年)给予英语以更完美的形式,从而成为"英国诗歌之父"。

　　小　结　在中世纪之初——约在 1000 年前后——中欧和西欧差不多所有的文学都是拉丁文的。及至中世纪之末——可说是约在 1400 年前后——大多数学术著作仍是用拉丁文写的,但是用法文、意大利文、西班牙文、德文、英文以及其他土语所写的一般通俗文学则正在涌现。许多地区性的方言虽仍在使用,但它们已从属于民族的语言。一切书籍都是用手写作和抄写的。

20.2 教　育

　　中世纪以教育发达为其特点。大学、修道院、大教堂都是主要的教育机构。许多大学建立起来了。

　　地点和方法　每个人都在家中和教堂里受着宗教的教导。对于庄园或市镇里的大多数青年人,都教以可以谋生的工作——乡村男童学农,城市男童则教以商业或手艺。女童则由她的母亲教以烹调、缝纫和持家。当时并没有强迫男女儿童入学的一般法律,而且大多数不上学校;但主教们总是在他们的大教堂里设立一些学校,而且几乎每个修道院院

图20-1　在这幅雕版画中,巴黎大学的一名教师在主持一场学术讨论。所有的学生均头戴着学士帽和学士服

长在他的修道院里也都有一所学校。

目的和规划　大教堂和修道院学校主要的、但并非唯一的目的,就是要训练青年人担任神职或过一种特殊的宗教生活。学习的课程除宗教外还包括其他学科。事实上,这些课程的基础也就是古代罗马帝国的学校所教授的那些同样的"学艺"。

三科与四科　"学艺"共有七种,三种称为"三科"(Trivium),包括语法、辩证法和修辞;另四种称为"四科"(Quadrivium),包括几何、算术、音乐和天文学。

每一学科的范围比它的名称所提示的要广泛得多。语法包括对拉丁语言和文学的学习。辩证法则是逻辑学中一门艰深的课程。修辞则既包括散文和诗的习作,也包括法律入门。几何包括对欧几里得的学习,再加上地理和自然历史。算术则涉及罗马数字和历法的计算。音乐包括教会的素歌(格列高利圣歌)的规则,音调的一些理论以及和声学的学习。天文学除涉及天体外,还包括一些物理学和化学。所有这些学科都用教科书讲授,大多数教科书都是古代流传下来的。

初等学校　除了大教堂和修道院学校(称为文法学校①)之外,还有市镇行会和封建领主们所办的许多特殊的初等学校,讲授诵读、写字或唱歌。在这类学校里,一般用土语而不用拉丁语教学。

有些女童在附属于女修道院的学校里接受特殊教育;而许多女童——主要是上层阶级的——既学习细致的针线活计、家庭事务和管理,以及在日常轻微的事故和疾病的情况下,可以应用的基本外科和内科医疗知识,还学习诵读、写字和记账。

此外,也时常为贵族青年提供特殊教育,目的是使他们适合于做豪侠的骑士、聪明的主子和精明的财产管理人。他们要学习诵读、写字和算术、礼仪的规则和习俗、骑士的荣誉,以及下棋、弹诗琴、唱歌和做诗等高雅娱乐。

校　外　农村社区里的男女儿童未能进入任何正规学校的,则由教区神父或附近的

――――――――――――――

① 相当于今天英国的普通中学,美国的初级中学。——译者

修士口授宗教的教义和义务;同时,用以装潢教堂的图画和雕像也有助于提供圣经历史和教会历史的一些知识。许多贫寒而有才力的男童,则由其教区神父予以个别教导;教会所支配的大量经费,使得有志的贫苦男童能升到文法学校,甚至大学。中世纪一个有趣的事实是"贫寒学者"在数量上远远超过了富有的学者,而有些第一流的作家、学者、政治家以至于教皇,都是从贫苦男童开始了他们的事业。

大　学　大学是中世纪教育最美好的花朵。在古代也有过类似学院的高等学校;而我们的现代大学则是中世纪开始建立的那些大学的直接产物。

没有一所中世纪的大学是按照事先订立的计划创办的。每一所都是教育情况和需要的自然产物。在某些城市,各种各样的学生团体各自集结在他们教师的周围。过了一段时期,同一城市的几个团体聚集成某种中心组织,似乎是合乎需要的。在博洛尼亚,学生组成一个联合会,或称公会;在巴黎,则是教师组织的。所有这一切融合为一就成为一所大学。这正是大学(university)一词的意思——"一切融合为一"。

巴黎大学　学生和教师的团体属于不同的类别,以不同的方式组成;这些团体的联合也各有不同。在组成第一所大学的地方——巴黎,有如下的安排:(1)文科学堂本科,很像一所大规模的大教堂附设的学校,讲授七艺的一般教育。(2)神学、哲学、法学和医学的研究院。

文科学堂由一个选出的称为学监的官员来主管, 它的学生按照出生地分成团体,称为"学馆"(nation)。每个"学馆"都有它自己的舍监、宿舍、食堂、小教堂和导师。这类"学馆"后来发展成了"学院"(college),就像现在依然存在于牛津和剑桥大学的学院一样。

每个研究院都在一个院长领导之下,就读的学生都是已经读完文科学堂,被称为文学士的学生。

神学和哲学　在中世纪,神学是最受尊重的学科,甚至被奉为"科学之后"。其次为哲学,再次为法律。不同的大学着重不同的学科。巴黎大学注重神学和哲学。博洛尼亚大学是个伟大的法律学校;而也在意大利的萨勒诺大学,则以它的医学院而著名。

中世纪在神学和哲学的著作方面是丰富的,彼得·阿贝拉尔的《是与否》震动了许多最热诚的基督徒。彼得·隆巴尔德的《箴言集》(约在 1145 年刊行)对阿贝拉尔的问题提出了解答,并将教会的教义归纳于圣礼之中。穆斯林阿威罗伊(1126—1198 年)写了很多关于亚里士多德的著作。虔诚的基督徒学者托马斯·阿奎那在他的著作中力求平息阿威罗伊所挑起的某些恐惧,并说明宗教与哲学是可以调和一致的。托马斯最重要的著作《神学大全》,是中世纪在思想方面最伟大的成就。

罗马法之复兴　罗马法的研究在中世纪又重新开始了,约在 1100 年,首先发生在博洛尼亚,不久以后又于其他地区。在纷乱的时代里,罗马法的法令和制度对很多人具有

图 20-2 托马斯·阿奎那(约 1225—1274 年)是中世纪经院哲学家和神学家,其理论成为天主教长期以来研究哲学的重要根据,被天主教会评为 33 位教会圣师之一

吸引力。它奠定了开明而简单的公正原则,它提供了在法庭上解决一切案件的条件。而日耳曼法却用决斗及其他野蛮的方法,人们对这些方法正在失掉信心。

罗马法不仅在理性和公正的基础上保护了每一个人,它还协助国王和平民摆脱了封建领主和封建战争。当然,这就意味着罗马法支持了君主政治成为一种政体,而且促进了民族国家的建立。

罗马法(法律家称之为"民法")普遍地为大陆所采用。我们已经看到,英格兰发展了她自己的一套体系。今日的美国还效法英国的法律——只有路易斯安那州除外,它盛行古罗马法。西班牙人和法兰西人在路易斯安那树立了罗马法,正如他们和葡萄牙人在拉丁美洲也树立了罗马法一样。

教规在中世纪欧洲也是一项重要的学习科目。

20.3 学生和学生生活

云集的"教士" 大批学生就读于中世纪的大学。据说有个时期,在巴黎大学的学生多达 5 万人,在牛津大学的学生达 1 万人。虽然这些数字也许太大了,但肯定地大学生活是盛行的。所有的大学生,不管是否实际成为神父(许多人并没有去做神父,特别在中世纪后期),总是被归入神职人员一类,即"教士",并因此享有特权。例如他们不受国家的约束,不纳税,而且只能在教会法庭中受审。大学生活之所以对这么多青年人有重大吸引力,无疑这是一个原因。

学生生活 既有规矩的学生,也有放荡的学生。学生生活也就自然地随着欢乐和艰苦——还有冒险——而变化着。学生也习惯于自由来往于国与国之间,上了一个大学之后又去上另一个大学。在巴黎一两年,再到牛津一年,以后或者再到博洛尼亚一年,这样使他们有机会去旅行、观光、行乞、工作、走路、骑马、在无桥的河流中涉水而过,以及被强盗拦劫——因为有些学生的确是有些钱。天亮后不久就上课,除非有时由于争辩,教室里的空气很少是热烈的。没有几个学生能够自备书籍,大多数必须靠听讲和记笔记来学习。所有的人都必须懂得拉丁文,因为拉丁文是大学使用的语言。体育运动并不占重要地位,但也有恶作剧和侮弄的事。很多人打猎、击剑或玩球,徒步旅行的也很多。有的学生以沿门歌唱学生歌曲和其他抒情诗来谋生。渐渐地一种与众不同的服装——学位衣帽——也产生出来了。

　　小　结　在中世纪初,学校很少,文盲的数字很大。到了中世纪末,学校已经很多了;所有上层阶级都是识字的;而且在普通的男人和女人中,也有相当大的比例能够读书写字,虽然可能还不是多数。教士作为一个阶级,仍然是最有教养的。他们都是教师;他们对于那个时代的思想贡献极大;而且他们产生出大部分学术作品。中世纪教育的最美好的花朵就是大学。

20.4　科　学

　　我们已经注意到中世纪的神学被称为"科学之后"。今天,在谈到科学时,我们通常指的是自然科学,诸如物理学、植物学和化学之类。

　　科学的障碍　自然科学在中世纪还不像今天这样,在教育中并不具有特色。在文法学校和大学里,只有联系到几何、天文学或医学方面,才附带地教授一些自然科学,并不列为一组头等重要的学科;而且也没有具备特殊设备以供这类研究的科学机构。

　　有几件事阻碍了自然科学的发展:(1)对于神学和哲学的专心致志的兴趣;(2)演绎法——当时学者们的习惯,对于自然界只是根据他们所相信的东西,或者根据他们在书本里找到的东西,而不是走到外面去直接考察自然界来做出结论;(3)巫术与迷信。

　　巫术与迷信　古代希腊人和罗马人都曾相信过巫术和预兆——鸟的飞翔、神谕的词句、吉日与凶日,而日耳曼人、凯尔特人,斯拉夫人以及其他"蛮族"甚至更为迷信。若干世纪以后,当所有这些人都已成为基督徒以后,他们还是不能也不想摆脱那些古老的恐惧与信念。关于这类事情,他们在过去和从那时起,都并不比其他很多人更差一些,然而他们却受了这些事的阻碍。相信某一天是不吉的往往会耽误一件善事。相信符咒或仪式能够医治疾病就会阻碍去发现一种真正的疗法。只要医生还认为把某种昆虫,特别是在念诵主祷文时,整个地吞下去,就是医治瞎眼的良药的时候——那还能指望些什么呢?

　　演绎法　演绎法也可能有根据——我们还在继续使用它们;但是,正如我们已经注意到的,中世纪的科学家过于依靠演绎法。他们过于根据书本,根据他们的信念去推理,而对自然界事物却很少进行实验。如果一本书中的某个记载或某种信念被认为是真实的,而且也确是真实的,那么由它而来的逻辑演绎也会是真实的;但也有过多的命题未经实验就被接受了。权威被过高地估价了。例如,中世纪的许多学者都相信亚里士多德是不可能犯错误的,因此,只要是根据亚里士多德的话得出的结论就必定是正确的。这种程序在许多情况下无疑是可靠的,但却不是科学的。过于信赖那些似乎合理的东西,也同样是不科学的。例如,相信一个铁球会比一个木球坠落得快似乎是合理的,然而直到有人科学地进行实验以后,才不再相信了。

有成果的错误 但有时错误也会导致一些意料不到的好处。例如,有很长的时期人们相信"点金石"和"仙丹"。前者被想象成可使触及的一切东西都变成黄金;后者则可防止死亡。中世纪的科学家做了无数次的实验,试图发现点金石,试图制成仙丹。他们失败了;然而他们却发现了许多他们无意寻找的东西,并且做出一些他们未曾梦想到的重要发现。

科学的进步 不管有多少愚昧和偏见,也不管有多少错误和荒谬,中世纪确实显示了自然科学方面相当大的进步。

归功于希腊人与阿拉伯人 中世纪的学者几乎学到了希腊人和罗马人对于自然界所知道的一切事物。他们有了亚里士多德关于自然史的著作,由于同西班牙的穆斯林和西西里的希腊人以及阿拉伯人的接触,他们获得了关于天文学、数学、医学以及地理学的一切古代知识。其中很多是错误的,但还有些是正确的。

炼丹术与占星术 有些学自古人的科目,虽然不科学,还是逐渐地变成了科学。占星术与炼丹术就属于这类科目。占星术,即古代对星辰的研究,变成了天文学;而炼丹术,即对化学制品和金属的研究,主要是寻求点金石和仙丹的,发展成为化学的科学。我们也许不应当说,天文学和化学在中世纪就已充分建立在科学基础之上,但是许多进步却是朝着那个方向发展的。

外科与物理学 在科学的某些领域里,中世纪的学者曾做出了重要的贡献——他们对于以前各世代的知识有所增益。在内科和外科方面就是这种情况。在物理学的某些部门,特别是力学和光学,也是如此。此外,地理知识在中世纪也有相当大的扩展。

科学方法 关于科学的目标和真正的科学方法,某些中世纪学者曾经提供过确实是革命的思想。他们主张学科学的学生应该亲自观察自然界,而不要仅仅跟着书本跑,而且科学应该用在人类福利的实际目的上。12世纪早期的一个英国人,巴思的阿德拉德,曾在西班牙、意大利、北非以及小亚细亚做了广泛的旅行,在他的名著《关于自然界的问题》一书中就陈述过这类看法。他还将欧几里得的几何学译成了拉丁文。13世纪的另一个英国人罗杰·培根宣称人们不应盲从亚里士多德,而应当自己亲自去做实验。培根是圣方济各会的修士,也是牛津大学和巴黎大学的教授,有很多门徒。

培根也有几分像预言家。他在那时就曾说过,通过科学的应用,人们将能够飞行,乘坐无马的车辆、无桨无帆的船,而且建立无支墩的桥梁。

大学里的科学 自然科学成为大学里一门学习的科目。萨勒诺大学是围绕着医学研究而成长起来的,其他大学也建立了医学院。在每个大学的文科学堂中都教授天文学;同样还有数学和物理学。罗杰·培根所做的科学工作都与牛津和巴黎的大学有关。

图 20-3　10 到 11 世纪的波斯医学家和哲学家阿维森的《医学大全》,在中世纪成为东方和欧洲的标准医学教材

　　发　明　在应用科学领域里,中世纪有过许多新的发明和发现。代数是从阿拉伯人那里接收过来的,并得到有效的应用。与之俱来的还有我们今天都很熟悉的所谓阿拉伯数字。

　　在建筑学和建筑物方面也做出了显著的成绩。美丽的哥特式建筑也创造出来了——对于这个以后还要谈到。此外还有一些非常有用的发明,如烟囱管道、铅管、玻璃窗、管风琴以及机械锁。

　　新的染料也被发现了。棉纸第一次得到使用。带有磁针的航海罗盘也设计出来和使用了。火药也是中世纪欧洲的一个发现。到 1350 年,至少在三个德意志市镇中已有制造火药的工厂存在。

20.5　艺　术

最盛开怒放的中世纪文明恐怕是在艺术领域里——在创作精美的事物上。

基督教艺术　当然,中世纪艺术主要是基督教艺术。早期基督徒的艺术主要是修改了的异教徒希腊人和罗马人的艺术,但中世纪基督徒的艺术则大部分是独创的并具有特色。

我们已经谈过中世纪艺术中重要的一种——用拉丁文和土语写作的中世纪文学作品,其中某些作品可以列入世界杰作之林。中世纪艺术,在建筑、雕刻、绘画、音乐、刺绣、挂幛以及其他形式上,也都有奇妙的表现。

教堂建筑　给人以最深印象的中世纪成就是建筑艺术。崭新的和美丽的建筑形式创立起来了,主要在教堂建造方面。在每个主教管区都为主教建立了一座大教堂;每个修士社团都建立了一所寺院教堂或修道院,而每个神父也建造了一个教区礼拜堂,在面积与华丽方面都与修道院和大教堂争胜。在建造这些建筑物时,教士们都受到主教管区、市镇或教区内人民的热情支持。富人出钱,穷人出力,熟练的建筑师则画出图样;王侯、手艺行会以及市镇会议都通力合作, 以关心和热爱的心情来对待他们正在创造的这件壮丽事物。在一座伟大的建筑物完成以前,时常是一代接着一代去干。这些教堂是那个基督教信仰时代的杰出的和不朽的表现。

罗马式建筑　中世纪的教堂主要应用了两种建筑形式:罗马式建筑和哥特式建筑。之所以称为罗马式建筑,是因为它是古代罗马建筑的一个发展,正如从罗马语(拉丁语)发展出来的语言称为“罗曼语”一样。罗马式建筑在意大利成长了起来,于 11 和 12 世纪时传播到德意志、诺曼底和英格兰。它并不仅仅是一种模仿,而是大量的创新。罗马式教堂通常建成十字架的形式,有一座长的中殿、两间短的耳堂以及一间半圆形的后殿。屋顶、门道和小窗均冠以圆弧形的拱环。罗马式建筑最显著的例子或许要算比萨大教堂及其著名的斜塔。

哥特式建筑　哥特式教堂建筑在 12 世纪起源于法国,不久即为整个西欧所模仿。哥特式建筑保持并着重于十字形的建筑平面, 但在其他特征上则与罗马式建筑有所不同。哥特式传入了尖顶以代替圆拱。它使用尖的和斜脊的屋顶来代替圆顶。哥特式的一个新奇特点就是“拱柱”。它是一根大石支柱,长约尖拱之半,安放在外面以强固墙壁。使用拱柱,墙壁就可以砌得高些、薄些,窗户也可以开得大些。哥特式教堂既厚重有力而又高大典雅,这应归功于尖顶与拱柱。

在中世纪哥特式建筑的无数精妙样板之中,值得一提的有亚眠、夏特尔、巴黎以及兰斯的大教堂,还有米兰、托莱多、科隆、约克的大教堂,以及路易九世在巴黎所建的圣礼拜堂,还有伦敦的威斯特敏斯特大教堂。

教堂内部　中世纪教堂,特别是哥特式的,都以雕刻和绘画,以挂幛、雕花细木作和彩画玻璃窗装潢得极其富丽堂皇,这一切都意在教导人们,并以宗教热忱和感恩心情来感动他们。在每日的礼拜仪式中,富丽的圣坛被香花、十字架和金银器之间闪耀的烛光映得通红。在大门上有一个巨大的圆形窗(蔷薇形窗),用彩画玻璃嵌出精美的窗格和图案。窗下挂着宗教绘画、旗帜和挂幛。教堂内部本身就是一篇祷文;教堂外部,则以它的尖顶和高耸的尖塔,导引人们入内祈祷。

哥特式建筑的其他用途　哥特式建筑是在教堂之中并且是为建筑教堂而发展起来的,但在中世纪,它也曾应用在其他建筑物方面——私人宅邸、行会会所、封建城堡和帝王宫殿。这些建筑也时常以雕刻、绘画和挂幛装饰。

雕刻与绘画　中世纪的雕刻有时是粗劣的,有时又很精致。其中有些是故意做成滑稽可笑的,但多数意在给人以宗教的教训。绘画在乔托(1266—1337 年)的作品中达到了中世纪发展的顶峰。乔托是意大利人,与但丁同一时代。他的绘画艺术以简洁质朴、着色清晰光亮、人物传神突出而驰名。保存到现在的他最伟大的绘画,是关于阿西西的弗兰西斯生活各种场景的。

图 20-4　比萨大教堂是意大利罗马式教堂建筑的典型代表,位于意大利比萨,始建于 1063 年。附近是著名的比萨斜塔。据说伽利略就是在此斜塔上做实验,以证明不管物体的重量如何,从塔顶垂落的物体的速度是一样的

中世纪还产生了许多其他种类的艺术："金泥彩色"的写本、教士们的华丽法衣、贵族和贵妇们鲜艳美丽的服装以及精美的家具。

音　乐　音乐受到教会和行吟诗人所促进。11 世纪的一个本笃会修士归多始创了我们的音乐乐谱体系，他用一首赞颂施洗者约翰的基督教圣诗中的六行的第一个音节，作为音阶的前六个音符——ut、re、mi、fa、sol、la。在中世纪教堂里也安装了与古希腊、罗马类似的管风琴。诗琴也由行吟诗人予以改进，并为它创造了一种特殊体系的音乐乐谱。今日天主教和圣公会教会的大量素歌，以及我们的很多民歌，在来源和形式上都是中世纪的。

小　结　当我们把中世纪对于我们近代世界的一切贡献都加以考虑的时候——音乐、建筑、文学、法律、医药，以及关于政府与外交的一些观念和实践——我们必然断定，今日欧美文明的许多基础，是在 11 至 14 世纪这个时代建立起来的。

第七编

欧洲的扩张

我们已经看到,在中世纪期间,基督教文明在欧洲生气勃勃地生长着。我们现在要来看看,这个文明怎样扩张和影响了世界其他地方。

以前,欧洲和美洲之间很少接触,甚至欧洲和亚洲接触也不多。中非和南非与其他大陆也几乎完全隔绝。但是,每一个洲对于世界财富和世界文化都有些贡献,同时接受其他各处的也不少。欧洲这最小的一个洲却贡献得最多,居于领导地位。

我们将在第21章中看到,还在中世纪时,由于十字军对近东和北非穆斯林的战争,欧洲的扩张就已经开始了。在14至16世纪,当十字军远征还在继续的时候,欧洲的文明就由于古希腊和罗马文化的复兴,由于意大利与欧洲其他国家艺术和文学大放异彩而丰富起来了。第22章将叙述各方面文化力量的灿烂盛开。第23章将说明在这同一时期,欧洲如何以各种新的发明装备了自己,没有这些发明,它的扩张将是不可能的。最后,在第24章中,我们将看到勇敢的探险家、热忱的传教士和急切的商人从欧洲出发,沿非洲海岸航行,绕过好望角,驶向印度和远东。同时另外一些人向西航行去发现美洲,并使它殖民地化和基督教化。

这样,欧洲的文明就丰富和扩张了。欧洲的扩张使得全球所有的土地和所有的人民都有可能不仅参加世界贸易和世界政治,而且也参加世界现代文明的建设。

第 21 章　十字军

21.1 基督徒在圣地反对穆斯林的战争

塞尔柱突厥人　阿拉伯帝国的分裂招致了外来的侵略。在公元 11 世纪,它被塞尔柱突厥人所侵略,他们是从突厥斯坦来的凶悍的图兰游牧民族。他们蹂躏了穆斯林东方帝国的大部分,结果却皈依了伊斯兰教。于是他们攻击了基督徒。他们残酷地虐待在巴勒斯坦的基督教朝圣者;他们干扰基督教商人;他们在小亚细亚打败拜占庭皇帝的军队;他们在尼西亚建立首都,进而威胁君士坦丁堡。

东方的呼援　君士坦丁堡的皇帝阿利克塞一世,在危难中向教皇乌尔班二世求援。皇帝对于过去在希腊和拉丁教会之间存在的不愉快情况表示了遗憾,并且敦促教皇,作为一切基督徒的首领,派遣军队来拯救东方的帝国和基督教。

西方的愤怒　在西方,对东方基督徒的困境有深刻的同情,归来的朝圣者关于他们在圣地遭受穆斯林迫害的叙述,引起了强烈的愤怒。此外,在这时候被克吕尼修士和改革的教皇们所激发起来的宗教热忱充满了西欧,只需要一个领袖来发出号召了。

教皇的号召　教皇乌尔班二世 1095 年在法国克勒芒的一次大宗教会议上宣布:基督徒互相争战而不把联合的武装转向异教徒,这是可耻的。他号召对穆斯林进行圣战去拯救圣地和圣城。群众热烈地高呼:"上帝的旨意!"于是他们准备出发。人们涌上前去接受教皇的祝福,领取十字军战士的证章———一个红布做的十字,戴在胸前或肩上。穆斯林的旗帜上是新月,十字军,即十字架反对新月的长期战争就开始了。

第一次十字军远征　隐士彼得、穷汉瓦尔特以及其他虔信者率领 1 万人过于急促地穿过匈牙利和拜占庭到达小亚细亚,在那里他们很容易地被突厥人打得溃不成军。主力

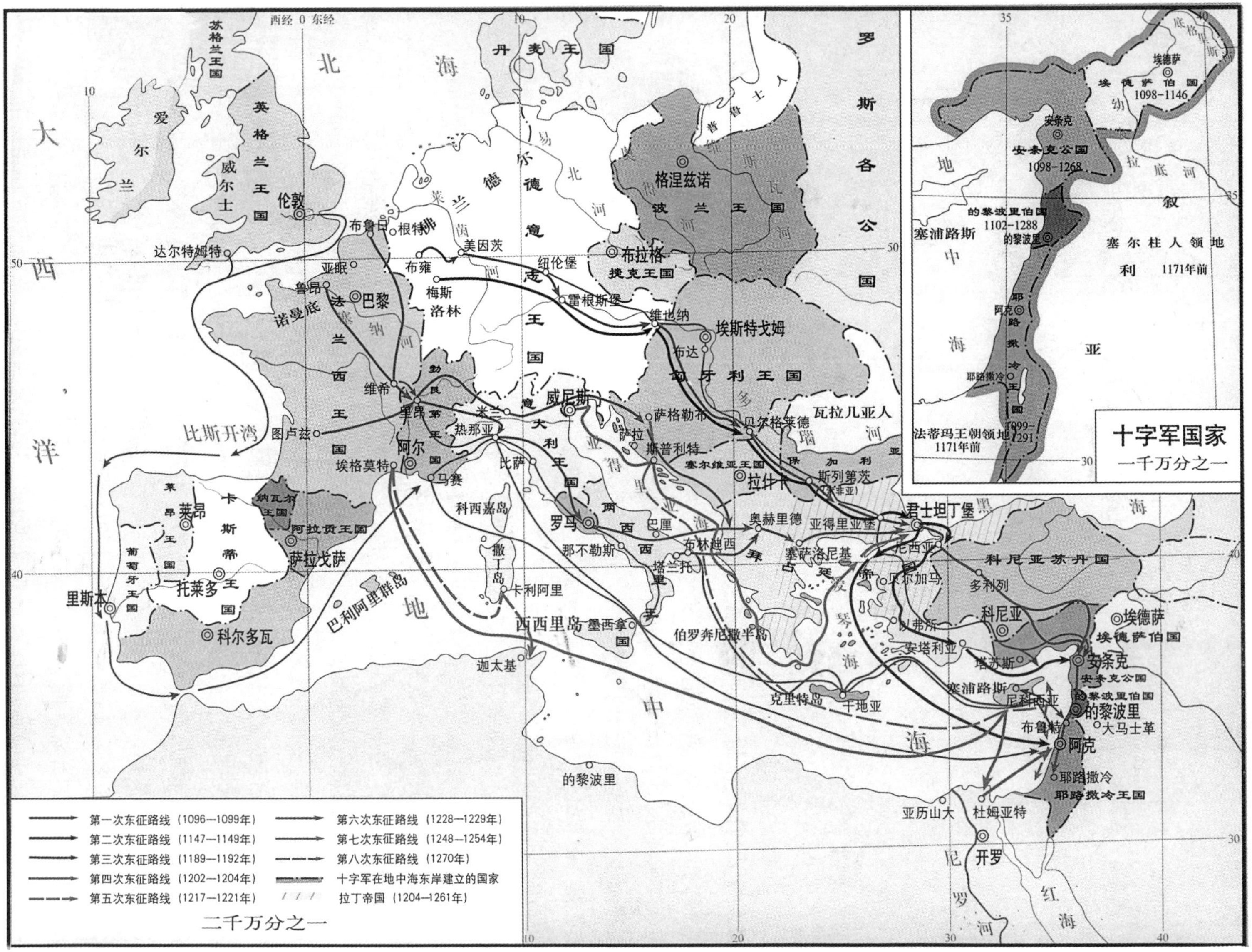

地图 21.1 十字军东征（1096—1270 年）

军 2.5 万或 3 万人在法国贵族、法国国王的兄弟以及其他人的领导下,行动得比较缓慢,但也比较有效。他们到达君士坦丁堡,从阿利克塞皇帝那里得到供应,然后向东一路打去,横过小亚细亚,和信奉基督教的亚美尼亚人结成了联盟,攻占了安条克,最后在 1099 年 9 月夺取了耶路撒冷。他们在圣墓教堂里面以热烈的祈祷,在教堂外面,则以纵马踏过被屠杀的穆斯林的血迹来庆祝他们的胜利。

"耶路撒冷拉丁王国"建立了起来,以圣城作为它的首都。布荣的戈弗雷被立为王,他的称号是"圣墓保卫者"。主要目的似乎达到了——在一些神圣的地方,十字架代替了新月,而且,耶路撒冷留在基督教的手里的确几乎达一个世纪之久;但是斗争还在继续。

在许多相互接触的地点,十字架和新月间的战争间断地在继续着;在基督徒内部,特别是东西基督徒之间,也存在着斗争。穆斯林中间也是如此——他们在信念方面是一致的,但此外便没有相同之处了。他们属于不同的民族;政治上四分五裂;他们被野心勃勃的敌对首领们带领着四处奔驰。这种情况使得基督徒和穆斯林双方都削弱了。

第二次十字军远征 差不多 50 年过去了,此时传来了消息:穆斯林正在夺回圣地。克莱沃的贝尔纳号召了第二次伟大的十字军。神圣罗马皇帝康拉德三世和法王路易七世率领德国和法国的骑士们响应了号召;但是他们没有一起向东行进,因为害怕队伍会自相争战。穆斯林在小亚细亚分别对抗他们,很容易地就把他们击败了。这是在 1147—1148 年,第二次十字军是一次惨败。

第三次十字军远征 40 年以后(1187 年),穆斯林真正夺回了耶路撒冷以及周围几乎所有的城市。基督教及整个欧洲震动了,于是腓特烈·巴巴罗萨皇帝、法国国王菲利普·奥古斯都、英王"狮心"理查德一世开始进行第三次伟大的十字军东征。

腓特烈率领他的军队从陆路经过小亚细亚,在渡河时淹死了——他的军队也溃散了。菲利普和理查德一起从海路走,但是互相争吵起来,于是菲利普不久就折回了。理查德留了下来,英勇能干地和穆斯林战斗,并取得了一些成功。他没有收复耶路撒冷,但是在 1192 年签订了一个条约,规定基督徒将保持靠近耶路撒冷沿海的狭长地带,并且可以进出耶路撒冷。

理查德和萨拉丁 第三次十字军远征的名气,主要不是由于所取得的成就,而是由于理查德和萨拉丁这两个主要领

图 21-1 这幅微型画显示了十字军骑士在与穆斯林作战,双方的标志分别为十字与新月

袖所扮演的戏剧性角色。萨拉丁,亚美尼亚的库尔德人,在大马士革接受教育,是一个虔诚的穆斯林、有修养的绅士、干练的政治家和勇敢的战士。他团结了比通常追随在一面旗帜之下为数更多的穆斯林。他在 1187 年攻占了耶路撒冷,也成功地抵御了"狮心"理查德,并保卫了耶路撒冷。

欧洲许多热忱的基督徒对于理查德的行动是失望的——他们认为他对于萨拉丁不够凶狠,他们还认为他总该占领耶路撒冷;但是他大概还做得不错,并且真正做出的成就比人们所归功于他的要多一些。

萨拉丁在第二年(1193 年)死去了。而理查德在回英国的路上被俘,并被囚禁了起来。他最后被赎回,在 1194 年结束了十字军的征途回到了家里,于 1199 年死去。

21.2 拜占庭帝国的革命

第四次十字军远征　1201 年,教皇英诺森三世鼓动第四次十字军远征队,急切地注视着他们要从穆斯林手中解救出来的耶路撒冷。他们和亚得里亚海富裕的商业女王——威尼斯签订了条约,威尼斯的船只要把基督徒兵士运送到巴勒斯坦。但是需要支付给威尼斯的大笔款项很难募集——只有一部分到手。于是威尼斯商人想出了一个主意。

威尼斯商人　威尼斯的商人那时正和东方的穆斯林做着好生意,因此他们任何时候都不热心于运送十字军战士去巴勒斯坦——那里的战争会损害威尼斯的贸易。在这项贸易中,威尼斯的主要竞争者是拜占庭帝国的君士坦丁堡和其他城市的商人。威尼斯商人打击君士坦丁堡的愿望比要解救耶路撒冷更急切。他们说君士坦丁堡的希腊人无论如何不是好基督徒——他们对教皇从来不是热诚的——他们比异端教徒好不了多少! 对于这些话,十字军战士们开始听进去了。十字军战士们还被提醒说,希腊人在前几次的十字军进军中,没有像人们所希望的那样充分合作。

耶路撒冷被放弃了　后来从君士坦丁堡传来了消息——正统的皇帝被废黜了,篡位者阿利克塞三世在滥用公款而不打穆斯林! 君士坦丁堡是革命的牺牲品——君士坦丁堡需要一个拯救者。不仅有消息传来,还有一个邀请:正统皇帝的儿子正在向威尼斯和十字军战士们呼吁,向他们保证,假如使他做了皇帝,他和他的人民将成为好基督徒。这是最后的一招。威尼斯的计划贯彻了。

君士坦丁堡被劫掠　1203 年,第四次十字军的战士们在威尼斯的赞助下,乘着威尼斯的船只出发,不是去解救耶路撒冷,而是去攻夺君士坦丁堡。在苦战之后,他们成功了。他们废除了阿利克塞三世,而恢复了原来的皇帝。

但是一旦得到第一个机会,公民们或有些公民们就起来反抗,杀死了十字军战士强加于他们的皇帝,并宣告了新皇帝即位。君士坦丁堡又发生了一次革命。这样,在猛烈的围攻之后,威尼斯人和十字军战士又占领了这座城市,洗劫焚烧,大肆残杀,并瓜分赃物。教皇震惊了,而且十分愤怒,提出了抗议,但是无效。作为它应得的一份,威尼斯占领了这个城市的商业部分、克里特岛、小亚细亚的贸易据点和其他有价值的区域。一个威尼斯人成为君士坦丁堡的大教长,十字军战士之一、佛兰德的伯爵鲍德温被立为皇帝。希腊帝国在宗教上和政治上被"拉丁化"了。

东方的拉丁帝国　1204 年由第四次十字军在拜占庭帝国的废墟上建立起来的这个所谓的"拉丁帝国"延续到 1261 年。在那一年,阿利克塞三世的一个后裔在威尼斯的意大利敌手热那亚帮助下,夺取了君士坦丁堡,结束了拉丁帝国,重建了拜占庭帝国。

这几次革命的结果　拜占庭帝国的革命——拉丁人借以夺取控制权的 1204 年革命,希腊借以恢复统治的 1261 年革命——有了重要的结果。它们不仅暴露了而且也加深了东西方基督徒之间的竞争甚至仇恨。它们贬低和损害了十字军的声誉。以解放一座圣城作为崇高目的而开始的虔诚运动,堕落为抢劫一个富裕城市的卑鄙的野蛮阴谋。而且这两次革命在伊斯兰教的挺进面前,严重地削弱了拜占庭帝国。当然它们使得东西方此后不可能诚挚地或有效地合作去抵抗穆斯林。

但是,这几次革命使君士坦丁堡付出了如此高昂的代价,却对于威尼斯和热那亚的商业财富和权力有了巨大的贡献。

21.3 蒙古旋风

由于穆斯林占据了耶路撒冷,基督徒为了争夺君士坦丁堡而相互争战,穆斯林去有效地反对基督徒——新月反对十字架——就万事俱备了。但是另外有一种不能忽视的力量。这种恐怖从东方,从亚洲来了。

蒙古人　蒙古人是以鞑靼人作为后盾的,两者和匈奴、马扎尔人及塞尔柱突厥人都是血统相近的。他们是勇猛的骑手、勇猛的战士,并且人数很多。1206 年一个蒙古游牧部落,一群凶猛饥饿的人,开始走上征途。他们的汗或酋长是

图 21-2　在西方人眼中勇敢的十字军时代,在拜占庭和阿拉伯人眼中却是野蛮入侵的时代。此图表现了十字军洗劫君士坦丁堡的场景

成吉思。我们称他为成吉思汗。他很快地征服了东突厥斯坦和中国北部。他又挥鞭西驰，攻打了波斯。他回师东向，在侵略中国时死去了。

成吉思汗　成吉思汗，作为一个战士，和匈奴阿提拉一样地野蛮；作为一个统治者和组织者，他比后者更为伟大；他所征服的地方更宽广，胜利也更多。在他几个直接的继承者统治之下，蒙古旋风扫掠得越来越远。在远东，中国、高丽和缅甸都被征服和统治了，日本和爪哇也受到攻击。在中东和近东，蒙古战士们征服了波斯，击败并杀死了巴格达的哈里发，1258 年摧毁了阿拔斯王朝哈里发；征服了美索不达米亚和亚美尼亚，在叙利亚攻占了阿勒颇、大马士革和安条克。他们向耶路撒冷推进，1260 年被一支埃及穆斯林队伍在阿卡附近拦截住了。

同时，其他的蒙古人从俄罗斯南部穿过，进入中欧。他们夺取了莫斯科和基辅，蹂躏了保加利亚和波兰，并且在 1241 年挫败了匈牙利的马扎尔人和西里西亚的德意志人。蒙古帝国版图最广的时候，从维斯瓦河和多瑙河下游扩展到太平洋，从北冰洋到波斯湾、喜马拉雅山脉和马来半岛。

对十字军的影响　蒙古进攻的直接影响是使伊斯兰教和基督教之间的斗争松弛了，如果不是停止了的话；基督徒和穆斯林都必须为了生存而去和蒙古人作战。

蒙古人的同化　但是不久蒙古帝国就分裂了，蒙古人采纳了他们所征服的民族的宗教和习惯。在远东，他们在宗教上变成佛教徒，并和中国人混合在一起。忽必烈汗（1259—1294 年）是一个真正的中国皇帝，他的朝代继续统治中国直到 1368 年。在中近东，蒙古人信奉了伊斯兰教。在欧洲，他们被赶出了波兰和匈牙利，或者被当地的基督徒同化而定居在黑海以北的平原。在那个区域，人们称他们为"金帐"。金帐汗们统治了俄罗斯达两个世纪之久。最后这些蒙古人在宗教上成为正教徒，在语言方面使用了俄罗斯语。

帖木儿　14 世纪后半期，在帖木儿统治下，蒙古有一个短暂时期恢复了它的势力和对外征服。他征服了中亚细亚西部，征服了波斯和美索不达米亚，在 1398 年侵入印度，在德里附近取得了一个大的胜利。帖木儿在 1405 年死去，他的帝国不久就瓦解了；不过许多胜利的蒙古人却留在印度，在那里他们被称为莫卧儿人。他们所建立的莫卧儿帝国继续了下去，至少在名义上，直到 1857 年。

对伊斯兰教的影响　蒙古人对于伊斯兰教世界造成了巨大的破坏和变革。首先，塞尔柱人的政治和军事力量分裂了。每一个穆斯林部落——阿拉伯人、波斯人、库尔德人、突厥人和蒙古人——都和它的邻族交战。在随之而来的混乱中，另一个突厥部落逐渐地升到统率地位。

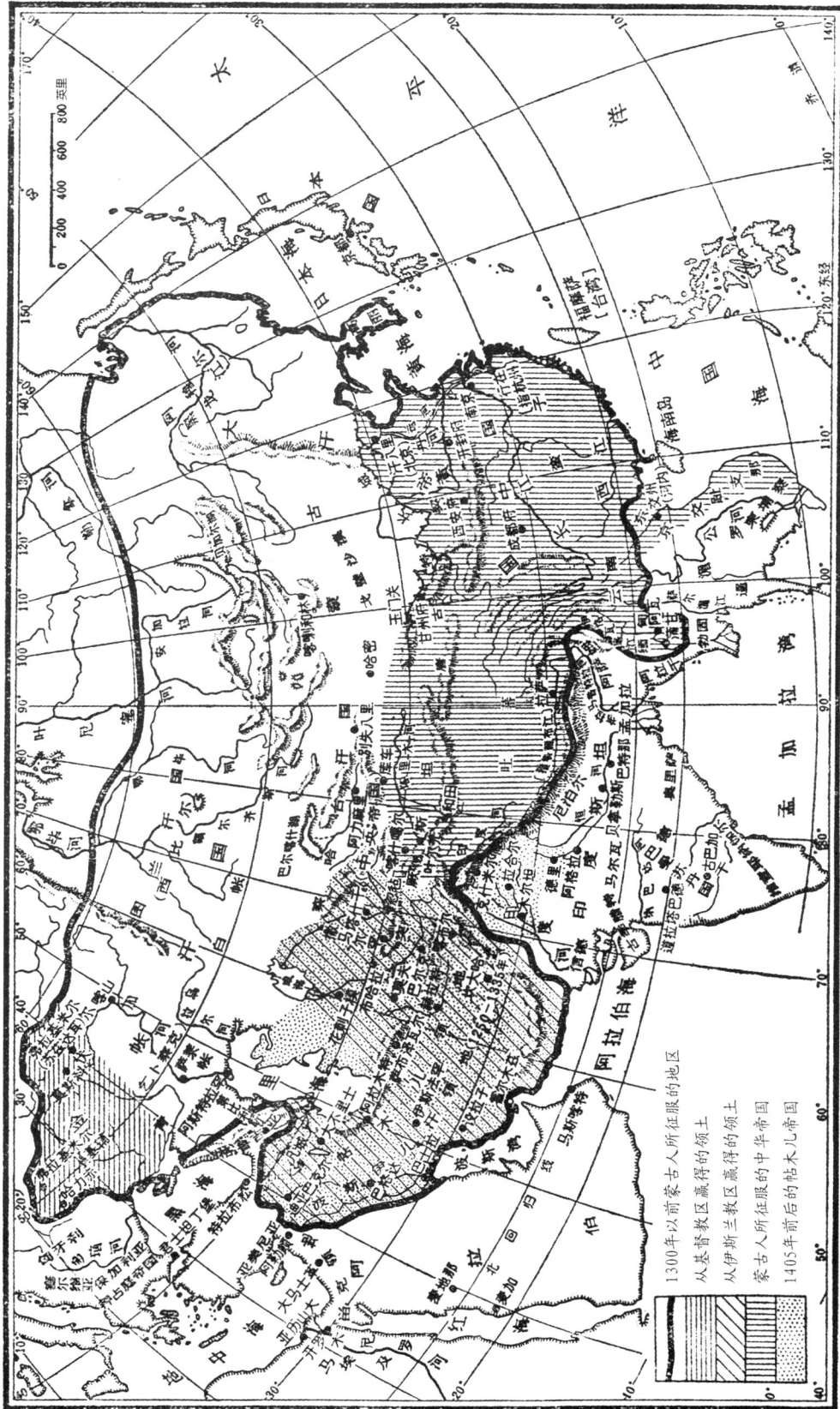

地图 21.2　1300 年的蒙古帝国

大

平

洋

大

古

蒙

大

哈密

吐蕃

中

国

海

孟

加

拉

湾

印

度

阿

拉

伯

海

北

回

归

线

伯

1300年以前蒙古人所征服的地区

从基督教区赢得的领土

从伊斯兰教区征得的领土

蒙古人所赢得的中华帝国

1405年前后的帖木儿帝国

21.4　奥斯曼土耳其人

奥斯曼和奥斯曼人　小亚细亚的一个突厥部落设法逃避了蒙古旋风。1299年,它的酋长奥斯曼宣布自己是突厥之王。奥斯曼和他的继承者都是英勇的战士和干练的政治家。到1350年,他们已经摧毁了十字军工事,并且像3个世纪前的塞尔柱人一样,夺取了拜占庭帝国的小亚细亚全部。由于奥斯曼的缘故,他们被称为奥斯曼土耳其人,奥斯曼埃米尔(王)采用了苏丹的称号。

拜占庭的弱点　随着穆斯林奥斯曼帝国领土的扩张,基督教拜占庭帝国的领土缩小了,限制在君士坦丁堡、色雷斯的一部分和爱琴海沿岸的一条狭长地带。拜占庭皇帝们由于严重的国内问题失去了战斗力:缺乏士兵和金钱,他们被连续发生的革命削弱了。

土耳其人在欧洲　1356年奥斯曼土耳其人以武力强渡了达达尼尔海峡。第二年他们攻占了阿德里安堡,并建为首都。他们从胜利走向胜利,在1402年围攻了君士坦丁堡。在那里,他们暂时失败了,可是不久他们就统治了除君士坦丁堡和少数其他据点以外的巴尔干半岛全部。

在危急中,拜占庭皇帝们又向西欧求援。教皇们在惊惶中鼓吹成立新的十字军,请求所有的基督徒去援助希腊人。有些天主教徒王侯们确实率领了军队去抵抗土耳其人。匈牙利和波兰的国王们曾一再地试图阻止穆斯林的征服浪潮,但没有效果。威尼斯人因为自己的商业利益受到威胁,也变成了十字军战士,并勇敢地对土耳其人战斗。但是土耳其人仍然前进。

佛罗伦萨会议　作为最后的手段,拜占庭皇帝和一群希腊主教出席了1439年在佛罗伦萨召开的一次全体宗教会议,并且签订了一个庄严的协定,承认教皇的最高权力,并把天主教和正教教会合一。但是无论这个皇帝或者他的继承人,都不能劝说他的大多数臣民去承认这个联合。希腊人被迫在帝国安全和他们教会的独立之间做出抉择,为了憎恶西方和憎恶罗马而牺牲了他们的政治自由。

但是,教皇努力坚持去援救拜占庭帝国。他宣布成立了另一次十字军;在一个教皇使节和匈牙利国王的统率下,一支基督徒军队在1443年出发去抵抗土耳其人。开始它赢得了一些胜利,并一直打到保加利亚,但是在1444年瓦尔纳战役中遭到了惨败。

君士坦丁堡和它的基督教东罗马帝国,正在迫近死亡。

君士坦丁堡的陷落　1453年,经过精密准备之后,穆罕默德二世,奥斯曼王朝最能干的苏丹,带领15万军队围困了君士坦丁堡。守卫这座城的不过8000人。基督徒以英勇行为和百折不挠的决心弥补了人数方面的不足。几乎两个月之久,他们使穆斯林军队不能逼近城垣。当最后土耳其人涌进的时候,英勇的守卫者们继续苦战,直到全部被杀为止。君士坦丁十一世,一位恺撒和最后一位希腊—罗马皇帝,也在他们中间奋战到死。

从十字架到新月 君士坦丁堡从君士坦丁十一世转到穆罕默德二世的手中，标志着拜占庭帝国和希腊国家政治独立的终结。它意味着这个基督教的首都和东方的堡垒从此成为伊斯兰的首都和骄傲。整个基督教区被压低了，就像所有的奥斯曼土耳其人和所有的穆斯林被抬高了一样。基督徒和穆斯林都认为君士坦丁堡是整个世界最伟大最坚强的城市之一，并且最完备地体现了古罗马统治和古希腊文化的传统。占有它就增加了威信。就像基督徒从 4 世纪君士坦丁一世直到 15 世纪最后的君士坦丁时代一直占有它那样，穆斯林决心永远占有它。而且现在，在 20 世纪，他们仍然占有它。对于他们来说，它仍然是一座独一无二的城市。他们最近把它改名为伊斯坦布尔。

伟人苏里曼 在穆罕默德二世死后几乎一个世纪中——1481 到 1571 年——奥斯曼帝国继续扩张。在名副其实的"伟人"苏里曼一世在位时期，1520—1566 年，它的版图差不多和查士丁尼与希拉克略时代建成的东罗马帝国一样大。苏里曼切望扩张得更大些，他以伊斯兰教世界的主要力量为后盾，重新反对基督教区。

1521 年他攻占了贝尔格莱德，渡过了多瑙河。1526 年他打败了匈牙利国王，占领了布达佩斯。1529 年他向奥地利推进，围困了维也纳。他虽然没有攻下维也纳，却赢得了重要的让步。

苏里曼控制了黑海。他的战舰和海盗船只在地中海大肆破坏，成功地击败了威尼斯和热那亚。在他的统治下，奥斯曼帝国达到了它光荣和威望的顶峰。

被征服的基督徒 当然，奥斯曼帝国的扩张意味着伊斯兰教的扩张。君士坦丁堡那座历史上有名的庄严的圣索非亚大教堂被改成了穆斯林清真寺。土耳其人无论到达什么地方，都侵占主要的基督教堂，并把它们改成清真寺。他们向基督徒征收的赋税比向穆斯林征收的更多，并且

图 21-3 土耳其人最精锐的军队是近卫军，由俘来的基督教男童构成。这些男童在隔绝的军营中长大，从小受伊斯兰教教育，并接受严格的军事训练。他们没有家人，唯一的社会关系便是战友，故对军队的忠诚度极高。他们在出军队后便可接受高官厚禄，是皇帝极为倚重的力量。后期，他们在土耳其统治集团中的作用愈发重要。这幅 1558 年的微型画，便描绘了招募基督教男童的场景

禁止基督徒担任大部分的公职。基督徒也不许携带武器或在奥斯曼军队中服役。但是每年都捉来一定数量的基督教男童,作为穆斯林来教养,并训练成亲卫兵。他们被证明是土耳其主力军中一支善战的辅助部队。

有些基督徒,特别在阿尔巴尼亚人中间,改信了伊斯兰教。但是在东南欧,被征服民族中的多数仍然坚信基督教。匈牙利人和北部南斯拉夫人仍旧是天主教徒;希腊人、保加利亚人和大多数的南斯拉夫人仍是正教徒。实际上奥斯曼土耳其人并非很不宽容;他们没有强迫改信伊斯兰教。除此之外,从苏里曼在位时开始,奥斯曼苏丹们就和许多基督教国家签订了条约,允许进入圣地,在近东贸易,并且允许这些国家的公民在奥斯曼帝国居住的时候,有权受他们自己法律的保护和维持他们自己的法庭。

21.5 格拉纳达和勒潘多

十字军精神　15 世纪后半期,在欧洲大多数国家的基督徒中,十字军精神逐渐消沉下去了,但是在西班牙人和葡萄牙人之中却仍然热烈。西班牙的穆斯林摩尔人,对于西班牙人和葡萄牙人的十字军精神是一种经常与有效的挑战。此外,到 15 世纪,在葡萄牙和西班牙增长着的民族情绪也增强了宗教的热忱。

连续的成功　从 11 世纪后半期到 15 世纪后半期 400 年之中,在西班牙半岛上,十字架对新月进行了长期的十字军战斗——不是所有时候而是多数时候,都在战斗。和东方基督教十字军大不相同,西班牙半岛上的西方十字军是越来越成功了。到 1250 年左右,葡萄牙王国已发展到它现在的疆界;西班牙的大部分在卡斯蒂尔和阿拉贡两王国的统治下;而穆斯林则被压缩到格拉纳达和从格拉纳达到加的斯周围的沿海狭长地带上。

格拉纳达的征服　1469 年卡斯蒂尔的伊萨贝拉和阿拉贡的斐迪南结婚,为卡斯蒂尔和阿拉贡的政治联合,为西班牙民族王国的建立,为反对摩尔人的长期十字军的完成,铺平了道路。在长达 11 年的反对新月的战争之后,斐迪南和伊萨贝拉在 1492 年接受了格拉纳达的投降,这就结束了穆斯林在西欧的统治。

摩尔人的领袖在 1492 年逃出格拉纳达到达了非洲,在摩洛哥建国;在那里,胜利的西班牙和葡萄牙军队追击他,并继续取得了胜利。

宗教上的不宽容　在很长的时期内,西班牙人对被征服的穆斯林表现了显著的宽容。但是到了 15 和 16 世纪,由于他们十字军热忱的增长,逐渐变得不宽容了。1492 年犹太人被驱逐出了西班牙,10 年以后, 所有不信仰基督教的穆斯林都被赶走了。差不多在这同时,斐迪南和伊萨贝拉设立了西班牙的异端裁判所;1610 年莫里斯科人被驱逐,使西班牙的宗教不宽容达到了极点。莫里斯科人是信仰基督教的摩尔人,虽然他们还保留了阿拉伯语言和许多阿拉伯文化。

勒潘多的胜利　西班牙人的十字军热情还有其他影响,对于基督教和一般世界都是更幸运的。例如,它鼓舞了西班牙在遏制东方的土耳其人工作中担负光荣和重要的角色。

1566 年伟人苏里曼死后不久, 教皇庇护五世出来提倡并组织一次新的十字军远征。他和西班牙与威尼斯结成"神圣同盟",并在整个基督教区中呼吁参加志愿军。由此产生的海军远征队,在西班牙国王的兄弟、奥地利的约翰指挥下,1571 年在希腊海岸外勒潘多湾里和奥斯曼强大的海军舰队遭遇,并把它们歼灭了。土耳其人的海上威力再也没有从勒潘多之役恢复过来——这次战役结束了他们在地中海的侵略战争。

最后一次十字军　在勒潘多达到顶点的十字军没有直接遏止土耳其人在陆地上的前进。它的确削弱了奥斯曼帝国,在勒潘多之后的一个世纪中,苏丹们只好停止前进。后来苏丹穆罕默德四世重新开始了反对基督教的战争。1669 年他从威尼斯人手中夺取了克里特岛,并在 1683 年围困了维也纳。若不是英勇的波兰王约翰·索别斯基及时地援救了被围攻的奥地利人的话,穆罕默德四世可能就占领了维也纳。

之后就开始了反对伊斯兰教的最后一次十字军。教皇、威尼斯、波兰、奥地利、俄罗斯和法国联合起来供应了人力和金钱。他们和土耳其人进行了 16 年之久的战争,胜利越来越多。战争在 1699 年结束了,奥斯曼人把匈牙利和特兰西瓦尼亚让给奥地利,德涅斯特河以北的所有地方让给波兰,亚德里亚海上的商业港口让给威尼斯。

奥斯曼帝国的解体开始了,基督教国家,正如它们已经在西南欧洲重新出现一样,在东南欧洲也重新出现。十字军成为过去。

21.6 十字军的结果

在东方的失败　十字军没有达到它们原来的首要目的。它们没有把圣地永久地归还基督教或粉碎伊斯兰教。

在某种意义上说,比失败还更坏些。它们引起了穆斯林的反攻,在反攻中,伊斯兰教胜利地传播了,经过小亚细亚到东南欧洲,结果到十字军结束时,伊斯兰教比在开始时更加扩张了。

在西方的胜利　对照十字军在东方的巨大失败,十字军在西方取得了一些小的成功。西班牙半岛被基督教收复,伊斯兰教被从西南欧洲驱逐出去了。

基督教文明被保存下来　此外,我们的意见是,十字军虽然没有达到它们原来的目的,但却保全了大部分的欧洲没有被穆斯林所征服,从而帮助保存了近代文明中有价值的因素。因为不管一个人如何看待基督教个人和穆斯林个人的各自文化与行为,一般地说,信基督教的民族比信伊斯兰教的民族更进步些,这是没有疑问的。

其他影响　十字军增强了教皇制度。主要获得的领土是在西方,这些地区承认教皇制度。教皇们作为十字军远征的倡导者,至少是暂时地增加了他们在道德上和精神上的影响及统一的权威。

十字军使得欧洲人重新发现了亚洲。换句话说,旅行和地理知识提高了。

商业增进了。欧洲和亚洲之间更活跃的交往,扩大了西方对那些只有东方才能供应的奢侈品的需求。在运输和分配货物以及运输十字军战士和朝圣者的过程中,意大利的城邦发展得富强了。特别是威尼斯的强大,主要是由于十字军。

文化丰富了。新植物、新果品、新制造品、新颜色和新的衣服式样,糖和香料,柠檬、杏子、西瓜,棉花、细棉布、锦缎,淡紫色和紫色,玻璃镜子的使用,这些都由十字军传入西方。语言发展了。到今天,在每一种欧洲语言的词汇中都有许多阿拉伯字,这些是对十字军的经久纪念。在同一时期内,人们对于希腊文,特别是对于亚里士多德的著作,发生了新的兴趣。此外,阿拉伯数字、代数、航海罗盘、火药和棉纸,都是在十字军时期内,至少部分地是通过十字军被介绍到西欧,并加以利用的。

最后,十字军在西欧,对封建制度的崩溃、中等阶级的成长、民族君主政体的增强和君主专制的兴起,都是有贡献的。这些事情我们将在下一章中比较详细地研究。

第 22 章　古代文艺的复兴

22.1 对旧古典文学的新兴趣

新的兴趣,不是新的科目　中世纪甚或黑暗时代的欧洲人,任何时候都没有抛弃或者完全忘却古希腊和罗马的古典文明。古代的语言继续在教堂礼拜中使用——在西方用拉丁语,在东方用希腊语。古代建筑继续作为罗马式教堂建筑的模型。用文字写下的许多词句和用石头砌成的许多拱门,都时刻在那里提醒我们"希腊的光荣和罗马的伟大"。

但是,从 14 世纪到 17 世纪,古典的希腊—罗马文明以一种新的富有成果的方式被重新发现了。到此时为止,欧洲的基督徒们把古典语言、文学和艺术放在次要的地位——仅以它们作为达到更重要目的的手段,如在礼拜仪式中、在教堂建筑中和在神学与哲学研究中。现在他们开始为了这两种文字本身而阅读拉丁文和希腊文;就是说,因为他们发现拉丁文和希腊文是有益的和使人愉快的。他们也发现希腊文和拉丁文著作中有新颖而有趣的东西,对这些产生了新的兴趣,承认它们有不可怀疑却长期被忽视的价值。

古典文艺的复兴　对于旧古典文学产生的这种新兴趣,就是所谓的"古典文艺的复兴",或"文艺复兴"。它主要是指对古拉丁和希腊文学的名著——"古典文学"——同情而热心的研究。这种研究变成了风尚——几乎是一种狂热,而且这种研究引起了对古代优美特点的一切形式都加以欣赏,乃至于崇敬。总之,古典文艺的复兴扩展为古代典范在演说和艺术中的广泛使用,并且在文学、建筑、雕刻和绘画中表现为对中古文化的反动。

伟大的先驱　在古典文艺复兴中,第一个伟大的先驱是意大利人弗朗西斯科·彼特拉克(1304—1374 年)。他在托斯卡那度过了童年,青年时代在阿维尼翁的罗马教廷任职。彼特拉克鼓吹恢复和模仿古典文学,他在西欧以"唯一的学者"闻名。教皇供给他经费,国王们争先恐后地颁给他大量赏赐。威尼斯的元老院授予他以该城市民的权利。巴黎大学和罗马城都给他戴上桂冠。

这样，赞助者们支持了先驱者。14世纪的另一个先驱是另一个意大利人薄伽丘。在下一个世纪中，起初在意大利，后来在别的国家，大多数的西欧学者，都追随了彼特拉克和薄伽丘的脚步。

来自东方的学者　在1400年前后，由于穆斯林土耳其人对拜占庭帝国的压力，大量希腊学者和教师离开了君士坦丁堡和希腊，渡过亚德里亚海，定居在意大利。其中的一个，即克里索洛拉，在佛罗伦萨创立了一所著名的学校，给许多学生讲授荷马。满是灰尘的顶楼变成引人注意的地方。为了寻找古老的手稿，城堡和修道院都被搜遍，许多久被丢失或遗忘的著作都被重新发现了。其中有塔西陀、西塞罗、昆体良和卢克莱修的一些作品。

古典文学的研究不仅是学者的专业，而且也成为王侯们的时尚。许多富有的绅士们赞助并且资助"新学"。

教士们的态度　最初，古典文学的研究引起了虔诚的教士们的疑虑甚至反对，他们惧怕古典文学中的非基督教因素对基督教会有危险的影响。但是逐渐地"新学"得到宽容，以后受到了鼓励，最后获得了教士们的赞助。教皇尼古拉五世是一个杰出的古典学者，对别人是个慷慨的赞助者。他雇用成千的人去抄写古老的手稿，悬赏征求荷马诗的有韵律的翻译。他在自己的梵蒂冈宫廷中收藏有大量的古典图书。

他的许多继承人都和他的心思一样。的确，16世纪之初，在教皇利奥十世的赞护下，"新学"达到了光辉的顶峰。他是佛罗伦萨富有而风雅的领袖罗兰佐·德·美第奇的儿子。利奥十世是"新学"的赞助人，同时又是"新学"的模范。

22.2 意大利，欧洲的学校

就像在伯利克里时代雅典是"希腊的学校"一样，16世纪的意大利是"欧洲的学校"。旧古典文学的兴趣就是在意大利复兴的，彼特拉克、薄伽丘和别的先驱们以及许多早期的赞助者，就是在意大利居住的。很多希腊学者和教师在土耳其人进迫君士坦丁堡的时候来到意大利。许多显示这个时代特色的文学、建筑和艺术的伟大作品，都是在意大利创作的。到西欧其他各国的"新学"和"新艺术"的教师们也是从意大利去的。西方各国的学生和学者们，也都到意大利来汲取丰富的源泉。

各　地　16世纪前半期，古典文学研究的热潮在意大利达到最高峰，并已经传播到其他各国。在法国，"新学"受到国王们的鼓励，特别是弗兰西斯一世（1515—1547年），他多次干预意大利的政治和战争，并把学者、艺术家和古代的杰出作品带回法国。在英国，当亨利七世和亨利八世在位的时候，各大学和许多教士与公职人员们，包括著名的法律家托马斯·莫尔爵士，都拥护"新学"。莫尔的主要文学作品——著名的《乌托邦》，就是以柏拉图的《共和国》为根据的。

　　大约在同一时期，"新学"在德国、西班牙、斯堪的纳维亚和波兰也得到认可并被加以勤奋的学习。

　　伊拉斯谟　16 世纪初，第一流的古典学者是伊拉斯谟(1469—1536 年)。他是荷兰鹿特丹人，在漫长而好学的一生中游历过许多地方。他时常住在德国、法国、英国、意大利和瑞士。他受过神学训练，并成为神父，但他以古典文学的爱好者和多产的作家而著名。

　　伊拉斯谟不像彼特拉克那样严肃地要求自己，但他是比彼特拉克更为突出的国际人物。他和同一辈的每一个重要作家都通过信，他和教皇利奥十世、皇帝查理五世、法国的弗兰西斯一世以及英国的亨利八世，都有私人友谊。他编辑和出版了一部学术性很强的希腊文的《新约全书》；而在他自己的闪耀着双关语和俏皮话的著作中——《疯狂颂》、《箴言集》和《雄辩录》——他嘲笑了迷信和偏见，攻击了不学无术，并赞扬了古典文学和古典学术生活。

　　从中心到四周　在 15 和 16 世纪时，意大利是西欧文化的中心。许多华丽的宫廷和富有的城市争以赞助繁盛的艺术为荣。字典和语法编纂了；由于有了翻译和注释，对古代作者的研究变得更容易，古典拉丁风格成为有教养的人的特有标志。新的教育学院最初在意大利，以后在欧洲其他诸国建立起来了。在"新学"的传播中，德国由于地理位置邻近和接触频繁，得到了仅次于意大利的地位。

22.3　古典文艺复兴的结果

　　我们现在可以总结古典文学的新研究的结果。

　　课程丰富了　在中学、学院和大学的课程中，增添了拉丁文和希腊文的研究和讲授。从 15 世纪到现在，恺撒、西塞罗、维吉尔、色诺芬和荷马，在教育中占据了受尊敬的地位。

　　人文主义　文艺复兴产生了"人文主义"，就是同情地专心致志地研究人类，这和中世纪对神学的虔诚研究大不相同。这是由于确信希腊和拉丁的古典文学是纯粹属于人类的。新文化的研究者被称为"人文主义者"，他们喜爱的研究科目称为"人文学"。

　　崇　古　文艺复兴倾向于推崇古代而藐视中世纪的文化。在这种意义上说，对旧的古典文学

图 22-1　小汉斯·霍尔拜因所作，强调了伊拉斯谟唯一的武器——笔

的新研究是反动的。它促使人们的思想转向过去的更早时期。结果使人们回到遥远过去的希腊罗马时代，而不是回到最近的过去，去寻找艺术和科学、社会和政治、外交和战争以及一般的人类行为的典范。15 和 16 世纪的国王们是从古代而不是从中世纪得到他们的君主专制政体理论。马基雅维利写了一本给王侯们的指南，主张王侯们在处理政事时不要受通常道德的约束。父母给孩子们命名，不是取圣经中的人物和基督教的圣哲，而是取不信基督教的名人——恺撒、卡托、维吉尔、埃涅阿斯、普鲁塔克、荷马、梭伦、伯利克里、黛安娜、朱莉娅、奥古斯塔和鲁克丽丝，蔚然成风。

基督教的衰弱　文艺复兴对于基督教的影响，是奇怪的和矛盾的。一方面，它丰富了基督教各民族的文化。在 16 世纪里，当北欧掀起了反抗教会权威的叛乱时，一流的人文主义者们仍然保持对教会和教皇的忠诚；其中有些人，包括托马斯·莫尔爵士，都为他们的宗教信仰而死。

另一方面，旧古典文学的新研究产生了一些影响，这些影响是和传统的基督教道德相违背的，而且削弱了教会。极端形式的人文主义是仇视克己和自我牺牲的。有些教会人士，包括一些主教和几个教皇，变得世俗化了。许多人文主义者轻视神学，攻击修道生活。他们使人民的思想对教会的某些信念和实践产生了怀疑。还有少数人文主义者对于基督教本身的真理和价值根本发生了怀疑。

对土语的刺激　人文主义间接地给土语文学的发展以显著的刺激。许多人不会用艰难的古典式拉丁文言文来写作，而用当时的拉丁白话文来写作又怕被人嘲笑，就用了意大利语、法语、英语、德语或其他土语。

科学的历史研究　人文主义使得历史研究更加严格和科学。历史更多地由于它本身的重要价值，而不是仅仅作为神学的附属物受到重视。要求精确性的更严格的精神发展了；发现了许多其他的历史手稿。

艺术上的进步　人文主义引起了对古典建筑、绘画和雕刻的关怀和注意，从而极大地促进了各种艺术。

22.4 文学和艺术

正是在艺术的各个领域里——文学、建筑、雕刻和绘画——我们看到了古典文艺复兴最辉煌和持久的影响。不仅古代的杰作被重新发现和模仿，还产生了新的重要作品。这些新作品结合了非基督教和基督教的因素，这样就使古代和中世纪之间，同样也使中世纪和近代之间有了艺术上的联系。

土语文学　彼特拉克和他的直接继承者们都是用拉丁文写作的。出版了很多拉丁文著作，但并不都具有永久文学价值。在 15 世纪有一段时期，古典文艺复兴似乎遏制了土语著作；但是以后，特别是在 16 和 17 世纪，塔索、塞万提斯、卡蒙斯、拉辛、莎士比亚、弥尔顿和其他人用土语写就的新的重要作品问世了。所以我们看到古典文艺复兴是以许多方式反映出来的。当一盏灯点亮之后,它就光芒四射了。

意大利和德国的作家　在意大利和德国,复兴古典文学的研究以最强烈的热忱进行,不过在 16 世纪;这两国没有像别的国家那样产生伟大的土语作家。但是,还是产生了一些好作品。马基雅维利用意大利文写了他的历史作品和《君主论》——给王侯们的指南书。阿廖斯托也用意大利文写了一首长久流传的诗《奥兰度之怒》。同样地,塔索用意大利文写了他的大部头史诗《耶路撒冷的得救》。

在同一世纪中,德国的马丁·路德翻译了圣经,为德国文学做了巨大的贡献。

西班牙和葡萄牙的作家　差不多在这同时,一批辈出的天才使得用卡斯蒂尔方言写作的西班牙文学更为丰富了。历代最伟大的作家之一塞万提斯在他的不朽作品《堂·吉诃德》中,嘲笑了中古封建制度和颓废的骑士制度。洛佩·德·维加写了约 1800 个剧本,实际上创立了西班牙的戏剧界。卡尔德隆写了极有价值的寓言诗。

在这时期,葡萄牙的文学由于卡蒙斯写的《卢济塔尼亚人之歌》也达到了全盛。这是一部爱国史诗,叙述了瓦斯科·达·迦马的惊奇的航行和事迹。《卢济塔尼亚人之歌》使我们想起它和维吉尔的《埃涅阿斯纪》有许多相似之处——这本伟大的古典文学无疑影响了卡蒙斯。前面所提到的西班牙作家们对古典文学的典范也是熟悉的,但他们也是使用自己的语言来承载他们的艺术。

法国的作家　16 世纪时,聪明而善于讽刺的拉伯雷,与其说是基督徒,不如说更像非基督徒。他写了《巨人传》一书。这是一本大胆的幻想故事的汇编,把罕有的技巧和颇为粗俗的幽默结合了起来。17 世纪时,法国文学由于高乃依、拉辛、莫里哀、塞维涅夫人和拉·方丹等的杰作而丰富起来,进入了它的“黄金时代”。古典文学的影响导致了这个“黄金时代”,但是上面列举的这些伟大作家都是用法文写作的。

英国的作家　在英国,托马斯·莫尔爵士的《乌托邦》英文本在 1551 年出现了;1667 年弥尔顿的著名史诗《失乐园》出版了。在这两个年份之间,用英文写的伟大文学著作不断地涌现:有克兰麦的《公祷书》和国王詹姆斯时候翻译的圣经;艾德蒙·斯宾塞的优美的《仙后》;本·琼森和克里斯托弗·马洛的剧本;弗兰西斯·培根的论文集;以及至高无上的莎士比亚的戏剧等。这些作家中的很多人,都在题材或形式上表现出受古典文学和人文主义的影响。但他们都是用英文写作的。

文艺复兴的建筑　在古典文艺复兴的影响下,基督教建筑经历了一次革命,并且有了显著的发展。希腊神庙的朴素线条或罗马圆顶的优美柔和的曲线,代替了巍峨飞耸的哥特式建筑。圆拱代替了尖顶。拱柱被抛弃了。而古希腊的柱式——多立斯式、爱奥尼亚式和科林斯式——又被使用了。这样形成的“古典文艺”或“文艺复兴”建筑样式,被应用到一切种类的建筑物上,而在罗马巨大的圣彼得教堂上可能达到了最高表现。这个教堂是 16 世纪在一些伟大的艺术家如拉斐尔和米开朗琪罗等亲自指点下建立起来的。

在意大利和其他国家　希腊和罗马建筑的复兴,同希腊和拉丁文学的复兴一样,起源

图 22-2　圣彼得大教堂，位于梵蒂冈，是全世界第一大圆顶教堂，总面积 2.3 万平方米，最多可容纳近 6 万人同时祈祷。内部有著名的米开朗琪罗的大卫雕像、《创世纪》天花板壁画、拉斐尔的《雅典学院》油画等

于意大利，在那里得到最广泛的接受；但是，同文学的人文主义一样，传播到了其他国家。在法国，国王们，特别是弗兰西斯一世，喜爱古典式建筑，并且请到了很多意大利建筑师。结果，法国的许多公共建筑都是古典式的。一个显著的例子是有名的卢浮宫，现在是世界上最大的美术馆之一。

1550 年以后，古典建筑样式传入西班牙，受到国王菲利普二世的鼓励。大约在同时，它出现于尼德兰和德国。稍晚一些时候，在英国也见到了它。1619 年，一个著名的建筑师伊尼戈·琼斯设计并建造了白厅里的古典式宴会厅。同一世纪的后半期，克里斯托弗·雷恩爵士在伦敦建立起庄严的圣保罗大教堂，使得这种新建筑样式在英国风行起来。

文艺复兴的雕刻　雕刻总是跟着建筑走的，这一个的变革总是伴随着那一个的变革。早在 14 世纪，意大利的雕刻中就显示出人文主义。15 世纪时，佛罗伦萨的美第奇培养了对古典型式的特殊兴趣，他不仅成为古代艺术作品的热心收藏家，而且也提倡对雕刻

的科学研究。15 和 16 世纪意大利的造型艺术，与公元前 5 和前 4 世纪雅典的这种艺术，有着惊人的相似。

著名雕刻家　15 世纪"新雕刻"的第一个伟大提倡者是洛伦佐·吉贝尔蒂。他在佛罗伦萨浸礼教堂雕刻的令人惊叹的青铜门，被称为"值得作为乐园的大门"。比吉贝尔蒂稍年轻一些的是多纳泰罗，在威尼斯塑造了栩栩如生的圣马可雕像。德拉·罗比亚以他古典的纯正和风格的朴素而著名，创立了雕塑的上釉陶瓷小像这一派。米开朗琪罗是雕刻家、画家和建筑师，做出了许多成就。他在佛罗伦萨的大卫像，是一个古典的高贵杰作。

在意大利以外　古典的雕刻扩展到了意大利以外，比古典建筑的传播还要迅速。意大利的雕刻家被亨利七世请到英国，也被弗兰西斯一世请到法国。在西班牙，斐迪南和伊萨贝拉的坟墓就是使用古典雕刻的样式。的确，在 16 世纪，"新雕刻"在西欧各地都可以见到。

绘画的进步　绘画比雕刻经历了更有意义的变革。在 16 世纪之前，多数画都是壁画，

就是直接画在灰泥墙上的画，虽然也有少数是画在木料画板上的；但是在 16 世纪的时候，画架画，就是单张的画在帆布、木料或者别的材料上的画，成为普遍，油画颜料的运用也掌握了。由于有了这些新的方法，绘画的艺术完善起来了。

在这时期，绘画方面的进步不像在雕刻和建筑方面那样，是模仿古典模型的结果，因为绘画是最不经久的艺术品之一，只有很少的古代样板存留下来。因此，在缺乏古典的非基督教模型的情况下，绘画必须更有首创性，它保持了更彻底的基督教性。还因为这个时期的画家们都是绝顶的天才，绘画比任何其他艺术都达到了更高的完美程度。

四个伟大的画家　16 世纪在意大利活跃着四个世界上最伟大的画家——列奥纳多·达·芬奇、米开朗琪罗、拉斐尔和提香。后两人主要是画家；前两人在建筑和雕刻方面也同样地伟大。

列奥纳多·达·芬奇　达·芬奇（1452—1519 年）出生在佛罗伦萨，也在那里接受训练，曾先后受到米兰的斯福扎家族、佛罗伦萨的梅第奇家族和法国皇室的赞助。他是一个科学的画家，仔细地研究人体、远近的配置问题，掌握了明暗和色彩的程度。他所画的《蒙娜丽莎》，现在陈列在巴黎的卢浮宫；他在米兰作的壁画《最后的晚餐》也很有名。作为一个工程师，列奥纳多在意大利北部修筑过一条运河，还在米兰周围修筑过堡垒。他也是音乐家、哲学家和喜欢玩弄机械设计的精巧工匠。有一天法国国王访问米兰，看到了一只巨大的机器狮子，它吼叫之后，用后脚站起，胸前露出法国的国家纹章。它是列奥纳多的作品。

列奥纳多的著作也很多。他周围聚集了许多弟子。晚年他接受了弗兰西斯一世的养老金，住在法国，在那里他鼓励绘画，就像他在意大利做的那样。他给予他的时代的影响，也许比其他任何艺术家都更为深远；他自己就是他的时代的典型。这种对文化的所有部分都感兴趣、全面的、"完全"的人，就是文艺复兴的理想。

米开朗琪罗　米开朗琪罗（1475—1564 年）和列奥纳多一样，是佛罗伦萨人，又一个在各个领域里都举世无双的艺术家。我们几乎可以说他是"万能博士，而又万事精通"。他是个第一流的画家、绝代的雕刻家、伟大的建筑师、杰出的工程师、可爱的诗人和精湛的解剖学及生理学学者。他的一生分别住在佛罗伦萨和罗马，为美第奇家族和连续几个爱好艺术的教皇服务。在这里不可能对他的成就做相当的叙述。罗马教皇尤利乌斯二世的陵墓和佛罗伦萨著名的大卫雕像，就是他的雕刻代表作。罗马的圣彼得教堂实际上是他完成的，是他最不朽的纪念物。梵蒂冈的西斯廷礼拜堂天花板上的壁画是有名的奇迹；在同一个礼拜堂里，他的伟大壁画《末日审判》，恐怕是世界上最著名的绘画了。

拉斐尔　桑齐奥·拉斐尔（1483—1520 年）37 岁时就死了，但他在绘画的和谐美方面甚至超过了米开朗琪罗。就绝对的魅力来说，这个"神妙的"拉斐尔是无与伦比的。他主要住在罗马，有钱并受到爱护，有一段时期是圣彼得教堂的建筑师。他也做了一些雕刻品。但他还是以 16 世纪最伟大的画家而出名。

　　提香　提齐亚诺·韦切利奥（1477—1576年），以提香闻名，活到99岁，是威尼斯派绘画的首要代表人物。这一派绘画的特点是设色鲜明。提香是威尼斯城的官方画家，受到西班牙皇帝查理五世和菲利普二世两个国王的赞助。他获得了财富和荣誉，但是他不像列奥纳多·达·芬奇或米开朗琪罗那样是个全面的天才。他唯一的和最高的天赋是油画；在光线和色彩的迷惑力方面，他的作品从没有被超越过。

　　其他国家的绘画　以意大利为中心，"新绘画"成为全西欧的继承财产。意大利的画家们被弗兰西斯一世请到法国，法国的画家做了他们的学生。西班牙的菲利普二世在他广大的国土上鼓励绘画，他的继承者们聘用了一些著名的画家，如鲁本斯、凡·代克、委拉斯贵兹和牟利罗。

　　在德国，最好的绘画以阿尔布列希特·丢勒为代表，他从意大利作品中得到了灵感。他受到马克西米利安皇帝的赞助，他和他同时代所有的伟大画家都有交情，他画了伊拉斯谟的画像。但他是以雕刻师和木刻师而非画家闻名的。他最伟大的雕刻如"武士和死"及"圣蜇罗姆在他的书斋中"为以后所有的雕刻师树立了模范。

　　性质上是基督教的　绘画在它的16和17世纪整段的"黄金时代"，在题材和处理上主要是基督教的。但是若没有古典文艺复兴和人文主义，它很难达到它已得到的完美程度。音乐也差不多是这样的。

　　文艺复兴的音乐　讲到音乐，西欧在16世纪就开始了它的"黄金时代"。就是在那时，中世纪粗陋的乐器开始改成现代的形式，有了更悦耳的音调。粗糙的三弦乐器改成了小提琴，大键琴是现代钢琴的前身。作曲大师帕勒斯特里纳（1524—1594年）是风琴师和唱诗班的指挥，被恰当地尊称为近代教会音乐之父。他对17世纪意大利音乐和18世纪光辉的德国作品，都有很大的直接影响。

　　自然科学　15和16世纪的人文主义者一般忽视自然科学。在某种意义上说，古典文艺复兴停滞了而不是推进了自然科学。但是，在自然科学方面，正像我们在第20章中所叙述的，中世纪的西欧比起古希腊和罗马来是先进的。我们在下一章中将看到，16世纪的科学和发明正处在光辉一天的黎明。

第 23 章　新的发明

　　在古典文艺复兴时期,自然科学和发明方面的一些进展,多半是由于不受它的阻碍,而不是由于它的推动而取得的。例如,在亚洲、非洲和美洲的神奇发现和探险,极大地增加了欧洲民族关于其他民族和其他地区的知识,并且为以后的科学研究和考察提供了大量事实;但是这些发现和探险以及与之俱来的知识的增加,不是由于古典文艺复兴的推动,而是由于商人的经济雄心和基督教传教士们的热忱。

　　还有印刷术的发明,我们就要看到,是在这个时代内发生的,而且具有巨大的科学价值。它不是受古典文艺复兴的启发,因为古希腊人和罗马人都没有可供复兴的印刷术。

　　弗兰西斯·培根和笛卡儿　直到 17 世纪,当古典文艺复兴正在衰退的时候,13 世纪罗吉尔·培根所提倡的科学方法,才被两个卓越的学者弗兰西斯·培根和笛卡儿重新提出并取得了成效。

　　弗兰西斯·培根,以培根勋爵著称,是英国有名的法律家和法官,写了许多简短而才气焕发的论文及关于哲学和科学的较长著作,例如《学术的进展》(1604 年)和《新工具论》(1620 年)。他坚持说一个人不应该只因为别人这样讲过就说一件事是真实的,而只应该是因为这个人曾用自己的眼睛观察过。

　　勒内·笛卡儿是法国人,他游历了整个欧洲,在尼德兰、德国和匈牙利当过兵,在荷兰住了一些时候,死在瑞典。他的头脑和他的身体一样,从不休息。他时而对数学有兴趣,时而对哲学有兴趣,时而全神贯注于物理学或者化学,或者关于人的存在的证明。他一贯坚信科学不依赖于古书的权威,而依赖于事实的观察。有一次他指着一筐正待解剖的兔子,对一位来访的客人说:"这就是我的书。"

23.1 哥白尼和伽利略

在 16 世纪,哥白尼使天文学大大前进了一步,我们将要看到,这在很大程度上是由于古典文艺复兴。

托勒密的理论   古时埃及的希腊天文学家托勒密曾教导说:地球是宇宙的中心,太阳、月亮和众星环绕着地球运转,等等。他曾做过许多奇异的计算。托勒密关于天体的所有教导,被称为"托勒密体系"。它和流行的观念很符合,被普遍地、不怀疑地接受了,一直到古典文艺复兴时期。那时,其他古希腊天文学家的一些不同于托勒密的理论被恢复了。这些理论之一被哥白尼采取了,他研究并试验了它,又把它写在一本很出名的书里。这个现在被称为哥白尼的理论,代替了久被接受的托勒密的理论。

哥白尼   尼古拉·哥白尼(1473—1543 年)是波兰人,在意大利几个大学里研究过教会法、医学、天文学和其他科目。之后回到波兰,在天主教教会任职。在意大利的时候,托勒密的理论曾引起他的怀疑。他继续研究、思考和写作。托勒密的理论不仅被广泛地接受,而且几乎被视为神圣,所以哥白尼不敢攻击它。他写了一大本关于天体的书,但是直到 1543 年他死的那一年才发表出来。这本书是革命的——它宣称行星体系的中心是太阳而不是地球。他断言,地球和别的行星一样,环绕太阳旋转。这曾经是萨摩斯的阿里斯塔库斯的理论。

对于 16 世纪的人们,这个理论似乎是大胆的、荒谬的。如果哥白尼那时还活着,他大概有受迫害的危险。

但是在 17 世纪初,两个伟大的天文学家——德国人约翰·开普勒和意大利人伽利略支持了哥白尼的理论。开普勒(1571—1630 年)修改了哥白尼的理论,指出行星不是在圆形的轨道上,而是在椭圆形的轨道上绕着太阳运转。

伽利略   伽利略(1564—1642 年)推广了哥白尼的理论。他在帕多瓦大学的讲演是如此地使人感兴趣,以至必得给他准备能容 2000 人的课堂。1609 年他完成了一架望远镜,虽然现在看起来有弱点而且粗糙,在当时却是神奇的东西。贵族们和元老们都来用它观天;用这架望远镜,他能看到星空中许多奇异的事实。

伽利略非常相信他自己的结论,但是异端裁判所看不出他的主张有和圣经一致的可能,就禁止他讲授他的理论。他服从了命令,但假如他能再活 100 年的话,他会很高兴地看到,几乎所有有学问的人都同意他的意见。

伽利略在物理学方面的成就,比在天文学方面更大。比萨大教堂一盏摆动的灯使他发现了钟摆定律;从比萨斜塔上丢下若干重物,他发现了下坠物体的速度,不是像平常所设想的由它的重量而是由它下坠的距离来决定的。

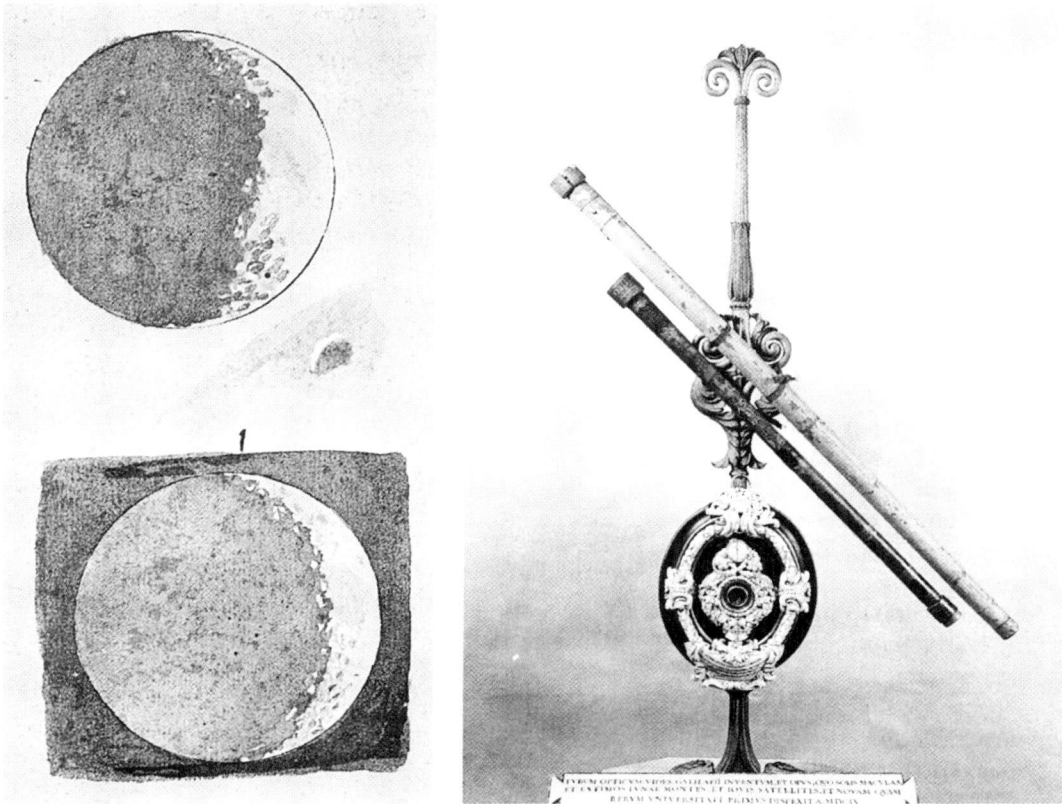

图 23-1　伽利略通过望远镜观察到的月亮。右图为他所使用的望远镜,大的一个可以放大 14 倍,小的一个可以放大 20 倍

23.2 印刷机

中国的印刷术　印刷术最早是由中国发明,并且在那里和日本与朝鲜都应用过,无疑地 14 世纪到远东的欧洲旅行者和商人们看见过或者听说过印刷的书籍。可是没有证据说明欧洲的印刷术是从亚洲学来的。西欧似乎是独立地发明了印刷术。我们在这里谈的是欧洲印刷术的发明。

欧洲的早期书籍　从最早的时候到距今不到 500 年以前,在欧洲,每一本书都是辛苦地用手写的。虽然抄写者们在抄书时有惊人的技巧和速度,但每一本相当大的书需要很多的时间和劳力,因此价钱很贵。只有富人或有钱的机关才能有大量藏书。

欧洲印刷术发明的时间是在公元 15 世纪——文艺复兴期间,那正是从中世界向近代过渡的时期。现在的印刷术是极端复杂的过程,各个步骤的臻于完善都经过了几个世纪;但是最主要的部分,是可以一再用来印出文字的活动字模。另外一个重要因素是一种容易印上字迹、处理方便、经久耐用、价钱又不太贵的纸张。

纸张的改进　古希腊人和罗马人用纸草书写，这是一种在尼罗河谷生长的坚韧芦苇制成的纤维；但纸草既重又贵，不适于印刷。羊皮纸（鞣制的兽皮，特别是羊皮）是中世纪手抄文件的标准材料，耐久；但是羊皮纸像纸草一样，昂贵笨重，也不适于印刷。纸是最合用的，不过纸在欧洲出现得相当晚。

较好的纸张　最早的纸大概是公元 2 世纪中国人用蚕丝制造的绢纸。后来穆斯林似乎是从中国人那里学来了造纸的知识，并且以棉花代替了蚕丝。无论如何，8 世纪穆斯林在大马士革制造了棉纸，这个所谓大马士革纸后来传入希腊、南意大利和西班牙。在西班牙，当地生长的大麻和亚麻又用来代替了棉花。由此产生的亚麻纸 13 世纪时在卡斯蒂尔大量地应用，并且由那里传到法国和全西欧。直到 15 世纪，刚刚开始的印刷正需要它，纸张才确定地战胜了纸草和羊皮纸。

活动字模的发明　活动字模的想法是从古老的实践中演变而来的。古老的办法是将整个字或整个句子刻在木版上，涂上墨印在适宜的平面上，就可以留下清晰的印迹。中世纪的国王和王侯们常常把他们的签字刻在木版或金属版上，以便在签名盖章、缄封敕书或特许证等时使用方便。早在 12 世纪时，与此类似的雕版就被用来复制图画和手迹。

从木版盖印，到在许多等高的小木块或小金属块上刻上字母，然后按照要求的次序排列出来以供印刷，是一个自然的但是进展缓慢的步骤。活动字模胜过综合木版最大的好处是，只要重新排列字模，就可以完成变化无限的印刷工作。

印刷术的发明者　从木版改变到活动字模——印刷术的真正发明——的真正历史无从知道。传说制造和使用活动字模的第一个欧洲人，是荷兰哈勒姆镇的劳伦斯·科斯特尔。但我们所确切知道的是，大约 1450 年，约翰·古藤堡在德国美因茨城的一个印刷店中使用了活动字模。这种新技艺的最早出品，是教皇的《赦罪书信》和圣经的一种译本。二者都是 1454 年古藤堡在美因茨印刷的。

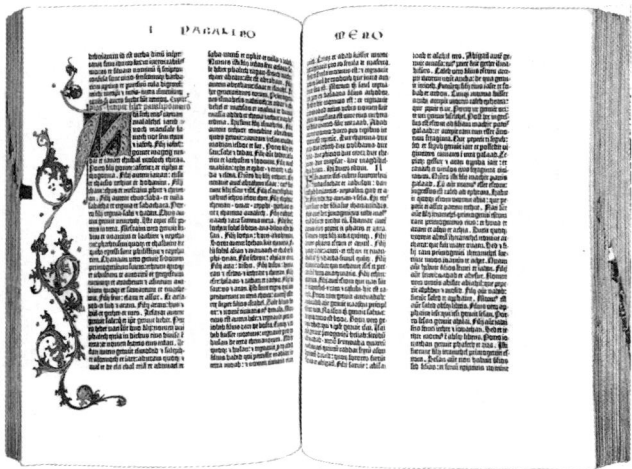

图 23-2　活字印刷术的发明，使得古藤堡的圣经译本广为流传

印刷术的迅速发展　印刷术发展缓慢，而传播却很迅速。1454 年以后，在德国、意大利、法国和英国——的确在整个西欧，都很快地被应用了。学者们欢迎它，教会称赞它。1466 年在罗马安装了许多印刷机。出版书籍很快成为每一个大城市的光荣和有利可图的生意。16 世纪初，一个富裕而有名的学者阿尔都斯·马努提乌斯，在威尼斯经营了有名的阿尔定印刷所，它印刷的希腊和拉丁古典文学名著的精美

版本至今被认为是印刷艺术上的杰作。

活字的格式 早期的印刷者按照抄写者抄书时所用的字体来制造他们的字模。不同的书法形成了不同格式的字模。字体黑大的"哥特式"在德国流行。清楚整齐的几种式样的罗马字体在中欧和西欧更为领先。压缩的"斜体字"式是威尼斯的阿尔定印刷所设计出来的,为的是使印刷工人能在一页纸上多挤上几个字。

印刷术发明的影响 在 16 世纪里,这些新技艺在经常地扩展和发展着。至少有三种明显的值得注意的效果。

(1)书籍的供应大大地增加了。在早先的情况下,一个熟练而勤劳的抄写者一年内也许可以抄出两本大型的书。现在,在 16 世纪的一年里,一个印刷所就能印出 2.4 万本伊拉斯谟的著作。

(2)书籍供应的增长,增加了对书籍的需求。价格降低了,使得从前对许多人说来是梦想的书籍,现在能够真正享有了。与此相应的是知识的传播,教育的促进。

(3)由于印刷,书籍内容的准确性更得到了保证。(当书籍是手抄的时候,任何一部分的两个抄本几乎不可能完全一样。现在,虽然书里的错误仍然难免,偶尔还有荒谬的错误,但是严重的错误和伪造实际上消除了。至少,某一版的所有册数总是相同的。

印刷术的重要 印刷术的发明无疑是人类最伟大的成就之一。它是在 15 世纪远途探险正在进行,古典文艺复兴正在高潮的时候,在西欧发生的。这发明是中世纪的产物;但是它的影响如此深远,甚至可以说,它比任何其他因素,都更大地决定了现代文明的特性和质量。

23.3 火　器

火药的制造和火器的使用,极大地影响了近代的生活。最显著的影响之一是,由于主要是在 15 世纪的战争方法的改变,国王们的权力稳步地增长了。

火　药 火药在一定程度上曾被中国人和阿拉伯人所使用。在欧洲,制造火药的秘密是在 13 世纪发现的,14 世纪时开始在欧洲各国使用。人们制造了青铜炮来发射笨重的石头。青铜炮和石炮弹不久就由铁炮和铁弹所代替。步枪或滑膛枪也发明了。

对封建制度的影响 枪炮的应用导致了封建制度的毁灭,因为封建城堡不能抵御炮弹;封建骑士虽然穿着光亮的盔甲,横着长矛,却不是步行的带滑膛枪的普通人的对手。当火药时代开始的时候,骑士制度和骑士精神的时代就终止了。

对君主政体的影响 随着火药和火器的采用以及国家收入的增加,国王们开始雇用兵士,维持常备军,并且以枪炮装备他们。大炮是笨重的,滑膛枪是粗糙的燧发枪,然而它们比起叉、矛、剑和箭却有效得多。一旦一个国王有了火器装备的军队,他就能征服难以控制的封建领主,压服暴动的老百姓,或者对邻近的王侯们进行有效的战争。从此他就占

图 23-3 16 世纪的意大利罗盘和它的盖子。这是当时航海的典型用具

有了专制政体的重要工具,许多欧洲的国王们就使用这些武器和这种军队去扩大他们的领土和加强他们的权势。

23.4 航海罗盘

印刷机促使了思想革命的成功——没有它,书籍仍会是富人的奢侈品,报纸无人知道,普及教育几乎不可能。火器引起了战争状态和社会情况的革命——它们以枪炮装备的步兵代替了披甲的骑兵;它们压倒了封建领主而抬高了平民。同时,由于增加了专制国王们的权力,它们几乎引起了政治革命。

第三个发明,航海罗盘,引起了在航海、发现、探险、殖民和商业方面的巨大活动——几乎是一次革命。

罗盘的历史 磁石指南针,通常称为航海罗盘,它的早期历史是不清楚也不确实的。早在公元 5 世纪,中国人就知道了粗糙形式的罗盘。但是中国统治者的政策和中国人民的习惯,使中国人不大想从事航海的事业,结果罗盘在远东不大重要。

究竟什么时候磁针在欧洲第一次使用,是无从知道的。但是如果它像许多人所推测的,是由阿拉伯海员和商人从中国带来的话,当它第一次被带到欧洲的时候,大概已经是一件航海的工具,就是说,是用来驶船的一种装置了。

文献中第一次提到罗盘,是在 12 世纪亚历山大·内卡姆所写的一本书中。他说这是一根放在支轴上的针,让它自行停止,它就给航海者指出航行的方向。在另一本书中,卡姆这样写道:"航行者在海上,当白天云雾遮日,或夜晚在黑暗中,不知道自己是向世界的哪一部分驶行的时候,就用磁石触引一根针,这针就旋转起来,到它停止转动时,针尖就会指向北方。"

在内卡姆的记录之后,有各种用磁针帮助航行的记载。早在 13 世纪,在欧洲航海者中,似乎已经广泛地知道了磁针;1269 年,似乎已经观察出磁针的偏差,就是说,它和正北的距离。1391 年英国著名诗人乔叟就写了把罗盘盘面分为 32 度的事。

当商业需要和宗教热忱给欧洲去远方探险和贸易的强大动力的时候,科学开始提供了工具;在这些工具之中,航海者的罗盘占有相当的地位。

第 24 章　远方探险和贸易

　　像我们已经看到的，在 14 世纪以前，世界的一些文化地区之间就有频繁不断的接触；但是在整个早期年代，居住在世界一个地区的人们，对于别的遥远地区的民族，一直相对地互不了解。古代埃及人、希腊人和罗马人似乎对中国或日本知道得很少，对于美洲则一无所知。古代中国人对于罗马人、希腊人和埃及人仅仅有最模糊的认识。而对于古代的美洲人，旧世界则是不存在的。

　　为什么欧洲发现了世界　　在近代，或几乎是在最近，世界各部分互相密切地接触，这一事实值得注意。这种密切接触的方法和事迹是神妙的。

　　但是为什么欧洲人要去探险和发现？为什么近代世界是大部分欧洲化了而不是亚洲化了？这些都是大问题，而且不容易准确和完全地回答。然而，我们大胆地提出，为什么到远方去发现和探险是由欧洲进行的两个主要理由：经济的需要和宗教的热诚。

　　经济的需要　　欧洲人发现了世界，因为他们是商人——供给他们自己经济需要的商人，而且因为他们的需要是巨大的。他们对世界各地的需求，大于世界各地对他们的需求。

　　就像有人曾说过的，"欧洲是饥渴的"。这句话从各种意义来说都是正确的。许多青年人渴望冒险。少数国王渴望征服。在欧洲人口稠密的地区，成千上万的人渴望土地和渴望能有所得。就像几个世纪以前这样的动机驱使蛮族进入欧洲一样，现在在发现新地区的时候，又驱使人们离开欧洲。

　　除了要冒险的强烈愿望、要征服的野心以及对土地和粮食的需求以外，富有、小康的人们也有一种日益增长的要求舒适和奢侈品的欲望。许多这样的东西可以通过与非洲和亚洲的贸易得到。十字军似乎没有减少贸易，反而增加了贸易。威尼斯和热那亚在进行东西方之间的贸易中变得富庶了。但是后来土耳其人占据了近东，商人们不容易从旧路到

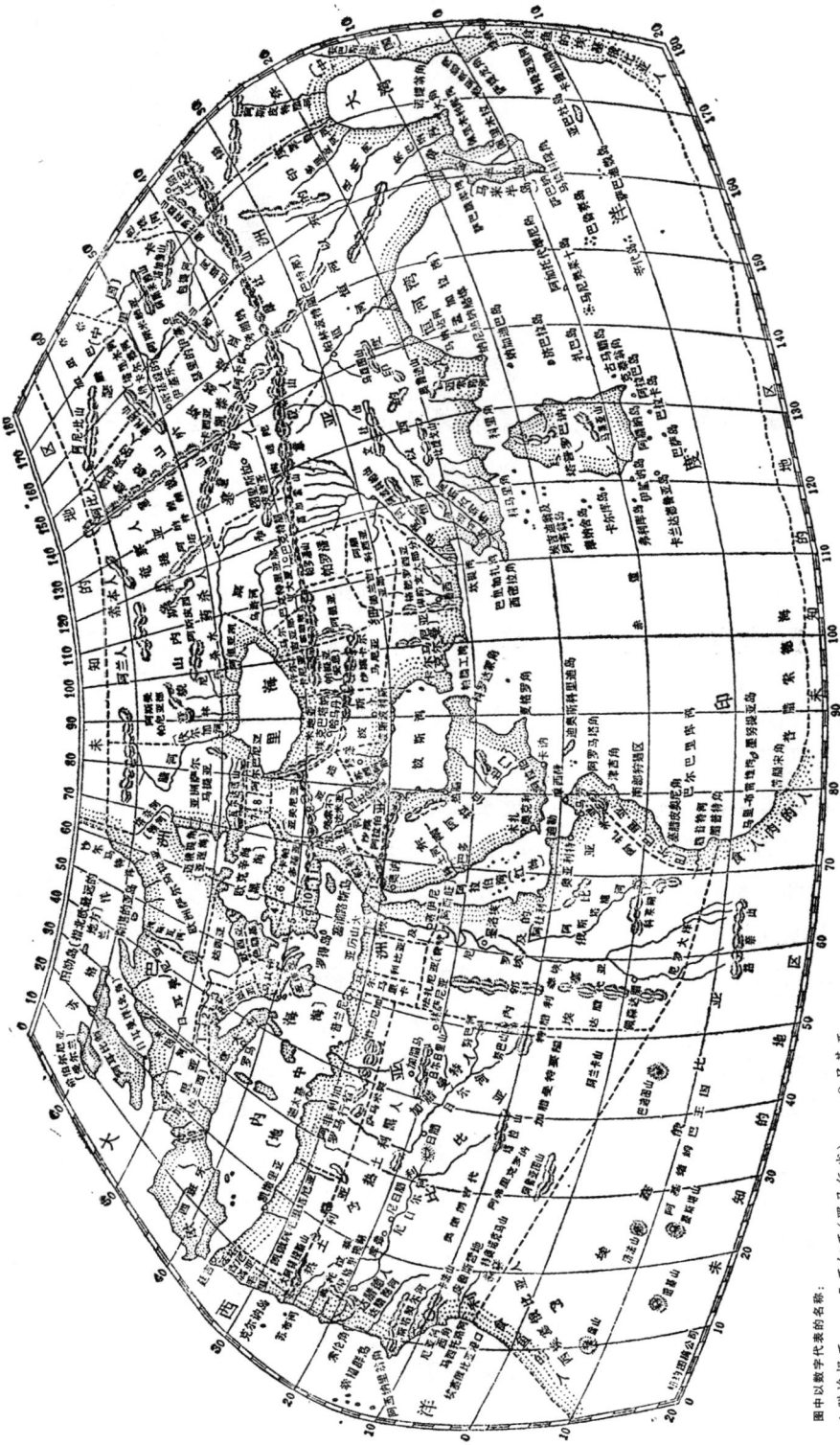

地图 24.1 托勒密的世界地图

图中以数字代表的名称：

1. 腊埃提亚　　　5. 亚细亚（罗马行省）　9. 吕基亚
2. 诺里库姆　　　6. 加拉提亚　　　　　10. 皮西地亚
3. 潘诺尼亚　　　7. 弗里基亚　　　　　11. 西西里亚
4. 比提尼亚　　　8. 伊奥尼亚　　　　　12. 佩特腊阿伯

克罗秋乌斯·托勒密，这个著名的古代地理学家和天文学家，在公元 2 世纪的时候，居住于亚历山山大城。他的这一幅世界地图，说明了罗马帝国的人们对于欧洲北部、非洲南部、亚洲东部或美洲，知道的是何等的少。

达亚洲,因此他们开始寻找新路,也寻找新的供应源泉。

基督教传教士的热诚　在欧洲占统治地位的宗教,曾是(现在仍是)基督教,这是世界上空前热烈地传道的宗教之一。在中世纪末期,基督教传教士已经走遍了欧洲,而且日益转向亚洲。这正是商人们也这样做的时候。结果,商人们和传教士们一同走出欧洲,一同旅行到世界最远的地方。

24.1　在远东的传教士和商人

欧洲与中亚、东亚的直接接触,是在 13 和 14 世纪开始的。这时候,在成吉思汗及其继承者统治下的蒙古人正从中亚扩展,建立了一个庞大的帝国。当时杰出的基督徒,包括教皇和法王路易九世,预见到假如蒙古人改信了基督教,他们将是十字军反对穆斯林的最可贵的同盟军,也是把基督教扩展到广大地区去的办法。

结果在 1245 年,一个圣方济各会修士柏朗嘉宾的约翰被派远行,经过波兰、俄国,又走了 4828 千米,到达蒙古大汗的首都。约翰谒见了大汗,不很成功,但是两年以后他回国,详细写出了他的旅行和观察笔记。以后不久,另一个圣方济各会修士鲁布鲁克的威廉,被派去执行同一使命。威廉从君士坦丁堡往北,又往东环绕黑海和里海,在蒙古大汗那里住了半年。他也没有达到他的主要目的,不过他写的书报道了许多情况,很受欢迎,有助于激起欧洲人对遥远陌生的亚洲各地发生兴趣。

波罗兄弟　这两个圣方济各会修士约翰和威廉,都听说过许多关于中国的事情,但第一批访问并探测过中国的欧洲人是威尼斯商人。两个姓波罗的兄弟,在大约 1260 年找到了去中国的道路,到了忽必烈的宫廷。我们要记住,中原曾被蒙古人征服,忽必烈汗作为皇帝在统治着。他建立了北京城,作为中华帝国的首都。他赞助艺术和学问,宽容各种宗教,并且鼓励中国和外界通商。因此,当波罗兄弟到达北京的时候,忽必烈汗热烈地欢迎了他们,热心地听他们讲欧洲的事情,并且委托他们去请 100 个基督教传教士到中国来。

波罗兄弟取道波斯北部和亚美尼亚回去,在 1269 年回到威尼斯。

马可·波罗　波罗兄弟为中国延请 100 个基督教教师的事没有成功,但是他们自己对远东却有非常浓厚的兴趣,因而很快地就到那里做第二次旅行,带了他们之中一个人的儿子,即另一个人的侄子、年轻的马可·波罗。马可·波罗成了中世纪最有名的旅行家。

他们走了 4 年,经过亚美尼亚和波斯,穿过了戈壁。之后,他们在中国逗留了 17 年,学了当地的语言,并为忽必烈汗服务。

年轻的马可·波罗以他的聪明机敏赢得了大汗的特殊宠爱。汗委派他许多官职和机密的使命。这样马可就获得了很多不仅关于中国,而且也关于邻近民族的知识。1292 年他们向忽必烈汗告辞,乘船离开了中国。在香料群岛和印度南部停靠以后,他们上溯波斯

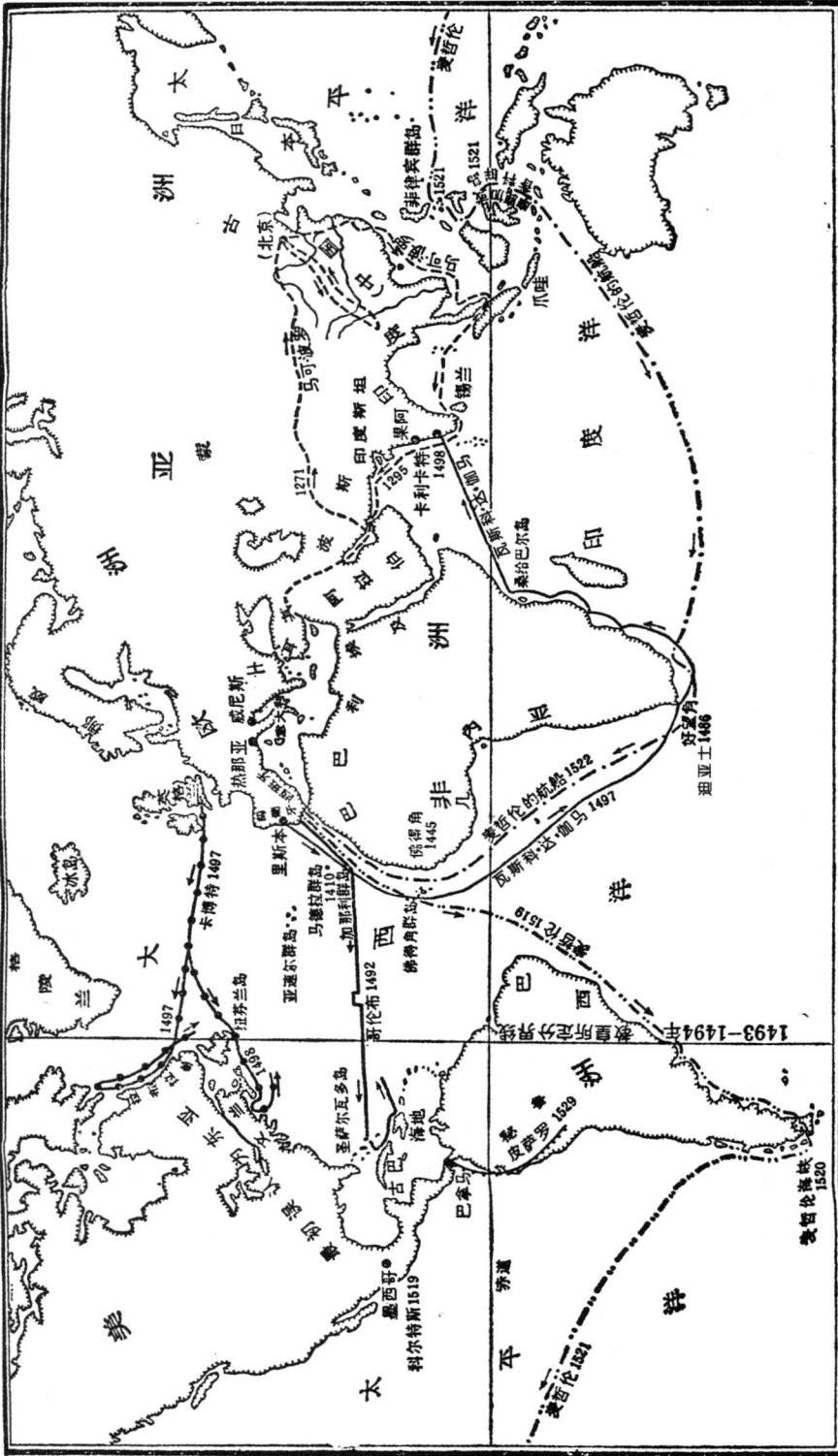

地图 24.2 发现的诸航线

观察 13 世纪马可·波罗所经行的陆路和海路。探寻葡萄牙人的航线,注意 1486 年迪亚士到南非和 1498 年瓦斯科·达·伽马到利卡利卡特。再追溯哥伦布在 1492 年,卡博特在 1497—1498 年的航线以及麦哲伦线在 1519—1522 年环球的伟大远征。

图 24-1　马可·波罗日志中的手绘插画。忽必烈坐在由象抬的肩舆上，因为他正被痛风所折磨。可以看出画家对象很不熟悉，它看起来像是公猪和狗的混合

湾，由那里从陆路到了地中海，最后在 1295 年到达了威尼斯。

马可·波罗回去后不久，参加了威尼斯和热那亚之间的战争。他被热那亚人俘虏了，在一年的囚禁中写出他在远东的经历和见闻。他的书是最有价值的记载，后来许多欧洲人，包括克里斯托弗·哥伦布，都以无穷的兴趣去阅读它。

在中国的商人和传教士　步波罗们的后尘，大量的欧洲商人和传教士找到了去中国的道路，有的人从陆路经过俄罗斯和蒙古，另外的人由海路从波斯绕过印度和印度支那。在 14 世纪前半期，有一个时候，似乎远东可能基督教化了。但是在这世纪的后半期，在中国发生了一次佛教徒的革命，结果明朝掌了权。信佛教的明朝人统治中国长达近 3 个世纪，基督教被消灭了。

远方契丹的诱惑　但是欧洲并没有丢掉一切。幻想和希望依旧存在。欧洲人所知道的关于契丹——他们那时对中国的称呼——和印度群岛的事，使他们记忆深刻；他们已经取得的成就，刺激了他们的野心。他们仍然希望为他们的信仰赢取信徒，并为他们自己取得对丰厚的远东贸易的主要部分。如果他们不再能安全地走旧的陆路，他们一定要找出到印度群岛和契丹去的新水路。

24.2 亨利亲王和瓦斯科·达·伽马

新水路的可能性自然是葡萄牙人想出来的。他们住在欧洲的极西南角,并且已经沿着非洲曲折的海岸走了相当远。为什么他们不继续走下去呢? 也许再往前一些,海岸会向东转,到印度群岛和契丹的路就会通了。他们知道非洲是广大而危险的,可是他们总在梦想绕着它航行。

航海家亨利亲王　使这种梦想得以实现,是葡萄牙王室能干的亨利亲王一生的抱负。他通常被称为航海家亨利,生于 1394 年,死于 1460 年。他自己没有真正驾驶过船舶,但是他帮助了他的同胞去征服海洋,并赢得了世界贸易的一份。首先,他在葡萄牙设立了一所航海学校。他吸引了当时最善于航海的意大利航海者和最有学问的地理学者们到这所学校,并且年复一年地从学校输送出包括战士、商人和传教士的海上远征队。他们重新发现了马德拉群岛和亚速尔群岛,并使之殖民地化,他们沿着没有探测过的黑大陆的海岸越走越远。那时的地图在黑暗的边沿就停住了,但是航海者的罗盘不分日夜地引导他们前进。

迪亚士和黑大陆　黑大陆实际上比亨利亲王想象的要大得多。当他在 1460 年死去的时候,葡萄牙人只在它的西岸驶行了大约一半的路程。在那里,他们以为找到了到东方去的通道。他们在几内亚的巨肩下向东行驶了许多里格[①],撞上了喀麦隆的山脉。然而航行还是继续下去。

在 1488 年,一个勇敢的船长巴托罗缪·迪亚士到了非洲的最南端,他把它叫做"暴风角";但是当他回来汇报他的发现时,葡萄牙国王说,应当把它叫做"好望角",因为现在他们有到达印度的良好希望了。从此它就被称为好望角。

瓦斯科·达·伽马　国王的乐观证明是正确的,因为 9 年之后,在 1497 年,另外一个葡萄牙航海者,瓦斯科·达·伽马,航行绕过了好望角,之后在非洲的东岸摸索上航到了马林迪,在那里他找到了一个阿拉伯的领航员给他指路,通过印度洋到了印度。当他在印度的卡利卡特(不是加尔各答)上岸的时候,瓦斯科·达·伽马竖立了一根大理石柱,作为他发现由欧洲到东方一条新路的纪念。他在 1499 年回到里斯本,带回的东方货物的总值是他远征费用的 60 倍。

达·伽马发现的结果　从此以后,葡萄牙的船只就经常取道好望角驶向东方,回去的时候满载着香料、丝绸和珠宝等贵重货物。基督教传教士和商人也一道去了,他们在商人做生意的地方传教,特别是在卡利卡特北边的果阿镇。

葡萄牙商人占据了斯里兰卡、苏门答腊、爪哇和香料群岛。1517 年他们到达中国广

---

① 1 里格=4.8 千米。——译者

州;1542 年他们进入日本。一个能干的传教士弗朗西斯·哈维尔在印度和日本教学。到 1600 年时,日本有 20 万以上的基督徒,印度更多些。基督教的这些进展并不都是永久的,葡萄牙的商业优势也没有维持多久;虽然如此,从 15 世纪到现在,欧洲和远东之间的接触总是直接的和持续不断的。

24.3 哥伦布、卡博特父子和麦哲伦

文兰的维京人　在 10 和 11 世纪时,斯堪的纳维亚的维京人曾向西航行,在格陵兰建立了殖民地,并且访问过一个他们称之为文兰的地方。文兰几乎肯定是在北美洲,但在那时那里没有产生什么重要的事情。欧洲还没有做好绕行全球的准备,印刷机也还没有开动来传播这消息。在文兰的维京人定居地不久就消失了,欧洲把文兰忘却了。几乎在 500 年后,欧洲和美洲之间有了重要接触,而且这接触完全是偶然的。

哥伦布的计划　中世纪许多有学问的欧洲人,像有些古希腊人一样,相信地球是圆的,并且相信海洋延绕过欧洲和非洲,向印度、中国和香料群岛伸展;但是没有一个人想象得到还有南北美两大洲横亘在中间。

但是在 15 世纪,当葡萄牙人正在寻找一条绕过非洲到印度去的新的全程水路时,一个热那亚城的意大利航海者想到渡过海洋向西直驶,也许可以更迅速更容易地到达远东。他就是克里斯托弗·哥伦布。他没有建议去发现美洲;他没有设想到美洲的存在。他仅仅是计划向西做远洋航行到印度群岛。他以罕有的勇气和耐心,长期辛勤劳动来装备自己,并说服别人相信他的理论是正确的,为他的实验筹集经费、船只和人员。

伊莎贝拉的援助　哥伦布的计划和理论似乎是很合理的,但是不容易付诸实施。那些时候的小航船不适宜于远洋

图 24-2　在 15 世纪以前,大多数欧洲船只要么是沿地中海航行的小三角帆船,要么是往来于大西洋的慢而难以驾驭的横帆船。到 16 世纪,欧洲人开始得以结合三角帆船的机动性与速度,以及横帆船的载重和适航性。此处是哥伦布船队中的旗舰圣玛利亚,它参与了西班牙的第一次跨大西洋航行

航行。哥伦布向葡萄牙国王求助,但后者认为把葡萄牙的努力限制在环绕非洲的探险范围内更明智。

哥伦布又向西班牙的斐迪南和伊莎贝拉求援,但是那时他们正忙于进行反对格拉纳达穆斯林国家的十字军战争,因而开始时对哥伦布不大注意。以后,经过对哥伦布和他的理论有兴趣的多明我会托钵僧们的请求,伊莎贝拉王后在攻占了格拉纳达之后,才被说服来装备和支持这个大胆的远征。由于她的援助,哥伦布最后在 1492 年 8 月出发了,带了载着 88 人的三只小船,和给契丹大汗的一封介绍信。

新"印度群岛"　很少冒险家有比哥伦布更大的勇气和毅力。想想看,乘着一只仅有现代远洋轮船二百分之一大小的航船,去横渡大西洋!

哥伦布一周又一周地向西航行。他带去的人都失去了信心,逐渐变得要反抗了。一个月过去了,仍然是茫茫无路的海洋铺展在他们眼前。永不绝望的哥伦布坚持了他的目标,直到最后,在 1492 年 10 月 12 日,瞭望的人发出了"陆地,陆地!"的欢呼,他上了岸,感谢上帝,并且宣称这陆地属于伊莎贝拉王后。

假若有人告诉他说他发现了新大陆,他会非常地惊奇。他绝没有梦想到,他登上的岛是巴哈马群岛之一,离印度和中国还有几千英里。他相信他发现了就在亚洲海岸边东印度群岛中的一个岛;他把土著称为"印第安人"。他们从此就一直被称为印第安人。

哥伦布回到了西班牙, 向斐迪南和伊莎贝拉汇报他找到了印度群岛。1493 年、1498 年和 1502 年,他三次回到美洲,携带了商人和传教士、冒险家和殖民者,并且一直还在寻找日本王国、中华帝国、香料群岛和印度。这些地方他一个也没有找到,但是他探测了加勒比海、委内瑞拉和中美洲沿岸。

哥伦布可能不是横渡大西洋的第一个欧洲人, 但是新大陆发现者的荣誉应该全归于他。因为自从他的第一次伟大航行之后,欧洲和美洲之间的接触就一直是经常和密切的。

卡博特父子　1497 年英王亨利七世雇用了又一个来自热那亚的意大利人约翰·卡博特向西航行。他的任务是"去寻找和发现,在这以前所有基督徒们都还不知道的、属于不信神的和不信教的人们的任何岛屿、国家、地区或行省"。他渡过了大西洋,从布里斯托到了布雷顿角岛,回来报告说,他也到达了大汗的国家。

约翰·卡博特的儿子塞巴斯提昂·卡博特也许在 1497 年和他父亲在一起, 也可能在 1498 年航行到了北美。无论如何,是约翰·卡博特在 1497 年的航行,使英国能最先要求对北美大陆的所有权。塞巴斯提昂·卡博特的那些早期航行也许加强了这个要求。以后,塞巴斯蒂安·卡博特在为西班牙服务时出了名。

卡布拉尔　1500 年葡萄牙的一支舰队由卡布拉尔率领, 正沿着非洲海岸向南航行,打算循着瓦斯科·达·伽马的航线驶到印度。大风和激流把船只向西推行如此之远,使他们靠近了南美海岸。这些葡萄牙人登了陆,把该地区叫作维拉—克鲁斯,并且宣布它是葡萄牙的属地。这地区不久就被称为巴西。

阿梅里戈 大约与此同时,一个佛罗伦萨的意大利人阿梅里戈·韦斯普奇,他有时为葡萄牙工作,有时为西班牙服务,他做过几次航行,并且写了一些关于"新世界"的书信,他自称是他发现"新世界"。他也许是第一个认识这地方是个新大陆的人,他也似乎是第一个幸运地能使他的故事出版并在欧洲广泛流传的人。因为他是第一个把"新世界"写成书出版的,新世界就由"阿梅里戈"得名,称为阿美利加。

麦哲伦 欧洲人极其缓慢地渐渐晓得了美洲不是亚洲而是一个新世界这个惊人的事实。甚至在西班牙探险者巴波亚在 1513 年通过了巴拿马地峡,并且发现外面是一片宽阔的海洋以后,人们还在梦想几天的航程就可以把船开到中国。直到斐迪南·麦哲伦在 1519 年从西班牙航行,一直向西南渡过大西洋,经过靠近南美洲南端的以他命名的海峡,又穿过了宽阔的太平洋以后,这种见解才被驱散。麦哲伦在菲律宾群岛被土著杀死,但是他的一艘船舶胜利地绕过非洲,回到了欧洲。这是第一次环绕世界的航行,并且是整个历史中最伟大的航行之一。到了 16 世纪中叶,新世界已对欧洲开放了,在许多方面牢固地建立了联系。

24.4 欧洲和世界的接触

现在欧洲把世界掌握在手中了——它都做了什么?换句话说,15 和 16 世纪欧洲的扩张,对世界其他部分有什么影响?

这几个世纪的探险和发现把欧洲人引到了亚洲、非洲和美洲,并且在不同的地方产生了不同的结果。美洲很快欧洲化了;亚洲和非洲所受的影响则较慢也较浅些。

对亚洲的影响 东亚各国——印度、中国、日本和马来群岛,是由有悠久文化的民族稠密地居住着。他们都有自己的宗教和文化,自己高度发展的学术门类和艺术形式。欧洲人可以和他们做生意,可以修改,但是不能代替或彻底地改变他们的文明。

葡萄牙人在印度 当葡萄牙人在 1498 年最先到达印度的时候,他们看到的是一个广大的、人口稠密的国家,被很多心胸狭小而喜欢争吵的统治者瓜分着。各种竞争使得葡萄牙人能够征服一些地方。在果阿,他们建立了包括锡兰西海岸在内的印度属地的首府。果阿的漂亮和繁盛达百年之久。葡萄牙国王的总督驻在这里;在亚洲的葡萄牙贸易、葡萄牙海陆军和葡萄牙基督教传道会的总部设在这里。

葡萄牙人在许多方面影响了印度。他们在他们所控制的海岸上引进了欧洲的政府制度。他们为欧洲货物的直接输入和印度货物的方便输出,开辟了全新而广大的门户。他们带来了很多欧洲殖民者,这些人定居在沿马拉巴尔海岸的城镇里,并且和当地人通婚。他

图 24-3　泰姬陵完工之后不久,沙·贾汉曾称:"如果人世间有天堂与乐园,泰姬陵就是这个乐园。"但作为建造者,他的命运却是不幸的。此后不久,其子奥朗则布弑兄篡位成功,沙·贾汉本人也被监禁在阿格拉的地牢里 8 年,每天只能透过小窗遥望河对面的泰姬陵。据说奥朗则布听说这样能给老父些许安慰,竟然残忍地命人将他的眼睛挖掉

们在许多方面宽容了印度教,但同时帮助他们自己的神父和修士们劝说当地人改信基督教。在今天,印度有相当数量的当地基督徒是 16 世纪时在葡萄牙人赞助下皈依基督教的人们的后裔。

葡萄牙人在印度的活动持续了差不多一个世纪——从 1500 年到 1600 年。葡萄牙是欧洲的小国家之一,而想做的事却太多了。它不仅试图在印度建立一个基督教国家,而且还要独占远东的贸易,统治整个亚洲和非洲。结果,它引起了其他欧洲人的仇视,也引起了当地人的仇视。

莫卧儿人　1525 年一个名叫巴贝尔的蒙古穆斯林酋长,帖木儿的后裔,侵入了印度,征服了这个国家的北半部,建立了一个穆斯林国家,在历史上称为莫卧儿帝国。这个国家至少在名义上延续到 1857 年。莫卧儿帝国的兴起和穆斯林影响的增长,逐渐地缩小了葡萄牙的属地,并遏制了基督教的传播。

巴贝尔有些继承者是出名的。沙·贾汗(1628—1658 年),作为一个建筑师和阿格拉的著名的泰姬陵的修建者,是值得纪念的。陵墓是为他的爱妻和他自己修建的,是全印度最美丽的纪念物。

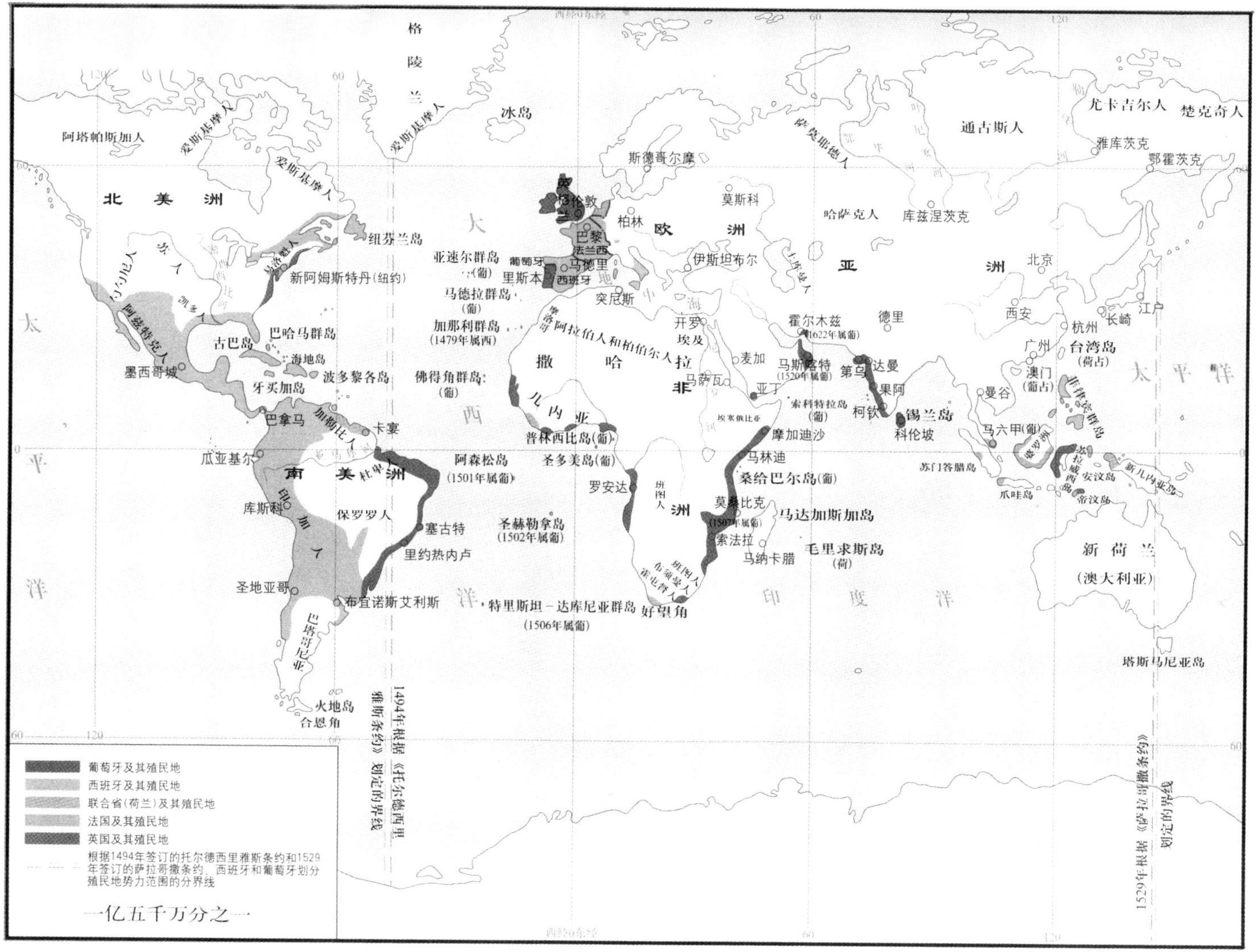

地图 24.3　欧洲早期殖民帝国(15世纪末—17世纪上半叶)

太　平　洋

大　西　洋

印　度　洋

亚　洲

欧　洲

非　洲

大　洋　洲

北　美　洲

南　美　洲

龙卡尔斯人
鄂霍次克
雅库茨克
通古斯人
库兹涅茨克
哈萨克人
乌兹别克
江户
长崎
杭州
台湾岛(荷占)
北京
西安
广州
澳门(葡占)
马六甲(葡)
蒙古
巴达维亚
东帝汶群岛
新几内亚
德里
霍尔木兹(1622年属葡)
马斯喀特(1504属葡)
亚丁
科兰坡
锡兰岛
果阿(葡)
柯钦
第乌马岛(葡)
莫桑比克(1508属葡)
桑给巴尔岛
马达加斯加岛
毛里求斯岛(荷)
马林迪
索法拉
马纳卡蒂
好望角
塔斯马尼亚岛
新荷兰(澳大利亚)

1529年《萨拉戈萨条约》所定的界线

斯堪的纳维亚人
格陵兰
冰岛
莫斯科
伊斯坦布尔
开罗
罗安达
圣多美岛(葡)
普林西比岛(葡)
几内亚
撒哈拉
阿拉伯人和伯伯尔人
阿尔及尔
突尼斯
西班牙
葡萄牙
里斯本
马德里
柏林
欧洲

亚速尔群岛(葡)
马德拉群岛(葡)
加那利群岛(1479年属西)
佛得角群岛(葡)
佛得角角
里约热内卢
塞古拉
保罗罗
里约诺斯艾利斯
布宜诺斯艾利斯
巴拉那
火地岛
合恩角
圣地亚哥
库斯科
瓦亚基尔
巴拿马
卡塔赫纳
加拉加斯

新阿姆斯特丹(纽约)
纽芬兰
新阿姆斯特丹特岛
波多黎各各岛
海地岛
古巴岛
巴哈马群岛
牙买加岛
加勒比海
墨西哥城
阿兹特克人

阿森松岛(1501年属葡)
圣赫勒拿岛(1502年属葡)
特里斯坦—达库尼亚群岛(1506年属葡)

1494年根据《托尔德西里
雅斯条约》划定的界线

一亿五千万分之一

葡萄牙及其殖民地
西班牙及其殖民地
联合省(荷兰)及其殖民地
法国及其殖民地
英国及其殖民地
根据1494年签订的托尔德西里雅斯条约和1529
年签订的萨拉戈萨条约,西班牙和葡萄牙划分
殖民地势力范围的分界线

敌对的欧洲人　在莫卧儿人入侵的同时,在印度的葡萄牙人还要对付荷兰人、英国人和法国人的敌对企业。英国人在 1600 年组织了东印度公司。他们侵占了马拉巴尔海岸的苏拉特,并取得了孟买。他们建立了马德拉斯;并且在 1686 年至 1690 年间连续和莫卧儿帝国作战,建立了加尔各答,作为他们在印度属地的首府。荷兰人在 1602 年组织了东印度公司,并且在以后的 50 年中,用武力夺取了葡萄牙在印度和锡兰的大部分属地。法国人在 17 世纪中也在印度取得了贸易据点。

在印度的荷兰人、英国人和法国人几乎完全是受经济动机的驱使。他们得到了一些领土,做了许多削弱莫卧儿帝国的事情,但是他们主要是把他们的立足点作为商业中心。他们很少努力去建立欧洲殖民地,或者使当地人欧洲化。贸易飞跃发展,印度愈来愈处于欧洲控制之下,但是当地各民族的生活和宗教却改变得不多。

不变的中国　欧洲人的到来,对中国的影响比对印度更小。很多世纪以来,中国就是一个相当坚固和稳定的帝国;虽然它包括了不同的种族和宗教,并且被外来的侵略和内战所干扰,但它却是统一的,被一种浸透到各部分的共同文化团结在一起。蒙古人、鞑靼人和所有其他种族,都是以侵略中国开始,而总是以被"文明化"告终,就是说,他们采用了中国的习俗。外国宗教,如佛教和伊斯兰教在中国的进展,依它们适应中国文化的程度而定。佛教是很能适应的,因而发展得很快。

欧洲人在中国　1368 年明朝在中国的兴起,制止了欧洲商人和传教士的活动。一直到 16 世纪,西欧才重新和中国接触,就是在那时候,也没有认真地企图去推翻中华帝国或者去改变它的文明。1517 年一个葡萄牙使节到了广州,但是被关进监狱。葡萄牙人在沿海建立贸易殖民地的企图落空之后,就满足于租借广州附近的澳门岛,以供葡萄牙商人使用。17 世纪英国人和荷兰人取得了使用广州港口的权利,并和华南贸易;但他们的活动也是严格地限制在商业方面。

基督教传教士　基督教传教士在 16 世纪后半期恢复了他们在中国的工作,在一个意大利神父和学者利玛窦的领导下,他们取得了显著的进展。利玛窦本人在印度的果阿住了 4 年以后,1582 年在广州登陆。他的数学、天文和地理知识,给中国上层阶级以深刻的印象,使他能在 1601 年获准进北京,在那里他被聘为皇帝的科学顾问。

在 1644 年明朝被推翻、满洲人即位之后,基督教迅速地发展了。但是后来传教士在关于他们应该使基督教在何种程度上适应中国的习俗和思想的问题上发生了争执。结果中国皇帝在 1724 年驱逐了传教士,基督教在中国的发展被阻止了。直到 19 世纪,中国的欧洲化才认真地开始。在这期间,中国人从与在广州的葡萄牙人、荷兰人和英国人的商业接触中,知道了一些欧洲的情况。

易变的日本　当葡萄牙人在 1542 年初到日本时,日本是一个海岛帝国,天皇在理论上是统治者,事实上是个有名无实的元首。大名,即封建诸侯,掌握着实权。作为大名之一的将军,类似宫中的宰相,就像法国的查理·马特或者矮子丕平那样。

日本人有他们自己的语言,但用中国文字书写。国教称为神道教,包括崇拜天皇在内;但多数人民是佛教徒。

基督教受到欢迎 日本人最初是欢迎葡萄牙人的。他们迫切需要贸易,他们倾听基督教士们的传道。著名的弗朗西斯·哈维尔和其他人都对他们传过道。到 1600 年时,日本基督徒已有 50 万人之多。

基督教被驱逐 葡萄牙人和基督教在日本之所以能取得进展,主要是由于有少数大名接受了基督教,并且强迫他们的臣民也这样做,以此来取得特殊的商业利益和葡萄牙的军事援助。但是这事震惊了其他的大名,并使将军害怕外国人会夺取政权。佛教僧侣们激烈地抱怨基督教传教士的盲信和不宽容。除此之外,葡萄牙人的对手荷兰人进来了。1614 年将军发布了一道毁灭性的命令,要所有的外国神父离开,毁掉所有的教堂,要所有的皈依者放弃基督教。这道法令执行了。神父们和修士们被毒打和被杀害;有些被活活地烧死。成千上万的皈依者被杀死。

闭关自守的日本 1636 年日本政府下令不许日本船只外出;不许日本臣民离开日本;在日本不许修造远洋航船。1638 年葡萄牙商人被驱逐了。从那时起直到 1853 年,除了荷兰商人进行的少量贸易以外,日本与欧洲之间几乎所有的接触都停止了。

欧洲人在远东其他地方 16 世纪葡萄牙人占据了马来群岛,在下一世纪就被荷兰人赶了出去。地广人稀的西伯利亚在 16 和 17 世纪成为俄国人的殖民地。在 1542 年,恰是麦哲伦致命的访问以后 20 年,菲律宾群岛正式地被西班牙吞并了。马尼拉城在 1571 年建立起来,并成了首都。今天信奉基督教的菲律宾人,是唯一的大批皈依基督教并欧洲化了的东部亚洲人,这种情况是极其独特的。

欧洲人在美洲的扩张 除了菲律宾群岛和西伯利亚以外,欧洲扩张对亚洲的影响几乎完全是经济的和政治的。对于新世界,情况就完全不同。欧洲扩张对美洲的影响,除了是经济的和政治的以外,还是宗教的和文化的。南北美大陆承袭了欧洲的真正特性。

发现之后继以征服 南美、中美、墨西哥和西印度群岛的大部分被称为"拉丁美洲",因为它们是被欧洲的拉丁诸民族——主要是西班牙人,还有许多葡萄牙人和少数法国人——所占领和转变的。

西班牙人科尔特斯在 1519 年开始征服墨西哥。一年之内,阿兹特克政权就被摧毁,西班牙政权建立起来。另一个狡猾残暴的西班牙人皮萨罗,在 1531 年袭击了秘鲁。几年之内,印加帝国就被推翻了,安第斯山的财富像墨西哥和巴拿马的财富一样,装满了西班牙的船只。巴西落入了葡萄牙之手。拉丁美洲诸国有 300 年之久是西班牙、葡萄牙和法国的殖民地;之后,在 1800 年到 1825 年之间,经过一系列的流血革命,几乎所有这些国家都赢得了独立。

墨西哥以北的北美部分,主要被法国人和英国人占为殖民地,在纽约、新泽西和特拉华州也有一些荷兰人和瑞典人的殖民地。

法国人早在 1534 年就进入圣劳伦斯河流域;后来又进入密西西比河口。英国人在

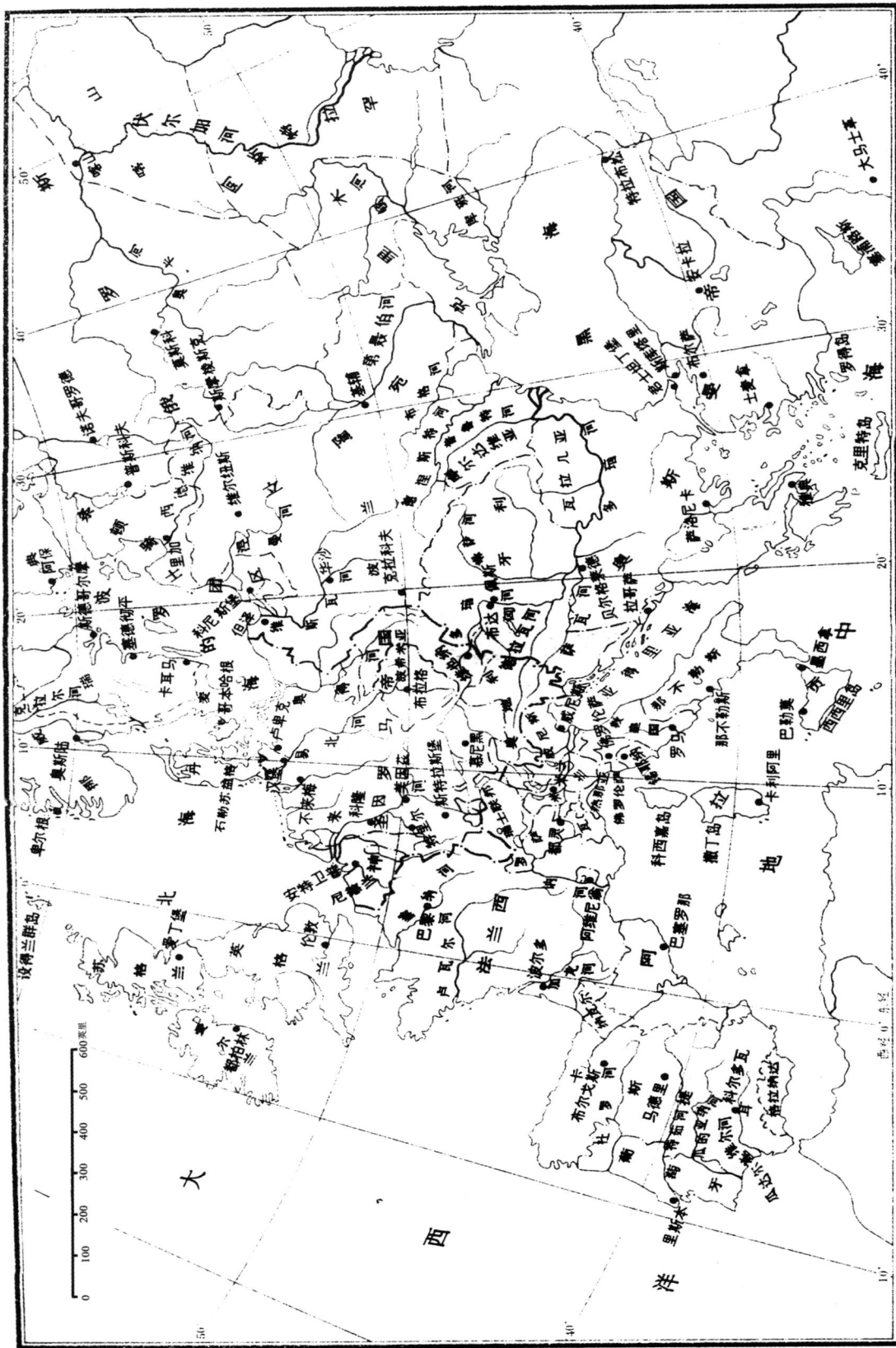

地图 24.4　1500 年的欧洲

图 24-4　在桑给巴尔街道上的奴隶交易。在好几个世纪里,奴隶是非洲沿海港口的主要交易货物

1580 年和 1610 年间定居在罗阿诺克河口和詹姆斯河口;1620 年定居在科德角附近,以后又定居在许多别的地方。荷兰人在 1610 到 1630 年间定居在哈得孙河流域;瑞典人不久也进入特拉华州。到 1763 年时,英国人不仅侵占了荷兰人和瑞典人的居留地,也侵占了大多数的法国属地。

我们应该记住,近代历史基本上是欧洲扩张的沿革,而南美和北美就是这种扩张的著名场所。

黑大陆　非洲受欧洲扩张的影响比美洲甚至亚洲都要少得多,虽然它的沿海地区已被绘入海图,各处都建立了贸易据点。欧洲的旅行者渗入基督教王国阿比西尼亚,并且在它和邻近穆斯林的战争中帮助了它。在极西北,西班牙人和葡萄牙人短期地征服过穆斯林摩尔人。在最南端,葡萄牙人建立了一个贸易据点,这据点又被荷兰人侵占了,成为荷兰人的小块殖民地。但整个非洲还是一个"黑大陆",一块未经勘探的荒野。它的气候难以忍受,它的黑人居民大部分是粗野的,它的沙漠和丛林完全不能通行。

一个不幸的例外　不幸地是,在一件事情上,欧洲和美洲与非洲的接触造成了重要的和悲惨的结果。那就是奴隶买卖。

在向世界扩张以前很久,西欧的奴隶制度就已经消灭了。但是在美洲的欧洲殖民者却依赖廉价劳动力去经营广泛的农业和其他工业。许多印第安人被奴役了,但是不久非洲黑人就代替了他们。西班牙、葡萄牙、荷兰或英国的奴隶贩子待在非洲沿海的贸易据点,雇用住在沿海的黑人去袭击内地的黑人,俘虏他们,并把他们交给奴隶贩子,这些贩子再把俘虏运到美洲,卖给殖民者。成千上万的黑人就这样地被强迫从非洲移殖到了美洲。虽然随着时间的前进,他们的后裔被解放了,开化了,并信仰基督教了,但由此产生的今天美洲的种族问题,却是 15 到 17 世纪欧洲扩张造成的不幸和持久的影响。

24.5 对欧洲的影响

刺激了进步　远方的探险和发现对欧洲有深远的影响。首先,它们结束了它的孤立状态,并使它和世界其他地方发生了接触。所有这些都使生活有了新的兴趣,使事业有了新的努力。欧洲的科学和艺术都受到深刻的影响和刺激。

文明的扩展　欧洲的文明不仅在欧洲蓬勃发展,变得丰富多彩;而且由于俄国对西伯利亚实行殖民地化,以及其他欧洲人对美洲、非洲和亚洲进行征服和殖民地化,欧洲的文明在地理上也大为扩展了。

欧洲的移民　从欧洲的移民,在十字军时候已少量地开始,在新大陆发现后就达到很高的比例。

贸易和工业　就像我们所看到的,渴望贸易是引起探险和发现的有力原因之一。这些努力的成功,当然促进了工业和贸易。商业在运载货物的数量和品种两方面,都经历了巨大的变化。欧洲人修造了更大更坚固的船舶。较重和粗笨些的货物,例如木材、粮食和牲畜,就由水路运到较远的地方去。许多新的产品在欧洲使用了,例如咖啡、茶叶、蔗糖、土豆、玉蜀黍和鲸鱼油等。大量的皮毛、鱼类和木材由美洲海运到欧洲。更多种类的制成品生产出来,运送到殖民地去。

财富和奢侈品　工业和商业的扩张,给欧洲的制造家、商人和银行家带来了财富。财富增长,闲暇和奢侈品随之而来。地板上铺上波斯的地毯,衣着用中国的丝绸、印度的棉花和美洲的皮毛,装饰用非洲来的金子和南美洲来的宝石,所有这些都变成习惯了。

资本主义的兴起　欧洲由于商业的惊人发展而得利最多的,是中等阶级、城镇的居民、资产阶级;由此,中世纪的行会制度变成了近代的资本主义。

商业和殖民战争　近代历史的惊人特征是频繁的商业和殖民战争。这些战争,从形式的尖锐上来说,是 15—17 世纪的探险、发现和殖民定居地时期就开始了的。中世纪的特征是欧洲诸封建国家和城邦之间的抗衡和冲突;近代的特征则是欧洲褚民族国家之间的抗衡与战争,它们在世界范围内相互冲突。因为高举着抗衡旗帜进入遥远地方的是民族国家,而不是城市或封建国家。

就这样,荷兰人和葡萄牙人的战争,西班牙人和法国人的战争,法国人和英国人的战争,还有别的战争,在许多地方打了许多年。

第八编

欧洲国家和教会中的动乱

第七编指出大约从 1400 年到 1750 年之间欧洲文化是如何更臻丰富，以及欧洲如何向外扩张。同一时期，欧洲在政治和宗教方面也发生了巨大的动乱。现在我们就来描述这些。

16 世纪西欧的基督教教会曾发生了一次大分裂（西欧的基督教教会称天主教教会，而在东方的则称正教教会）。这次分裂以宗教改革或新教起义著称。自此以后，基督徒不再分为两大集团，而是分为三大集团：正教徒、天主教徒和新教徒。新教起义后一个多世纪间，宗教争吵和宗教战争大量地出现在欧洲历史上；16 和 17 世纪在荷兰及英国发生的反对专制政体的起义，也部分地属于宗教性起义。

17 和 18 世纪时专制政体在欧洲大陆盛行，就是说，达到了一个全盛的显赫发展阶段。野心勃勃的专制君主们不但剥削自己的人民，而且在欧洲，也在世界上他们已拥有了的或想攫为殖民地的遥远地方相互争战。

但是有些好战的专制君主也还是聪明的、有教养的、进步的统治者，他们曾以父母之心为臣民做了许多事情；因此他们被称为"开明的"或"仁慈的"专制君主。

第 25 章　专制政体的复活

25.1　一般因素

第19 章中我们已知道中世纪国王的权力并不是绝对的——他们被封建制度、叛乱的危险、不时的选举、各种特许状以及议会所限制。现在我们即将看到,在 14 到 17 世纪之间发生了一个大变化:在许多国家里,有限君主政体发展为专制政体,或无限的君主政体。

在中世纪欧洲的各地各处,看起来似乎民主政体和君主政体有大致均等的机会;但是,事实证明,大多数国家中,民主政体必须让位于君主政体。为什么和如何会出现这种情况,本章的计划是要讲明这些。

十字军的影响　十字军对促进君主政体的发展有些关系,因为它使西方基督教国家统治者与东方发生了接触;而在东方,专制政体很早以来就是公认的政府形式。不仅仅是国王们,而且参加十字军的贵族、骑士和平民们都常常听到绝对君主制。这造成了心理上的影响。

教会的让步　中世纪期间,基督教教会曾阻碍了专制君王权力的发展,但是以后的几个世纪中,教会对国王变得宽容了,承认他的权力,最终给予帮助。我们已看到教会力主以"上帝的和平"、"上帝的休战"和其他方法,试图限制那些专横恣纵的封建贵族们;但是当教会制止私人混战、削弱封建制度时,却又加强了国王的权力,因为国王被看作良好秩序的保护者。随后,当教会被内部弊端和外部批评所削弱的时候,它感到不得不承认国王提出的要求;而教职人员们往往也是支持王室专制的。

中等阶级的支持　中等阶级的迅速成长及其对国王的忠心支持是正在评述的这一时

图 25-1　马基雅维利是意大利政治家和历史学家，意大利文艺复兴中的重要人物。他最著名的作品是《君主论》，其中提出了现实主义的政治理论，以主张为达目的可以不择手段而著称于世，马基雅维利主义也因之成为权术和谋略的代名词

期的显著特点。这个阶级是一些有财富和有头脑的人，靠发展工业和贸易而兴起。国王满足了这个阶级的要求，它也为国王效劳。它赞助君主制，因为国王们保护了行旅安全，扶助了商业。同时它也给国王们提供法律家和高效的官吏，为政府出钱，并为军队提供人力。

民族性与国王　凭借十字军和本国语言文学的力量，微弱的民族感的萌芽在西欧各国人民中间增强了，又因国际战争而加速活跃起来。英国、法国和西班牙的人民逐渐对于使他们形成一体，使他们变得伟大的那个权力和个人，感到深切的忠诚。今天人们以向国旗欢呼来表达爱国心，那时他们则以向国王欢呼来表达。这种爱国主义帮助国王变成专制君主。

罗马法的复兴　根据罗马法的一条基本原则，一个国家的君王或统治者拥有任意制定法律或违反法律的权威。作为古典文艺复兴的一部分，罗马法的研究也随之恢复。在博洛尼亚及其他大学都讲授了罗马法。受过罗马法训练的法律家也都用它来为雇用他们的国王服务。

马基雅维利的《君主论》　著名的意大利政治家马基雅维利在其政论文章中，尤其在《君主论》一书中，曾经提出君主高于法律和议会的原则。尽管教会提出抗议，马基雅维利的书还是广泛流行，不少野心勃勃的统治者都按照他的忠告行事。

火　器　如前所述，火器使步兵比持矛的骑兵，甚至比披甲持矛的骑兵更有效能。国王们开始维持由雇佣兵组成的常备军，并用大炮和短枪装备他们。这使国王们不但成为封建领主的主人，也成为其他各阶级臣民的主人。

下面各节我们将试图说明上面提到的一些事情，即有助于专制政体兴起的一些因素。

25.2　教会的衰弱

前面指出，在中世纪，天主教会是强有力而且有影响的。它不但教导宗教和道德，而且做了相当多的管理工作。在以后几个世纪中，从 14 到 17 世纪，它的影响和权威虽然还是很大,但显然减少和削弱了。已经说过,这个教会的衰弱是有助于专制政体兴起的因素之一。让我们来看看到底是什么使教会衰弱的。

十字军　十字军归根到底反映了对教会,尤其是对教皇政治的不利。在 12 世纪,当十字军狂热高涨和胜利的时候,发动十字军的教皇们曾经获得了很大荣誉;但是在 13、14 世纪,当十字军狂热低落和失利的时候,教皇也相应地失去了荣誉。

过多的"十字军"　不但是反穆斯林的十字军没有坚守圣地,因而损害了教皇政治的信誉;而且很多善良的人终于感到十字军已被引入歧途,为了一些毫无价值的目的被利用了。例如,在教会与国家间的斗争中,十字军被鼓动去反对神圣罗马皇帝和其他基督教王侯们。这就使十字军变得庸俗而可疑。很多效忠于教会的成员认为他们曾被纯粹的政治策划所利用,因此拒绝注意教会发出的种种呼吁和训示。一个英国修士评论教皇为发动这样一次"十字军"而出的一个文告时写道:"当信徒们听到这个呼吁时,他们觉得奇怪,就是教皇许诺他们去流基督教徒的血的报酬,竟会与以前许诺去与不信教者血战的报酬是同样的。"

金钱的负担　到圣地去的十字军战士们,教皇都给他们颁发赎罪券,就是对他们许下死后享有特殊照顾的诺言。为筹集十字军的经费,教皇开始对那些留在家中只捐钱的人也授予赎罪券。同时,向教士和教会的佃户征收什一税——一种所得税。后来,这些钱的一部分花费在别的事情上去了,而没有用在十字军上;当没有十字军进行的时候,钱税还是照旧征收。可花费的钱多了,教皇就习惯于挥霍,于是征收的教会税费的种类和数量都日益增多。最不幸的是,有些教皇是世俗的不称职的人。当然不是所有教皇都这样——其中大多数还是正直和诚恳的;但是好教皇们很难抵消几个坏教皇所造成的恶劣影响。无论如何,教会的税收制度变得越来越苛重,越来越不得人心了。

政治要求的失败　教会的衰弱不单是由于十字军的表面失败和大众对过重的金钱负担的厌恶,也由于教会与世俗统治者在政治

图 25-2　在城镇市场上贩卖赎罪券

要求上的争吵。在法国国王菲利普四世战胜了教皇卜尼法斯八世以后，再也没有教皇认真地提出过这样极端的要求。大多数人终于同意但丁的意见，就是教会的领域是宗教的和道德的，而不是政治的。这一见解并没有减少教会的精神权威，但确实削弱了它的政治权势；而主要的获益者却是各国的国王。

"巴比伦式流亡"　前面说过，那些继卜尼法斯八世之后的教皇们住在法国。从 1309 年到 1377 年将近 70 年，他们都住在阿维尼翁。这些教皇们本人都是善良的和有天赋的，但在法国国外，人们都相信他们只不过是法国国王的工具；他们在阿维尼翁居留这段时间被称作"巴比伦式流亡"，或者"巴比伦式监禁"。就这样，他们被比作曾被流放和监禁在古代巴比伦城达 70 年之久的希伯来人。

意大利人对教皇们在阿维尼翁的长期居留当然极为憎恨。1347 年罗马人民在黎恩济吸引人心的领导之下，起来造反并建立了一个新政府，一个共和国。他所倡议的政府既是民主的又是民族的。新政府是对教皇也是对其他意大利统治者的一个挑战。1354 年黎思济被杀害，他的政府被推翻，尽管如此，事实很清楚，意大利存在着一种很深的民族的和反教皇的感情。

最后，在 1377 年，主要由于修女锡耶纳的凯特琳的恳求和威胁，教皇从阿维尼翁回到了罗马，"巴比伦式流亡"至此结束。

教会大分裂　但是在削弱教会方面甚至比"巴比伦式流亡"起了更坏影响的是"教会大分裂"。从 1378 年到 1417 年有两个对抗的教皇，一个在罗马，一个在阿维尼翁。教会的这种分裂历史上称为"教会大分裂"。这一分裂也导致了诸国形成多少敌对的阵容。法国、苏格兰、萨瓦、西班牙和葡萄牙都支持阿维尼翁的教皇；意大利、德国、英国、匈牙利、波兰和其他一些国家则站在罗马教皇一边。1417 年这一分裂治愈了；但自此以后教皇相对减弱，国王却相对增强了。

宗教会议运动　在"教会大分裂"之后的一两代，很多人认为全体宗教会议应比教皇有更高的权威。拥护这种意见的被称为"宗教会议运动"。这一运动很快就垮台了，但在它延续时，它分裂并削弱了教会。

25.3 百年战争

在"巴比伦式流亡"和"教会大分裂"的同一时期，英王和法王之间进行了一场以百年战争闻名的长期斗争。这不是一次战争，而是一连串的战争，时而这一方胜利，时而另一方胜利，全部争夺延续了一个多世纪，从 1337 年到 1453 年。

封建制度中的仇人　从威廉一世和亨利二世的时代以来，英国诸王一直被认为是法国国王的封臣，因为他们在法国占有或声称有权占有一些土地。而这些封建关系是无尽无休的纠纷的根源。英国诸王试图摆脱法国诸王的宗主权,同时后者却经常警视着要削弱并减少英王的权力。例如,法国诸王曾经协助苏格兰反对英国,并限制了英国人在弗兰德的贸易。

战争的近因　1337 年法王菲力浦六世宣称,英王在法国作为采邑占有的加斯科尼和吉延两块公爵领地,已被他依法没收。他向英国宣战并派舰队侵英。英王爱德华三世立即捏造出一个对法国王位的法律要求。他和菲力浦六世的其他怀有野心的封臣们结成联盟,准备打一场决定性的大战。

英国的胜利　战争的第一阶段从 1337 年到 1360 年,爱德华三世和他才气焕发的年轻儿子"黑太子"爱德华,入侵法国,赢得了两次辉煌的胜利——克勒西(1346 年)和加来(1347 年)。1348 年,一场叫作"黑死病"的可怕瘟疫袭击了欧洲。这使战争暂时停止了。1356 年英人又在普瓦提埃打了胜仗,1360 年在布勒丁尼订立了和约,规定爱德华三世放弃他对法国王位的要求,但取得卢瓦尔河以南半个法国的地方,还有北方海港加来;这些地方不作为法王的采邑,而是作为绝对世业拥有的。

法国收复失地　百年战争的第二阶段始于 1369 年一个新法王对英国的进攻。这次法国人处于有利地位。他们有一位能干的将领,还从英国君主政体的弱点得到了好处。1395 年订立了停战协定。英国保留了加来和从波尔多到巴约讷沿岸的一条狭长地带,但放弃了其余在法国的全部领地;而英王娶了法王的女儿为后。

亨利五世和阿让库尔　法国的弱点和混乱被有实力和野心的英国所利用,从 1415 年到 1420 年开始了战争的第三阶段。法王查理六世患精神病,他的封建封臣们切望利用这一局势。英王亨利五世却勇敢而机智。他对法国重启战端,侵入法国,并宣称有权继承法国王位,1415 年在阿让库尔战役惨败了法国人。他又征服了诺曼底,横扫了法国南部。查理六世向他求和,1420 年亨利指令订立几乎完全对他有利的特鲁瓦条约。根据这个条约,亨利获得了法国的很多土地;而且在查理六世逝世后亨利可做法国国王,并可娶(后来果然娶了)查理六世的女儿凯瑟琳为妻。

但是天下事不可意料。1422 年亨利五世和查理六世都死去了;虽然亨利的幼儿亨利六世被宣告既为英王也为法王,但很多法国人拒绝承认他。他们团结在查理六世儿子的周围。

圣女贞德　这样,战争的第四阶段来临了。支持查理的儿子查理七世的法国人起先居少数;而且在漫长的 7 年之中他们似乎是在打一场败仗。这时圣女贞德出现了。她没有挥剑,只是举着一面白旗。法国人却追随了她——她领导他们走向胜利。1429 年她把英国人从奥尔良城赶了出去;不久以后又从兰斯及其他地方把他们赶走了。于是,在为历代法王加冕的兰斯大教堂里,她为查理七世加了冕。这是她一生的顶点。

图 25-3　阿让库尔战役是英法百年战争中著名的以少胜多的战役。英军在亨利五世的率领下以 1:3 的人数劣势击溃法军,随后在 1419 年征服了整个诺曼底

　　这对贞德、对法国都是光荣的一天;但就在那时,也并不是所有的法国人都跟她站在一起。次年竟听任她落到英国人的手中。一个同情英国人的诺曼法庭判决将她处死,1431年在鲁昂她被处以火刑。

　　但是贞德的精神创立了法国。她为法国献身的精神似乎使法国人团结起来了。英国人侵占的市镇和省份一个接一个地相继失守。1453 年百年战争结束了。这场战争以封建战争开始,却以民族战争告终,胜利的、爱国的法国,几乎磐石般地团结在它的国王之下。只有加来还留在英国人手里。

　　长期的抗争促进了法国和英国民族感情的增长,同时也促进了专制政体的成长。两国国王都受到了臣民的忠心支持,他们的军队现在已改为主要由平民组成,而不是由贵族和骑士们所组成了。

25.4 专制政体在英、法及其他诸国的兴起

百年战争至少间接地促进了英、法两国的专制政体,在英国随之而来的是一连串的内战——所谓的红白玫瑰战争,它直接有助于英国专制政体的兴起。

玫瑰战争　玫瑰战争从 1453 年持续到 1485 年, 它是王族相互对立的两支——兰卡斯特家族和约克家族之间——争夺王位的抗争,在这两个王室支族的背后,实际上王国内所有的贵族家族都站在这一边或那一边。

亨利五世的父亲亨利四世,第一个兰卡斯特家族的国王,是一个篡位者。亨利五世在 1415 年重新对法作战的一个原因就是要使他的臣民忘记这个事实。当他们欢呼阿让库尔胜利时,他们确实忘记了这个事实;而且在亨利五世活着时,他们也很少谈到这个事实,因为他是一个名副其实的国王。但是在他的儿子亨利六世长期不愉快的统治期间,很多心怀不满的英国人想得很多,谈论得也不少。他们回忆起亨利四世的篡夺王位;他们观察到亨利六世在英国的治理不善;他们对他在 1453 年向法国人的投降也引为耻辱。

这并不意味着英国人对君主制丧失信心;它只意味着很多英国人提出了关于兰卡斯特世系的一些问题。因此当约克公爵争夺王位时,他找到了许多的朋友和支持者。约克家族和兰卡斯家族之间长期的流血战争被称为玫瑰战争, 因为兰卡斯特族以红玫瑰为标记,约克家族以白玫瑰为标记。

事件小结　经过激战之后,约克家族废黜了兰卡斯特的国王亨利六世,拥立他们家族的人为王,称爱德华四世(1461 年)。10 年后,在 1471 年,约克家族在蒂克斯伯里战役中赢得了决定性的胜利,亨利六世被杀死了。爱德华四世果然是一个强有力的国王,在他统治的后期,他使兰卡斯特家族保持平静。1483 年他死去,他两个年轻的儿子被囚于伦敦塔内,在那里被他们的叔叔所暗害,后者篡夺了王位,称理查德三世。

但是理查德三世是约克家族的最后一个国王。他的篡夺王位,他的粗暴和残酷,对约克家族的事业都是致命伤。来自兰卡斯特家族的亨利·都铎,重新举起了红玫瑰的旗帜,1485 年在伯斯沃思战役中打败并杀死了理查德三世。

胜利者在战场上被加冕为国王亨利七世。他是伟大的都铎世系的第一个国王;但他出身于兰卡斯特王室。他凭着和约克家族的伊丽莎白的婚姻,使红玫瑰和白玫瑰联合起来。他用了 10 年或更多的时间来扑灭这场长期战争的余烬。

对专制政体的影响　玫瑰战争消灭了大量专横跋扈的封建领主, 引起了中等阶级对一个强大稳定政府的渴望。这就帮助了英国的专制政体;都铎君主们都懂得如何在事实上——如果不是在理论上——使自己成为名副其实的君主。他们几乎成为绝对的统治者。

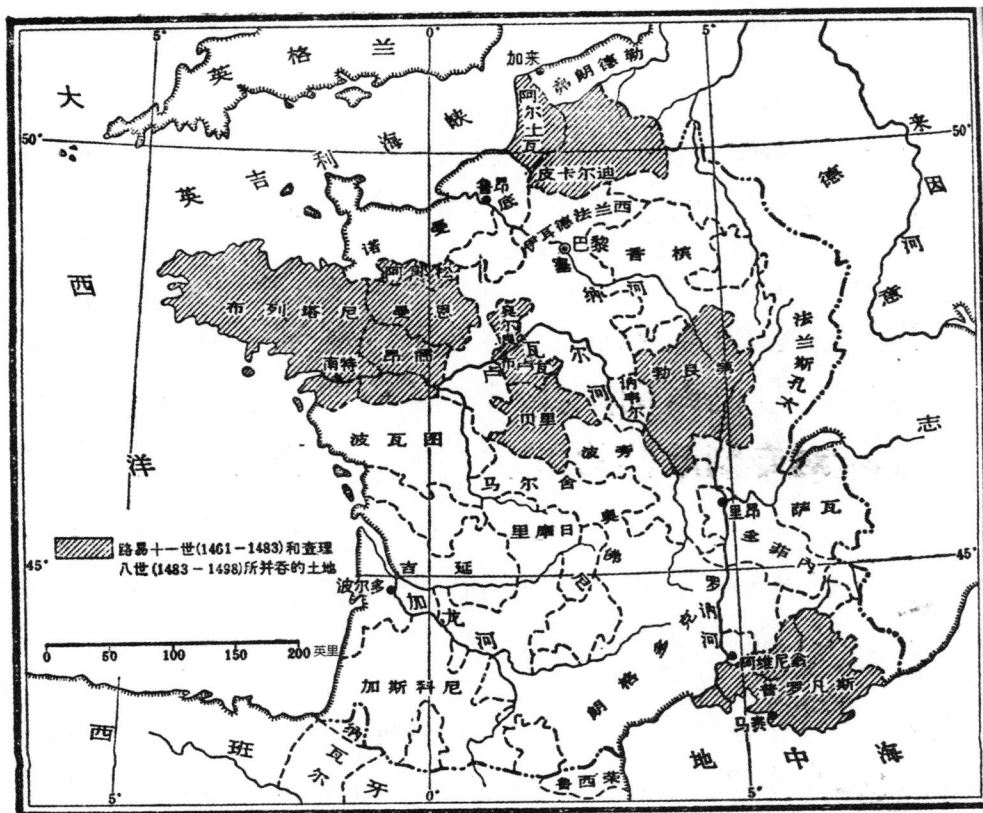

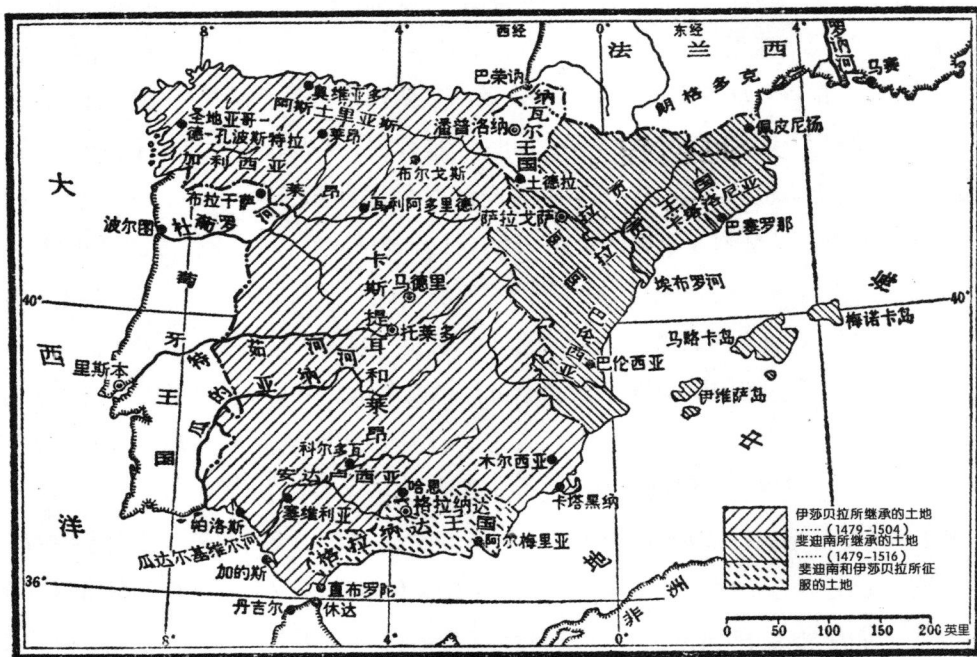

地图 25.1　法兰西、西班牙的统一

亨利七世 都铎世系的第一个国王，从 1485 年到 1509 年在位的亨利七世，在位期间压制了贵族，以强硬手腕统治了全国，并多方设法加强了王室权力。他创建了一个新法庭——星室法庭，它审理案件时没有陪审团，变成国王手中一个有效的工具。他继续不时召开议会，但设法把它在政府中降到次要的地位。他奖励贸易，扩充海军，并试图避免战争。他凭借聪明的外交和使其子女与其他诸王子女联姻的方法，而不是凭借战争来赢得国外的声望。他把一个女儿嫁给了苏格兰王，让一个儿子娶了西班牙公主为妻。

正是在亨利七世统治期间，哥伦布和卡博特发现了美洲。

专制政体在法国 百年战争之后，在法国，专制政体也进展迅速了。1422 年到 1461 年在位的法王查理七世，从他统治期间发生的一些振奋人心的事件中——圣女贞德的惊人事迹、民族爱国主义的高潮、英国人的被驱逐以及法国国土和人民重新统一在一个君主权威之下——得到了巨大的利益。所有这些事情都使得人民更加尽忠于国王——即使一个平庸的国王也几乎可以为所欲为。查理没有同三级会议商量就征收了赋税，他还建立了一支由职业军人组成的效忠于他的常备军。

路易十一和勃艮第 从 1461 年到 1483 年在位的法王路易十一，无论在精神和仪容上都比他的父亲查理七世更缺乏风度，可是作为一个专制政体的缔造者，他却是法国国王中最伟大的一个。他用了毕生精力来削弱封建领主，他收买了一些，掠夺了一些，又不太费气力地搞掉了其他的一些。在与勃艮第公爵进行一场艰苦斗争之后，他终于把勃艮第公国变成法国真正的一部分。通过让他的儿子和继承人与布列塔尼的女继承人联姻，他铺平了完全并吞这个重要公国的道路。

专制政体继续存在 在下一个世纪，即 16 世纪，宗教分裂和内战的结果，使法国封建领主的权力一度恢复，但这只是暂时的。在 15 世纪时专制政体在法国已经如此根深蒂固，不容易迅速被推翻。到 17、18 世纪时，专制政体在法国达到了很高的程度。

专制政体在西班牙 在西班牙，在斐迪南和伊莎贝拉统治期间，专制政体取代了封建制度，他们与英国亨利七世和法国路易十一几乎是同时代的。对西班牙穆斯林的最后胜利以及美洲的发现，都使君主政体焕发了光辉。斐迪南和伊莎贝拉利用异端裁判所这一教会法庭作为西班牙专制政体的工具，正如英国亨利七世利用了星室法庭一样。他们奉承贵族，但却剥夺了他们的政治权力。

在葡萄牙和斯堪的纳维亚各国，情况也差不多一样：国王们通过摧毁贵族和利用忠诚的中等阶级，建立起他们自己的权力。

德意志和意大利 截至或在我们评述的这段时期，我们已经看到，德意志和意大利两国都还没有达到民族统一，在这两国内也都还没有民族的君主政体；但在意大利和德意志两国中却有了许多地方上的专制君主。在德意志,很多亲王、公爵和伯爵们是十分专制的;在意大利已有了变城市共和国为世袭君主国的显著倾向。

苏格兰和波兰　苏格兰和波兰或许是这个时期在欧洲诸国中唯一实现了民族统一而没有沦为专制政体牺牲品的国家。在苏格兰,强大的贵族牵制了软弱的国王;在波兰,贵族保持了国王选举制而防止了王位变成世袭。

专制君主与战争　15、16 世纪专制政体西欧和中欧几乎普遍兴起,带来了战争性质和目的上的一个显著变化——一个惊人的恶化。中世纪的封建战争已经够坏了,但那通常是地方性的,而且只是短时期的。野心勃勃的专制君主之间的国际战争却几乎无尽无休,而且更加恶劣不堪。

过渡的特征　专制政体和它的一切影响,好的和坏的,似乎是变化中颇为必要的特征——是由中世纪向近代过渡中一个合乎逻辑的环节。它摧毁了封建制度,招来了民主政治。它又与扩大的贸易、古典学术、好斗的宗教以及民族感情紧密地联系起来。

第 26 章　新教起义

　　在 16 世纪,当西欧向海外的美洲、亚洲、非洲扩张的时候,欧洲的基督教会发生了显著的分裂。许许多多的基督徒,主要在北欧,起来反抗教皇的权威。他们放弃了天主教会的一些教义,在不同的信条和新名称下组织起来。这些新团体被称为新教徒,促使他们兴起的教会分裂则常常被称为宗教改革。一个更形象而确切的名称是新教起义。

　　教会的这一分裂发生在 16 世纪,但它是中世纪以来即显示出的对教会不满的结果,这种不满在 14、15 世纪时已经常常表示出来了。

26.1 教会早期的分裂

　　从很早以来,基督徒中就有了不同的意见,例如对教义和教会组织的分歧。正如我们已指出的,到处都时常产生异端和分裂。

　　最早的异端,如阿里乌派,虽曾盛极一时,但最后都消逝了。其他各种不同的信仰则在亚美尼亚、美索不达米亚、埃及和阿比西尼亚形成了诸国分立的教会。

　　更严重的是 11 世纪东方和西方之间的分裂——使用希腊语的基督徒和使用拉丁语的基督徒分裂成两大团体,即东方的"正教"教会和西方的"天主教"教会;虽然,正像我们所记得的,两者都自称是普遍的、正统的。后来,东方正教徒拒绝承认罗马主教,即教皇的权威;而西方的基督徒一般都承认他的权威。

26.2 新分裂的原因

　　政治上的对抗　在西欧,对教会的批评和对教会权威的反抗是在不同情况下发生的。

其一就是政治上的对抗。国王及文职官员们对教会的政治权力和影响感到愤恨,并加以抵制。我们已经看到,中世纪时神圣罗马皇帝如何反对教皇,也看到英国、法国和西班牙的国王如何获得了对教会财产征税、任命教会人员、限制教会法庭权力和违抗教皇法令的权利。14、15 世纪时教皇和国王之间的冲突并不是什么新事,但仅有这一冲突还不足以引起教会的分裂。

宗教上的对抗 另一种对抗来自对宗教教义的不同意见。例如,12 世纪法国南部的阿尔比派攻击教会的圣餐礼和圣职,13 世纪它被一次十字军所镇压。在 14 世纪,英国教士兼牛津大学教授约翰·威克利夫(1320—1384 年),提出了坚决的论点,反对天主教的许多教义和做法。他宣称教皇并不是基督在尘世的代表,而是一个"反基督者";修道制度并不是基督教义的真实部分;由邪恶的教士所施行的圣礼是无效的;基督徒个人应当完全遵从他自己在圣经中读到的教训,而且教会应当从属于国家。

罗拉德派和胡斯派 虽然受到教皇的谴责,威克利夫在英国的乡绅、政客和贫苦人民中得到了很多追随者;而且在他死后,他的著作被一个教士兼布拉格大学教授约翰·胡斯所赞同,并在波希米亚广为传播。15 世纪初期,称为罗拉德派的威克利夫的英国门徒们和捷克胡斯派的人数都在增长。

正像国王和诸侯曾积极地和教会当局联合起来镇压阿尔比派一样,现在他们也想方设法遏止罗拉德派和胡斯派。英王亨利四世和亨利五世用罚款、监禁和火刑来设法制止罗拉德派运动在国内的传播。神圣罗马皇帝西吉斯蒙德急欲在捷克消除这一运动,引诱

图 26-1 来自 15 世纪一本书中的场景,描绘了 1415 年胡斯被烧死

约翰·胡斯参加在瑞士康斯坦茨召开的全体宗教会议。在那里,他不顾自己曾庄严地保证过胡斯的人身安全,而执行了会议的法令,于 1415 年将胡斯处以火刑。

胡斯派战争 胡斯被处火刑后,很快在捷克引起了民众暴动,这是一个半宗教半爱国的暴动。德意志天主教徒向捷克胡斯派开战了,胡斯派内部也立即分裂成支派,彼此混战。胡斯派战争延续了几年;以后教皇做了些民族方面的让步,天主教教会在大部分地区得以恢复。但是胡斯派的一个支派摩拉维亚兄弟派,却一直存留至今。

道德上的对抗 14、15 世纪时对天主教教会的第三个也是最普通的一种对抗,

是对教士们的一些做法和所谓教会"腐败"的批评。人们说一些教士的生活是无耻的,不道德的;正如我们所看到的,财政上的负担有变为财政上的流弊的趋向。人们声称许多主教力图拥有丰富的世俗财物,罗马教廷从德国、英国和法国"好基督徒"的口袋里榨取了大量金钱,让那些意大利的"坏基督徒"在世俗的享乐上任意挥霍。伊拉斯谟在他的名著《愚人颂》中明白而又诙谐地列举了一些人们抱怨的事情。他觉得他那时代的基督教缺少了它早期的巨大精神力量,因而为了改革教会必须给普通人民以较好的教育,使他们能够监督修士和神学家们,并扫除教会中的无耻弊端。

改革的要求　由于教会内存在着严重的弊端,引起了改革的普遍要求。在 14、15 世纪时看来,这种要求会得到注意,弊端会得到改正。不仅许多普通信徒,有些教皇、许多红衣主教、主教、教士和修士们也都渴望改革,并且真诚地为此而努力。同时教会的精神使命也没有全部被忽视。15 世纪修士肯皮斯的托马斯所写的《效法基督》是仅次于圣经的最著名且流传最广的关于基督教虔信的书。它表明宗教的基本原则还是被广泛传授和高度尊重的。

情况小结　教会的改革在 16 世纪实际上实现了,但那时要阻止分裂已经太晚了。那时政治、经济和爱国心上对教会的对抗,连同对教会一些宗教教义的不满,已融合成王侯与人民的公开反抗。

专制政体的兴起增强了国王和诸侯们要在政治上,同时也在宗教上,成为专制君主的野心,并且要在各自的国内支配教会,就像他们支配贵族、议会和市镇一样。贵族和商人们日益增长的渴求财富的野心,在他们心中引起了一种侵占教会财产、减少对教会纳税和停止教会经济专断的欲望。

民族感情　民族感情和民族爱国心的发展,极大地促进了把英、德、法或其他地方的教会从"外国"统治下解放出来的要求,以及把天主教教会改变为各国家教会松散联盟的鼓动。

对 16 世纪的这种种趋势,教皇和很多个别基督徒表示了坚决的敌视。他们不愿意把天主教会"国家化",不同意丢失教会的土地和收入,或把教会置于专制君主的完全控制之下。

两派改革者　16 世纪基督教的改革者分成了两个阵营:一派仍然留在天主教教会内,拥护其组织和教义,同时努力补救弊端;另一派则与教会脱离,放弃一些教义,建立新组织——"改革的"教会。这些新组织被称为新教教会——它们是抗议那些被人们埋怨的事情的教会。这样长期以来作为中西欧特征的宗教统一被摧毁了。这一分裂就是新教起义。

26.3 新教教会

德国改革者,马丁·路德　第一个领导西欧大量人民和天主教教会公开分裂的改革者是马丁·路德(1483—1546年)。他是德国人,20岁时成为修士,不久以后被任命为威滕贝格大学神学教授。作为一个教师和讲道者,他在学生中深孚众望。他勇敢坦率,不怕说出自己的意见。同时他对永生拯救的问题深为关切。渐渐地他开始怀疑人们能否用做什么事情而博得上帝的欢心,他相信人类唯一的希望在于每个人对上帝的仁慈的淳朴信仰。

路德与教会分裂　路德与天主教教会的分裂是逐渐的。1517年他第一次在德国引起了人们的广泛注意,因为他公开怀疑授予"赎罪券"和赎罪券所依赖的"善行"的教义。

我们记得,赎罪券是一种死后得到特惠的许诺。一个人对自己的罪孽真正地感到难过而且忏悔了,赎罪券允许全部或部分赦免死后应得的惩罚。为了得到赎罪券,悔罪人需要念诵某种祷词、进谒某些教堂或做其他一些"善行"。在中世纪参加十字军或为十字军捐款都算是"善行"。至今天主教教会中还有赦罪之举,但现在不再要求出钱,也没有人交钱了。

论纲和辩论　1517年,教皇利奥十世为筹集罗马圣彼得教堂的修建款项,派出了许多专职人员去出售赎罪券。路德被一个名叫特策尔的派出人员所激怒,他在威滕贝格教堂大门上贴出了九十五条论纲,提议与所有前来的人辩论。在这九十五条论纲中,他攻击了赎罪券和教皇的某些要求。两年后,在和一个著名学者的一次公开辩论中,路德否认任何一个教皇或一次宗教会议有解释基督教教义的神圣权威。他追溯到胡斯和威克利夫的教理,顽强地宣称,每个人都有权利按他自己研读圣经的体会来处理自己的生活。

1520年教皇利奥十世将路德开除出教,并要求神圣罗马皇帝查理五世把他作为异端予以惩罚。

禁令下的路德　皇帝倾向于惩罚路德及其信徒,但是在德国有许多人,包括诸王侯、贵族们,连同一些教士和修士,都同情路德,使得他能与教皇和皇帝对抗。

路德分裂德国　路德在德国大量散发了猛烈攻击教皇和天主教教会的小册子。他得到了虔诚信徒的支持,这些人被他揭露出的教会内部的种种腐败景象所震惊;他得到了爱国的德国人的支持,因为路德使他们对于自己的国家从属于一个意大利教皇而愤恨;他得到了贵族和王侯们的支持,因为路德使他们看到,他们可以从教会和帝国的削弱中增加自己的财富和权力。

一时之间,看来好像全体德国人都会起来反抗天主教教会,但当德国南部一伙伙农民起来反抗教会,也反抗国家统治者时,王侯们就惊慌起来了。1525年农民起义被残酷地镇压下去了。于是农民转过来反对路德,因为在这场反抗斗争中他站在贵族一边。同时,很多贵族,特别是南部的,当他们看到农民受到路德纲领的影响时,就背离了它。当然,皇帝和其他一些王侯们,不管是从信仰还是从政策的观点,都不听路德的呼吁。

总的结果是德国分裂了。一些小邦站在一边,一些在另一边。北部邦国追随路德成为新教徒;南部邦国拒绝了他的纲领,仍信仰天主教。

图 26-2　木刻版画：路德对教皇。在 16 世纪 20 年代路德回到威滕贝格后，他的主张开始广泛流传，最后引发了宗教改革的浪潮。在这个过程中，带木刻画的小册子发挥了重大作用。在此图中，被钉在十字架上的耶稣参与到路德一方，而右方的教皇则在贩卖赎罪券

路德赢得斯堪的纳维亚　路德在德国南部失掉的，却在斯堪的纳维亚得到了，因为此后丹麦、挪威和瑞典国王都把路德教立为国教。16 世纪以后，不仅德国北部，这些国家的绝大多数人民也都是路德教徒。

奥格斯堡和约　在德国，天主教徒和路德教徒长期内战以后，于 1555 年签订了所谓的奥格斯堡宗教和约。在和约中，皇帝承认路德教是基督教中合法的一派。这和约对德国王侯们是有利的，而对人民则不是经常如此，因为和约规定了每个王侯有权替他的人民选择宗教。在每个邦里，人民必须遵奉王侯的宗教。这与当时的专制政体是吻合的。

英国国王　在英国，威克利夫的一些言论已经生根，但在 16 世纪，那里的宗教反抗主要是由英王亨利八世进行的。最初亨利反对路德，并写了一本书来反对他；后来亨利与教皇破裂了，于是以一种真正专断的做法，率领全国来一致反对教皇。亨利因为教皇不肯同意他十分渴望的一件婚事而痛苦失望；此外他急于提高他在教会中的王室权威，如同提高他在国家中的权威一样；于是，他诱使议会在 1534 年通过了一项"最高权力法案"，规定国王取代教皇成为英国教会的首脑。

英国国教教会　英国的教会一步步地变成了英国国教教会。亨利八世只是希望脱离教皇而独立——他并不想改变教义或礼拜的形式；但在他的儿子爱德华六世（1547—

1553 年)和女儿伊丽莎白（1558—1603 年）统治期间,做了各种变革。圣经被宣称为信仰的唯一指导;天主教教义中的"善行"被断定是迷信的;种种圣礼更改了;祈祷书从拉丁文译成英文,并做了相当大的改动。

在亨利的女儿玛丽女王,一个忠诚的天主教徒统治的五年中(1553—1558 年),英国再次与罗马联合起来。但是在伊丽莎白漫长的统治期间,又牢固地确立了新教。英国国教教会或称安立甘教会(又称圣公会)正式得到了承认,并受到了国家的支持。自伊丽莎白女王时起,大多数英国人都是安立甘教徒,虽然仍有少数人信奉天主教。直到 19 世纪,英国天主教徒才获得了解放,反对天主教徒的严峻法律才得以废除。在爱尔兰,尽管英国统治者建立起新教教会,但本地人民大多数仍信天主教。

在英国和爱尔兰的这些不同的宗教变迁,和大多数其他国家一样,随之而来的是大量的迫害和财产没收。很多人为信仰而牺牲,很多家族和机构因此变得穷困。在亨利八世、玛丽和伊丽莎白的统治之下,情况更是如此。

瑞士改革者,乌尔里希·茨温利　在瑞士,乌尔里希·茨温利(1484—1531 年)领导了反对天主教教会的起义。他与路德在几个论点上意见不同,特别是关于某些圣礼和一些关于教会组织的事情。在瑞士,和在德国一样,一些小邦信仰新教,另一些仍信天主教,他们互相混战。1531 年茨温利在卡佩尔战役中被杀。

法国改革者,约翰·加尔文　年轻的法国人约翰·加尔文(1509—1564 年),在形成新教教义和组织方面,证明是一个比亨利八世或马丁·路德更有广泛影响的人。20 岁时他就和天主教教会决裂了,在法国他被视为异端,因此离开家乡到瑞士避难。在日内瓦,自 1536 年直至 1564 年他死去,他一直是这个城市的宗教预言者和政治独裁者。加尔文的教义从日内瓦传遍四方。他的教义之所以被广泛接受,有几个原因。首先,加尔文教比大多数其他形式的基督教更民主,因此受到很多厌倦专制政体的人的欢迎。其次,加尔文在他 26 岁所著《基督教原理》里陈述他的教义。它写得如此清晰简练,以至立即被誉为神学中的一部杰作,从那时起在宗教文献中一直占有显著的地位。

许多瑞士人追随了加尔文;荷兰人和一些马扎尔人也是这样。法国的新教徒胡格诺派也是加尔文教徒。在苏格兰,约翰·诺克斯引进的加尔文教被立为国教,在不列颠群岛的其他部分,它被很多人所接受。苏格兰(和其他一些国家)的加尔文教徒称为长老会信徒。清教徒和新英格兰的移民新教徒也都是加尔文教徒。

新教的许多派别　路德教、安立甘教和加尔文教是在 16 世纪出现的新教的主要形式,但并非仅有的几种形式。例如,在瑞士和荷兰,出现了门诺·西蒙斯的信徒,称为门诺派;在英国,浸礼会和贵格会(公谊会)很快就出名了。门诺派信徒和贵格会信徒坚持反战立场。浸礼会信徒因为选用浸水洗礼而得名。一般地说,他们的神学都追随了加尔文的教义。

26.4 天主教会的改革

当新教在欧洲各国形成时,天主教会正在进行一场改革。在意大利、奥地利、法国和西班牙也经历了和在德国、瑞士以及斯堪的纳维亚同样的宗教骚动,但结果只是废除了一些弊政,而不是进行反抗或分裂。

特兰托会议　16 世纪后半期,相继出现的一批正直而有远见的教皇大大改进了教会的管理,提高了教士们的道德格调。一次全体宗教会议——特兰托会议召开了,并持续了18 年(1545—1563 年)。这次会议对天主教教义做了较好的叙述,对财务和教育事宜进行了有益的改革,修订了教会的祈祷书,出版了新版的拉丁文圣经通俗本,制订了禁止天主教徒阅读的危险和异端的《禁书目录》。对信仰的变节要受教会法庭即异端裁判所的惩处,尤其在西班牙和意大利,异端裁判所正狂热地加倍进行活动。

伊格纳修斯·罗耀拉　天主教教会内部改革的主要力量之一是新的宗教教团耶稣会,其成员通常被称为耶稣会士。它由伊格纳修斯·罗耀拉在 1534 年创立。伊格纳修斯曾是一名西班牙士兵,在医院养伤时偶然读到基督生平和若干圣徒的传记。据他告诉我们说,这次阅读在他的内心引起了极大的变化,使得他下定决心要从那时起由一个世俗国王的士兵变成一个基督和教会的骑士,为上帝更大的光荣而战斗。

耶稣会士的工作　耶稣会士立即在 16 世纪的宗教冲突中活跃起来。首先,他们创办了许多学校和学院,他们的博学和教养使天主教教士重新赢得了人们相当大的尊重。作为讲道者,他们的布道和训诲简明清晰,也使他们受到了高度的敬仰。

耶稣会　耶稣会士在教会领域里做出了最出色的成绩。主要依靠他们的力量,波兰在几乎改奉新教之后又恢复过来了。类似地,他们在巴伐利亚和比利时保存了天主教。他们在捷克和匈牙利保障了大批天主教信徒。他们在英国经常冒着生命的危险援助天主教教友。天主教教会在北欧失去的信徒,通过在中国、印度,以及美洲印第安人中间和巴西及巴拉圭的野蛮人中

图 26-3　罗耀拉后来被封为圣徒。他在招募耶稣会士时,要求积极主动的斗士,而不是顺从谦卑的修士

的传教活动,得到了补偿。

在印度、中国和美洲的天主教教会中,圣方洛各会修士和多明我会修士也很活跃,但以耶稣会士最为突出。

教皇与国王订立的宗教协定　为了在西班牙、葡萄牙、法国、意大利和奥地利维持天主教,教皇和这些国家的统治者订立了"宗教协定",规定在教会事务中给予统治者一些特权。这当然有使教会从属于国王的倾向。直至 19 和 20 世纪,经过了剧烈的政治和社会革命以后,天主教会才又重新得到了 16 世纪时由于这些协议所失去的大部分自由。

26.5 不宽容和宗教战争

不宽容现象的爆发　16 世纪欧洲宗教分裂的一个直接的和最不幸的后果就是宗教上的不宽容。这种不宽容表现在宗教迫害和宗教战争上,是世界上前所未有或自那时以来尚未见过的。这首先要用以下的事实来解释:每一个西欧国家的统治者,不管是信奉天主教还是信奉新教,都抓住了这个老观念,即政治的统一在很大程度上依靠宗教的统一,因此每个国家应当用它的权力强迫它的所有公民,特别是基督徒公民,都遵循唯一的官方信条。

菲利普二世的政策　西班牙、葡萄牙和意大利的国王强迫人民仍要信奉天主教,否则就遭异端裁判所的处死或囚禁。西班牙国王菲利普二世是天主教教会最狂热的拥护者,他想尽各种有效方法来保证他的信仰不但在本国而且在其他地方也得到胜利。他在西班牙铲除了新教,处死了数千名异教徒。他只允许天主教徒移往美洲西属殖民地,为了坚定他们的信仰,他求助于在新世界的异端裁判所。

在法国天主教徒与胡格诺派信徒(法国新教徒)的斗争中,菲利普给予法国天主教徒以军事援助。当神圣罗马皇帝企图摧毁路德教徒和加尔文教徒时,他派军队到德国去支持他们。他与英国女王玛丽·都铎结婚,想借此使英国信奉天主教。以后当玛丽的继承者伊丽莎白继位重建新教时,菲利普派了大队战舰——所谓的无敌舰队——入侵英国(1588年),想以武力推行他的意志。无敌舰队被逐出并被击溃了,部分是由于英国水兵的英勇,部分则由于风暴的猛烈。

菲利普作为尼德兰的统治者,必须应对已成为加尔文教徒的大部分荷兰人的坚决反对。结果引起了一场可怕的战争。最后,在 1648 年,菲利普死后 50 年,荷兰被承认为一个独立国家。

德国的宗教战争　神圣罗马皇帝和大多数选帝侯仍旧信奉天主教,但是许多王侯却变成路德教徒,一些变成加尔文教徒。新教的王侯们迫害天主教的臣民;天主教的王侯们则迫害新教的臣民;新教王侯们又与天主教的皇帝作战。正如我们已看到的,1555 年的奥格斯堡和约规定,每个王侯有权使其臣民信奉他所信从的教派。这显然不是一个高明

A la fin ces Voleurs infames et perdus ,
Comme fruits malheureux a cet arbre pendus

Monstrent bien que le crime (horrible et noire engeance)
Est luy mesme instrument de honte et de vengeance.

Et que cest le Destin des hommes vicieux
Desprouuer tost ou tard la iustice des Cieux . 1)

图 26-4　雅克·加洛特所作《吊人的树》，展示了三十年战争的暴行。这些行为在中欧产生的痛苦、恐怖的记忆，在战争结束很久后仍然挥之不去。

的解决办法。

三十年战争　1618 年在德国，天主教徒和新教徒之间的战争再次爆发了。它延续了三十年，因此称为三十年战争。这次战争是宗教的，也是政治的和经济的。它像烈火般蔓延，成为一场国际战争，是历史上最残酷、最有毁灭性的战争之一。

战争开始时只是波希米亚（捷克）的加尔文教贵族的起义。加尔文教徒被皇帝的军队打败了，但是战争很快蔓延到更大的范围。德国北部路德教的王侯们在丹麦国王的协助下，联合反对皇帝和效忠于他的天主教各王侯。皇帝的军队再次胜利了，但是战争又由另一个信路德教的国王——瑞典的古斯塔夫·阿道夫——重新挑起来了。

奇怪的是，古斯塔夫由一个信奉天主教的国家——法国给予武器和金钱的援助。国王们对领土的贪婪胜过了宗教的热忱。1632 年古斯塔夫在战斗中被杀后，法国加入了信奉新教的德国、瑞典和荷兰一方，来反对皇帝和他的同盟者西班牙国王。法国纯粹出于政治动机，想要削弱和它抗争的敌国西班牙和奥地利，以增强自己。

威斯特伐利亚和约　法国的胜利最后迫使皇帝讲和。1648 年结束战争的各项条约统称为威斯特伐利亚和约。法国获得了阿尔萨斯，但斯特拉斯堡城除外；瑞典得到了两块德国领土；勃兰登堡吞并了波美拉尼亚东部和以前属于天主教主教的若干省份；荷兰和瑞士获得了独立。帝国内每个德意志邦都可以不经皇帝同意而自由宣战与媾和。关于宗教方面，加尔文教徒获得了与路德教徒和天主教徒平等的地位，凡在 1624 年以前所取得的教会财产也都不必退还。

英国宗教上的不宽容　不列颠群岛同样受到了宗教不宽容的折磨。亨利八世力图建立

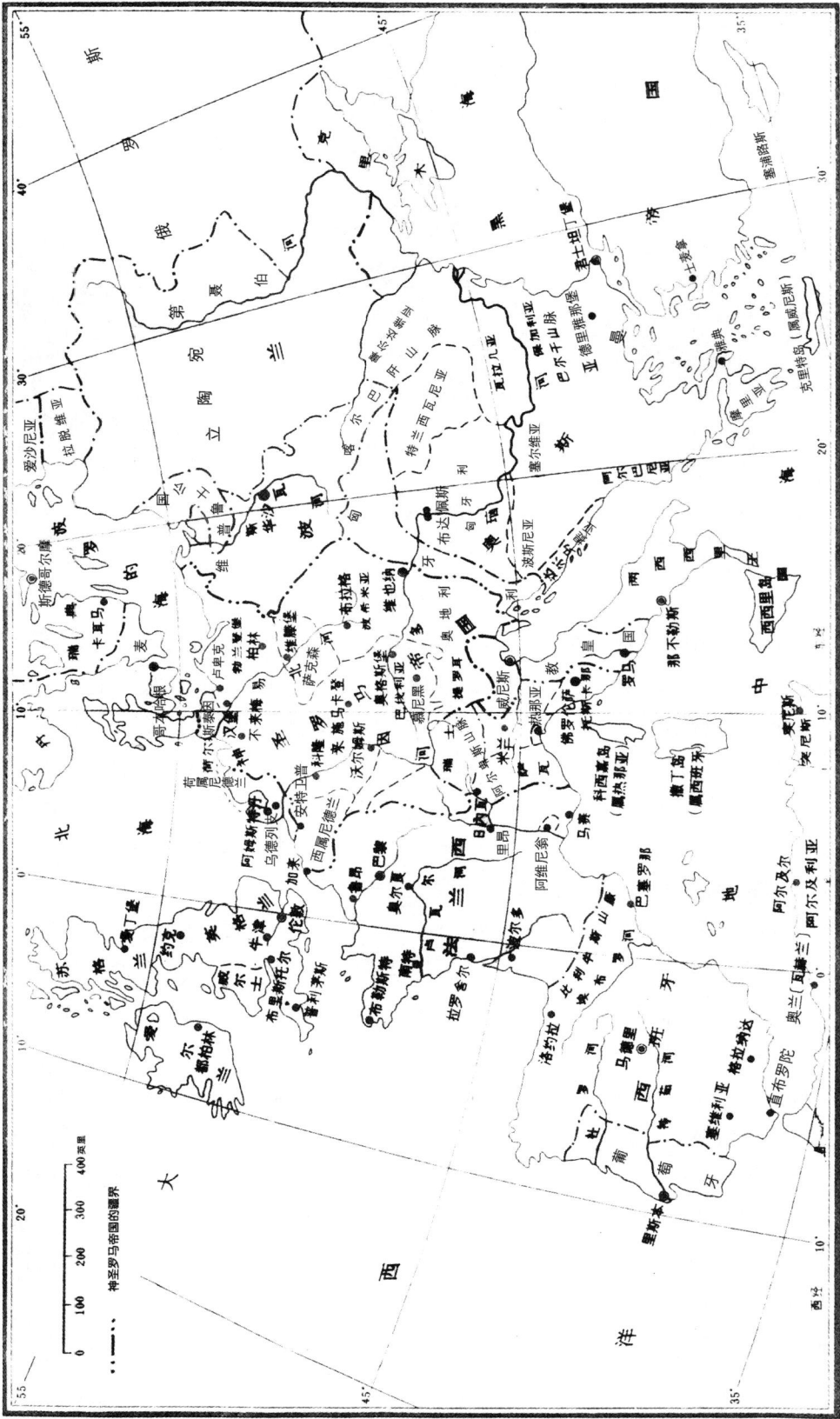

地图 26.1 1650 年的欧洲

神圣罗马帝国的疆界

0 100 200 300 400 英里

（地图标注）

斯

俄

罗斯

第聂伯河

宛

立

陶

爱沙尼亚 拉脱维亚

库尔兰

波罗的海

瑞典

瑞典

麦

丹

北海

苏格兰

都柏林 爱尔兰

英格兰

伦敦

约克

威尔士

多弗

加来

荷属尼德兰

西属尼德兰 安特卫普

阿特斯瓦德

乌得列支

布里斯托尔

南特

法

鲁昂 巴黎

奥尔良

土鲁斯

里昂

普罗旺斯

马赛

大

西

洋

西

班

牙

葡

萄

牙

里斯本

塞维利亚 格拉纳达

直布罗陀

地

中

海

阿尔及尔

阿尔及利亚 奥兰（瓦赫兰）

突尼斯

撒丁岛（属西班牙）

科西嘉岛（属热那亚）

那不勒斯

两

西

西

里

王

国

西西里岛

教

皇

国

罗马

佛罗伦萨

热那亚

米兰

威尼斯

萨伏依

瑞士

奥地利

波希米亚

布拉格

维也纳

匈牙利

特兰西瓦尼亚

塞尔维亚

波斯尼亚

君士坦丁堡

黑

海

土

耳

其

帝

国

克里特岛

塞浦路斯

莱茵河

多瑙河

并维持一个分离的、走中间道路的安立甘教会,烧死了路德教徒,并杀戮了天主教徒。玛丽·都铎则力图恢复天主教,迫害和烧死了安立甘教徒和加尔文教徒。伊丽莎白和她信安立甘教的继承者制定了严酷的法令反对天主教,并处死了许多天主教徒,同时也给不信奉安立甘教的新教各派,如浸礼会、贵格会和长老会的信徒们以不少的烦扰。

17 世纪时,为了逃避在英国所受的迫害,清教徒来到今日美国的普利茅斯,天主教徒则来到马里兰。这个世纪中叶,英国的加尔文教徒站在激烈内战的最前线,这次内战发展到 1649 年,以国王查理一世的被处死达到了顶点。但当加尔文教徒当权时,他们对天主教徒的迫害比安立甘教徒更为严酷。

火和剑　在斯堪的纳维亚,丹麦和瑞典的路德教国王们以火和剑来铲除天主教。波兰和匈牙利的天主教国王们以同样的手段来对付新教徒。苏格兰的加尔文教贵族起来武装反抗天主教徒女王玛丽·斯图亚特,并废黜了她。玛丽逃亡到英格兰,最后在 1587 年被安立甘教的英格兰女王伊丽莎白处死了。

法国和南特敕令　16 世纪的大部分时间,法国都为宗教战争所困扰。1572 年,数千胡格诺派信徒在圣巴托罗缪日被屠杀,是残暴的顶峰。1598 年,一个伟大、开明的国王亨利四世,颁布了著名的南特敕令,停止了在法国的宗教战争。敕令给胡格诺派信徒以公民权利和宗教上的宽容。这样,法国成为第一个证明了宗教差异和民族统一可以并存的国家。将近一个世纪的和平与繁荣相继而来;但是,1685 年,另一个伟大的法王路易十四,却不是那么开明宽大,他取消了南特敕令。于是法国又受到了迫害和迁徙的折磨。

宗教宽容的缓慢成长　正如我们看到的,16 世纪基督教教会分裂的直接影响是加深了宗教上的不宽容,引起无数次宗教战争。但是,归根到底,这种分裂起到了表明基督徒之间需要采取比较宽容的态度的作用。逐渐地,也证实了容忍和仁爱是可能的。但这需要一个很长的时间。

新近的发展　直到现代——真正的是当代,宗教宽容原则才得以胜利,宗教战争才得以停止。现在一般公认宗教是个人自由自愿的事,宗教宽容被认为是人类思想和世界进步的巨大收获之一。

26.6 基督徒的三大团体

在 16 世纪的新教起义以前很久,基督教已有了大分裂,即东方的正教和西方的天主教之间的分裂。16 世纪时,西方天主教又分裂成两部分或两个团体,一个仍称天主教,另一个称新教。自此,三种形式的基督教并存——天主教、新教和正教。

天主教地区　新教起义以后,天主教主要局限在意大利、西班牙、葡萄牙、法国、南尼德兰(比利时)、瑞士山林区、德国南部、爱尔兰、波兰、立陶宛、捷克、匈牙利大部分、南斯拉夫北部、南美、中美、墨西哥、西印度群岛大部分、魁北克和菲律宾群岛。

新教地区　新教建立在德国北部和中部、斯堪的纳维亚、芬兰、爱沙尼亚、拉脱维亚、北尼德兰(荷兰)、瑞士大部分、苏格兰、英国、美国、加拿大大部分、南非和澳大利亚。

这些地区有很多交错之处。例如,在法国、爱尔兰、匈牙利和捷克有少数新教徒;在德国、波罗的海诸国、荷兰、美国和英帝国各地都还残留着少数天主教徒,而且人数还有增长。但是一般地说,北欧变成新教的时候,南欧、中欧仍为天主教。

正教地区　同时,东欧——俄国、罗马尼亚、巴尔干地区和希腊——仍属正教地区,虽然其中一部分在很长时期内受穆斯林土耳其人统治;其另一部分——俄国——还有一些异端派别发展。

基督教的共同点　天主教、新教和正教各国仍有许多共同之处。它们与伊斯兰教和佛教文化区域相比时仍可作为一个整体。所有基督徒都尊奉耶稣为其共同的创教者和灵魂的激励者;都尊重圣经,并珍视早期基督教的传统。此外,绝大多数新教徒像天主教徒和正教徒一样,保留着早期基督教教会的许多神学,如相信三位一体、耶稣的神性、人的堕落以及因耶稣被钉十字架而得到拯救和来世的赏罚。基督的品性和美德则为新教徒、正教徒和天主教徒所共同拥戴。

神学上的分歧　新教徒和正教徒关于教皇权利的看法都与天主教不同,他们拒绝教皇的权威和辖治。在这一点上正教徒与新教徒是一致的,但在其他神学观点上,他们有很大的分歧。新教徒在圣礼上做了重大改变,他们还否认炼狱、圣徒的召唤和对圣迹的尊崇。他们主张每个人都有权解释圣经,不需教皇或牧师的辅助而自己执行基督的意旨。对新教徒来说,圣经和每个基督徒自己研读的体会是最后的权威;对天主教徒和正教徒来说,一个有活力的机构或教会则是最后的权威。

文化上的对比　在新教国家和天主教国家之间,除教义上的分歧外,还出现一些社会上和文化上的显著不同。在新教国家中,修道院及其所属学校、图书馆和慈善机关都被关闭了。在有些情况下,宗教绘画、圣徒塑像和彩色玻璃窗户被捣毁了,教会节日也被废除了。清教徒则反对剧院和戏剧,他们礼拜日的庄严仪式与欢乐的节假日是个显著的对比。

三点事实　第一,在很长一段时期内,天主教徒、新教徒和正教徒深陷于对抗之中,以致他们的传教工作互相妨碍而陷于停顿。第二,基督徒之间相互争夺的景象,使很多有头脑的人渐渐对整个基督教的宗教发生怀疑。不过,在现代宗教战争已经停止了,宗教宽容得到了承认并付诸实现,真正的基督徒的仁爱可能正在增长。第三,与这有关的有趣事实是,很多以前由教会做的事,现在由国家来做了。换句话说,今天的基督教文明比中世纪更加世俗化。这在某种程度上是由于基督徒之中存在分裂的结果。

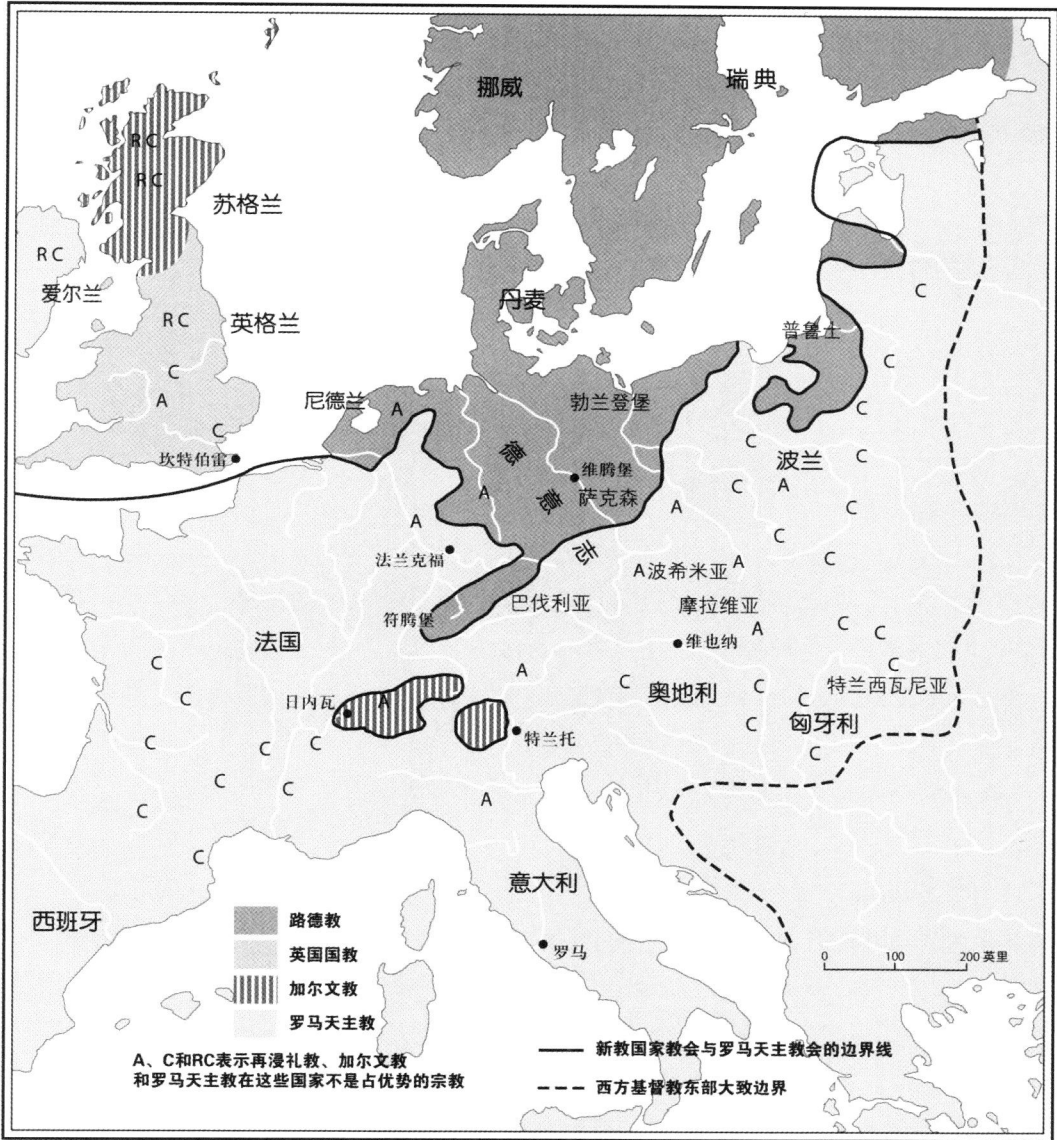

挪威　瑞典

苏格兰
RC
RC

爱尔兰
RC

英格兰
RC

C
A

坎特伯雷

丹麦

尼德兰
A

德意志

勃兰登堡

普鲁士

C

C

波兰
C

C
C

A

维腾堡
萨克森

C

A

C

法兰克福

C

A波希米亚A

C

C

C

法国

符腾堡

巴伐利亚

摩拉维亚

维也纳
A

C

C

日内瓦
A

特兰托
A

奥地利

特兰西瓦尼亚

C

匈牙利

C

C

C

C

A

C

意大利

C

罗马

0   100   200 英里

西班牙

图例	
▨	路德教
▧	英国国教
▥	加尔文教
░	罗马天主教

A、C和RC表示再浸礼教、加尔文教
和罗马天主教在这些国家不是占优势的宗教

—— 新教国家教会与罗马天主教会的边界线
---- 西方基督教东部大致边界

地图 26.2　约 1560 年欧洲的国家宗教

第 27 章　荷兰、英国对专制政体的攻击

封建制度的成长是由于严守秩序的政府已经失败;民主政体的成长则由于君主专制政体过分地成功。

君主政体是牺牲了封建制度而建立起来的,正如我们看到的,最初君主政体(在中世纪)是有限的,受到封建制残余、经常的选举、各种特许状和议会的限制;但在 15—17 世纪时,中世纪对君主政体的种种限制几乎都被摧毁或遗忘了,专制政体已变得非常强大。以后又转向一个十分古老的对君主政体的牵制——反抗。结果引起长期流血的斗争,一些地方赢得了自由,另一些地方在一个时期内却失去了自由。

荷兰和英国是早期向专制政体进行攻击,并获得成功的两个著名国家。

27.1 荷兰的起义

荷兰省及其他尼德兰北部诸省的居民称为荷兰人。40 多年来,他们与强大的西班牙进行斗争,最后赢得独立,给世界做出一个英雄主义的著名榜样。他们起义是因为他们的国王,皇帝查理五世,尤其是其子西班牙的菲利普二世是专制的、暴虐的。更确切些说,荷兰人起义的原因有下列四点。

起义的原因　(1)财政的:沉重的赋税。(2)政治的:尼德兰的权力过分集中在国王手中,尤其是菲利普二世;城市和贵族昔日的许多特权都被剥夺了。(3)宗教的:菲利普二世力图使所有尼德兰人信奉天主教,为此使用了异端裁判所。(4)个人的:人们不喜欢菲利普这个人。很多荷兰人和其他尼德兰人爱戴查理五世,因为他是在他们中间出生和成长的,而菲利普二世是在西班牙出生和教养的;他讲西班牙语,并自 1559 年以后从未到过尼德兰。

斗争的性质　双方都走向极端。起义初期，一些激进的尼德兰人冲进了天主教教堂，破坏了神坛，捣毁了圣像，并干了其他一些不必要的暴行。1556年，暴行达到顶峰，他们毁坏了安特卫普华丽的大教堂。另一方面，被菲利普派去统治尼德兰的阿尔瓦公爵，以重税破坏了几乎全部企业，并处决了数千人。大约同时，荷兰人开始从海上引进一些战士，帮助他们反对天主教徒和西班牙人。

莱顿的堤　在这场长期战争中，1574年发生了一桩英勇悲壮的事件。它很能说明情况。莱顿城陷于饥馑之中——所有的猫和老鼠都被吃光。西班牙士兵把这座城市包围了。于是荷兰人决堤引进海水。海水毁坏了长势很好的庄稼，但也把西班牙士兵赶走了。趁着涨潮，荷兰舰队驶了进来，给饥馑中的莱顿送来了粮食。

西班牙的暴行　1576年，在尼德兰的西班牙军队因无饷无粮，起而哗变，并对安特卫普及其他城市进行了劫掠。这场野蛮行为在历史上称为"西班牙的暴行"。

继"西班牙的暴行"之后，南方和北方全部17个省的代表聚会了，并同意他们将在起义中站在一起，直到国王废除异端裁判所，恢复他们昔日的自由为止。但3年后（1579年），南方诸省又决定与国王议和。

分裂的原因　南方诸省与西班牙议和有许多原因。（1）南方人主要是瓦隆人，讲法语，而北方人则讲荷兰语；（2）南方人主要是天主教徒，而荷兰人则是新教徒（加尔文教徒）；（3）菲利普约定，假如南方诸省承认他为统治者，则将给予他们几乎全部事务上的自治权。

但是北方起义仍在继续。1581年在海牙组成了北方七省的联盟，起草了誓绝法。这是真正的荷兰独立宣言。

缄默者威廉　荷兰起义的中心人物是奥伦治亲王威廉。他聪明地从不泄露他的一切计划，因此以"缄默者威廉"著称。由于有军人般的刚毅和政治家般的手腕，他也被人称为"荷兰的华盛顿"。有好几次他似乎被挫败了，但每次失败之后，他又采取另一个引向胜利的步骤。他既用剑也用笔来进行战斗——他著名的《声辩》，是过去所写的反对暴政的最有力辩词之一。1584年威廉被一名雇用的刺客杀死，但他的儿子莫里斯和其他荷兰领袖继承了他的事业。

"无敌舰队"　西班牙的菲利普在1588年派遣强大的"无敌舰队"攻打英国的原因之一，是因为伊丽莎白女王曾帮助过荷兰人。舰队的战败不但挽救了英国，也挽救了荷兰；因为自此以后，西班牙的海上权力再也不像以前那样强大了。

无敌的荷兰人　荷兰的舰队和商业在战争中发展起来——荷兰变得富裕了。当西班牙士兵破坏荷兰城市，损害土地的水从堤的决口冲进时，荷兰船只正在东印度劫掠葡萄

图 27-1   无敌舰队的覆灭是历史上著名的以少胜多的战役。西班牙一方有船只 100 余艘,士兵近 3 万人,占据绝对优势,最终却几乎全军覆没,从此将海上优势拱手让给英国

牙的殖民地。北方七省联合组成的荷兰共和国,建立起一个庞大的殖民帝国。在欧洲和亚洲之间从事海上转运贸易的,以荷兰船只为最多。

休战与和平   1609 年签订了停战协定,但是西班牙一直没有停止征服荷兰的努力,直至 1648 年三十年战争结束,签订了著名的威斯特伐利亚和约,才正式承认荷兰共和国的独立。尼德兰南方诸省的比利时仍旧臣服于西班牙,直至 1713 年又落到奥地利的手中。

荷兰起义的结果   自由的赢得,并没有立即给荷兰以民主,连充分的宗教宽容都没有得到,但是他们的起义是对君权神授说的第一次打击。他们组成了一个联省共和国,资产阶级在国内很有影响。他们的总统称“执政者”,议会称“三级会议”。18 世纪时,执政者的职位成为世袭,荷兰实际上变成为一个君主立宪国。

27.2 清教徒的起义

都铎王朝和斯图亚特王朝   从 1485 年到 1603 年统治英国的都铎王朝国王们既有权力又有机智——他们控制了议会,支配了教会,管理了商业,一切随心所欲,而且他们很聪明,不去谈论这些。他们保留了法律的形式,而事实上是他们在统治。他们是专制君主,是成功的专制君主。继承王位的斯图亚特家族比都铎家族提出了更多的要求,但实际上行使的权力却少得多。斯图亚特王朝的国王想不仅在行动上而且在言论上都当专制的君主,但是他们却不机智——他们的言论毁灭了自己。当然,除了他们不明智的言论之外,还有其他导致失败的原因。

斯图亚特王朝失败的原因　(1)虽然斯图亚特家族是都铎家族的血亲,但他们是苏格兰人,因此就算是外国人。英格兰第一个出身斯图亚特家族的国王是詹姆斯一世,他曾是苏格兰国王——他是苏格兰玛丽女王的儿子,玛丽在 1587 年被伊丽莎白女王处死。在詹姆斯一世统治下,苏格兰和英格兰的王室联合起来了。这一联合变成永久的,但是很多英格兰人对斯图亚特家族有偏见,因为他们是从苏格兰来的。

(2)从 1603 年到 1625 年在位的詹姆斯一世,以及他的儿子,从 1625 年到 1649 年在位的查理一世,都高谈他们是凭"神授王权"而为王的——要做专制的君王。虽然有很多人认真对待并接受这些要求,但是其他的人却感到震惊,而且反对这些要求。

(3)人们憎嫌斯图亚特家族也有宗教上的原因。詹姆斯一世和查理一世都是非常狂热的安立甘教徒。在苏格兰,大部分人是长老会信徒,安立甘教并不流行;在英格兰,它也不是受所有人欢迎的。我们知道,一些英格兰人是天主教徒。但是给斯图亚特诸王最大麻烦的是清教徒。

清教徒起初是安立甘教教会的成员——其中一些人始终留在安立甘教教会内,虽然另一些分离出去了,但他们都愿意这样或那样地在教会内进行改革。所有清教徒都敌视詹姆斯一世和查理一世,因为他们要既在国家中也在教会中做专制君主,要使每个人都屈从于王族的信仰和王族的意志。

(4)反对斯图亚特诸王也有经济上的不满。詹姆斯一世和查理一世未得议会同意就征收了新税,特别是对商人、船舶所有者和其他中等阶级市民。这些阶级中很多人是清教徒,为此他们也敌视国王。

(5)可能斯图亚特朝垮台的主要原因是政治上的。詹姆斯一世和查理一世长期不与议会协商,径自进行统治,即使议会有时召开,国王也不顾议会的反对,坚持按自己的意志行事。而下议院多数议员还是清教徒!我们可以肯定他们不会驯顺地服从的。

权利请愿书　经过四年的争吵后,1628 年,议会促使国王签署了一项列举议会权利的文件。这就是权利请愿书。它不啻是第二个"大宪章"。于是查理决意在根本不召开议会的情况下处理国事。他撇开议会而进行专制统治达 11 年之久。英国人顺从了,虽然他们心里是反抗的。但是苏格兰长老会的信徒们拿起了武器。在惊慌之下,查理于 1640 年召开了议会。

长期议会　长期被忽视的议会在恼火中集合起来了。清教徒尤其气愤。他们下定决心即使国王下令也决不回家——他们把事情掌握在自己手里。年复一年,这个议会,或它的一部分继续开下去——它开得那么长久,以致在历史上得到了"长期议会"的名称。它一直开了 20 年。在那段时间里,爆发了一场战争,国王被杀了,英国受到一个独裁者的铁腕统治。

图 27-2　17 世纪的一幅版画,刻画了 1649 年处决国王查理一世的场景

内　战　从 1642 年到 1649 年,英国发生了内战和革命。国王及其党羽因骑马故称"骑士党",最初他们占上风;但最后却是"圆颅党"获得全胜,"圆颅党"是指国王的敌人,因留着清教徒"剪短的"发式而得名。到那时,只有国王查理最坚决的敌人还留在议会里。他们在 1649 年将国王处死,并宣称不再立国王:他们宣布英国为共和国,或称共和政治。

一个军事独裁者　革命常常以军事独裁而告终。清教徒起义中的英国就是这样。胜利军队的主帅奥利弗·克伦威尔大权在握。他讲话时引用圣经,而他的话就是法律。他大概相信自己和从前的斯图亚特国王一样已经完全地拥有了"神授王权"。从 1653 年到 1658 年,克伦威尔拥有"护国主"的头衔。他使英国有了一个强有力的政府,当苏格兰人和爱尔兰人敢于起来反抗时,他予以残酷地镇压。他个人的独裁统治是成功的,因为他是一个能干的政治家,而且指挥着一支不可抗拒的军队。

共和国的崩溃　1658 年奥利弗·克伦威尔死后,其子理查德成为"护国主"。理查德是一个善良的 32 岁青年,但是缺乏他父亲的雄心和才能。他无力控制那些强横的将领,那些想要做新的政治试验的共和党人,那些希望斯图亚特王朝复辟的保王党人,以及那些想把自己的教义奉为至上的长老会信徒。理查德·克伦威尔知道自己的无能,就聪明地自行引退了。

27.3 英国的王朝复辟

君主制的复辟 英国一度似乎将成为其他军事独裁者的牺牲品。但是一个将军下令选举一个新的议会，而这个新议会却着手进行君主制的复辟。他们邀请了不幸的查理一世的儿子查理·斯图亚特回英国为王。查理那时 30 岁,曾长期流亡在外,他十分高兴地回来了,1660 年被立为查理二世。

斯图亚特王朝君主制的复辟似乎破坏了清教徒起义的成果。共和国和护国主制突然结束了。英国以焰火和鸣钟欢迎查理二世的归来,英国又溜回到旧方式和旧习惯中去。安立甘教再度被奉为国教,不信奉者则受到了迫害。

不信英国国教者是反对安立甘教会的一切新教派别的通称。安立甘教教会是英国的国家教会,是依法律创立,以赋税来维持的。不信英国国教者包括浸礼会信徒、长老会信徒、贵格会信徒等大多数清教徒。

查理二世和詹姆斯二世 复辟王朝的斯图亚特诸王——查理二世(1660—1685 年)及其弟詹姆斯二世（1685—1688 年）——内心的专制思想并不亚于其父查理一世和祖父詹姆斯一世。两人都相信他们是依靠"神授王权"来统治的,他们高于议会。但与早期的斯图亚特诸王不同,复辟王朝的斯图亚特诸王既不喜欢加尔文教也不喜欢安立甘教,而赞成天主教教会。他们梦想利用专制政体使英国重新信奉天主教。

增长的梦幻 查理二世为人聪明、懒散而圆滑。他并不夸耀其专制政治,他直到临终才表明自己信奉天主教。詹姆斯二世则严肃有余而圆滑不足。他公开成为天主教徒,他当众宣称他有权"赦免"任何违反议会制定法律的臣民。他所用的这些办法立即激怒了大多数英国人。不信英国国教者对他无视议会和偏爱天主教徒极为愤怒。安立甘教徒担心国家教会的地位将受到一个天主教专制君主的威胁。确实地,由于天主教信仰和专制政治结合在一起,詹姆斯二世的处境比以前任何英王都更加困难。

破灭的梦幻 当詹姆斯二世的直接继承者是他两个新教徒的女儿玛丽和安妮时,人们还能容忍他:都希望在他的继承者的统治下,形势会变得好些。但是詹姆斯二世的第二个妻子是天主教徒,1688 年她生了一个儿子,情况改变了。所有的英国新教徒都知道,依照王室继承法,是这个儿子,而不是女儿中的一个,将会继承王位。他将是一个天主教徒,并且十之八九也将沿袭他父亲的"神授王权"观点。安立甘教徒很快联合了不信英国国教者,请求詹姆斯的女儿玛丽和她的丈夫奥伦治的威廉(荷兰统治者)到英国来继承王位。于是威廉和玛丽率领一支军队在英国登陆,未遇抵抗即进入了伦敦。

27.4 "光荣革命"

逃走的国王 国王詹姆斯没有抵抗就逃走了,因为连他的士兵也遗弃了他。就英国来说,这是一场不流血的革命。只是在苏格兰和爱尔兰有一些真正的战斗,在那里詹姆斯二

图 27-3 光荣革命后，威廉希望自己担任英国国王，而玛丽作为王后。但议会担心威廉会将英国拖入荷兰的外交事务中，故最后双方达成协议，由威廉和玛丽共登王位，称英国国王与女王

世的支持者很快就被打败了。一个非正式的议会——所谓非正式是因为它未经国王批准就开会——废黜了詹姆斯二世，承认了威廉和玛丽的联合统治。这是在 1689 年。

胜利的议会 这个发生在 1688 年到 1689 年的几乎是和平的革命，常被英国史学家描绘为"光荣革命"，它标志着在英国专制政体的最后失败和议会的胜利。自此英国真正成为一个君主立宪制的国家，因为它采取了种种步骤，使今后的国王和女王们在国内很少有机会来实施斯图亚特王朝绝对的"君权神授"理论。

权利法案 议会为了确保 1689 年的胜利，通过了一项重要法案，名为权利法案。它宣称不列颠君主必须是安立甘教徒；今后任何国王或女王都无权像詹姆斯二世和查理二世做过的那样，使法律暂停生效，或让臣民可以违抗法律而不受惩罚。国王不经议会同意不得征税或拥有军队。议会议员不能因其政治行动而被专横地监禁，或被剥夺发表意见的自由。囚犯必须由公正的陪审人员审理。

权利法案实际上是一部限制王权和保障议会权利的宪法。它与大宪章（1215 年）和 1628 年的权利请愿书是一致的。

其他重要法律 其他若干重要法律可以看作是 1688 年英国革命的间接结果。宽容法（1689 年）授予新教各不信英国国教者以自由崇拜之权，但天主教徒不包括在内。王位继承法（1701 年）规定，因威廉和玛丽没有子女，威廉死后，王位应由詹姆斯二世的新教徒小女儿安妮继承，如安妮死后无嗣，王位则应由其堂兄弟，一个德国新教徒王侯，汉诺威的乔治继承。最后，联合法（1707 年）使苏格兰和英格兰组成一个真正统一的王国（大不列颠），只有一个君主和一个议会。我们还记得，苏格兰与英格兰的王位是在 1603 年詹姆斯一世时联合起来的。

政　党 查理二世统治期间，英国出现了两个政党——辉格党和托利党。辉格党基本上包括在清教徒革命中支持圆颅党事业的那些集团，即由几个清教徒贵族领导的中等阶级不信英国国教者。另一方面，托利党代表骑士党分子；他们主要是乡绅、贵族以及一般说来是信奉安立甘教和持有保守政见的人。

随着议会在 1688 年"光荣革命"中的胜利,辉格党和托利党变得比以前更加重要,开始轮流在选举中获胜,从而支配议会,指导政府。这样"两党制"成了英国政治中的惯例。

内阁的兴起　后来英国政治中的另一特点——"内阁制"——可以看作是 17 世纪英国革命的间接产物。斯图亚特诸王有遴选少数政客(一般是贵族)充当顾问和助手的习惯。这个集团的成员负责管辖政府几个部门的工作,如一人负责财务,另一人指挥军事,等等。他们也与国王一起开会讨论公共事务。这个小顾问团体在查理二世时称"密谋集团",后来称"内阁会议"或"内阁",因为他们在一间小的密室中开会。

内阁的成长　1688 年以前,内阁是由国王个人的宠臣组成的。但革命后,内阁作为国王的私人会议的成分减少了,而更多的是作为议会的执行委员会。渐渐地一种惯例形成了,即从下议院多数党的领袖中去挑选内阁阁员。

例如,国王威廉(1689—1702 年)在辉格党控制了下议院时,就任命辉格党组阁;而在托利党得到了下议院多数时,就由托利党取代他们。安妮女王(1702—1714 年)虽然宁愿挑选托利党,但在位的大部分时间,觉得还是任命辉格党组阁更明智一些。在乔治一世时(1714—1727 年),内阁制又前进了一步。因为乔治是德国人,不会说英语,他让内阁按自己的意向治理国事——他甚至不出席内阁会议。这样,内阁的权力和重要性终于迅速增长。

近代内阁　这样,像我们所看到的,英国内阁的两个基本特点发展起来了:第一,由内阁指导国事;第二,内阁依靠在下议院中的多数。第三,个特点是从 18 世纪时发展起来的,由一个"首相"指导内阁。第一个被公认为"首相"(相当于内阁主席职位)的是罗伯特·沃波尔爵士,他是一个伟大的辉格党政治家,自 1721 年到 1742 年主持了乔治一世和乔治二世的内阁。

小　结　在西班牙诸王的属地尼德兰境内,在 1566 年或前后,开始了一场长期的、可怕的、但是成功的反抗专制政体的战斗。起初是全体尼德兰人,后来是北方的荷兰诸省,与西班牙暴政进行了斗争,他们时常得到英国的帮助。1588 年西班牙进攻英国的舰队被击溃了,西班牙的海上权力被摧毁了,不仅英国船舶,荷兰船舶也能做更广泛更赢利的生意。1609 年,荷兰独立实际上获得了保证,1648 年在威斯特伐利亚和约中又被普遍承认。虽然荷兰人没有立即实现民主政治,或得到充分的宗教宽容的保证,但他们确实赢得了自由,同时给"君权神授"说以有效的打击。

15、16 世纪在英国像在欧洲其他地方一样兴起的专制政体,到了 17 世纪时,由于清教徒革命和"光荣革命"的结果而衰落且几乎消失了。16 世纪时,英国像在中世纪那样,再次拥有了一个君主立宪制,不但如此,它还拥有了近代政党制和一个基本上是近代内阁制的议会。

在荷兰和英国,宗教上的不宽容是起义的一个原因,但结果是得到的公民自由比宗教自由要多得多。

第 28 章　大陆上专制政体的盛行

28.1 法国的波旁王朝

专制政体在法国和在英国差不多同时发展起来，但它在法国比在英国持续得更长久。确实，当17世纪英国的专制政体被清教徒革命所攻击，并被"光荣革命"摧毁时，法国的专制政体却正在路易十四的统治下臻于鼎盛。

波旁王朝的强固统治　法国人之所以比英国人更长久地接受专制政体，有几个原因。(1)和英国的斯图亚特家族相比，17世纪统治法国的波旁家族有一些比英国能干得多的国王和大臣。1598年颁布南特敕令的亨利四世是一个强有力的、众望所归的领袖，他做了很多工作来治愈宗教战争的创伤和增进国家的繁荣。他的儿子路易十三(1610—1643年)本人虽较软弱，却有红衣主教黎世留这个能干的助手。路易十四(1643—1715年)继位时还是一个孩子，但在他童年和青年时代，另一个伟大的首相，红衣主教马扎然，干练地继续执行了黎世留的政策。

(2)在法国，一些可能反对专制政体的力量被遏制了。与英国议会相当的三级会议，从1614年以后有175年之久一直被忽视，并不许召开。贵族们的防御堡垒被摧毁了，无法反抗国王。宗教上的反对者(胡格诺派)自1598年至1685年间得到了宗教宽容和公民权利。中等阶级在英国是反对国王的，在法国却是支持国王的。

"大君主"　1661年路易十四成年，就把法国政府掌握在自己手里。他担任一个能干的、受人奉承的专制君主达54年之久。路易十四仪表庄严，衣着考究，举止谈吐温文尔雅，是"君权神授"君主制的光辉模范。他很喜欢别人称他为"大君主"，事实上他也确实如此。法国贵族们麇集于他辉煌的宫廷。外国君主们竭力仿效他的样式，都没有成功。法国人民除了赞美他的光荣,把他的权力引为骄傲之外,还能做些什么呢?

路易十四统治下的艺术和文学　文学家和其他各种艺术人士都渴望沐浴于国王的阳光之下,希望从他们这位挥霍无度的赞助者那里得到薪俸和称赞。这是法国文学和艺术的“古典时代”、“黄金时代”。除了战争和外交方面以外,在一切有关文化方面,路易的宫廷也是世界的中心,是全欧洲妒忌和羡慕的对象。

但是,路易十四活着不是单纯为了享乐和赞扬。他说:“一个人要以工作来统治,并为了工作而统治。”他自己辛勤工作,也要求他的大臣们工作,他亲自挑选能干的大臣。

财政总监柯尔贝尔　在选择顾问和助手上,尤其是在任命柯尔贝尔为财政总监这件事上,路易十四是特别幸运的。不像当时大多数大政治家那样,柯尔贝尔既不是贵族,也不是教士。他是一个商人的儿子,他自己就是一个精明的商人。

柯尔贝尔改革了法国的财政。他用撤革贪官的办法增加了国王的收入,同时他降低了对土地征收的直接税,以减轻农民的负担。

柯尔贝尔促进工业,扶助商业,奖励发明者,给创办新企业的商人以补贴,从外国聘请熟练技工到法国来,禁止本国技工离开法国。17个假日被取消了,以便有更多的时间来工作。

贸易和殖民地　柯尔贝尔相信,为了使法国富足,它必须向国外卖出比买进更多的货物。因此他试图鼓励出口,抑制进口。例如,他对在本国造船的法国人都给以“补贴”,而对从外国买进的船只则课以赋税。为了在印度、非洲和美洲建立法国殖民地,他对殖民公司批予了特许证,甚至给予大量金钱。

为了促进国内的贸易,柯尔贝尔开凿运河,整修道路,并试图取消对货物从法国一省运往另一省时所征收的过境税和货物税。他建造了一支强大的法国海军,使法国成为一个海上强国。他还创立了种种学院以鼓励科学、建筑和音乐。他

图28-1　路易十四在日常生活中极尽豪华。他对起床、进餐、就寝等都规定了一套十分繁琐的仪式,非常考究。比如起床时,伺候人得六进国王起居室,每趟工作都不相同;当国王要脱掉长睡衣时,有个专职的侍从得在特定的时刻提住睡衣的右袖

虽身兼许多公职,但对自己的私业也经营得很好,当他在职近 20 年于 1683 年逝世时,留下了一笔巨大的私人财富。

路易十四时专制政体的缺点　尽管有了路易十四显赫一时的宫廷和柯尔贝尔确实优异的政绩,法国的专制政体也难以持久不变。它过分地依赖于国王的意志,依赖一个人一时的任性。如果专制君主总是能干、聪明和善良,他的家长作风会使他的臣民软弱下去——他们将丧失进取精神和责任感。即使专制君主们有很大的才能,也不总是明智和善良的。路易十四就做过一些很不明智的事——很多人认为那些事是不公正和邪恶的。

南特敕令的废止　路易十四所做的一件愚蠢的事就是在柯尔贝尔死后不久,他的御笔一挥,就剥夺了他的许多臣民崇拜自由的权利。胡格诺教徒在法国人民中形成了一个人数不多但很重要的少数,亨利四世在 1598 年颁发的南特敕令曾给他们以他们所珍视的权利。这个敕令曾使法国保持了将近一个世纪的宗教和平,却被路易十四在 1685 年悍然取消了。

由于这一敕令的废止,不明智的专制政治使法国失去了它在宗教宽容事业中的领导地位,同时也破坏了柯尔贝尔为法国经济福利所做过的许多工作。30 万或更多的胡格诺教徒,很快地发现他们被剥夺了特权,不能自由崇拜,纷纷逃到英国、荷兰和普鲁士定居。有一些来到美洲的英属殖民地。留在欧洲的那些则参加了敌视路易十四的国家的军队。

因为胡格诺派信徒多半是中等阶级、商人和熟练技工,他们移居国外对法国的繁荣是一个沉重的打击。

侵略战争　路易十四所做的另一件不明智的事,是在征服战争中浪费金钱和牺牲人民的性命。在他统治的大部分时间,他年复一年地这样做。他维持了一支 30 万至 40 万人的常备军,超过当时任何其他国家。他的军政大臣卢瓦是个天才的组织者;他的总工程师沃邦是建筑和围攻要塞的奇才;在他的许许多多精干将领中,有随时可以担任指挥的司令官。他赢得了很高的声望,给他的竞争者造成了数不清的苦恼,但是最后却使法国陷于民穷财尽,疲惫不堪。

关于路易十四的战争将在下面简述其对外政策时加以列举。

路易十四的对外政策　他的对外政策有三个主要目标:

(1)确保法国的自然边疆。他想扩大法国的疆域,使法国有像古罗马帝国时的高卢人那样广大的领土,像高卢人一样,将法国扩展到比利牛斯山及阿尔卑斯山、地中海、大西洋和莱茵河这些"自然"边疆。

(2)增加波旁王朝的影响和权力。作为波旁王朝的首脑,路易十四要为其家族的其他成员——为了他的子孙,获得财富、职位甚至王位。他不惜在外交和战争中,利用法国来达到其家族的目的。

（3）削弱在欧洲与他竞争的主要家族哈布斯堡王朝。哈布斯堡家族在几世纪以前就崭露头角，成为奥地利的统治者（大公），以后又成为神圣罗马皇帝。路易十四在 1643 年成为法王时,哈布斯堡家族的一支统治着西班牙、意大利的一部分、西属尼德兰（比利时）、法兰斯孔德（今法国东部）和美洲的西属殖民地。另一个哈布斯堡统治者,西班牙国王的近亲,是奥地利大公、匈牙利国王、波希米亚（捷克）国王和神圣罗马帝国的皇帝。法国被哈布斯堡家族所包围。路易不喜欢强大的邻国,对哈布斯堡王朝尤为妒忌。针对他们,他指导了对外政策。

路易十四的战争 （1）三十年战争。当路易十四继位时, 法国已在狡猾的黎世留时加入了三十年战争（1618—1648 年）,站在德国新教徒、瑞典和荷兰一边,与奥地利和西班牙的哈布斯堡王朝对抗。根据 1648 年的威斯特伐利亚和约, 法国得到了莱茵

图 28-2　路易十四建立的凡尔赛宫, 在当时便已成为全法国乃至全欧洲向往的所在, 法国的思想文化便是由此向各地扩散。其中最奢华的部分是镜厅, 为国王接见各国使节所专用。普法战争后, 法国战败, 德国在此宣布成立德意志帝国。第一次世界大战后, 德国成为战败国, 法国代表指定在此签订和约, 即凡尔赛和约

河以西阿尔萨斯的大部分; 又根据 1659 年的条约, 法国在北方和南方得到了另一些土地,这样使法国的边界沿着比利牛斯山向比利时伸展。根据 1659 年的和约,年仅 21 岁的路易十四和哈布斯堡家族的西班牙国王的长女结了婚。

（2）争夺西属尼德兰之战。当西班牙的哈布斯堡家族的国王在 1665 年逝世时,路易十四提出了他将继承西属尼德兰（比利时）的要求。由此引起 1667 年到 1668 年的战争,直至英国、荷兰、瑞典出来援救西班牙以前,法军一直获胜。虽然如此,西班牙还是把包括里尔城在内的比利时南部让给了法国。

（3）对荷战争。1672 年路易攻进了荷兰——他因为荷兰曾帮助保卫比利时来对抗他而感到愤怒,同时他为了使法国扩张到莱茵河,也渴望得到荷兰的领土。此外,荷兰是法国在商业上的激烈竞争者。在这场战争中,两支哈布斯堡王族都帮助了荷兰。经过 6 年的战争,订立了和约,规定荷兰保持它的领土和独立,但西班牙的哈布斯堡家族把法兰斯孔

德割让给法国。

（4）斯特拉斯堡和卢森堡。1681 年路易提出了对斯特拉斯堡的要求（那是神圣罗马帝国在阿尔萨斯的一个自由市），并派军队占领了该城。同样的，1684 年，他占据了卢森堡及一些其他德国城镇。

（5）帕拉提纳特之战。1688 年路易为了获得有价值的领土并削弱哈布斯堡王朝，入侵莱茵河的富饶的帕拉提纳特。哈布斯堡王朝得到了瑞典和其他国家的援助，1689 年英国、荷兰也参加战争反对路易。经过 9 年的战争，他被迫放弃了对帕拉提纳特的要求，并将除斯特拉斯堡外自 1680 年以来侵占的大部分城镇交回了。

（6）西班牙王位继承战。1701 年路易认为他得到了一个贬低哈布斯堡王朝，提高波旁王朝，并将法国边界推向莱茵河的机会。那时西班牙最后一个哈布斯堡家族的国王逝世了，他立下遗嘱把西班牙给了路易十四的一个孙子！路易极为高兴，高呼"比利牛斯山再也不存在了！"他的意思是西班牙将合并于法国。但是奥地利的哈布斯堡王朝拼命地拒绝。接着是一连 12 年的激烈战争。路易虽拥有法国和西班牙的军队，但是几乎欧洲所有其他国家都反对他。他们不愿路易变得比目前更加强大。

1713 年和约订立，规定路易可以让他的孙子继承西班牙王位，但必须严守法国和西班牙永远不得合并的条件。路易没有为法国得到什么东西。实际上他却把法国在美洲的一些殖民地丢给了英国。

路易十四多次战争的影响　这位"大君主"在他的多次战争中只取得了部分的胜利。通过让他的孙子继承西班牙王位，他确实削弱了哈布斯堡王朝。由于并吞了阿尔萨斯、阿图瓦、弗兰德一部分和法兰斯孔德，他扩大了法国的疆域。通过征服德属阿尔萨斯，他撒下了法德世仇的种子。他把法国的力量花费在欧洲的小小征服上，使他牺牲了建立殖民地和发展商业的机会。他在那些不必要的战争和炫耀的宫廷上浪费的金钱，使法国负上了债务和赋税的重担。饥馑、瘟疫总是和战争携手同来。他的专制统治招致了一个来得太快的恐怖统治。

路易十四之死　路易看到他的极大错误时已经太晚了。在临终前，这个年老的专制君主对继承者说："不要效法我对于营造和战争的爱好，而要努力工作来减轻我的人民的痛苦。"他于 1715 年逝世，在位 72 年，是历史上最长的一个。但是他的光荣在他死前已经消逝。他使他的人民遭受如此深重的苦难，以至当他的尸体运过街道时，喧闹的人群以诅咒作为敬礼，以痛饮来庆祝他的死亡。

法国专制政体的衰亡　路易十四的继承者路易十五（1715—1774 年）禀性懒惰、骄奢，虽有能干的大臣也无济于事。法国已被怠惰的宫廷和频繁的战争损耗殆尽。虽然波旁王朝的荣誉还是追求的主要对象，但法国的专制政体到 18 世纪已在腐朽之中。到了路易十五的继承者时,波旁王朝在一场大革命中达到了一个悲剧的结局。

28.2 普鲁士的霍亨索伦王朝

普鲁士的兴起　普鲁士与俄罗斯都是在 18 世纪时成为强权的两个年轻的欧洲国家。普鲁士最初并不是德意志的一个邦,在中世纪时被条顿骑士团殖民化和日耳曼化。后来成为公国,1618 年由霍亨索伦家族的一个亲王所继承, 这亲王也统治着德意志的勃兰登堡邦。这样,勃兰登堡和普鲁士在霍亨索伦王朝的统治下联合起来了,霍亨索伦王朝变得非常强大。

大选帝侯　自 1640 年到 1688 年间,霍亨索伦的统治者弗里德里希·威廉削弱了哈布斯堡王朝,扩大了他的领土,并建立起他的军队。他是七个选举皇帝的王侯之一,由于他是如此地有影响,故有"大选帝侯"之称。

正如英国的斯图亚特王朝和法国的波旁王朝一样,大选帝侯也是君主专制政体的坚信者。当他继位时,他的国家是个立宪政体,议会或称国会(Diet)对制定法律有发言权,但是他把这些都改变了,因此当他逝世时,留给他的继承者的是一个绝对的"君权神授"的君主国。

王国的创立　18 世纪初,大选帝侯的儿子和继承者弗里德里希一世,是勃兰登堡侯爵兼普鲁士公爵,他从哈布斯堡皇帝那里获得了自称普鲁士国王的权利(1701 年)。因此"普鲁士王国"这个名称适用于霍亨索伦王朝所统治的全部土地,此后勃兰登堡这个名字就不再使用了。

国王弗里德里希·威廉一世　从 1713 年到 1740 年在位的国王弗里德里希·威廉一世,是弗里德里希一世的儿子和大选帝侯弗里德里希·威廉的孙子。他是一个机警而又热诚的专制君主, 他尽力强迫他的所有臣民都去工作, 并以他的军队而自豪。他把普鲁士变成一个彻底的军事国家。弗里德里希·威廉一世统治下的普鲁士, 在面积和人口上居欧洲诸国中第十二位, 而其军事力量却占了第四位。8.5 万人的常备军消耗了国家收入的七分之五。此外,

图 28-3　弗里德里希大帝

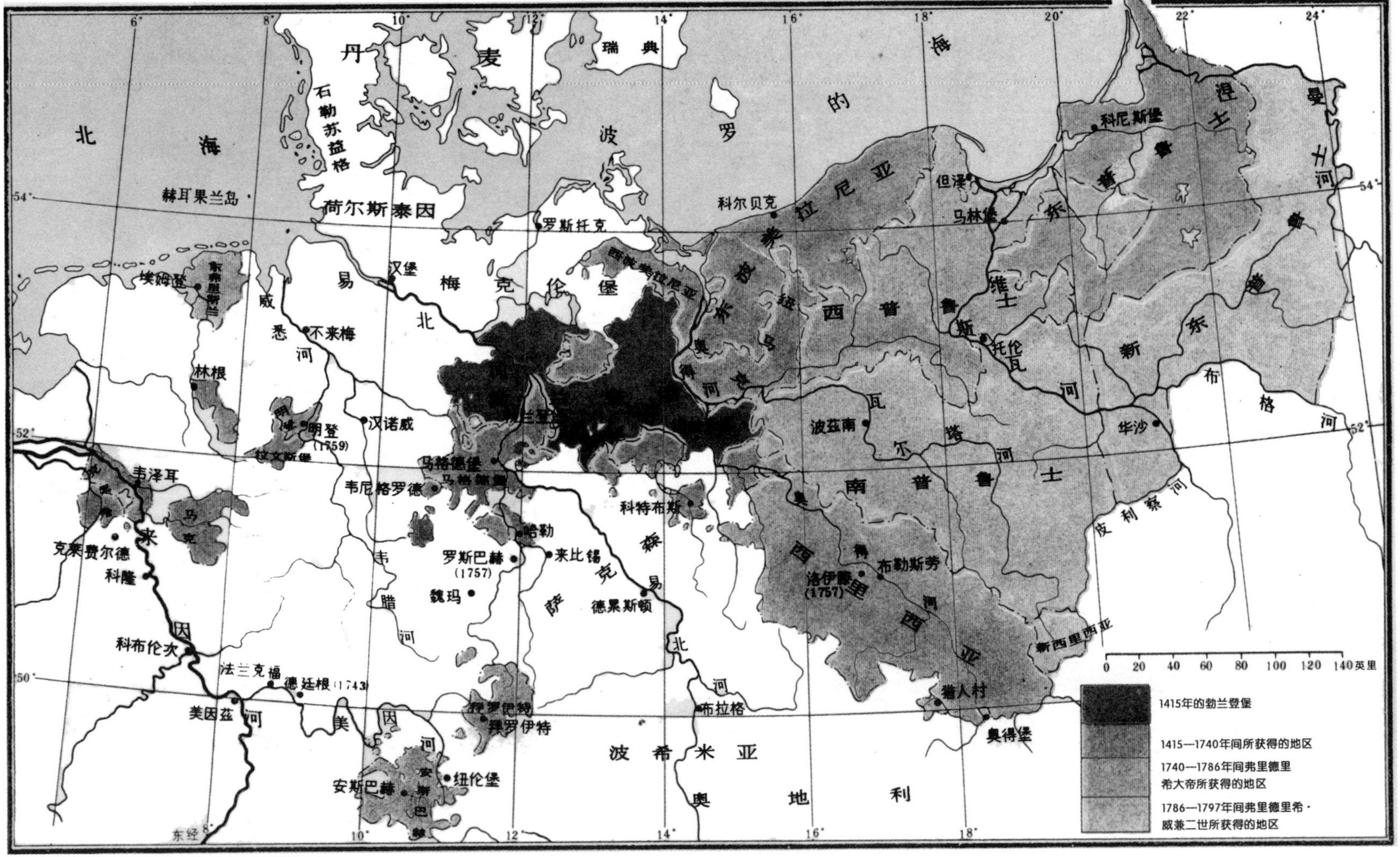

地图 28.1 普鲁士的扩大,讫 1797 年

主要是为了军事目的,国王在普鲁士推行了强迫教育。他相信一个国家越繁荣,就越能维持更大的军队。

国王弗里德里希·威廉一世把他的军队更多地用来恫吓邻国,而较少利用于战争。他同样地利用外交和战争,使普鲁士得到了瑞典波罗的海以南的某些领土。到他的儿子和继承者弗里德里希二世时,才充分运用了普鲁士军队和普鲁士专制政体。史称弗里德里希二世为弗里德里希大帝。

弗里德里希大帝　从 1740 年到 1786 年在位的普鲁士国王弗里德里希大帝,是霍亨索伦王朝最伟大的国王。他身材较矮,但有一双明亮的蓝眼睛和一个狭长的鼻子。他在年轻时被认为很不像一个国王,因为他显得爱好诗歌、音乐和舞蹈。他曾接受其严父的严格训练。但在他全部统治期间他却是个"十足的国王"——他通过战争和征服来追求名望和荣耀,并表现出要做一个专制君主的强烈愿望。

弗里德里希的征服　弗里德里希大帝利用他庞大精练的军队和他的父亲留给他的充实国库,一登上王位,就从哈布斯堡王朝属地年轻的女继承人玛丽亚·特蕾莎手中,夺取了德意志富饶而人口众多的西里西亚省。为了保住西里西亚,弗里德里希不得不打两场长期的、可怕的战争,即奥地利王位继承战(1740—1748 年)和七年战争(1756—1763 年)。许多其他强国都帮助奥地利来反对他,但是弗里德里希是一个军事天才;他在极端不利的情况下,多次打了胜仗;普鲁士保住了西里西亚。

几次世界性的战争　以上所说的几次战争实际上是世界性的战争。在北美洲,这些战争主要是英法间的竞争,在美国历史上被称为乔治国王之战及对法国人和印第安人的战争。

第一次瓜分波兰　以后,弗里德里希·威廉联合了俄国的叶卡捷琳娜二世和奥地利的玛丽亚·特蕾莎共同瓜分波兰。1772 年他们各自夺占了那个不幸国家的一部分。由于这次瓜分及征服了西里西亚,弗里德里希扩充了普鲁士的疆域,并保证了普鲁士作为一个强国,具有和奥地利、俄罗斯、法国和英国同等的地位。

"开明专制君主"弗里德里希　18 世纪后半叶,几乎所有欧洲大陆的君主都是专制的、暴虐的,但其中也有一些是精干的、为臣民谋求福利的,因此被称为"开明专制君主"。弗里德里希大帝就是一个"开明专制君主"。他不但对哲学、文学有兴趣,还把自己看作"国家的第一公仆"。他写道:"人民并不是为了统治者而存在,而统治者却是为了人民而存在。"他尽力工作,每天早晨 6 时以前起床,专心致力于公务。

他为人民的福利做了许多事情。(1)他让许多能干忠诚的人担任公职;(2)他对普鲁士的经济福利,尤其是农业,做了很多事情;(3)他编成了一部最新法典;(4)他允许宗教自由;(5)他促进了教育和科学。

28.3 俄国的罗曼诺夫王朝

当西班牙、荷兰、瑞典和波兰的权力走向衰落时,普鲁士和俄罗斯正在兴起。在法国路易十四炫耀于世界,大选帝侯和他的儿子为普鲁士打下深厚基础的同时,罗曼诺夫王朝一个名叫彼得的青年,正在北方建立强大的俄国。他就是从 1682 年到 1725 年在位的俄国沙皇彼得一世。他的建国工作做得那样长久那样好,因而历史上称他为彼得大帝。

彼得大帝   1682 年当彼得就位沙皇时——正是威廉·佩恩在筹建费城,罗伯特·拉萨尔到达密西西比河口的那一年——他发现俄国土地辽阔,但是贫穷落后,居民稀疏,与西欧很少接触。由于它在波罗的海和黑海都没有出口,因而也没有多少贸易。俄国的人民与其说像欧洲人,倒不如说是更像亚洲人。

彼得本人在很大程度上像个蛮族:性情暴躁、残忍,衣着举止都很粗俗,并且相当爱喝酒。但是他有头脑,有坚强的意志、敏锐的好奇心和不懈的精力。年青时他就有造船的爱好,为了学习造船和其他方面的事物,他在荷兰、英国及其他西欧国家广泛旅行。这使他逐渐确信"欧化"俄国的必要。他在位期间专心致志地把西欧的习俗风尚引进俄国,并使他自己和继承者成为专制君主。这两个目的他都达到了。

建立专制政体   彼得抓住一切机会来增强他的权威,并使自己成为一个绝对的专制君主。他庄严地宣称:"沙皇是至上的、专制的;他不对世界上任何人负责。"没有一个斯图亚特或波旁的国王能够提出比这更多的要求,而在使这种要求付诸实现时,也没有一个能够比他施展出更为冷酷无情的手段。

军 队   以前的沙皇不能经常依靠封建军队,甚至他们的卫队的忠诚。当彼得在外旅行时,他得到消息说他的卫队不听他的命令,并策划废黜他。狂怒之下,他立即赶回莫斯科给了卫队一个教训。一些人受鞭笞;2000 人被缢死或碎磔;5000 人被杀头。他建立起一支 20 万人的新军队代替了旧的封建军队,这支新军队是为了完全听从他的命令而遴选的。有了一支忠诚的军队,彼得的愿望便可以贯彻执行了。

教 会   专制政体的另一个障碍曾经是俄罗斯的正教教会。大约一个世纪以前,俄罗斯正教教会脱离了君士坦丁堡的大教长而独立,它在莫斯科有自己的大教长。俄国教会对人民有如此大的影响,以致彼得不愿再对它听之任之。他取消了大教长之职,将教会置于一个委员会,一个由他管辖的"神圣宗教会议"之下。结果俄国的教会就成了沙皇的忠实支持者。

政 府   当然,彼得不仅把专制政治带到俄国军队和教会中,也把专制政体带到文官政府中。他取消了中世纪式的议会杜马,另行创立了一个小的由他任命的参政院来代替它。他还创立了秘密警察来监视反对他及他的代理人的阴谋。他还把全国的地方官吏更彻底地置于他的控制之下。

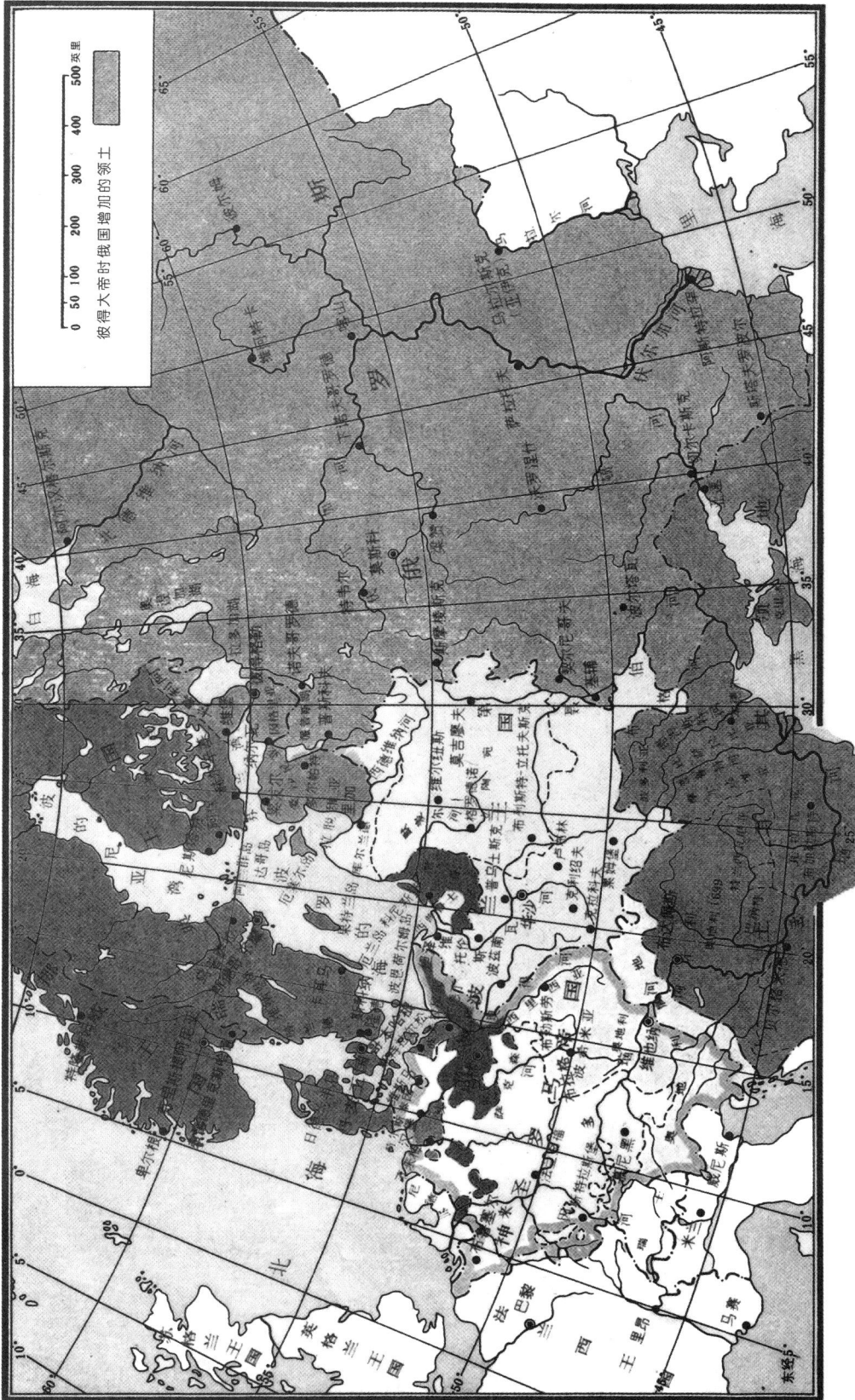

地图 28.2　彼得大帝时的北欧和东欧

彼得大帝时俄国增加的领土

0　50　100　200　300　400　500 英里

欧化俄国   彼得下定决心使他的臣民看去更像欧洲人而不像亚洲人。例如,他严肃地把俄国的主要人物集中起来,亲手把他们的长须和浓密的短髭剪掉;谁要坚持留须就课以重罚。其次,他下令取消东方式的长袍,代之以英国或德国式的短衣长裤,并强迫他的朝臣模仿法国宫廷的风尚。不管爱好与否,俄国贵族必须学会吸烟。贵妇们更是不得再仿效土耳其回避男宾的风尚,而是要求她们参与宫廷的祝宴。

科学和教育   彼得创办的学校为数不多,主要是培养工程师、航海者和陆军军官,但这些学校将西方科学和教育引进了俄国。彼得从国外聘来了熟练技工,在制造陆海军军需品中推动了俄国的工业。

"通向西方的窗口"   正如我们已经看到的,彼得继承下来的俄国几乎与公海割绝。的确,它在里海和白海有出口,但前者只是个内湖,后者在一年的大部分时间被冰雪封冻。彼得深知,假如俄国想要"欧化"并变得繁荣,它就必须发展同西欧的贸易——需要在黑海和波罗的海获得港口。他称这种港口为"通向西方的窗口"。

那时候,瑞典控制着波罗的海,土耳其包围了黑海。

图 28-4　彼得大帝

为"窗口"而战   彼得知道他的野心意味着战争,但是他毫不犹疑。他和波兰、丹麦联合起来攻打瑞典。年轻的瑞典国王查理十二梦想欲狂地要与亚历山大大帝相比,在与彼得交战之初,他获得了惊人的胜利。但彼得严酷地坚持了下来,10 年之后,1709 年,在波尔塔瓦战役中决定性地打败了查理。瑞典将波罗的海沿岸大片土地割让给了俄国。

这样,彼得打开了一个"通向西方的窗口",而且是个大的窗口;但在对抗土耳其上,他没有什么进展。

一座新城市   彼得立即在他从瑞典夺取的诸省之一——在芬兰湾头的涅瓦河上,建立了一个新城市。它被命名为圣彼得堡,后称"彼得格勒",再后又改称"列宁格勒"。彼得把它作为主要商港,并定为俄国首都。经过它,西方思想输入了俄国;由于它,人们断定俄国正在变为一个强国。

叶卡捷琳娜女皇　彼得在俄国所开创的事业被他的继承人之一，从 1762 年到 1796 年在位的叶卡捷琳娜二世干练地继续下去了。这个女人很粗鲁、不道德而且残忍,但是很有才干,以致历史上称她为叶卡捷琳娜女皇。像彼得那样,她是一个绝对的专制君主,统治着军队、教会和文官政府。她为俄国打开了另外一些"窗口"。她打败了土耳其人,迫使他们在 1774 年将黑海北岸割让给她。我们在前面已经看到,1772 年她曾夺取了波兰的一部分。1793 年她掠夺到这个不幸的国家的第二块土地,1795 年,在她逝世的前一年,她又得到了第三块土地。这样,波兰作为一个独立的国家就从欧洲地图上抹掉了。

28.4 奥地利的哈布斯堡王朝

在各种君主专制王朝的例子中,哈布斯堡王朝是其中最显著的。我们记得哈布斯堡王朝的鲁道夫在 1273 年被选为神圣罗马皇帝,同时自封为奥地利大公。他通常被称为鲁道夫一世,是哈布斯堡王室雄厚权力的真正创建者。从 1438 年到 1806 年,神圣罗马帝国的皇帝中除了两个以外,全都是哈布斯堡王室的。

西班牙的查理五世和菲利普二世都是哈布斯堡王室的人——都是专制君主。我们已经看到,他们在尼德兰的暴政如何在那里引起了革命,也看到荷兰人如何经过了长期的艰苦斗争,最后赢得了自由。哈布斯堡王室占有了或宣称有权占有许多国家,但他们主要被认为是奥地利的统治者,他们在奥地利自鲁道夫起直至最近时期都是世袭的大公。

奥地利的马克西米利安　15 世纪后半叶,哈布斯堡家族的首脑是马克西米利安,他是一个典型的专制君主,同时也是一个最有野心和具有才干的亲王。他不但是奥地利的大公和神圣罗马皇帝,还利用外交、婚姻和战争,将欧洲最复杂的民族和最广阔的土地置于他的家族的支配之下。他自己娶了勃艮第公爵的女继承人为妻,虽然法王路易十一把勃艮第公国变成法国的一部分, 但马克西米利安却通过他的妻子取得该公国中较好的一份。这样马克西米利安就获得了富饶而繁荣的尼德兰地域——荷兰和比利时。

以后马克西米利安通过商谈,使其独生子娶西班牙的斐迪南和伊莎贝拉的女儿和女继承人乔安娜为妻;这一婚姻产生了两个儿子,查理和斐迪南,都是 16 世纪有名的人物。

查理和斐迪南　查理号称查理五世,继承了尼德兰、西班牙、西西里和意大利南部;以后他凭选举获得了神圣罗马帝国的皇冠,并靠征战侵占了意大利北部的米兰公国。我们还记得,查理五世在新教起义时正做着皇帝。斐迪南继承了奥地利,通过婚姻和战争吞并了波希米亚和匈牙利两个王国,以后又继承查理做了神圣罗马皇帝。

专制政体和战争　那么多不同的国家都联合在一个家族(哈布斯堡)手里,这在欧洲其他皇族中引起了惊慌,尤其是在法国,它几乎被查理五世和其子菲利普二世的属地所包围。这种恐惧和抗衡一直持续到 18 世纪之末,给欧洲带来了多次战争。16、17 世纪时,法国和哈布斯堡王朝间的斗争同困扰欧洲的几次宗教战争纠缠在一起了。

我们已经看到,在 16 世纪后半叶,西班牙的哈布斯堡一支的权力,由于荷属尼德兰起义的成功,受到了一次严重的打击。到了 17 世纪中叶,哈布斯堡王朝的权力日趋衰落。西班牙的一支,自 1519 年至 1598 年曾因查理五世和菲利普二世的统治而声名鹊起,但到了 1700 年这支家族绝灭了。奥地利的哈布斯堡由于 1740 年查理六世之死,男嗣也绝了。

玛丽亚·特蕾莎　查理六世逝世前,以真正的专制方式颁发了"国本诏书",坚决宣称他的女儿玛丽亚·特蕾莎有继他为王的权利。他也采取了预防措施,使欧洲大多数列强同意他的女儿应当继承奥地利王位。后来她确实做了女王,并统治了 40 年之久,但一开始,她就必须与另一暴君作战。我们已经看到,普鲁士的弗里德里希侵占了西里西亚——他认为一个 23 岁的女孩没有什么可怕的。法国和西班牙帮助了他,但是玛丽亚的绝大多数人民,尤其是匈牙利人,勇敢地集合在她的周围,她也显示出了意外的才能。此外,荷兰、

图 28-5　特蕾莎在她 40 年的统治生涯中,证明了她是哈布斯堡家族一个很有能力的统治者。同时,她也是一个大家庭的母亲,在当时上流社会对家庭道德漠不关心的情况下,她却在此方面树立了一个楷模

英国渴望乘机以牺牲法国和西班牙来赢得商业和殖民地,因而都站在玛丽亚一边参加战争。她保住了王位,除了西里西亚割让给普鲁士的弗里德里希之外,还保住了她所继承的全部土地。这就是 1740 年到 1748 年的奥地利王位继承战。

她的儿女们　玛丽亚·特蕾莎与洛林的弗兰西斯结婚,他们的后裔继续统治着奥地利,直到 1918 年第一次世界大战结束。她的两个儿子,约瑟夫和列奥波特,是 1765 年到 1792 年间的神圣罗马皇帝。她 15 个子女中的一个,玛丽·安东瓦内特,那个有名而不幸的法国王后,和她的丈夫路易十六都在大革命中死去。玛丽亚的一个曾孙女玛丽亚·路易莎是拿破仑·波拿巴的妻子。另一个曾孙女是巴西佩德罗一世的妻子;还有一个玄孙是墨西哥马克西米利安一世。

因此,在奥地利和在其他一些国家中,哈布斯堡家族维持着皇室的和专制政体的传统达数代之久。

28.5　商业上的和家族间的世仇

尽管荷兰和英国都给予了专制政体以成功的袭击,但在欧洲大陆大多数国家中,专制政体依然盛行。1650 年至 1750 年之间,法国的波旁王朝、普鲁士的霍亨索伦王朝、俄国的罗曼诺夫王朝和奥地利的哈布斯堡王朝,都以"君权神授"为他们要求的根据,崛起而成为不可一世的强国。同时他们都竭力牺牲与他们有同等野心的邻国来扩大自己的疆域,增加自己的威望。事实上,欧洲专制君主们的商业上和家族间的世仇,在 1750 年以后又持续了很久。

我们已经看到,在上述的几个君主专制强国和其他国家之间常有剧烈的战争。关于这些战争,至少四个原因是容易找出的:(1)家族的自豪和威望;(2)想要在欧洲得到土地和商业利益;(3)想要在欧洲以外得到殖民地和通商;(4)宗教上多少有些敌意,如在新教徒和天主教徒之间。

最后提到的一个原因,在 16、17 世纪以后不像前几个原因那么突出。18 世纪时,商业上的和家族间的世仇(战争)达到了顶峰。

远及四方的战场　那些以欧洲专制君主们的名义进行的商业上的和家族间的战争,那些国际间的和殖民地间的战争,当然不局限在欧洲以内。战争延伸到任何一个强国所属的土地、贸易站或殖民地,也延伸到任何一个强国的军舰和另一国的军舰或商船相遇的海上。就像已经指出的那样,奥地利王位继承战和七年战争就是两次这样的战争,实际上已是世界性战争。

1689 年欧洲的殖民地　到了 1689 年,西班牙在南美、中美、墨西哥、佛罗里达、西印度群岛和菲律宾群岛都已拥有了巩固的殖民地。葡萄牙占据了巴西和非洲,以及印度沿岸的一些贸易站。荷兰控制了东印度,并在南非和西印度群岛拥有了殖民地。英国在北美沿着大西洋海岸,从马萨诸塞州至南卡罗来纳州有了一连串殖民地,在印度和西印度群岛则有一些贸易站。法国则正在加拿大和美洲的密西西比河流域进行殖民,并在印度建立了贸易站。

为什么重视殖民地　　国王和政治家们要拥有殖民地,为的是要得到更多的领土,使他们得以统治更广大的疆域。另一个为什么要得到殖民地的原因——至少在某些情况之下——是宗教。一个虔诚的君主认为把不信神的人的地区置于基督教统治之下是一种特权和义务。西班牙、葡萄牙和法国的国王认为这是重要的,英国国王则只在某种程度上有这种想法。另外,当一个国王看到他的许多邻国径自取得殖民地时,他当然也有一种要追随他们榜样的冲动。但是殖民地被重视的主要原因是相信通过赋税和贸易,殖民地将会给母国增加财富和权力。

殖民地和商业　　正如当时一般的公民是被用来增加国家的财富一样,一个殖民地主要被看作是使母国致富的一种手段。例如,西班牙从它的殖民地可以得到黄金和白银。英国从它的北美殖民地能得到皮毛、鱼类、木材、棉花、大麻、烟草和它所需要的其他供应物品,以交换它需要出售的制成品。每个君主专制国都企图垄断自己殖民地的贸易。于是西班牙下令只有西班牙人可以与西班牙殖民地通商,而英国早自 1645 年起即通过了各种航海条例,其中规定运往或产自英国殖民地的货物只能用英国船运载。

就像我们已经看到的,西班牙可以从它的殖民地得到真正的黄金和白银。其他强国的殖民地虽没有丰富的矿产,但至少可向母国提供贵重的原材料,或提供可卖得金银的商品。所有这些——金、银和其他可以换取金、银的货物——通常是通过贸易从殖民地获得的,也就是说,不必用金或银来支付。

金和银　　在那些年月里,所有经济进步都是以金、银来衡量的。换句话说,金、银被看成是真实财产的唯一形式。这种见解现在看来是没有根据的,但在很长时期里却广为人们所深信,欧洲列强的政治经济政策,就是按照这个重商主义理论予以调整的。

重商主义　　重商主义或重商的理论认为,追求贸易顺差高于一切,即出口要超过进口。靠卖多买少,一个国家将不断地增加金、银的储存。殖民地和商业被认为是确保这种贸易差额所必需。正如一个英国作家所说的:"增加我们财富和库收的方法是对外贸易,在这一点上,我们必须永远遵守这一法则:在价值上,向外人卖出的要多于我们消费他们的。"

战争的一个原因　　广泛采取重商理论意味着战争;因为一个强国要能和另一个强国的殖民地自由贸易的唯一方法是去征服这些殖民地,或是强迫其宗主国改变贸易法令。大约自 1689 年起,就开始了一系列大规模的战争,这些战争持续了 18 世纪的大部分时期,并决定了各大洲的命运。在这些战争中,大多是专制的法国和西班牙一致对抗非专制的英国和荷兰。

帕拉提纳特之战 我们已经讲过1688年到1697年的帕拉提纳特战役,在这场战争中法王路易十四想要挫败哈布斯堡王朝,并侵占莱茵河上富庶的帕拉提纳特区域。我们也知道,1689年英国和荷兰是如何地参加了反对路易的战争。当战争在欧洲进行时,英国和法国在美洲的殖民地之间也在进行着战斗。因为奥伦治的威廉(不是缄默者威廉)是英国国王,因此帕拉提纳特之战在美洲称为威廉国王之战。

西班牙王位继承战 自1701年到1713年,当路易十四让他的孙子在西班牙登上王位,企图将西班牙合并于法国时,英国和荷兰再次与法国(和西班牙)作战。英国在公海上和在美洲得到了显著的利益:(1)法国将阿卡迪亚殖民地割让给英国,英国将它改名为新斯科舍;(2)法国承认了英国对纽芬兰和哈得孙湾周围地区的要求;(3)西班牙割让地中海的米诺卡岛以及地中海西部入口处的一个大要塞和海军基地直布罗陀给英国;(4)西班牙允许英国与西属美洲殖民地进行有限的贸易。

因为在1701年至1713年的西班牙王位继承战期间,安妮是英国的女王,所以美洲殖民地称其为安妮女王之战。

奥地利王位继承战 我们知道,1740年奥地利的哈布斯堡王朝的国王查理六世逝世后,其女玛丽亚·特蕾莎继位;有些人对这一继承表示质疑,加上普鲁士王弗里德里希二世对西里西亚的贪心,招致了1740年至1748年的奥地利王位继承战。英国和荷兰都是弗里德里希的同盟者,再次站在反对法国和西班牙的一边,不久世界上就燃起了熊熊的战火。和在欧洲一样,这几个强国在美洲、印度和海上遭遇而冲突起来。这场战争是毁灭性的,却不是决定性的。1748年的条约规定弗里德里希保留了西里西亚,但玛丽亚也保有了其他一切哈布斯堡属地。法国和西班牙都没有得到什么,英国则保持了以前的征服地。这次的和平只是一次中止,它标志着法国和英国之间为帝国的利益,尤其是为殖民帝国的利益而进行的长期斗争中的一个重要阶段。

1744年到1748年在北美的这场战争是激烈的,在美国历史上称为乔治国王之战,因为那时乔治二世是英国的国王。

七年战争 玛丽亚·特蕾莎渴望收复西里西亚,于是她同法国和俄国结成了联盟来对抗弗里德里希,1756年又一次延续七年的战争开始了。但这次英国站在弗里德里希的一边——因为法国是在另一边!

果然,1754年英、法间的战争又在美洲开始了。在这里,两强间的战争延续了9年,称为对法国人和印第安人的战争。在印度,法国和英国也再次为帝国而战。詹姆斯·沃尔夫在加拿大,罗伯特·克莱武在印度,威廉·皮特在本土都给英国带来了胜利。

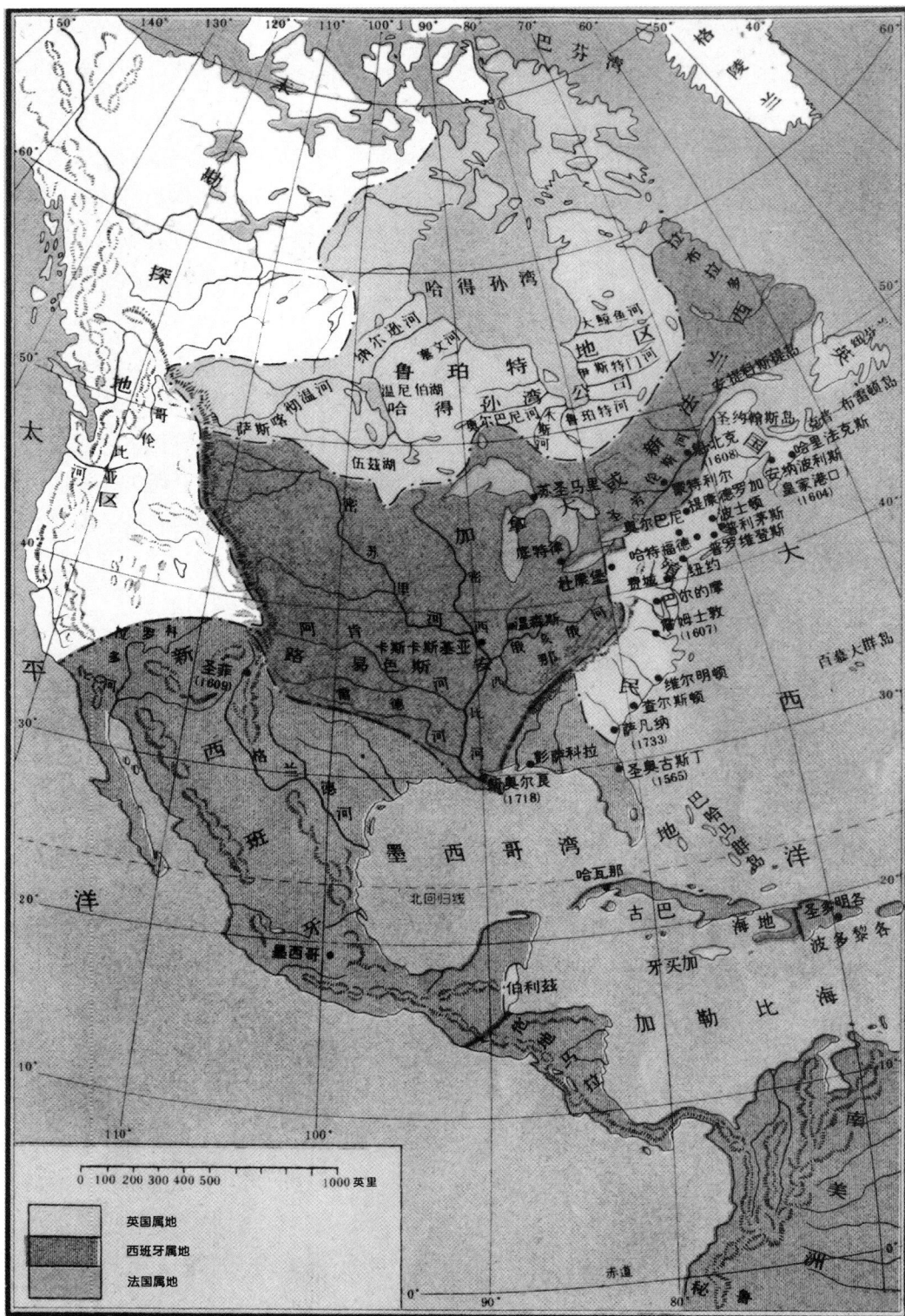

地图 28.3　1750 年的北美

巴黎和约　这场战争是决定性的——尤其是在英、法之间。自 1689 年以来，所有这四次战争中英、法都是为争夺北美而战；在后两次中，他们也为争夺印度而战。英国在美洲和印度都赢得了决定性的胜利。1763 年在巴黎签订的和约规定条款如下：

弗里德里希保有了西里西亚；法国把它在圣劳伦斯河流域和密西西比河以东地区的权利，放弃给它的敌人英国，密西西比河以西则放弃给它的盟国西班牙；法国保留了新大陆的几个小岛和非洲沿岸的一个立足点，以及在印度的 6 个小贸易站。英国不但成了海上的主人，而且也成了北美洲和印度的主人，自此成为一个最强大的殖民帝国。

间接的结果　1689 年到 1763 年国际间和殖民地间的长期战争至少产生了三个重要的间接后果：(1) 西班牙和法国专制政体的衰弱和失去信用——1789 年法国爆发了一次民主大革命，并很快地传播到西班牙；(2)波兰的被瓜分和专制政体在普鲁士和俄罗斯的延长；(3)美利坚合众国的兴起。就是在殖民地间的战争中，尤其是在对法国人和印第安人的战争中，在美洲的英国殖民者意识到了他们自己的力量，看到了他们中间联合起来的可能性，并得到了当兵和做官的经验和训练。此外，对法国人和印第安人的战争导致了征税的理由，在这个问题上殖民地立即与母国发生了争吵。

小　结　17、18 世纪专制政体在欧洲大陆盛极一时。它产生了我们上面列举的那些战争，但也产生了一些好事；因此这时期的专制政体，在很多场合被描述为"开明专制"，有时甚至被描述为"仁慈的专制"。

普鲁士的弗里德里希二世也许是他那时代开明专制君主中的最好典型，不过到了 18 世纪后半期，欧洲很多统治者不但是专制的、暴虐的，而且也是开明的，在某些方面还是仁慈的。俄国的叶卡捷琳娜、奥地利的约瑟夫是另一些显著的例子。

叶卡捷琳娜腾出时间来给法国哲学家写奉承的信，并做出具有自由思想和慷慨的样子。她创办了一些学校和学院，把法语作为俄国上流社会的语言。玛丽亚·特蕾莎的儿子和继承人、奥地利的约瑟夫二世，努力统一人民，推进教育，改革教会，并改善土地占有制度。

在同一时期，西班牙、葡萄牙、瑞典和撒丁等王国也是由开明专制君主统治着，这些君主都具有与先进的进步思想相结合的巨大精力和热诚。

第九编

今日文明的革命基础

看到 16、17 世纪的革命，我们对 18、19 世纪还有其他的革命就不感到惊奇了。在 1750 年至 1850 年间，至少有 5 次改变了世界的大革命，它们既与较早的革命有联系，又给我们今天的生活带来各种力量。

　　美国革命(1775—1783 年)使英国 13 个殖民地获得了自由，建立起一个联邦共和国，它广泛地被其他一些共和国所效法。

　　思想革命的年代难以确定，它把冷静的科学试验带进生活的一切方面，不但在科学上，也在宗教、政治、教育和商业上提出了问题。

　　法国革命(1789—1815 年)是法国人民反对专制政体和贵族政体的一次猛烈爆发。它把思想革命的观念付诸行动。它受到了美国革命和其他以前发生过的革命的刺激，它也鼓励了以后发生在法国和其他一些国家中的类似运动。

　　拉丁美洲革命(1800—1825 年)是美国革命和法国革命的继续，结果几乎使西班牙、葡萄牙在美洲的全部殖民地获得了独立。这些革命对著名的门罗主义的唤起也大有影响。

　　工业革命(1750—1850 年)最初是在纺织方法上的一些革新——从手工到机器，但它立即给煤和铁的使用、舟车的行驶、土地的所有权、城市的成长、贸易和商业、财富的权力、贫困的苦痛等方面带来了变化。工业革命从英国开始，很快就传播到了法国、美国和德国；它现在正遍及全球。

　　我们的今日文明之所以是这个样子，主要是由于自 1750 年以来发生的历次革命。

第 29 章　美国革命

在 1763 年对法国人和印第安人的战争（在美洲方面进行的七年战争）结束后不久，北美洲大西洋沿岸的英国 13 个殖民地兴起了一次革命，开始在言论上，以后就使用武器，最后在法国及其他欧洲国家的帮助下，在 1783 年从母国赢得了独立。开始，殖民地的领袖们认为自己是忠诚的英国人，作为一个英国人而保卫他们的权利，但他们步步进展，直到把他们的殖民地变成独立自主的国家，并形成一个新的国民政府——美利坚合众国。

美国革命鼓舞了其他地方的革命。美国的联邦制国家虽在开始时被看作是个试验，但是它已证明是如此地成功，以致被广泛地仿效。我们曾看到，英国在 17 世纪革命后停顿了，似乎满足于它的贵族议会和君主立宪制。从英国停顿的地方，美国继起领先了。好像火炬从一个赛跑者传到另一个赛跑者那样，政治自由的思想从一个国家传到另一个国家，最后导致了民主政治。

29.1 美国革命的原因

正如已经指出的，殖民地间的战争，尤其是对法国人和印第安人的战争有助于引起美国革命。这些战争不但使殖民地人民意识到他们的力量，表示出他们中间联合起来的可能性，并给予他们军事经验；同时也造成一种导致与母国争吵的局势。这时航海法更加严格地实施了，并有 1 万英军驻扎在美洲。英国要求殖民地人民缴纳赋税来维持这些驻军。殖民地人民宣称他们不需要英国的驻防军，并反对议会的征课。他们坚持只有由他们自己的代表组成的殖民地诸议会才有权征税，而绝不是没有他们代表的议会。各种争吵立即展开。

航海法 一个多世纪以来,英国通过了一系列管制殖民地贸易的法律。例如,它要求从殖民地运出的全部货物必须用英国船只运载,某几种货物必须全部卖给英商。人们感到这些法令对英国有利而对殖民地不公正。在很长时间内,这些法令没有认真地执行,但是,就像我们看到的,在对法国人和印第安人的战争以后,英国采取了执行这些法令的步骤。

关税法 英国曾做了一些对殖民地进口某些货物进行征税的尝试,但是要求征收关税的法律像航海法那样,多半被漠视了。1764 年通过了一项新的关税法,称为糖税法,并订出了执行计划。这项法令规定进口糖及其他某种货物要征收关税或税收;对某些出口货物也要收税。殖民地人民十分厌恶对他们贸易的这些障碍,他们反对由一个远方的权力来对他们征税。但是英王的官吏驻守在港口,并上船收税。

缉私协助法令 为了逃避缴进口货物的税,一些进口商人走私偷运,即避开正规的港口,把船开到偏僻的地点,夜间卸下货物,藏在官吏们不易发觉的地方。因此法庭给官吏们下了缉私协助法令——即书面命令,授权他们既可对船只,也可对住宅搜索应当缴税的货物。这种在缉私协助法令下的搜索住宅引起了很大的反对。

印花税法 1765 年议会通过了一项法令,规定报纸、小册子、法律证件等都要贴印花税票。印花税票的发行,为的是要增加英国政府的收入。这一税收计划激起了民愤和暴动。殖民地诸议会通过了抗议的决议;由 9 个殖民地的代表组成的代表大会在纽约开会,向国王乔治三世提出请愿书。殖民地人民正在学习组织起来和共同行动。

驻兵法 印花税法在 1776 年取消了,但议会坚持它有权对殖民地征税,并增派士兵去执行法令。授权在美洲城镇驻兵的法令称为驻兵法。在这项法令下,1000 名士兵被派往波士顿。争吵和战斗很快就发生了。波士顿成了风暴的中心。在那里,在 1773 年,一整船已课税的茶叶被民众捣毁了。为了惩罚波士顿,议会下令封闭波士顿港的贸易。1775 年 4 月战争爆发了。

原因小结 美国革命的许多原因中有下面的一些:(1)议会向殖民地征税和阻碍其贸易的法案。(2)缉私协助法令——法庭授权税吏进入住宅搜索走私货物而颁发的命令或许可证。(3)议会的惩罚性法令,即意图对殖民地人民的抵抗给予惩罚的法令,如波士顿港法。(4)雄辩和持续的鼓动——詹姆斯·奥蒂斯反对缉私协助法令,帕特里克·亨利反对印花税法,塞缪尔·亚当斯反对英国的一切事务,托马斯·潘恩鼓吹独立。(5)英军在美洲城镇驻扎引起争吵和骚动,如 1770 年的"波士顿惨案"。(6)有力的论据,"纳税而没有代表权就是暴政"。(7)美国人认为他们能够管理自己、能够自己行走的那种有力的、日益增长的感情。

29.2 宣告独立

在某些殖民地人民中,取得更多自由的愿望发展成为取得独立的决心。不是所有的英国人都支持英王乔治和议会对殖民地人民的压制;也不能期望所有殖民地人民都会支持塞缪尔·亚当斯、托马斯·潘恩,托马斯·杰斐逊以及其他一些为独立而斗争的人。一些美国人仍然效忠国王,他们被称为"保王党人"和"托利党人"。另一集团则多少是犹疑不决和冷淡的。但第三个集团在为自由而战斗中非常积极,他们被称为"爱国党人"。爱国党人坚持奋斗,多年后终于得到了胜利。

大陆会议 一个代表诸殖民地的代表团体不时开会,地点多半在费城,它继续执行或试图继续执行有关殖民地和作战的事宜。这个团体被称为"大陆会议"。乔治·华盛顿被任命为大陆(美国)军队的总司令。一个由托马斯·杰斐逊、本杰明·富兰克林等人组成的委员会起草了独立宣言,于 1776 年 7 月 4 日在大陆会议上通过了。它宣布"合众殖民地"是"自由而独立的诸州"。约在同时,每一个州都通过了自己的宪法(基本法),次年,大陆会议起草了邦联条例,这就是后来的合众国的宪法。

本杰明·富兰克林等人被派到法国及欧洲其他一些众所周知的对英国不友好的国家,请求承认和援助。托马斯·潘恩仍旧断定君王们没有神授的君权来统治他们的同胞;

图 29-1 约翰·特朗布尔的画显示了起草委员会向大陆会议呈交美国独立宣言。富兰克林和亚当斯都站着,而托马斯·杰弗逊在呈交文件

托马斯·杰斐逊甚至辩论说经常的革命对民主政治是一剂良药；帕特里克·亨利则以他的"不自由毋宁死!"的结论激励了爱国党人。

29.3 赢得独立

赢得独立和自由意味着许多人的死亡。小小的爱国军队战斗了漫长而痛苦的八年，经常被击败，有时困于饥寒，如1777年至1778年冬在福吉，1778年至1779年在水淹的伊利诺伊平原；但有时也赢得胜利，如在特伦顿和普林斯顿、萨拉托加、考彭斯、国王山以及约克敦。

1777年10月，美国人在纽约州东部萨拉托加赢得有名的胜利，不久法国许诺给予公开援助。次年初，它与合众国结成同盟。西班牙与法国结成同盟，荷兰不久也对英作战。这样十三州有了可贵的痛切需要的同盟——并不是因为这些盟国多么喜爱美国，而是因为它们憎恨并惧怕英国。的确，个别英雄如法国的拉斐特、普鲁士的冯·施托伊本和波兰的普拉斯基都慷慨地援助了华盛顿；但是各国政府除非为了自身的利益，一般是不肯慷慨援助的。

英国的许多敌人　自1689年到1763年的长期斗争中，法国把它的主要殖民地加拿大连同印度的大部分属地都丢给了英国；因此法国当然就抱有重新收回一些殖民地并削弱英国的希望。西班牙想要收回失去的佛罗里达、米诺卡岛和直布罗陀。荷兰日渐不能与英国增长的贸易相竞争，英国曾向荷兰宣战。其他一些欧洲国家因对英国在战时搜索和夺取中立国船只的做法不满，而结成了武装中立联盟来对抗英国，保卫它们的商业利益。

英国的不利条件　这样，英国在美国革命中必须跟许多敌人作战。给它增加麻烦的还有：在爱尔兰出现了造反的威胁；并且，正如我们所看到的，并非所有的英国人都赞成这一战争。在议会里，威廉·皮特、埃德蒙·柏克和查理·詹姆斯·福克斯都公开地对美国友好。在派遣士兵和船只去美洲时，英国还必须保卫它自己的南海岸以对付法国和西班牙；它必须派遣舰队在北海、加勒比海和遥远的孟加拉湾与法国人和荷兰人作战。英国的战事遍及三大洲。

美国成功的原因　当然英国的不利条件造成了美国成功的机会。法国的财力、人力和船只是对美国的可贵援助；但是美国男女爱国志士的勇猛与毅力也是有力的、重要的，人们永不应该忘记。著名的英国历史学家 W. Z. H. 莱基认为，华盛顿的人格和功劳是美国革命成功的最大因素。他的这个评价是很有意思的。

在革命的一些决定性事件中，我们可以指出：1777年10月美国在萨拉托加的胜利，1778年2月与法国同盟的订立，1781年10月英军总司令康沃利斯在弗吉尼亚州的约克敦向华盛顿及其法国同盟国的投降。1783年9月在巴黎签订了和约。

图 29-2　1781 年，康沃利斯带领的英军在约克镇被华盛顿及其法国盟军围困约一个月，最终于 10 月 17 日决定率部下投降，标志着英军在独立战争中大势已去。美国画家约翰·杜伦巴尔在 1820 年描绘了康沃利斯（正中骑白马者）在约克镇投降的油画。但事实上康沃利斯称病而没有出席 10 月 19 日的正式投降仪式

战争的结果　（1）合众国实现了政治上的独立；（2）法国收回了两小块殖民地——在西印度群岛的多巴哥和在西非的塞内加尔；（3）西班牙收复了米诺卡岛和佛罗里达；（4）荷兰没有得到什么，实际上是吃亏的。

虽然法国在物质上所得不多，但它也因看到英国最老最重要的殖民地分裂出去而感到满足。这对英殖民帝国来说，虽不是一个致命的打击，也是一个严重的损害。

对法国的影响　美国革命对法国有重要的影响。战争中巨大的海陆军军费使王室的国库沦于破产，而破产迅速导致了法国君主政体的覆灭。此外，很多法国人既曾帮助美国人反抗一个国王，就更做好准备来反抗他们自己的国王。法国革命不久就继之而来了。

英国的补偿　当美洲的殖民地从英国分裂出去时，沃伦·黑斯廷斯正在印度增强英帝国。1781 年在约克敦向华盛顿投降的康沃利斯勋爵，在 1785 年接替了黑斯廷斯，他在美洲是那样地不幸，而在印度却是那样地成功。

紧接着 1783 年后，英国的权力曾有过两次重要的扩大。一次是占领海峡殖民地，它使英国得以控制东南亚的马来半岛。另一次是移民定居广漠的海岛大陆澳大利亚，直到 1770 年詹姆斯·库克船长著名的航行以前，澳洲几乎不为人所知。

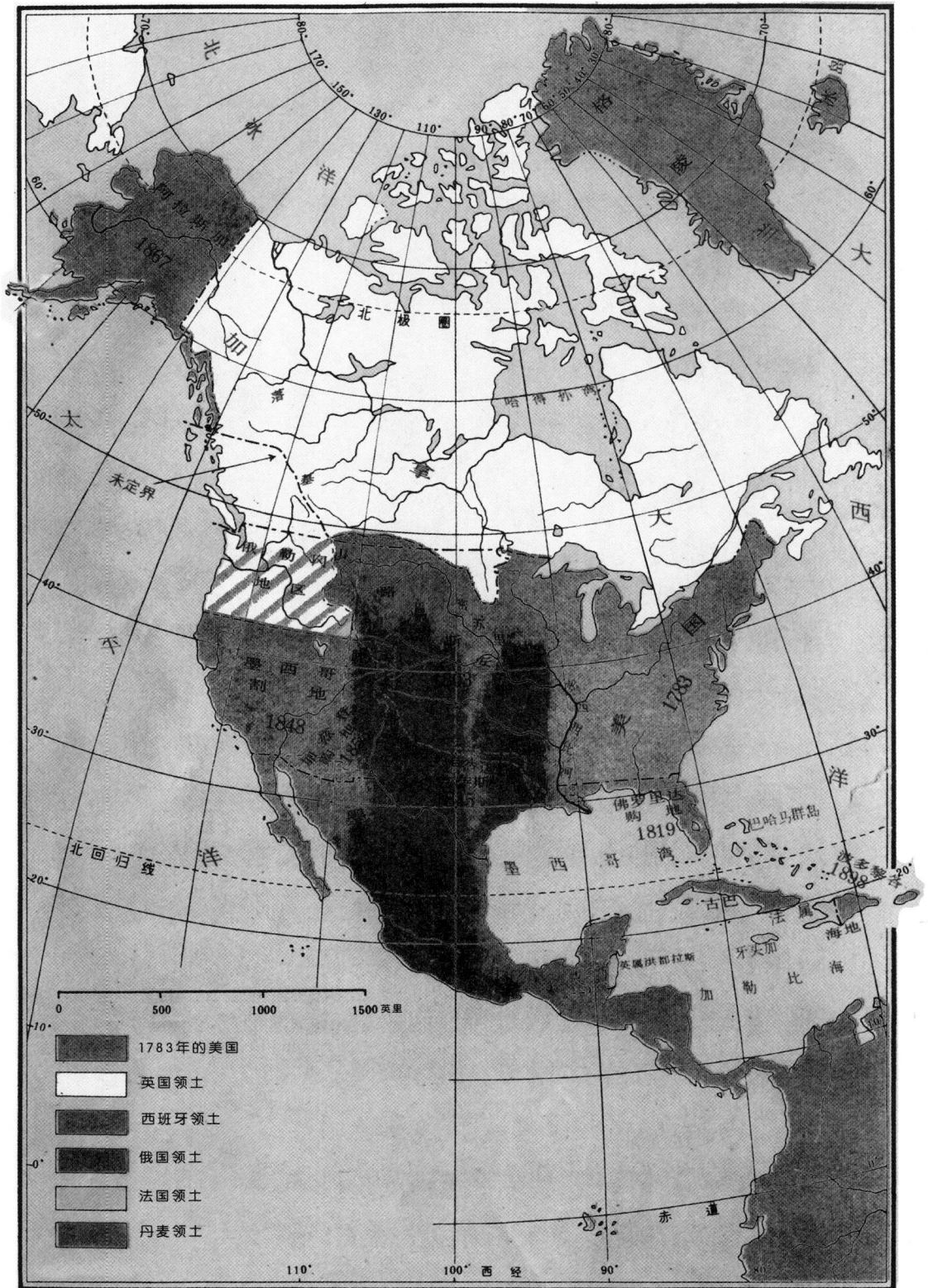

北冰洋

阿拉斯加 1867

格陵兰

北极圈

大

加

拿

西

北纬

太

哈得孙湾

平

未定界

俄勒冈地区

大

洋

帝

洋

墨西哥割让地 1848

得克萨斯

1783

国

佛罗里达购地 1819

北回归线

墨西哥湾

巴哈马群岛

波多黎各 1898

古巴

法属海地

英属洪都拉斯

牙实加

加

勒

比

海

| | 比例尺 | | |
| 0 | 500 | 1000 | 1500 英里 |

赤道

西经

1783年的美国

英国领土

西班牙领土

俄国领土

法国领土

丹麦领土

110°

100° 西经

90°

80°

地图 29.1 1783年的北美

29.4　美国宪法

革命期间,每一殖民地(州)凡是有自己的宪章或宪法的均加以修订,没有的就起草新宪法。旧的殖民地诸议会成了独立诸州的立法机构。革命后几年,在革命战争期间由大陆会议草拟的旧的邦联宪法,即邦联条例,被一部新宪法所代替。新宪法是由在费城开会的一个专门的代表团体制定的,在美国历史上称为 1787 年制宪会议。

新宪法　新宪法,即 1787 年在费城制定的联邦宪法,至今还是美国的宪法。它在形式上只有少许的变化;因为各种修正案主要是扩充和补充;但它在解释和用法上却有很大变化——由于主要朝着民族主义和民主主义方向发展,它的形态更为成熟。

得益于旧宪法的经验,1787 年新宪法的制定者给予联邦政府以更大的权力,例如,收税和管制商业的权力。他们还规定将一个政府分为三个部门来代替旧的一个部门——在旧宪法下,全国政府仅由大陆会议组成。在新政府中,有一个作为立法机构的国会;同时还有一个以总统为首的行政部门和一个以最高法院为首的司法部门。

"制衡"　按照 1787 年制定、1789 年生效的宪法,全国政府的三个部门要起相互"制衡"的作用。不但如此,国会的上议院,即由各州议会选举产生的参议院,要对由人民投票选举产生的众议院起制衡作用。给每个州在参议院以同等的代表权,为的是要使小州对在众议院中有较多代表名额的大州起制衡作用。

缺乏民主　白人中大约只有一半有选举权,而黑人和妇女则根本没有选举权。选举权掌握在各个州的手中,不受全国政府的管制。大多数制定宪法和把全国政府置于宪法之下的人,如华盛顿、约翰·亚当斯和亚历山大·汉密尔顿,都倾向于贵族政治,而不是民主政治。他们不信任平民——他们的目的在于把民主政治和贵族政治平衡起来。

民主政治的成长　随着时间的前进,民主政治成长起来了。各州宪法变得更加民主,更多的男子有了选举权。因为各州都有更多的选民参加国会议员的选举,结果联邦政府也变得更加民主。由于各州把选择"总统选举人"的权利(总统和副总统是由"总统选举人"选出的)放在选民手中,而不是放在州议会手中,选举总统的方法也变得更加民主了。1829 年至 1837 年安德鲁·杰克逊就任总统时,美利坚共和国已在民主政治的高潮中破浪前进。

29.5　美国革命的重大意义

美国革命是 17 世纪英国革命原则更充分的表现。它大大加强了"革命权利"的思想,即人民有权推翻一个压迫他们的政府。革命后建立起的政府并不是很民主的,但是,正如我们所看到的,它逐步地变得更为民主。

革命后美国人试验了各种政治形式,这深深影响了美国,也影响了采用这些政治形式的许多其他国家。关于美国的实验,我们可以列举:(1)以一个由选举产生的总统来代替世袭的国王;(2)以一部成文宪法作为政府的基础和对政府的牵制;(3)没有世袭的贵族;(4)政教的分离;(5)"三权分立"和"制衡"的制度;(6)一个联邦共和国——一个广大国土上的新事物;(7)立法者的选举(在各州和国会的下议院)在人口比例的基础上产生——若干人中选出代表一名。

美国是第一个大规模的近代共和国——今天世界各大洲上都有共和国。这也是联邦制度的第一个伟大的近代实验——州的权利在全国联合中起积极作用。在美国,共和国的建立和民主政治的成长对全世界都有深远的影响。

第 30 章　思想革命

　　17 世纪发生的英国革命以贵族政治代替了专制政治,并结束了英国国教和敌对的新教各教派间的激烈冲突。18 世纪发生的美国革命建立起了一个新的国家,并为政治上的民主和普遍的宗教宽容的实验提供了新的基础。

　　在英国和美国革命发生的那两个世纪——17 和 18 世纪,整个基督教区的无数学者和其他富于思想的人则正在发展和表达一些新的思想。这些思想对我们今天有如此巨大的影响,以致可以说是一场思想革命。

　　一个渐进的运动　思想革命并不是突然开始的。它是从较早的几个运动生长出来的一个渐进的运动:(1)对遥远的地方和人物有了更多的知识和更大的兴趣——是 14 到 17 世纪欧洲向外扩张的结果;(2)中等阶级和贵族阶级财富的增加,随之而来的闲暇和好学——是商业成长和在亚洲、非洲、美洲使用廉价劳动力的结果;(3)对宇宙概念的变化——是广泛学习 16 世纪哥白尼学说的结果;(4)对伴随着 16、17 世纪激烈的宗教冲突而来的偏执和不宽容的反抗;(5)对 17、18 世纪肮脏的王朝战争和殖民战争所引起的种种邪恶和痛苦的反抗。

　　17、18 世纪的思想革命包括:(1)强调自然科学的重要性;(2)"自然宗教"和对基督教的怀疑论的兴起;(3)"进步"观念的兴起;(4)把批判精神应用到宗教、政治、教育和经济方面。

30.1 近代科学

　　方　法　17 世纪弗兰西斯·培根和勒内·笛卡儿在科学里所提倡和证明了的方法,后来被 18 世纪的科学家们更加普遍地应用了。仔细的观察和耐心的实验成为规则,取得了很大的成果。

物理学　在物理学上,17 世纪末 18 世纪初最杰出的是英国人艾萨克·牛顿爵士。他做了很多值得注意的事情,但最闻名的是他发现了万有引力定律——"引力"使每一个物体吸引每一个其他物体:使苹果从树枝上落到地面,同时也将地球落向太阳。德国人莱布尼茨和牛顿都把数学应用在物理学研究中。美国人富兰克林和意大利人贾法尼是另一些赢得名望的人。关于前者我们联想到避雷针,后者的名字则保存在"贾法尼"蓄电池上。另一个著名的意大利物理学家伏特给我们创造了"伏特"电池。

以前在各种形式下使用的晴雨表和温度计,在 18 世纪制作得更精确了,并推广到实际应用上。

生物学　生物学对植物和动物都仔细地进行了研究,并做出了某些极为重要的发现。17 世纪时,卓越的英国外科医生威廉·哈维发现并描述了人体的血液循环,这使 18 世纪的医生能更有效地治疗各种疾病。与本杰明·富兰克林同时代的瑞士科学家(兼诗人)阿尔勃莱希特·冯·哈勒,赢得了"近代生理学奠基人"的名声。法国人布丰和瑞典人林奈,也是和富兰克林同一时代的人,他们对动物和植物做了广博的研究,大大地推进了动物学和植物学这两门新学科。晚一两代的英国医生爱德华·詹纳,证明了可怕的天花病可以用种痘来预防。

化　学　18 世纪,约瑟夫·普利斯特利、安东尼·拉瓦锡和亨利·卡文迪许奠定了近代化学的基础。普利斯特列和卡文迪许都是英国人,拉瓦锡是法国人。氧气被发现了,水被分解成两个元素,近代科学名词在化学上开始使用了。

科学大受欢迎　18 世纪自然科学迅速发展的一个原因是它得到了统治者的大力支持。国王给科学家们大量年金;英国大臣们授予他们高薪的职位,小王侯们也大量对他们赠送贵重礼品。几乎每个欧洲国家都常用公款建立起设有巨大望远镜的天文台。到处都有一批一批有学问的人聚集在学会或"科学院"里。1662 年在伦敦创立的皇家学会,听取数学、天文学和物理学上的最新成就的报告。法国科学院院士们的年金是路易十四付给的。牛顿是该院的名誉院士之一。

人们对科学从来没有过这么大的兴趣,也从来没有过这么好的学习机会。这时印刷术很好地发展了起来,各学术团体经常发表各门科学知识的报告。还出版了各种百科全书,宣称要给所有新的科学发明以充分的报道。做一个科学家、一个哲学家或某一门的学者,或涉猎一点化学,或用自己的知识和技能去炫耀或迷惑朋友,都成为一件十分时髦的事。

闲暇和学问　对普通人来说,书籍还是太昂贵,但是贵族和中等阶级的人能够买书。

图 30-1　17 世纪,法国成立了皇家科学院,路易十四亲往巡视这个新建的机构,表达了他对科学的推崇

随着工业和贸易的扩展,财富日益增加,这带来了奢侈,也带来了闲暇和学问。

30.2　自然宗教和怀疑论

18 世纪的显著特点之一是出现了一大批基督教的怀疑者。自然科学中的发现似乎使许多人倾向于寻求一种"自然"宗教,即基于人类对自然的理解,而不是基于圣经或任何其他历史权威的宗教。这样一种态度使人们与承认超自然并主要依靠历史的圣经和基督教,多少发生了冲突。

基督教教会的历史中经常有改革者,他们攻击这个或那个教义或流弊,但是,也许除了 15 世纪意大利人文主义者之外,从来也没有这么多有影响的人士胆敢起来攻击基督教信仰的真正基础。17 世纪最后的 25 年,某些英国哲学家受到发现自然法的鼓舞,接着将新的科学方法应用于宗教。他们只愿意承认科学能够证实的规律,把基督徒信仰的许多事情都称为只是"迷信"。他们赞成按照"自然法"来生活;但是到底这自然法是什么,则主要留给每个人的判断去决定。

自然神论者　持有这种意见的人们被称为自然神论者。他们不是无神论者——他们自称承认上帝,正如自然神论者这个名字所含有的意思;但是作为宗教他们到底相信什么,教导什么,则是模糊的、不明确的。从相反的方面来说,他们怀疑的是什么,攻击的是什么,则是比较明确的。自然神论在大多数人的头脑中,很快就代表了不信圣经和否定基督教的教诲。

从英国到法国　自然神论从法国传到英国,它在几个方面是重要的,特别是在法国。(1)对大部分的上层阶级来说,它破坏了对教会的崇敬,为法国革命中的宗教实验开辟了道路。(2)它鼓励了哲学家发展新体系并制定新"规律"。(3)在对某些特殊的宗教加以怀疑时,它要求宽容所有的宗教。(4)它应对人们日益明显的宗教冷淡负责。那些过于懒惰或过于无知的人,不去用心学习自然神论,只用它表面上的论据去证明他们的冷淡是正当的。

伏尔泰　18 世纪自然神论和唯理论的主要文学代表是弗朗索瓦·阿鲁埃。他是巴黎人,生于 1694 年,1778 年死于巴黎。他以他使用的"伏尔泰"这个笔名闻名。

尖刻的语言和讽刺的笔调是伏尔泰经常招致危险的根源。他曾以诽谤罪被囚在象征波旁王朝暴政的阴森古老的堡垒巴士底狱历一年之久。有时他是巴黎的偶像。在德国他一直受到弗里德里希大帝的宠爱,直到他的利舌刺伤了国王为止。他拜见过俄国的叶卡捷琳娜女皇。他也曾在瑞士居住过一段时间。他写过各种题目的文章,而且也和他那时代的所有"哲学家"一样,以科学来玩耍。

图 30-2　在宴会上,伏尔泰(左)倾身与弗里德里希大帝交换看法

在英国的 3 年,使伏尔泰熟悉了英国的唯理论,对它极力赞扬。大约在 1733 年他写了《英国通信》,他陈述了自然神论哲学,并尖锐地抨击了教会和社会。

伏尔泰不是一个敏锐的有创见的思想家,但他是那个时代最多才多艺的聪明作家。当他 84 岁回到巴黎时,贵妇人们称他为一个有趣的老犬儒。他确是一个犬儒——他一生的事业就是讥嘲。但他是欧洲思想界的独裁者。

但是,我们将要看到,伏尔泰在散布不满情绪的工作上并不是孤单的。

30.3　进步的观念

进步的观念在 18 世纪的思想革命中是突出的。在一个充满成就的时代,这是自然的事。继地理发现以后的科学发现给人们以一种信心——乐观主义。发明和工业,扩张和财富,都引向同一的道路——至少对比较幸运的阶级来说是这样。

　　黄金时代似乎正在露出曙光:人类的心灵似乎从几个世纪的沉睡中觉醒过来,要去征服世界,探索生命的奥妙,并发现宇宙的全部秘密。人们深信,只要用一点思维就可以把世界从邪恶、无知和迷信中解脱出来,哲学家们勇敢地转而抨击恼人的宗教和道德上的问题,批评国家、社会和教会,并指出通向新的人间天堂的道路。

　　得意和轻蔑　对新思想新成就的得意,产生出对过去的轻蔑、对现在的歌颂和对将来的展望的规划。

　　唯理论　这种批评的热情通常被称为"唯理论",因为它的拥护者要求使每一件事都是理性的或合理的。它最主要的代表可以在 1675 年至 1725 年间的英国找到,但是他们的思想注定了在法国比在英国发生远为巨大的影响——这要归功于伏尔泰和其他的人。

30.4 批评精神的广泛应用

　　正如我们已经说过的,唯理论,这种 18 世纪的批评的乐观主义,被应用到生活的一切方面。这里我们可以更详细地叙述它的一些应用。

　　对宗教　在宗教上,"善行"要比信仰更受重视。人道主义精神正在兴起:对奴隶制度的批评、对监狱改革的要求、宗教宽容思想的增长以及宗教迫害的减弱,这样的事情在天主教徒和新教徒中都可看到。

　　对政治　在政治上,有对专制政体的批评和对个人自由的呼吁,例如,约翰·弥尔顿的某些著作;在英国的权利请愿书(1628 年)、美国的独立宣言(1776 年)和其他著名的文件中,都已记录下关于自由的实质性进展。

　　洛克、孟德斯鸠和卢梭　在那些替人民说话反对国王的人们中,最有名的要数英国人约翰·洛克和法国人查理·孟德斯鸠及让·雅克·卢梭。孟德斯鸠和卢梭都是在 18 世纪写作的,两人都受到曾于 17 世纪生活和著述的洛克的影响。洛克的主要论纲之一是一切政府的存在或应否存在,必须得到被统治者的同意。

　　孟德斯鸠主张,每个政府应该组织得适合于在其统治下的人民的特性和需要。他认为政府唯有分权,自由才最有保障:即不允许任何个人或集团同时拥有立法、行政和司法三种权力。为此他极其赞扬英国政府,他相信在那里三种权力是很好地分开的。他的座右铭是中庸。

　　卢梭更为激进。他的个人生活是不规则的、紊乱的,他的理论是革命的。像洛克那样,他教导说政府是建立在一个社会契约的基础之上,即被统治者的同意上。他使"社会契约"的理论广为人知。他认为共和国是政府的最好形式,因为它对人民的愿望最为敏感。

卢梭被认为是自然神论者,但和大多数自然神论者相比,他认为上帝是更通人情和更仁慈的。卢梭尽管有些缺点,但也有一些好的品质。在别人只是研究自然的时代,他却爱好自然。他似乎有一种"伟大圣诚"的常识:他觉得"爱上帝高于一切,爱你的邻居如同爱你自己,这是圣诚的概括"。但他的座右铭与其说是中庸,不如说是革命。拿破仑·波拿巴在晚年宣称,假如从来没有过卢梭,也就不会有法国革命。

在呼吁自由的同时,卢梭和其他的人还呼吁民族主义。在教育方面,卢梭的思想也有很大的影响。

对教育　18 世纪提出的许多有关教育的思想似乎是(也的确是)革命的。人们对教会学校进行了批评,并鼓动通过国立学校来实行更为普及的教育。托马斯·杰斐逊是一个著名的美国人,在这些事情上他发表的见解,与欧洲人所提倡的意见十分相似。

对经济　长期被接受的关于商业、财富以及国家对商业应该或不应该做什么的理论,在 18 世纪也成为批评的对象。一群法国的重农学派作家攻击重商主义,力图将着重点从商业和"贸易差额"转移到农业和矿业上。他们反对保护关税和其他的国家管制商业措施,而主张更大的放任和自由。他们认为,每一个人,只要他不干涉别人的和自己类似的权利,就有权自由地工作和经商。

亚当·斯密　苏格兰人亚当·斯密在其名著《国富论》中倡导一种新的经济自由,该书在美国独立的同一年,即 1776 年出版。斯密的书是产业界的独立宣言。他认为每一个雇工者、每一个售货人应当被允许得到自由——国家应当"听之任之"。国家应该受一只"无形的手"所引导来促进全体的利益。只有这样,一个国家的真正财富才能增长。

《国富论》有助于中等阶级——结果国富成了资产阶级的财富。下层阶级变得比从前更为穷困。同时,重商主义垮台了。斯密的著作助长了"自然权利"和"自然法"的理论。

第 31 章　法国革命

　　1789 年开始的法国革命是一次法国人民反抗专制政体和贵族政治的起义。由于在 20 多年之间一个变化引起了另一个变化,因此很难说它是什么时候结束的;同样,它到底是怎样结束的也不易确定,因为革命所怀抱的自由的梦想并没有很快地实现。贵族政治是被压倒了,但并没有被毁灭,专制政体此后还时时在这样或那样的伪装下复辟。但是在法国发生了巨大的变化,这些变化在某种程度上传播到了欧洲的每一个国家;因为其他许多国家的人民也同样地遭受苦难,法国一发出信号,他们就努力做出反应。

　　1642 年和 1688 年的英国革命是政治的和宗教的;1776 年的美国革命主要是政治的;而 1789 年的法国革命则是政治的、社会的、宗教的和经济的。

31.1　法国革命的原因

　　正如已经指出的,18 世纪的法国是欧洲其他各国的典型。几乎在所有地方,"旧制度"都意味着广大群众受贵族的压迫。革命为什么首先在法国爆发,可以举出三个原因:(1)法国的专制君王比其他任何国家的君王更为无能;(2)法国的哲学家比其他任何国家的哲学家更有影响;(3)法国人民所受到的英国和美国革命榜样的影响比其他任何国家的人民都更大。

　　国王们的无能　假如路易十五(1715—1774 年)和路易十六(1774—1792 年)有像普鲁士的弗里德里希大帝那样的机智和能力,法国的专制政体也许可以维持得和普鲁士几乎一样长久。但是路易十五既不伟大又不"开明"。他沉湎于舒适放纵的生活。他让他的情妇和宠臣来统治他自己和法国。他不去设法改革政府或减少开支。事实上他比路易十四更为挥霍。路易十六是一个有心为善的人,但容易屈服而摇摆不定。杜尔阁是他的一个能干的、试图改革的国务大臣,但当贵族们对削减他们的特权提出抗议时,国王就立即把杜尔阁免职了。这事发生在 1776 年,正是美国独立宣言发表的那一年。连法国受压迫的第三等级也听到了这个伟大文件,并且懂得了这宣言的一些意义。

法国君主政体的破产   路易帮助美国并不是因为他喜爱民主起义,而是因为他惧怕并仇恨英国。他援助了美国,援助了自由事业,但这是压垮法国国库的最后一根稻草,法国完全陷入了破产。国王的大臣们恳求贵族和高级教士放弃他们的一些特权,肩负起国家的一部分负担,但都没有结果。据说当罗马城焚毁时,尼禄还在弹琴。当农民挨饿时,法国的贵族们还在跳舞。

旧的社会秩序   法国的贵族和高级教士是一个比较小的集团,却占有大部分的土地,享有社会和政治的额外特权,只缴纳少许或不缴纳税款。

教士是国内的第一等级;贵族是第二等级;农民、农奴和资产阶级(市镇中的商人和专门职业者)——法国的人民群众——组成第三等级。

第三等级的沉重负担   正如我们已经看到的,第一等级和第二等级只是一个小集团(一共不到 30 万人),他们拥有法国的大部分土地,相对闲散,享有额外的特权,但只缴纳少许或不缴纳税款。第三等级的人数达 2000 万或更多,只占有少许土地,很少特权,却缴纳大部分的税款,在沉重负担下忍受极深的痛苦。

农民,其中大多数是佃农,轻易见不到他们的地主,但当租金到期时,却一定会见到地主的代理人。国王的官吏也从来不会忘记来征收重税。贵族们轻视农民,农民们憎恨贵族和高级教士。

资产阶级的情况不像农民那样恶劣,但是他们中很多人苦于对工商业的无数限制,因为国王仍在保持重商政策,即重商主义。

哲学家的影响   虽然许多法国农民是无知的,有些是愚蠢的,但是第三等级中为数很多的人受过良好的教育,他们给 18 世纪的激进哲学家提供了热心的听众。伏尔泰在他自己的国家里比在国外更受欢迎。正像我们已经看

图 31-1   在这张 1789 年的政治漫画中,第三等级的一个妇女在贵族和教士的重压下挣扎。第三等级在这里也代表着新的国家,遭到贵族和教士阶级的压迫

到的,孟德斯鸠歌颂了英国的自由并批评了专制政体。卢梭在为人民要求权利上是最激进的,他的说教受到热烈的欢迎。正如我们已经看到的,拿破仑·波拿巴认为假如从来没有过卢梭,也就不会有法国革命。我们可以确定假如从没有过卢梭,法国革命就会遵循不同的途径。

　　思想革命,科学家和哲学家们的工作,在别处和在法国一样,自然地导致政治的和社会的革命。

　　英国和美国革命　思想革命给法国人民(和其他各国人民)以自由和博爱的思想,并在很多人中间唤起对专制政体和贵族政治的仇视。17 世纪的两次英国革命给他们一个似乎永久成功的切近榜样。美国革命提供了一个崭新的充满希望的范例。而且法国人参加了美国人的英勇战斗——这激励了他们采取同样的行动。

31.2 法国革命的成就

　　我们还记得 1640 年当英王查理一世走到财政上的末路时,怎样地召开了议会;议会又是怎样地以不友好的心情把事情抓在自己的手里。1789 年,法王路易十六用同样的方法来面对破产,召开了三级会议,即法国的国民议会。

　　三级会议已经被忽视了 175 年,自 1614 年以来从未被召开或被允许行使职权。按照旧规,每个等级都作为一个单位来投票,任何措施需要三分之二才能通过。一般总是第一等级和第二等级联合起来,以多数票来压倒第三等级。

　　第三等级坚持自己的权利　1789 年,第三等级意识到它代表着国家的大多数,并在精力充沛的贵族——抛弃自己的社会阶级而与资产阶级协力一致的米拉波伯爵——的得力领导下,要求三级会议应该组织成为一个单一体——"国民议会",在议会里每个议员都应有投一票之权,一项措施赢得多数票即予通过。第三等级的这一要求获得了第二等级中少数自由主义分子(包括拉斐特)和第一等级中相当数量的低级教士的支持,在全国范围内也获得普遍的强烈拥护。

　　网球场誓约　第二等级中多数人对第三等级的这项要求极端仇视,起初路易十六由于不愿触怒他所宠爱的贵族,也反对第三等级。6 月 20 日,他竟然把第三等级的成员关在王宫内的会场外面。这样这批人就促成了革命。他们进入附近一座有时用作网球场的大建筑里面,在那里,他们举起手来庄严宣誓,作为"国民议会"的议员,在为法国完成宪法的起草之前,决不离散。网球场誓约是对国王的挑衅,也是专制政体告终的宣言。

　　巴士底狱的陷落　国王很快就让步了。他下令三个等级作为一个"国民议会"一起出席,并按人投票。但不久,王室的军队就逐渐向巴黎和凡尔赛移动,使人觉察出国王要对议会施加压力。国王被请求撤退军队,但他拒绝了。于是巴黎人民起来援助。这个城市的人民迫于饥饿，并感到自己的利益和国民议会的利益是一致的，他们举行了3天的暴动。第3天，1789年7月14日，他们攻占了巴士底狱，即象征波旁专制政权的皇家堡垒和监狱。法国人至今仍以7月14日作为他们伟大的国庆日来庆祝。

戴帽徽的国王　路易十六似乎承认了既成事实。他把军队从凡尔赛和巴黎近郊撤走，并批准拉斐特为新国民自卫军的司令。他亲自访问了巴黎，戴着由法国新国旗的红、白、蓝三色组成的帽徽，使得巴黎民众大为高兴。

但是没有多久，增强在凡尔赛的国王军事力量的阴谋已在进行。10月1日夜到达那里的士兵被招待用餐，士兵们干杯之后，效忠王室的精神高涨，放声高唱保王歌曲。这件被称作"闹宴"的新闻像野火般地传遍了巴黎，在这里饥饿和困苦比过去任何时候更为严重。这个城市在饥饿中挣扎，而凡尔赛却在欢宴。愤怒和激动达到了高峰。

妇女的进军　10月5日，一长队巴黎最贫苦的妇女，包括一些穿着妇女服装的男人，在饥饿和愤怒的骚乱中，以棍棒为武器，从巴黎行军19.3千米来到凡尔赛，高呼"面包！面

图31-2　攻占巴士底狱被人们视为打破旧制度的象征。但事实上，在当时，巴士底狱仅仅关押了7个囚犯，包括4个造假者、1个伯爵（因性行为不检被逮捕）和2个精神病人

包！面包！"他们把王宫包围了起来,要求国王的面包。

只是靠国王卫队的上了刺刀的枪,才把呼啸着冲进王宫的民众挡住了。甚至国王的士兵也动摇了,因为他们知道这些妇女确实在挨饿。随后和国民自卫军一起来的拉斐特成了这个时刻的英雄。他靠着自己的兵力,担负起保卫王室的责任,并将国王的士兵送回军营。但是狂暴的骚动持续了一整夜,尽管有拉斐特的维护,一些王宫的仆人还是被杀了。

到了天亮,驯服的国王同意随同民众返回巴黎;这样,10 月 6 日这个长长的队伍——从巴黎来的饥饿的妇女,成群地加入她们行列的其他饥饿民众,骑在白马上的拉斐特所率领的国民自卫军,和在喧闹的人群中的国王的马车,车里面坐着国王、他的妻子和他们的孩子们——创造了历史。一路上民众高呼:"我们有了面包师、面包师的老婆和小厨工——现在我们可以有面包了。"他们可能失望了,王室肯定是失望的,因为他们再也回不到他们在凡尔赛的美丽宫殿了。

旧秩序的崩溃　7 月对巴士底狱的攻打是巴黎以外各地采取类似行动的信号。在很多地区,受压迫的农民攻打和烧毁贵族的住宅,极力销毁封建地契。有些地方主教们的住宅被搜索和抢劫。市镇以选举出来的官吏代替国王的代理人,并组织起自己的国民自卫军。旧有的法庭,不管是王家的还是封建的,都停止行使职权。地方政府的旧体制垮台了。1789 年夏实际上已经结束了波旁王朝的统治,10 月国王的就擒只不过是这些既成事实的象征而已。

改革的要求　路易十六曾召开三级会议来帮他筹款,但他的臣民却为自己要求申冤和援助。称为卡叶(Cahiers)的请愿书纷纷从全国各地送来。它们表示了对国王的忠诚,但它们要求改革。很多第三等级的请愿书要求取消贵族的特权,建立所有阶级在法律面前一律平等的制度。

改革的措施　三级会议一旦把自己改变成国民议会,它立即从事改革工作。法国革命最大最经久的成就,都是在战争和"恐怖统治"来到以前的 1789 年到 1791 年这两年中间得到的。

"八月间"　旧特权的废除发生在著名的 1789 年的"八月间"。8 月 4 日,一个青年贵族,拉斐特的一个亲戚,在国民议会中站了起来,为农民做了一个慷慨激昂的呼吁,攻击上层阶级的额外特权。随即会上提议并通过了废止封建特权、取消农奴制度和所有阶级同样纳税。一周之内经国民议会表决,所有的额外特权,不管是阶级的、城市的还是行省的,都正式地扫除干净,国王也同意了。

现在农民可以自由地耕种他们认为合适的土地并享受自己的劳动果实,不必再向教会缴纳什一税或向贵族完纳封建负担了。后来贵族的大地产被划成小块,分给佃农,农民因此得到了他耕种的那块土地的全部所有权。资产阶级从最沉重的捐税负担中解脱出

图 31-3　1789 年 10 月 6 日，暴动的妇女迫使王室重返巴黎

来，使得他们可以自由地参加政治和工业。

人权宣言　国民议会的第二个伟大成就是一个著名的文件，即对人的权利和自由的一个清楚的声明。英国有它的权利法案（1689 年），美国有它的独立宣言（1776 年），现在法国（1789 年）又公布了它的"人权和公民权宣言"。

这个反映了卢梭哲学精神的伟大文件成了法国革命的纲领，并深刻地影响了以后的一切政治思想。它的一些最突出的警句是："人们生来就一直是自由的，而且在权利上是平等的。"人的权利就是"自由、财产、安全和反抗压迫"。"法律是公共意志的表现。每一个公民都有权利亲身或经由他的代表去参与法律的制定。法律对所有的人都是一样的。""除非在法律所规定的情况下，并按照法律所规定的手续，不得控告、逮捕或拘留任何人。"

宗教宽容、言论自由和出版自由也得到了确认。

反天主教立法　国民议会的第三个法令对法国政府和天主教教会的关系进行了革命。议会的多数成员受到伏尔泰的怀疑的、自然神论的和反基督教的哲学的启发；因此议会通过一系列反天主教的激烈法律。土地被没收，教堂被压抑。主教和神父的数目削减了，他们需由人民选举并由国家付给薪俸。

教会与国民议会之间的冲突立即在法国展开了。这一冲突削弱了人民大众对革命的支持，因为许多人民是忠于教会的。

财政改革　国民议会授权没收教会财产的首要原因是要挽救国家的破产。国家财政陷于极度混乱。当时不可能立即征收直接税,也不能劝使银行家给国家贷款,因此教会土地被夺取来作为发行纸币的保证。税款也及时地征集了起来。它们在数量上虽比革命前要大些,但由于公平分摊,并不显得那么沉重。赋税的平等应列入国民议会所取得的成就之中。

君主立宪制的建立　在其他彻底的改革中,起草了一部宪法(1791 年),它在法国建立了君主立宪制以代替专制政体。

依照 1791 年宪法,选举权并不是推广到所有的公民,而只给予"积极公民"即纳税者;担任公职之权限于财产所有者。宪法并没有设立"贵族院",只设立一个院,即"立法议会",由全体"积极公民"选举产生。国王有"悬置否决权",即有权使立法议会的法案在一个时期内延迟执行。但国王却被剥夺了对陆军和海军、对教士和对地方政府的全部控制权。

国王认为对他权力的这些限制中很多是激进的,而他的人民认为它们很多还不够激进;随着时间的推移,并面临危险的威胁,变革变得更加激进了。

31.3 诸王的进攻

不久,法国以外的某些国王着手恢复路易十六的地位和权力——他们威胁了法国的革命和它的改革。我们将要看到这是怎么发生的,它导致了什么后果。

受威胁的王位　当欧洲其他的国王们看到法国国王卷入了革命的漩涡时,他们也为自己的皇冠和宝座而担忧。无疑地,他们中一些人知道,他们自己的人民和法国人民一样有同样多的理由起来反抗。法国革命是对现存秩序——旧秩序——的一个威胁:全欧洲的专制君主和贵族们都在危险之中。甚至埃德蒙·柏克,他在几年前曾表示支持美国人反抗英国的斗争,也反对法国革命;他怕在英国发生一次社会革命。

亡命者　许多法国贵族和高级教士离开了法国。他们向外面求援——向那些可能同情法国国王的君主们求援。这些流亡者当然想要恢复他们的房屋、土地和昔日的特权。他们敦促欧洲的君主们采取行动制止法国的起义。

同情的国王们　无疑地所有欧洲的国王们都是同情法国国王的。他们中有些人很快就表示愿意帮助他。奥国皇帝列奥波特二世,即路易十六的妻子玛丽·安东瓦内特王后的哥哥,与法国王室的命运有着深切的私人利害关系。

一次失败的潜逃　法国人民的眼睛是张着的——他们知道外面的国王们正策划着出面,就是说,为了路易十六而进行干涉。假如这种干涉得逞,它将摧毁革命和它已经完成的改革。他们无意于允许这种干涉;他们决心不允许局外人来使流亡者恢复他们的特权,或是使路易十六恢复他的权力。

不幸的路易十六由于企图从法国潜逃，自己使局势突然恶化。他和王后从巴黎逃出奔向德国，但在靠近边境的瓦朗纳斯，他们被捕并被送回了。这是在 1791 年 6 月。自此巴黎不再是他们的首都而是他们的监狱，他们的事业也削弱了。企图潜逃表示出他们与贵族勾结来反对全国国民的大部分。它激怒了流亡者，因为潜逃失败了；它使革命领袖们震惊和气愤，因为潜逃几乎成功了。

庇尔尼茨宣言　1791 年 8 月，奥地利的列奥波特劝说普鲁士的弗里德里希·威廉二世和他联合发表了庇耳尔茨宣言，大意是这两个君主认为，在法国恢复秩序和君主政体是关乎欧洲所有君主们共同利益的目的。奥地利和普鲁士准备出兵入侵法国。

防御和挑衅　法国的革命领袖们准备奋起自卫，他们中的一些人赞成立即宣布法国为共和国。1792 年 4 月，当列奥波特拒绝自边疆撤军，并拒绝自他的国境内驱逐流亡者时，法国向奥地利和普鲁士宣战了。法国人戴上红色的自由之帽，唱起自由的新颂歌《马赛曲》，它很快成为法国的国歌。

法国新军司令拉斐特的抱负大于他的才能。他很快转而征服列奥波特统治的比利时，但失败了。路易十六暗中帮助了列奥波特。

布伦斯威克公告　于是，统率普奥联军的布伦斯威克公爵自东面入侵法国，并向法国人民发表了一个郑重的公告，宣称他的目的是恢复国王，惩处叛逆者，如果王室的任何成员受到损伤，就要毁灭巴黎。

无疑地，这个公爵把他的公告看作一个杰作，并期望它产生巨大的效果。它确实产生了巨大的效果，但并不是像他所期待的那样。法国人民非但没有废弃 1791 年宪法、恢复专制政体，反而推翻了君主立宪制，建立了一个共和国。

屠杀和处决　巴黎的民众和其他激进分子夺取了控制权，国王的住宅被袭击了，国王被囚禁起来。下一个月，1792 年 9 月，当奥地利人和普鲁士人围攻凡尔登的消息传来时，巴黎有将近 2000 名保皇党囚犯被屠杀了。9 月 20 日，杜穆里埃统率一支法军在瓦耳密打败了入侵者。那年秋天和冬初发生了其他一些激动人心的事件。1793 年 1 月 21 日，可怜的国王路易十六，就在他的前任，人所憎恨的路易十五已被推倒的塑像旁边被斩首了。

法兰西第一共和国　1792 年 9 月 22 日，当瓦耳密胜利的消息传到巴黎时，法兰西共和国宣告成立。那一天就算是新历第一年的元旦。美洲的新共和国现在不再是世界上孤立的了。法兰西共和国是在革命中诞生的第二个大共和国。

民主和挑战　处死路易十六以后不久，英国、荷兰、西班牙及撒丁和普鲁士及奥地利联合一致反对法兰西共和国；但是法国向专制政体和贵族政治挑战，有把革命传遍整个欧洲的趋势。

战争和恐怖 法兰西第一共和国的岁月是狂暴的和血腥的。汪代省的农民受到外人的煽动,加上对天主教教会的笃信,因而反抗新政府。能干的将军杜穆里埃投向敌人,但是拉查尔·卡诺成了伟大的"防御的组织者"。革命领袖们内部意见不一致:有些不那么激进,有些则比较激进。正如革命中常有的事情那样,较激进的人掌握了权力,既杀戮了不少昔日的敌人,也杀戮了不少新近的朋友。最坏的"恐怖统治"要算罗伯斯庇尔当独裁者的 1793 年和 1794 年。玛丽·安东瓦内特王后是被害者之一。但是罗伯斯比尔也很快在 1794 年 7 月被处死。

断头台 至今法国仍使用的斩首机,因为用作执行死刑的机器而闻名。它具有两根直立的柱子,一把沉重的刀在当中起落。它的名称是得之于一个名叫吉约坦(Guillotin)的医生,他主张使用它来执行死刑,因为它比用手执斧子砍头来得较快、较准、较慈悲。受刑的人被按在沉重的刀下,刀落要害,立即身首异处。

据估计,"恐怖统治"期间,巴黎有 2500 人,法国其他各处有近 1 万人被处死。

长着翅膀的胜利女神 在内战和派系斗争中,法国清除了外敌。于是卡诺恰当地被欢呼为"胜利的组织者"。法国人唱着《马赛曲》,挥舞着写有"自由、平等、博爱"这些革命标语的旗帜,愉快地走向战场。这些标语是胜利女神的翅膀。

31.4 拿破仑·波拿巴的军事独裁

著名的一年 1795 年是法国历史上著名的一年。曾为共和国起草宪法的国民公会结束。共和国在这部宪法下诞生了。立法权属于都由人民间接选举的两个机构。共和国的行政权力授予"督政府",一个由立法者选出的五名执事或督政组成的委员会。

同年,为了破坏法国革命事业而组成的六国联盟被法军接连的军事胜利所瓦解。只有奥地利、撒丁和英国继续与法国作战,撒丁和英国还是半心半意的。似乎法国革命在那年年底将要结束。但是 1795 年拿破仑·波拿巴开始崭露头角。

军队的偶像 1795 年拿破仑时年 26 岁。他的祖先是意大利人,他出生在法国国旗下的科西嘉岛。1793 年他曾帮助卡诺把英国人逐出土伦。1795 年他

图 31-4 雅克·路易斯·大卫 1812 年所作布面油画《学习中的拿破仑》。作为一幅政治宣传画,它将拿破仑描绘为日夜为法国人民操劳,身边的物件提示了他所做的各项成绩

装出一副法律和秩序之友的样子,同时在巴黎的最后一次民众骚动中,他以大炮保卫了国民公会,使他的声誉陡增。他读过卢梭的书,在一个时期里曾和罗伯斯庇尔有过联系,并做出对革命和推翻君主政体表示同情的样子。但是他抓住一切机会步步提高。10 年之中,他使自己成为法国的独裁者;以后他极力使自己成为欧洲的主人。

将军和第一执政 1796 年和 1797 年,拿破仑率领法国军队,身先士卒在意大利北部对奥地利作战,赢得了辉煌的胜利。其后两年,为了打击英国,他入侵埃及,让金字塔目睹了法国士兵的英勇,并做出其他动听的事件以在国内的报纸上读来甚好,但他对英国并没有造成多大损害。

1799 年,当拿破仑在埃及时,英国、奥地利和俄国组成又一次联盟反对法兰西共和国;1799 年法国革命对君主政体的危险好像比 1792 年还要大。那时法国的将军们在欧洲遭到了失败:没有拿破仑的法国军队打了败仗,并被赶出了意大利,他们所建立的一些新的共和国也很快垮台了。这时拿破仑这个英雄人物,从埃及回到本国。全体法国人都转向他。他是军队的化身;法国人已经到了崇拜军队的地步。拿破仑的野心正相当于他的声望和机会。

不久督政府被撵出门外。一部使用共和国的种种名称和种种形式但适合于一个军事独裁者的新宪法草拟成了,拿破仑担任了第一执政。

作为第一执政,拿破仑在 1801 年和 1802 年讨好俄国取得了和解,再度在战场上打败了奥地利,并与英国谈判成功。自 1792 年以来法国第一次与世界和平相处。"自由、平等、博爱"从外敌环伺下得到了拯救。

将军和皇帝 拿破仑这时更是法国的英雄了。1802 年人民投票选他为终身执政,1804 年又一次投票使他成为皇帝。但是法国与其称为一个帝国,毋宁仍称为一个共和国。

波拿巴,作为法国皇帝拿破仑一世,并没有全部取消革命;他试图完成革命;他把政府权力集中在他自己身上。从他那时起直到今天,法国已经是一个高度中央集权的国家,不管它曾经称作什么——帝国、王国或共和国。

政治家和外交家 拿破仑证明他自己既是个军人,又是个政治家。他没有发还没收的教会财产,但是他恢复了教士们的一些特权,并在一些任命上再次承认教皇的权威。他建立法兰西银行作为改进币制的一部分;他给办得好的公立学校提供经费,最后成立为法兰西大学。他建筑公路和运河,并修饰了巴黎城。他企图恢复路易十五失去的法国的殖民帝国。1800 年他诱使西班牙把美洲路易斯安那的广大地区割给法国,这是一个良好的开端。不久以后他试图保持法国对海地岛的所有权,但 1803 年他放弃了该岛;同年他把路易斯安那卖给了美国。

立法者 拿破仑在法律专家们的协助下,汇编和出版了几部改进的法典,做了一项伟

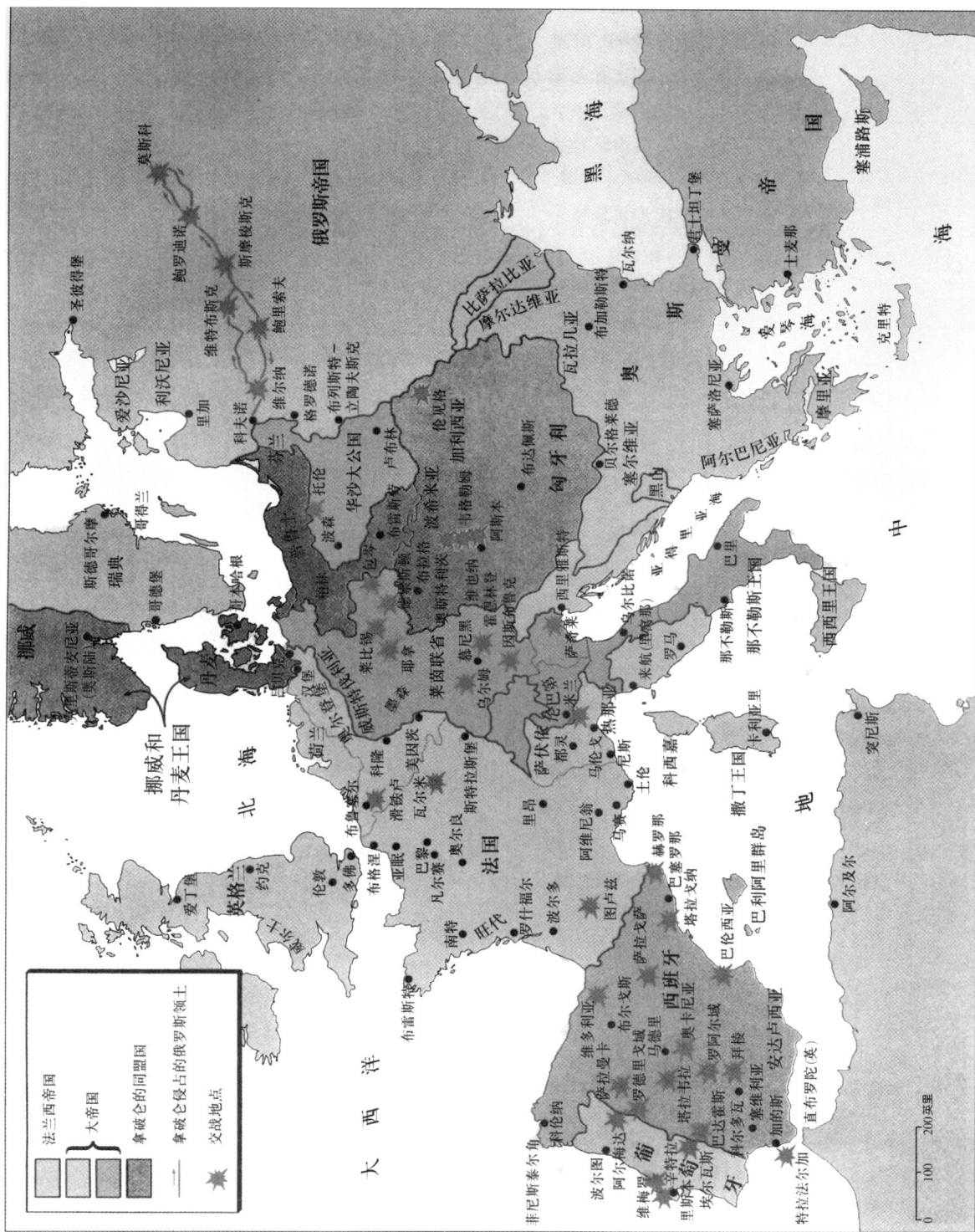

地图 31.1 1812年拿破仑权力鼎盛时的欧洲

图例：
法兰西帝国
大帝国
拿破仑的同盟国
拿破仑侵占的俄罗斯领土
交战地点

大 西 洋

北 海

黑 海

地 中 海

俄罗斯帝国
莫斯科
圣彼得堡
鲍罗迪诺
斯摩棱斯克
维捷布斯克
鲍里索夫
爱沙尼亚
利沃尼亚
里加
科夫诺
维尔纽斯
立陶宛大公国
华沙大公国
格罗德诺
比萨拉比亚
摩尔达维亚

奥斯曼帝国
土麦那
君士坦丁堡
瓦尔纳
布加勒斯特
瓦拉几亚
贝尔格莱德
塞尔维亚
黑山
阿尔巴尼亚
萨洛尼卡
塞浦路斯
克里特
爱琴海

波兰
托伦
波森
克拉科夫
加里西亚
伦贝格

奥地利
匈牙利
布达佩斯
西里西亚
提罗尔
克罗地亚
达尔马提亚
维也纳
波希米亚
布拉格
布伦
摩拉维亚
阿斯佩恩
瓦格拉姆
萨尔茨堡

瑞典
斯德哥尔摩
哥特堡
隆德

挪威和
丹麦王国
挪威
克里斯蒂安尼亚（奥斯陆）
哥本哈根
日德兰

大不列颠及爱尔兰（英）
伦敦
约克
都柏林
爱丁堡
苏格兰
英格兰
爱尔兰
多佛
朴次茅斯

法国
巴黎
里昂
波尔多
马赛
图卢兹
南特
布雷斯特
凡尔登
奥尔良
斯特拉斯堡
阿维尼翁
罗什福尔
图尔

西班牙
马德里
巴塞罗那
萨拉戈萨
布尔戈斯
维多利亚
塞维利亚
加的斯
直布罗陀（英）
特拉法加

葡萄牙
里斯本
维梅罗
布萨科
辛特拉
托雷斯瓦德拉斯

意大利王国
威尼斯
米兰
罗马
佛罗伦萨
都灵
热那亚
撒丁王国
撒丁

那不勒斯王国
那不勒斯
西西里

巴利阿里群岛

科西嘉

马耳他

0   100   200英里

大的和平工作。他的汇编工作把法律整理成清楚简明的体系。它并不是完善的,但是它体现了革命的最好成果,诸如公民平等、宗教宽容和个人自由。他的法律体系被称为"拿破仑法典",在很长时期内一直是世界上最好的法典之一。

皇帝和征服者　在拿破仑登上历史舞台之前,法国革命的领袖们曾宣布他们的计划是要推翻全欧洲的专制政体和额外特权。拿破仑对这项政策热烈地同情。同时他也知道这是使拿破仑扬名的大好机会。

因此,拿破仑的独裁统治意味着战争,不是和平。战争在他的人民和士兵的头脑中,意味着给欧洲以自由、平等和博爱;在他的头脑中,还意味着征服和个人权力。

更辉煌的胜利　1805 年到 1810 年间,拿破仑与欧洲大多数国家作战,并在战役中赢得了许多辉煌的胜利。奥地利人、普鲁士人和俄国人都尝到了他铁拳的压力。他在旧王朝的废墟上画出新王国的图样,把他的亲戚安放在一些定做的宝座上。例如,他把他的一个兄弟立为一部分德意志的国王,另一个为西班牙国王,一个妹夫为意大利南部的国王。但他既是一个征服者,又仍是一个政治家。在他带给欧洲各国的法国革命的各种思想中,民族主义的思想便是其中之一。在德意志和意大利两国,他都指出了民族统一的方向。

图 31-5 《拿破仑加冕大典》,达维特于 1806 年至 1808 年期间所绘油画。1804 年,拿破仑加冕大典在巴黎圣母院举行,但当从罗马赶来的教皇庇护七世准备给他加冕时,拿破仑却把皇冠夺过来自己戴上。为避开这一事实,画家煞费苦心的选择了后半段皇帝给皇后加冕的场面

　　他的最后一次大胜利　1809 年奥地利想要摆脱拿破仑的统治，在瓦格拉姆战役中打了败仗,结果被迫割地给拿破仑,并将骄傲的哈布斯堡公主玛丽亚·路易莎嫁给他为妻。

　　但是瓦格拉姆是拿破仑最后的一次大胜利。太大的权势冲昏了他的头脑——不久他就把手伸得太长了。他作为一个"革命的产儿",又作为一个传播平等福音的传教士开始了他的事业,后来却变成一个以自己为核心的专制君主。在一些不能再用任何自由、平等或博爱的名义来辩护的战斗中,他牺牲了成千上万人的生命。

　　他的第一次大败　自 1806 年到 1810 年,拿破仑着手以被称作"大陆体系"的贸易封锁来扼杀英国。他企图阻止英国货物输进欧洲的任何部分。这太过分了——对他的权力任何一次扩张来说都是太过分了,使欧洲长久忍受也是太过分了。俄国和其他国家开始接纳英国货物。于是拿破仑在 1812 年率领大军入侵俄国。但是俄国人用谋略战胜了他。他们在他面前撤退,引诱他长驱 1287 千米到俄国的心脏。这时他进驻的莫斯科城在他头顶上烧起来了。他的军队由于长途行军和受到侧面袭击而疲弱不堪,他们不但深困在俄国的心脏,而且处在俄国严冬酷寒之中。他从莫斯科的长途撤退是历史上最可怕的插曲之一。他的"雄师"只剩下一小撮回到了莱茵河。在那可怕的一年,不但 100 万人的生命被牺牲了,甚至连拿破仑的光荣也被牺牲了！

　　拿破仑以前也尝过败战的滋味,例如 1789 年,埃及和叙利亚协助他的法国舰队,在尼罗河口被纳尔逊勋爵指挥的英国舰队所打败。1805 年他野心勃勃的计划吃到更严重的苦头,法国舰队和与它同盟的西班牙舰队在特拉法加再次败在纳尔逊手下。但是俄国致命的严冬却把拿破仑置于陆地上第一次大败的境地。这是他结局的开始。

　　他的第二次大败　1813 年 10 月,在萨克森的莱比锡附近,拿破仑遭到他的第二次大败。连续三天,他的军队与俄国、普鲁士、英国、瑞典、奥国及其他各国的联军作战。因为有这么多国家参战,因此莱比锡战役时常被称为"民族之战"。拿破仑失败了。次年他被俘并被放逐到厄尔巴岛,地中海的一个小岛。

　　他的第三次大败　1815 年 3 月,当一伙力图破坏拿破仑和法国革命成果的旧秩序的外交官们正在开维也纳会议时,拿破仑从厄尔巴岛逃回法国,他集合了原有的老部下,召集一些新兵,再次与欧洲对抗了 100 天。但是 6 月 18 日,在滑铁卢,他被彻底地和最后地打垮了。这次他被遣送到另一个小岛——圣赫勒拿岛,这是在南大西洋极其遥远的一个岛,以致他再也没有活着到过法国。

31.5　王朝的复辟

　　1814 年到 1815 年的维也纳会议是维护事物的旧秩序的:它试图再次"把过去放在它的王位上"。法国革命的思想要尽量地根除掉。拿破仑曾撕毁了旧地图而绘制了新地图;

图 31-6　在 1814—1815 年的维也纳和会上，与会各国最终达成了一个对战败国法国相当宽松的条约。但随后发生了拿破仑的百日王朝，之后拿破仑再次被流放，而对法国的条款也严厉了许多

他曾经废掉了许多王侯，重新调整了他们的疆域，并在这些地方建立起新政府，命之以新名称：所有这些大都被取消了。专制政体，甚至是开明君主制，也受到了自 1789 年以来的一些可怕挫折。拿破仑被搞掉了，这些君王们得意的日子又来到了。他们被抬了出来，在很多情况下把原来的地产还给了他们——暂时是如此。但是政治的和社会的冲突还在继续：法国革命给了欧洲一个不容拒绝的诺言。

路易十八在法国　在法国，革命时主要的社会和政治改革被允许保留下来，但是法国又有了一个国王——路易十八。他是波旁王室的人，是路易十六的弟弟。他是路易十八，因为路易十六死在 1795 年的年轻儿子算作路易十七。路易十八一直统治到 1824 年他死去。

意大利和德意志　意大利又分裂成几个公国和王国。北部富庶的伦巴第和威尼斯地区给了奥地利。但是从法国革命接纳来的自由的思想，及拿破仑教导的团结一致和民族主义的思想并没有被人忘怀。这些思想在意大利人的心中一直被珍爱着，直到若干年以后意大利实现了解放和统一。

拿破仑维护统一甚于维护自由。在德意志，他也做了很多工作来把许许多多的小邦合并起来，废掉了一些小邦的王侯。正如我们已看到的，维也纳会议对君王们比对人民更为关心,对自然的或民族的统一毫不在意。但是无论如何,在德意志有些王侯却被冷淡地抛在一边。德意志没有分裂成如拿破仑以前那么多小邦。德意志不再是几百个小王国、公国和侯国,维也纳会议建立了 38 个邦,它们组成了德意志邦联。它是一个松弛的联合,但有它比没有好些。这是走向真正统一的一个步骤。

旧统治者,或至少是旧王朝,一般地都复辟了,但这复辟并不是完全的,也不是持久的。尽管拿破仑为人自私,而且草菅人命,但他还是把法国革命的一些较好的东西带给了西欧,而这些东西并没有全部丧失掉。它们的生命比拿破仑的生命活得长些,也比复辟了的君王们活得长些。

31.6　永恒的成果

法国革命的许多高尚目标没有达到,它的恐怖和悲剧是非常令人遗憾的,但是它有若干永恒的成果,其中有些还具有很大的价值。

封建特权的废除　在 1789 年的"八月间",国民议会被慷慨的激情所鼓舞,横扫了许多旧的既得权利。农奴制废除了,封建负担取消了,教士和教会把什一税和所有各种额外特权一概放弃了。

资产阶级,市镇的中等阶级,免除了最沉重的捐税负担,因此得以自由地参加政治和工业。后来,由于王室专利权、国内关税和行会的废除,他们赚钱的机会就更多了。

农民们从"八月间"得益最多。19 和 20 世纪中法国农业的一个显著特点是小农个体所有制,其起源可以追溯到 1789 年的"八月间"。

社会和经济的改革　国民议会破坏了额外特权,并开始进行社会和经济的改革。紧接着,国民公会循着同样的原则前进,结束了黑奴制,取消了因负债而被监禁的做法,并保护妇女拥有和男子一样的财产权。为了减少财富的种种不平等,贯彻执行了其他一些重要措施;例如,通过了新的遗产继承法,规定不许任何人把财产只传给一个继承人而排斥其他继承人,而要求所有的子女平等地或尽可能平等地继承遗产。这个继承法使近代法国在欧洲诸国中是出名的。

度量衡的公制　国民公会的很多改革趋于极端。有一项规定不许称"先生"而要称"公民"的改革似乎太琐细了。以新历代替旧历的尝试,主要是为了使人忘怀历史上的基督教,但这证明是徒劳且不持久的。但是为了计算方便,建立起十进位的新的度量衡制,结果是对旧制的一个大改进。这个新的"公制",被除了英语国家以外几乎所有的文明国家所采用。

人权宣言　1789 年起草的人权宣言,很快在历史上取得了与其他有关人类自由的伟大文献同等的地位,如英国的大宪章和权利宣言、荷兰缄默者威廉的"声辩"、美国的独立宣言及联邦宪法。它曾是(现在也是)法国革命伟大的和持久的成就之一。

平等的思想　我们已经见到,法国革命的标语是"自由、平等、博爱"。许多罪行是以自由的名义干出来的;平等是一个不明确、不确定、对很多人来说并不向往的梦想;博爱在理论上是如此美好,但往往难以实现;尽管如此,自由和民主确实被法国革命促进了。我们谈到自由,指的是法律规定和保护的、合理程度内的自由;谈到民主,指的是普通公民在政府里有当家作主和说话有效的权利。另一个应该予以承认的思想是民族主义。这一思想曾被法国革命所强调,并被拿破仑·波拿巴传播到整个欧洲。

思想见于行动　有人曾说过革命的法国军队是"平等在进军";还有人曾说法国的刺刀所以这样有力是因为刀尖上有了思想。所有这些意味着法国人民自己是被高尚的目标所鼓舞,欧洲其他国家的人民看到他们为之而战斗的崇高理想并接受了这些理想——至少是接受了几分。法国革命的思想,最好的思想,最后使整个西欧革命化了。

当然,这些思想并不是新的。它们是思想革命(不用追溯太远)和美国革命的思想。法国革命却在欧洲给它们以崭新和有力的表现。

政府和教会之间的敌视　法国革命的后果之一就是基督教怀疑论的批判日见增长,以及国家与教会之间的争端。自此以后,这一类争执经常在法国出现。

拿破仑法典　由于拿破仑·波拿巴是"革命的产儿",我们可以把他的活动——不管好的还是坏的——都归结为革命的成果。在20年的战争中大规模地屠杀法国壮丁(和其他的人)的确产生了持久祸害的深刻影响。但另一方面,我们一定不要忘记他对和平的伟大功绩,即拿破仑法典。

民族统一　拿破仑部分地实现了革命的一个基本原则,即促进了民族主义意识。他也帮助同一语言的民族以实际步骤走向政治统一。在法国,他把权力集中于中央政府。在意大利和德意志,他所建立的政府也多少是民族统一的榜样。民族性在欧洲和民主主义一样,被法国革命显著地推进了。

第 32 章　拉丁美洲革命

　　因为是西班牙人、葡萄牙人和法国人的殖民地而被称为拉丁美洲的南美洲、中美洲、墨西哥和西印度群岛的大多数国家,在 19 世纪早期举行了起义,赢得了独立。拉丁美洲的革命,在时间上是继美国革命和法国革命之后,在某种程度上,也是两次革命的后果。

　　拉丁美洲的历史,以哥伦布的第一次航行开始,可分四个时期来学习:(1)发现和探险——1492 年到 1550 年;(2) 殖民和剥削——1550 年到 1800 年;(3) 革命和独立——1800 年到 1825 年;(4)主权国和自力发展——1825 年至今。

　　这里我们主要讲第三个时期,即革命和赢得独立的时期。

32.1 美国、法国、西班牙和葡萄牙的影响

　　拉丁美洲革命的原因有内部的也有外部的, 即有些原因主要是拉丁美洲自身发生的,而另一些则是从外部传来的——从欧洲,从北美。在拉丁美洲,殖民地大多属于西班牙和葡萄牙,捐税沉重,大部分土地被少数享有政治和社会额外特权的富有地主所占有。在西班牙出生的西班牙人,在葡萄牙出生的葡萄牙人,都在拉丁美洲享有许多克里奥尔人(土生白人)不能享受的特权和优惠,这些土生白人就是在拉丁美洲出生的西班牙人、葡萄牙人或法国人。当然,印第安人和混血种人更有种种理由来抱怨了。他们中很多人世世代代被奴役、被掠夺或是被压迫。因此,在拉丁美洲的土生白人、印第安人和各种混血种人都是不满意并准备起义的。

　　但是外部的影响和情况对引起拉丁美洲革命也起了十分有力的作用;这些外部影响主要来自美国、法国、西班牙和葡萄牙。

图 32-1　1794 年，法国国民议会命令在法国殖民地废除奴隶制。但 1802 年，拿破仑又企图重建美洲殖民地，为此诱捕了海地黑人起义军领袖杜桑·卢维杜尔，并派军队远征海地。但因法军大多数染上黄热病而归于失败。海地在 1804 年独立，而拿破仑则将法国在北美大陆的殖民地——路易斯安那以极其低廉的价格出售给美国

拉丁美洲革命的外因　上述概要已指出了一个部分属于外来的原因——"剥削"。欧洲诸国，尤其是西班牙的政策，是使殖民地为母国的利益服务。这个原因，连同已叙述过的对贸易的限制和其他事情，使得殖民地居民，特别是土生白人、印第安人和各种混血种人时刻准备着为自由而斗争。

此后，在 1776 年和以后的几年中，出现了北方英属十三州殖民地的榜样——他们激动人心的独立宣言、他们的英勇战斗和他们作为独立诸州的成功兴起。

在约翰·洛克、伏尔泰、孟德斯鸠、卢梭和亚当·斯密的著作中所具体化了的思想革命，在拉丁美洲较有知识的阶层中产生了有力的影响；自 1789 年到 1800 年的法国革命又在国外提供了另一个动人的榜样。在 1801 到 1803 年年间，拉丁美洲的一个大岛——海地的黑人为自由而战斗，战胜了拿破仑的军队。

拿破仑·波拿巴　拿破仑无意识地在欧洲做了许多事，为拉丁美洲革命的发生准备了条件。1807 年他进攻葡萄牙。为了躲避他，葡萄牙王室乘船逃往他们在南美的巨大殖民地巴西。这是导致巴西独立的一系列事件中的第一步。同年和第二年，拿破仑入侵西班牙，废黜了国王斐迪南七世，立自己的哥哥约瑟夫·波拿巴为西班牙国王。不久，当约瑟夫在西属美洲各主要城市被立为国王时，那里的人民拒绝接受他，进而发出效忠斐迪南的呼声。

他们开始与拿破仑所立的篡位者做斗争。短时间内，他们的斗争发展为争取独立的斗争。

在拉丁美洲各处革命中的领袖人物多半是土生白人、印第安人和印欧混血种人。好几个卓越的将领是印第安人或半印第安人。大多数高级教士是保王党人，但许多低级教士是积极的革命者；因为当时存在些宗教上的不满，这多少有助于革命运动。

32.2　米兰达——政治上的先驱者

在拉丁美洲，如同在英属美洲和其他国家一样，革命在相当大的程度上是由个别鼓

动家引起的。在南美革命早期最杰出和最有影响的领袖之一是弗朗西斯科·德·米兰达，他的父母是西班牙人，1750 年生于委内瑞拉。南美和中美的西属殖民地之所以能最终解放，带头起义的荣誉应归功于委内瑞拉和米兰达。

在拉丁美洲开始为独立而战斗以前，米兰达参加了美国革命和法国革命。虽然他是委内瑞拉的西班牙军队中的一名上尉，但是他辞职到美国革命中的拉斐特部下。此后他开始策划委内瑞拉的独立。在欧洲各国他受到了亲切的接待。他热烈欢迎法国革命，加入了法兰西共和国的军队，并被擢升到少将级。

由于对 1793 年法国人的战败负有部分责任，米兰达逃到了英国，仍在试图为委内瑞拉求得援助。1797 年他在委内瑞拉发动了一次密谋，但是失败了。1803 年米兰达去到纽约，在那里设法配备了两艘船和大约两百名人员。他带着这些在 1806 年驶往委内瑞拉。他从特立尼达的英国人那里得到了一些援助，于是沿着海岸率领了两支远征军。他占据了一两个沿海市镇，但因上层阶级的敌视和广大群众的冷淡而无法前进。

1810 年米兰达组织了另一次远征军。由于米兰达和拿破仑的鼓舞，那时革命的情绪更强了。在委内瑞拉的首都加拉加斯，有地位的市民已经废掉了他们的总督，并建立起革命政府。大半是由于米兰达活动的结果，召集了一个代表该国各部分的革命会议。这次会议在 1811 年宣布了委内瑞拉的独立。

宣言和争论　这是西属美洲殖民地中第一个正式的独立宣言。委内瑞拉会议还制定了一部联邦宪法，试图把委内瑞拉的几个州统一在一个中央政府之中。这部宪法显示出美国宪法和法国人权宣言的影响。但是像在英属殖民地和法国那样，在委内瑞拉有不同的派别，对革命的支持并不一致。米兰达和其他领导人之间的争吵削弱了他们的事业。1812 年 7 月，米兰达被另一派革命者所监禁，不久落入了西班牙当局的手中。他被遣送到西班牙囚禁起来，在那里他被铁链拴在地牢的墙上，于 1816 年 7 月 14 日死去。

有意义的一天　政治上的先驱者米兰达为了自由死于监狱，就是他牺牲的那一天也是有意义的。7 月 14 日是法国的独立节日，即巴士底狱风暴纪念日。在委内瑞拉和拉丁美洲其他部分，一些有志之士继承了他的爱国事业。

32.3 玻利瓦尔在北方

老米兰达放下的衣钵被南美洲北部的青年玻利瓦尔继承起来了。

西蒙·玻利瓦尔(1783—1830 年)出生于委内瑞拉一个富有的土生白人家庭。他在西班牙学法律，并在欧洲大陆广泛旅行。在巴黎他目击了法国革命最后的那些情景。1809 年，他又一次访问欧洲归来，游历了美国，成为这个正在成长的年轻共和国的热烈赞扬者，并决心投身于委内瑞拉的独立运动。以后的 15 年中，他作为一个战士和政治家，时而因胜利而得意，时而因失败而沮丧，他把委内瑞拉和邻近诸国的起义，引导到了一个历时虽久,但最后成功的结局。

在加拉加斯 1812年,大约当米兰达被俘时,西班牙人控制了委内瑞拉,玻利瓦尔逃往加勒比海的一个岛上。从那里他到了委内瑞拉西边的国家新格拉纳达,今称哥伦比亚,参加了该国的革命部队,取得一支军队的指挥权,并在几次战役中打败了西班牙人。每次胜利后他的军队都扩大了,他从新格拉纳达打回委内瑞拉,并于1813年8月4日胜利地进入首都加拉加斯。他受到了爱国者们的热烈欢呼,并被拥戴为民政和军事上的绝对独裁者。

失败和离弃 在这以后的一两年内,玻利瓦尔多次战胜西军,却在两次战役中遭到了失败。这时在西属美洲保皇党人势力复兴,主要因为在欧洲拿破仑不能控制西班牙,1814年斐迪南七世又恢复了西班牙王位。正像我们所注意到的,拉丁美洲各处的起义,最初主要都是针对拿破仑和他在西班牙的篡位者的。因此,1814年当斐迪南复位时,许多起义的委内瑞拉人都恢复了对他的忠诚。

一次决定性的胜利 在玻利瓦尔遭到前述失败之后,他去到新格拉纳达、牙买加和海地,聚集了和他自己一样被赶出委内瑞拉的其他革命志士。1816年12月,他在委内瑞拉靠近奥里诺科河口的一个岛上登陆,召集了一个会议,组织了一个政府,继续战斗,并赢得了对国王的将领们的若干次胜利。1819年他着手将他的力量和新格拉纳达的力量联合起来。他率领他的士兵溯奥里诺科河而上,到该河发源地安第斯山脉,然后从险峻的帕亚隘口横越高耸的安第斯山。在那些积雪不化的地方,气候是这样寒冷,使得许多士兵和所有马匹都冻死了。但是他的残余的小股军队及时越过了雪山,进入新格拉纳达,1819年8月7日在波亚卡给西班牙人以决定性的打击。玻利瓦尔胜利地进入波哥大。很快他就被公认为新格拉纳达和委内瑞拉的总统。

图32-2 玻利瓦尔

解放者 在以后的四五年中,玻利瓦尔援助了厄瓜多尔、秘鲁和玻利维亚的革命者。到1825年,西班牙的力量被逐出了。玻利瓦尔辞去他的军事独裁职务,虽然有劲敌们的反对,他仍被选任最高的文职。他被人们广泛地称颂为"解放者"、"南美的华盛顿"。玻利维亚,即秘鲁广大地区的一部分,就是为了向他表示敬意而命名的。委内瑞拉、哥伦比亚、厄瓜多尔、秘鲁和玻利维亚五个国家都怀着感激的心情纪念他。

他的助手们 在解放战争中，与玻利瓦尔协同作战的能干将领中有一个年轻的印第安人安东尼奥·派斯。他生于 1790 年,革命蓬勃兴起时,他只有 20 岁,但是他一直活到了 83 岁。他是委内瑞拉独立后的第一任总统。1860 年他任委内瑞拉驻美公使,但几年后他被逐出了他的祖国,成为一次暴动的牺牲者。他一生的最后 3 年是在纽约城度过的,1873 年他死在那里。

玻利瓦尔和派斯在他们争取自由的战争中得到了约 5000 名英国和爱尔兰士兵的援助,这些士兵都是欧洲战争中的老战士,他们在推翻拿破仑之后来到拉丁美洲,又参加了争取独立的斗争。

32.4 圣马丁在南方

正当玻利瓦尔、派斯等人领导着委内瑞拉、哥伦比亚和其他南美北部诸国的革命时,阿根廷和南美大陆的其他南部诸国也举行了起义,先是反抗波拿巴,以后是反抗西班牙。南部的革命领袖中,最能干的大概是何塞·德·圣马丁。

圣马丁在欧洲 圣马丁(1778—1850 年)生于阿根廷,但童年时就被送到西班牙留学。以后在西班牙反对拿破仑的战争中,他是一个出色的士兵。1811 年他放弃了在西班牙军队里的中校职务,回到阿根廷。第二年,他去布宜诺斯艾利斯投身于革命事业。1813 年 1 月,他在圣洛伦索打败了西班牙总督,次年被任命统率秘鲁的起义军。

圣马丁在秘鲁和智利 秘鲁,即西班牙在南美的第一个统治中心,是效忠于它的最后一个据点。当革命在邻近诸国已经成熟后很久,秘鲁的大部分仍紧紧地依附于西班牙。

1814 年及以后数年中,圣马丁想出了先解放智利,然后从智利攻打西班牙在秘鲁诸据点的计划。他实现了这个计划。以安第斯山对面阿根廷的门多萨为司令部,他在 1815 年和 1816 年征集并训练了一支他称为"安第斯军"的军队。这支军队由来自阿根廷和智利的人们组成;在征集和训练这些人时,圣马丁得到了智利一个前爱尔兰总督的儿子伯纳德·奥希金斯的有力支持。

安第斯军 1817 年 1 月,圣马丁率领一支训练精良的 4000 人的军队自门多萨向西行进。他们从险峻的山路越过海拔高达 4000 米、积雪盈巅的安第斯山。这个武功堪与汉尼拔和拿破仑的横越阿尔卑斯山相媲美。2 月 12 日,他们开始在圣地亚哥附近的恰卡布科袭击西班牙军,并把它打败了。

大约一年多以后,1818 年 3 月 19 日,圣马丁被西班牙人打败了;但 4 月 5 日在圣地亚哥以南数英里的迈波,他获得了决定性的胜利,从而挽救了他的命运。这个战役结束了西班牙在智利的权力,从而圣马丁可以把精力集中在秘鲁了。

从智利到秘鲁 迈波胜利以后,圣马丁又去到阿根廷,取得征服秘鲁的援助。他在智利海岸外征集了一支由阿根廷和智利船只组成的舰队，由英国官员托马斯·科克伦勋爵统率。舰队主要由英国和美国的水手配备。到了 1820 年 8 月，圣马丁已经征集到了另一支约 4000 人的小军队。他同他的士兵们一起乘坐科克伦的船只，从智利的瓦尔帕来索启航，并在秘鲁海岸上的皮斯科登陆。1821 年 7 月，圣马丁进入了秘鲁首都利马，宣布秘鲁为一个独立的共和国。

在这一次胜利进军秘鲁之初，西班牙人几乎四倍于圣马丁，但是西班牙军队中很多印第安人赞成独立，因而投奔了圣马丁。

圣马丁和玻利瓦尔的会晤　1822 年 7 月，圣马丁在厄瓜多尔的瓜亚基尔会见了来自北方的玻利瓦尔。圣马丁本来以为玻利瓦尔是一个豪爽的爱国志士，自愿在他手下服务，但他很快就发现玻利瓦尔非常关心他个人的发迹。圣马丁看出他不能愉快地和玻利瓦尔一起工作，于是放弃了他的权力，在 1822 年 9 月自秘鲁引退，让玻利瓦尔全权统治。到了 1824 年 12 月，苏克雷将军——玻利维亚都城之一因他而得名——得到了来自哥伦比亚的玻利瓦尔的援助，打败了秘鲁最后的西班牙军队，完成了这个国家的解放。

圣马丁的晚年　圣马丁自秘鲁引退后，在智利待了一个时期，以后又去到阿根廷。由于受到政敌的烦扰，他最后去到欧洲，在那里度过了他的晚年。1850 年他死在法国的布伦。在所有南美革命时期的爱国志士中，他的确是最能干的一个，或许是最不自私的一个。阿根廷、智利和秘鲁的独立主要应归功于他。玻利瓦尔时常被称为"南美的华盛顿"，但是有些作者却认为圣马丁更配享有这个称号。

墨西哥和中美洲　1810 年墨西哥革命开始了，伊达尔戈和莫雷洛斯两个本地神父是杰出的领袖。他们不久就为爱国精神献出了生命，但是争取自由的战斗却被其他人一年又一年地持续着，到 1821 年才赢得独立。此后不久，仿效北美合众国政府，组成了中美联合省。

巴西从殖民地到王国　我们曾经看到，当 1807 年拿破仑入侵葡萄牙时，葡萄牙王室逃到了巴西。1815 年巴西宣布为一个王国，拥有和葡萄牙同样的政治地位。1820 年葡萄牙爆发了一次民主革命，但是真奇怪，领袖们却提出了再度把巴西降到殖民地的地位。为了反对这件事，又因为受到周围各国争取自由的运动的鼓舞，巴西人在 1822 年宣布了独立；虽然它有一部自由的宪法，但他们称自己的政治组织为帝国，而不称共和国。

巴西相对地没有经过多少战争或流血而获得了独立，这是很幸运的。

到 1825 年或更早些，西班牙、葡萄牙和法国在南美洲、中美洲、墨西哥和西印度群岛的殖民地几乎全部获得了独立。最值得注意的例外是古巴和波多黎各，两者仍是西班牙的殖民地。

图 32-3　1821 年葡萄牙王室迁回葡萄牙，留下王子佩德罗担任巴西任摄政王。由于葡萄牙议会要求佩德罗回国，为了保持统治地位，佩德罗于 1922 年 9 月 7 日在圣保罗城附近的伊皮兰加小溪畔拔出宝剑，宣布："我们必须立即宣告独立。不独立，毋宁死！"此画便是表现这一幕。12 月 1 日，佩德罗加冕为皇帝，称佩德罗一世，巴西成为立宪帝国

32.5　国外的情绪

对于 1800 到 1825 年年间导致独立和建立共和国的拉丁美洲革命，无疑地，美国的大多数公民是以同情和支持的眼光来看待的。同样，在欧洲，自由主义者，就是那些赞成民族主义反对专制政体的人，也很高兴地看到拉丁美洲争取自由的胜利和民族主义的增进。在不列颠群岛和法国，对拉丁美洲革命也有广泛的同情。另一方面，由维也纳会议代表的保守分子与反动分子，以他们在西班牙、奥地利、俄罗斯和普鲁士等地的强大实力，站在维护事物的旧秩序的立场上，看到了任何地方的民主革命，当然都大为震惊。

革命总是不稳定的和危险的。对欧洲的专制君主和贵族们来说，像美国、法国和拉丁美洲那些革命无疑是加倍危险的。任何革命都可能以军事独裁而告终，但是民主革命首先打击的是王权和各种特权。

维也纳的阴影不但是维也纳会议试图再次"把过去放在它的王位上"，而且那些指导会议的人也竭力把"它"保持在那里。梅特涅亲王尤其如此，他是奥地利的能干的政治家，他控制了维也纳会议。随后，我们将要看到，他以树立强固的"反对革命潮流的障碍"作为毕生的事业。他是保守分子中最保守的。

四国同盟　1815 年，维也纳会议闭幕后不久，胜利者组成四国同盟，即奥地利、俄国、普鲁士和英国的联盟。梅特涅希望采用这个手段来贯彻执行维也纳会议的决议。他也希望四国同盟将能够镇压或防止革命。但这工作比他所想象的要困难得多。就在这新的同

盟形成时,拉丁美洲革命正在进行——正像我们所知道的,它们将继续进行到取得胜利。同样,在1820年和1823年之间,在西班牙、葡萄牙、那不勒斯、撒丁和希腊都发生了反对专制统治者的起义。一支奥地利军队镇压了意大利的起义,一支法国军队扑灭了西班牙的革命;但是梅特涅的计划并不是顺利地进行着的。英国对此正在失去同情——英国实际上退出了梅特涅的体制。

　　神圣同盟　联系到导致门罗主义的一系列事件时,神圣同盟往往与四国同盟混淆起来。神圣同盟是1815年俄国沙皇亚历山大组成的一个联盟,用来倡导基督教的一些教训——正义、仁爱与和平。开始,他劝说普鲁士国王和奥地利皇帝一起参加这同盟,希望欧洲其他君主们也都这样做。他们中大多数是这样做了(教皇、土耳其的苏丹和英国政府采取冷淡态度),但是除了沙皇亚历山大以外,似乎没有人很认真地对待它。梅特涅也几乎用轻蔑的眼光来看待神圣同盟,尽管他迫切地千方百计利用它来推进自己的计划。

32.6 门罗主义

　　所有学过美国历史的人都听说过门罗主义。现在我们就来看看它是怎么在我们已学过的国际形势中出笼的。

　　1822年,法国国王按照梅特涅的计划,建议帮助西班牙压服它正在起义的美洲殖民地。英美两国都反对。拉丁美洲新成立的一些共和国与英国的贸易,较之西班牙统治时期更为有利,英国不愿这些国家再度回到西班牙的统治之下;它也不愿法国控制它们。

　　美国承认了这些新共和国为独立主权国。此外,门罗总统还感觉到任何来自旧世界的专制强权对新世界的干涉,都会"危及我们的和平与安全"。

　　俄国在北美　著名的"门罗主义"部分是针对俄国的。从很早以来,俄国就主要通过贸易据点控制着阿拉斯加;1821年俄国政府在一个敕令中声称,它拥有北美太平洋沿岸直到51度纬线,即到温哥华岛的全部土地的所有权。这个要求使英、美两国都震惊了,因为两者也都要求那个地区的主权。

　　门罗主义的要点　因此,1823年,门罗总统在给国会的咨文中声称,美国将不干涉欧洲的事务,同时也警告欧洲列强不要对美洲进行干涉。欧洲列强决不能再把美洲"殖民地化"。欧洲决不能把它的"体制"——梅特涅的君主联盟的体制——伸展到美洲。

　　门罗主义的重大意义在于向旧世界的各专制国家发出这一警告时,美国的主要动机是自卫,但它以拉丁美洲新共和国的拥护者或保护者自居。大陆同盟诸国之所以那么小心地重视美国的这个警告,一个重要的原因是英国同时采取了相同的立场。

　　自1823年以来,随着世界局势的演变,门罗主义经历了重要的变化,但是研究这个充满革命的时期,就容易看出它最初是什么,为什么它是在1823年宣布的。它在保护新世界的那些新共和国方面确实起了很大的作用。

第33章　工业革命

当法国革命和拿破仑战争在欧洲大陆上造成血腥、暴烈的悲剧之时,在英国发生了一个变化,这一变化,归根到底,使得围攻巴士底狱和滑铁卢战役在相比之下似乎无足轻重了。这就是工业革命。全部近代历史上,没有别的事件比工业革命更惊人地影响了普通人的生活,或对人类的进步开拓了更广阔的前景,或造成了更剧烈的苦难和不满。

一次革命做出两件事:推翻旧秩序,建立或试图建立一个新的秩序以代替旧的。历史上的革命有不同的种类——它们发生在各不相同的领域里。有些革命影响了政府——是政治的;有些影响了教会——是宗教的;有些影响了某些群体的生活和特权——是社会的。很多,也许是大多数大革命带来了大量喧嚣的和毁灭性的暴行——战争、处决、迁徙和没收;但有一些,像思想革命,则比较平静地,但同样有效地发生了。

工业革命主要是和平的,因为它是机械革命;但它既是建设性的,又是破坏性的;而且一旦顺利地开始后,它是很喧闹的。

33.1 什么是工业革命

工业革命是在生产布、铁、钢和其他制成品的方法上的根本改革或一系列改革。它主要是以机器操作代替了手工操作。

它的广阔范围　用一个简短的概述来开始或许对我们有帮助。(1)在制造棉布和其他商品方面,发明了用蒸汽机或水力开动的机器来代替人力。(2)由于一长串的发明,可以大规模地生产和使用煤、铁和钢,从而进入铁和煤的时代。(3)蒸汽机车和汽船的发明引起了运输和商业上的革命。(4)以前在自己家里用手织机或简单工具劳动的亿万劳动人民,现在离开了他们的家,来到迅速增多的工厂、矿山和磨坊里劳动,成为雇佣劳动者。(5)资本主义的权力和重要性大为增加,因为新的工厂、矿山和铁路是为资本家所拥有和管理的。资本家们也是工人们的雇主。(6)被行会和重商主义政治家们强加给工商业的旧限制都被扫除掉,为商业的自由竞争清除场地。但这只是一个暂时的局面。(7)工业和商业大大地扩展起来,很快就使农业大为逊色,廉价的机器制成品充斥市场,使普通人民在生活上得到更多的方便。(8)以空前速度增长的人口,愈来愈多地集中在作为工商业中心的城市,直至大多数的人民都不再住在农村,而住在城市。

时间和地点 经济史上没有滑铁卢、没有和约、没有选举来作为里程碑,因此很难确定工业革命的时间,但是我们可以说,当美国革命和法国革命发生时,它已经蓬勃开始了。我们有很大的把握指出英国是主要的地点。我们可以说工业革命开始于17世纪或更早些;18世纪后半期,它在英国的进展已经变得很显著了,到19世纪更是这样;而且在19世纪和20世纪,它已经传遍了世界各国。

本章将叙述发生在18世纪后半期和19世纪前半期的英国工业革命的故事。

33.2 新的纺织机器

轮盘曾创造历史。即便在古代史上我们也已经见到这一事实。工业革命为它提供了最有力的例证,因为机器的发明产生了工业革命,而机器主要是这样或那样的一些轮子。

珍妮纺纱机 我们说,需要是发明之母。这意味着大量的需求唤起巨大的努力。发明也是由各种有利条件促成的——有教养的人、贸易、对制成品日益增长的需求等。有时幸运的机遇也会导致一个重要的发明或发现。

一天,一个英国织工詹姆斯·哈格里夫斯偶然看见他妻子的纺车翻倒在地。这是一架很简单的机器,主体为一个转动纱锭的大轮子,纱线绕在纱锭上。哈格里夫斯看到轮子翻倒了却仍继续转动,纱锭竖立着而不是平卧着,于是他想到可以把若干纱锭竖立排列从而能够完全由一个轮子来带动。

这桩偶然事件的结果是詹姆斯·哈格里夫斯——他也是一个很灵巧的木匠——着手设计和制造了一架装有8个竖立纱锭的机器,并用几根棍条或夹子代替人的手指来牵引和握住纱线。用这种新机器,一个熟练的操作者纺出的纱线,与8个妇女用8架旧式纺车纺出的同样多。但是詹姆斯·哈格里夫斯把这一发明归功于他的妻子珍妮;为对她表示敬意,他命名这架机器为"珍妮纺纱机"。

詹姆斯·哈格里夫斯的妻子大概会为他而感到骄傲,但是他的一些从事纺织的邻居却不然。当他们发现他制造了一台可以抢去他们工作的机器时,他们闯进他的家,把"珍妮纺纱机"捣毁了。于是詹姆斯迁到另外一个市镇,开始制造并出售珍妮纺纱机,其中有

图 33-1 珍妮纺纱机的发明,成为英国工业革命开始的标志

的大到可以同时纺一百根纱线。

哈格里夫斯制造出第一台珍妮纺纱机是在 1765 年或那年前后, 即有名的印花税法公布的那年。

阿克赖特的水力纺纱机 约在同时,一个名叫理查德·阿克赖特的机敏的理发师制造了一台纺纱机,这机器把一股股绞得很松的羊毛或棉花从一对对滚柱中间抽出,然后由纱锭绞紧,纱锭也是机器的一部分。阿克赖特的第一部机器是以马力带动的,但以后他使用水力,因此他的发明被称为"水力纺纱机"。不久,阿克赖特拥有了若干工厂或纱厂,他的水力纺纱机使他挣了钱,很快地他发了财——也得了名。1786 年他被国王授予爵士称号。阿克赖特和哈格里夫斯一样,遭受到很大的敌视,因为他的发明使很多作为手工工人的男女失去了工作,但他由于机器而成为最早的几个百万富翁之一。他也是最早在工厂中使用蒸汽机的几个工厂主之一。

克朗普顿的骡机 然而,既不是哈格里夫斯,也不是阿克赖特把全部问题解决了。珍妮机纺出的纱线精细但不结实,水力纺纱机纺出的纱线结实但粗糙。一个名叫塞缪尔·克朗普顿的青年人着手把两种机器合并, 利用两者的优点。在 1779 年他建造了一台"骡机",因为它正如骡子一样是一个杂交种。他把 20 或 30 个纱锭装在一个活动的台架或框架上,待纺纤维通过转轴,由这个架子拉到相当的距离之外,一边拉的时候,架子上的纱锭一边转动,搓成粗线,直到这些粗线能经得住拉力的时候,转轴便停止,然后架子再往前拉,这样所得的纺线细长而有力。

用这种机器可以纺出比手工纺的更结实更细的纱线,并且纺得更迅速更便宜。以后骡机又有所改进。它至今仍被使用。

卡特赖特和自动织布机　克朗普顿发明骡机后几年,一个名叫卡特赖特的英国教士发明了一种改进了的织布机——自动织布机。经过其他发明家的许许多多改进,这种织布机被普遍采用了。到 1813 年英国有 2400 台这种织布机;到 1833 年有 8.5 万台。好几千名手织工人失了业;他们反对机器的斗争遭到了失败。由于很多手纺工人和手织工人年纪太老,改学不了新行业,因此产生了大量贫困和苦难。

新机器和棉花　纺纱和织布的新机器最初几乎只由棉布制造者所采用。原因很有趣。18 世纪以前,棉布在英国被认为是奢侈品,主要从印度进口。但是在 18 世纪初,呢料制造者劝说议会禁止使用"洋布"(印度棉布之称),以保护那时英国最引以自豪的毛纺工业。结果并不全像议会所期望的那样。由于人民仍大量需要棉织品,英国的棉织工们能够从事一项兴旺的行业。另外,不但英国棉布制造商渴求利用机器来增加产量,而且他们也可以自由地这样做,不受重商法规的阻碍,那些法规曾经阻碍了较古老的、更为重要的毛纺工业。

哈格里夫斯的珍妮机、阿克赖特的水力纺纱机、克朗普顿的骡机和卡特赖特的自动织布机使棉布贸易大为扩展,而毛纺织工们仍墨守陈旧的手工方法。可是后来,毛纺业也使用了新机器,麻和丝也同样,但是棉纺业比起其他还是领先了。

轧棉机　1793 年美国的一项发明对英国和其他国家的棉纺工业有很大的意义,那就是伊莱·惠特尼发明的轧棉机。这是一台把棉籽从原棉的纤维中脱出的机器。它使种植棉花更为有利,并为纺织业供应了更丰富的棉花。

水　力　发明纺纱机和自动织布机以后的若干年,机器的动力是靠水车供应的。18 世纪 70 和 80 年代,棉纺厂像雨后春笋般沿着湍急的溪河兴起。到 1788 年英国已有 143 座水力棉纺厂。但到该世纪末,水车开始被一个新的动力来源,即蒸汽机所代替了。

33.3 詹姆斯·瓦特和蒸汽机

早期的蒸汽机　詹姆斯·瓦特一般被称为蒸汽机的发明者,但实际上他不过是改进了它。甚至在他出生前,各种类型的蒸汽机已经发明了,其中一种用于英国煤矿,用来把时常淹没煤坑的水抽出。它在 1705 年为托马斯·纽科门所发明。当一个矿井抽水时常用的纽科门式发动机被拿来让詹姆斯·瓦特(1736—1819 年)修理时,他是爱丁堡大学科学仪器的制作员和修理员。瓦特注意到这发动机浪费很多热量和时间,因为活塞每冲击一次,汽缸里的蒸汽要靠冷却来凝聚,然后为了下一次冲击,须再把汽缸加热。对这个问题苦思了一些时候以后, 他决定让蒸汽通过一个阀门进入一个单独的经常保持冷却的冷凝室,

图 33-2　蒸汽机的发明，标志着人类进入了"蒸汽时代"

同时主要的汽缸依旧保持热度。

瓦特的"恶魔"　当瓦特试造这种发动机时，他遇到了一些可使大多数人气馁的困难。似乎没有一个铁匠熟练到足以把汽缸做得完全圆形，或是把活塞杆做得绝对光滑笔直，或是把阀门做得严密。正当他打算放弃试验的时候，一个有钱的朋友认为这个新机器或许会对他自己的煤矿有利，所以为瓦特偿还了债务，并劝他再试试。最后，在 1769 年，瓦特完成了他的第一台蒸汽机。它被很恰当地称为"恶魔"（Beezlebub），因为它不但吞吐烟火，而且动作像个魔王。

甚至那时瓦特仍似乎注定要失败，因为他的朋友不再能给他钱了。但幸运的是，伯明翰一个富有的五金制造商马修·博尔顿对这项发明发生了兴趣，把"恶魔"带到他的工厂去修理，并与瓦特合伙制造了蒸汽机。

蒸汽机的使用　博尔顿和瓦特出售的第一批发动机是用来从煤矿里抽水或向鼓风炉打气的。但是，瓦特继续改进他的发动机，最后发明了一种方法，把在一条直线上前后移动的活塞连到一个轮子上，这样可以转动磨石，或开动棉纱厂的机器。他的最大改进之一是在 1782 年，用新的方法安置阀门，使蒸汽的压力可用来使活塞既向前，又向后推动。

印刷和运输　在蒸汽机的许多新的应用中，一种是在 1814 年把它应用在印刷机的操作上。这件事很重要，因为它使书籍和报纸的印刷便宜得让普通人都能享受。在更早些时候，蒸汽火车和汽船已经开始了它们划时代的事业。以后我们将进一步学习这些。

33.4 煤和铁

机器和开动它们的发动机的发明可以看作是工业革命的决定因素。和这密切相连的是煤和铁使用的增加。工业革命以前的时期可称为"木材时代",木材被广泛地用作燃料和工具。只有少量的煤被开采。铁是昂贵而稀少的,因为冶炼的方法粗劣。所以并不奇怪,第一批机器用木材而不用铁来制造。

新的燃料　走向"煤铁时代"最初的大步伐之一是在冶铁炉中以煤代替木炭。冶铁就是熔化原矿和将金属与渣滓分开的过程。

有大量的煤可供开采,而木炭的木材供应却正在枯竭;因此,早在17世纪,一个英国人看到这种情况,就尝试用煤代替木炭。这是一个有效的主意,但在那时却没试验成功。一个世纪以后,另外一个名叫达比的英国铁匠把煤炼成焦炭后使用,取得了较好的结果。但是焦炭火不能烧得很热,除非用一股强烈的空气来吹燃,因此"鼓风炉"发展了起来。为了"鼓起风来",达比使用了一对由水轮转动的大风箱。

斯米顿的鼓风机　在熔炉里产生强气流的一种更好的方法是在1760年由约翰·斯米顿发明的,他是一个苏格兰铸铁车间里雇用的工程师,在那里使用焦炭的效果不算好。斯米顿用一个具有4个大铁汽缸的气泵来代替旧式的皮风箱,汽缸装上活塞和阀门,并用水力发动。斯米顿的鼓风机最后成功地使焦炭能用来炼铁。

亨利·科特的炼铁法　当用焦炭作燃料时,鼓风炉炼出的"生铁"里含有杂质,使铁质太脆,在很多场合不适用。怎样使生铁变成更纯更坚韧的熟铁和钢,是一个难题,直到1784年左右亨利·科特发现,如果把生铁在一个特殊熔炉里加热,并在它非常热时予以搅拌或"搅炼",大部分杂质就可以除去。然后把炽热的、净化的金属从熔炉里取出,不用锤子锤击,而用沉重的滚柱轧成铁条或铁板。

亏得这些新的方法,有较便宜和较好的铁可用来制造机器、坦克和锅炉。一个胆量不凡的发明家甚至用铁板造了一只船。

猪　铁　又粗又重的铸铁条,因为它们在铸造的沙床中排列的形式,被叫作猪铁(生铁)。熔化了的铁水被引入一个大而长的、两边各有一排较小的模子沙土的模子里。这个大模子旁边带着一些小模子,很像一头母猪带着一排猪仔,因而称作"猪铁"。

车　床　任何人只要见过一个拆开了的汽车马达或任何一种发动机,就可以知道汽缸和活塞必须很"准",就是说,它们的形状必须准确而光滑。若是只用手工,想准确地给汽缸钻眼,或做一个不漏气的阀门是不可能的,因为没有一个工人能把一个工具在手中掌握得绝对平稳。这个问题在1794年用车床解决了。

莫兹利发明的车床是一种把钻头固定住的装置,同时把要打眼的金属块也固定在同一条线上。它的另一项装置是把切削工具固定,同时要切成圆筒状的金属迅速地在车床或转动的机器上旋转。这看来好像是一项简单的发明,但它在蒸汽机和每种铁制机器的成败上起了关键性的作用。

高压发动机　早期的蒸汽机所遇到的最严重的困难之一,是蒸汽压力如果升得很高,锅炉就会爆炸。但是当锅炉很快能用坚固的铁板制造时,使用高压蒸汽就变得安全多了,发动机也能大大改进了。汽缸和活塞的体积能予缩小,全部发动机也能做得小些、简单些。理查德·特里维西克约在 1800 年做了这项改进,他在发明蒸汽机上的功绩不亚于詹姆斯·瓦特。

33.5　汽船和火车

当看到蒸汽能够成功地用来转动静止的机器轮子时,发明家们开始想到利用它来推动船和车。

道路和运河　在我们谈到蒸汽如何被应用于车和船以前,可以先说一说早期的运输工具。

18 世纪以前英国的道路是如此恶劣,以致不大可能使用有轮的车,商人们用驮马把货物从一个地方运到另外一个地方。很清楚,除非找到较好的运输工具,否则贸易不能很广泛地发展。

碎石路　18 世纪,尤其是 19 世纪,做了不少改进道路的工作,因此驿站马车、货车和四轮马车可以在上面通行。"麦克亚当路"是以苏格兰工程师约翰·麦克亚当而得名的。他使用碎石来加硬和加固道路,并在 19 世纪初建造了几千英里漂亮的道路。同一时期挖掘了许多运河,以便较便宜地运输煤和其他笨重的物资。

蒸汽机车　到 1800 年,蒸汽机已经完善到可用于机车的程度。第一个有实用价值的蒸汽机车的制成,应归功于高压发动机的发明者理查德·特里维西克。这是在 1801 年。煤矿区的工程师们热心地接受了这个主意,因为制成一个蒸汽机车将解决把煤从矿井运到市场的大问题。

斯蒂芬森的改进　这些工程师之一是乔治·斯蒂芬森(1781—1848 年),他可称为铁路机车之父,或至少是继父,尽管他所做的并不是发明它,而只是改善它,使它为群众所接受。

当一些矿主计划在英国北部的斯托克顿和达林顿之间建造一条铁路时,斯蒂芬森劝说他们使用蒸汽机车而不使用马车。1830 年,斯蒂芬森为利物浦和曼彻斯特之间修建的铁路提供了机车——这是世界上第一条重要的铁路。

用我们的标准来判断,斯蒂芬森时代的发动机和车厢看起来狭小且笨拙得可笑,但是对那些不知道有什么比驿站马车更快的人们来说,它们简直是奇迹。

罗伯特·富尔顿和汽船　曾有几个发明家把蒸汽机用来推动船只,但通常以罗伯特·

图 33-3　从利物浦到曼彻斯特的铁路线的一段，使用蒸汽机车。它以运输乘客为主要业务，一等舱乘客在有顶的车厢里，二等和三等乘客在敞开的车厢里

富尔顿（1765—1815 年）为第一人。无论如何在时间上他并不是第一个，但是他足够幸运，是将他的船只行驶于水面上因而致富的第一人。

富尔顿是一个祖籍爱尔兰的美国青年艺术家。当他在英国学绘画时，结识了詹姆斯·瓦特和其他一些对机械工程有兴趣的人，没有多久他就放弃了绘画艺术，而从事于发明的艺术。他得知拿破仑·波拿巴对发明相当有兴趣，就到了法国。1803 年，在巴黎，他的第一艘汽船在塞纳河下了水，还展出了一艘潜水鱼雷快艇。由于没得到多大鼓励，他回到美国，并在那里建造了一艘带螺旋桨的汽船克莱蒙特，在哈得孙河上往返于纽约和奥尔巴尼之间。1807 年，克莱蒙特汽船隆隆地驶向成功了，因为它是一只实用的船。以前的汽船很难谈得上这点。

汽船和远洋轮船　1811 年尼古拉斯·罗斯福在匹兹堡建造了一艘汽船，沿俄亥俄河和密西西比河而下航行到新奥尔良。这是那些河上的第一艘汽船。在英国，第一艘成功的汽船是亨利·贝尔的彗星号，1812 年它在克来德河上第一次航行。

1819 年，配备了蒸汽机的萨瓦纳号船，自佐治亚的萨瓦纳横渡大西洋开往利物浦，但它的发动机纯粹是辅助性的。它装有全副桅帆，当风力顺当或是风浪太大不利于航行时，就把螺旋桨取下放在甲板上。真正以蒸汽开动横渡大洋的航行始自 1838 年的天狼星号和大西方号。与此同时，在内河上行驶的汽船日渐增多，到 1850 年它们已多得数不清。

直到 19 世纪后半叶，远洋轮船在国际贸易和海军战争中才具有划时代的重要性，我们将在后一章中叙述。

33.6 寂静的家

我们已学习到的那些机械发明，给男女纺工、织工、染工、木匠和铁匠的家庭和生活带来了革命性的变化。

旧制度：家中手工操作　在机器时代以前，一些工业仍建立在中世纪行会制度的基础上，每一个行东在他家里或在附近开设他自己小小的店铺，也许有几个学徒或一两个年轻的帮工帮助他。织布工人多半没有组织成行会，但通常在小的村舍里居住和工作。通常织工有一个园子，养一头乳牛。虽然少数富有的布商开设了店铺或工厂，里面雇上几名织工，但大多数织工宁愿在家里工作，他们在那里可以独立自主。到处都有木制的纺车和小而简单的织布机，由工人们灵巧的双手（和脚）开动着。

新制度：工厂的机器操作　机器不但改变了纺和织的性质，增加了速度，它也改变了劳动的条件，并且深刻地影响了工人们的生活和习惯。一个工人在他自己的小村舍里很难有一架水车和一台自动织布机，或是一座鼓风炉，或是一架蒸汽机。大约从 1770 年开始，由于纺纱机的发明，立即导致了工厂或纱厂的建立。

每个纱厂都有几台由水车开动、十二名或更多工人照料着的机器。发明自动织布机后又有了织布厂。冶铁工业也是以工厂或铸铁车间为基础，而不以家庭工业制为基础；陶器制造同样如此。到了 1800 年，英国已有了好几百家工厂。在新英格兰也有了几家。

塞缪尔·斯莱特　1789 年，一个曾细心研究过阿克赖特的机器的英国青年塞缪尔·斯莱特，来到罗得岛的普塔基特。第二年年底，他已在一家工厂凭记忆制造出一些纺纱机器。英国非常小心不许任何机器——甚至机器的模型——卖给别国；但是斯莱特把它们带到美国（我们可以说，装在他的帽子下面）。到后来，它们也传到了其他国家。

家庭工业的衰落　在 19 世纪的前 25 年，英国和其他地方工厂越来越多，直到在有些工业部门中，工厂制几乎完全代替了家庭制造制。妇女和女孩们曾从黎明到深夜整天使用的营营作响的纺车，如今弃置在屋隅，或置之高阁无人过问了。那些叽叽嘎嘎、配合纺车打着拍子、砰然作响的手织机也多半闲置无闻了。

茅舍住户寂静无声——太寂静了；因为它意味着许多老的纺工和织工没有工作可做了。闲置的纺车和织机已经够糟糕了——更加糟糕的是男男女女都闲着。很多纺工和织工又年纪太大，不能在新工厂学习新方法，许多人又过于留恋他们旧村舍中的生活方式而不愿改变，眼看着工作和工资从他们面前溜走。忧愁、时常发生的困乏和失望笼罩着正在衰落的村舍。

在许多情况下，家庭中较年轻的成员能在工厂中找到工作——他们能和新制度一道成长起来；但是要到工厂工作，他们必须离开老家。这样旧村舍更加静寂了——纺车闲置一旁，织机停梭，年轻人的声音去了远方。

33.7　荒芜的村庄

工业革命最显著的现象之一是城市的迅速成长——人口从农村地区移向市区中心。

图 33-4　工业革命发端于英国，虽然英国竭力要制止技术创新的外流，但各种发明创新仍然逐渐传播到外国。这张 1800 年的画描绘了法国巴黎的一家铁厂。不过工业化的进程在法国直到 19 世纪中期以后方才加速，即在拿破仑三世在位后

工厂大多建立在煤铁产区和那些便于贸易及运输的地点。为了能够就业，青年人——有时是全家——离开了村舍和家园或者小农场，去追随工厂。这常把他们带到一些新城市去。在工业革命期间，英国兴起了许多新城市。曼彻斯特、利兹·伯明翰和谢菲尔德都是这一时期作为工厂中心而扩大变富的地方的明显例证。

城市贫民窟　就某些情况来说，从家庭到工厂、从农村到城市的变化可能对工人有利，但更经常的是它导致了苦难和堕落。我们决不要设想发明节省劳力的机器对人类是一种完美的好事。让我们举自动织布机为例。当少数工厂开始用机器生产布匹时，布价开始下降了，成千上万仍用旧式手织机织布的人发现面临着饥饿。手机织工的贫困和苦痛是 19 世纪早期的大悲剧之一。

那些聚集在新城市的工厂附近的青年人也不总是幸运的。他们经常居住在那些不像样的、看起来好像是一排排鸽子笼的小屋里，没有空地可作庭院、草坪或植树，也没有适当的卫生设备或通风设备。许多潮湿阴暗的地下室成了全家老小的"家"。发热病和其他疾病严重破坏了像曼彻斯特和伯明翰这些城市。

道德败坏　这样一些情况毒化了家庭生活，削弱了道德。每天在矿山或工厂工作 14 小时或更长的妇女，没有时间或精力来料理家务或照顾她的孩子们。当好几家共住在一间小屋里时，谨慎和贞操就很难保持。男女一样喜欢喝烈酒到超过对他们有益的程度。酒精麻痹了他们的苦难，但结局是使他们更加贫困。儿童们在工厂里从天不亮直到天黑后一直在工作，很快学会了模仿成人的这些恶习。在工业城市中的一间地下室或鸽子笼的家里，有着无知、贫困、饥饿、肮脏、疾病和邪恶等像敌人一样的危害，在这种情况下，读者

可以想象家庭生活会是什么情景。

妇女和儿童　一般说来,各工厂都需要非熟练劳工。纺织机和自动织布机可以由妇女和儿童们来看管。事实上,儿童更受欢迎,因为他们比较敏捷、便宜和容易管理。在纱厂里,大多数雇工是儿童和妇女。

在工厂制度已经顺利开始后,1816 年进行的一次调查研究表明,很多儿童在 5、6 或 7 岁时就开始在纱厂劳动。在有些工厂里,劳动时间无论哪里都是 14 到 18 小时,甚至最小的儿童也从清早 3 点劳动到夜里 9 点或 10 点,只有四五个小时去睡眠,很少的时间去吃饭,根本没有时间去游戏和受教育。在矿井中,妇女和儿童与男人并肩劳动,劳动条件对今天的读者来说简直像一场可怕的噩梦。其结果是发育不良的身体、畸形的脊背、可怕的弯腿、陷下去的胸脯和粗野的脾气。

贫困的逼迫　也许有人问,为什么父母会允许他们的孩子去矿山和工厂劳动。回答是悲惨的,但也是简单的。通常是没有别的活可做,除非是挨饿。假如一个人拒绝低工资,拒绝一天工作 16 小时或更多些,或不让他的妻子儿女们工作,他没有别的资助可以依靠。他无力到处去找报酬较好的工作;他就没有工资就不能买面包。当父亲找不到工作时,孩子们就得挣钱养活他们的父母。

失　业　微薄的工资、漫长的工时和童工已经够坏了,但比这些更坏的是时常萦绕着的失业的危险。新工厂有时生产出比它能销售出的更多的货物;结果,工厂须关闭一个时期,于是雇工被辞退了。在这种时期,失业工人如果没有溜过穷困的边缘的话,就要在这边缘上生活着。

耕作的改革　我们已看到,节省劳力的机器的发明最初并不是件完美的好事。工业革命给成千上万的工人带来了苦难。在同一时期也发明了耕作的机器,使用了更好的耕作方法,但是看来也够奇怪的,这些同样使许多穷苦的人民更加穷苦,并把成千上万的家庭从英国较小的农场中赶了出来。

圈　地　约自 1760 年到 1850 年左右,当工厂正在使工业革命化时,英国"圈地"的过程进行得也很迅速。一条条未围起的可耕地和典型的农村的大块公共牧场被富有的地主们占去,并用栅栏围了起来。在理论上,当这样做时,村民可以得到与他以前分散的条田价值相等的一块集中的土地;还要用土地或金钱偿付他以前在公共牧场的权利。然而,在实践上,每 20 起事件中,19 起都是穷苦人受到损害。即使不是受骗,他们也经常把自己的土地卖钱;卖来的钱很快用光了;于是他们就什么都没有了。

从牛奶到茶　许多家庭昔日耕种一小块土地,在公共草地上养一两头奶牛,男人织布,妇女和儿童纺纱,生活得很舒适,如今却陷于贫困。正是这时,英国一般老百姓开始把茶作为一种标准饮料,因为他们不可能再养有自己的奶牛。自 1760 年到 1850 年的 90 年间,2.8万平方千米土地——农村小片土地和公共牧场——被圈占了。

土地被占者的困境　失去或卖掉他们那小块耕地的农村居民必须寻找一些新的办法来谋生。有些作为农业工人受雇于富有的大规模农场主。成千上万的人迁往殖民地。另一些人到市镇去,希望在工厂或矿山找到工作。戈德史密斯的《荒村》并不是一个诗人的幻想,它是一个悲惨的事实,也是千百个英国农村的写照。

部分地由于有这样一大批无地的劳动者,他们不堪贫困,几乎愿意在任何条件下工作,工厂主们才可以付给如此低微的工资。

33.8 工业巨头

资本主义　资本就是在企业中用于生产的金钱,或任何其他形式的财富。资本家就是资本的所有者或经营者。他购买原料,拥有机器和工厂,雇用工人并出卖制成品。因此,资本主义就是一种资本和资本家为支配因素的企业制度。资本主义就是资本家用大量财富来雇用劳工并从事制造和贸易。

工业革命使资本家成为工业的最高主人。因为普通工人没有能力建立一座工厂并装配上机器,所有工厂都是由有钱人,即资本家建造、拥有和经营的。他们的目的通常是赢取巨额利润——尽可能地高价出售产品,尽可能地廉价买进原料和雇用劳动者。不像中世纪那样,对商品或劳动力再也没有什么固定价格或"公平价格"的流行观念了。

雇佣劳动者的依附性　因此,在新的工业制度下,雇用的工人或工厂的"人手"还没有机器的齿轮或原棉来得重要。如果一个工人生病了,立刻能雇用另一个人来代替他;如果一个男工或女工要求较高的工资,就能找到另一个愿意少挣些工资的人。雇佣劳动者完全是依附性的,他只是看管某种机器,这里或那里动一下杠杆或接上断了的纱线,或做些其他简单单调的动作。提供了厂房、机器和原料的资本家,监督整个企业,付给工人工资或根本拒绝雇用他们,却是最重要和最有权的。

这样的人被称为"工业巨头"。这个名称也许在那时并没有使用;但是资本家们确实居于指挥和领导的地位,彻头彻尾地像一个军队里的军官。间或也有个别资本家由于他出力帮助雇工而出了名。

资本主义对抗重商主义　17、18世纪的政治家们所拥护的重商主义学说和法规,对于工业资本家这个新兴的阶级并没有什么用处。我们记得,重商主义力求用很多方法来限制并管制工业和商业。在工厂主看来,这种政府的干预是不正当的和不堪忍受的。资本家相信自由放任。这个新的理论从法国得名,在那里重农主义者迫使政府不要干预企业,提出"自由放任",即"听其自然,随它去吧"。

我们还记得,亚当·斯密在1776年出版的巨著《国富论》中,把自由放任的思想从法国带到了英国。他得到马尔萨斯、李嘉图和其他英国经济学家的支持。

"经济自由"的兴起　企业利益和亚当·斯密等人的理论相结合是不可抗拒的。重商主义在资本家和经济学家的夹攻下衰微了,并失去了它的吸引力。"经济自由"渐渐成为事物的新秩序。换句话说,工业革命的一个方面是经济思想上的革命。

工业革命的这一方面是很重要的。它意味着:(1)旧的限制即制造业的重商主义法规日渐被抛弃了——工业巨头可为所欲为,雇工和支付工资可随他们所愿;(2)限制和管制对外贸易的法令被废止了,进口谷物的关税被废除了,保护关税被取消了,自由贸易逐步建立起来;(3)重商主义者对殖民地价值的信念受到了很大的怀疑。

自由即权力　很容易看出,在很多方面这种新的自由对资本家们来说意味着更多的权力。这是给他们权力,而不是给他们的雇工们以解放或自由。在没有法律保护的情况下,妇女和儿童像男子一样,都必须一天工作 16 小时,得不到通风和卫生设备,只收到少得可怜的工资。

地主们也有权在握　富有的"绅士农场主",通过收买或冻结的方法逐出小农来扩充

图 33-5　为了展示英国工业革命的伟大成就,1851 年伦敦举行了世界上首次世界博览会,称为万国工业博览会,展馆为著名的"水晶宫",是世界上第一座仅用金属和玻璃建造的建筑,美轮美奂。此图显示的是维多利亚女王莅临水晶宫

他们的圈地,使用肥料和改进过的机械来提高产量,并按照他们愿意支付的工资来雇佣劳动者,他们事实上是属于资本家阶级。他们是农业资本家。他们中很多人是如此地成功,以致在一个郡里少数人竟拥有全部土地,控制选举并在议会中出了名,把他们的牛群在荒废了的村庄里放牧,并在人口减少了的地区开垦。在英国东南部富饶的土地上尤其是如此,同时在北部和西部的新工业城市里却挤满了愈来愈多不幸的离开家乡的人。

谷物法　但是至少在一件事上,地主们和工厂主们是相互对立的。那就是"谷物法",它对不列颠群岛进口谷物,尤其是小麦征收关税。地主们渴望这样一种关税,因为它使他们的收成能够得到较好的价格;另一方面,工业巨头则要求自由进口谷物,因为它将使雇佣劳动者的生活费便宜些,从而使低工资成为可能。

议会中的贵族政治　孤立无援的工人阶级从议会只能得到很少的和勉强的同情。19世纪初,议会是一个贵族的集会,被贵族地主和百万巨商所控制。每30个人中不到一个人有选举下院议员的特权。在荒村地带,少数"乡绅地主"可以选举他们所喜欢的人,而成千上万的工人和农场劳动者的声音却无法使人听到。

民主政治的萌芽　但是最后,转弯抹角地,工业革命导致了民主政治。我们描述过的这种情况太不公正了,不能老是这样不变。不公正通常包含着它自己毁灭的种子。在这种情况下,从工业革命产生的不幸状况引起了民主政治和劳工运动。19世纪初改革的要求变得如此强烈,以致一个改革的时代跟着到来。所以民主的英国就相当大程度说来是工业革命的结果。劳工运动这个在今天英国生活中如此重要的因素,是从工人为争取缩短工时和提高工资而组成的工会中产生的。

33.9　无止境的革命

我们现在已叙述完1750—1850年年间由于机器、蒸汽机、汽船和机车的发明,由于煤和铁的大量使用,由于工厂制度和资本主义,以及由于旧的限制的废除,英国的工业是怎样革命化的故事。这些变化放在一起就是工业革命。但是工业革命并没有到此停止。

一个继续不断的过程　工业革命和它的全部后果从英国传播到了其他国家和地区。各种机器、发明和资本主义方法被带到了欧洲大陆和美洲,最后甚至传到了亚洲和非洲。所到之处,它都产生了和在英国曾产生过的极为类似的结果;就是说,它们也引起了工业革命。美国、法国和德国的工业革命比英国晚了一或两个世代。中国和其他一些工业落后的国家则刚刚开始它们的工业革命。

一个成长中的过程　此外,我们把最初一些巨大的变化归纳起来合称为工业革命之后,更多的发明和更多的变化跟着又来了。这些可看作是工业革命的子孙。这样,跟随工业革命时期的蒸汽机而来的是以后几个世代中的叶轮机、汽油发动机和电动机。骡机导致了其他纺纱机;火车之外又有了汽车和飞机。

机械的奇迹　电报、电话、无线电报和无线电话都一项一项地增添在人类胜利的目录上。几乎每一种工业和商业都受到机械和资本主义的改造。甚至家务负担也被真空吸尘器、和面机、洗衣机和缝纫机减轻了。由于近代机械的魔力,我们一按电钮就可从空中传来音乐,或者移动一个摇臂,我们就可以从一个木匣里唤出逝去的卡鲁索的无与伦比的歌声。工业革命本身只是机械发明时代的朦胧曙光,是人类勇于制胜自然力量的小小开端。

继续不断的问题　另一方面,我们也不要忘记工业革命给我们留下了一笔不受欢迎的遗产。伴随着新的力量,它给我们一些新的问题。从一开始,它在工厂里奴役了儿童,它使人们群集在一些肮脏的贫民窟里,它带来了工会和资本家的冲突,它提高了房租,它使一些人成为百万富翁,而亿万其他的人成为贫民或几乎赤贫。简单地说,它产生了一个严重的劳工问题,或者不如说是一整串的劳工问题。

这些劳工问题越来越尖锐。工业革命以后,工人们的不满以罢工、怠工、社会主义、工团主义和最近的布尔什维主义表示出来。政治家们努力调解工人的要求和资本家自由放任的要求,构成最近欧洲政治史的大部分内容。我们从工业革命承继下来的劳工问题不但是今天最重要的问题,也是最困难的问题。

第十编

民族主义和民主主义

民主主义、民族爱国主义和工业等的开端，好像几条潺潺的溪流，从山旁涓涓流出，汇合成较大较壮的河川。从泉源起我们就已跟着这些小小的溪流，看着它们流过若干世纪，力量逐渐壮大，直到高涨成为革命的狂流。特别是从 1775 年到 1825 年这个时期，如我们在第 29 章至第 33 章所见到的，几场革命横扫过欧洲和美洲。许多君王从宝座上跌下来了，许多旧的方法被改革了。现在让我们把这段历史接着讲下去。

到了 19 世纪，民主主义、爱国主义和工业已经成为几种不可阻挡的强大力量。第 34 章将叙述梅特涅公爵和其他人如何企图阻挡它们而失败了。1848 年的革命，以波涛汹涌之势把梅特涅冲走了。

这个叙述以后，我们将依次概述从 1815 年到 1914 年欧洲各国的历史。在所有的国家中，同样的几种力量都在发生作用。民主政体正和专制政体及贵族政治相斗争。许多民族正为自由与统一而战斗。工业的进步——工业革命——继续发展，并引起了重大的变革。

但是在每个国家，各种力量的组合是不同的。每个国家有它自己的问题和特征。在法国、意大利、英国，民主势力比专制势力强；而在俄罗斯、奥地利、德意志和土耳其，民主势力就弱得多。为什么是这种情况，将出现一些理由。

一章将专述英国的自由和民主的各种改革；另一章将告诉我们，这些同样的改革如何扩展到英帝国的某些部分；还有一章将指出美国在它的领土向外扩张、民主政治扩大的时候，它是如何更坚强地统一起来的。以后的几章是关于意大利、德意志、法兰西和东欧的。最末的一章将讲到东欧各种不同的附属民族，特别是在土耳其、奥地利和俄罗斯统治下的那些民族，并且指出各种力量是如何集合起来，造成了其他革命和世界大战在 1914 年爆发。

对于任何愿意了解两次世界大战和目前情况的人，本编八章所包括的这个时期是十分重要的。就是这个时期重绘了世界的地图，变革了政府，改造了商业，改变了人类生活的一切方面，而且把我们必须对付的若干问题纳入了它们的近代形式。

第 34 章　动荡中的欧洲

拿破仑被推翻以后,欧洲获得了一时的和平,但没有获得自由。维也纳会议所代表的是旧日王侯的利益,而不是新近觉醒了的人民的利益。民族性受到了阻碍;民主主义受到了斥责。工业革命带来了机器,但没有为一般人带来幸福。资本家富而得势,但有一个时期造成许多工人更为贫困,更不能自主。

资产阶级普遍地渴望有一个开明些的政府, 他们也热切希望在政府中起更大的作用。他们珍视个人自由、言论自由和经济自由。农民中的许多人,憎恨各国残存的封建制度和农奴制度。工厂的工人们也不满意。在 19 世纪初的欧洲大陆上,工人们算不了什么,但以后当工业革命在那里更进一步开展起来时,他们就变得日益重要了。

君主们的复辟　波旁王室的路易十八被立为法兰西的国王。波旁王室的斐迪南七世在西班牙复位。另一个波旁王室的人也被立为那不勒斯和西西里的国王。萨瓦王室恢复了在撒丁的统治;荷兰的奥伦治亲王重登王位。教皇再次被立为罗马城和意大利中部的统治者;而某些德意志王侯也再次登位。奥地利的哈布斯堡皇帝获得了意大利北部的伦巴第和威尼斯地区。托斯卡纳、摩德纳和帕尔马被赐给他的一些亲戚。普鲁士的霍亨索伦国王扩大了他的疆土和权力,但普鲁士仍然不过是许多德意志邦国中的一个。

爱国心和自由被忽视　那些控制维也纳会议的外交家, 在大多数事情上表示出他们对民众的愿望是无视的,或者毫不关心的。民族主义和民主主义受到了惧怕和阻碍。俄国沙皇亚历山大一世是自由主义的,但他只要自己行使一切的自由——他的人民只能行使他所给予的自由。许多德意志人梦想实现民族统一,但德意志和波兰一样,仍然是分裂的。很多意大利人想要推翻奥地利的统治而使他们分散的人民统一起来,但意大利在政

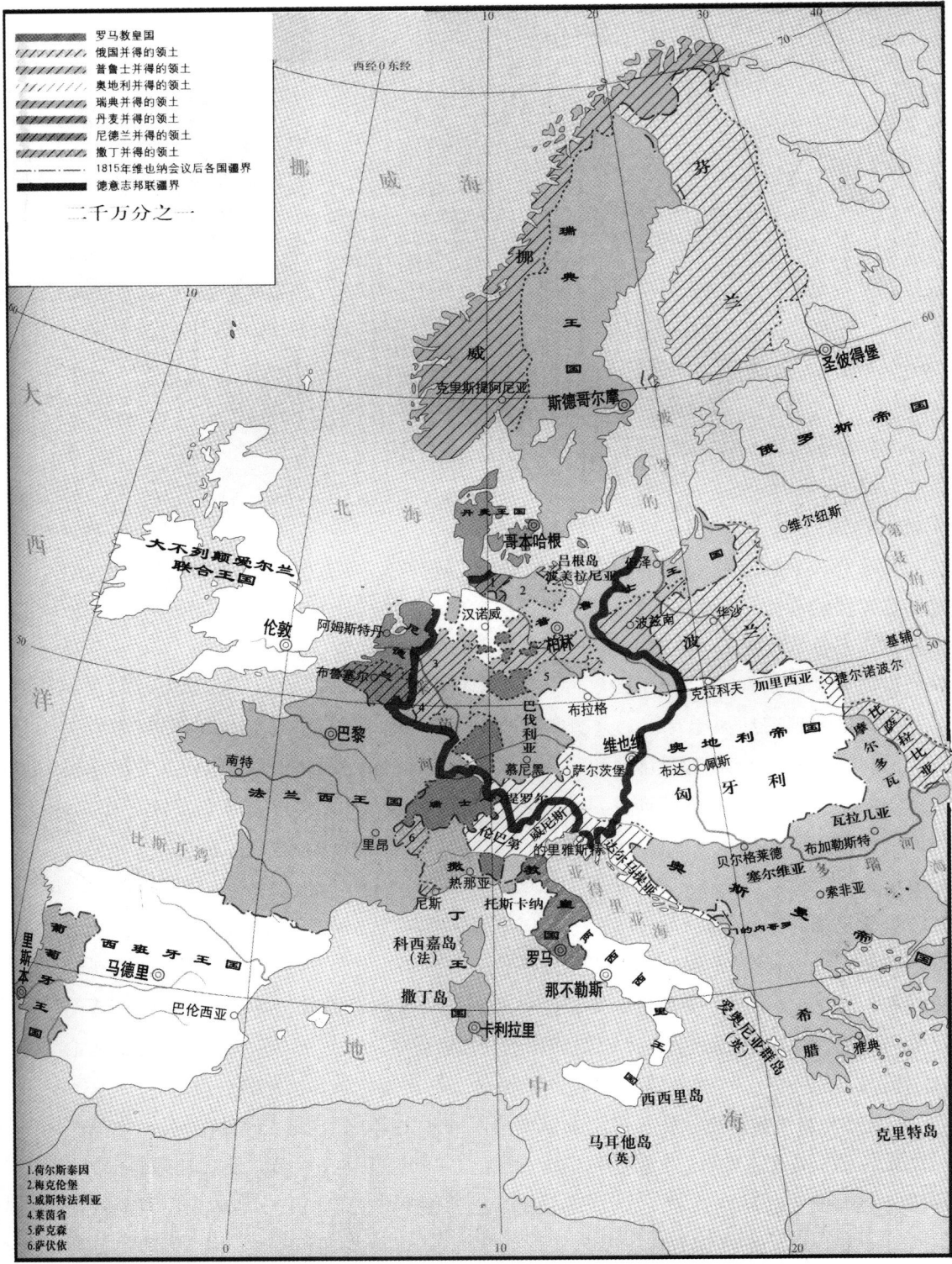

地图中的图例与标注：

图例：
- 罗马教皇国
- 俄国并得的领土
- 普鲁士并得的领土
- 奥地利并得的领土
- 瑞典并得的领土
- 丹麦并得的领土
- 尼德兰并得的领土
- 撒丁并得的领土
- 1815年维也纳会议后各国疆界
- 德意志邦联疆界

二千万分之一

1.荷尔斯泰因
2.梅克伦堡
3.威斯特法利亚
4.莱茵省
5.萨克森
6.萨伏依

挪威　瑞典王国　威　克里斯提阿尼亚　斯德哥尔摩　圣彼得堡　俄罗斯帝国　芬兰

大不列颠爱尔兰联合王国　伦敦　阿姆斯特丹　哥本哈根　丹麦王国　吕根岛　波美拉尼亚　维尔纽斯

汉诺威　柏林　波兹南　华沙　波兰　基辅

布鲁塞尔　巴伐利亚　慕尼黑　布拉格　克拉科夫　加里西亚　捷尔诺波尔

巴黎　南特　法兰西王国　里昂　热那亚　尼斯　威尼斯　的里雅斯特　维也纳　奥地利帝国　布达　佩斯　匈牙利　瓦拉几亚　贝尔格莱德　布加勒斯特　塞尔维亚　索非亚

西班牙王国　马德里　巴伦西亚　科西嘉岛（法）　撒丁岛　托斯卡纳　罗马　那不勒斯　卡利亚里　西西里岛　马耳他岛（英）　克里特岛

葡萄牙王国　里斯本

地中海

大西洋　北海

地图 34.1　1815 年的欧洲

治上也仍然是割裂的,好些地区都在奥地利的军事管制之下。

梅特涅公爵 主持维也纳会议的奥地利的梅特涅公爵,是支配这个会议的精神力量,也是旧秩序的有能力的化身。他的最高目标是使专制政体和奥地利有一个安全的世界。他坚持不在德意志建立强有力的中央政府;他尽力使普鲁士不出头露面;至于意大利,他宣称它不过是一个"地理上的名词",而不是一个国家。他成功地(暂时)使意大利在奥地利统治之下衰弱不振,四分五裂;但他没有做到长期使普鲁士不出头露面。而且他完全不能压碎追求民族统一和民主政体的迫切愿望,这些愿望自法国先知们和专制者拿破仑传播以来,已成长得根深蒂固。

民主主义、民族爱国主义、宗教宽容以及近代工业这些思潮不断增长,它们以一股波涛汹涌的力量,将梅特涅和他用毕生精力建筑起来的防洪坝一起冲垮了。

神圣同盟和非神圣同盟 就神圣同盟和四国同盟防止了战争,使筋疲力尽的诸国获得和平来说,它们是好的;但就它们压制了人民争取参与政治的努力,或者否认了同族团体政治上联合的志愿,或者制止了政治上或宗教上的自由思想这方面来说,它们如果不是绝对的坏,至少也是过时了。无论如何,这些专制君主的坚强同盟是为人所惧怕的,他们虔敬的表白不受人信任,而且很快在许多地方出现了反抗。在拉丁美洲,如我们已经见到的,革命早已在进行,即使在欧洲专制政体的堡垒里,人民的声音也不肯受压制了。

34.1 梅特涅打击反叛

梅特涅在中欧能够成功地维护专制政体一个时期;但成功的原因是凭借特殊的权力,而不是由于人民普遍的善意。甚至梅特涅的家乡和堡垒所在地奥地利,这个意大利北部和许多附近地区的光荣统治者,也并不满意或快乐。至少它的人民有许多是不满意、不快乐的。其中有些已接受了法国革命所传播的自由、平等和博爱的思想,因此他们愤恨梅特涅制止和扑灭这些思想的企图。

不稳定的奥地利 有两件事使奥地利不稳定。其一,它的政纲(梅特涅的政纲)是过时的;其二,它试图统治各民族的人民,如意大利人、德意志人、斯拉夫人,等等;而这些民族的人民都不愿受它的领导。奥地利是一个开水锅上精装的盖子,任何时候都有炸裂的危险。

我们可以肯定,意大利并不乐意四分五裂。意大利人既然说一种语言,就感到他们是一个民族。他们并不满足于仅是一个"地理上的名词"。他们最不满于受梅特涅的支配,并受奥地利的军事管制。要统治,奥地利就必须把它分裂;但意大利人厌恶分裂,他们希望联合起来。他们也希望获得自由。他们秘密策划——有时他们公开说出来。1820 年在那不勒斯和撒丁发生了反抗。意大利秘密结社的网络遍布,经常不断地鼓励自由和统一。烧炭党人一直到 1830 年或 1835 年都是这些政治党团中最著名的。1831 年,另一个"青年意大利党"组织起来了。它很快成为有影响的组织。

在德意志,如我们已注意到的,拿破仑为统一所做的工作大多被维也纳会议破坏了。在奥地利主持下成立的"德意志邦联"造成了走向民族联合的一种姿态。这个德意志邦联虽是死亡了的神圣罗马帝国的替代者,但它不是真正的联合,只不过是一些近乎独立邦国的松弛同盟。梅特涅维持各国分裂的政策,是他维护专制君主权位的纲领的一部分。

拿破仑的工作已指出了联合的方向。在反对拿破仑的战争中,德意志的爱国主义和自由主义已经被唤醒了。民众要求宪法和民族联合的愿望在很多地方已经很强烈。梅特涅这一类人却坚决反对,可是自由主义和民族爱国主义的火焰,不顾恐吓和命令,燃烧得更为明亮起来。这些火焰对于德意志、意大利以及其他许多国家的人民说来,是希望的烽火。

34.2 东欧的反叛

在俄罗斯,亚历山大一世确实是在真心追求公正与和平,而且在表白信仰基督教的美德,但是他的目光短浅,他的善意也没有成功。他希望仁慈地对待他的人民,可是,如我们已经见到的,他不愿意人民为他们自己办事。他对待他们好像对待孩子一样。他们在他的统治下已经扰攘不安,因而在1825年他逝世的时候,自由主义者便起来反抗他的弟弟尼古拉一世。他们希望亚历山大的另一个弟弟康斯坦丁继任沙皇,因为他们认为他更主张自由,是比较进步的。反叛很快被镇压了,但许多人对那些被拒绝的东西仍然抱着梦想。

希腊的收获　希腊的起义已经讲述过了。希腊人是在为争取独立而和土耳其苏丹作战。拜伦勋爵同情希腊人,并决定与他们共命运,我们对此不感惊奇;但是英国、俄国和法国援助了他们,这事倒似乎颇奇怪。俄国的沙皇是专制的,法国这时的统治者们都是反动的,连当时的英国政府都不很倾向自由。可是英国的贵族们是希腊经典教养出来的,因此对希腊人普遍抱有同情。另一方面,土耳其苏丹也并不怎样讨人喜欢。所以1829年他迫不得已承认希腊为独立王国。

34.3 西班牙和法国的波旁朝诸王

西班牙的斐迪南七世是那样地守旧,那样地相信专制君主们的纲领,因此1820年发生了一次革命。结果是重新实施1812年所起草的一部自由主义的宪法。这时法国的路易十八出面干涉了。他和他的大臣们极想恢复法国的威望。一支法国军队在1820年侵入西班牙,复辟了西班牙的国王和专制政体,并且驻扎了四年,监督许多事情能按旧途径顺利进行。西班牙的首相最终采取了温和的政策,不过这个政策既没有满足自由派的要求,也没有满足反动派的要求。

图 34-1　受 1830 年革命所激励,法国画家德拉克洛瓦作了著名的《自由引导人民》。画中展现了巴黎巷战的一个场面。自法国大革命以来,巴黎人民在历次革命中往往走在全国前列

　　1820 年,在葡萄牙也发生了一次反对专制政体的革命。

　　在法国,人民之所以能够容忍路易十八,是因为他的为人相当温和而随便;他也上年纪了——有一种前途必变的展望。人民往往把希望寄托在统治者的更换上。路易在 1824年去世,他的弟弟继位为查理十世。这个更换不是好些,而是更坏了。查理不仅专制,而且倔强、鲁莽。他很快就和国民议会发生了争执,把议会解散了。他又修改了选举法,规定只有土地持有者才有选举权。然后他出去打猎了,他丝毫没有感觉到他捅的是怎样的一个马蜂窝,虽然梅特涅(竟然由梅特涅!)曾警告他过多地使用专制权力是危险的。

　　查理很快吃惊地、追悔莫及地发现了他的错误。法国人民既没有忘记"八月间",他们也没有忘记路易十八在 1814 年特许状中所给予他们的让步。

34.4　1830 年革命

　　1830 年,从法国开始,许多地方都发生了暴动。7 月间,在查理十世的高压手段之后,

巴黎的民众很快就暴动起来，口号是"打倒波旁王朝!"大革命时的红、白、蓝三色旗，再次飘扬在巴黎上空。参加前两次革命的年高德劭的英雄拉斐特担任指挥，并着手建立一个临时政府。查理十世逃到了英格兰，查理的一个远房兄弟路易·菲利普被立为国王，这就是"奉上帝之恩及顺人民意志的法国国王"。

路易·菲利普曾参与 1792 年的革命斗争，总是表现得很像一个中等阶级的自由主义者。大家设想，以他来做一个有限君主政体的首领，将是一切共和国中最好的。

梅特涅以一种忧惧的心情观望着——如果他胆敢的话，他一定会镇压这个还算温和的革命。但是英国的援助是靠不住的，而法国又是一个强国。他对于这事毫无办法。

比利时的独立　比利时人民因为被维也纳会议不智地归并于荷兰，在法国革命成功的鼓舞下，起来反对荷兰了。英法两国禁止东欧的君主们去帮助荷兰国王，起义获得了胜利，比利时成为一个独立王国，有一个由选举产生的议会和一部自由的宪法。

意大利和波兰的反叛　革命的火焰仍在扩展。在几个德意志邦国里，人民要求宪法，并且得到了。在意大利爆发了若干次叛变。原是俄国沙皇利用来反对法国和比利时自由主义者的一支波兰军队，突然变成了革命军，对抗沙皇，为争取波兰的独立而战斗。

不过，在意大利、德意志和波兰的革命运动，必须和戒备森严而实力雄厚的敌人作战。梅特涅的军队迅速地扑灭了意大利各处的起义。俄国的军队恢复了沙皇在俄属波兰的权力，而由亚历山大一世所许给波兰人的宪法则宣告无效。在德意志联邦里，自由主义面临对手压倒性的优势，以致丝毫没有成功的机会。

东欧的专制政体　1830 年的各地革命爆发后不久，东欧三个保守的君主——俄罗斯、普鲁士和奥地利的统治者——签订了一个为制止革命再起而结盟的秘密条约。今天当人们提到一个阻挠进步并毁灭自由的神圣同盟的时候，他们所想到的就是这个联盟。1815 年的那个神圣同盟目的与此不同，参加的成员国也较少排他性。

因此，欧洲的东半部仍然如梅特涅所期望的那样保守，但是西方的英国、法国和比利时则分裂出去了。

34.5　1848 年革命

1848 年又爆发了一连串的革命。梅特涅和他的朋友们在 1820 年和 1830 年那些多事的年头，仍旧把持着德意志、意大利和东欧。可是，到了 1848 年，形势变了。有些仍然怀念法国大革命原则的人，从英国在 1832 年和稍后赢得各项显著改革的自由主义那里得到了新的启发。还有一些渴望夺取贵族地主地产的农民和农奴；工厂的工人现在为数很多，都对现状不满。

工业革命加强了中产阶级的民族主义和自由主义，也导致了城市劳动者的强烈不满。此外,1830 年以后铁路的修造使革命更有推广的可能,因为消息顺着铁道传播比驿站马车或骑马的人要快得多了。

关税同盟 1834 年,18 个德意志邦国组成了关税同盟。这是关于通行税或关税的同盟。它使盟邦之间的大部分商品得以自由贸易。它和工业革命以及反重商主义运动是相符的。关税同盟后来逐渐扩大到除奥地利以外所有说德语的地方。它不仅有助于工业和商业,也导致了走向民族的政治统一。

二月革命 1848 年同 1830 年一样,法国起了带头作用。1848 年 2 月,已经变得褊狭和顽固的路易·菲利普被推翻了。工人阶级现在已变得很有势力。路易·菲利普偏向资产阶级,但这已经不够了。他同查理十世一样,逃到了英国。一部民主的宪法制定出来了,一个新的政府也建立起来了。这次起义以"二月革命"著称,正如 1830 年的起义被称为"七月革命"。1848 年的新政府是法国的第二共和国。

二月革命的好消息传到国外,在各个意大利国家,在德意志诸邦,以及在奥地利本国,大批革命者都抓住了这个机会起来为自由而斗争。

梅特涅的逃亡 当梅特涅听说革命竟敢在他自己的城市维也纳抬头的时候, 他强悍地说:"我为我的国家服务了 40 年。我还从来没有屈服于任何一次暴动,我现在也决不屈服。"他毫不知道 1830 年以来自由主义、民族主义以及劳工不安于已获得的力量。1848 年 3 月 14 日, 这个彬彬有礼的白发老绅士忘记了几天以前他许过的傲慢大话,化装成一个英国人逃命出亡,把维也纳丢弃在革命的怒潮中。

革命和故态复萌 奥地利人虽然得到了一部自由的宪法,但一两年之后, 新皇帝弗兰茨·约瑟夫凭借俄国沙皇和其他保守主义者的援助,再次把专制政体强加于奥地利及其附属诸国。他的确废除了农奴制度和封建制度。普鲁士的国王屈服于民众的要求, 竟许给他们一部宪法,但这部宪法的最后完成是很不民主的。德意志的民族主义似乎在

图 34-2 1848 年罗马尼亚的人民反抗俄罗斯的统治。在东欧,1848 年革命浪潮主要是民族主义情绪的表达。尽管遭到镇压,但它们预示着该地区剩下的半个世纪的动荡不安,直至最后在一战后取得独立

法兰克福议会上快要得到胜利了。这个议会是由多个德意志邦国所选出的代表组成的，目的在于为全德意志提供一个统一的、民主的政府。它是一个值得注意的团体，充满希望，但最终失败了。它的失败使德意志的民族统一推迟了几乎 25 年，使民主政治推迟了将近 70 年。它失败的原因主要是奥地利和普鲁士之间的竞争。

　　总的说来，1848—1849 年的革命没有达到民族统一和民主政治的目的。由于失望和厌恶，德意志和奥地利的许多自由主义领袖移居其他国家，特别是到了美国，其中一部分在美国成为杰出的、有影响的人士。

第 35 章　英国的改革

英格兰是第一个摧毁专制政体的国家,但它又是最后建立民主政体的国家之一。我们已经叙述过,专制政体在 17 世纪被几次革命推翻了;我们即将叙述的,是 19 世纪由于各种改革而建立起来的民主政体。

35.1 中等阶级的改革

改革的需要　就许多方面说来,英国是自由主义的拥护者,而且是西欧君主立宪国最好的榜样;但是直到 1832 年或稍晚,英国政府与其说是民主的,毋宁说是贵族的。它由比较富有的阶级,尤其是旧地主家族所控制。城市资本家和工人阶级都没有在议会里占有公平合理的代表席位。广大的人民群众没有选举权。

不民主的议会　我们都知道,英国议会是由两个团体或上下两院,即贵族院和平民院组成的。前者由若干贵族(有爵位的贵族)和少数主教组成。主教由政府提名,而贵族则是世袭的,就是说爵位是父传子的。因此,在组成上院的时候,平民既无发言权,也无选举权。

下院的议员是选举出来的,但选举制度无论如何是狭隘而不公平的;工业革命带来了一种不能容忍的状况。有些旧自治市(选区)已变成了"荒村",在议会中却仍有代表,而许多较新又更大的市镇反而一个代表也没有。

旧选区和新市镇　所有的旧自治市都派了代表到下院,新兴的工业城市却没有这个特权。

应当解释一下,一个自治市是一个旧的市镇,从前某个国王或女王曾赐它以派遣两名代表出席下院的特权。每个郡和自治市不管面积多大,人口多少,仍然选派两名代表。

　　但是,据我们所知道的,有些选区已经衰落到只有很少的居民或者没有。这样的选区被称为"衰败选区",它们的代表实际上是由富有的贵族所指派。

　　另一方面,许多工业城市如曼彻斯特、伯明翰、利兹和谢菲尔德则一个代表也没有,因为它们都不是选区。所有这一切意味着不但较为贫穷的人民无权过问政治,就是市镇的资本家也没有政治权利。他们想,这该是改变的时候了。

　　改革的要求　1831年和1832年,改革的要求变得非常强烈了。1830年法国的革命给了英国的资产阶级(资本家和其他中等阶级)勇气。资本家们以引起金融恐慌而且停止纳税相威胁。许多工厂城市举行了盛大的群众集会。工人阶级变得激愤了。整个英国好像处在一次暴力革命的前夕。1832年,议会不顾上院保守党贵族的反对,通过了一个重要的改革法案。

　　改革法案　1832年的改革法案做了三项重大的改变。(1)从前"衰败选区"在下院的席位一律取消,把这些席位给予一些直到那时尚未被允许派遣代表参与议会的新兴大城市。(2)给人口多的郡增加了一些代表席位。(3)选举权推广到拥有一定数额财产或缴纳一定数额税的人。由于这个办法,有选举权的大约增加了22万人。换句话说,从43.5万人增加到了65.6万人。

　　寡头政治,不是民主政治　但是65.6万选民不过约占英国成年男子总数的九分之一。乡间的农业工人、城市工人以及各城市的中等阶级,仍然没有选举议会议员的权利。

　　1832年伟大的改革法案的意义,在于长期以来控制政府的贵族地主寡头统治集团,不得不把议会中的发言权和政治上的参与权让给工业资产阶级。英国仍然是寡头政治国家,不过寡头集团现在除了世袭贵族和地主绅士以外,还包括

图35-1　1832年4月15日,《贝尔周报》报道了议会改革法案的成功实施

一些资产阶级资本家。

宪章主义者　自然，平民对于 1832 年改革法案是失望的。他们感到自己被忽视了，受骗了。不久，一个工人组织起草了一份要求真正民主的请愿书，就是说，要求不分贫富，每人都有选举权。1839 年他们向议会呈递了他们的请愿书，遭到拒绝。但是他们继续努力。因为他们称他们的请愿书为"人民的宪章"，所以他们被称为"宪章主义者"。

1848 年，宪章主义者又一次计划举行一次声势浩大的游行示威，呈递一份有 500 万人签名的新请愿书。在这个时机，如果没有上万要将任何骚动消灭在萌芽状态之中的警察和士兵在场的话，很可能发生一次革命。结果宪章运动者的请愿书遭到了嘲笑，并再次被拒绝了。

中等阶级自由主义的胜利　正当英国的工人阶级恳求选举权没有得到结果的时候，资产阶级资本家们却开始享受 1832 年改革法案的果实。他们感到最为迫切的事，就是废除旧的保护关税和旧的限制工商业的重商主义政策。但是在议会里，他们的人数还赶不上赞成保护关税，尤其是赞成谷物法的地主贵族的人数。谷物法对进口到英国的谷物（小麦、大麦和燕麦）征税，从而使英国主们出产的谷物可以得到更高的价格。当然，高价的谷物意味着高价的面包。英国的一次歉收，总是使情况更加恶化。

谷物法的废除　1845 年是一个大荒年。在爱尔兰，成千上万的人死于饥饿。在英格兰，饥饿侵入了城市。首相罗伯特·皮尔爵士由于自由贸易派的敦促和饥荒的驱使，在 1846 年建议立即降低谷物税，三年之内把谷物税完全废除。这个议案不顾地主们的强烈反抗，终于通过。

以后的几年中，其他关税也遭到了与谷物法同样的命运。到了 1860 年，英国稳健地走上了自由贸易的道路。

对外的注意　远在英国为自由贸易开放它的港口之前，它就看到在别的国家开放港口对它自己商业的好处。这个事实有助于我们懂得为什么早在 1820 年，英国就鼓励了拉丁美洲和世界其他地方的革命。它期望各革命政府撤销许多旧时对贸易的限制。因此，我们可以说，英国自由贸易派在本国达到目的之前，便已经在国外赢得了他们自由贸易主张的胜利。

35.2 政治民主的逐渐采用

在维多利亚女王（1837—1901 年）的长久统治时期内，自由主义在英国获得了很大的进展。这大半是由于女王注意通过议会表达出来的时代的要求。她也许没有想做一个专制君主的欲望，如果她试图要做的话，也几乎可以肯定她会失败。在她的统治期间，至少有两次，即 1867 年和 1884 年，政治民主获得了显著的增进。

政　党　维多利亚统治时期的两大政党是自由党和保守党。保守党取代了从前的托利党,主要是乡绅、地主;自由党取代了从前的辉格党,大部分是城市商人。有的时候,一个政党在议会中占了多数;有的时候,另一个政党又占了多数;但在 1832 年到 1867 年之间,自由党在大半时间里占了多数,控制了政府。当然,内阁就是由多数党的领袖组成的。

格莱斯顿和迪斯累里　在 1867 年以及之前,两个主要政治家是威廉·E·格莱斯顿(1809—1898 年)和本杰明·迪斯累里(1804—1881 年)。最初几年,他们的政治态度并不确定,后来格莱斯顿成了一个自由党党员,而迪斯累里成了一个保守党党员。不用说,他们是敌手。

民众的要求　如果不是工人阶级中许多人要求得到选举权,迪斯累里或格莱斯顿都不可能带头将选举权扩展到他们身上。城市里的工人们从 1832 年至 1848 年曾要求政治上的民主,我们还记得,他们的鼓动采取了宪章运动的形式。他们在 1848 年失败以后,组

图 35-2　迪斯累里(左)与格莱斯顿(右)在下院进行辩论。格莱斯顿从 19 世纪 30 年代到 90 年代担任议员,4 次担任自由党首相,主持了议会的重大改革。迪斯累里被视为现代英国保守主义的创立者,从 1874 年到 1880 年担任首相

成了许多工会,指挥了许多次成功的"罢工",从而实现了工资提高、劳动时间缩短和工作条件改善。

约翰·布赖特和激进派 1867 年以前不久,工会会员们发现了一个能干的朋友和同盟者——约翰·布赖特(1811—1889 年),一个生意兴隆的制造商和有力的演说家。他因为组织反谷物法同盟,并帮助建立自由贸易,已经成为著名的、受群众欢迎的人。他憎恨地主、贵族,也不信任上院。在美国内战时期(1861—1865 年),迪斯累里和格莱斯顿都站在南方一边,而布赖特则同情北方,他坚决主张英国应有民主政治。

布赖特在工人中以及在中等阶级极端分子中有很多追随者,他们以"激进派"著称。这些"激进派"不能和迪斯累里及保守党人协力,而布赖特和他的朋友们不但能和格莱斯顿及自由党人合作,而且的确合作了。他和他们一起赢得了一个大的胜利。

1867 年改革法案 1866 年,布赖特促使格莱斯顿提议将选举权扩展到工人阶级中的少数人,可是提议失败了。后来在 1867 年,迪斯累里提出了一个议案,它原来的精神远不是民主的,但经过布赖特的激进派和格莱斯顿的自由派认真地加以修正,它终于建议将选举权授给几乎所有城镇工人。

迪斯累里出人意料地接受了这些修正意见。议案通过了,成为 1867 年改革法案。迪斯累里大概看出了时代的征候,看到这样一个议案迟早总是要通过的,因此利用这个时机来窃取他对手的这一声"霹雳",为他自己和他的党派获得信誉。

1867 年的改革法案授给 100 万城市工人以选举权,几乎把英国选民人数增加了一倍。不过它并没有带来充分的政治民主。上院仍然保留它的旧贵族特权,还有几百万乡间劳动者仍然没有选举权。

1884 年改革法案 1867 年改革法案的第一个结果是增强了自由党,因为新的选民在布赖特的影响下,喜欢格莱斯顿而不喜欢迪斯累里。同时它也增加了格莱斯顿对于政治民主的信念,使得他去拥护进一步的政治改革。1872 年在格莱斯顿的领导下,实行了无记名投票。1884 年,也是在他的赞助下,选举权扩展到了 200 万农业劳动者。

然而够奇怪地,1884—1885 年的改革法案为保守党增加了选票,因为乡间劳动者受保守派地主、贵族的影响多于受格莱斯顿和城市自由派的影响。结果是从 1886 年到 1906 年,除了一个很短的时期以外,都是保守党(或者如现在所称的联合党)掌权。

新党派和新政权 1901 年,英国工人们组建了工党。他们要求完成社会改革和政治民主。他们选举了几个党员参加议会,并促使自由党保证他们的某些要求。1911 年,劳合·乔治领导的自由党和工党通过了著名的"议会法案",大大地削弱了贵族的特权,增加了下院的权力。1918 年选举权扩大到几乎一切还没有选举权的男子和许多妇女。1928 年,余下的妇女都授予了选举权。

因此在 1832 年以后，特别是在 1867 年到 1928 年之间，英国逐渐地采用了政治民主。阶级政府被废除了，取代它的是"大众政府"。

35.3 民主的社会改革

自从 1867 年以来，英国的主要社会问题集中在土地和劳工方面。

土地问题 土地问题的发生，是因为英国从来没有过像法国革命那样的经历。相反的，正当法国贵族的大地产被分为若干小农场而转交给农民的时候，英国贵族们却正在买通他们的佃户放弃土地，扩大他们的地产。据估计，1875 年，不到 4000 名英国人占有整个王国土地的七分之四，而英国贵族们（约 2200 人）占有英格兰和威尔士几乎一半的土地，在苏格兰和爱尔兰的占有部分更大。

土地独占的结果 英国土地为贵族所独占，产生了四项重大的结果。（1）农村人口的减少；（2）留在大庄园中的雇佣工人的地位因之降低；（3）农业生产的减产；（4）英国贵族财富的增多和社会优势的保持。

土地改革的要求 在爱尔兰，农民们为反对英国贵族独占他们的土地而勇敢地斗争，获得了很大的成功，以致在 1910 年前后，爱尔兰通过一连串法律，变得和法国有些相似，成为一个主要是小农场和自耕农的国家。往后我们将再提及这件事。

在大不列颠（英格兰、苏格兰和威尔士），直到 1914 年，在解决严重的土地问题方面只有很少的进展。1907 年，主要经由劳合—乔治的努力，自由党通过了一个法案，根据这个法案，少数英国农场工人能够为他们自己购买小的农场。第一次世界大战使得政府土地改革的计划停止了，可是它间接地大量削弱了地主阶级的权力，因为沉重的战时捐税使得贵族把他们的地产分割并卖出一部分。

劳工问题 另一个严重的社会问题甚至比土地改革问题更为重要，即劳工和资本的问题。必须记住，英国是工业革命的发源地，在 19 世纪的工业和商业上都领先世界。它仍然建造了比任何其他国家更多的船舶，拥有更多的纱锭和织机；它是 4 个主要产钢国家之一；在煤矿开采方面，它仅次于美国。因为工业在英国的经济生活中如此重要，所以商人和工人在英国的政治中很有影响。

商 人 许多商人都隶属于自由党。他们大体上都赞成自由放任，或者说商业上的自由竞争。我们知道，自由贸易在 1867 年以前就已经建立，而且一直维持到 1914 年的第一次世界大战。即使在 1914 年以前，也有某些重要的商人和政客如约瑟夫·张伯伦之流，跟保守党党员一道反对自由贸易。战争以后，要求保护关税的人数更为增多了。

劳工和工会 同时，工人们却正在为获得较高的工资、较短的工作日以及在政治上有较强的发言权而奋斗。1867 年赢得的选举权并不足以使他们满意。在争取提高工资和缩短工时的战斗中，选举权不如工会可贵。工人们发现联合起来就是力量。组织工会的权利直到 1871 年才由法律完全承认，而罢工的权利则到 1875 年才被法律承认。后来这些工会赢得了许多胜利。工资逐渐增加，工作时间缩短。1901 年组织了工党，在议会中代表工会的利益。劳工成为政治上的一种力量。

社会立法 随着时间的推移，两大党都同样地追求工人阶级的选票。特别是工党成立以后，自由党在劳合—乔治的领导下，倡导了许多旨在帮助工人及其家属的法律的通过。雇主们必须赔偿工人因工伤事故而受的损失。国家着手发给老年人以养老金。工会基金受到了保护。婴儿和儿童的生命安全得到了保障。居住条件改进了。捐税的主要负担从雇佣劳动者转移到了较富裕的阶层。总之，英国已成为民主的国家，不仅正在利用政治上的民主来增进上层阶级的福利，而且也增进工人阶级的福利。

图 35-3 一个工会组织的会员证。许多新行业的技术工人结成工会，来争取更好的工作待遇。这张会员证的底部说明了给予造船者协会会员的一些医疗和社会福利

35.4 爱尔兰问题

英帝国有许多碰不得的"痛处"，而靠近帝国的心脏有一个很痛之处，那就是爱尔兰。

爱尔兰民族 爱尔兰人跟英国人是截然不同的民族。在中世纪，他们是独立的，有自己的语言和文化。在近代，他们虽然隶属于英国而用英语，但大多数人仍然保持了对天主教教会的忠诚，并保持着他们的民族传统。

英国的压迫 17 和 18 世纪，英国政府尽了它所有的力量来消灭爱尔兰的民族主义。它摧毁了爱尔兰的商业和大部分工业。它剥夺了爱尔兰农民的农场，使他们沦为英国贵族地产上的贫穷不堪的劳动者和佃户。它攫取了爱尔兰天主教教会的全部财产，把它交给英国国教教会的姊妹"爱尔兰教会"。尽管爱尔兰人信天主教，它也向他们征税来维持这个新教教会。这些措施的顶点是 17 世纪大批英格兰人和苏格兰人移民到爱尔兰，特别

是在东北部阿尔斯特省。他们都是新教教徒，又是一个特权阶层。他们长期独占了爱尔兰的官职，控制了爱尔兰的财富。

不愉快的联合　直到 1800 年，爱尔兰在都柏林有一个它自己的议会，但不许天主教徒拥有席位。1800 年不列颠废除了都柏林议会，从此以后所有爱尔兰的法律都由英国议会在伦敦制定，在这个议会里，有一些非天主教徒的爱尔兰议员。爱尔兰人在这个联合中是不愉快的，他们通过积极的鼓动（有时是和平的，有时是暴力的），设法逼迫伦敦议会做出一些让步和改革。

爱尔兰人的收获　例如 1829 年，爱尔兰的天主教徒（和英国的天主教徒）获得了参加议会的权利。这个收获应当归功于丹尼尔·奥康奈尔长期坚持的工作。1848 年青年爱尔兰党掀起了武装叛变，1867 年，芬尼党人也开始了起义。革命并没有赢得独立，但使英国人非常惊慌，以致格莱斯顿的自由党政府在 1869 年不得不废除了爱尔兰教会的负担，就是说免除了爱尔兰民族向爱尔兰新教教会缴纳的捐税。

民族主义运动　从 1874 年到 1914 年，先由查理·帕涅尔领导、后由约翰·雷德蒙领导的民族主义运动，在爱尔兰开展起来。它的目的在于取得土地改革和自治。

自　治　"自治"的意思是爱尔兰独立自主，重新拥有它自己的议会。格莱斯顿在他的晚年，同其他能干的自由党人一起，为爱尔兰的自治尽了力。1886 年和 1893 年分别提出两个自治法案，但都失败了。最后在 1914 年，通过了第 3 个法案，但遇到激烈的反对。主要的反对者是英国的保守党人（联合党人）和爱尔兰的奥兰治党人。奥兰治党人是阿尔斯特的新教徒。他们威胁如果自治法案付诸实施，就发动内战。正在这时，第一次世界大战爆发了，这件事就被搁置起来。我们将在后面一章再叙述它。

土地改革　土地改革比较成功。在鼓动自治期间，主要由保守党人推动通过了土地法案，使爱尔兰成了一个相当广泛的小自耕农的国家（如同法国）。霍勒斯·普龙克特爵士促进了合作运动，使爱尔兰的农业改进了，许多爱尔兰自耕农的经济状况也改善了。

第 36 章　英帝国的改革

在第 29 章接近末尾的地方曾经指出,英国在失去北美殖民地的时候,却在印度和远东其他地区极大地收获了领土和权力。英国从此逐渐建成世界上最大的殖民帝国。它也逐渐学得聪明一点,给予它的某些殖民地以自治的权利。

在前一章中我们看到,19 世纪在大不列颠和爱尔兰的一些自由主义改革。我们将在本章中看到,同样的改革措施以及其他措施如何于同一个时期在英帝国的许多地方都实行了。

36.1 英帝国的大宪章

英国改进殖民政策的主要界标是 1839 年树立的,这就是提交到议会的德拉姆勋爵报告,它被称为殖民地的大宪章。它的若干规定在改进后成为加拿大、纽芬兰、澳大利亚、新西兰和南非等地自治的基础。它在英国改革时代才成形和得到鼓励,部分也是改革的结果。

加拿大的起义　我们知道,19 世纪英国的改革是没有经过革命而获得的。但加拿大的改革却部分是由于革命。加拿大起义的原因是语言和宗教的差异,以及人民对政府的不满。

语言的差异　在下加拿大,也就是沿圣劳伦斯河下游地方,大多数居民都是法国人。法国人曾在 17 世纪和 18 世纪初移居到那里,直到 1763 年加拿大隶属于英国之后都没有移动。在上加拿大,也就是沿圣劳伦斯河上游和五大湖以北的地方,大多数居民是英国人。其中许多人是因美国革命,在 1776 年到 1784 年从美国迁到加拿大来的。

宗教的差异　下加拿大的大多数居民是法国人和天主教徒;上加拿大的大多数居民

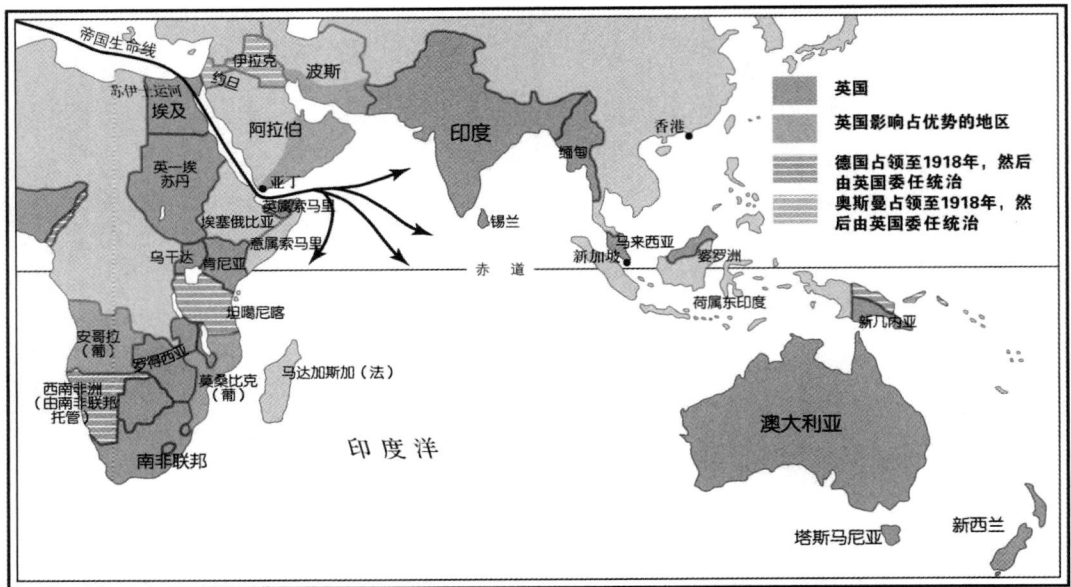

地图 36.1 "不列颠湖",1918 年

     这幅地图展现了除加拿大、加勒比海群岛和联合王国本身以外的英帝国最重要的部分。除了法国人控制的马达加斯加,葡萄牙、意大利和荷兰的殖民地,以及阿拉伯及波斯的沿途海岸(但英国在这些地方的影响很强)之外,环印度洋的所有海岸都属于英国,印度洋成为英国的内湖。

则是英国人和新教徒。1791 年,上加拿大组成为单独的安大略省;在同一年,下加拿大也组成为一个单独的省,保持旧名魁北克。这个政治上的分离对于当时的局面稍有裨益,但它并没有解决所有的问题。

    对政府的不满   加拿大之所以举行起义,主要是由于政府的褊狭和顽固。也为了这个缘故,英国本土非常不安。英国的总督们具有很大的权力。加拿大的几个托利党家族在安大略省和魁北克省把持了一切重要公职。他们不仅把持这些职位,而且起用了一些他们的朋友和党羽来充任立法机关的职务。

    革   命   1837 年 11 月 6 日,下加拿大发生了反叛。4 周以后,上加拿大也开始了起义。在这些"反叛者"和总督的军队之间发生了战斗,双方都有一批人阵亡。但是这些起义很快就被镇压了下去。

    德拉姆勋爵在加拿大   德拉姆勋爵被派遣去加拿大进行调查。他是一个辉格党人——自由党人。他曾帮助起草 1832 年英国改革法案。他在几个月里对加拿大做了一番仔细的调查研究之后,回到了英格兰,1839 年将他的调查报告呈递给议会。

    德拉姆的调查报告   德拉姆勋爵不仅在他的调查报告中谴责了那些寡头政治集团的欺诈,他也指明了,各省应当在什么基础上建立自治才安全。他建议那些已经表明能够自治的英国殖民地应当得到自治权;这些殖民地的总督和首相应当对选举产生的立法机关负责;应协助加拿大的几个殖民地在英国国王名义下建立起一个联邦。

美　国　令人感兴趣的是,德拉姆勋爵在他著名的调查报告中,慷慨地承认了美国在公平合理的代议政府方面的影响。他的意思并不是说华盛顿政府已经干预了加拿大的政府,不过他深切地感到加拿大方面褊狭和固执的政策会使美国人民失望。

36.2 从殖民地到自治领

联邦和自由　按照德拉姆勋爵的建议,1840 年上加拿大和下加拿大合并成了一个联邦。7 年以后,从代表大会的多数党中选出了加拿大的内阁阁员,这样就使得政府通过人民的代表向人民负责。这个选举实行之时,正是英国主张自由贸易者推翻谷物法,而且对旧时重商主义的商业和殖民地理论施以沉重一击之后约一年。

很快地,管理各自政府的自由同样也给予了新布伦斯威克、新斯科舍和爱德华太子岛。

加拿大自治领　因此,加拿大在所有英国殖民地中,是最先获得责任政府的国家(等于自治),也是最先将各自治殖民地组成为一个联邦的国家。1867 年是联邦历程中著名的一年。这年,新布伦斯威克及新斯科舍同魁北克及安大略合并成"加拿大自治领"。这个自治领在 1867 年伦敦英国议会通过英属北美法案后正式成立。不过早在 1864 年,自治领的计划就已经在魁北克召开的一次会议中拟定了。

加拿大自治领大体上是按照英国政府的样式组成的,有一个代表国王的总督,一个相当于上议院的参政院,以及一个内阁需对之负责的下议院,下议院由选举产生。

加拿大的成长　加拿大自治领的成长是迅速而广泛的。从一个由捕兽者和皮毛商组成的颇有势力的哈得孙湾公司购买了安大略以西的大片土地。马尼托巴和其他几省就是从这些地方划出来的。1871 年英属哥伦比亚加入了自治领联邦,接着在 1873 年,爱德华太子岛也加入了。1878 年政府法令宣布除纽芬兰以外,全部英属北美都隶属于加拿大的联邦自治领。纽芬兰虽然顽固地拒绝参加联邦组织,但是从 1855 年以来已经得到了自治。1886 年以来扩建的铁路加速了加拿大西部的定居和发展。

澳大利亚和新西兰　英帝国重要的民主自治领包括澳大利亚和新西兰。两者在 18 世纪被皇家海军上校詹姆斯·库克访问过。1769 年他花了 6 个月的时间来环绕新西兰海岸航行,并加以测绘。这个岛已经有一百多年没有欧洲人访问过。他也用同样的方法考察了澳大利亚的东海岸,取名新南威尔士。库克完成了这次航行以后,于 1771 年 6 月返回英格兰。他是英帝国一个伟大的缔造者,他的航行使他赢得了"太平洋的哥伦布"的称号。

1771 年以后不久,英国人便开始往澳大利亚移民,并派遣了传教士去新西兰。新西兰的土人都非常好战,而澳大利亚的土人却没有发生什么麻烦。

图 36-1　不管布尔人还是英国人,都把黑人视为低下民族。这是 1906 年在南非钻石矿做苦工的黑人劳工

澳大利亚　英国多年来都把澳大利亚当作流放罪犯的一个露天监狱,因此第一批英国移民是流放的犯人。牧羊业的传入和金矿的发现使这个岛成为吸引殖民者的所在,自此以后它的发展很快。现在的澳大利亚拥有将近 780 万平方千米的面积,大约 700 万说英语的人口,和英国在 1783 年不愿放弃的美洲十三州殖民地相比,它是一个在人口上大近 1 倍,在面积上大 3 倍的共和国。

1900 年,澳洲 6 个殖民地(州)凭借它们自己做出的计划和英国议会制定的澳大利亚联邦法案,结成了一个联邦。这几州在 1900 年以前已享受了多年的实际自治。

新西兰　1839 年,英政府宣布了它对新西兰的统治。次年,大多数土著酋长同意接受英国的管制,而第一批移民也到达了。后来在 1860 年到 1866 年之间,土著毛利人掀起了几次猛烈的起义。毛利人是一个身材高大、英俊、皮肤棕色的民族,在若干世代以前就乘大独木舟来到了新西兰。其中许多现在已经开化,受过良好的教育。在政府中,毛利人有几个代表。

1852 年,新西兰获得了自治的权利,到 1856 年又成立了责任内阁制。从 1890 年以来,这个国家开始吸引世界的注意,因为她推行非常民主的政府实验,几乎和社会主义相等。它是世界上最先给予所有男女以选举权的国家之一。

南　非　在英属南非,自治和联邦由于布尔人和英国人之间的敌对推迟了很久,两者在 20 世纪初期都达到了。

布尔人和英国人　南非最老的欧洲人居留地开普殖民地,是 1814 年英国人从荷兰人手中夺得的。荷兰农民,即布尔人,觉得英政府对黑人比对他们还好,就往北迁移("乘牛车旅行")到奥兰治自由邦,渡过瓦尔河,进入德兰士瓦。主要由说英语的人所居住的开普殖民地,在 1872 年建立了责任政府,相邻的一个英国殖民地纳塔尔在 1893 年也接受了责任政府。在德兰士瓦和奥兰治自由邦,布尔人和英国人之间的冲突更为严重,在从 1899 年到 1902 年的血战中达到顶点,布尔人寡不敌众,被征服了。根据和平条款,英国兼并了布尔人的这两个邦,但仍允许布尔人有自治权。这个许诺于 1906 年在德兰士瓦履行了,1907 年在奥兰治自由邦也实现了。

联　　邦　南非各州的联合现在已经很清楚了。1909 年,开普殖民地、纳塔尔、德兰士瓦和奥兰治自由邦都成了南非联邦的行省,这个联邦甚至比加拿大更坚定地施行中央集权。在联邦里,布尔人和英国人享有同等的权利。联邦政府的领导人(如首相)中,有两个是一度与英国人作战的著名布尔人军官。

36.3 帝国的扩大

从 1874 年到 1880 年,迪斯累里担任英国首相,做了不少加强帝国的工作。他用大量收购股票的办法,使英国控制了苏伊士运河。他使议会把"印度女皇"的新尊号献给维多利亚女王。他从土耳其人手中获得了塞浦路斯岛。

此后 25 年间,在其他具有同样野心的首相们的领导下,英帝国大踏步地向外扩张了。印度帝国的范围扩充至缅甸、暹罗和阿富汗。在中国获得了一些重要的港口。侵占了太平洋的许多岛屿。在非洲的瓜分中,英国获得了最大的一份(关于这些事的详情,将在

图 36-2　1869 年苏伊士运河开通,这张图显示了通航仪式的场景,沿河有许多当地人在观看新的欧洲航船通过。苏伊士运河最初由法国开凿,但后来由于财政困难而出售给英国,英国因此得到了对它的控制权,掌握了通往印度殖民地的这条"生命线"

第 42 章和 43 章里加以叙述）。

罗兹在非洲　一个年轻的英国人塞西尔·罗兹（1853—1902 年），在 1871 年初次到了南非，他将大半生耗费在那里，当了矿工和政治家，梦想用一条光辉的帝国道路把北非和南非连接起来。他计划要从埃及到开普殖民地建立一根英国领土的结实链条，并且穿过这些领土建筑一条从开普到开罗的铁路。他的一生都用在获取金矿和钻石矿的财富上，希望以此来增进英国在非洲的权力。他怀着没有实现的大胆梦想在 49 岁时死去了，可是在他死后 17 年，从开罗到开普的铁路计划就实现了。

使塞西尔·罗兹在今天最为闻名的一件事，就是他将他的大部分财产捐给了牛津大学作为奖学金（在第 43 章将更多提到他在非洲的事业）。

民主与帝国主义　现在清楚了，当英国对外征服的时候，它也为自由留下了余地。尽管不是整个帝国的所有地方都得到了自治权，但已有若干地方从纯粹的殖民地上升到了自治领。此外，还应注意到它反对奴隶制的改革运动。

奴隶制的废除　1806 年英国通过了废除奴隶贸易的法案，1833 年议会宣布在整个帝国内蓄黑奴是非法的。同时又通过了一笔相当于 1 亿美金的款项，从奴隶主手中赎买当时帝国内所有奴隶的自由。

1914 年的英帝国　到 1914 年，英帝国拥有地球上大约四分之一适于居住的面积和四分之一的人口。不过帝国的人口中，仅有一小部分是英国人的血统，比例是每一个英国殖民者对三十多个其他种族的人，这些人大部分是受英国统治的肤色黝黑的"土人"。概括地说来，有 3.15 亿印度人，4 亿非洲黑人，阿拉伯和马来人各 600 万，中国人和波利尼亚人各 100 万，以及 10 万加拿大印第安人。

第 37 章　美国的扩张和统一

尽管许多早期美国人是先驱者,具有自信和勇敢的精神,也尽管事实上美国革命是为民主原则而战的,并在民主原则上赢得了胜利,可是美国一开始并不是很民主的。华盛顿、汉密尔顿、约翰·亚当斯等曾为初期建国工作尽过不少力的人,都惧怕过多的民主。1787 年制定的联邦宪法,就是打算既预防君主专制也遏制群众意志。

美国参议院是由各州的立法机关选举,而不是由各州的选民选出的,而且在大多数州中,只有比较富裕的男子才可作为选民。因此,白人中大约只有半数男子可以选举众议院议员。直到 1801 年,最初的几位总统和大部分管理美国政府的其他要人,与其说是民主选举出来的,倒不如说是贵族出身的。

37.1 走向民主主义

随着时间的进展,民主的精神愈来愈露出锋芒。第三任总统杰斐逊认为真正的贵族只能是有品德和才能的贵族,而不是有财富或家世的贵族。他赞成将选举权扩大,以使更多的男子有投票权。他认为黑奴制度是一种罪恶。他最使人感兴趣的思想之一,是宪法应当每十九年修订一次,以便每一个世代都有权利来选择他们自己所需要的政府形式。

杰斐逊的民主政治　1801 年杰斐逊当选为总统,支持他的人认为这是美国民主政治的一大胜利。他做了八年的总统,而在政治上却是一股延长许多年的力量。直到 1861 年,继他之后的总统们大多是民主党员,就大多数事情来说,原则上都是民主的。

1803 年在杰斐逊领导下,美国从法国购得了广大的路易斯安那地区,领土因此扩展到了密西西比河以外很远的地方。这个地区为新生国家的勇敢人民开辟了冒险和定居的美好园地。

杰克逊的民主政治　从 1829 年到 1837 年任总统的安德鲁·杰克逊,在某些方面似乎比杰斐逊更为民主。在 1801—1829 年之间,美国发生了两项有利于民主政治的重要改变。(1)东部的市镇正在成长为大城市,拥有工厂和大工业,而城市工人们正要求选举权和其他被认为有利于他们的东西。(2)西部诸地区,阿勒格尼山脉外和密西西比河流域正在建成几个新州,而具有拓荒者进取心的新州人民正要求在政府中有较大的一份权利。他们自然是倾向民主的,而且对旧州的贵族们非常厌恶。

杰克逊来自边境,因此他所带来的是带有边区色彩的民主政治。不久之后,旧的几个州改变了它们的宪法,让更多的男子有选举权和担任公职。同时也做了更多的事情,保证了平民的教育,给予他们各种他们所期望的权利。

37.2　走向民族主义

民族主义和民主主义并不是相反的——它们往往同时并存。与民族主义真正相反的是地方主义——也许是某城或某县、某州或包括国内若干州在内的一大片地区的地方主义。美国的民族主义曾遭到各种各样地方主义的阻难,但是最终仍渐渐地增强自身力量。

"危急时期"　紧接着革命以后的五六年,美国历史上称为"危急时期",因为民族主义似乎处在严重的危险中。当时程度不同的各种地方主义很强,仿佛在革命战争时期所建立的各州联合快要破裂了,但是民族主义的力量占了优势,于是一个更完善的联邦建立了起来。

又一个危急时期　1832 年当南卡罗来纳州着手废除国会通过的一项法律时,民族主义面临又一个危急时期。两年前,马萨诸塞州的丹尼尔·韦伯斯特和南卡罗来纳州的罗伯特·海恩曾在美国参议院中辩论过这个问题。韦伯斯特代表了北方大多数人所持的观点,认为全国政府是最高的;海恩则代表了似乎盛行于南方的观点,主张一个州可以自己决定一个有争议的问题,而不必考虑全国政府的意见。换句话说,韦伯斯特代表了民族主义,海恩则代表了地方主义或州主权。但 1832 年当南卡罗来纳州企图将海恩的主张付诸实施时,这个问题就面临考验了。当时在位的杰克逊总统,来自边境的民主党人,立刻明白地表示他不准许南卡罗来纳州这样做,民族主义再度得胜了。

最危急时期　美国的民族主义在 1861—1865 年的内战中遭到了最严重的考验。当时因为奴隶制度和保护关税等问题,南北互相争吵,有许多州试图退出联邦,经过好几年的血战之后,这种脱离的行动终于被制止,美国也再度成为一个完整的国家。民族主义自此较以往更为强烈。这正是德意志和意大利完成民族统一的时期。

民主政治的增进　就在这时,奴隶制被废除了。内战之前只被当作财产的黑奴,现在变成了人。他们也成了公民,而且部分地还有了选举权和其他政治权利。这些事情的成就都是由于修改联邦宪法所致,而又为中央政府所支持,所以民族主义赢得拥护民主的良

图 37-1　1861 年 4 月 12 日,南方军队轰击查尔斯顿港的桑特堡,南北战争由此爆发

好声誉。

领土的扩张　美国的领土时时都有大幅度的增加。如我们已注意到的,1803 年购得了路易斯安那地区。1819 年又得到佛罗里达。最大的增进是 1840—1850 年之间取得的。在这 10 年间,移民定居的领地向西北推进到太平洋;因为承认了得克萨斯为一个州,南方领地也加大了;又因为与墨西哥战争获得了土地,西方和西南方也扩展到太平洋。

得克萨斯、新墨西哥、加利福尼亚以及附近地区的获得(1840—1850 年之间),最初削弱了民族主义,为了这些地方而争吵助长了内战的爆发;但是后来这一片越过平原和山脉直到金门海峡的美丽富饶而广阔的土地,成了大多数美国人自豪的泉源,并且激发了他们的民族爱国心。在铁路把东西方连接起来,而电报和邮政使得各个地区紧密接近之后,就更是这样。

移民入境　移民入境给美国带进了各种各样的成分。有欧洲 1848 年革命失败之后来到美国的德意志人和奥地利人;有因在本国受压迫而逃出的爱尔兰人;有定居在西北几个新州的斯堪的纳维亚人;后来,来自意大利、奥匈帝国和俄罗斯的移民不断增多。所有这些民族和其他民族都帮助了美国的迅速成长。关于这些入境移民最值得注意的事实之一是,他们中很多人都很快地成了爱国的美国人。

融合成为国家　我们已经见到,联邦宪法本身一开始便为民族主义奠定了一个坚固的基础。"组成一个更完善的联合"并不是一句空话。丹尼尔·韦伯斯特的论据,特别是在约翰·马歇尔领导下的最高法院的某些早期判决,都表示出了宪法的国家力量。民主党员安德鲁·杰克逊和共和党人亚伯拉罕·林肯,都坚决主张联邦至上和一个不可分解的联合,影响很显著。1865 年中央政府获得的战争胜利,是民族主义决定性的胜利。

领土的扩张和居住地的成长,使许多新州建立起来了,可是这些新州很快地就被铁路和电线带到了一起。公路、铁路、电报和快速的邮递事业创造了一种感同身受的系统,使整个国家能作为一个整体去感觉和反应。《阿美利加》《星条旗》以及其他一些美国歌曲,鼓舞了一种民族的感情;而 1898 年同西班牙的战争使美国至少暂时忘记了还存在的一些地区性分歧。

民族主义占统治地位　还有一桩不可忽视的事情,就是很多年来美国的国民政府主要掌握在以民族主义为基本原则的共和党手里。在内战危机中保存了全国的联邦之后,这个政党继续主张民族主义以反对地方主义。自 1861 年以来,大多数总统都是共和党人,而政府的控制权也多在他们手中。

37.3 走向大工业

制造业、贸易和商业即使没有把美国统一起来,也对美国的扩张起了很大的作用。自从斯莱特在帕塔基特建立了第一个纺织厂以来,新英格兰和北方在制造业方面就很活跃。1793 年伊莱·惠特尼在南方发明的轧棉机,并没有立即引起南方地区工业企业的巨大进展,可是在最近几年,南方也和北方(以及东方和西方)一样,挤满了工业的飞旋车轮。美国工业显著发展的一个非常强有力的因素,表现在国民政府制定的专利权法上。机器的发明因此受到了鼓励。

土地和劳工　美国工业的另外两个重要因素,就是在全国各地都有丰富的、各种不同的天然资源(土地)和无数几乎随时可用的灵巧工人。

开始于北方　美国工业(制造业和贸易)之所以首先在北方发展,有好几个原因。例如资本和适宜的劳工在北方比较多。另一个原因是市镇(很快在北方成长)比种植园(已盛行于南方)更适宜于大规模的工业。而且,南方为数最多的黑奴被认为不适宜在工厂劳动。此外,南方的种植园主们发现生产棉花、烟草、玉米、麦子等农作物极为有利,以致他们对建立工厂都不感兴趣。不过南北两方都有很多可用的水力。

扩展到南方　内战后黑奴的解放,使南方的种植园大部分遭到了破坏。这件事连同其他几件事,造成了有利于工业制造的条件。此后半个世纪内,特别是从 1900 年起,大部分南方各州由于工厂的建立和城市的成长已经改观了。南方出现了许许多多的纺织厂,因为南方盛产原棉,所以这也是在意料之中的。

大工业　在内战和第一次世界大战之间,美国的工业惊人地发展起来了。在这半个世

图 37-2　从 18 世纪末到 19 世纪末间,美国人大量的涌向西部未开发地带,一方面残酷的屠杀印第安人,另一方面也促进了西部的发展,将工业革命推进到西太平洋。威廉·亨利·杰克逊所作的这幅油画,描绘了拖着大车的移民正在渡口等待渡过密西西比河。在西进运动的高峰期,移民者有时需要等十天方可过河

纪里,美国成了世界上领先的工业国家,比其他任何国家生产了更多的煤,更多的铁和钢,更多的铜;在棉纺织工业方面成功地向英国的领导地位发起挑战;铺设了比欧洲全部铁路更长的铁路。

美国工业的一个显著趋势,就是倾向于大的公司和"托拉斯"(许多公司的结合)来进行大规模的生产。在石油、钢铁、制糖、铁道以及其他许多工业方面,都有这种组织庞大的托拉斯。同时,工人们组织了全国性的工会。

关税保护　美国政府试图培植大工业的政策之一是建立关税保护制。最初,进口货物的关税很适度,其主要用意在于为政府提供收入。后来,关税提高了,为的是要保护"初期阶段的工业"对抗外国货品的竞争。尽管民主党人普遍反对这个政策,共和党人却赞成它,而且从 1861 年到 1913 年的大部分时间是共和党掌权。结果,美国采取了高关税政策,比如说 1890 年著名的麦金利关税法。也许美国的榜样是促使法国、德国和其他欧洲诸国采取关税保护政策的一个因素。

37.4　走向帝国主义

民族主义和民主　如已经提到过的,民族主义和民主可以正常地并行不悖。在美国,团结和对国家的效忠,都是伴随着或紧跟着某些民主政策的实施而来的。奴隶制的废除

由于军事上的胜利才得以实现，但到后来连战败者也同意了。走向民主的进步随着民族主义的增长而继续进行。1913 年美国宪法经过修改，允许每州的投票人选举本州的参议员；到 1920 年又一次修改，使妇女也获得了选举权。

民主的措施　近几年来，创制权、复决权、罢免权和直接预选都在美国许多地方流行。创制权是用请愿书或别的措施给人民以法律制定的最先发言权；复决权是一种设计，通常用投票的方法把法律制定的最后决定权给予人民。罢免权是人民用选举的方法可以罢免某个不得人心的官吏；直接预选是在一个政党之内投票选举本党的候选人。这一切措施显然都是民主的；所有这些措施都意在使一般公民更多、更有效地参与政府。

扩张和帝国主义　如果说美国的民族主义和民主方面的进步是相伴或相随而来，那么扩张，特别是贸易和领土的扩张，导向了帝国主义，也似乎是真实的。只要美国的领土相毗连，主要由美国人居住，而且可以很快地建立若干州，并被批准加入全国的联邦，那么统一的进程就是简单的，而民主政治的推广也是容易的。但是如果获得了国外的领土，而那些遥远土地上的民族被认为还不适宜于享受政治上的一切权利，问题就不同了。只要这样一些遥远的领土被认为不过是属地，没有变为州的机会，而其中的人民都被列为属民而非公民，那么美国就走上了帝国主义道路。

遥远的领土　1867 年，美国从俄国购得了阿拉斯加。1898 年因古巴纠纷，美国和西班牙打了一次短期的、决定性的战争；可是一部分战斗是在地球的另一面，因此，由于这次战争美国就更直接、更完全地被带进世界事务中了。作为这次战争的直接结果，关岛、波多黎各以及菲律宾群岛都划归美国。同年因为一部分美籍侨民的请求，夏威夷群岛也合并于美国了。

自此以后，美国又获得了萨摩亚群岛中的几个岛、巴拿马运河区以及维尔京群岛（丹属西印度群岛）。

"警察权力"　1898 年和西班牙战争的结果，使古巴从西班牙的统治下解放了出来，可是美国得到了古巴海岸上一个海军基地和必要时派遣军队登陆维持秩序的权利。此后不久，1903 年，罗斯福总统又为美国得到了巴拿马运河区，并且公然宣称美国有权在那些不服从的拉美诸共和国里行使"警察权力"。事实上，美国此后的确无数次地派遣武装部队到古巴、尼加拉瓜、海地和加勒比地区的其他小共和国去恢复秩序，或者到墨西哥去追击反叛首领。

美国也从这些共和国中获得了财政控制权。尽管这些国家没有被美国所兼并，但它们依附于美国，好像美国的"保护国"。

在控制不服从的国家或无能的国家时，美国的所作所为和欧洲列强在地球其他部分的所作所为是一样的。正像英国和法国各自扩张它们的帝国一样，美国也在一个较小的规模上取得一个所谓的帝国——帝国就是除了本身的民族国家以外，还包括一群属地和附属国。

第38章　意大利的解放和统一

意大利的不统一　意大利人民在为国家统一和民主政治而努力的过程中，遇到了不少的阻碍和长期的推延。1848年那个曾经震撼欧洲、驱逐梅特涅，并给意大利人和其他人以希望的革命高潮，在专制暴政的皮鞭下后退了，意大利仍然只是一个"地理上的名词"。

伦巴第和威尼斯地区继续由奥地利帝国统治，受维也纳派来的官吏管辖。在意大利中部，帕尔马、摩德纳和托斯卡那几个公国被奥皇的亲属所统治。包括罗马在内的教皇国由教皇掌管。意大利南部则由一个波旁王朝国王所统治，危急时有奥军保卫。

撒丁王国　除了教皇国以外，在整个意大利只有一国不受外国控制，即撒丁王国，它拥有意大利本部的西北角，并包括地中海的撒丁岛。

统一和自由的愿望　占人口多数的意大利农民也许受法国革命学说的影响最少，但是连他们也反对奥地利人破坏拿破仑曾引进的那些社会改革和走向统一的步骤。他们也反对那些不得不交付的支持外国统治者的重税。

意大利的资产阶级，中等阶级的商人，就走得更远了。他们头脑中充满了民权、宪政和民族爱国心等主张。由于工业革命而在意大利北部诸城市里变得重要的工人阶级，为了共同事业和资产阶级联合起来了。甚至一部分贵族和教士也鼓吹政治改革和民族独立。

38.1 马志尼、加里波第和焦贝蒂

1848年以前，三个意大利人已经强烈地唤起了他们同胞的民族感情，他们是马志尼、加里波第和焦贝蒂。

马志尼　约瑟夫·马志尼（1805—1872年）是热那亚人，律师兼作家，不断地用口和笔

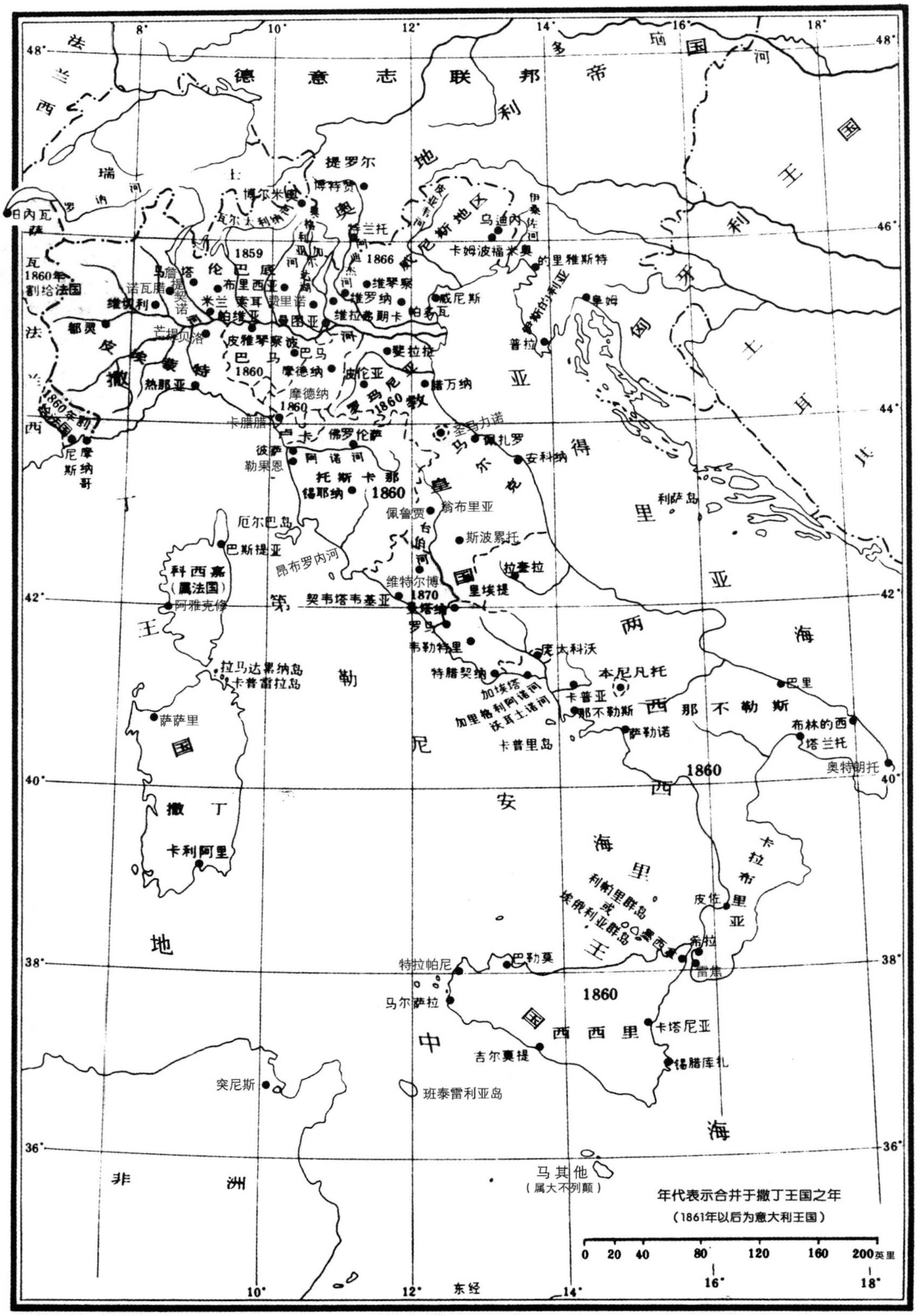

地图 38.1 意大利的统一

宣讲民族国家的学说。他以雄辩和热情劝告他的同胞必须使爱国主义成为他们的宗教，对于意大利的命运和伟大的前途应有无限的信心。他组织了青年意大利党，以从国内外暴政下解放意大利、使它在一个共和政府下统一起来为目标。

马志尼虽不是很实际，但他的热情和真诚唤起了意大利一股爱国的火焰，在意大利青年中创立了一个自由主义政党。

加里波第　约瑟夫·加里波第（1807—1882 年）生于尼斯，离家出走成了一个航海者和冒险家。他参加了马志尼的青年意大利党，因参与对撒丁国王的反叛而被判死刑。他逃亡到南美洲，在那里加入了意大利军团，为反抗专制独裁政府英勇奋战多年。他穿着一件红衬衫，戴着一顶宽边帽，成了一个传奇英雄。加里波第除了有和马志尼一样的热情以外，还加上英勇和惊人的作为，使青年人可以效法。

1848 年的革命，当然吸引了焦贝蒂回到欧洲。

焦贝蒂　天主教神父文森特·焦贝蒂（1801—1852 年），原是撒丁国王统治下的属民，但因他政治上自由主义的观点，被迫在外流亡多年。他所写的书对于上层阶级，特别是对于教士中的爱国分子有强烈的感染力。与马志尼和加里波第都不同，他不赞成以武力作为实现国家自由和统一的手段。尽管思想上也是自由主义和民主主义的，但他没有参加马志尼和加里波第的共和党。

焦贝蒂力劝教皇自己出来领导自由主义和爱国主义运动，并建立意大利诸王侯的一个联邦。1846 年被推选为教皇的庇护九世，一度有希望使焦贝蒂的梦想成为现实。他在教皇国政府中引进了改革；他拥护民族国家的事业。

1848 年的意大利革命　到 1848 年，意大利的舆论为实验做好了准备。年初，民众的暴动迫使几个主要的意大利统治者给予人民相当自由的、但还不是民主的成文宪法。

38.2 反奥地利的起义

在 1848 年那些命运攸关的月份中，奥属意大利各省发生了暴动。当整个奥地利帝国被革命所震撼，梅特涅又从维也纳被逐出的时候，伦巴第和威尼斯地区的意大利人奋起争取自由。教皇派军队去援助他们。两西西里的国王和托斯卡那的大公也派了军队去援助。马志尼把爱国精神灌输到民族义勇军的心里。加里波第也率领他的红衫军团参战，反抗可恨的奥地利人。

出乎意外地，撒丁国王查理·阿尔贝特正式向奥地利宣战，并且自任意大利人的军事领袖。看起来好像就要得到解放和统一了。

政党和政治　然而，查理·阿尔贝特既不是一个伟大的政治家，也不是一个有力的将领。他没有做什么来减轻其他意大利王侯的恐惧和妒忌，又在奥地利敌人手中吃了败仗。

他从马志尼的党徒那里仅仅得到半心半意的援助,因为他们害怕一旦撒丁国王得胜将削弱他们的党;他又被教皇离弃了,因为教皇害怕他如果过于热爱意大利,教会必然在意大利以外失去影响。

共和党激进派 1848年结束时,教皇为革命运动所惊吓,托庇于两西西里国王。马志尼立即在罗马建立了一个共和国,但是他的激进统治使许多意大利的爱国志士转而反对他,并且使国防处于瘫痪状态。1849年,奥地利人和撒丁国王在诺瓦腊交战,奥地利获得了决定性的胜利。查理·阿尔贝特退位了,由他的儿子维克托·伊曼纽尔二世继任为国王;撒丁和奥地利媾和,答应退出伦巴第。

旧秩序的恢复 诺瓦腊战役使奥地利人得以恢复他们在意大利各省的专制统治,并使托斯卡那大公和两西西里国王废除了他们在1848年曾经许可的宪法。同时,法兰西第二共和国的总统路易·拿破仑·波拿巴,为了博得法国天主教徒的欢心,派了一支法国军队去罗马,这支军队推翻了马志尼的共和国,恢复了庇护九世教皇的原位。

意大利仍然是不统一的,由外国人控制,受专制君主的统治。1848年革命似乎是一场可悲的失败。

长远的结果 但是有四个值得注意的结果:(1)进一步激发了民众对于国家统一和自由政府的热情;(2)已经看出不能指望教皇担负起爱国运动的领导;(3)事实证明,马志尼和共和党人不能作为实际领导者来追随;(4)撒丁国王突出地表现为最适当的民族领袖。

38.3 加富尔和他的国王

全民族的中心——撒丁 在意大利王侯中,唯独撒丁国王维克托·伊曼纽尔二世保持了他的1848年宪法,继续与奥地利斗争。愈来愈多的意大利人把撒丁看作是意大利争取自由和统一的中心。季奥贝提预言意大利的解放者将是青年维克托·伊曼纽尔。

图38-1 加富尔

　　加富尔伯爵　维克托·伊曼纽尔最得力的助手是加富尔伯爵(1810—1861年)。1851年他成了撒丁国的首相和外交大臣。此后的十年,他几乎一直担任这两个职务。在这十年中,一个新的民族国家的基础奠定起来了。

　　加富尔对本国人民怀有信心,对他自己也有信心。他说:"我不会讲演,但我能创造一个意大利。"

38.4　加富尔和他的国家

　　加富尔相信他能斩断外国专制暴政的魔掌,同时也能团结意大利人成为一个民族整体,因此他谨慎地、有远见地制定了他的计划。

　　他的国内政策　加富尔早年曾在英国念书和旅行,所以对英国非常崇拜,因此他成为首相之后, 效法英国的榜样制定了撒丁王国的施政方法。他忠实地支持1848年宪法,根据这个宪法,国王统而不治;政府各部大臣名义上由国王任命,事实上向议会负责;与此相适应的是议会由一个被指派的参议院和一个被选出的众议院所组成。然而,和英国当时一样,仅仅少数人有权选举议员。这些选举人都是上层阶级的男子和资产阶级的一部分。

　　在经济方面,加富尔同样效法英国。他努力增进资产阶级的繁荣。商业和制造业上的限制一概废除。就是说,自由贸易政策取代了关税保护政策。他革新了税收制度;道路、运河以及铁路都建起来了。

　　在宗教事务上,加富尔设法减少天主教教会的影响,他认为天主教教会不利于他的自由主义思想和解放意大利、统一意大利的计划。他镇压了所有不从事教育、传教或慈善事业的修士教团。他也没收了那些被镇压者的财产。他建议政教分离,这样可以在"一个自主国家中有一个自由的教会"。

　　加富尔干涉撒丁教会,扩大了他和教皇之间的裂痕。自此以后,任何以撒丁王国为中心的意大利统一运动,教皇无不加以反对。

　　他的对外政策　加富尔使撒丁王国处于一个巩固的地位以后, 指望把意大利从奥地利统治下解放出来。经过1848—1849年悲惨的教训,他深信小小的撒丁王国不能打败奥地利而统一意大利,他必须有外援。他想法国是最好的希望。他知道1852年以后当法国皇帝的路易·拿破仑,对于"被压迫民族"有一种感情上的关心。他也知道路易一心想得到声名和荣誉。

　　克里米亚战争　加富尔进而孤立奥地利, 并为撒丁王国争取路易·拿破仑的欢心。1855年他使撒丁王国参加了英法两国反对俄国的克里米亚战争。意大利士兵在战争中打得很好,而且在1956年的巴黎和会上,加富尔滔滔不绝地把意大利的困苦和奥地利的苛政灌进英法代表们的耳中。他赢得了英国的同情和路易·拿破仑的友谊。

和法国结盟　加富尔把跟法国的关系拉得愈来愈密切,直到 1850 年,路易·拿破仑秘密地答应帮助撒丁王国将奥地利人从伦巴第和威尼斯赶走,而加富尔则答应把萨瓦和尼斯割让给法国作为报酬。同时,加富尔和意大利的其他领袖一起,共同进行反抗外国统治的秘密计划。

法奥战争　1849 年第一次企图解放和统一意大利的尝试已经失败了。10 年之后,为第二次伟大的尝试,一切都准备就绪了,这都是加富尔的工作。

1859 年奥地利为意大利明显的军事准备所惊动,向撒丁宣战了。路易·拿破仑也立即向奥国宣战,法国军队越过阿尔卑斯山脉加入维克托·伊曼纽尔的军队。当法国人和撒丁人在伦巴第进攻奥国人时,托斯卡那、巴马、摩德纳和教皇国都发生了起义。托斯卡那、帕尔马和摩德纳的公爵逃跑了;加富尔接管了这三个公国和教皇国的一部分。

同时,1859 年夏天,法撒联军在马晋塔和索非里诺获得了伟大的胜利,把奥国人从伦巴第驱回了威尼斯地区。

撒丁的收获　路易·拿破仑看到加富尔占领意大利中部几个公国,就突然停止了参战,意大利的解放战争也因而中止了。但是根据 1860 年的和约,撒丁保持了巴马、摩德纳、托斯卡那以及教皇国的一个区(罗马格纳);还从奥地利手中获得了伦巴第。法国得到了萨瓦和尼斯。奥地利则仍然保留了威尼斯地区、特兰托和的里雅斯特。

其他收获　一次战争方告结束,另一次战争接着就发生了。1860 年,加里波第得到加富尔的秘密援助,率领 1000 名爱国志愿者——著名的“红衫军”——从热那亚出发,侵袭了意大利南部。他在西西里岛登陆,当地立即把他作为解除波旁王室专制暴政的英雄来欢迎。他渡海到意大利本部,占领了那不勒斯城,击溃了两西西里国王的军队。在 5 个月之内,他征服了整个意大利南部。加里波第的声望因而非常之高,使得他可以成为那不勒斯和西西里的专政者,但是他忘记个人私利,只想到一个统一的意大利,把全部征服地交给了维克托·伊曼纽尔。

这样一来,撒丁王国的版图从意大利北部延伸到南部;而加富尔为了使南北两部衔接起来,又占领了教皇国另一大块土地,教皇的世俗统治只剩下罗马城及其小小的四郊。

意大利王国　1861 年,意大利除了两个地区以外,都在撒丁国王领导下解放和统一了。这两个地区一是罗马的教皇国,由路易·拿破仑保证安全,由法国军队防守;二是威尼斯地区、特兰托和的里雅斯特,仍被奥地利据有。

就在这一年,维克托·伊曼纽尔放弃了撒丁国王的称号而采取了意大利国王的称号。1848 年的撒丁宪法现在推广到扩大了的民族国家中;统一的意大利的第一次议会,也在都灵召开了。

图 38-2　加里波第登陆两西西里

加富尔的死　就在这著名的一年,加富尔去世了。他的死对意大利来说是一个很大的损失,因为还有许多问题迫切地需要他的手腕和威信。但是统一意大利和建立一个立宪政府的重大任务已经进行到了这样一个程度,使得其他的人可以立即继续并完成它。

威尼斯的合并　1866 年,意大利和普鲁士结成同盟,并且趁普鲁士和奥地利之间发生战争(七周战争)时去攻打奥地利。虽然意大利军队打了败仗,但普鲁士的战争机器在德意志赢得了一次迅速和决定性的胜利,奥地利不得不把大部分威尼斯地区割让给意大利,其中包括自豪的古城威尼斯。

奥地利被准许保留特兰托和的里雅斯特两个意大利城市,以及其他几个有利地点,但是威尼斯地区的获得是完成意大利统一的重要步骤。

38.5　罗马和意大利

可是意大利没有罗马,就像人体没有心脏。我们都知道,罗马是古代意大利的心脏。意大利在等候着罗马——时间并不久。

4 年以后,1870 年,另一次战争在欧洲爆发了,这次是普鲁士和法兰西之间的战争,给意大利以得到罗马的机会。普鲁士侵入法兰西,使几年来保卫教皇的法国守备部队从罗马撤退了。维克托·伊曼纽尔立刻在法军撤退时袭击了教皇国,夺取了罗马。教皇庇护九世激烈地提出抗议,并把自己禁闭在他的宫廷梵蒂冈里。不过意大利也再没有干涉他。但是到了次年年初,罗马就成为已经自由与统一的意大利之首都。

推迟了的民主政治　意大利在1871年是一个统一的国家,有一个立宪式政府,但它还不是一个民主国。在它踌躇不定的前进中,民主政治遇到了种种严重的障碍。经过好多年,这些障碍才被克服了。

贫穷和文盲的障碍　多年来,只有有财产的和能够看书写字的人才允许有选举权或担任官职。这些标准阻止了大多数人参加选举,因为大多数意大利人没有财产,几乎四分之三的人在1871年不能看书写字。甚至到1901年,几乎一半的人都还是文盲。这样的标准无疑鼓励了有抱负的人去努力——去工作和学习,但在同时,几百万的农民和店员都无权直接参与政治。资产阶级和上层阶级只占意大利人民中的一小部分,却控制和管理了政府。

纷争的障碍　意大利民主政治的另一个严重障碍是意大利君主国和教皇之间长期不断的冲突。我们已经看到,这个冲突开始于1848年,在1870年国王夺取罗马时达到极点。教皇庇护九世和他的继承人都感到受了损害,把自己禁闭在留给他们的那一部分城里,拒绝与民事政府发生任何友好关系。他们自愿地使自己成了梵蒂冈宫廷里的囚徒。教皇经常被称为"梵蒂冈的囚犯"。这个情况一直继续到最近。有一个时期,所有意大利善良的天主教徒都被禁止参加选举,或担任国王统治下的任何官职。

资产阶级的寡头政治　1871年以后,既然穷人和文盲被排除在政治之外,而上层阶级和资产阶级中热忱的天主教徒又不参加选举或担任公职,意大利政府就落在一群反天主教的资产阶级的手中了。

寡头政治的成就　这些意大利的中等阶级统治者尽力按照他们自己的方法解决问题。他们以法国为榜样,把全国政府的权力集中起来。他们规划了一个统一的民众教育制度,但是没有很好地实施。他们做了很多工作来把意大利南部落后地区提高到与北部先进地区一样的社会水平和经济水平。国家铺设和经营了几千英里新的铁路,这些新铁路不仅成了统一贸易和旅行的动脉,而且也成了统一全国文化的可贵工具。

修筑了好的公路,改进了港口,并且着手进行陆地测量。在那不勒斯、巴勒莫和墨西拿,同伦巴第和托斯卡那繁荣的城市一样,鼓励推广工厂制度。商船队得到了政府的补助。事实上,政府所做的每一件事都是要发展工业和商业,也要增进资产阶级的福利。

"强国"意大利　政府始终为1848—1870年统一时期高涨起来的民族爱国精神所驱策,梦想为近代意大利恢复属于古代罗马帝国的伟大庄严。意大利不但必须是一个自由和统一的国家,它还必须是一个"强国"。为此,一支庞大的海军建立了起来,陆军也扩大并改组了。在争取海外殖民地时,做了种种努力来赶上其他列强。

三国同盟　意大利人民赢得自由和统一之后不久,就准备把其他民族置于意大利的统治之下。他们多年来就渴望得到在非洲北部和西西里隔海相望的突尼斯,即古代迦太基。在这件事情上,他们受到了法国的阻挠。于是民众的反法呼声高涨,发生了一桩极为奇特的事:意大利和它的旧仇奥地利、德意志结成了密切的同盟。这个著名的三国同盟从1882 年持续到了 1915 年。

意大利的帝国主义　三国同盟使意大利承担了军备和捐税的更重负担。加之在同盟持续时,意大利不能从奥地利得到特兰托和的里雅斯特,因此也无法完成它的民族统一。特兰托和的里雅斯特是长久"未收复的"。

此外,三国同盟还鼓励意大利政府坚持争夺殖民地的徒劳无益的策划。耗费了大量的人力和财力,意大利获得了热带非洲两个殖民地——厄立特里亚和索马里,但是它没有达到征服阿比西尼亚的目的,1896 年在阿多瓦,它的军队被彻底地打败了。在 1911—1912 年和土耳其的战争中,它征服了北非的的黎波里,并占领了爱琴海中 12 个希腊小岛。这些殖民冒险行为对于意大利的价值很小,可是替民族的爱国烈火添了干柴,同时也使某些商人和政府官员利用公帑得到了好处。

赋税和移民　不幸的是,许多政府官吏营私舞弊,以公款饱其私囊。为了支持这种贪污腐化,支付庞大的军备开支、征服殖民地之费用和公共事业建筑费,同时还得偿还解放战争留下的债款,大量的捐税被加之于人民。意大利的捐税很快就超过了欧洲的其他任何国家,而落在农民和零工工人肩上的捐税最为沉重。

为逃避服兵役,躲开重税,并为生活寻找一个新的机会,许多下层意大利人开始离开故乡而迁移美国。据估计,1871—1914 年年间,意大利失去了约 600 万公民,他们都永久定居于外国,主要定居在美国、阿根廷和巴西。

人民的抗议　当许多意大利人离开他们的故乡时,许多其他意大利人发出了反对政府的呼声。(1)热忱的天主教徒攻击政府抑制教会而没有帮助农民。(2)马志尼和加里波第的党徒们保存了一个小的共和党,他们鼓吹把君主国改为共和国。(3)随着工厂制度的推广和劳工问题变得尖锐化,社会党逐渐坚强起来,要求彻底地变革。(4)有些极端主义分子宣传无政府主义。维克托·伊曼纽尔的继承者亨伯特国王,就是被一个无政府主义者在 1900 年刺杀的。

民主的渐次获得　意大利政府被不满的呼声所惊吓,勉强做了一些让步。1882 年选民的范围扩大了,但是直到 1912 年,所有意大利的男子才被允许有选举和担任公职的权利。1905 年教皇放松了对参加政治的限制,此后忠诚的天主教徒同别人一样,也积极地参加了争取政治民主和宗教自由的一些运动。

社会立法　为进一步缓和民众的不满，意大利政府通过了一些帮助农民和工厂工人的法律。工人们有了工伤事故、疾病和老年的保险。工会合法化了。经营银行、经营趸买趸卖以及经营农业的合作社都受到了鼓励。到 1914 年，意大利已经成为一个利用政治机器为社会谋求福利的民主国家。

但是意大利的民主政治并没有减低民族的爱国热忱。特兰托和的里雅斯特仍然是"未收复的"。它们的名字本身就有一种将民族召集到一起的感觉。

第 39 章　德意志的统一

在意大利解放和统一的同一时期,大多数德意志邦国也联合成德意志帝国。某些用以获得意大利政治统一的战争和其他力量,在德意志也用于同样的目的。我们已经看到,意大利赢得了国家的统一,其后不久又赢得了民主政治;与此同时,德意志赢得了国家的统一,却没有得到民主政治。

39.1 关税同盟和邦联

德意志与意大利不同,在 1848 年年初已经在邦联中有了一种政治联合的形式,并且已经在关税同盟(Zollverein)中有了一种联合的力量。

德意志邦联　维也纳会议所创造的德意志邦联,主要是一种形式。1848 年以前,邦联的盟主是奥地利,而梅特涅是奥地利的首相。梅特涅不愿意出现任何给德意志人民一点自由或民主的德意志诸邦之联合。

在 1848 年革命的压力下,德意志邦联批准了法兰克福议会,它于 1848 年 5 月在法兰克福召开。人们推测它要为全德意志建立一个统一的和民主的政府。它的确拟订了一个好的计划。德意志诸邦将要加入拥有自由宪法的帝国。普鲁士国王应该当皇帝。

普鲁士和奥地利　但是到 1849 年春,普鲁士王和其他专制统治者已经从 1848 年革命的惊吓中恢复了过来。他们重新自信满满、昂首阔步起来了。普鲁士国王傲慢地拒绝了法兰克福议会所献给他的皇帝尊号。他说,如果他被王侯们邀请,他将接受德意志的领导地位,但是他不愿接受来自一个民主议会的皇帝尊号——他把它说成是"从阴沟里来的"。

有些德意志王侯同意了邀请他,用不用民主的方式都可以,但是奥地利起来阻挠,国

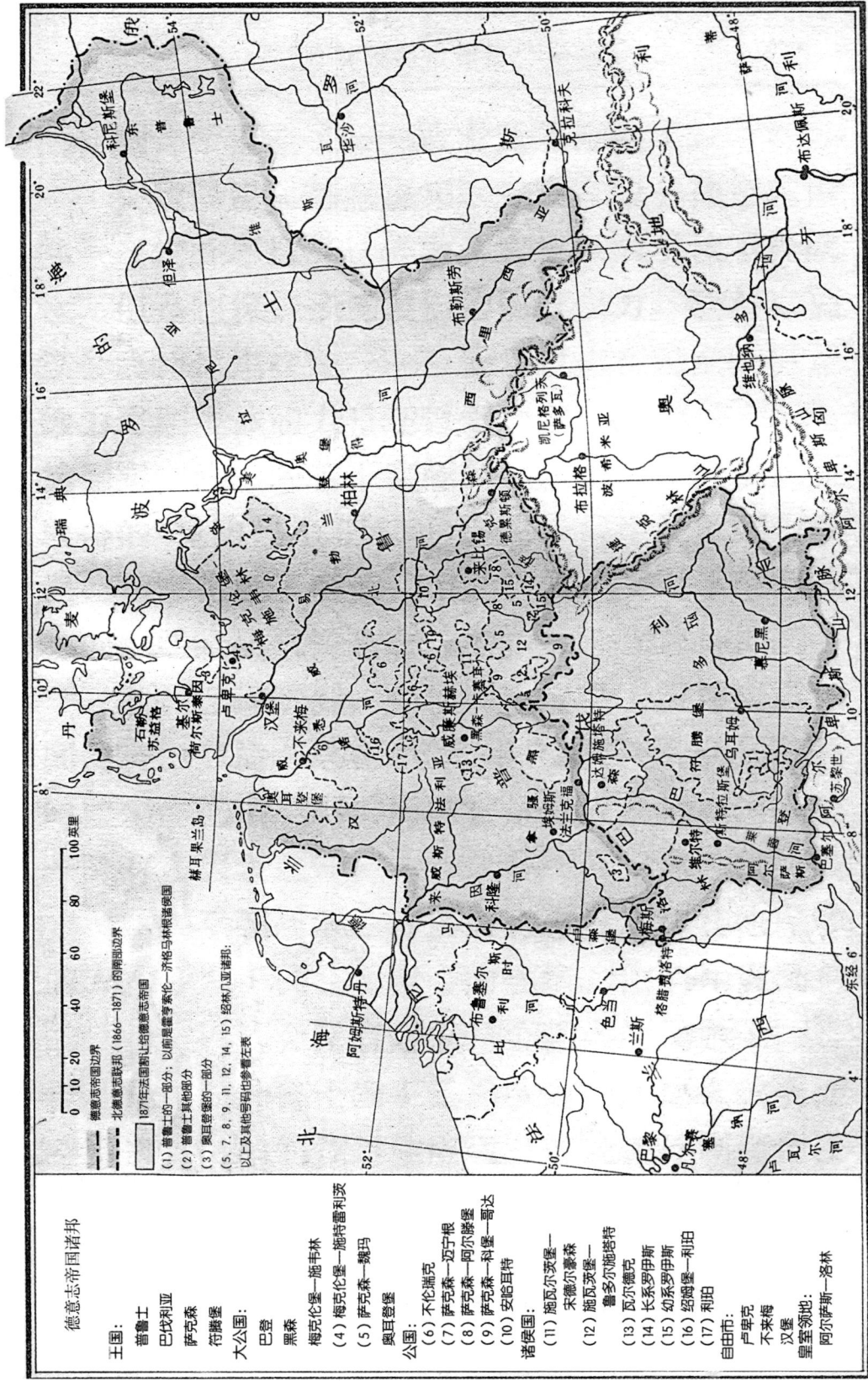

德意志帝国诸邦

王国：
普鲁士
巴伐利亚
萨克森
符腾堡

大公国：
巴登
黑森
梅克伦堡—施韦林
(4) 梅克伦堡—施特雷利茨
(5) 萨克森—魏玛
奥耳登堡

公国：
(6) 不伦瑞克
(7) 萨克森—迈宁根
(8) 萨克森—阿尔滕堡
(9) 萨克森—科堡—哥达
(10) 安哈耳特

侯国：
(11) 施瓦尔茨堡—宋德尔豪森
(12) 施瓦尔茨堡—鲁多尔施塔特
(13) 瓦尔德克
(14) 长系罗伊斯
(15) 幼系罗伊斯
(16) 绍姆堡—利珀
(17) 利珀

自由市：
卢卑克
不来梅
汉堡

皇室领地：
阿尔萨斯—洛林

德意志帝国边界
北德意志联邦（1866—1871）的南部边界
1871年法国割让给德意志帝国
(1) 普鲁士的一部分；以前是德意志帝国
(2) 普鲁士其他部分
(3) 奥匈帝国的一部分
(5、7、8、9、11、12、14、15) 招林几亚诸邦；
以上及其他以号码标志参看左表

0 10 20 40 60 80 100英里

地图 39.1 1871—1918 年的德意志帝国

家统一的计划终于落空了——或者几乎落空了。

关税同盟 德意志邦联并没有统一德意志诸邦——它并不打算这样做。它自以为承认了民族性，但是它保护了王侯们的旧有权力。法兰克福议会真诚地志在统一，而且也志在民主；但是因为专制政体的力量过于强大，它失败了。然而走向统一的若干实际的收获都是由关税同盟取得的。它以好生意原则为根据，它帮助了商业。因此它的论点对于很有势力的那些阶层来说是有效的。

我们已经看到，关税同盟提供了盟邦成员之间的自由贸易。远在 1848 年之前许多年，关税同盟工作得很顺利，所以它是造成德意志国家统一的有力因素之一。

从和平到战争 许多德意志贵族和其他保守的人也激发了民族爱国心的热情。他们斥责民主的法兰克福议会没有建成一个强大的民族国家，但他们也为普鲁士国王是那么谦虚、那么软弱而感到遗憾。他们觉得他应当有蔑视奥地利而自任德意志领袖的勇气。

这些主战的爱国者在 1850 年之后处于重要的地位。他们要求，所有试图统一德意志的方式，都应当抛弃民主方法而采用武力。他们认为普鲁士国王是最合适做皇帝的人，他们盼望着他将改变主意，或者普鲁士将得到一位具备刚强意志的国王。他们称他们的计划是"更切实际的"。这当然要牵涉到更多的流血。

39.2 俾斯麦和他的国王

不久以后，主战的爱国者在他们中间找到了一个铁腕人物——俾斯麦。约在同时，普鲁士得到了一个称心如意的国王——威廉一世。

俾斯麦 因 1848 年革命而突起的最著名的保守分子，是普鲁士有势力的地主阶级（容克）出身的奥托·冯·俾斯麦（1815—1898 年）。他出生于维也纳会议那年，受过大学教育，早年就出了名，因为他曾是顽劣之徒，后又做过成功的农人，还是个普鲁士的爱国者。

在 1848—1849 年动乱期间，俾斯麦并没有错过表现他根深蒂固的信念的机会，这些信念就是：专制政体是政府的最好形式；法兰克福议会是愚蠢的；德意志如果真要统一的话，必须由普鲁士国王上承神意，加上军队、贵族、政治机器和新教国立教会的协助才能完成。

他相信德意志的统一，但必须在普鲁士的领导下而不要民主。德意志一定要"普鲁士化"。

俾斯麦在议会中 俾斯麦有好几年（1851—1859 年）代表普鲁士国王出席德意志邦联的议会。他配合其他代表在议会中压制自由主义。他也在那里发展了对奥地利的一种强烈厌恶。他得到了宝贵的经验，用冷静和机智保持了普鲁士在邦联中与奥地利的平等地位。

　　在俄国和法国　1859 年俾斯麦被派往圣彼得堡任普鲁士驻俄大使。他羡慕沙皇的专制政体，而且为巩固自弗里德里希大帝以来俄普之间的亲密关系尽了不少力。1862 年，他被派往巴黎，在那里见到了路易·拿破仑（拿破仑三世），对此人的复杂性格做出了确切的判断。同年，俾斯麦被召回柏林，担任普鲁士首相。从 1862 年到 1890 年任首相时期，他扩张了普鲁士，建立了德意志帝国，而且定下了很多政策，这些政策绝大部分引导德意志直到 1918 年。

　　普鲁士的威廉一世　在俾斯麦就任普鲁士首相之前，1848—1849 年失却了大好时机的普鲁士国王逝世了。1861 年，他的弟弟威廉继承了他的王位。威廉一世保守、笃信宗教，而且深信他的王权来自神授。他有坚强的意志，爱好军事，在这两方面很像弗里德里希大帝和 18 世纪霍亨索伦王朝的其他国王。威廉一世不是一个有才气的人，但他为人诚实，完全信任他的大臣们。

　　这是一个正合俾斯麦和他的同党心意的国王。

39.3　俾斯麦和他的国家

　　他在普鲁士的政策　俾斯麦就任普鲁士首相时做的第一件事，就是支持威廉国王建立普鲁士军队的要求。俾斯麦知道，一支庞大的、训练良好的军队，可以成为专制政体有力的支柱，也可以成为普鲁士领导下统一德意志的有效工具。

　　这时，恰巧普鲁士议会中众议院的多数派是一些自由主义者，他们都同情 1848 年的民主愿望，也希望在普鲁士建立起英国式的立宪政府。由于害怕军国主义，急于要把国王和他的大臣们置于议会的控制之下，他们拒绝投票通过增兵所需的经费。

　　俾斯麦非常愤怒。他告诉议员们说："德意志并不靠普鲁士的自由主义，而靠它的强权……当前重大的问题不取决于演说和过半数的投票——那是 1848 年和 1849 年的弱点——而取决于铁和血！"

　　议员们表示倔强不服，俾斯麦不经他们的同意，径自动手征税和增兵。议员们对于他的高压手段提出了抗议，他便封闭了报馆，拘禁了他的反对派。他知道他有国王和军队的支持——他还需要什么呢？自此以后有四年之久，1850 年宪法在普鲁士成为一纸空文。

　　他的外交政策　当普鲁士实施普遍兵役制时，俾斯麦针对将来为争取德意志领导地位而发生的普奥战争，拟定了他的外交政策。奥地利已经显出没有领导的能力。它也表示非经一场斗争，决不肯放弃它的领导地位。俾斯麦周密地准备着把奥地利推开的计划。

　　1863 年，他帮助沙皇镇压了波兰人的起义，使沙皇感到对普鲁士有回报的义务。他暗示法国要是不干涉普鲁士在德意志的行动就可以得到"报酬"，以此来哄骗拿破仑三世。

39.4 铁和血

铁和血的日子很快地来到了。俾斯麦进行了三次战争来建立德意志帝国。由于他的战争政策,他在历史上以"铁血首相"著称。

丹麦战争 1864 年普鲁士在俾斯麦的机警领导下, 参与了奥地利反对丹麦的战争。争斗的原因是石勒苏益格—荷尔斯泰因,即德意志西北部的两个公国,主要住着德意志人,却由丹麦国王统治。

要是按民族界线将这块有争议的领土分开,住着丹麦人的北部四分之一归丹麦,住着德意志人的南部四分之三并给德意志邦联,问题是很容易解决的。但是丹麦国王坚持占有全部领土,德意志邦联也如此。结果是奥地利和普鲁士两个主要德意志邦国,用武力从丹麦夺取了两个公国。

争吵的普鲁士和奥地利 丹麦战争的主要结果,如俾斯麦所预见的,是石勒苏益格—荷尔斯泰因立刻又在普奥之间引起一场纠纷。奥地利希望把它变为德意志邦联的一个独立成员;俾斯麦则希望把它兼并到普鲁士。

图 39-1 俾斯麦

经过长期吵吵闹闹的交涉之后, 俾斯麦在 1866 年 6 月提出了若干彻底变革邦联的建议,其中一项是要把奥地利排除出邦联。同时他下令普鲁士军队集中待命。奥地利恰恰掉进了他的圈套,立刻劝说那些较小的德意志邦国和它联合起来,向普鲁士开战,以保存德意志邦联旧有的形式。

七周战争 在 1866 年 6 至 7 月发生的战争中,普鲁士因为拥有一支配备了新式步枪的庞大军队,又有威廉国王和冯·毛奇伯爵的能干领导,占了优势。此外,它还得到意大利积极的援助,因为意大利也正在为粉碎奥地利强权而战斗。

普鲁士很快地击败了那些较小的德意志邦国,然后于 7 月 3 日在凯尼格列茨(萨多瓦)的血战中以压倒优势击溃了奥地利。8 月签订了和约。自此以后,普鲁士可以随心所欲地来安排德意志了。

一个新的德意志　在往后的一两年间,俾斯麦重建了德意志,有如下几方面:(1)取消了 1815 年的德意志邦联;(2)把奥地利帝国从德意志切除,并迫使它割让威尼斯地区给意大利;(3)普鲁士马上兼并了石勒苏益格和荷尔斯泰因两个公国、汉诺威王国、法兰克福自由市以及其他地区。普鲁士因此连接了它的原先分隔的领土,并增加了 450 万居民;(4)余下的美因河以北小的德意志诸邦,在普鲁士领导下结成了一个叫作"北德意志联邦"的密切联盟。普鲁士国王被拥戴为新联邦的"元首",普鲁士的军事制度推行到所有结盟邦国。俾斯麦除了继续担任普鲁士的首相以外,现在又成了北德意志联邦的宰相;(5)承认了美因河以南的巴伐利亚、符滕堡、巴登和黑森四个德意志邦为独立邦;但它们通过关税同盟的贸易关系,通过军事防御同盟,和北德意志联邦紧密联系着。

和法国的战争　从 1867 年到 1870 年,俾斯麦精心地策划诱使德意志南部诸邦同北部建立自愿的政治联合。他知道它们不信任普鲁士,但他也知道它们害怕法国。在 7 周战争之后为法国寻求"报酬"的拿破仑三世,掉进了俾斯麦的圈套。俾斯麦逐渐用巧妙而卑鄙的外交手段激怒了法国皇帝,到 1870 年 7 月,法国终于向普鲁士宣战了。

这时候德意志南部诸邦被民族爱国潮流所激荡,与北部联邦共同协力,参加了普鲁士的"防御"战。

和法国的战争是剧烈、短促而具有决定性的。战争的发动者俾斯麦,又得到了战争胜利者冯·毛奇的大力支持。1870 年 9 月 2 日,在色当大战中,拿破仑三世及其士兵 10 万人被俘了。1871 年 1 月 28 日,巴黎在英勇防御 127 天之后,投降于德意志。俾斯麦现在得以随心所欲地建立德意志帝国了。

39.5 德意志帝国

1870 年至 1871 年,俾斯麦的战争机器对法国的决定性胜利,是在德意志本土之外使俾斯麦和威廉一世能够完成德意志统一——不包括奥地利——所必需的最后一着。当德意志军队还在围攻巴黎时,南部四个邦巴伐利亚、符滕堡、巴登和黑森自愿加入政治联合的要求及时地被批准了。这个联合的名称从"北德意志联邦"改成了"德意志帝国";1870 年 1 月 18 日,在法国凡尔赛故宫的镜厅,宣告了普鲁士国王威廉即位为德意志皇帝。

那个无情地强加于法国的 1871 年条约,给德意志帝国带来了 10 亿美元的战争赔款和法国的阿尔萨斯—洛林。

铁和血的成就　法兰克福议会凭演说和选票所没有得到的东西,俾斯麦通过三次战争的铁和血得到了。由于 1864 年战胜丹麦,1866 年战胜奥地利,1870 年又战胜法国,德意志帝国在普鲁士的领导下建立起来了。但是它不包括奥地利或瑞士,虽然两者都有一部分属于德意志地区。

帝国宪法　新的德意志帝国的组成和北德意志联邦相似。由于帝国是一个联邦,每个

图 39-2　1870 年,在镜厅宣布成立德意志帝国

邦照旧保持了它自己管理内政的政府。帝国中最大而最有势力的邦普鲁士,仍然保留了它不民主的 1850 年宪法;而在 25 个邦中,只有很少几个在它们的政治制度上采取了英国式的、真正的议会政府。

联邦议会　在帝国中,最高权力赋予联邦议会,即帝国各邦诸侯所派个人代表组成的一个机构。

帝国议会　帝国议会,即由全国成年男子普遍选举出来的国民议会,近乎一个辩论会,因为它的决议随时可能遭到联邦议会的反对而不得付诸实施。

皇帝　谁是普鲁士的国王,谁就是德意志的皇帝;他是一个真正的专制君主。他不必咨询普鲁士议会而任命普鲁士首相, 他也不用听取帝国议会的意见而任命帝国的宰相。

宰相　俾斯麦担任帝国的宰相和普鲁士的首相多年(1871—1890 年)。他以宰相身份主持联邦议会,准备帝国议会的立法,并且处理帝国的事务。他也以普鲁士首相身份指导联邦议会中普鲁士议员应当如何投票;而这些票数足以否定任何裁军议案,或任何减税议案,或任何对宪法的修正案。

宰相和帝王的其他大臣都不能由议会或人民强迫退职。帝王信任他们一日,他们便可任职一日。德意志的帝国体制是强有力的,但不是民主的。

德意志的军国主义　民主政治虽然缺乏,军国主义却很充分。事实上,昔日普鲁士对武力的崇拜已逐渐成为新帝国最珍贵的传统。新帝国是凭军国主义建立起来的。爱国的人们相信,通过军国主义,帝国可以长存,也可以扩展。

对欧洲的影响　一个国家在和平时代这样充分武装起来的光景,并不是始终独一无二的。5年之内,德意志的榜样为四邻强国——法国、奥匈帝国、俄国和意大利所仿效。当这些邻国纷纷增加它们的军备时,德意志就借助于外交手段,防止它们联合起来反对它。

紧密的联盟　德意志害怕其他各国联合起来反对它,就寻求盟友。1879年俾斯麦和奥匈帝国订立了一个紧密的军事同盟,这个同盟在1882年意大利加入之后扩充成三国同盟。三国同盟一直持续到1915年,在第一次世界大战中破裂了,因为意大利和奥地利之间的旧恨实在是太深了。

只要俾斯麦在职掌权(到1890年),德意志和俄罗斯的关系都是最友好的,和英国的关系也是如此。然而,由于德意志的军国主义和俾斯麦的外交手腕,从1871年到1914年,整个时代变成了"武装和平"的时代。军备从未减少过,反而四处扩充。民族的嫉恨日益尖锐,军费支出也日益加重了。

德意志的家长作风　统一了的德意志的另一重要特点是家长作风,即认为政府必须主动地给予人民经济福利的政策。俾斯麦的家长作风政策是两方面的:(1)加强联邦的全国政府;(2)促进全国各阶级的物质繁荣。

全国政府接管了全部铸币,调整了银行业,从而增强了自己。它也改进了几个邦的铁道系统,使它们更能适应帝国的迅速指挥。它提高关税来保护德意志工业和德意志农业,同时也得到了大笔钱作为联邦的收入。

为了促进人民的物质繁荣,政府强力实行了关税保护税则,同时也制定了许多社会法规。这些法规规定了劳动时间和工人的疾病、工伤和养老保险。就这样一些法规说来,德意志是近代各国中的先驱。优良的职业学校也设立起来了。俾斯麦寻求促进经济繁荣的另一种办法是建立殖民地。1884年至1885年,他把德意志商人和传教士已经立下标桩的非洲若干广大地区置于帝国的控制之下。

非德意志人的不安　但并非德意志帝国中所有的集团都是满意的。1871年到1914年这段时间中,帝国内部时常有一些不安的庞大集团,对帝国的军国主义、家长作风和其他特别措施予以非难。在这些反对派中,有一些是完全不愿隶属于德意志帝国的非德意志人。在石勒苏益格北部,有几十万丹麦人;在普鲁士有 300 万波兰人;而在已经被德意志征服、于 1871 年从法国夺取的阿尔萨斯—洛林,有相当多的法国人切盼归属于法国。

某些德意志人的不安 在德意志人中,也有一些或多或少不满的人们,例如(1)民主党人或激进派。这是一些仍旧保持着 1848 年的革命思想,希望德意志帝国成为真正民主国家的人。(2)天主教徒。这些人虽是少数,但是一个大的集团,他们因天主教的奥地利被摒除于帝国之外而感到遗憾,他们自然也厌恶新教普鲁士的控制,比政府更主张自由和民主。他们组织了所谓的"中央党"。帝国初年,俾斯麦对他们进行了所谓的"文化斗争"。到了 1886 年,他废除了大部分反对天主教的措施。中央党继续在德意志处于重要的地位,在帝国众议院中拥有四分之一的席位。有时候它也支持政府,但一直到 1914 年,它基本上是经常反对政府的。(3)社会党人。这个集团在 1875 年以后发展成一个强有力的党派。他们讲了很多关于"革命"的话,即要毁灭军国主义,建立一个民主共和国,废除私有财产,并让工人阶级管理工厂和农场等。到 1914 年,这些社会党人(社会民主党)成为德国最大的政党。

卡尔·马克思(1818—1883 年)被人们认为是近代社会主义的创始人。19 世纪结束之前,由卡尔·马克思和弗里德里希·恩格斯在 1848 年发表的小册子《共产党宣言》,已成为全世界千百万工人的信条和强有力的社会主义党派的政纲。

威廉二世皇帝 1888 年威廉一世皇帝以 91 岁的高龄逝世了。他的儿子,以自由主义者著称的弗里德里希三世,在位仅仅 3 个月。同一年,弗里德里希三世之子,即威廉一世之孙威廉二世,成了普鲁士国王和德意志皇帝。他在位直到 1918 年第一次世界大战结束为止。

军 阀 威廉二世是一个典型的霍亨索伦王朝统治者。他爱好权力和那些表征权力的装饰。他颂扬军国主义,宣称"是军人和军队,而不是国会的多数,建成了德意志帝国——我的信任是放在军队上面"。同时他也装作一个热忱的新教徒,以不容置疑的词句来肯定他的统治权是出于神授。他事事插手,到处旅行,而且不停地讲话。

俾斯麦的免职 尽管威廉二世完全赞同俾斯麦的铁血政策,但他不能和俾斯麦共事。在德意志的专制政府中,不能容纳两个像他们这样的人物。结果当然是宰相必须退出——宰相是皇帝的仆人(或者是主人)。这位年轻的皇帝很快就决定了统治德意志的应该是霍亨索伦王朝,而不是俾斯麦王朝。1890 年俾斯麦被免职了,这条国家大船服从于新舵手的指挥。

不过前面却有许多暗礁。

在海上和陆上 1890 年后,德意志扩大了它在非洲的殖民帝国,兼并了太平洋中某些

图 39-3　俾斯麦与年轻的威廉二世在 1888 年会面。双方在很多问题上意见相左,而在 1890 年威廉二世则革除了俾斯麦的职务

岛屿,占领了中国的胶州湾。它筹划修建一条从君士坦丁堡到巴格达的铁路,将整个奥斯曼帝国置于它的势力之下。20 世纪初期,为保护它的商业和殖民地,它将军国主义扩展到公海上,并建立了一支在规模和实力上仅次于英国的海军。

德国的技术学校训练了千千万万的熟练工人,而且安置工人的一种最完美的制度也建立了起来。工会显著地增长了,关税保护也有助于工业。德国成了制造业方面最有效的国家之一,同时也成了商业方面最成功的国家之一。

第 40 章　法兰西第三共和国

　　在法国 1848 年的二月革命中,国王路易·菲利普被赶走,第二共和国创立了。但是在 1852 年的下半年,路易·拿破仑·波拿巴把第二共和国改为第二帝国。他的帝国持续到 1870—1871 年年间他和德国的灾难性战争时。从废墟中兴起的第三共和国,到 1940 年垮台。

40.1 从第二共和国到第二帝国

　　二月革命是由巴黎的资产阶级和工人阶级完成的。工人们在社会主义者路易·勃朗的领导下,要求一个社会主义共和国,坚持政府为他们做一些类似第一共和国曾为农民们所做的事,就是说,使他们成为他们在其中工作的工厂和商店的主人。但是巴黎的资产阶级却坚决主张,政府只应该在政治上民主,不应该关注激进的社会实验。

　　法国的呼声　当时整个国家经过成年男子普选,选出了一个议会来为共和国起草宪法。法国的呼声是和巴黎的呼声不同的。各省的农民和资产阶级反对巴黎工人的要求。因此,议会制止了工人的起义,并起草了一个共和宪法。它规定,设一个立法团和一个总统,二者都由成年男子普选选出。在 1848 年 12 月举行的选举中,拿破仑一世的侄子路易·拿破仑,被绝大多数选民选为总统。

　　路易·拿破仑曾在放逐中度过了他的大半生。他常有阴谋诡计,努力使他伯父名字的光荣,以及波拿巴家族是民主的支持者和被压迫民族的朋友这种观念持续下去。他的姓名是有魔力的。大多数法国人之所以投票给他,就因为他的姓名是拿破仑。

　　有魔力的姓名　1848 年路易·拿破仑从放逐中被召回, 成为法兰西第二共和国的总统。他巧妙地利用了他的姓名和他的新职位去增加自己的声望。军队支持他,因为他代表了他好战的伯父的军事传统。农民和资产阶级支持他,因为他做出了保护"法律和秩序"的姿态,并且提倡经济繁荣。工人们(甚至不满的工人们)支持他,因为他用了许多花言巧语向他们保证他是工人们的朋友。教士们支持他,因为他支持宗教教育,并派军队到罗马去恢复教皇的职位。

于是,当立法团建议修改宪法,废除成年男子普选权的时候,总统就作为民主的忠实捍卫者走了出来。他似乎把法国掌握在手了。他逐渐相信他掌握了法国——而且有理由这样相信。

总统的"政变"　路易·拿破仑依仗他的声望,依仗军队的忠诚,并依照他伯父的榜样,在 1851 年 12 月 2 日发动了"政变"。共和主义者的领袖们被监禁或放逐了;立法团解散了;新的宪法颁布了。于是宪法交付表决,并以压倒多数通过。

路易·拿破仑关于他已把法国掌握在手中的自信,证明是正确的。

从总统到皇帝　从那时以后几乎 20 年,路易·拿破仑是法国实际上的独裁者。起初他带着总统的头衔,但在 1852 年 11 月,他通过公民投票的授权(法国全体男子的投票)采用了皇帝的称号。从此以后他成了"法国人的皇帝,拿破仑三世"。

就像法兰西第一共和国在 1804 年被拿破仑一世的帝国代替一样,第二共和国在 1852 年也变成了第二帝国——拿破仑三世的帝国。

路易·拿破仑把他自己算作第三个皇帝,因为他想要承认拿破仑一世的儿子是法国一个正统的统治者。拿破仑一世的儿子死于 1832 年。

40.2 拿破仑三世的统治

拿破仑三世并不伟大,但是他狡猾。他把他的权威建立在人民主权的原则之上,从他那时起到我们的时代,法国从来也没有放弃这个原则。此外,他保存了 1848 年革命所建立的成年男子普选的形式;并且从他那时以来,法国坚持了这种政治民主的形式。

皇帝掌握大权　但是在法国,民主和个人自由是被拿破仑三世控制着的。正像法国人民很快就发现的,成年男子普选本身不能使一个国家真正地民主。依照拿破仑的 1852 年宪法,成年男子普选权只是在皇帝向法国男子们提交问题以讨好他们时,以及在选举立法团时,才在公民投票中运用。所有的选举都是由皇帝通过他在各地的行政人员狡猾地进行安排的。这些行政人员支付有利于皇帝的候选人的费用,计算选票,并写选举报告书。此外,立法团除了通过皇帝所建议的法律以外,没有别的权力。

"民主的"独裁者　民主的形式不过是拿破仑三世个人独裁的外衣。他自己媾和与宣战,委派一切官吏,决定公共政策。他压制反对他的报纸。他放逐或者监禁攻击他的人。虽

图 40-1　拿破仑三世常用军装和豪华宫廷来显示他的权威。此画中,拿破仑三世背后的凯旋门以及卢浮宫,都暗示着半个世纪前他的叔父的统治

然法国人民在理论上有充分的主权,而在实际上,个人自由远不如 1814 到 1848 年年间复辟的波旁王朝统治时期。

对内政策　拿破仑三世在处理国内国外的问题时,企图仿照他所设想的拿破仑一世行事。在国内事务上,他的目的是调和一切阶级。

(1)他增进了资产阶级和农民阶级的商业利益,建立起储蓄银行制度,使得贸易公司较为容易地组织起来。他逐渐采用了自由贸易政策,并利用广泛的公共工程来帮助制造业和商业。港口改善了,沼泽排干了,挖掘了运河,公路修复了,许多铁路也建筑起来了。巴黎城改善并美化了。法国还举办了大的国际博览会(万国博览会)。

(2)他承认合作社合法,废除反对工会和罢工的法令,监督负责工人的死亡和工伤保险的私人公司,以此来援助工人阶级。他喜欢被称为"工人们的皇帝"。

(3)他给教士以掌握教育的新权利,在罗马驻兵以保护教皇,并支持教会的国外传教事业来赢得教士的好感。他的妻子欧仁妮皇后虔诚地依附于教会,由于她的慷慨施与,她被认为是教士的保护人和穷人的朋友。

对外政策　在对外事务方面,拿破仑三世一心想消除维也纳会议的后果。在他的心目中,那次会议决定了拿破仑一世的失败和法国的耻辱。他,拿破仑三世,要使法国恢复1815 年以前它在欧洲享有的光荣与威望。他要恢复它的"自然疆界";他要援助"受压迫的民族";他要重建一个法兰西殖民帝国。

所有这些事情,如果可能的话,他本可通过和平的措施去完成,因为他不是像他伯父那样伟大的军人。但是他认识到,战争可以用来在国外实现他的野心,在国内增加他的威望。拿破仑一世曾在战争中赢得了荣誉,拿破仑三世也可能这样。

和英国的结盟　拿破仑三世相信,他伯父被推翻的主要原因是英国的敌视,如果他自己希望消除维也纳会议的后果,他必须有英国的支持。怀着这样的心思,在 1854 年克里米亚战争中他和英国联合起来了。

对俄国的敌视　在克里米亚战争中,英国是在对俄国作战。英国人害怕俄国会统治土耳其并控制君士坦丁堡。拿破仑三世和英国一起参加了这场战争,摆出保护在土耳其的天主教徒、反对俄国所保护的正教教会的姿态。战争大部分是在俄国南部克里米亚半岛上进行。法国和英国胜利了。拿破仑由于主持了 1856 年在巴黎召开的和平会议,得到了满足。因此,英法之间的关系加强了。

萨瓦和尼斯　我们已经知道,拿破仑三世在 1859 年如何援助撒丁反对奥地利。他没有做得像他所许诺的那么多,但是他的确得到了萨瓦公国和尼斯城作为报酬。这样维也纳会议在意大利的后果是消除了。

面向莱茵河　拿破仑三世也希望为法国恢复它东北边境上的"自然疆界"。他同情德国人对于国家统一的期望，如果普鲁士肯用莱茵河靠近法国这边的领土报答他的话,他就愿意援助普鲁士统一德国。1866 年他提出联合普鲁士对奥地利作战,但是俾斯麦觉得普鲁士的力量足够强大,无需用他。于是拿破仑三世又以不援助奥地利为条件,向俾斯麦索取"酬劳"。但是俾斯麦坚决地回绝了他。他没有得到莱茵河沿岸的一寸领土。

拿破仑三世的殖民政策　同时,拿破仑三世正在竭力重建一个法兰西殖民帝国。他在北非完成了对阿尔及利亚的征服。他在太平洋获得了一些岛屿,特别是新喀里多尼亚岛。他对中国进行了一次短促的战争,并为法国在远东获得了有价值的贸易特权。他得到了在东南亚的立足点,并且为法属印度支那奠定了基础。

法国在墨西哥　拿破仑三世最大胆的海外计划之一是在 1862 年实行的。当时他派了一支法国军队去墨西哥,并拥立一个奥地利亲王马克西米利安为墨西哥皇帝。当然,他的计划是使马克西米利安为了法国的利益统治墨西哥。但是,这计划是一个悲惨的失败。墨西哥人起来反抗了;美国也加以抗议。1867 年拿破仑从墨西哥撤回了他的军队,墨西哥人杀死了马克西米利安。

转变的形势　只要看起来路易是成功的,他就受人奉承。但是外国人一直恨他或者怕他。俄国人恨他,因为他在克里米亚战争中打击他们。奥地利人不喜欢他,因为他在1859年把他们赶出米兰。意大利人对他失去热忱,因为他从他们手中占领了萨瓦和尼斯,而没有继续和奥地利作战。德国人害怕他沿莱茵河地带的谋划。美国人怨恨他在墨西哥的干涉。英国人逐渐地把他看成是无原则的和危险的专制君主。到了1867年,他在法国之外再没有可靠的朋友了。

在法国反抗的增长　同时拿破仑三世在国内正在失去他的众望。热忱的天主教徒攻击他在意大利的政策。各阶级的法国人由于他在墨西哥难堪的失败和他不能对付俾斯麦而感到耻辱。而他对个人自由的抑制一直被人怨恨。

迟缓的改革　拿破仑三世由于共和党人和自由主义保王派日益增长的反对而惊慌起来,在1869年同意修改1852年宪法。他同意皇帝应不再控制选举,出版应有自由,政府部长们应对立法团而不是对皇帝负责。修改后的宪法尽管不是人人满意,但在1870年5月经公民投票批准了。

对普鲁士的战争　1870年西班牙王位空缺,俾斯麦劝说以霍亨索伦家族的一位亲王为候补人。这引起了拿破仑三世的抗议和俾斯麦的粗率回答。7月,拿破仑掷下了他的致命骰子——他对普鲁士宣战了。而这正是俾斯麦所希望的。

拿破仑三世集合了法国军队,向梅斯和斯特拉斯堡进发。梅斯和斯特拉斯堡是从法国到德国的两个大的天然门户。但是拿破仑忽略了一件事——大门时常会开向错误的方向! 他也过于低估了普鲁士的军队。"战争制造者"和"战争胜利者"都正在等待着这样的一天——他们都准备好了。

40.3 色当和投降

在拿破仑觉察之前,三支普鲁士军队已经在法国境内了。使他十分惊慌的还有,南德各邦由于相信普鲁士是被恶意地攻击了,立刻参加了普鲁士一边。除奥地利以外,整个德国都武装起来反抗法国,而法国却没有同盟者。

致命的一天　我们已经知道这次战争的结果。它暴露了拿破仑三世的帝国的腐朽实质。法国士兵们虽然表现了通常的勇敢和锐气,但他们没有得到好的领导,并且在人数上无望地处于劣势。他们缺乏组织、计划和供应。他们吃了一次又一次的败仗,在1870年9月2日,法国的主力军在拿破仑三世和麦克马洪元帅的指挥下,被围困在色当,战败并被迫投降了。

新政府　两天以后,9月4日,当巴黎终于晓得皇帝成了德国人俘虏的时候,一个自荐的共和党人集团在市政厅聚会。他们宣布废黜波拿巴家族,建立第三共和国。直到和平恢复、永久性的宪法制定以前,这个自荐的集团掌握了独裁的权力。他们自己成立了一个

图 40-2 这幅德国雕版画描绘了法国战败后,逃避战乱的民众和继续推进的普鲁士军队。惊恐的民众正跨越一座危险的、拥挤的桥梁

临时的"国防政府"。

莱昂·甘必大 "国防政府"中最突出的成员是一个年轻的律师莱昂·甘必大,一位极不平常的人。他炽热的爱国心、他对自由政府的忠诚,以及他激昂流畅的辩才,都和他的组织天才结合在一起。当德国人进入法国围困巴黎的时候,甘必大成了国防和民族爱国精神的重要人物。他乘气球逃出巴黎,唤起全国去进行新的努力。他使这场无望的战争拖长到 5 个月之久,在引导一支又一支新兵去反抗训练良好的德国人时,他表现出最大的能力与技巧。是甘必大使得法国的灾难没有成为耻辱。

和平与惩罚 尽管有甘必大不懈的努力,巴黎仍不堪饥饿,被迫在 1871 年年初投降。国民议会在凡尔赛开会,批准了德国人所强加的屈辱条约。法国被迫把阿尔萨斯—洛林,包括梅斯和斯特拉斯堡这两个城市在内,割让给新建立的德意志帝国,并支付 50 亿法郎(10 亿美元)的赔款。

40.4 第三共和国的诞生

在拿破仑三世被推翻和巴黎被攻占以后,选举出一个国民议会,它的任务就是与德国人媾和,并决定法国应有什么形式的政府。我们记得,1870 年 9 月在巴黎已经宣布成立了一个共和国,巴黎大多数人民切盼国民议会起草一部共和国的宪法。另一方面,全国大多数的农民曾选择自由主义保王派来代表他们,后者在国民议会中占大多数。他们无意让法国成为一个永久的共和国。

巴黎公社 同时, 巴黎的共和党人和社会主义者组成了他们自己的革命政府——所谓的巴黎公社——与凡尔赛的国民议会相对抗。国民议会于是召回国家军队攻打巴黎。在两个月的交战之后,公社被镇压了,国民议会的权威在全法国得到了承认。上万巴黎工人被维持"秩序和安全"的部队残酷地杀害了。工人阶级受到威吓;农民和资产阶级得胜了。巴黎也不再可怕了。

没有国王的保王党人 鉴于保王党人在国民议会中是多数, 且共和党人的巴黎受到了威吓,法兰西第三共和国照理说是十分短命的。真正拯救了它的是这些保王党人之间的分裂。自由主义保王派对国王的选择意见不一致,在几年的辩论和拖延之后,他们和共和党人联合起来,1875 年为第三共和国制定了一部宪法。

阿道夫·梯也尔 我们已看到,一个年轻人莱昂·甘必大在皇帝投降以后,如何积极继续对德国人进行抵抗。我们也不应忘记阿道夫·梯也尔,一个老年人,他帮助建成了第三共和国,并使它站稳了脚跟。

梯也尔在 1871 年是 74 岁。他经过了 1830 年和 1848 年的两次革命,并曾被拿破仑三世放逐了一个短时期。他用了大半生来反对政府,但从 1870 年到 1875 年他又帮助建立了一个政府。他是自由主义保王派,但是为了为法国服务,他把党派分歧放在一边。从 1871 年到 1875 年,梯也尔是第三共和国的第一任总统,后来由于他的自由观点被保王党人投票赶下台。但是他的工作最后还是赢得了赞许。

第三共和国的性质 最高权力属于两院的议会——间接推举选出的参议院和成年男子普选选出的众议院。司法和所有的官吏委任都由一个向议会负责的内阁进行。国家元首是总统,由议会选举,任期七年,并履行很多名誉性的和礼节性的功能,就像英国国王那样。

1880 年政府所在地由凡尔赛迁到了巴黎,并宣布以攻陷巴士底狱的 7 月 14 日为国庆日。从那时以后,第三共和国就变得更共和了——保王党人不断地减少。1789 年革命的原则最后获得了胜利。民主主义不仅在理论上得到肯定,而且在实际上也发生了效力。集会自由、出版自由和结社的一般自由都得到了法律的支持。

40.5 第三共和国的持续

第三共和国作为法国的政府将近70年。它的力量和生命力在两次严峻的考验中光辉地表现了出来：(1)1871和1873年年间，它能够支付德国人所强加的10亿美元的巨额赔款，使得德国占领军从法国撤退了；(2)它经受住了1914—1918年第一次世界大战的折磨。

国内的成就　政府着手进行了许多公共工程：新的道路、运河、铁路修筑起来，港口加深了，荒地改良了。一个专设的农业部建立起来。给予了大量的财政补贴去鼓励法国主要产品如谷物、酒和丝的生产。农民被允许去组织购销合作社，帮助农民的互助信贷银行也建立起来了。

为了保护农民和制造者抵御外国的竞争，法国在第三共和国时代放弃了自由贸易政策，建立了关税制度。在1870—1914年年间，全国农业生产的价值几乎增加了一倍，而工厂机器的数目增长了两倍。

劳工问题　随着法国工业的发展，工人阶级的人数增加了，但是第三共和国替他们做的事比替资产阶级和农民做的少。制定了一些劳工法，如限制劳动时间、禁止童工、雇主必须赔偿雇员的工伤事故、提供老年保险等。

但是工人阶级并不满意。它愈来愈转向社会主义。它愈来愈不依靠政府，而依靠罢工和其他工会活动去增加工资、缩短劳动时间和改善一般工作条件。

民族主义和军国主义　在第三共和国时代，民族爱国精神像1789年革命后一样，仍然是大多数法国人的炽热激情。1870年至1871年法国在德国手里遭受的失败，加强了法国的爱国精神。1871—1914年整个时期内，人们都希望和相信，法国终有一天会对德国报仇，并收复失去的阿尔萨斯—洛林两省。部分是为了准备清算，法国军队在第三共和国的初期完全改组了，实行了义务兵役制，并在防御工事和军需上面花费大量的金钱。

国民教育　部分地也是为了相同的原因，公立学校建立起来，并实行了义务初等教育。1870—1871年这"可怕的一年"在法国产生了这样的言论："是老师在色当打了胜仗。"人们也相信这言论。法国人从而试图从他们的征服者所给的严峻教训中得到好处。国立学校和国家军队对于1871—1914年年间成长起来的一代法国人中爱国精神的加速养成，做出了巨大的贡献。

对外政策　第三共和国的对外政策，主要由对德国的民族仇恨所形成。任何反对德国的强国，都成了法国的朋友。约在1890年，当德国和俄国之间出现裂痕时，第三共和国的民主政治家们毫不犹豫地和专制沙皇结成紧密的同盟；当1904年德国和英国之间竞争发展的时候，法国和它过去商业与殖民的敌手达成了友好协约。

殖民主义的成功　在重建殖民帝国方面，第三共和国比拿破仑一世或拿破仑三世都

图 40-3　1899 年第二次审判期间,德雷福斯前往法庭

远为成功。在亚洲,法属印度支那扩大了。在太平洋和印度洋,获得了包括马达加斯加岛在内的另一些岛屿。在非洲,法国的统治从阿尔及利亚向南扩张,跨越干燥的撒哈拉和肥沃的苏丹,远及大西洋和刚果河,并在突尼斯和摩洛哥建立了保护国。到 1914 年,法国成了一个在面积和人口方面仅次于英帝国的殖民帝国。

对第三共和国的危险　多年来,第三共和国面临内部两种危险,一是保王党复兴,二是军事独裁。如我们已经看到的,保王党人失去了对共和国的控制,但是他们仍然希望推翻它,目的在于复辟波旁王朝。他们主要从教士们和贵族家族那里得到支持。

和教会的冲突　教士们和其他热忱的天主教徒愈是反对共和国,政府反对教会的措施就愈激烈。1892 年教皇力劝法国天主教徒放弃对君主制的希望而忠诚地支持共和国,但是只有少数人遵照他的劝告。

20 世纪初,政府通过了若干很严厉的法律,主要是针对保王党人。天主教男女修士都被赶出法国。天主教学校受到了限制；教会财产被没收了；国家撤销了对教会的资助。保王党复兴的危险减轻了，但是宗教自由严重地受到了损害。

军事独裁的恐惧　共和国的支持者们不仅害怕通过教会的影响会复辟波旁王朝，而且害怕通过军人的影响会建立军事独裁。他们回忆到，拿破仑·波拿巴曾怎样通过军队的帮助推翻了第一共和国，以后路易·拿破仑又曾怎样给第二共和国以致命的打击。不过他们急于要保持一支庞大的军队，在战争爆发时抵抗德国。但是他们害怕自己的军队。

布郎热将军　在第三共和国的历史上，有两次似乎十分迫近的独裁。第一次在19世纪80年代，有一位布郎热将军自吹自擂得那么激动人心，说他要怎样对付德国人，使得许多爱国者，特别是保王党人，欢呼他是位时代英雄。但是，布郎热没有尝试政变的勇气；共和国的拥护者联合起来反对他。他后来被控叛国罪并逃亡了。

德雷福斯案件　第二次在19世纪90年代，一位犹太军官德雷福斯上尉因为被控出售军事秘密给德国而被判刑。一班军官联合起来，使他得不到公平的审判。当有地位的共和党人为德雷福斯辩护，坚持说他没有得到公平的审判时，那些极端爱国者，特别是保王党人，攻击他们袒护一个犹太人，破坏军队的纪律。这事震动很大，如果当时有哪个得人心的军事指挥官敢于发动一次政变的话，他很可能成功。但是最后共和党人和社会党人联合在一起；德雷福斯的无罪得到了证实，民心转向有利于他。军队里作不正当企图的军官们受到了贬黜。

军队的共和主义化　在布郎热插曲和德雷福斯案件以后，政府总是只委派好的和忠诚的共和党人担任军队中的重要职位。1914—1918年的第一次世界大战，再没有发生过军事独裁的威胁，就是大多数法国人忠实于第三共和国的最好证明。

教会的忠诚　在第一次世界大战期间，所有的法国天主教徒也都站在政府的一边。结果是国家和教会之间的紧张状态缓和了。法国和教皇恢复了外交关系，也不再制定反天主教的法律。同时大多数的法国天主教徒也不再反对共和国。

第三共和国似乎已稳固地建立起来，1789年革命的原则最后在法国胜利了。

第41章　东　欧

41.1　奥斯曼帝国的衰落

　　庞大的奥斯曼帝国是 1300 到 1500 年年间奥斯曼突厥人在西亚和东欧建立起来的。他们在宗教上是穆斯林,相信去征服和统治所有的非穆斯林是一种宗教的责任。他们以血腥战争震惊了整个欧洲,并把巴尔干半岛各民族置于他们的统治之下。

　　在 19 世纪初,希腊人、保加利亚人、大多数的罗马尼亚人和大约一半的南斯拉夫人,都受到以君士坦丁堡为首都的土耳其苏丹的统治。苏丹的权力也扩展到了小亚细亚、阿拉伯、美索不达米亚、巴勒斯坦、埃及、的黎波里和突尼斯。

　　虚弱和衰落　土耳其政府一向是专制的,在 19 世纪里,它变得更加虚弱无能。专制的苏丹往往对他众多的妻子关心较多,而对政府的关心较少。他的官吏们也都贪求贿赂,忽视职责。总之,19 世纪的土耳其政府是腐败透顶的。在这样的情况下,可以料想到,帝国的各部分不是由于内部起义,就是由于外来进攻而丧失了。情况的确就是这样。

　　内部的起义　在 19 世纪和 20 世纪初,如我们将要看到的,南斯拉夫人、希腊人、罗马尼亚人和保加利亚人,都从土耳其统治下赢得了自由。结果,土耳其丧失了几乎全部巴尔干半岛。

　　外来的进攻　奥斯曼帝国内部起义的胜利,部分地是由于国外的同情和援助;而英、法、俄和其他强国在帮助希腊人和别的民族取得自由时,有时也顺便攫取土耳其的领土。例如,土耳其把它的非洲属地突尼斯输给了法国,的黎波里给了意大利,埃及则给了英国。

　　奥地利也吞并了一些土耳其领土。但是土耳其在欧洲最贪得无厌的敌人是俄国。如

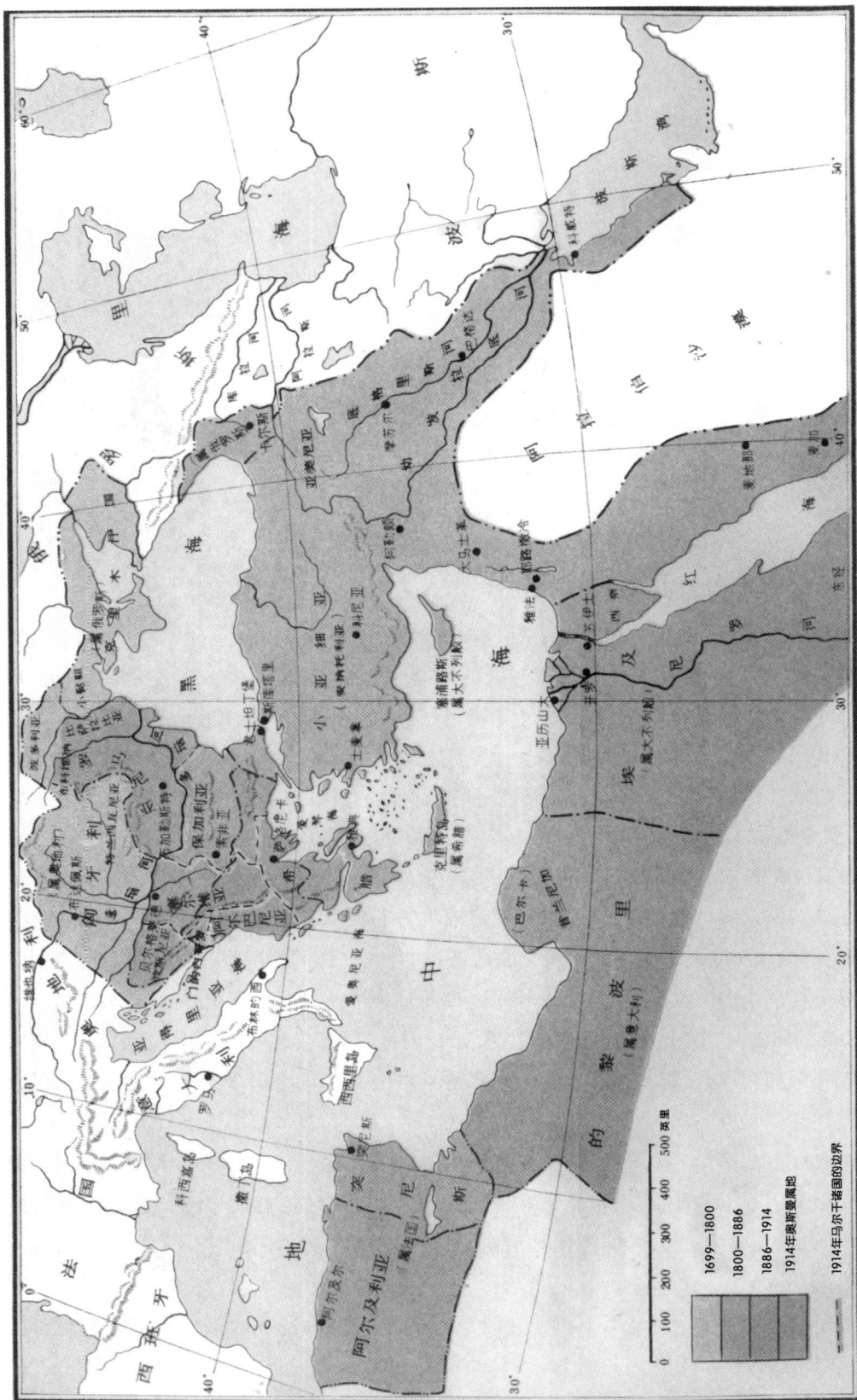

地图 41.1 奥斯曼帝国的解体

果不是别的强国强行阻止的话,俄国会不止一次地瓜分土耳其,并把它的名字从列国名单上抹掉。这个结局也许正是土耳其所应得的;但它的邻国来援救它,并不是因为他们喜爱它,而是因为他们害怕俄国,不愿意俄国得到君士坦丁堡这个重大的战利品。

青年土耳其党　不久以后,有些土耳其人自己激发起一种更为爱国的精神。在 20 世纪初,一个秘密的青年土耳其党组织起来了,它的目的是要使土耳其成为一个进步的民族国家。1908 年这些热心的改革者以革命手段获得了统治。他们设立了议会,废黜了苏丹,立了一个更拥护自由的人为王,并且颁布了宪法。但是不久事情就变得明显了,青年土耳其党关心民族主义更甚于关心自由。他们一心要使非突厥种族"土耳其化",来使帝国彻底地成为土耳其人的帝国——强迫所有的人使用土耳其语言,严酷地迫害所有拒绝成为土耳其人的人们。

失败和灾难　青年土耳其党的这种爱国主义是不幸的。他们不能阻止保加利亚在 1908 年独立,也不能阻止奥匈帝国在同年兼并波斯尼亚和黑塞哥维那两个土耳其省份。

图 41-1　青年土耳其党人成功地推翻了土耳其苏丹米哈德二世的统治之后凯旋。就像苏丹一样,青年土耳其党人用照片来记录政府事件和他们的成功

他们在 1911 年土意战争中把的黎波里输给了意大利。次年他们被巴尔干联盟国家打败，并被迫在 1913 年放弃了土耳其的大部分欧洲领土。

此外，在阿拉伯也发生了若干次起义。所以并不奇怪，青年土耳其党愈来愈转而求助于欧洲最强的军事强国——德国，以便改组土耳其帝国。德国军官被聘来帮助改革土耳其军队。最强硬的青年土耳其党领袖们变得日益亲德了。到 1914 年，土耳其由于德国的帮助，正在准备恢复它的军事威望。在德国一方面，则希望从土耳其的友谊中得到好处。

41.2 东南欧各国

斯拉夫民族的塞尔维亚　南斯拉夫人是信仰基督教的民族，所说的语言有点像俄语、波兰语和其他斯拉夫语。当他们的一些基督徒教友被土耳其士兵屠杀时，南斯拉夫一个省的农民们拿起了武器，打败了土耳其人，拥立一个本地人大公（1817 年），建立了一个名叫塞尔维亚的南斯拉夫公国。但是塞尔维亚还不是完全独立的。大公受土耳其苏丹的统治，并有土耳其的卫戍部队驻扎在塞尔维亚各市镇中。直到 1878 年，土耳其才被迫（主要是被俄国所迫）给予塞尔维亚以完全的独立。几年以后，塞尔维亚大公采用了国王的称号。

塞尔维亚的扩张　从 1878 年到 1912 年，塞尔维亚是一个很小的王国，但是在 1912 年，它和当时已经独立的其他三个小王国保加利亚、希腊和门的内哥罗联合起来，对土耳其作战。这四个小王国在战争中是如此地成功，把土耳其人赶出了整个马其顿——土耳其人在这地区曾对基督徒非常残酷。打败了土耳其人以后，这些小王国为争夺赃物发生了纠纷，并在 1913 年接着来了第二次战争。塞尔维亚从这次战争得到的甚至比它应得的份额还多；它几乎增加了一倍面积。没有一个南斯拉夫人还留在土耳其统治之下。

眼睛盯着奥地利　然而就是在 1913 年，南斯拉夫人民族自决的过程还远没有完成。还有 700 万左右（占全部南斯拉夫人的半数以上），是在奥匈帝国的西南各省。从哈布斯堡皇帝手中夺取这些省份，对于像塞尔维亚这么小的一个国家，似乎是办不到的事情。南斯拉夫人的民族自决走不了多远，除非奥地利帝国毁灭了。

历史上的希腊　第二个起来反对土耳其人的巴尔干民族是希腊人。他们独立的愿望是在 18 世纪末唤起的，部分是由于法国革命的思想，部分是由于学者们的著作使古希腊的骄傲与光荣复苏。1821 年，希腊爱国者举行了一次国民会议，发布了独立宣言，起草了宪法，并选举了总统。由于俄国、法国和英国的帮助，希腊人赢得了自由；但是三个强国坚持新的国家应是君主国，并且选择了一个年轻的德意志亲王来做希腊的国王。这件事发生在 1832 年。

希腊人不喜欢他们的德意志国王，在 1862 年把他赶走了，又选出了英国维多利亚女

图 41-2　这张 1839 年的石版画显示了希腊人(右侧)在独立战争中与奥斯曼土耳其人交战

王的儿子做他们的国王。列强再一次干涉了,让一个丹麦人做了希腊国王。不过希腊人被允许采用一部宪法,这使得他们的君主政体十分民主——是当时存在的最民主的王国。

维尼泽洛斯和希腊　在 1862 年,几百万希腊人仍然处在土耳其的统治之下。但是希腊爱国者梦想一个"更大的希腊",并把他们的小王国看作只是他们所希望建立的更大王国的一部分。20 世纪初,一个勇敢机智的首相维尼泽洛斯使得这梦想大部分成为现实。他在希腊的工作,非常像多年前加富尔在意大利的工作。

维尼泽洛斯在 1912 年联合了塞尔维亚和保加利亚对土耳其作战,然后又和塞尔维亚联盟,进行了第二次战争反对保加利亚,从而取得了大克里特岛、小亚细亚沿岸的几个岛屿,以及大陆上的一些领土,包括马其顿和色雷斯相当大部分在内。由于这几次战争和外交的成功,200 多万希腊人加入了王国(1913 年)。

罗马人的罗马尼亚　罗马尼亚人是挣脱土耳其束缚的第三个巴尔干民族。罗马尼亚人自称是古代定居在多瑙河北岸地区的罗马殖民者的后裔。现代的罗马尼亚人可能是混血的,不过他们的语言和意大利语很近似。

在 19 世纪初,罗马尼亚人发觉他们自己被划分如下:(1)他们领土的最重要部分,即摩尔达维亚和瓦拉几亚,臣属于土耳其苏丹;(2)另一大部分,即特兰西瓦尼亚和布科维纳,被奥地利吞并,直到 1918 年依然如此;(3)第三部分,即比萨拉比亚,被俄国占领,直到 1918 年才收回。

独立愿望 在摩尔达维亚和瓦拉几亚，民族自决的愿望在很大的程度上是受法国启发。罗马尼亚贵族通常送他们的子弟到巴黎去留学。当 1848 年革命在法国发生的时候，罗马尼亚人同样也起义了，但是没有成功。1861 年摩尔达维亚和瓦拉几亚联合起来，以亚历山大·约翰·库扎为大公。库扎宣布说，"罗马尼亚国家建立了"；结果正是如此，虽然这个国家的完全独立直到 1878 年才得到承认。

罗马尼亚王国 库扎大公试图使罗马尼亚成为第二个法国。他建立了大学，废除了封建捐税，把土地交给农民，并引进了拿破仑法典。也许他的各项改革太急促了。无论如何，贵族和政客们在 1866 年废黜了他，邀请普鲁士国王的亲戚、霍亨索伦家族的查理亲王来出任王位。查理（罗马尼亚语是卡罗尔）统治了罗马尼亚 50 年，在他的统治下，它成了所有巴尔干国家中最强和最繁荣的国家。

1914 年罗马尼亚有几乎 800 万人口，但是还有 400 万以上的同族人是在俄国和奥匈帝国的统治下。罗马尼亚人民族自决的事业还没有完成。

保加利亚 迟至 1850 年，欧洲人很少听说保加利亚人，这是对在多瑙河和爱琴海之间的人民的称呼。他们被认为是希腊人，因为在他们教堂里使用的是希腊语。但是在教堂外面，他们说的是一种斯拉夫语。在 19 世纪后期，保加利亚人开始兴建学校来教他们的斯拉夫语言。他们也脱离了希腊的正教教会，组成了单独的保加利亚正教教会。他们日渐渴望独立。

争取朋友 不久，保加利亚人赢得了全欧洲人民的同情。1875 年他们反叛了土耳其人，土耳其人进行报复，屠杀了上万保加利亚农民。这些屠杀成为 1877 年俄国进攻土耳其的理由之一。作为巴尔干各民族的"老大哥"，俄国强迫土耳其同意保加利亚人在一个基督徒王公的统治之下有自治权。但是，英国和奥匈帝国插手否决了这个计划，结果，在 1878 年，保加利亚被分成三部分，其中的一部分完全留在土耳其的统治之下，第二部分成为基督徒省长统治下的一个土耳其省份，第三部分是一个对苏丹纳贡的几乎独立的公国。

争取自由 这个第三部分，即保加利亚公国，通过了一部民主的宪法，并等待时机去撕毁 1878 年条约。1885 年，第二部分的人民赶走了他们的土耳其官吏，并和公国合并。再晚一些，1908 年当土耳其发生青年土耳其党革命的时候，保加利亚大公宣布他不再向苏丹纳贡，于是采用了保加利亚独立王国的君王称号。

1912—1913 年的巴尔干战争 新王国希望从土耳其统治下解放其余三分之一保加利亚人，参加了 1912 年的巴尔干战争，和希腊及塞尔维亚结成同盟，打败了土耳其人。但是，如我们已经看到的，这些同盟国对于如何分割被征服领土发生了争论，而保加利亚过于急促地在 1913 年开始了第二次战争，这次是反对它从前的盟国塞尔维亚和希腊，而这两国又和土耳其及罗马尼亚联合在一起了。

保加利亚简直被压倒了。结果是它把在北边的一小块领土（多布罗加的一部分）丢给罗马尼亚；而在南方，在 1912 年赢得领土的一部分又丢给了土耳其；余下的大部分被塞尔维亚和希腊占领了。从 1912 年至 1913 年这两次巴尔干战争中，保加利亚的实际收获是 25890 平方千米。

不用说，保加利亚人痛苦地失望了，因为塞尔维亚和希腊夺走了某些保加利亚民族人民所居住的省份（在马其顿）——至少保加利亚人是这样自称的。

41.3 奥匈帝国内的民族主义

像土耳其那样，奥匈帝国是一个包括许多民族的帝国；但也和土耳其不同，奥地利强大得足以制止民族自决运动，至少从 1867 年到 1914 年这时期内是如此。

1867 年妥协 匈牙利人（马扎尔人）表现了很坚强的民族自决精神。1848 年至 1849 年，他们试图建立一个独立的共和国。这个企图被武装力量粉碎了，但是武力不能完全毁灭马扎尔人对自由的热爱。然而，在一个狡狯的政客德亚克的影响下，1866 年奥地利和普鲁士作战时，匈牙利人并没有反叛。于是，为了报偿他们的忠诚，皇帝弗朗西斯·约瑟夫同意了著名的 1867 年妥协。根据这个妥协，匈牙利应是一个单独的王国，有自己的宪法、国会和内阁，并对自己的事务有完全的管理权。但是匈牙利的国王必须就是奥地利皇帝本人。

二元君主国 因此，奥地利帝国在 1867 年变成了奥匈"二元君主国"；共同的统治者成为"皇帝—国王"。某些事务，如对外关系、战争和有些财政事务都由匈牙利和奥地利的共同部长们管理。这些共同的部长对一个共同的议会负责，在议会里，奥地利人用德语，匈牙利人则用他们自己的马扎尔语。这样的安排使匈牙利人感到他们是受相当尊敬的。

1867 年妥协大体上进行得不错，尽管它不是完全令人满意的。不满使得匈牙利人在 1918 年第一次世界大战结束时举行起义，宣布他们完全独立。

匈牙利的压迫 正当匈牙利人以极度的自豪感珍视他们自己权利的时候，其他很不幸地从属于他们的民族的权利却无情地受他们压制。在匈牙利东部，主要是在特兰西瓦尼亚，有大约 300 万罗马尼亚人，他们同匈牙利人一样，以自己的语言和习俗而自豪。在西南，在多瑙河和亚得里亚海之间，有大约 300 万南斯拉夫人渴望民族自决。在匈牙利平原的北部边缘，居住着大约 200 万捷克斯洛伐克人，他们正逐渐变得更渴望民族自治。

所有这些民族都被骄傲的匈牙利人当作从属种族对待。在公立学校和法庭上，只能用匈牙利语言。捷克斯洛伐克人和罗马尼亚人实际上被排除于选举和政府职位之外。任

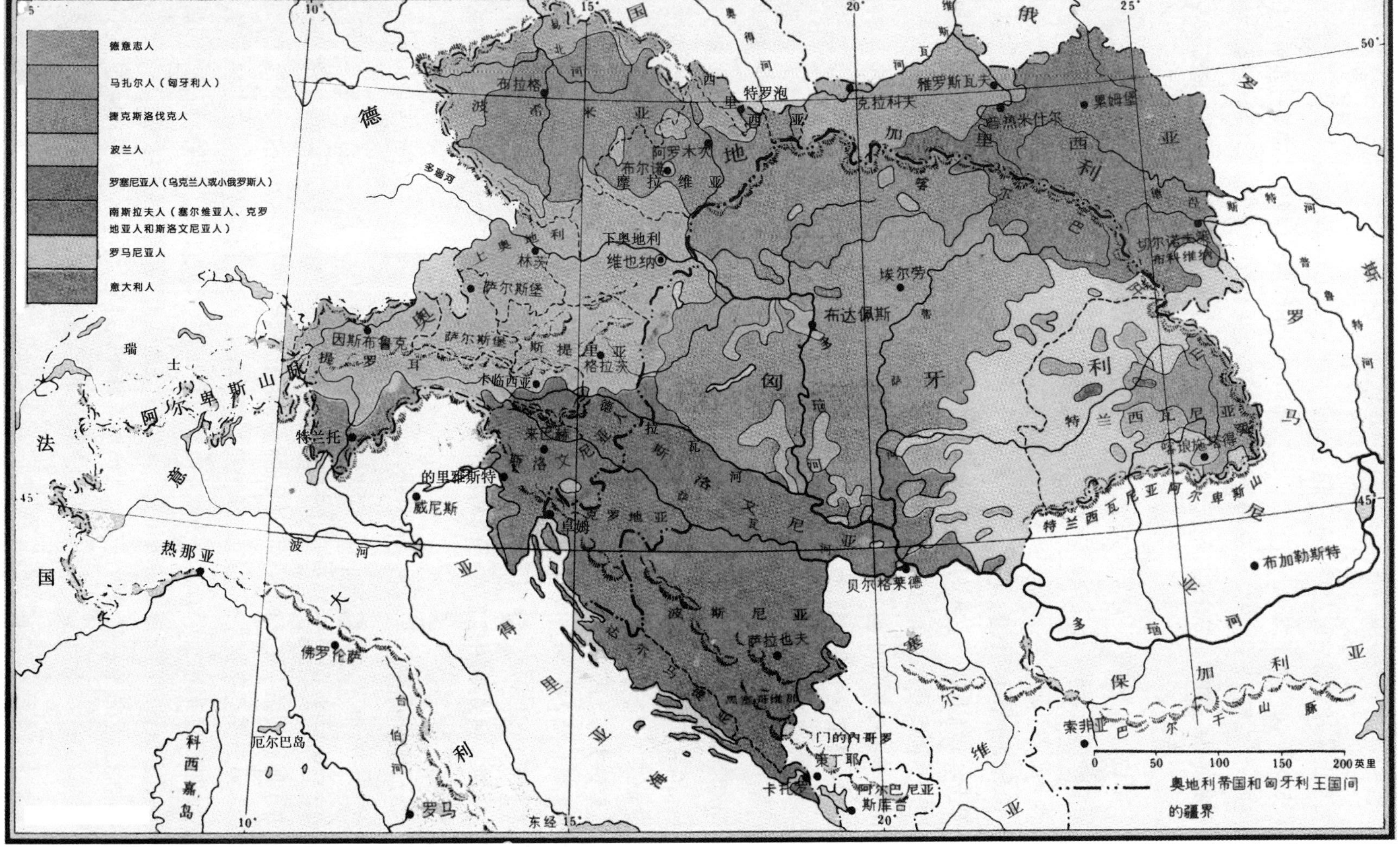

地图 41.2 奥匈二元帝国的各民族

德意志人
马扎尔人（匈牙利人）
捷克斯洛伐克人
波兰人
罗塞尼亚人（乌克兰人或小俄罗斯人）
南斯拉夫人（塞尔维亚人、克罗地亚人和斯洛文尼亚人）
罗马尼亚人
意大利人

奥地利帝国和匈牙利王国间的疆界
奥地利帝国的疆界

0 50 100 150 200 英里

何胆敢谈起独立问题的人，一定要被抓进监狱。有一次，当有人请求给臣属的民族以较宽大待遇的时候，一个显要的匈牙利人说，"不，让刀剑在我们之间做出决定吧。"

在 1914 年爆发的第一次世界大战中，刀剑的确做出了决定。

另外的一半   在二元君主国的另外一半，即奥地利帝国，情况较好。当然，奥地利的 1000 万德意志人，即使只占人口的大约 35%，在政府中也是占上风的。中央政府由皇帝、他的内阁部长们和议会管理。这个政府在 19 世纪 60 年代成立的时候，是相当自由的政府形式。但是随着时间的推移，更为民主的要求产生了。

因此，在 1907 年制定了一项法律，给每个成年的男性公民以选举国会下院议员的权利。法律也规定了每个选民必须使用他的投票权。但是尽管有这些改革，奥地利仍继续和它的臣属民族有着纠纷。

奥地利的臣属民族   （1）最麻烦的是捷克斯洛伐克人，他们住在波希米亚省和摩拉维亚省。他们经常提醒政府，在过去，即波希米亚受奥地利统治以前，曾是一个独立的王国。结果发生了激烈的争吵。

（2）对于在加里西亚，即 18 世纪奥地利占领的那部分波兰地方的 500 万波兰人，政府的困难较少。波兰人被允许在学校里使用他们自己的语言，并管理他们自己的地方政府。但是他们永远不能忘记——他们梦想有一天他们能再享有民族的自由和统一。

（3）在加里西亚的波兰省东部，住了 350 万乌克兰人（有时叫作罗塞尼亚人），他们和俄国南部的许多乌克兰人说相同的语言。这些人痛恨控制加里西亚政府的波兰人。维也纳的奥地利政府依靠这种仇恨来使加里西亚继续分裂和衰弱。

（4）如我们所知道的，奥地利还统治着几处意大利民族。他们主要是在威尼斯北边的特兰托，亚得里亚海上重要的的里雅斯特海港，以及位于的里雅斯特和阜姆之间的伊斯特拉半岛。这些地区被意大利爱国者看作是未收复的意大利，希望收复它。可是，由于在未收复的意大利的很多地方，事实上是南斯拉夫人及其他民族和意大利人杂居的，意大利的领土要求由此就减弱了。

奥匈帝国的对外政策   元首弗朗西斯·约瑟夫和他的大臣们都急于要扩展他们所拼凑的帝国，所以他们建立了一支强大的军队。1878 年他们派遣一支部队到巴尔干半岛，夺取了波斯尼亚和黑塞哥维那。那是奥地利和其他强国对土耳其和俄国专横的一年。从此以后波斯尼亚和黑塞哥维那就被奥匈帝国统治了，虽然它们在理论上仍然是土耳其帝国的一部分。

这个大胆的步骤使得奥匈帝国必须有强大的同盟国；所以在 1879 年它和德国结成同盟。3 年以后，即 1882 年，如我们已经看到的，奥匈帝国、德国和意大利结成了著名的三国同盟。

武力和恐惧 奥匈帝国为了等待时机窥伺了多年。最后,在 1908 年,当青年土耳其党革命发生的时候,奥匈帝国立即吞并了波斯尼亚—黑塞哥维那。但是被吞并的 200 万人中大多数是南斯拉夫人,他们不愿意接受奥匈帝国的统治。这次兼并使得奥匈帝国内的南斯拉夫人的总数达到了 700 万。

同时,就在奥地利之南的塞尔维亚,有大约 300 万南斯拉夫人,他们害怕而又仇恨庞大的奥匈帝国,并且希望有一天所有的南斯拉夫人能够得到解放和统一。

塞尔维亚的扩大 根据这些事实,就容易明了为什么奥匈帝国把塞尔维亚看作是扎进帝国身内的一根刺。在 1912 年至 1913 年,当塞尔维亚从土耳其手中获得另外的领土时,奥地利人和匈牙利人都很不安,因为这根刺长得更大了。奥匈政府秘密地向意大利建议,在塞尔维亚变得野心太大和力量太强以前,给它一个打击。

我们要再回到这个南斯拉夫问题。它是第一次世界大战和奥匈帝国垮台的原因之一。

小 结 在奥地利和匈牙利,2800 万臣属民族被 2200 万德国人和马扎尔人所压制。很自然地,主子们害怕他们的臣民中民族意识的觉醒,尤其是害怕南斯拉夫人和捷克斯洛伐克人中民族主义的兴起。况且俄国在培养"泛斯拉夫主义",这个想法就是认为所有的斯拉夫人都应联合在一起,而俄国人是所有其他斯拉夫人的"老大哥"。

41.4 俄国的民族主义和专制政体

19 世纪西欧的民主和自由向前进展时,东方的庞大国家——俄罗斯熊,却没有跟上步伐。沙皇们的目标不是人民主权,而是一个胜利的专制国家的领土扩张。在 18 和 19 世纪期间,俄国进行了不下 33 次战争,其中大多数是征服战争。

彼得大帝在波罗的海和黑海上打开窗口的梦想早已实现了,但是沙皇们的野心并没有满足。在 1848—1914 年年间,除了许多小规模战争以外,他们进行了三次血战。这三次较大的战争中,两次是与土耳其的:1854—1856 年的克里米亚战争和 1877—1878 年的俄土战争。

"病夫" 1853 年沙皇尼古拉一世向英国建议,要英国从土耳其手中夺取埃及和克里特,而塞尔维亚、保加利亚和罗马尼亚应从土耳其解放出来,置于俄国的保护之下,而俄国将占据君士坦丁堡。沙皇说,土耳其帝国是一个"病夫——一个病入膏肓的人",只有瓜分这病人的财产才是深思远虑的。可是英国人的想法却不一样。

克里米亚战争 然后沙皇自己径自向苏丹提出强硬的要求。苏丹拒绝了,尼古拉派出一支军队,克里米亚战争因之爆发了。结果这成为沙皇所意料不到的一次战争。大不列颠和法国由于嫉妒俄国,帮助了土耳其。如我们已经看到的,撒丁王国跟英法联合起来,要

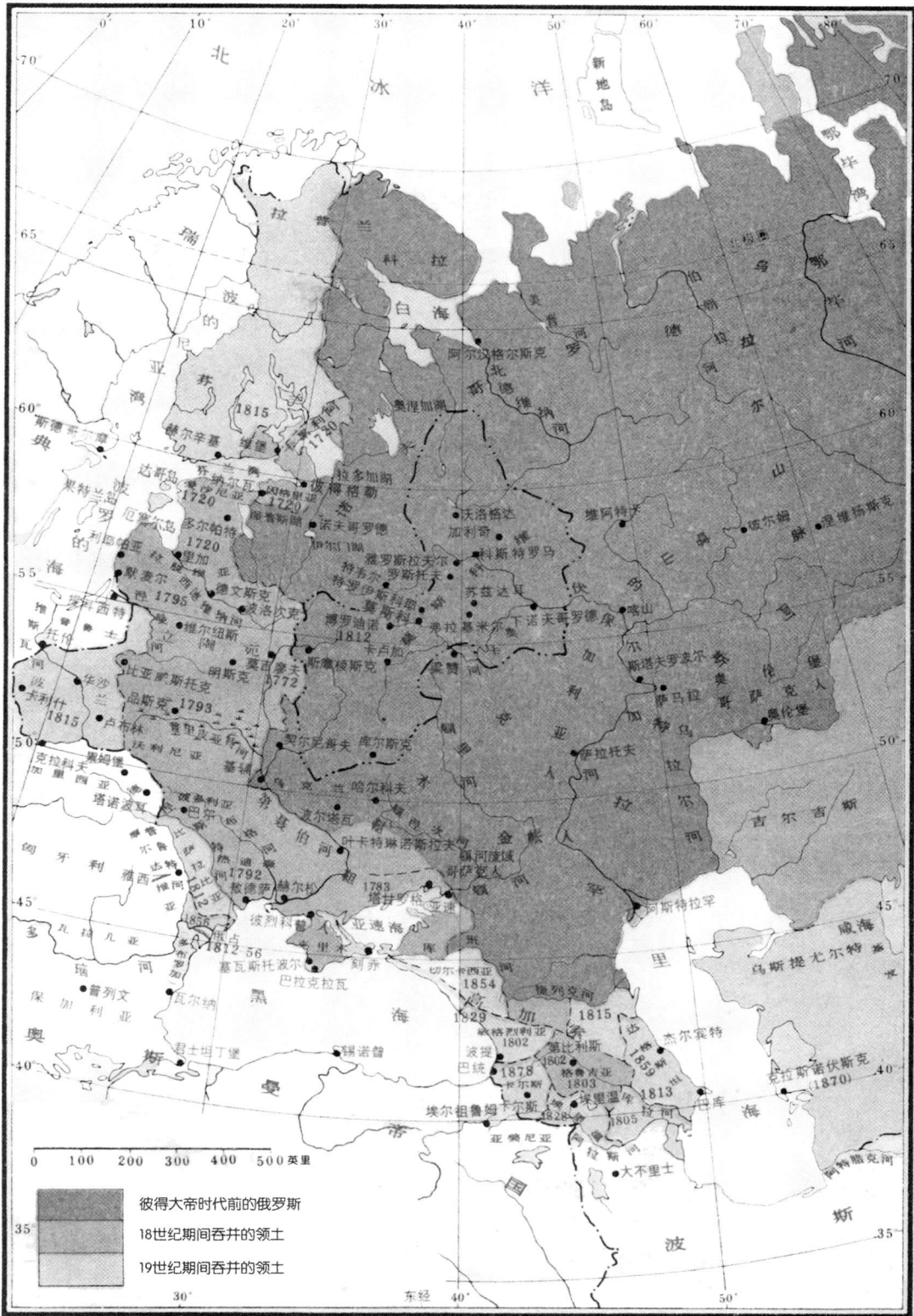

北 冰 洋

图例：
- 彼得大帝时代前的俄罗斯
- 18世纪期间吞并的领土
- 19世纪期间吞并的领土

0　100　200　300　400　500 英里

争取他们的友谊。俄国军队因为缺乏铁路,供应很差。1856 年,沙皇被迫在巴黎签订了屈辱的条约,按照这条约,他没有得到任何东西,却失去了比萨拉比亚。

坦尼森在他的诗歌《轻骑旅的冲锋》中,使克里米亚战争的一个事件为人所熟知。另一事件受到美国诗人贝阿德·泰勒在《营中之歌》中的歌颂。弗罗伦斯·南丁格尔在这次战争中作为护士,赢得了誉满全球的声望。

俄土战争 1877 年沙皇亚历山大二世作为巴尔干基督徒的卫护者,对正在屠杀几千保加利亚人的土耳其人宣战。俄国人不久就胜利了。他们几乎推进到君士坦丁堡的城门,并且命令土耳其按照俄罗斯的条件订立和约。他们离君士坦丁堡太近了。英国和奥地利立刻出面干涉,坚持由一个全体列强的会议来修改这条约。因此 1878 年在柏林召开了一个国际会议,起草了一个新的条约。俄国得到了亚美尼亚的一部分和比萨拉比亚的一部分。

1878 年以后 1878 年以后,俄国依然和土耳其和平共处,但是沙皇仍然眼睛盯住君士坦丁堡。他继续摆出巴尔干各国、特别是南斯拉夫的朋友和保护者的姿态。他想使它们脱离土耳其,而屈服于俄国。

1914 年,另一个沙皇认为长期的梦想就要实现了。他作为巴尔干的基督徒——这次是南斯拉夫人——的卫护者而拿起了武器。博斯普鲁斯海峡上那垂涎已久的名城中的圆顶和尖塔,仿佛近在眼前了。

俄国在亚洲 在整个 19 世纪,当俄国正在争夺君士坦丁堡的时候,它的殖民者们不断地涌到西伯利亚,它的军队也在亚洲进行着新的征服。突厥斯坦的辽阔草原一点一点地归到了沙皇远达远方的政权之下。1907 年波斯北部被俄国据为势力范围。沿着中国西部和北部边境的几块土地被大胆地攫取了。20 世纪开始前后,俄国的长臂伸出去想取得满洲和朝鲜。但是在这件事上,除了寒冷和远距离以外,还有一个障碍,这就是日本。日本也想要满洲和朝鲜。

日俄战争 1904 年 2 月,当日本宣战时,俄国人觉得胜利唾手可得。一条小狐犬似乎在对一只大熊狂吠。不幸这头熟睡的大熊因疼痛和骇异而惊醒。俄国军队几次三番地被打败,遭到可怕的损失。一支绕过好望角驶到远东的俄国大舰队全部被歼灭了。

寒冷与远距离是这头熊的障碍,但最令人苦恼的是俄国的军事制度惊人的无能。

为了制止屠杀,美国罗斯福总统邀请了俄国和日本举行和谈。他们的代表在新罕布什尔州的朴茨茅斯会见,并在 1905 年 9 月 5 日签订了和约。这条约对于俄国的傲慢是一个沉重的打击。想要取得朝鲜的一切希望都付诸东流了,还把满洲的南部交给了日本。

1904 年至 1905 年的日俄战争,是俄国由于它的沙皇掠夺政策而投入的第三次大战斗。

"俄罗斯化" 俄罗斯帝国是一个巨大的拼凑物,而军事专制是把这些碎块拼联在一

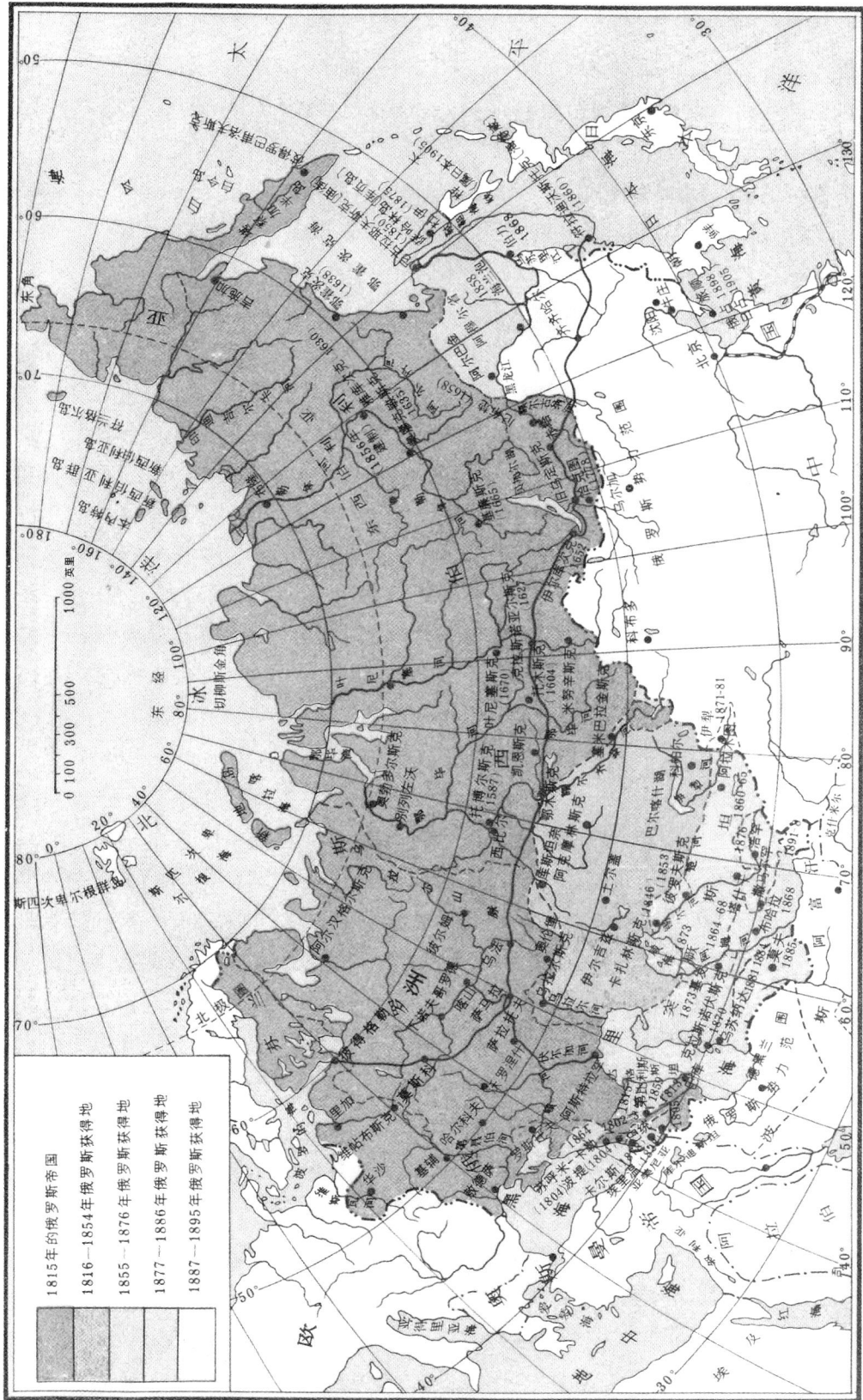

地图 41.4　俄罗斯帝国在亚洲的扩张

起的铁线。宽容是不为人所知的一个名词。所有的人都必须"俄罗斯化"。俄罗斯语言、俄罗斯教会以及俄罗斯法律必须强加于所有沙皇的属民。除了俄罗斯民族主义以外，没有任何民族主义敢于抬头。

在无情的俄罗斯化过程中，波兰人、芬兰人、乌克兰人、立陶宛人、爱沙尼亚人等，都感到沉重的残酷压制。在俄国的 500 万犹太人的灾难更是可悲的。他们不但种族不同，在语言、宗教、衣着方面也不相同。经常的"集体迫害"——反犹太人的暴乱——和土耳其屠杀基督徒一样恶劣。

虚无主义　俄罗斯化由于它的无理和不公正，引起了对沙皇制度的强烈憎恨。施加于各处的专制强权，在俄罗斯人自己当中也引起了反抗。虚无主义流行了。虚无主义是一种怀疑每一件事物的极端自由主义——它不接受任何权威。从虚无主义发展成无政府主义，而无政府主义者采用暴力——以炸弹代替书本——去打倒政府和权威。一个无政府主义者用炸弹在 1881 年炸死了沙皇亚历山大二世。

革　命　不满和痛苦长久以来在蕴蓄着革命。1905 年俄国军队被日本打败，激起了反对沙皇的起义。沙皇震惊了，许下了好听的诺言。那个由各阶级人民所选举的议会(杜马)最初被抱以厚望，得到人民的欢呼，但结果是令人失望的。在某些方面，形势甚至比以前更坏了。专制政体还保留着。俄国的沙皇制度直到第一次世界大战还维持着；后来 1917 年革命时才把它冲倒。

41.5 俄国的饥饿

俄国的饥饿是革命和其他极端措施的主要原因之一。人们不仅渴望面包，也渴望土地，渴望自由，的确渴望生活本身。

农奴制度　直到 1861 年，大多数俄国人是受践踏的农奴。他们的茅草屋顶的小屋是黑暗、肮脏和寒冷的。当然也没有书本——农奴既买不起书，也不会读书。常常只有一点食物。农奴没有土地——他只能耕种某个贵族的几小块土地。并且他还被迫在这贵族的土地上每周无偿地工作 3 天或 4 天。

农奴们几乎连自己的身体都不能说是属于本人的。没有领主的允许，他不能离开领地，如果领地卖出了，他就和领地一同被卖。贵族可以鞭打他，或者把他送到西伯利亚以惩罚他们的轻微冒犯。农奴得不到赔偿——法律禁止农奴抱怨他的主人。

解　放　大约在美国解放黑奴的同时，1861 年沙皇亚历山大二世签署了解放农奴法令。这个法令也许使我们惊奇，但这行动并不是完全无私的。正如一个俄国政治家所说："从上面解放农奴，比等待农奴通过造反来解放自己或许要好些。"

解放的缺点　虽然贵族之解放农奴，或放弃农奴所耕种的某些土地，都得到了报偿，

图 41-3　亚历山大虽然从法律上解放了农奴,但如同图上所显示的,村社仍然将许多前农奴束缚在土地上,而在城市里也有许多人过着贫困的生活

但是农奴解放后却没有得到自己的土地。从前农奴所住的每个村庄都有一块公有土地,它是村庄的集体财产。没有一个农奴自己有权拥有土地,而且他被允许耕种的小块土地仅仅是他所需要的一半左右。此外,每个村庄必须分期付还政府已经付给贵族们的钱款。

尝试更好的东西　俄国农民得到了一件东西——个人自由。他们不再是别人的财产了。1861 年后,亚历山大二世很快就宣布改革法庭,使一切人在公平裁判面前都是平等的——至少在理论上是平等的;除了背叛政府的罪案以外,法庭审判都推行了英国式的陪审制度。农民也被允许投票选举一些地方官。

这些各种各样的改革使俄国人民尝到了较好东西的滋味——还盼望着更多改革。不幸,1881 年即位的沙皇亚历山大三世,认为人民有了太多的自由,于是改变了选举法,把控制权给贵族们多些,给平民少些。但是农民们仍然渴望土地和自由。

俄国的工业发展　19 世纪末和 20 世纪初,对于俄国的专制政体和贵族政治的更大危险,是城市里不满意的工人阶级的增长。俄国的工业革命正在进行中,人数众多的工人很容易联合和组织起来。

俄国的社会主义　19 世纪 80 和 90 年代,城市工人的工作时间很长,工资却很低。因此,他们很快地领悟了马克思的弟子们传授给他们的社会主义学说。1898 年建立的俄国社会民主党,很快在大城市发展起来。它的目的是使俄国成为一个民主共和国,并使工厂、矿山、铁路、银行和土地成为全体人民的集体财产。社会主义者中某些人愿意逐渐地进行变革,另外一些人则打算用革命使一切突然改变。

俄国的资产阶级　当俄国的下层阶级渴望财富和权力的时候,中等阶级像英国和法国的中等阶级一样,要求自由政府和有利于商业的法律。同时,许多"知识分子"、教授、作家和演讲家都在鼓吹激进的理论。

废纸空文　已经提到过 1905 年革命。它许诺得很好听,但专制政体依然如故。沙皇的诺言大部分变成了废纸空文。不应忘记,成千手无寸铁的工人某天在沙皇的皇宫前集会请愿时被枪杀了。无怪乎革命立刻发生,而且此后俄国还发生了其他若干次革命。

海牙会议　一件有世界意义的行为应归功于沙皇尼古拉二世。1898 年他建议召开世界列强会议以促进国际和平。这个会议于 1899 年 5 月在荷兰海牙举行。这是一个伟大事业中的伟大事件,它在 1898 年美西战争之后不久举行。也许沙皇在他自己没有进行战争的时候,能够看到战争是多么的坏。

第十一编

白种人的负担

从伯利克里和恺撒的时代直到现在,历史的伟大戏剧中的主角都是由欧洲的白种人担任的。

就是在欧洲,普通老百姓第一次敢于从在位的专制君主手中夺取政权;就是在欧洲,各国国民懂得了爱国主义;就是在欧洲,发明者利用自然力去发动了机器和船只;就是在欧洲,科学家用望远镜探测天空,并懂得了化学、生物学和医药的秘密;就是在欧洲,公立学校和采用印刷机的印刷所打开了知识的各个领域。

但是欧洲并没有把这些事情秘而不宣。从15世纪以来,欧洲各国就一点一点地把它们的文明传播到全世界。它们在美洲建立了一个"新西班牙"、一个"新法兰西"、一个"新英格兰"——一个新欧洲。澳大利亚和新西兰也成了欧洲人民和文化的新家乡。

欧洲的白种人对于他们的黄色、棕色和黑色的同胞们施以教诲,必要时不惜使用强迫手段,叫他们采用欧洲人的方法。英国诗人拉迪亚德·吉卜林把欧化落后种族的工作叫作"白种人的负担"。的确,要引导千百万陌生人走上欧洲文明和进步的道路是一个负担,而且是一个沉重的负担。不过欧洲人之所以愿意肩负起这个负担,也常常是为自私的缘故,对异族人民的福利甚少关心。

在第4章里简单地谈了,在古代,远东的黄种人如何有他们自己的、几乎没有被欧洲触动的文化。第11和12章里概述了,稍后当他们和欧洲有一些接触的时候,他们的文化和历史是什么。在19和20世纪时,远东的这些种族在进步的道路上停住以后,他们如何从欧洲文明中接受了更多的教训,而非洲的黑人如何被欧洲统治,这些将是我们下两章的主题。

第42章　东方和西方

在 19 世纪中叶以前,尽管有早期的接触,但欧洲文明在亚洲很少进展。固然,英国东印度公司通过罗伯特·克莱武、沃伦·黑斯廷斯等人,控制了印度的大部分;俄国吞并了西伯利亚,俄罗斯殖民者正成群地涌到那荒凉的地区;但是中华帝国、日本、朝鲜、印度支那、波斯和亚洲土耳其仍然是欧洲人没有接触过和探测过的。这些国家中有些如中国不让外国人进去。日本也试图对欧洲和美洲的"野蛮人"和"洋鬼子"紧闭上大门。

42.1 欧洲在亚洲的门口

然而,这些"野蛮人"是一定要进去的。1839 年英国敲了中国的大门,并强迫它部分地打开了。一个在广州的中国官吏试图去制止英国商人从印度偷运鸦片到中国。中国政府完全有理由禁止出售这毒品,因为吸食鸦片是一切恶习中最有害的一种。但是英国商人正在赚钱,他们不愿意停止。另外,他们被这个官吏的傲慢态度所激怒。英国商人向他们的政府求助。英国迫切地要打通中国的贸易,就对中国宣战。"鸦片战争"从 1839 年打到 1842 年,强迫中国赔偿,割让香港岛给英国,并开放五个口岸,英国人可以在那里居住、经商,不受干预。英国较强的火器使他们很容易地胜利了。

对中国的第二次战争　但是即使在鸦片战争和五口通商之后,中国仍然是排外的。外国人不许到通商口岸以外的地方去。第二次战争强迫中国把门开得更大些。中国人侮辱英国国旗和杀害一个法国传教士,刺激了英法两国在 1856—1860 年对中国进行战争。"野蛮人"又胜利了。中国被迫又开放了六个口岸,允许鸦片贸易,并允诺保护基督教传教士。

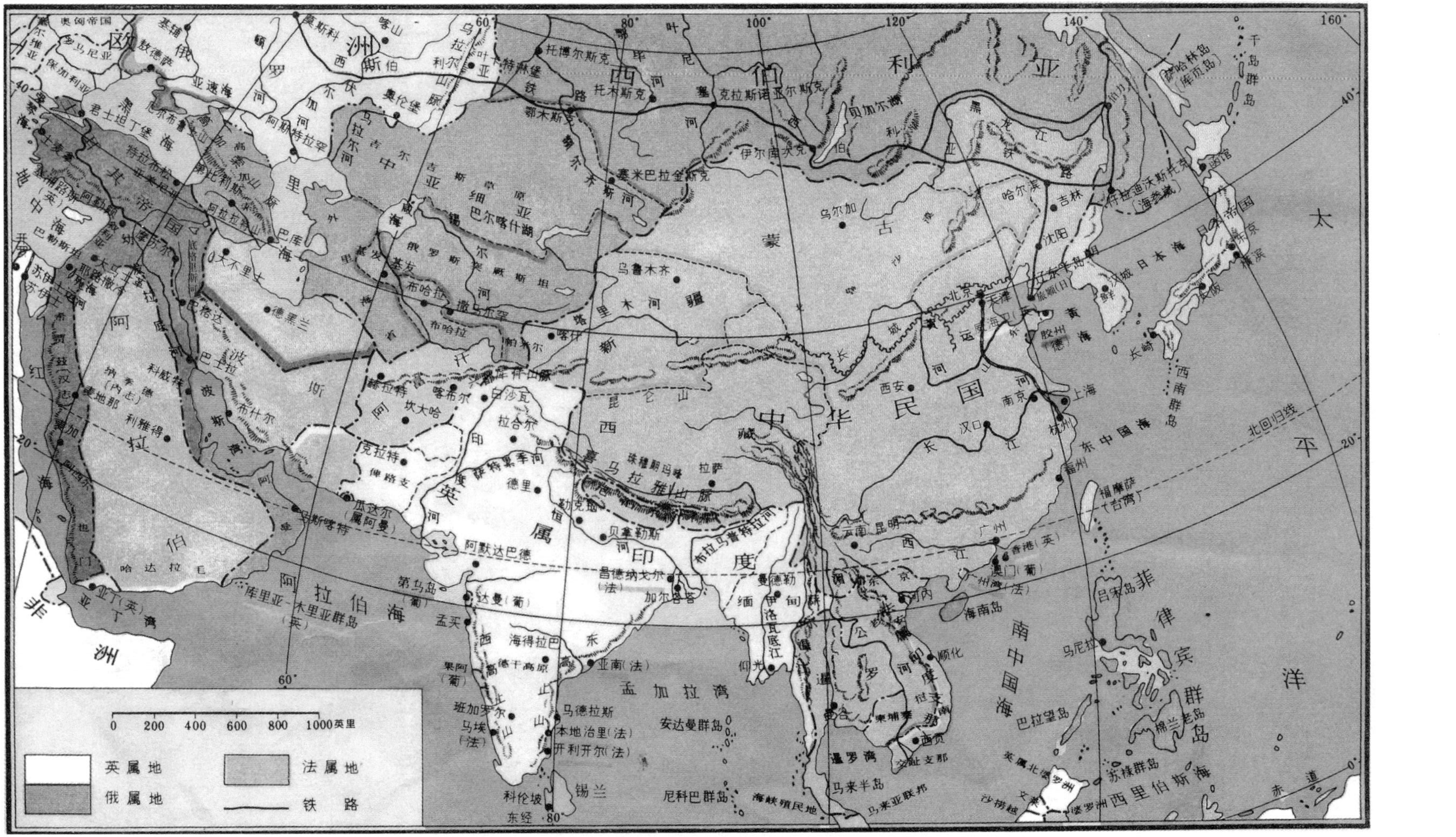

地图 42.1 1914年的亚洲

大　平　洋

印　度　洋

阿　拉　伯　海

中　华　民　国

蒙　古

英　属　印　度

波　斯

阿　拉　伯

非　洲

南　中　国　海

孟　加　拉　湾

0　200　400　600　800　1000英里

英属地
俄属地
法属地
铁　路

这样,由于两次战争,中国的大门对传教士和商人打开了。

42.2 日本的革命

日本的排外 在 19 世纪开始的时候,日本这个中国东边的小岛帝国和中国一样排外。只有荷兰人有和日本通商的权利,而且只允许他们每年派来一只船。传教士是绝对被禁止的,旅行者不许在国内上岸。日本人觉得他们没有什么要学的东西。日本的战士们在挥舞他们的长弯剑时,不是比任何外国蛮子都更勇敢吗?比外国蛮子舞得都更巧妙吗?日本的画家和陶器制作者在他们的艺术上不是举世无双吗?日本的神道教不是比其他一切国家都远为优越的文化吗?

佩里在日本 美国带头使日本从这种自满的停滞状态中醒悟过来。这样做的原因是,当美国船只为了寻捕鲸鱼在北太平洋游弋,在日本沿海失事或者被迫驶进港口去取得给养或从事修理的时候,美国海员们常受到很坏的对待。因此,海军准将 M. C. 佩里在 1853 年被命令带四只美国战舰要求给美国海员们以较好的待遇。

当佩里出现在日本沿海并提出他的要求时,日本政府大为震惊。他们在神社里祈求,让这些大胆的外国人遭到毁灭。但是日本古老的神祇充耳不闻这个祈求。第二年,当佩里回来要回音,带了更多的战舰和一列吓人的大炮时,日本人同意签订一项对美国船只开放两个口岸的条约。几年以后,另一个美国人汤森·哈里斯,说服日本开放长崎和横滨作为美国人可以自由居住和贸易的口岸。其他国家也很快地得到了同样的权利。

封建主的恐惧 日本人,特别是封建贵族,仍然把外国人看作野蛮人。他们应该被从日本土地上驱逐出去。两个主要的贵族在 1863 年攻击了外国人。当欧美的战舰要惩罚那些敌视的贵族,炮轰日本市镇时,骄傲的日本军人才发现他们自己完全受外国人优胜的炮火所支配。

他们决定了,日本有许多东西要学,于是他们就着手学习起来。

伶俐的学生 日本人成了伶俐的学生,迫切想学欧洲人所教的东西。从 1860 年开始,他们很快地按照欧洲的模样改组了他们的政府、他们的法律和他们的军队。他们像欧洲人那样修建了铁路。的确,他们很快就开始出口他们的制成品,并且在世界主要的工商业国家当中赢得了地位。尽管他们保留了许多古老的习俗、旧有的宗教和图画般的服装,他们却在别的方面很快地欧化了。

旧的日本政府 直到 1867 年,日本还是一个封建国家,具有类似欧洲中世纪期间存在的那些制度。有不法的封建贵族、英勇的骑士和卑贱的农奴。但是国王或皇帝却和欧洲的不同,他被假设为一个女神的后代,所以是半神圣的。他被称为天皇。在好几个世纪中,天皇让一切地方政府的权力都旁落到贵族的手里,并且允许主要的贵族即幕府将军去管

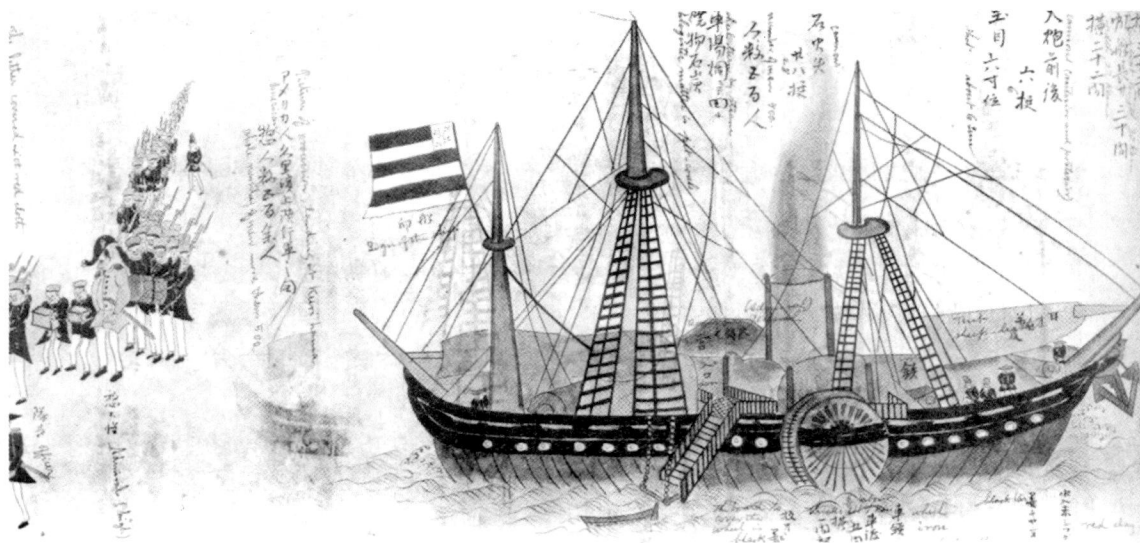

图 42-1　这幅日本画显示了佩里的船只 1853 年驶入日本。由于船体为黑色,又像怪兽一样不断喷出漆黑的浓烟,发出轰鸣,所以被日本人称作"黑船"。其登陆地点神奈川县久里滨每年都会举办"黑船祭"进行纪念

理全国政府。

新的日本政府　1853 年以后,在和美国人及欧洲人的交涉中,幕府将军表现得这样软弱,使得爱国的日本领袖们敦促他辞职。1867 年他以一种漂亮的自我牺牲精神奉还大政,这样就使天皇能够完全管理政府。恰巧这天皇是一个很年轻的人,名叫明治天皇,精力充沛,急于使他的国家现代化。他庄严宣誓要建立国会,在改革工作中联合各阶级的人民,和"旧时的不文明的习俗"决裂,并且到全世界去寻求知识来促进日本的福利。

诺言实践了　和大多数的统治者不同,明治天皇实践了他的诺言。在这个过程中,他很幸运地得到了许多好顾问的帮助。在以后的几年里,改革全面而且快速。日本采用了一个以法国和德国模式为根据的法典,学校中教授了英语,引进了欧洲的历法,确立了信教自由,外国人受到殷勤的接待。天皇还派出了考察团去研究西方制度。有些天皇的官员甚至喜欢穿长外衣和漆皮鞋,他们是那样迫切地要采用欧洲的方式。

废除封建制度　在日本的所有改革中,最有意义的是在 1871 年废除了封建制度。这首先就意味着地方政府从封建贵族手中转移到天皇的官吏。其次对普通人民来说,它也意味着农奴制的结束。第三,它为军事改革铺平了道路。1873 年,日本模仿普鲁士的普遍征兵制度,建立起一支以现代化枪炮装备起来的国家军队,用以代替每人装备有两把利剑的职业武士们。

宪　法　日本另一项重大改革是 1889 年制定了国家的宪法,一部成文的根本法,虽然由此建立的政府不是民主的。内阁不对国会负责,而且人民中比较穷的阶级没有选举权。

42.3 中国的觉醒

当日本正在这样欧化自己的时候,中国仍然轻视西方文明并且改变很少。因此中国在各方面遭受了很大的损失。1894—1895 年在和日本的战争中,它很容易地被打败了。每一次战役都是日本的胜利。日本从中国得到了台湾岛,假如不是俄国、德国和法国反对的话,它还会侵占南满,即中国大陆领土的一部分。俄国、德国和法国都不愿日本变得太强大了。

瓜分中国的计划 但是中国的欧洲"老大哥们"紧接着就不客气地自己下手了。德国、俄国和法国都各自侵占了一个中国口岸作为海军基地。英国也这样做了。当然它们这样做是有它们自己认为很说得过去的理由。它们还计划走得更远些。它们在中国为自己划出了势力范围。到 1898 年,很明显欧洲列强要瓜分中国,一同来分割中国的领土。中国的财富和软弱引诱了它们这样做。

"门户开放"政策 但是美国以中国朋友的姿态站了出来,鼓吹"门户开放"政策。这意味着中国所有的地方都以同等的条件对一切外国公民开放, 使他们来进行贸易和投资。英国给了这政策一点支持。其他列强也假装同意。无论如何,中国没有被瓜分和分割。但它是在九死一生中幸免了,有些贪婪的列强是十分失望的。

光绪的失败 这似乎应该是中国奋发起来并学习日本榜样的时候了。欧洲的方法也许可以使中国强盛起来和受到尊敬。至少当时在位的年轻皇帝光绪是这样想。光绪设想,彼得大帝为俄国所做的,明治天皇为日本所做的,他也能为中国做到。于是他尝试进行改革。他命令建立大学来传授西方知识。他开始修建铁路。他下令把欧洲书籍译成中文。他开始改组军队。

但是许多中国人仍然憎恨一切外国的事物——他们害怕改革。在这些人中有光绪的伯母,一个意志坚强的妇人。她自居为保守派的头子,不久光绪就被囚禁了。这个妇人管理了政府,废除了光绪的改革诏令,并且宣布她要反对列强"虎狼般"的贪婪。

1900 年义和团运动 对欧洲推进的反抗,不久就变得大胆些了。一个秘密会社"义和团"组织了起来,目的是把外国人赶出中国。"义和团"的名称起源于这个会社的爱国纲领中有拳击和其他武术的特征。传教士和他们的中国皈依者被屠杀了,铁路被拆毁了,外国人的住宅被焚烧了。各国政府的公使和其他外国人居住的地区被义和团包围了。

于是义和团得到了一个悲惨的教训。日、俄、英、美、法和德等国军队来援救北京的外国人,打败了义和团,劫掠了城市,攻占了皇宫。中国不但必须允诺尊重外国人的权力,而且还得给予额外特殊待遇,支付好几百万赔款。但是美国政府以后同意,部分应付给美国的款项作为在美国各高等院校的中国留学生的费用。以后其他几个强国也学习了这慷慨的榜样。

图 42-2　义和团声称可以刀枪不入，但事实表明血肉之躯并不真能抵挡洋人的刀枪。此图中，他们在攻打东交民巷外国使馆

日俄战争　中国所受到的第二个悲惨的教训很快就跟着来了。我们已经晓得，1904年至1905年，俄国和日本打了一仗来决定朝鲜和满洲应该是俄国的还是日本的势力范围。这次战争对中国及整个亚洲都有重要的影响：(1) 它使日本在朝鲜和南满洲占了上风，这样日本就开始了侵略中国大陆领土的扩张事业；(2)日本的胜利使它能加强在1902年和英国缔结的同盟；(3)对于中国，这次战争是痛苦的和代价高昂的。这是在中国土地上——在满洲——进行的战争，是日本和俄国径自要处理中国的满洲各省，完全不考虑中国在这件事上的权利。

此外，小日本打败了大俄国，是欧化意味着技巧和权力的一个清晰证明。

1905—1911年中国的改革　日俄战争后，中国政府积极努力要弥补失去的时间。文官候选人必须学习欧洲的科学、历史、地理、经济、国际法和外语。上万学生被送到日本、欧洲和美国留学。铁路修建了，军队改组了，建设一支强大海军的计划也制定了出来。

1911年的革命　但是有许多中国人希望中国走得更快更远些。他们想要一个进步的共和国而不要开明的君主专制国。1911年，要建立一个共和国的革命发生了。一个基督徒医生孙逸仙博士被选为临时总统。不久袁世凯将军代替了孙博士，又使自己成为独裁者。他在1916年死去，留下建立不久的中华民国被内战搞得衰弱不堪、四分五裂。

中国相对日本进步较慢,因为它的人口数量大得多,据估计在 3 亿或 4 亿以上。

42.4 英国国旗下的印度

印度面积比半个美国稍大一些,但人口却有美国的 3 倍之多,主要是从英国人手中学到了欧洲文明的最初几课。像我们在 28 章中已经看到的,英国在 18 世纪打败了它的主要对手法国;并且像在本章开始时注明的,英国东印度公司在商业权利之外,还得到了对印度大部分地区的政治控制权。土著皇帝仅仅是个傀儡。在 19 世纪中叶以前,他的大部分土地或是直接被征服了,或是属东印度公司管辖。这样,这个公司就为它自己赢得了一个比英国还大许多倍的帝国。

而且英国政府实为这个公司的后盾。

土兵起义　1857 年,东印度公司雇用的印度土著士兵爆发了起义。这次起义如野火般蔓延,有摧毁英国在印度的统治的危险。只是凭着苦战,英国军队才占了优势。于是,为了防止再发生类似的突发事件,上万的叛乱者被杀害了。土著皇帝也被放逐。

印度接受了一个教训——造反是危险的。

印度在英国统治下　作为土兵起义的结果,英国政府决定把印度从东印度公司手中接收过来。1858 年以后,印度的大部分都是由伦敦委派的英国总督统治的。在印度的其他地方,土王们只要服从英国的管制就被允许保持王位。为了给当地人以深刻印象,英国女王维多利亚在 1877 年采取了印度女皇的称号。

印度的进步　在英国统治之下,印度人民在学习欧洲文明方面有了相当大的进步。他们修建了铁路和公路,修筑了灌溉工程,建立了棉花和黄麻厂。不同人种和不同宗教的民族被教导、或被迫和平地在一起生活。他们还编纂了法律,并使之与英国关于公平的观念相协调。建立了几所大学和大量学校,尽管英国统治印度的主要原因是发展英国的商业,而不是发展印度的教育。

自治运动　不过印度的上层阶级学得了一件多少违反英国人意志的事。在欧美学习的青年人,学得了为印度要求那些被英国人和英语民族所珍视的自由和自治权利。于是他们回到本国后,创办了报纸,并组织了旨在争取印度自由的会社。

这些自治的提倡者,所谓的印度"民族主义者",愈来愈坚持要求印度的自治。作为对他们请求的让步,英国允许当地人选举一个委员会中的几个委员,这个委员会除了供总督咨询外没有别的权利。在大多数省份,也设立了类似的咨询委员会,其中部分人是由当地人选举的,其余是英国官员指派的。

英国的反对　到 1914 年的时候,印度上层阶级民族爱国主义和自治的要求更为发展,已经超越英国人所允许的范围。英国人为了商业的利益要管理印度。除此之外,他们

图 42-3　在 1857 年土兵起义中,5 月,起义军占领德里,建立了起义政府。殖民当局调集军队予以围攻,9 月 14 日突破克什米尔门,画中便是表现这一场景

说,自治是有害的,因为印度还没有做好准备。印度人口众多,被种姓、种族、宗教以及不同的语言和习俗所分裂,不能自治。英国人说,如果把它丢下不管,印度就会重新陷入混乱和无政府状态之中。

民族主义的热望　另一方面,印度民族主义者宣布,他们能够管理自己,会比英国人管理得更好。他们之中有些人承认,他们自己设立的政府,也许会不如英国人为他们所设立的好,但是无论如何他们要管理自己。这就是印度学习欧洲文明的复杂结果。老迈的印度正在过去,而年轻的印度急于要辞退它的老师。

42.5 亚洲的其他部分

法国在印度支那　在印度和中国之间,横亘着广大的印度支那半岛,一个热带地区,那里的人民或多或少地把印度和中国的文明结合在一起。19 世纪后半叶,印度支那的一个本地国王把法国天主教传教士处死了,这给了法国拿破仑三世一个借口去征服几个省份。法国的属地一点一点地扩展,直到"法属印度支那"包括了半岛的整个东半部。法国的法律在某种程度上引进来了,少数法国学校也设立起来,但是总的说来,法国更为关心的是怎样推销法国制造的食品,而不是本地人之欧化。

暹罗的进步 在印度支那半岛的中部,剩有一个独立的王国暹罗,夹在法属印度支那和英属缅甸之间。尽管有些边境省份被英法侵占了,但暹罗仍然是独立的。它在自己的国王统治下,聘请了欧美顾问,于是 900 万橄榄肤色的人民有了很快的进步。邮局和电报业务建立了。年青人被派到国外留学,在本国也设立了学校。这些进步措施的结果是,暹罗(现在的泰国)比起印度或法属印度支那,按人口比例来说,今天有更多的人能读能写,有更高的儿童入学率。

俄国在西伯利亚 现在转到亚洲的北部,我们发现一种完全不同的情形。西伯利亚是亚洲大陆被欧洲人殖民的唯一地方。这个在 16 和 17 世纪被俄国征服者和探险者所占领的广大区域,在 19 和 20 世纪接受了几百万俄国殖民者,其中有很多是被放逐的俄国犯人。西伯利亚总人口达到了 800 万,俄国人口占多数,与土著部落人口之比大约为四比一。大多数殖民者定居在西伯利亚南部,那里的土地十分肥沃。北部大面积的荒凉不毛之地仍然没有人居住。俄国政府在 1891—1905 年之间所修建的横贯西伯利亚的大铁路,有助于促进这广阔殖民地的发展。

俄国的扩张被阻遏 我们已经看到,俄国想把满洲和朝鲜并入西伯利亚的企图是如何被日本打乱的。另一个敌手英国堵住了俄国从西伯利亚往南向印度和波斯湾的扩张。当俄国逐渐挤进中亚、里海和中国之间时,英国为了印度的安全而惊慌起来。结果,英国宣布,西藏和阿富汗应作为缓冲地区,俄国不得试图征服它们。以后,英国使这两个山区成为英国的势力范围。

近代波斯 英俄野心的冲突,在古代光荣而现在没落的穆斯林王国波斯特别尖锐。英国人害怕俄国人如果控制波斯,就离印度太近了。最后,在 1907 年,英国和俄国达成了协议,波斯北部应该是俄国的势力范围,波斯东南部应该是英国的势力范围,而中部则应作为中立或缓冲地带。

这项交易从它阻止英俄之间战争的角度来说,是一件好事,但是对于波斯人来说,是一场灾祸。像许多别的亚洲国家一样,波斯有一个改革政党,它希望采用欧洲的制度而不牺牲波斯的独立。这些改革者说服了波斯王(沙)颁布宪法、设立国会和聘用欧美顾问。但是俄国沙皇希望波斯一直衰弱下去,因此阻碍了波斯的改革,甚至挑起了内战。他希望找个借口把俄国军队派到波斯去。结果,波斯仍然处在混乱和落后中,它的北部各省在俄国控制之下,南部在英国控制之下,相当大一部分中间地带是在目无法纪的匪徒手中。作为两大强国之间争夺的对象,这境遇比被它们中的一个吞并了还要坏。

亚洲土耳其和巴格达铁路 在搁下亚洲以前,关于土耳其帝国在亚洲的部分,还必须说几句话。这部分包括小亚细亚、叙利亚、美索不达米亚等。

19 世纪末,土耳其人对这个地区管理之糟糕,达到了骇人听闻的程度。除了在叙利亚和亚美尼亚的基督教教会组织及几条短短的铁路以外,欧洲文明仍然不为人所知。但是在 20 世纪初, 一个德国公司从土耳其得到了修筑一条穿过小亚细亚和美索不达米亚的铁路的权利,这会把君士坦丁堡和巴格达及波斯湾联结起来。德国人希望用这种方法获得一条从德国到波斯和印度市场的直达道路。而且一旦和英国交战,这条铁路也将是有用的。另外,德国人希望通过灌溉可以从美索不达米亚得到大量的谷物供应;他们也确信,丰富的油田和矿山可以为德国资本家们的利益而开发利用起来。

反对巴格达铁路 巴格达铁路计划受到了德国敌手们的反对和阻挠,但是德国人坚持要修筑这条铁路。俄国不喜欢德国控制土耳其。英国害怕一条到波斯湾的德国铁路会危害英国对印度的统治,以及对波斯湾周围那些富有价值油井的控制。实际上,巴格达铁路引起的仇恨,是 1914 年第一次世界大战的间接原因之一。

第 43 章　非洲的征服

　　非洲的地图看起来很像一床百衲被,由大块、小块和中等块的补丁联成奇怪的样式。这些"补丁"是在不同国旗下的领土。这些领土大多数是被欧洲列强在 1880 到 1914 年年间吞并了的殖民地。在那段时间里,7 个欧洲国家争先恐后地参加了这场瓜分"黑大陆"的惊人的争斗。

　　"黑大陆"　直到 19 世纪快结束时,非洲从许多意义上说还是一个"黑大陆"。比如说,它基本上不为外人所知道,它的大部分地方是没有探测过的荒野。它的大多数居民肤色是黑的。他们很多人的头脑甚至更黑暗闭塞,因为文明之光还没有照射到他们那里。

　　非洲北部的埃及和其他地区在历史上算得上古老,但广大的非洲内陆却是不为人所知和没有被驯服的。它似乎是被沙漠和遥远距离,被丛林地带、热病和野蛮部落安全地保卫住了。在 19 世纪以前,非洲只有一个真正的殖民地是由欧洲强权建立起来的,那就是在极南端由荷兰人建立的开普殖民地。

　　1814 年英国占领了开普殖民地。1830 年法国征服了北边的阿尔及利亚。在西部海岸上有许多小的贸易据点,欧洲人在那里购买奴隶和象牙;迟至 1880 年,十分之九的非洲仍然保留在土著人手里。以后由于几种原因,欧洲闯进来了。

43.1 善因与恶果

　　1850—1900 年间,欧洲人开始对非洲发生了新的兴趣,原因有四个。(1)民族主义。在 1848—1871 年年间,特别是由于德国和意大利的统一战争,欧洲各国的爱国精神达到了高潮,结果,法国、英国、德国和意大利热忱的国民迫切地要扩张他们各自国家的属地。

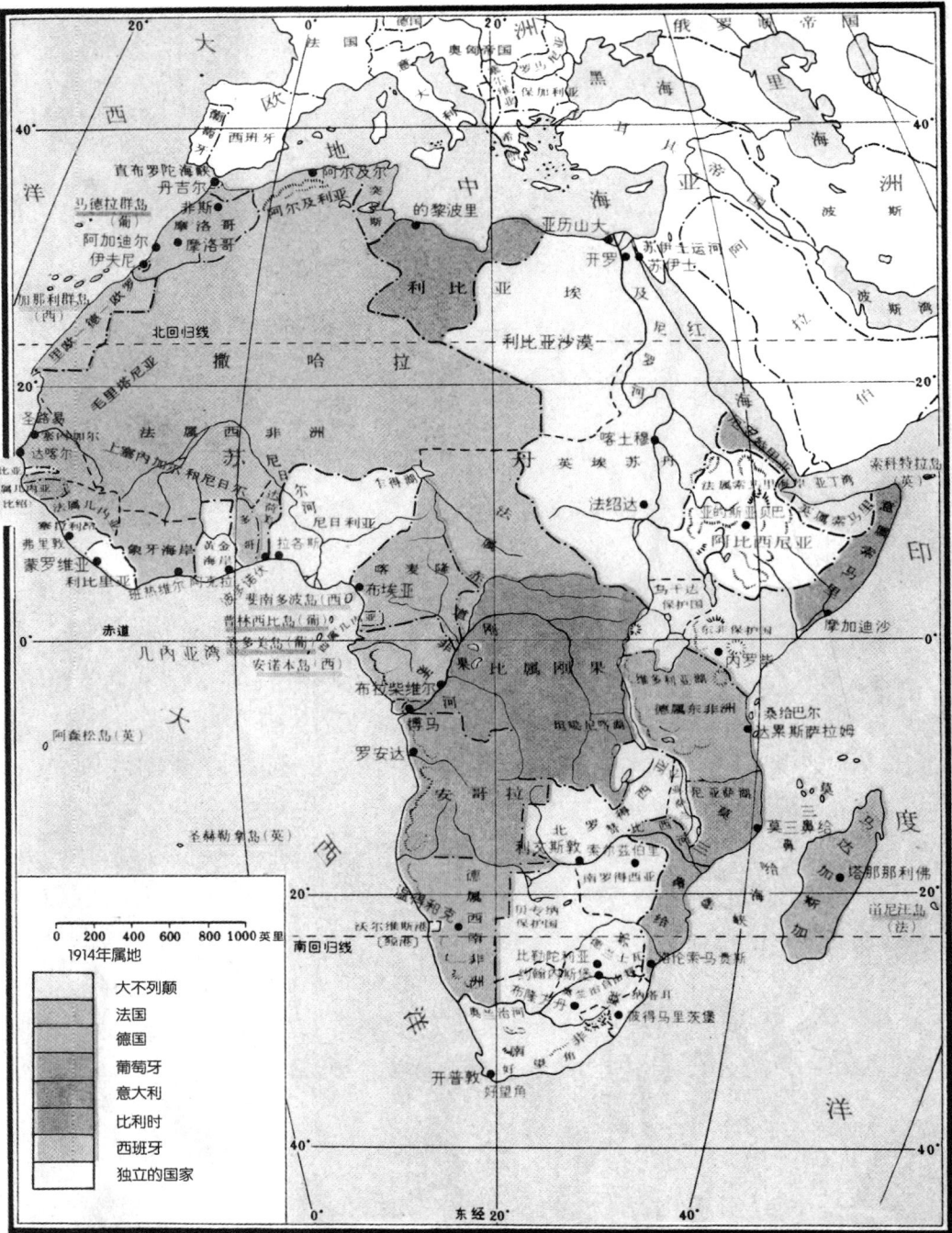

地图 43.1　1914 年的非洲

图 43-1　1871 年,斯坦利在坦噶尼喀湖与利文斯通相会,斯坦利的问候语是:"利文斯通先生,是吗？"这幅画是根据利文斯通的个人资料整理

(2)教会。在天主教徒和新教徒中,同样的传教热忱大大爆发了,人们要去进行废除非洲奴隶贸易并使异教的土著皈依基督教的工作。(3)工业革命。工业革命使得各种制成品日益增加,欧洲的资本家急于为他们的货物开辟新的市场。(4)探险。大胆的探险家被科学的好奇心或对刺激的喜爱所驱使,走遍非洲,测绘这个地域,在吃人番族和森林的奇异野兽中经历奇险。

　　利文斯通和斯坦利　　最伟大的非洲探险家之一是大卫·利文斯通大夫,一个好心的苏格兰人,他在 1840 年作为一个医生传教士到了黑大陆,1873 年死在那里。他怎样从 1869 年到 1871 年失踪了,又怎样地被《纽约先驱报》记者亨利·M·斯坦利找到,这故事太长,不能在这里叙述,但是很值得一读。以后,斯坦利继续了利文斯通未完成的对非洲的探险工作。

　　斯坦利找到利文斯通后回到欧洲,指出欧洲的棉布制造商要是把颜色鲜艳的衣服卖给非洲裸体的野人,就可以获得厚利。

欧洲在非洲　由于上述原因,欧洲各团体和列强大约从 1880 年开始,争先恐后赶到非洲去取得据点和领土。例如,比利时国王利奥波德在斯坦利的帮助下,获得了一个很大的非洲王国——刚果自由邦。同时,法国取得了非洲北岸的突尼斯,并且在刚果河流域北部立桩,表明此地归它所有。意大利在红海岸边吞并了一个地区。英国派出军队把埃及置于其统治之下。俾斯麦也为德国占有了四个殖民地。

这不过是一场疯狂的领土争夺的开端。

获取领土的方法　在非洲创立帝国是一件容易的事。几瓶烧酒、几支枪和几件俗艳的小装饰品,就可以贿赂一个非洲酋长来签订一个条约(他看不懂那条约),把他的土地置于一个欧洲强国的"保护"之下。有时甚至连这种仪式也不必举行。常常是只需两三个欧洲外交官坐在巴黎或伦敦,把一张地图铺在面前,只要在地图上划上几条线,就在他们各国之间分割了上千万平方英里的非洲土地。

43.2 帝国的创建者塞西尔·罗得斯

英国在非洲的活跃是意料之中的事;而我们已经知道的塞西尔·罗得斯,是其中最主要的人物。

开普到开罗计划　如我们已经看到的,英国在 1814 年从荷兰手中夺取了开普殖民地,1882 年控制了埃及,虽然还没有完全的统治权。一个有眼光的人能够从南方的开普敦看到 6400 千米外北方的开罗。罗得斯就有那种眼光。

梦想的日子　这是人们的头脑里都有宏伟计划的时候。没多少年以前,1869 年,苏伊士运河曾使旧世界东西两方的船只畅通行驶;在新世界,第一条联结大西洋和太平洋的铁路完成了。不过几年以后,俄国修建了横贯西伯利亚 8000 千米的铁路,而德国皇帝则正在计划修建穿过小亚细亚到波斯湾的铁路。

罗得斯有眼光;英国也有人力和财力;但是开普到开罗的铁路却被长期拖延了。一些障碍拖延了这个计划。

葡萄牙的障碍　最先遇到的障碍是葡萄牙。这个小国对于开普殖民地以北,由非洲东岸延伸到西岸的宽广地带的领土,提出了所有权,堵住了罗得斯要修建的到埃及的道路。但是罗得斯组织了一个公司,占有了现在的罗得西亚,葡萄牙手里就只剩下了两边海岸,而没有连接它们的内地领土。

德国的障碍　第二个障碍是德属东非,德意志帝国创建者们试图把这块属地扩展到包括乌干达以及利奥波德国王的刚果王国和印度洋之间的所有地方。

罗得斯看到这将在罗得西亚和埃及之间安放一道隔栏,于是他催促英政府立即采取行动。这次他的努力仅仅成功了一半。根据 1890 年签订的协定,德国放弃了乌干达,但是英国允许德属东非向内陆扩展到刚果邦。这样德国的所有权要求就切断了开普到开罗的道路。当晚些年英国努力突破这障碍,想从利奥波德国王手中得到刚果一条狭窄地带时,德国提出了强烈的抗议来阻止交易达成。德国对开普到开罗计划的反对,直到 1914 年第一次世界大战时才消除。

法国的障碍　第三个障碍是法国梦想建立一个法国的北非大帝国。法国人既从北部的突尼斯和阿尔及利亚,也从西海岸的各据点向内陆推进,很快不仅控制了撒哈拉,也控制了苏丹。苏丹是撒哈拉南部相当肥沃的地带。如果他们能赢得阿比西尼亚和尼罗河上游,他们的帝国就会从西边佛得角伸展到东边亚丁湾,从西部海岸到东部海岸。

但是不可能既有一个法国的从东到西的帝国,又有一个英国的从北到南的帝国。其中的一个必须让路。

在苏丹问题上的争执　形势的关键是在苏丹的东部,包括尼罗河南部一带。在这里两个帝国的计划冲突了。这地区叫作埃属苏丹,因为它以前曾归埃及所有。但是埃及在 1880 年由于土著人起义而失去了它。英国作为统治埃及的强国,把埃属苏丹看作它的势力范围。另一方面,法国主张埃属苏丹应属于首先占领它的那个强国。

法绍达事件　因此,法国派遣了几个远征队去占领埃属苏丹,其中一个在 1898 年胜利到达了埃属苏丹境内尼罗河上的法绍达镇,在那里骄傲地升起了法国国旗。一个英国将军立刻带领了更多的军队赶到法绍达,在邻近的一个堡垒上升起了英国和埃及的国旗,并且命令法国人撤退。

一时间,似乎法国和英国一定会为这事件开战。但是,经过愤怒的讨论之后,法国撤走了它的远征队,把埃属苏丹让给了英国,并且放弃了它横贯非洲的帝国梦想。

布尔人的障碍　同时,英国人发现了对他们帝国野心的另一个障碍。在南非,在开普殖民地和罗得西亚之间,叫作布尔人的荷兰殖民者曾建立了两个小共和国。布尔人这个词的意思是"农民"。布尔人最初住在开普殖民地,但是为了逃避英国的统治从那里迁移了出来。

许多年来,两个布尔共和国德兰士瓦和奥兰治自由邦被允许保持独立,或者实际上是独立的。但是在德兰士瓦发现了世界上最丰富的金矿以后,情况就改变了。猎取财富的英国人潮水般地涌了进来,直到超过荷兰农民的人数。英国政府调军压境,要求给予新来的人在布尔政府中的投票权。但是,布尔人认为这将意味着他们会失掉独立;因为英国矿工占了多数,可以通过投票夺去布尔人的权力。

1899—1902 年的布尔战争　布尔人不甘屈服,拿起了武器。像罗马人一样,布尔人既是农民,又是战士。两年多时间里,这两个小共和国坚持与英帝国抗战。但是这种力量悬殊的斗争只能有一个结果。布尔人纯粹是被对方人数压倒了,最后按照英国的条件接受了和约,两个被征服的共和国被吞并为殖民地。但是英国不久之后就给他们以设立代表

图 43-2　在布尔战争中,英国士兵跨越河流

会议的权利——近乎自治。

没过几年,战败的布尔领袖们运用巧妙的政治活动,获得了全部南非政府的统治权。这样,很奇怪地,布尔人军事上的失败反造成了政治上的胜利。最终,这些最有影响的布尔人也甘心合并于英帝国;正是由于他们的帮助,英国最后在 1919 年实现了开普到开罗计划。

43.3　英法协定

英国和法国长期以来是对手,而且经常是敌人;的确,迟至 1898 年,像我们已看过的,在法绍达事件上,他们几乎打起来。但是,由于法国政府在法绍达事件上客气地让步,就为两国的友好铺平了道路,因此在 1904 年达成了英法协定。

1904 年协定　通过 1904 年协定,英国和法国公开宣布他们将不再在非洲互相反对。法国事先秘密地同意英国保持对埃及的控制,甚至同意英国加紧掌握埃及,如果英国要这样做的话。作为回报,英国也秘密地同意让法国统治在非洲西北角、直布罗陀正对面的一个独立的、半野蛮的穆斯林国家——摩洛哥。而且,这两个强国答应在执行这些计划时,互相给予外交上的支持。

1905 年第一次摩洛哥危机　法国立即利用了 1904 年的协定。依恃英国的支持,法国开始干涉摩洛哥的事务,指示摩洛哥的苏丹应该做什么。可是德国由于被法国和英国漠视而感到气愤。于是德国皇帝威廉二世在 1905 年拜访了摩洛哥,公开表示他认为摩洛哥是一个独立国家。

有了德国的鼓励,摩洛哥苏丹就拒绝听从法国的"指教",要求列强召开一个关于摩洛哥事务的会议。法国人知道,拒绝这个要求就将意味着和德国闹起纠纷,而法国对这种纠纷还没有做好准备,因为它的盟国俄国刚刚在和日本的战争中打败了。因此法国同意由一个国际会议来处理摩洛哥问题。这个会议于 1906 年在西班牙的阿尔黑西拉斯召开了。

阿尔黑西拉斯会议　会议商定由法国和西班牙的军官来训练摩洛哥的武装警察部队,但是摩洛哥被明确地承认为一个独立的主权国家。这个条约似乎使法国不可能控制摩洛哥了。

1911 年的阿加迪尔事件　1911 年发生了第二次摩洛哥危机,法国看到了一个撕毁阿尔黑西拉斯条约的机会。那时碰巧有些土著部落背叛了苏丹。法国声称在摩洛哥的外国人有生命危险,就派遣军队入侵摩洛哥并留驻在那里。

德国又来干涉了。一只德国炮舰"豹"号被派到摩洛哥海岸的阿加迪尔港口,似乎是去保护德国公民,但真实目的是向法国展示,德国是绝不能被忽视的。德法之间的战争似乎不可避免了。但是英国申明了它支持法国的意图,而俄国也是一个靠得住的帮手。

经过长久和愤怒的谈判之后,各方达成了妥协。德国承认摩洛哥受法国保护,但法国必须把法属刚果的大约 26 万平方千米土地割让给德国,以便换得后者同意撕毁阿尔黑西拉斯条约。

意大利和法国及英国的交易　意大利虽然算是德国的盟国,却又成了法国和英国一个密切的伙伴。1881 年当法国占领了离西西里很近的突尼斯时,意大利曾经十分愤怒。但是到 20 世纪初,意大利却秘密地同意不反对英法在北非的征服,交换的条件是,法国和英国将允许意大利从土耳其手中夺取位于突尼斯和埃及之间的的黎波里和昔兰尼加两大省份。1911 年,意大利的确夺取了这些地方。

小　结　意大利征服从前被称为的黎波里和昔兰尼加的利比亚,同时法国征服摩洛哥,就实际上完成了对非洲的瓜分。法国得到了 1100 万平方千米的土地,英国 906 万平方千米,德国 259 万平方千米,意大利 259 万平方千米,比利时和葡萄牙各得约 259 万平方千米,只有西班牙得到了很小的一份。仅两个非洲国家没有置于欧洲统治之下。一个是埃塞俄比亚王国,它善战的居民打垮了意大利的征服企图。另一个是黑人的小共和国利比里亚,它是由少数自美洲回来的前奴隶建立起来的,多少处在美国的保护之下。

43.4 近代帝国主义意味着什么

文明国家要统治较弱的或者"落后"的民族,如非洲的黑人和印度各民族,这种欲望和政策就叫作帝国主义。正如亚洲和非洲的历史所说明的,帝国主义是第一次世界大战前一个世纪,特别是这个世纪最后几十年的历史中一个非常有力的因素。

帝国主义传染病　欧洲的所有大国和几个小国都传染上了这种狂热。英国和俄国扩张了它们本来已经很大的帝国,直到前者包括了世界陆地面积的四分之一,后者包括了七分之一。法国在非洲和印度支那创立了一个新的殖民帝国,其面积比它在 18 世纪丢给英国的还要大。

德国得到了非洲 259 万平方千米、太平洋上几个岛屿和在中国的势力范围,并且正在试图用"和平渗透"的方法控制整个土耳其帝国。意大利、葡萄牙、比利时和西班牙都在非洲得到了份额。荷兰在东印度已经有了一个富裕的帝国。

日本学习欧洲帝国主义,吞并了台湾和朝鲜,得到在满洲的势力范围,并开始像亚历山大那样,渴念着要去征服新的世界。这样,到了 1914 年,非洲、亚洲和东印度的大多数落后民族要么已经被帝国主义各国吞并,要么快被帝国主义国家做出标记征服。

拉丁美洲的例外   如果不是由于美国的话,拉丁美洲肯定已经遭到和亚洲及非洲同样的命运了。南美和中美那些软弱的年轻共和国拥有丰富的天然资源,又经常发生革命,本来会成为帝国主义列强绝好的竞争目标。但是美国,多少还有英国的支持,不允许旧世界的列强在新世界征服任何领土。门罗主义对全世界是一个警告。结果,拉丁美洲诸共和国就有了相当的自由去按它们自己的方式发展;其中几个共和国,特别是阿根廷、巴西和智利,取得了极大的进步。

美国的帝国主义   但是,美国政府自己也变得有点帝国主义了。1846—1848 年与墨西哥之战,美国吞并了包括现在加利福尼亚、内华达、犹他、亚利桑那和新墨西哥各州在内的领土。1867 年从俄国购买了阿拉斯加,1898 年从西班牙夺取了菲律宾群岛、波多黎各和古巴。菲律宾和波多黎各被吞并了,而古巴则成为保护国。

1898 年至 1899 年,美国得到了夏威夷和萨摩亚群岛的一部分。1903 年它租借了巴拿马运河区。从那时起,它控制了(不是真正拥有)尼加拉瓜、海地和多米尼加共和国,又从丹麦购买了维尔京群岛。实际上加勒比海周围整个地区成了美国的势力范围——一个被美国全面控制的地区。

近代帝国主义的原因   任何一个强国推行帝国主义的原因都是十分相同的。在几乎所有的场合下,帝国主义都是由下列动机造成的。

(1)爱国者渴望使他们的国家拥有更多的领土。

(2)商人们渴望得到可以销售制成品和获得原料的殖民地,还想在他们自己的国旗保护下的矿山等处投资。这种经济动机也许是帝国主义最强烈的原因。

(3)认为占领某一地区是国防所必需。日本就宣称为了国家的安全需要吞并朝鲜。

(4)传教的精神——渴望使落后的种族开化或者基督教化。这个动机不幸常被用来作为自私贪婪的借口。例如,比利时的利奥波特国王自称要把基督教文明的幸福带给中非未开化的黑人,但是实际上他给他们带去了痛苦——把钱财都交付给国王及其商业伙伴的痛苦。这样的事情太常见了。

近代帝国主义,战争的一个原因   帝国主义造成了多次战争。1898 年美国对西班牙的战争,1899—1902 年英国对布尔人的战争,1904—1905 年俄国对日本的战争,1911—1912 年意大利对土耳其的战争,都是在我们叙述的这个时期内最重要的战争,还有几十次小规模的冲突。此外,如我们将要谈到的,帝国主义是 1914—1918 年第一次世界大战的主要根本原因之一。

第十二编

近代文明在考验中

一位有名的法国人曾经说过："年轻人是幸运的，他们将目睹伟大的事物。"他在一个多世纪以前表示了这个意见，如果他还活着，他在今天也许会重复这句话。自从法国大革命的时代以来，世界的情形再也没有像 20 世纪前 40 年那样令人目眩地发生变动。

　　人类依旧在登山的道上辛苦地前进，痛苦地爬出了战云弥漫的幽谷，尽管为通过合作求得和平与正义做出了大胆的努力。人们曾经希望，世界历史上蹂躏最惨的 1914—1918 年的冲突将会是一场终止战争的战争。对历史有了理解，我们应当能够解释一些重大的失败，用智慧和勇气去面对未来。

　　第 44 章解释为什么发生第一次世界大战。下一章叙述这次战争是怎样进行的，协约国是怎样取胜的。"新地图和新法律"是第 46 章的题目，将指出这次战争的一些收获和损失。第 47 章讲到关于战后民主主义和民族主义的问题，主要是在亚洲和非洲；下一章谈到国际联盟和国际法庭。第 49 章简短地概述了和平时期世界的情况。然后接下去是"危机的年头"的一章和关于"第二次世界大战"的另一章。

第 44 章　国际无政府状态

在很多方面，近代史所讲的是一个进步的故事。欧洲和美洲人民在 1914 年以前的 125 年里，在制造机器、赢得民主和扩大对其他各洲的控制方面有惊人的成就。但是在一件事上他们失败了。近代史里最大的悲剧是没能在国际关系中以公理代替强权。争端仍然以互相残杀来解决。

战争变得更为可怕　文明的增进不是消灭了战争，简直是把战争搞得更可怕了。科学家和发明家设计出了更致命的毁灭性武器。工业为陆军和海军装备了更大的巨炮。民主政体由公民组成庞大军队来代替旧有的为数不多的雇佣兵。欧洲这个最先进的大陆在 1790—1913 年之间就大约有 450 万人阵亡。

44.1 为什么近代国家要打仗

近代国家继续从事战争是有若干原因的。这些原因中最有力的是国际无政府状态。

(1) 国际无政府状态。无政府状态是指没有政府去执行法律和维持秩序的状态。比方说，如果一个国家没有政府，没有警察，每个人想做什么就可以做什么，每个人都必须带着枪才能保卫自己，这就是无政府状态。

现在，在国家与国家之间恰好就是这种状态。每个国家想做什么或是敢做什么就可以做什么，因为并没有一个国际政府为这些国家制定法律和强制所有国家遵守它们。国家正像没有法律的人们，武装到了牙齿，不服从任何法律或权威。这就是我们所指的国际无政府状态。

反对无政府状态的努力　在 1914 年世界大战之前，曾经有过种种以法律与和平代替

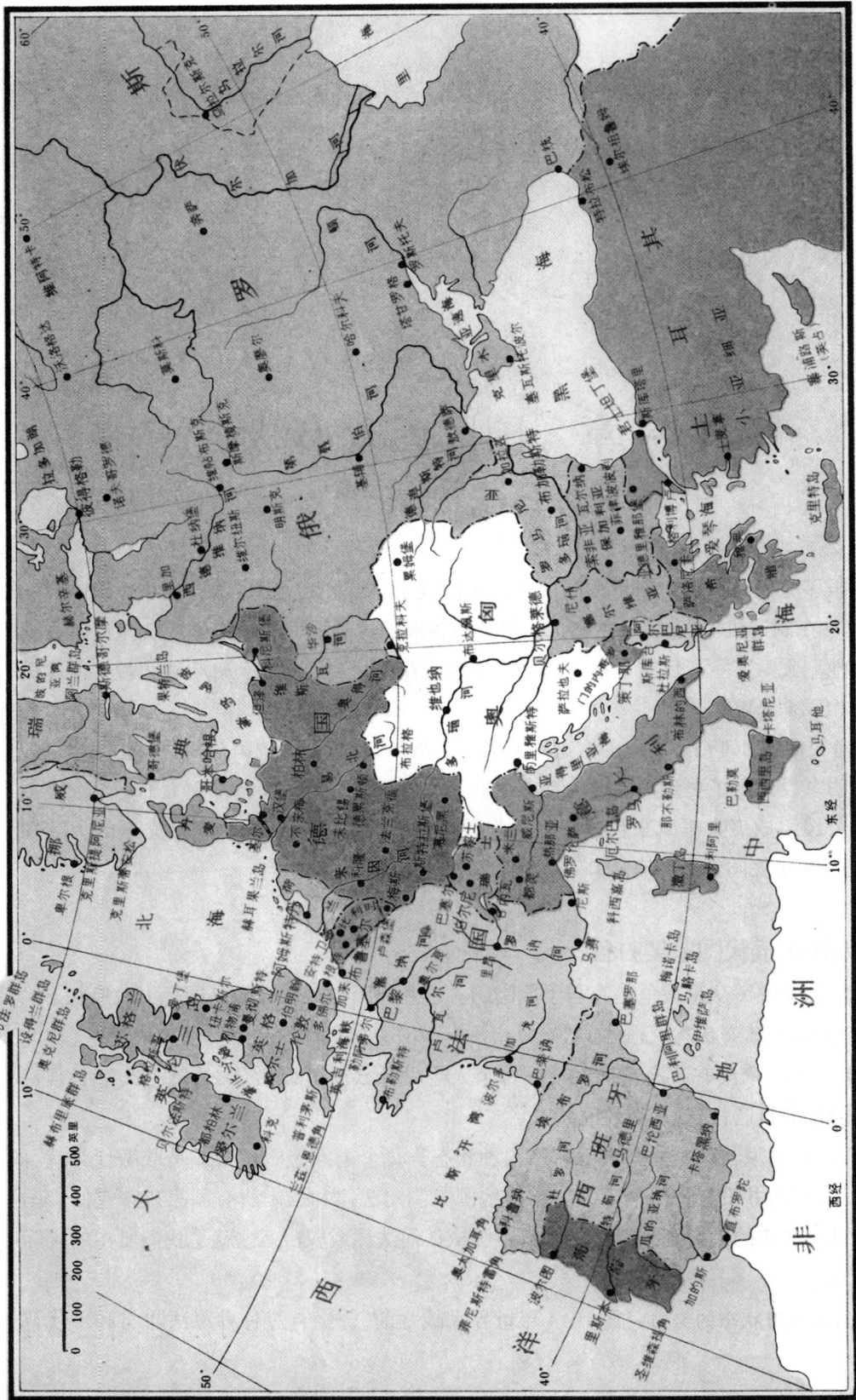

地图 44.1 1914年的欧洲

国际无政府状态的尝试,但没有一次完全成功。在中世纪,基督教教会曾试图对战争加以制止,但是教会并没有强大到能够防止一切冲突,在后期尤其如此。1815 年俄国沙皇亚历山大曾缔结了一个维持和平的"神圣同盟",梅特涅为了同样的目的组织了一个列强的同盟,但都徒劳无功。

1848 年以后,列强总是不时举行会议讨论国际纠纷。国家之间这种合作的做法常被称为"欧洲协调"。

国际会议 为了解决有关土耳其和巴尔干诸国的问题,在巴黎、柏林、伦敦举行过会议。1884 年到 1885 年,在柏林举行过一次会议来规定在非洲获取殖民地的一般规则。1900 年在中国镇压义和团起义时,列强也进行了合作。这类合作无疑防止了一些战争,但是并不足以完全制止战争。

海牙会议 为结束国际无政府状态而做出的最著名的尝试之一,正如我们已经见到的,是 1898—1899 年俄国沙皇尼古拉二世所做出的。他邀请各国派遣代表到海牙共谋和平。这个会议在 1899 年举行了。在裁减陆海军军备上并没有得到任何结果,因为包括德国在内的一些国家反对那样做。可是,这次会议确曾在海牙建立了一个国际仲裁法庭,如果有争执的国家愿意的话,可以把国际纠纷提交这个法庭去裁决。它还起草了一部防止在战争中采用不必要的残酷手段的法典。但是,并没有执行这些法律的规定。

1907 年,在海牙举行了第二次和平会议,但是国际无政府状态依然盛行。1911—1912 年的意大利和土耳其的战争,以及 1912 年和 1913 年巴尔干诸国和土耳其的两次战争,都说明了海牙会议并没有多大成就。

(2)领土争端。我们已经说过,无政府状态是战争的一个原因。第二个原因是国家之间的领土争端。我们知道,1814—1815 年的维也纳会议不顾民族感情划定了几乎必然引起纠纷的疆界。结果是德国、意大利和比利时不得不用武力来争取自由。这些国家得到解放之后,留下许多"痛处"或争执地区,依然危及着和平。例如,意大利仍想得到被奥地利所占有的某些地方。法国渴望重新征服阿尔萨斯—洛林。在巴尔干半岛和东欧其他部分,还有其他"痛处"。

如果所有的国家都承认民族自决权,允许任何有争执的行省的人民进行公民投票,领土争端也许并不危及和平。公民投票就是让有争执地区的人民决定他们愿意属于哪个国家。在 19 世纪中叶有过几次公民投票的事例,但是 1871 年后就没有再举行过了。

(3)新重商主义。另一个战争的原因是 19 世纪旧的重商主义思想的复活,特别是那种认为一个国家的政府应当保护和促进它的公民在国内和国外经商的思想。这是发生关税保护和帝国主义的原因。如果说所有近代战争都是因为那些自私和有影响的商人抱着得利的希望而引起的,也并非言过其实。有些战争,例如中国的鸦片战争,主要就是为了商业的原因而打起来的。

这个新的重商主义被称为"新重商主义"。

(4)民族荣誉。"民族荣誉"这个近代观念使得维持和平发生困难。在 19 世纪变得流行的一种理论是,每个民族国家必须拥有绝对的主权,应当不受任何形式的外来控制。报纸鼓吹每个爱国者的责任是为他的祖国的"民族荣誉"而战,不管他的国家对不对。"对也好不对也好,总是我的国家",这是极端爱国者的格言。

(5)战争的"科学"辩护。近代国家的好战精神也被一种教导所加强,即认为战争是件好事情,因为它意味着强大和进步的国家战胜了弱小和落后的国家。这个信念是出于错误理解了关于植物和动物进化的科学理论——达尔文学说。虽则把这个理论应用到战争是一个错误,很多人却相信它。

(6)军国主义。"军国主义",即维持大量军队准备战争,是战争的一个有力原因。普鲁士扩充军队,并于 1866 年和奥地利作战,1870 年又和法国作战。普鲁士在战争上的胜利导致奥地利、法国、日本、俄国和意大利都采用了普遍军事训练的体制。每个国家都认为它自己的军队是用以自卫的——它的邻国的军队是用以进攻的。这意味着每个国家对它的邻国都抱着恐惧和怀疑。

(7)海军主义。"海军主义"是军国主义的孪生兄弟。当一个强国扩充它的海军时,其他列强就惊慌起来,也扩充自己的海军。在 1898—1914 年这个时期,当德国开始建造一支强大的舰队时,英国就把德国看成是一个可能的敌人,是对英国海上霸权的威胁。可是,英国依然拥有相当于任何其他两国海军力量总和的一支海军。

(8)秘密外交。最后,战争的原因里要加上秘密外交这一项。不同国家的公使们和大使们常常秘密订立协定,拒绝公布这些协定和结盟的条款。普通人民从不知道什么时候会被召集去扛上枪支。

战争的机会倍增是由于一个国家常常不仅为了它自己的纠纷而不得不作战,而且也因为它的盟国的纠纷而卷入战争。

44.2 秘密外交和危机

为了解秘密外交怎样导致全部历史中那次最大的战争,必须回溯到 1870—1871 年的普法战争。

俾斯麦的外交   当俾斯麦在 1871 年从法国夺得阿尔萨斯—洛林时,他使法国成了德国的死敌。不过,只要俾斯麦是德意志帝国的宰相,法国敢于寻找报复机会的危险是很少的。德国的陆军是世界上最强大的。

三国同盟   此外,德国有强大的盟国,而法国最初却是孤立的。1882 年俾斯麦同奥匈帝国和意大利组成了一个防御同盟。这个著名的三国同盟一直维持到第一次世界大战。俄国也被俾斯麦说服,和德国订立了一个秘密的防御同盟。

法俄同盟 年轻的德皇威廉二世在 1890 年罢免了俾斯麦之后,未能续订俾斯麦同沙皇签订的条约,俄国在 1892 年变成了法国的盟国。如果法国受到德国的攻击,俄国将援助法国;同样,如果俄国受到攻击,法国也要出兵援助它。

英法协约 法国其次向英国寻求友谊,虽然如我们已经见到的,它近来在非洲已成了英国激烈的竞争者。1904 年,法国和英国签署了一个协定,承认英国对埃及的控制,同时英国承诺不反对法国在摩洛哥的要求。这是"亲切的协约"的开始或英法之间亲切谅解的开始。

英俄协约 1907 年英国和法国的盟国——俄国缔结了一个同样的协约。英国和俄国在亚洲,特别在波斯,曾是互相妒忌的敌手,但是现在消除了它们的分歧。英国就这样用协约的方式同法国和俄国联合起来,而法国和俄国则由坚固的盟约联合在一起。这个由英、法、俄三强组成的集团通常称为三国协约。

日本的地位 三国协约还能依靠日本方面额外的协助。英国和日本在 1902 年成立了一个防御同盟。1904—1905 年日俄战争后,这个同盟加强了,日本和俄国及法国也缔结了协定。

意大利的地位 意大利和三国协约也有秘密谅解。虽然它依旧是三国同盟的成员,却和法国有秘密协定,前者要征服的黎波里,后者要取得摩洛哥。如果德法之间发生战争,意大利将保持中立。

列强的均势 在三国协约和三国同盟之间似乎是一个相当平衡的"均势"。每当一方的一个成员增加它的军队,或有一条新的战舰下水,另一方就会紧张起来,感觉到它的安全受到威胁。在 1904 年到 1914 年之间,双方的陆军和海军都以惊人的速度增长,直到这些竞争的国家都在巨大的负担下摇晃起来。

国际危机 "均势"最坏的特征

图 44-1 1912 年的巴尔干危机中,保加利亚军队在追击撤退中的土耳其军队

是它的不牢靠。每隔一年左右就会有一次"危机",这两个同盟似乎已到了临战状态。1905年、1908年和1911年,如我们已经见到的,在摩洛哥和巴尔干半岛的危险行动都几乎引起国际战争的爆发。更使欧洲接近战争的是1912—1913年的巴尔干危机,当时塞尔维亚、门的内哥罗、保加利亚和希腊进攻并击败了土耳其。全欧战云密布。幸亏英国外相爱德华·格雷爵士聚合列强,及时地取得了和解。

愤怒和"备战"　但是德国和奥地利对于这个结局很不满意。首先,土耳其是德国和奥地利的友邦,它由于战败和失去许多领土而大大削弱了。其次,南斯拉夫的塞尔维亚王国——奥地利身旁的一根刺——几乎把领土扩大了一倍。1913年夏季,奥地利秘密地向它的盟国建议采取一些措施来抑制塞尔维亚。可是,德国和意大利拒绝采取行动。和平是维持住了,但是维持在危险点上。没有人知道下一次危机什么时候会发生。同时,欧洲大陆上所有的列强都在狂热地增强它们的军队。

44.3 第一次世界大战是怎样开始的

大公的被刺　1914年6月28日,一个鲁莽的南斯拉夫青年发射了震惊世界的几颗子弹。当奥地利大公弗兰西斯·斐迪南和他的妻子驱车穿过萨拉热窝的街道时,被射中身亡了。萨拉热窝是奥匈帝国波斯尼亚省的一个市镇。由于被刺的大公是奥地利皇帝弗兰西斯·约瑟夫的侄子和最可能的继承人,这个罪行在奥地利激起了愤怒浪潮。奥地利人认为这个阴谋背后有南斯拉夫的塞尔维亚的支持,因此觉得必须惩罚塞尔维亚。

事实上,这个刺客虽然说的是南斯拉夫语,也有南斯拉夫的感情,却不是塞尔维亚的公民,而是波斯尼亚人。塞尔维亚也没有什么罪证。奥地利政府的一个特务报告说,他找不到塞尔维亚政府组织这一个阴谋的证据。可是,另一方面,他发觉某些塞尔维亚官员曾协助这些阴谋者获得武器。这个阴谋是在塞尔维亚的首都贝尔格莱德策划的。塞尔维亚政府允许进行反对奥地利的鼓动。

贝希托尔德的最后通牒　贝希托尔德伯爵是奥匈帝国的外交大臣,他认为萨拉热窝暴行可以使奥地利在世界心目中有理由对塞尔维亚采取强硬措施。塞尔维亚是奥地利身边的一根刺。如果对塞尔维亚在奥地利的南斯拉夫人中的鼓动不加以制止,也许奥地利会有一天落到瓦解的结局。现在是采取行动的时候了。因此,贝希托尔德在1914年7月23日对塞尔维亚提出了最后通牒,指控塞尔维亚没有能够制止反对奥地利的阴谋。

最后通牒特别要求塞尔维亚取缔一切反奥的刊物和结社,从塞尔维亚学校里辞退反奥的教师,禁止反奥的教科书,允许奥地利人员协助制止反奥宣传的工作。塞尔维亚必须在48小时内答复。

战争爆发　贝希托尔德伯爵故意使最后通牒如此之苛刻,致使塞尔维亚无法同意。如他所预期的,塞尔维亚拒绝了他所提出的一些要求,但建议把这几点提交仲裁。俄国和英国都敦促他给塞尔维亚更多考虑的时间,但是他大胆地按着他的计划进行。1914 年 7 月 28 日,奥匈帝国向塞尔维亚宣战了。

俄国支持塞尔维亚　俄国恰如它在 1908—1909 年的危机中所做的,警告奥地利不要进攻这个小斯拉夫王国。沙皇下令动员他的全部军队。

德国支持奥地利　俄国军队的动员威胁了奥地利,也威胁了德国。它将使俄国军队靠近德国和奥地利的边界,准备行动。德国的军事领袖说,对此加以容忍将是德国的自杀;如果战争发生,这将使俄国处于有利地位。德国立即要求俄国停止动员;当俄国拒绝时,德国就对俄国宣战了。这是 1914 年 8 月 1 日。

法国的卷入　法国是俄国的盟国,德国问法国政府是否有协助俄国之意。当法国拒绝做出中立的诺言时,德国在 1914 年 8 月 3 日又向法国宣战了。

比利时的卷入　比利时正挡在德国计划的道路上,因为德国将军们已为战争准备了进攻计划:出动一支军队迅速通过比利时和卢森堡,在行动迟缓的俄国军队可能开始行动之前,给法国以致命的打击。

比利时的中立曾经由包括普鲁士在内的列强在一个条约中做出保证;但是比利时却挡在德国战争计划的道路上,这个条约也是如此。德国宰相感到撇开这个条约、长驱越过比利时将是错误的和背约的,但是他没有道义上的勇气对军阀们表示异议。德国军队在 8 月 4 日入侵了比利时。

英国的卷入　直到这个时候,英国将要怎么办还是不确定的。英国政府曾秘密许诺过法国,如果德国海军进攻法国海岸,英国战舰将予以阻拦。也许英国无论如何是会参战的,它不能容许它的友邦——法国和俄国——被击溃。但是当德国军队侵入比利时时,英国的态度也就不成问题了。同一天它向德国宣战。

不久之后,日本追随了英国的榜样。门的内哥罗也参加了斗争,站在塞尔维亚一边。

意大利的为难　意大利是欧洲唯一还保持中立态度的强国。公开地,它是德国的盟国;秘密地,它和法国有个协定。它说德国和奥地利首先挑起战争——它不曾许诺要协助一场侵略性的战争。

原因和责任　由于导致战争的外交活动是秘密进行的,最初没有人确知哪些是真正有罪的国家。协约国责备德国,特别是德国皇帝。德国人和奥地利人则责备俄国和英国。各国的普通老百姓照例都愿意相信自己的政府是无辜的,而敌国是有罪的。后来,许多事实暴露了;成千的秘密文件公布了。证据表明奥地利得到德国的同意,有意地计划向塞尔维亚开战。但不十分清楚的是德国是否蓄意要发动一场大战。在这一点上,意见还有分歧。有些历史学家认为德国是有罪的,而有些人则主要责备俄国和法国;还有些人说这罪行双方都有份。

　　全盘真相还不知道,大概许多年内还不会完全清楚。有一件事是肯定的,德国和奥地利都没有,协约国也没有在战争开始时公布过真相和全部真相。如果想了解这次冲突的根本原因,就一定得回溯到 1914 年 7 月以前。基本的原因是:(1)国际无政府状态;(2)领土争端;(3)新重商主义;(4)"民族荣誉"的谬见;(5)战争意味着"适者生存"的错误观念;(6)军国主义;(7)海军主义;(8)秘密外交和秘密结盟。

　　这些情况犹如炸药,轻轻地一触就会爆炸。萨拉热窝的谋杀和奥地利的最后通牒给这炸药的爆炸提供了星星之火。

第45章　第一次世界大战

我们在这里只有不多几页的篇幅，不能试图对1914—1918年的第一次世界大战做出全面的叙述。很多国家参加了这次大战，打了很多仗，好几百万人被杀，好几百万妇女和儿童心碎肠断，无家可归；旧的政府被推翻了，新的政府建立了起来；在斗争中订立了公约和协定，重大的条约标志了战争的结束。价值亿兆的各种财产遭到了破坏；各国负上了空前的战债；而有关和平的种种难题并没有都得到圆满的解决。

45.1 德国在陆上的胜利

德国抱着很高的希望来发动这次世界大战。它的军队比起世界上任何军队都组织得更完善，装备得更好。它具有1866年和1870—1871年几次战争所得到的速战速决的历史经验。它的财富和资源雄厚。它的人民高度爱国。

德国的计划　俄国有庞大的军队和丰富的资源，但是它的铁路系统却不太行，所以俄国在集中兵力和在德国的东部边界采取行动方面也就缓慢。于是德国计划先对付西方，在英国能给予法国有力的协助之前给法国挫伤性的打击；然后和奥地利一起迎击俄国，把它打败，赢得这场战争。有好几次，德国和奥地利似乎正按照这个程序获得胜利。

德国在西方的胜利　1914年8月初，德军通过卢森堡和比利时突然袭击了法国。在跨越卢森堡这个小小公国时没有遇到困难，但是比利时却激烈抗议和奋起抗战了。他们是溃败了，但是他们阻碍了德军的前进。这使法国有时间来组织防御，使英国有时间运送一支军队到法国去；当然这使德国人大为恼火。

德国派了一个军人总督驻在布鲁塞尔，把比利时作为一个被征服的行省来对待。他们焚烧了许多公共建筑,包括鲁汶大学无比贵重的图书馆。他们还强迫比利时人为其筹款。比利时军队的残部加入了法军和英军的行列,奋勇作战。

德国钢和火的漫长战线深深地烧进了法国境内,几乎到达巴黎。里尔、色当和兰斯等城市和千百个市镇与村庄落入德国人手里。

马恩河的败仗　9月初法军坚守马恩河一线,防线东端越过凡尔登。德国人被遏止了,然后被击退一段距离,于是巴黎保住了。双方掘壕对峙,中间隔着死寂的"无人地带",弯弯曲曲的从孚日山脉直抵北海,长达960千米。

德国在东方的胜利　同时,俄国在东方已经开始入侵德国和奥地利。奥地利对俄国的抵抗很弱,其中一个原因是塞尔维亚正与奥地利打得激烈;但是德国不久在9月底的坦能堡战役中把俄国制住了。俄国军队的人数很多,但士兵很多是文盲,没有很好的训练或装备。此外,俄国国内的政府是专制的、不得人心的,俄国官员们很多是无能和腐化的。

俄国的崩溃　到1915年春天,俄国的入侵停止了,这年夏天,兴登堡将军统率一支庞大的德军,粉碎了俄国的战线,征服了俄属波兰全境。1917年春天,俄国的一次革命推翻了沙皇;成立了一个共和国;到下一个春天,俄国竟溃败和混乱到向德、奥单独投降及议和的地步。这一切对被称为中欧列强的德、奥是一个重大的胜利。同时,在西线,它们守住了阵地,尽管它们向凡尔登的另一次进攻失败了。

土耳其和意大利　1914年秋天,土耳其加入了中欧列强的行列,1915年春天意大利参加了协约国。协约国在试图夺取君士坦丁堡时损失惨重,意大利在高山地带向奥地利进攻中也死伤了上万人。

保加利亚和罗马尼亚　1915年秋天,在攻击塞尔维亚、门的内哥罗和阿尔巴尼亚时,保加利亚加入了奥、德和土耳其一边。1916年8月,罗马尼亚参加了协约国,侵入匈牙利,但是很快就被中欧列强的联军所征服。希腊企图保守中立。希腊国王是德皇的妹夫,但是很多希腊人同情协约国。

新的战术　这次世界大战不久就显示出是旷日持久和耗费惊人,而且它和以往的历次战争在性质上和方法上都有很大的差别。

整个国家都武装了起来:以往作战的兵士不过是数以千计,而现在却是数以百万计了。成百万的兵士不能集中在一个单独的战场上。他们很快就躲藏在一条条漫长的战壕里,例如西线长至960千米,东线长至1448千米。以往也有几次用过壕沟和隧道,例如美国内战中1864—1865年在弗吉尼亚州的彼得斯堡;但是这次世界大战的战壕和隧道更深更长,而且普遍如此,不是例外。在对峙双方的战壕之间设置有倒刺的铁丝网,如果要夺取敌人的战壕,军队必须越过这些障碍。

炮　兵　在这次世界大战中,骑兵的用处很少,但是炮兵的作用达到了过去梦想不到

图 45-1　在美国南北战争和日俄战争中就已出现堑壕战,在第一次世界大战中,堑壕战得到最大的应用,尤其是在西线战场,造成了惨重的死亡,伤亡比例远高于第二次世界大战。此后的战争中堑壕战用得较少,但也并未绝迹,如中国的淮海战役和朝鲜战争后期

的极致程度。机关枪被大量地使用了,大炮则遍置在整条战线上,用来扫除"无人地带"的障碍,破坏敌人的阵地和掩护步兵的冲锋。起初德国在炮兵上占优势;后来他们有了一些巨炮,大到可以从 97 千米外或更远的地方向巴黎射击;但是不久法国和英国在炮战中也能够坚持得住了。

在大炮发射的炮弹之外,又加上了用手扔的、用飞机投的和安置在海里的各种炸弹。德国使用了致人死命的毒气,协约国随即仿效。协约国制造了铁坦克,它能爬山越沟,喷射烟火和发射子弹。双方都使用极为有效的飞机。

飞　机　飞机是这次世界大战突出的特征。好几百架飞机在战壕上空飞来飞去,摄影和侦察敌军的行动,驱逐敌机,并且在敌人战线的战略要点上投掷炸弹。

汽油发动机　如果没有汽油发动机,这个战争会很不同。这种发动机装置在笨重的坦克里,冲倒树木、柱子和栅栏。它也用来发动快速的摩托车、卡车和高速的飞机。

45.2 英国在海上的胜利

英国的主要把握自始至终都放在它的舰队上。它的海军在数量和火力上都两倍于德国,并且有效地发挥了作用。

英国的海军 （1）首先,英国海军封锁了德国海军,使德国的军舰和其他船只困在德国海港之内——大部分时间是这样。这就剥夺了德国运输军队侵略英国的工具,使英国不致遭受像比利时、法国和波兰一样被侵的恐怖。

（2）其次,英国通过海军的优势能够及时地援助法国。英国不仅能够从不列颠群岛,而且能够从英帝国各地——加拿大、澳大利亚、新西兰、南非、印度等地聚集人力,把他们运送到法国去,与法军和比利时军队共同作战。军火和粮食供应也是由英国船只运送到法国的。

（3）再次,英国海军切断了德国大部分的对外贸易。在地球上任何一个地方,英国军舰和法国及俄国的舰队一起拉开巨网,夺取了德国几乎全部的远洋商业。海上贸易丧失了,德国就无法在国外市场上销售货物,也不能从那里购买它所需要的东西。

（4）最后,英国人在这次世界大战中所做的正如他们在拿破仑战争和其他更早的战争中所做的一样——他们四面出击夺取敌人的殖民地。1914 年,英国在日本、澳大利亚和新西兰的协助下,夺占了德国在太平洋上所属的全部岛屿。日本自己夺取了在中国胶州湾的德国商港。

在非洲,英国人在法国殖民地军队的协助下,1914 年征服了多哥,1916 年征服了喀麦隆。从南非出发的英国军队在 1914 年镇压了布尔人的暴乱后,1915 年又扫荡了德属西南非洲,1918 年完成了对德属东非的征服。

45.3 海上的损失和悲剧

英国在海上的损失 1915 年土耳其参加中欧列强后, 一支英法联合舰队企图强行通过达达尼尔海峡——从爱琴海通到马尔马拉海和君士坦丁堡的一条狭窄的海峡。但是面对土耳其用以控制这条狭长海峡的堡垒和炮台,军舰无能为力。有几条船被击沉了,突破的企图失败了。协约国的陆上部队也在这里被土耳其人打败。尽管如此,亏得这支英国海军,协约国得以把土耳其的一支大军牵制在这一地点;1915 年 10 月,协约国占领了希腊的萨洛尼卡港,这是一个有价值的作战基地。

德国在海上的损失 英国的海上势力越来越膨胀, 对中欧列强和土耳其的威胁也就越来越大。德国军舰偶然和英国军舰开战,但并没有什么用处。1914 年 11 月 1 日,德国远东舰队在智利海岸外科罗内尔角附近击败了一支英国舰队,下个月它就被另一支更强大的英国舰队在福克兰群岛海面歼灭了。1916 年春天,德国的战斗舰队驶入北海,在日德兰

图 45-2　德国潜水艇上的船员

战役中给英国大舰队以相当大的损害,但是自己的损失也很严重,被逼退回本国领海。德国的巡洋舰不时偷偷地驶过北海,炮击英国滨海市镇,但是它们不得不迅速撤回,有些就被击沉了。

潜　　艇　德国和英国海军最接近于势均力敌的是潜艇,简称 U—船。潜艇是携带鱼雷的小型船舶,能在水面下航行相当长的距离,对准敌舰的两舷在水里发射效力极大的鱼雷。但即使跟潜艇交战,英国海军还是取胜了。

饿困方案　这次世界大战的初期,德国人开始不仅用潜艇攻击敌军战舰,也用来击沉商船。德国人对他们的潜艇有很大的信心,大量制造,他们的作战范围也扩大到不列颠群岛的四周,甚至进入了地中海。德国依靠潜艇来切断英国的贸易,而且待以时日,想使英国发生饥荒而困死。

潜艇方案的成功有赖于把出入大不列颠的商船全部摧毁。但是中立国家的船只如果被击沉,他们就会提出抗议,而且如果击沉的船只太多了,他们可能参加协约国来反对德国。所以潜艇的使用不但对英国,就是对德国也充满危险。

卢西塔尼亚号的悲剧　1915 年 5 月,德国潜艇在爱尔兰外海击沉英国的一艘巨轮卢西塔尼亚号,旅客死亡达 1200 人,包括 100 多个美国人。消息在美国激起了对德国的强烈愤恨。美国政府提出了愤怒的抗议。德美两国的外交照会来往一年之久,其间不时又有潜艇的暴行增添了危机,直到 1916 年 5 月德国许诺不再在没有警告或没有救护旅客脱险的相应措施下对商船施放鱼雷。

几乎有一年,德国害怕引起美国的敌视,确实对潜艇活动有所制止。同时,英国扭住德国的商业和殖民地不放。

45.4 世界在动荡中

列强的均势 到1917年，这次世界大战似乎打了个平局。德国在东欧打胜了，但在西欧它的陆军却被制止和击退了；英国在海上掐住了对方的力量。德国人最后胜利的唯一希望看来在于粉碎英国的海上势力。如果能做到这一点，德国才能压倒意大利和法国，如同它压倒塞尔维亚、罗马尼亚和俄国一样。

潜艇战的再起 要粉碎英国的海上势力，德国再度使用它的潜艇。1917年1月的最后一天，它撤回了它给美国的诺言，宣告从此之后，英国诸岛、法国和意大利四周的一定地带之内，一切海上的交通运输将"不再作进一步的通知，用一切武器予以阻止"。

这就意味着，在特定的区域以内，德国潜艇一见到敌国或中立国的一切船只就要把它们击沉。

美国被激起 德国的粗暴声明激起了美国的敌意，因为它违背了美国历来所主张的每一项关于海上自由的权利。当他们知道德国已经计划从墨西哥和日本进攻美国的时候，美国人的愤怒达到了沸点。

美国宣战 1917年4月，美国对德国宣战；12月，对奥地利宣战。

美国的干预对协约国真是天助。现在美国能向他们提供它的亿兆美金、有用的金属、丰富的粮食、无数的船坞、强大的舰队、庞大的人力，以及最重要的，它那饱满的热情和无私的理想。

世界在动荡中 几乎在美国宣战的同时，俄国发生了革命，推翻了沙皇，并建立了共和政府。在1917年到1918年之间，几乎世界上所有的国家都直接或间接地卷入了战争。古巴和巴拿马迅速追随美国向中欧列强宣战。这年后期，希腊、暹罗、利比里亚、中国和巴西参加了对德战争。1918年危地马拉、哥斯达黎加、尼加拉瓜、海地和洪都拉斯都跟着参加了对德战争。到这时，有25个国家，包括一些最富裕和人口最多的国家在内，团结起来反对德国、奥匈帝国、保加利亚和土耳其的中欧同盟。

呼吁和平 1917年8月，鉴于世界的混乱和痛苦，胜负又一时难见分晓，教皇本笃十五世为和平发出了一项特别呼吁。他号召交战国根据"正义的精神力量"，而不根据强权，建立"公正和持久的和平"来终止可怕的冲突。

美国的威尔逊总统代表协约国说话。他答复说，他同情教皇努力追求公正的和平，同时他认为由于德国政府所持的态度，还不可能在这时议和。战争必须继续下去。

德国的乐观主义 中欧列强是否就在那时要停止战争是可以怀疑的，因为他们依然有胜利的希望。1917年到1918年出现了似乎预示他们胜利的三个重大因素。

（1）潜艇战的进展。1917 年从 1 月到 6 月,德国潜艇击沉船只吨位达 330 万吨。他们希望这样下去,潜艇战役不久就将使英国发生饥荒,并且将阻止美国军队运往欧洲。

（2）"失败主义"的增长。战争引起的紧张变得如此之强烈,金钱和生命的损失变得如此之严重,使得双方都有很多人渴望和平。但是和平主义,或"失败主义",在俄国、意大利和法国都达到了最危险的阶段。在法国,1917 年 4 月埃纳河以北的战役失败之后,引起了兵变。在意大利,该年晚些时候,它导致了卡波雷托和其他地方的败仗。在俄国,布尔什维主义的和平主义者获得权力,使俄国退出了战争。1918 年 3 月,他们以对中欧列强和土耳其十分有利的条件媾和了。

（3）俄国的退出。俄国在有利于中欧列强和土耳其的条件下退出战争,是给中欧列强以希望的第三件大事。这几乎把"失败主义"赶出了德国和奥地利。中欧列强几乎忘记了他们最近标榜的"不割地、不赔款"的口号,重新集合在他们军阀们的后面,去赢取"从胜利得到的和平"。

45.5 中欧列强的最大努力

努力跟着乐观主义一起上升。1917—1918 年的整个冬天,德国为了对付在法国的协约国军队,尽最大努力做出了巨大的准备。使这些中欧帝国的军队作战效力提得如此之高的一件事,就是他们由一个机关——德国总参谋部——统一指挥。兴登堡元帅和鲁登道夫将军是这个机关的首脑。他们集中大量军队在西线,准备了大量的巨炮和军火。

德国的最后进攻　1918 年 3 月,德军在圣康坦附近的索姆河河谷进攻英军,并在亚眠附近打通了一条路。4 月,他们在里尔之西打击英军,勉强地前进了 24 千米左右。5 月,他们沿埃纳河进攻法军,向南推进,越过挡路的山冈的阻碍,到达马恩河上的蒂埃里堡,离巴黎只有大约 64 千米。

这些猛烈的进攻和大槌式的打击使德国捞到了不少领土和很多战利品,把战线几乎推进到 1914 年马恩河战役前夕曾经占领过的阵地。

但是这些收获的代价是极端昂贵的,因为它导致了大量伤亡,死亡的不仅有法国人和英国人,同样也有德国人。协约国每一步都做出了顽强的抵抗,而德国的军火和人力逐渐消耗殆尽。

奥地利的挫败　1918 年 6 月,奥地利在意大利东北部为了战胜沿皮亚韦河的意大利人,做出了一次孤注一掷的尝试。他们在好几个地点渡河,有一处前进了 8 千米,但是意军重又集合把他们赶走,使他们遭到重大的损失。

奥军在皮亚韦河上的最后失败标志了形势的转变。条顿人的成功结束了,协约国的胜利开始了。

45.6 协约国的胜利

尽管俄国崩溃了,意大利被迫撤退到皮亚韦河,法国再次退回到马恩河,中欧列强并没有赢得这次战争的胜利。协约国在意大利、在法国和在海洋上的抵抗都在加强。对这一切,德国潜艇战役的失败要负主要责任。

潜艇的失败 德国的潜艇失败了。至少,被协约国的努力抵消了。1917年上半年,如我们已经见到的,潜艇击沉协约国的船只吨位达330万吨。但是从此之后,潜艇就不那么成功了。由于英美海军不断的警戒,它们的破坏作用越来越减低。1917年下半年,它们只击沉了230万吨。1918年上半年已不到175万吨。同时,美国和英国的造船力量也不断稳步提高,所以在1918年,商船下水的吨数远超过了被破坏的吨数。

英国因此并没有被德国饿困,它的海运也没有断绝。它加强了对德国的封锁,并和美国合作,不断地把人力和军火送往法国和其他战线。许多其他国家激于对潜艇战的义愤,受到英美威望日增的鼓励,在1917年和1918年早期纷纷参加了协约国。

快速运输 除了德国潜艇战的失败之外,1917年到1918年还有两桩非常有利于协约国的成就。一是美国军队的训练速度之高和运送过大西洋之速。到1918年7月底,已有100万以上的美国兵士到达法国,准备参加对德国的总攻击。

更好的组织 另一个显著的成就是各协约国加强了战时政府,统一了军事指挥。

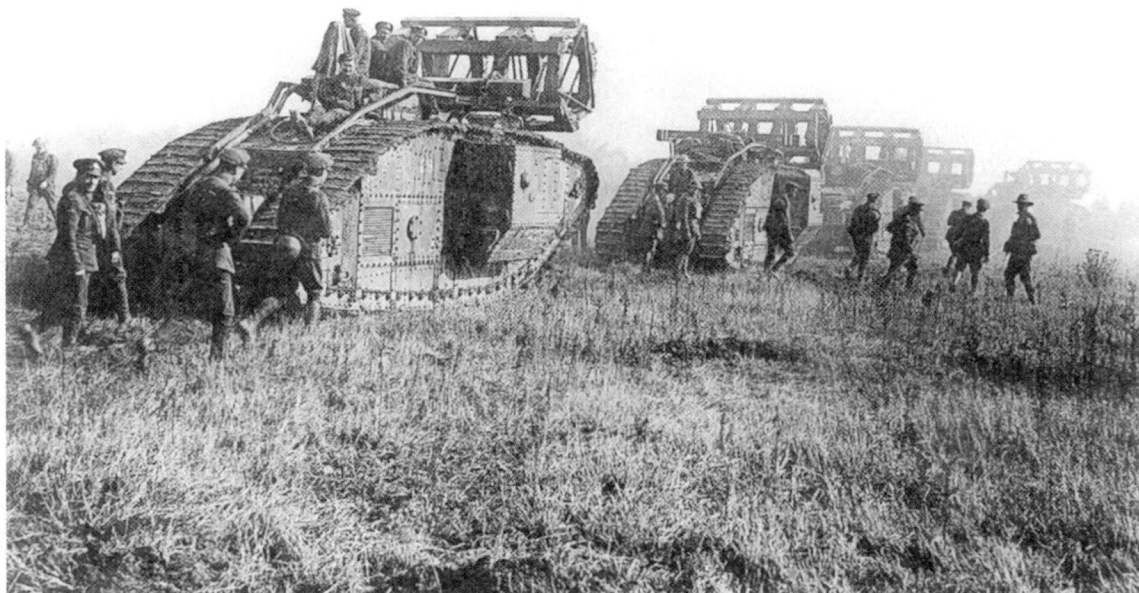

图45-3 坦克最先由英军在1916年使用于法国索姆河战役。1917年英军在坎布里亚的首次战斗中出动坦克,却在中途遭遇德军野战炮的攻击而被击毁。这是野战炮挫败坦克的一个著名案例

各协约国的战时政府　1916 年 12 月,大卫·劳合—乔治出任英国首相,并在各政党的有力人物协助下,为他的国家灌输了新的干劲和新的决心。1917 年 11 月,乔治·克列孟梭出任法国总理,而维托里奥·奥兰多出任意大利首相。这两人都是能干的政治家和热忱的爱国者。他们抑制了"失败主义",有力地继续进行战争。美国则有伍德罗·威尔逊这样卓越而雄辩的总统,他和奥兰多、克列孟梭、劳合—乔治忠诚真挚地一起合作。

统一的军事指挥　正如我们已经见到的,中欧诸帝国得力于它们统一的军事体制。1918 年 3 月,法国、英国、意大利和美国最后都同意把它们所有的军队委托给最高统帅一人来指挥。这个重任选择由斐迪南·福煦将军来担负,他是个身材矮小、两鬓斑白、双目深邃的 65 岁的法国人。归福煦麾下的有:贝当元帅统率的法军,黑格元帅统率的英军,狄亚斯将军统率的意军和约翰·J·潘兴将军统率的美军。

这个计划的智慧很快就明显了。

第二次马恩河战役　福煦元帅以他机智的手腕,让德军 1918 年春天在西线艰苦的推进中消耗力量而得不到决定性的胜利。然后在 7 月,当他们企图在蒂埃里堡和埃佩尔奈之间越过马恩河时,福煦把新到的美国部队和他的英法老战士们一起投入战斗。

1918 年 7 月第二次马恩河战役是协约国的胜利。不仅挡住了德军的推进,而且法美军队夺得了蒂埃里堡,把敌军向北赶过了埃纳河。

更重的灾难　对德国人来说,第二次马恩河战役比起 1914 年的第一次马恩河战役损失远为惨重。1914 年德军以其优势的炮兵和较多的军火储备,能够在埃纳河高地的壕沟里固守住他们在法国和比利时的战线不被突破。可是,到了 1918 年他们已是强弩之末。他们损失严重,又得不到增援。他们最后在兵力上和装备上都无力敌过协约国。

协约国继续胜利　协约国乘着胜利的兴头,并不停息。他们到处无情地猛击德军的战线。1918 年 11 月初,德军几乎全部被赶出了法国,并被夺去了比利时的大部分。

在巴勒斯坦和美索不达米亚　协约国的胜利并不限于在法国和西线。1917 年 12 月,一支在艾伦比将军率领下的英国军队已经从埃及推进到巴勒斯坦。他们和一支阿拉伯军队会合,击败了土耳其军队,并攻占了耶路撒冷。1918 年,英军和阿拉伯军队北上夺取了大马士革和阿勒颇,同时另一支英军在美索不达米亚从巴格达沿底格里斯河向上游推进。1918 年 10 月,土耳其丧失了全部的美索不达米亚、阿拉伯、巴勒斯坦和叙利亚。

在马其顿　1918 年 9 月,协约国军队在萨洛尼卡得到法军和英军以及塞尔维亚、希腊和意大利军队的增援,以优势兵力压倒了保加利亚军队,并重新占领了塞尔维亚、阿尔巴尼亚和门的内哥罗。

奥匈帝国的崩溃　在大局瓦解中,奥匈帝国崩溃了。捷克斯洛伐克人、波兰人、南斯拉夫人纷纷起来反抗,宣告各自国家的统一和独立。协约国军队从南方经塞尔维亚侵入匈牙利。罗马尼亚人重新参加了战争,从东方威胁奥匈帝国。意大利人把奥地利军队驱逐出皮亚韦河,继续乘胜追击,直到他们在 1918 年 11 月占领了特兰托和的里雅斯特。

中欧联盟的崩溃　这个条顿人的中欧联盟摇摇欲坠,它的军队吃了败仗,士气沮丧。将军们失去信心。君主们和政治家们惊慌失措。人民大声疾呼着要和平。

保加利亚是最后一个加入条顿联盟的国家,也是第一个退出的。它在 1918 年 9 月 30 日向协约国无条件投降。一个月后,土耳其和奥匈帝国也跟着投降。

停　战　1918 年 11 月 11 日,德国和协约国签订了停战协定。协约国占领了莱茵河左岸(法国一侧)的全部领土,法国取得阿尔萨斯—洛林,并占据美因茨;美国军队驻扎在科布伦茨,英军在科隆。

德国向协约国交出它所有的战舰和潜艇、大量的火车头、摩托运货车和火车车厢。条顿联盟垮台和解体了。德国、奥匈帝国和保加利亚被解除了武装,俯伏于胜利的协约国脚下。

十四点原则　德国在停战协定上签字时有这样的谅解,即最后的和平解决方案必须按照美国总统威尔逊所提出的著名的"十四点原则",这十四点是威尔逊总统在 1918 年 1 月提出来的,阐明协约国的作战目的。它是:(1)废除秘密外交;(2)海上自由,(3)排除经济障碍;(4)裁减各国军备;(5)公正地调整所有对殖民地的要求;(6)从俄国撤兵;(7)恢复比利时;(8)阿尔萨斯—洛林还给法国;(9)完成意大利的国家统一;(10)奥匈帝国的各民族有自决权;(11)巴尔干半岛各民族应给予自决权;(12)土耳其应给予自决权;(13)波兰的独立;(14)成立国际联盟。

协约国都赞同威尔逊的"十四点",但对"海上自由"做出保留,并附上明白的谅解:"德国陆、海、空的侵略对协约国的平民和他们的财产所造成的一切损失应由德国赔偿。"

45.7 悲剧和损失

生命的损失　协约国出兵 4000 万人,中欧列强 2000 万人——总数 6000 万人! 在这个巨大数字中,几乎有 900 万人丧失了生命,2000 万人受伤。

伤亡的兵士大多数是人类大家庭中最年轻、最能干、最强壮、最有生气和最有前途的成员。除他们之外,还应加上成百万的平民——男子、妇女和儿童——在饥饿、疾病和暴行中死亡。整个世界的生育率显著下降。

财政上的损失　为了支付军事冲突的庞大费用,交战国所负债务扶摇直上。每个国家都在国内发行战时公债,向它的公民募集巨额债款,欧洲的协约国向美国所借的款项约为 100 亿美元。

当国家的债务迅速增长时,世界财富的生产却在下降;因为我们应当记得,有 4 年多之久,欧洲的主要国家从生产事业中拉走了成百万的人力,或是送上战场当兵,或是安排在军火工厂做工人。生活费用到处都在上涨。有些国家政府已濒于破产,人民尤其痛苦不堪。

财产的破坏和战债的负担给后来的岁月造成了惨痛的后果。战后,各国既要偿付战债利息,破坏了的又需重建。贸易恢复得极其缓慢,而且只恢复了一部分。有些政府企图发行更多的纸币来偿付支出,结果是它们的钞票几乎一文不值,物价暴涨,民不聊生,日甚一日。

第 46 章　新地图和新法律

46.1 巴黎和约

1919 年 1 月在巴黎举行的和平会议面对着巨大的任务。世界大战要结束；世界地图要重画；要按照威尔逊的"十四点原则"拟定条约；要把国际联盟的宪法设计出来。

32 个国家　这是一个总统、首相、政治家、外交家、地理学家、银行家、将军等各种人物聚集一堂的盛会。其中有三个人最为突出，即法国的"老虎"克列孟梭，老练的英国首相劳合—乔治，美国的总统伍德罗·威尔逊。这"三巨头"控制了一切决定。可是，代表一共有 70 人，代表着曾经在战争中反对德国的 32 个国家。但是德国本身并没有代表，其他中欧列强也没有；俄国也没有。协约国企图把条约写好，然后指令战败国接受这些条款。

条 约　这 70 个正式代表有好几百个秘书、地理学家、历史学家、金融家以及其他各种专家协助工作。即使这样，条约的准备工作还是费了好几个月。最后，敌对诸国被召到了巴黎，确切地说，到了巴黎附近的市镇上，分别被迫在各自和协约国订立的条约上签字。德国的条约是 1919 年 6 月 28 日在凡尔赛宫著名的镜厅签字；奥地利的条约是 9 月 10 日在圣日耳曼签字；保加利亚的条约是 11 月 27 日在讷伊签字；匈牙利的条约是 1920 年 6 月 4 日在三角厅（在凡尔赛）签字；土耳其的条约是 1920 年 8 月 10 日在色佛尔签字。这五个条约和同一时期所签订的其他条约一起，可以统称为 1919 年到 1920 年的巴黎和约。

胜利者的收获　根据凡尔赛条约，胜利的西欧列强对于它们人力和财力的惨重损失部分地得到了补偿。它们一心要使德国降低到二等国的地位；要使它在工业和商业上不

图 46-1 凡尔赛四巨头:劳合·乔治、奥兰多、克列孟梭、威尔逊

能平等地同它们竞争,并要使它解除武装。它们剥夺了它所有的殖民地,没收了它的全部海军和大部分商船,强迫它放弃强制兵役制度和停止制造军火。它们强迫它同意付给它们几十亿美元,用现金及实物,如煤,来支付。这种支付叫作"赔款"——赔偿德国所造成的损失。在德国付清赔款之前,协约国军队将占领莱茵河左岸地区。

德国所没有赢得的世界霸权却被协约国,特别是英国和法国赢去了。

英国的收获 在巴黎和约中,英国作为地球上首屈一指的海上和殖民强国出现于世。在亚洲,它对阿拉伯国家希贾兹和波斯建立了隐蔽的保护关系,从土耳其取得了巴勒斯坦和美索不达米亚。在非洲,它加强了对埃及的保护国的地位,同法国一起瓜分了德国的殖民地多哥和喀麦隆,为英帝国的南非联邦取得了德属西南非洲,并为自己取得了德属东非的大部分。在太平洋,它把赤道以南的德属岛屿分配给了新西兰、澳大利亚和它自己。

法国的收获 在欧洲,法国不仅得到了阿尔萨斯—洛林的所有权,而且也占有了萨尔河流域的丰富煤矿。欧洲以外,它还取得了对叙利亚以及喀麦隆和多哥各一部分的控制。

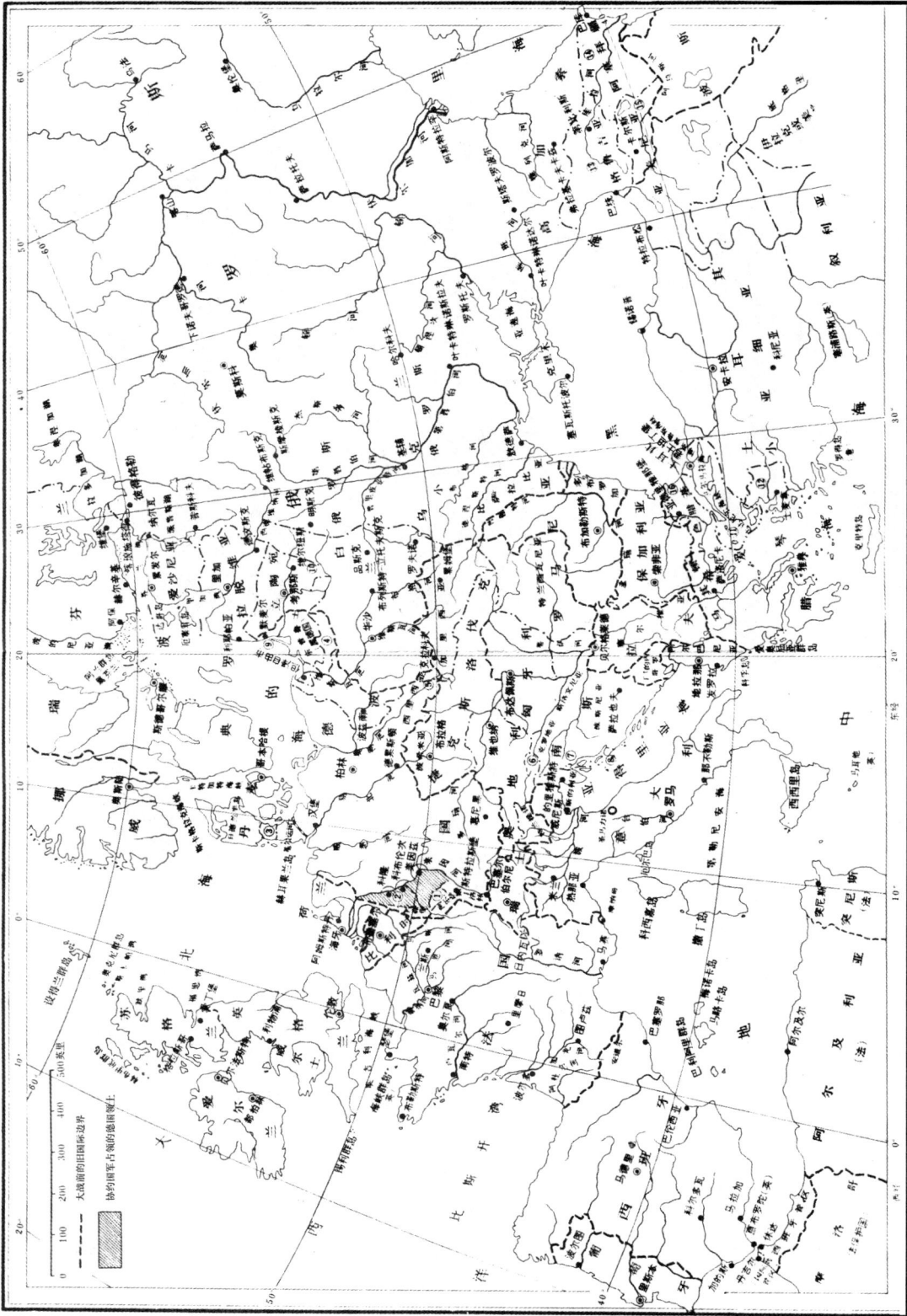

地图 46.1 巴黎和会后的欧洲

它维持着一支强大的常备军,并同比利时、波兰、捷克斯洛伐克订立了盟约,成为欧洲大陆上最主要的军事强国。

意大利的收获　意大利完成了它的国家统一。奥地利把特兰托、的里雅斯特、伊斯的利亚半岛和亚得里亚海里的某些岛屿割让给它。1924 年订立了新条约,它得到了阜姆这个城市。未收复的意大利终于收复了。意大利在利比亚和索马里的非洲殖民地都扩大了。

日本的收获　日本在远东增加了实力和威望。它取得了太平洋赤道以北的德属岛屿和德国在中国经济上的租让权。它不顾中国的抗议,又占有了胶州湾商埠;但是这个商埠在 1922 年归还了中国。日本不仅利用德国的失败,而且利用中国的积弱和俄国的崩溃从中取利。

美国　在胜利的大国中,唯有美国没有从这次世界大战中或从巴黎和约中要求和取得领土方面的收获。

伟大的希望　亿万群众从 1914 年到 1919 年这些可怕的岁月里感到,如果这次战争会结束战争,那将是最大的收获。

重大的结果　许多新地图绘成了,许多新法律制定了。在不同的国家里,政府和社会状况的变动之大相当于革命。民主主义和民族主义有了显著的进步。

46.2 民族主义在欧洲的胜利

巴黎和约的结果使大多数欧洲国家的领土在民族基础上重新加以划定。德国被剥夺了它的非日耳曼诸省。阿尔萨斯—洛林还给了法国,这是德国在 1871 年从法国得来的。1864 年德国从丹麦夺取的石勒苏益格北部又和丹麦结合。普鲁士的波兰地区交给新成立的波兰共和国。但泽的居民是日耳曼人,却成为"自由市",波兰对它拥有特殊的商业权利,因为波兰没有别的海港。

奥匈帝国的肢解　奥匈的二元君主国不复存在,它的领土由它的各民族加以瓜分。奥地利和匈牙利变成了分离的两个小国,前者的居民全是日耳曼人,后者全是匈牙利人(马扎尔人)。捷克斯洛伐克人的诸省联合形成新的独立的捷克斯洛伐克共和国。加里西亚省交给了波兰。特兰西瓦尼亚和若干邻近地区割给罗马尼亚。特兰托、的里雅斯特和其他地区归入了意大利。南斯拉夫人的地区和塞尔维亚合成了"塞尔维亚人、克罗地亚人和斯洛文尼亚人的王国",以南斯拉夫之名见称。

奥斯曼帝国的瓜分　巴黎和约规定了部分按民族界线分割奥斯曼帝国。埃及这个重要的国家和希贾兹这个阿拉伯小国都成了在英国保护下的"独立"王国,大大地受英国的控制。亚美尼亚得到了独立,但并没有得到维持独立所需的协助;所以亚美尼亚的大部分依旧在土耳其的实际占有之下。土耳其的色雷斯拨给了希腊。

巴勒斯坦另成为一个国家,受英国监管。这是计划在巴勒斯坦为犹太人——凡是愿意住在那里的——建立一个"民族之家"。叙利亚由法国委任统治,法国人曾在该地建筑了几条铁路,设立了几个基督教会。美索不达米亚给了英国,后者把它改名为"伊拉克",由一个阿拉伯国王治理,受英国的控制。

土耳其在凯末尔的领导下兴起了民族主义复兴运动,摆脱了进一步被瓜分的命运。

俄罗斯帝国的损失 俄国虽然不是缔结巴黎和约的一方, 却在欧洲丧失了广大的地区。它的波兰诸省同普鲁士及奥地利的波兰诸省联合起来,重新组成独立的波兰国家。芬兰、爱沙尼亚、拉脱维亚和立陶宛都脱离了俄国得到独立。比萨拉比亚割让给罗马尼亚。乌克兰(小俄罗斯)在基辅成立了一个自己的半独立政府,但不久又和俄国合并。同样的,在高加索成立了几个小的民族共和国。

东欧和中欧的民族国家 由于俄国、土耳其、奥匈帝国和德国的失败和肢解,东欧和中欧的地图经历了急剧的变化。德国的确成了一个民族国家,匈牙利、土耳其,以及一段时期的俄国也是这样。意大利在牺牲奥地利利益的情况下,完成了国家的统一。罗马尼亚在牺牲俄国和匈牙利利益的情况下,也获得了国家的统一。塞尔维亚和有关地区成立了统一的南斯拉夫国家。波兰再度作为一个自由和独立的民族国家站立起来,恢复了它在18世纪被俄国、普鲁士和奥地利所夺去的领土。

民族自决 1919年到1920年的巴黎诸条约在很大程度上承认了1815年维也纳诸条约所没有承认的民族自决的权利。不过这个原则在许多事例上被违犯了,诸如把但泽从德国分裂出来,用条约规定禁止奥地利的日耳曼地区加入德国,把许多马扎尔人归入罗马尼亚,把许多日耳曼人归入捷克斯洛伐克。

在若干有争议地区举行了公民投票,来决定当地人民愿意加入哪个国家。几乎所有新成立的国家都不得不保证给予犹太人和其他文化上的少数民族以宗教宽容和平等的公民权。

46.3 中欧的共和革命

这次世界大战另一个有意义的结果是在整个中欧建立了民主的共和国。德国丧失了它的殖民地和相当多的欧洲领土,但是得到了政治上的民主。奥匈帝国分裂了,但是各部分大都得到了政治上的民主。

德国专制政体的倾覆 德国的专制政体是被军事失败所摧毁的。普鲁士和德意志的霍亨索伦王朝的专制统治,说到底还是依靠他们军队的实力和效忠。当1918年德国军队在第二次马恩河战役中表现出致命的弱点, 并无法守住他们在法国和比利时阵地的时候,德国国内某些过去从来没有完全接受过俾斯麦计划的集团,就坦率地和有力地表达了他们不仅赞成立即议和,而且也主张民主改革。这些集团是社会党、天主教党和民主党。

1918—1919 年的德国革命 德皇威廉二世徒劳地任命了一个民主党人——巴登的马克西米利安亲王——作为帝国的宰相,新任宰相也徒劳地做出了民主改革的诺言,并开始和协约国谈判休战。

这已经太晚了。协约国拒绝和一个专制政府谈判,德国国内的民主集团怀疑,只要德皇威廉二世依旧掌权,宰相是否有能力实行自由主义的改革。同时德国军队在战场上一次又一次地打了败仗,在节骨眼上,几个军团和海军发生哗变。当失败和反叛迫近威廉二世的眼前时,德国专制政体末日不远了。

威廉二世的逃亡 1918 年 11 月 9 日,德国和协约国签订停战协定前两天,威廉二世逃亡荷兰。普鲁士皇储和霍亨索伦家族的其他成员跟着逃亡,在几天之内,巴伐利亚、符腾堡、萨克森的国王不是退位就是被废黜了。

威廉一世的霍亨索伦帝国是俾斯麦用铁和血建立起来的,又在威廉二世的统治下于第一次世界大战的铁和血中覆灭。

德意志共和国 由于威廉二世逃亡,德国这次几乎不流血的革命成功了。巴登的马克西米利安亲王把帝国的宰相职位交给社会党的领袖弗里德里希·埃伯特。埃伯特来自工人队伍。他授权在同协约国的停战协定上签字,并举行国民议会的选举。在这次选举中,所有德国年满 20 岁的公民都投了票。这是对民主政体的显著承认。

大约同时,在普鲁士、巴伐利亚和其他所有德意志邦,都成立了临时共和政府。

德国的国民议会 1919 年 2 月德国国民议会在魏玛召开,它由社会党人、天主教党人和民主党人联合形成的多数所支配。它宣布德国是一个"共和国",选举埃伯特为首任总统,批准了凡尔赛条约,通过了一部民主的宪法。

德国新宪法 1919 年 8 月生效的新的国家宪法宣告,所有德国人在法律面前一律平等,废除了出身、阶级或宗教方面的一切特权。新共和国的联邦政府和各邦政府都以人民主权的原则为基础,以共和政体为形式,民主主义为精神。所有德国公民,不论男女,在全国和地方选举中都有选举权,投票采取平等、直接和不记名的方式。

图 46-2 德国的斯巴达克同盟在 1919 年试图模仿俄国的榜样,掀起共产主义革命。但他们的起义被临时政府镇压。这些人正在焚烧从斯巴达克者的报社那里没收的政治小册子

在新共和国内,法律由代表人民的国民议会和代表各邦的联邦议院制定,由向国民议会负责的内阁执行。新共和国的总统由人民普选产生,任期7年。所有组成这个共和国的18个邦都采用民主主义的宪法,普鲁士的政治变革在1920年11月完成。

两面夹攻之中　德国的新政权在它成立的最初几年间受到了严重的考验。它一方面因为同协约国缔结了不得人心的和约而受到责备,另一方面又为重建工作担起重任。此外,它必须战胜敌对的政治集团。容克(普鲁士地主阶级)和一部分资本家试图复辟君主政体,削弱民主政体。此外,共产党人想要一个苏维埃政府。

多数支持共和国　在两个极端派别(君主主义者和共产主义者)之间,德国新的共和政府走着一条中间路线。在占德国人民多数的民主党人、天主教党人和温和的社会党人的支持下,这个温和的政府一边同君主主义者的反动作斗争,一边同共产主义者的革命作斗争,且战且前。它以人民的名义,在1919年继续担起1849年法兰克福议会所搁置下来的使德意志统一和自由化的任务。俾斯麦从1866年到1871年所取得的成就被取消了,他所痛恨的三个政党最后掌握了政权。这三个政党使德国从1919年到1932年有了一个温和自由派的民主政府。但是当德国和其他国家一样遭到严重的经济危机,并在1931年和1932年发展得更为尖锐时,政府受到了责备。几百万选民转而投向阿道夫·希特勒和他的"纳粹"(国家社会)党。希特勒很久以来就进行着反对政府、反对和约、反对裁军、反对共产党人和犹太人的宣传。

希特勒当权　1933年1月,希特勒当了总理。他毫不留情地摧毁了所有的反对党。他把国民议会、各邦政府和总统的权力都抓在自己手里。1934年兴登堡逝世,希特勒独自做了德国的主人。连报纸、广播、艺术和文学也都落入纳粹的控制之下。

奥匈帝国内的革命　在哈布斯堡王朝的二元君主国中,被统治民族久已扰攘不安。1918年10月奥匈军队最后的战败是哈布斯堡帝国到处发生革命的信号。捷克斯洛伐克人和波兰人各自成立了独立的共和国;南斯拉夫人和罗马尼亚人分别加入了多少有些民主性质的塞尔维亚王国和罗马尼亚王国;奥地利的日耳曼人宣布成立一个民主的日耳曼人的奥地利共和国;马扎尔人建立了一个没有国王的匈牙利王国。

奥地利和捷克斯洛伐克两共和国　奥地利的日耳曼人地区在1918年11月12日成立了一个共和国,1920年制定了一个和德国一样彻底的民主宪法。捷克斯洛伐克的宪法也是1920年制定的,它以法国宪法为样本,但不分男女都有选举权。

希腊的变化　协约国对希腊人在1920年推翻维泽洛斯,让他们亲德的国王君士坦丁恢复王位这个行动感到厌恶。这个国王是在1917年被协约国废黜的。当1922年君士坦丁在土耳其战败时,协约国没有给他援助。希腊人把战败的责任归咎于他,废除了君主制,试行成立共和国。但是1935年希腊却又迎接了君士坦丁的儿子乔治回国为王。

波兰共和国 1917 年到 1918 年,当俄国崩溃时,波兰籍的兵士有些从俄国,有些从普鲁士和奥地利回来,一致企图集合在约瑟夫·皮苏兹基将军统率下,参加协约国作战。皮苏兹基返回被德国人监禁了,但是大多数波兰兵士确是参加了协约国方面。战争结束时,在 1918 年 11 月,波兰成为一个自由和独立的共和国而重获统一,以皮苏兹基将军为总统。

波罗的海诸共和国 大约在同时或稍迟一些,芬兰、爱沙尼亚、拉脱维亚和立陶宛都成了民主的共和国。这四个国家是从以前的俄罗斯帝国中分离出来的。

民主政治的传播 因此我们看到,这次世界大战的结束是以遍及东欧和中欧的一个了不起的政治革命为标志。专制政体在俄国、德国、奥匈帝国全都被推翻了。骄横一世的罗曼诺夫、霍亨索伦和哈布斯堡等皇室失去了统治地位。中欧大多数国家都变成了共和国。神授王权的君主制度似乎最后在世界上绝迹了,日本和一些不重要的国家可能除外。

46.4 西欧的民主主义

在英国 世界大战之后,商业和劳工问题使英国的民主政体受到极大的考验。大不列颠虽得到了胜利,却在战争中背上了十倍于过去的巨大国债。商业萧条,许多工厂关闭,赋税之重令人难以置信,100 万到 200 万工人长期失业。

同时,发生了一些政治上的惊人变革。1916 年以来一直担任首相的自由党政治家大卫·劳合—乔治,在 1922 年被保守党推翻了。自由党在战前那么强大,战后却削弱和分裂了。现在竞争的两方是保守党和工党。工党在 1924 年 1 月第一次执政,以拉姆齐·麦克唐纳为首相,但为期只有 10 个月。5 年之后,他重又执政,这次他从 1929 年一直在职到 1935 年。他为和平和裁军做了不少事,但是由于他的经济政策日益保守,失去了工党的支持。英国从金融危机里正恢复过来,但是又面临一次国际危机。保守党领袖斯坦利·鲍德温 1935 年重新主持内阁。1936 年英王乔治五世逝世。他的继承者爱德华八世在位不到一年,就由乔治六世即位。

英国向民主政治逐步前进的步伐加速了,由于 1918 年和 1928 年两次重大的选举改革,民主政治几乎完成。1918 年的人民代表法案规定在下院议员的选举中,所有年满 21 岁的男子和年满 30 岁的妇女,凡一年之中有六个月在某地有固定居所或职业地点的,以及 18 岁以上的退伍军人,一律有投票之权。它也规定每个下院议员所代表的集团的人数应当相等。

1928 年的法案把选举权扩大到所有年满 21 岁的妇女,条件和男子相同。这样在选民的大军中增加了 500 万以上的妇女,取得了妇女参政运动的胜利。1918 年以后允许妇女当选为下院议员,但不能成为上院议员。1929 年女性首次成为内阁阁员。

爱尔兰自由邦 有权充分管理内政的"爱尔兰自由邦"(The Irish Free State)在 1922 年

宣告成立,1923 年被接纳参加国际联盟。阿尔斯特的奥兰治党人按 1920 年地方自治法案所允许的,自行组织了一个另外的"北爱尔兰政府"。按照 1922 年宪法,爱尔兰自由邦是一个民主的共和体,实质上是一个共和国,享受同加拿大和其他不列颠自治领一样的自由权。不仅如此,它还带头为各自治领的实际独立而努力。它的名称在 1937 年改为"爱尔兰"(Eire)[①]。

在法国　世界大战之后的法国,犹如大多数其他欧洲国家,最突出的是财政和经济问题。它的政府依旧停留在主要如第 40 章所叙述的情况。互相冲突的小党派如此之多,以致任何一个政党都很难取得控制地位。1919 年议会通过了 8 小时工作制,并通过了其他种种有利于劳工的法律。战后,教会和国家之间的关系也有所改善。

在西班牙　早在 1931 年,西班牙的国王阿方索十三世被赶走了,成立了一个共和国。一部新的民主宪法制定了,教会和国家也分离了。

46.5　俄国的革命和共产主义

第一次世界大战后,当专制政体在中欧被代议制民主政体所取代时,在东欧(俄国)却被布尔什维主义所取代。

沙皇的政策　在第 41 章里我们看到俄国沙皇推行的三项政策:(1)以战争和征服扩大他们的帝国;(2)对臣属民族进行"俄罗斯化";(3)维持社会上的贵族统治和政治上的专制政体。

1905 年到 1906 年的俄国革命成就极小。唯一持久的结果是杜马,一个由某些阶级选出并受沙皇控制的伪装议会。

激进的政党　尽管如此,1914 年世界大战爆发之前,在杜马之内和它的周围产生了各种激进的政党,代表对专制政体不同程度的反对。这些政党中最激进的是布尔什维克。他们是共产主义者,渴望抓住最早的机会使俄国成为一个社会主义共和国。

世界大战　除了布尔什维主义者以外,俄国全体人民最初都忠诚地支持沙皇对德奥作战。斯拉夫族的俄国人害怕日耳曼人。自由主义的俄国人对协约国的民主政府寄予希望。俄国的臣属民族,诸如波兰人、芬兰人、犹太人和立陶宛人都觉得协约国的胜利可能导致对他们民族权利和抱负的承认。

如果沙皇尼古拉二世能满足他的国民这些期望,那就大有可能赢得名望和光荣。但是他胸襟狭窄,又顽固不化。他不给臣属民族以任何权利。他不听自由主义领袖们的忠告。他坚持拒绝扩大杜马的选举权和使内阁向杜马负责。

[①] Eire 是盖尔语。——译者

1917 年的 3 月革命 如果沙皇的军队打胜了德国,他也许可以维持他的地位,但是战场上的失败暴露了政府的腐败。冬季到处的严寒和几百万穷人的饥饿加紧了危机。1917 年 3 月不满的风暴发展成为革命。沙皇被废黜,成立了以格奥尔基·李沃夫公爵为首的临时共和政府。他是一个自由主义的地主,立宪民主党员。

李沃夫和克伦斯基 李沃夫公爵计划成立一个民主政府,为在战争中赢得胜利而加倍努力。但是大多数俄国人需要和平。他们也需要激进的社会和经济变革,而这些是李沃夫所不愿意给予他们的。

李沃夫企求一些激进的领袖,特别是亚历山大·克伦斯基的协助来支撑他摇摇欲坠的政府。1917 年 8 月,克伦斯基试图建立某种独裁统治;但是为时已经太晚了,风暴又起来了。

1917 年的 11 月革命 1917 年 11 月 7 日,布尔什维主义者在彼得格勒武装起义,推翻了克伦斯基政府,掌握了权力。三月革命推翻了俄国的专制政体;十一月革命使布尔什维主义者取得了政权,从此他们一直统治着俄国。

无产阶级专政 布尔什维主义者的主要领袖是尼古拉·列宁和列甫·托洛茨基。他们有四项重大目标:(1)和德国媾和;(2)使工人阶级掌握政权;(3)实行激进的经济和社会变革;(4)防止列强干涉俄国。

1918 年年初他们果然和德国议和了。同时他们放弃了芬兰、波兰、乌克兰和旧帝国的其他一些地区。可是,该年晚些时候,德国的崩溃使布尔什维主义者收复了乌克兰。

列宁和托洛茨基在俄国举行的第一次普选表明,布尔什维主义者在俄国人民中只占小小的少数。他们因此牺牲了民主主义去维持他们的政权——他们解散了选举出来的议会,理由是它是"反动的",也就是说,拉了进步的后腿。地方苏维埃凡是不支持布尔什维主义的也被解散了。

布尔什维主义者的宪法 布尔什维主义者是通过苏维埃进行工作的。1918 年 7 月,全国苏维埃代表大会为俄国制定了一部宪法。这部宪法保证信仰、言论、出版和集会的自由,并为工人阶级专政规定了明确的组织形式。这个国家宣称是一个"工兵

图 46-3 在二十世纪二三十年代,对布尔什维克主义的传播的恐惧是欧洲政治的一个基本要素。苏联这幅列宁画像,在欧洲其余地区唤起对于颠覆他们的社会、政治和经济制度的恐惧

农代表苏维埃联邦共和国"。依靠劳动为生的年满18岁的男女公民以及革命的士兵和水兵都有选举权,但是对僧侣、贵族和大多数中产阶级则不给予选举权。全国苏维埃代表大会成立了,但是立法和选择内阁阁员之权则授予代表大会的中央执行委员会。列宁和托洛茨基控制了这个中央执行委员会。因此,所谓工人阶级专政缩小到了很少几个人的独裁统治。

经济和社会变革　经济和社会变革是沿着激进的社会主义方向进行的。一切额外特权概予废止。对所有的公民,劳动是强制的。有钱人的房子分给了穷苦的人。土地私有制不予赔偿地被废除,农民只允许占有他们所耕种的土地;一切土地都收归国有。矿山、森林、铁路等等也是这样。以前俄国政府所欠的公共债务一律取消。没收了所有的私营银行。俄国正教教会被剥夺了国家的资助。私立学校被禁止,国立学校体制规划了出来。

红　旗　旧的俄国国旗被社会主义的红旗所代替了;首都从彼得格勒迁到了莫斯科,布尔什维主义者的代理人被派遣到外国,使这个世界改信布尔什维克式的社会主义。布尔什维主义者时常被称作共产主义者;因为他们的旗帜颜色,他们也被称为"红色党人"。

反对外国干涉的成功　虽则布尔什维主义者一心想使这个世界接受他们的思想方法和做法,他们却如我们已经见到的,决心阻止外国对俄国的干涉。在这件事情上,他们是相当成功的。在最初的3年中,有些协约国和其他国家做出了种种尝试,想要消灭布尔什维主义者对俄国的控制,但是到1921年,布尔什维主义者已基本确立了他们在俄国的权威。

1922年,欧洲各大国邀请俄国参加在热那亚举行的一个国际会议,这个会议的目的是讨论有关的各种经济问题。俄国接受了邀请,但是布尔什维主义者的政府拒绝同意协约国提出的关于偿付俄国旧政府欠下的债务和处理在俄国的外国人财产的条款。另一方面,协约国不愿承认布尔什维主义者的政府,或给它新的借款。但是,到1924年它们还是承认了它,俄国人民被允许按他们自己的办法进行共产主义实验。

新经济政策和五年计划　1924年列宁的逝世受到深重的哀悼。为了纪念他,彼得格勒改名为列宁格勒。在俄国,极端的共产主义已改为实行比较温和的纲领,即"新经济政策"。1928年,在约瑟夫·斯大林的领导下,要求农业和工业巨大增长的第一个五年计划开始实行了。引入了大量机械。俄国还雇用了外国工程师来协助建立新的工业,开办了发电厂、炼钢厂和其他工厂。从1928年到1932年,俄国的工业产量增加了一倍以上,1933年则通过了第二个五年计划。

教　育　迅速的工业进步所遇到的最大障碍之一是人民缺乏教育。战前,四分之三的人民既不能读也不能写。共产党人希望普及教育。他们把公立学校看成是教导共产主义原理的手段,同时也能训练技术工人。

反对基督教　布尔什维主义者对正教教会发动了一次无情的战争,没收了它的土地和房屋,关闭了它的学校,在公立学校里讲授无神论,基督教的教导被禁止。尽管采取了这些措施,许多基督徒,包括罗马天主教徒和各派新教徒,坚持了他们的信仰,有些人被允许在向政府租借的教堂里做礼拜。

外交政策　最初,布尔什维主义者公开鼓励世界革命,他们希望红旗插遍全世界;但是俄国需要外国的机械和资本,这就要求一个较为友好的政策。为

图 46-4　五年计划中的一张宣传画,上面写着:"为了苏联人民更好地生活,我们在建设一个发电厂。"

了能和其他国家做生意,从 1918 年到 1929 年担任外交人民委员的契切林做出了俄国无意推翻其他政府的诺言。可是,许多俄国人继续在国外各地进行推进共产主义的活动。

46.6　意大利的法西斯独裁统治

正如我们在历史的纷乱过程中所见到的,没有人能够说出一次战争或一次革命将导致什么结果。在俄国,第一次世界大战后,布尔什维主义夺取了政权。在意大利,法西斯主义上升为统治权力,并且和布尔什维主义一样,人们到处都以很大的兴趣对它进行观察和研究。

意大利在民主方面的进步　从意大利得到解放和统一的 1871 年到第一次世界大战爆发的 1914 年,意大利政府变成了民主的政府,通过了许多法律来推进人民的社会福利和经济幸福。

民族爱国主义　意大利的民主主义并没有削弱意大利的爱国主义。民族爱国主义表现在许多方面,尤其是在收回特兰托和的里雅斯特的经久不衰的渴望上。1915 年,如我们已经见到的,意大利砍断了锁在三国同盟上的不自然的镣铐,在这次世界大战中站到法国、英国和俄国的一方,反对德国和奥地利。由于这次战争,它得到了特兰托、的里雅斯特和其他地方。

一个失望的胜利者　但是意大利并没有得到它所渴望的那么巨大的赃物。热忱的爱国者抱怨说他们国家的胜利果实被别国抢去了。经济的原因也引起不满。意大利在战债的负担下蹒跚着。生活费用的高涨引得怨声载道。这次世界大战里的退伍军人从前线回来,难以找到工作。农民叫嚷着要耕地,实际上在一些地方他们已经夺取了富有者的产

地。工厂工人以经常的罢工来表示他们的不安。

对于这一切紊乱和不幸，政府受到了责难。这是符合常理的。这时候的意大利政府非常软弱，主要是因为在议会里没有一个政党占多数。

法西斯党徒的崛起　在这种情形下，各式各样不安的爱国者，大战中的退伍军人，农民和工厂工人，成群地拥向法西斯军团。法西斯党徒是本尼托·墨索里尼的追随者。他是一个新闻编辑，参加过战争的退伍军人，以前曾是一个激进的社会党人。他的组织的意大利语意思是"战斗的结合"，它主要由曾经在世界大战中打过仗的青年人所组成。法西斯党徒以黑色衬衫为制服，采取古罗马军团的敬礼姿势和象征，极力要恢复罗马的尚武精神，他们以意大利的救星自居。最初，并没有人重视他们，但是到了 1922 年 10 月，他们的人数已多到必须加以考虑的地步了。这时他们开始一次"向罗马进军"，扬言要夺取政权。

墨索里尼执政　意大利国王低声下气地接受了法西斯党头子墨索里尼出任首相；议会非常恐惧，投票通过了给他以独裁的权力。他是"领袖"(il duce)；他以铁棒统治意大利。他的性格具有吸引力，他灵巧地在人民面前把自己表现成一个壮实的运动员，一个无畏的英雄，一个无比的爱国者和一个超人，能胜任首相，而且能同时兼任七个内阁阁员的工作。他使许多人想起了恺撒和拿破仑。

墨索里尼的纲领　墨索里尼竭力不使任何对他的行动不利的批评在意大利发表。报纸必须颂扬他，否则就被封闭。大学教授们凡是倡言反对他的就被解聘。反法西斯主义的领袖们流亡国外。反对党派都被打碎了。任何言论自由、出版自由、集会自由都没有了。这个元首打算用国家纪律代替个人自由。每个公民必须服从国家的意志，而国家的意志就是墨索里尼。

经济改革　墨索里尼的第一件工作是解除经济的穷困。他用削减支出来平衡国家预算并稳定纸币的价值。排除了沼泽地区的积水，使意大利能增产粮食。用意大利丰富的水力来发电，再用电力来代替高价的进口煤炭。

劳工和资本　墨索里尼首先用他最高的权力来减轻劳资间的斗争。社会主义者和共产主义者的工会被破坏了。代替它们的是 1926 年劳工关系法所规定的、在政府严格控制下排除了革命鼓动者的官方工会组织。雇主也被结合在官方工会里。工资、工时和劳动条件以适当的契约来解决。禁止罢工和闭厂，劳工争端提交专设法庭判决。

以上列举的一些措施只是实现法西斯理想的一些最初步骤，这个理想是要建立一个以经济组织而不是以政治党派为基础的民族国家。

议会里的代表权　1928 年和 1929 年，意大利的法西斯党徒确是进行了以经济集团代替政治党派的令人感兴趣的试验。首先，13 个大的经济集团为新的国民议会提出了 800 名候选人。法西斯主义者全国理事会从这个名单里挑选了 400 名。然后选民被允许在选票上写上"同意"或"不同意"的记号。当然，几乎所有 850 万以上的选票都写上"同意"的

图 46-5 为了营造自己的铁腕领袖的形象,墨索里尼经常穿着军服出现在公众场合,并且采用军人的姿态。这张照片显示了墨索里尼与他的黑衫军党徒在进行法西斯致辞

记号。令人惊异的是却有 13.6 万人投了"不同意"的票,而这种票能在颜色上认出不同来,这是对全国理事会的挑战。

罗马问题 墨索里尼设法解决的最困难问题之一是罗马问题。1870 年意大利军队夺取了罗马,教皇拒绝接受给他损失的领土的补偿金,这样就引起了教会和国家之间很大的敌意。墨索里尼为了终止这个争端成功地达成了一个协议。根据 1929 年 2 月 11 日所签订的一项条约,意大利承认教皇是一个小小的独立国家元首,享有在罗马境内的梵蒂冈城的主权;作为交换条件,教皇放弃了对其他地方的主权要求。

虽则梵蒂冈城只包括梵蒂冈的一些建筑物、圣保罗教堂和毗邻的花园,一共大约有 100 亩土地和仅仅 1000 居民,它却足够给教皇以一个独立的地位,不受意大利的管辖。根据同一天签订的教廷条约,在教会和国家之间的关系方面,诸如教育、婚姻法和任命主教权等事项都取得了友好的协议。

外交政策 在对外关系上,墨索里尼关心获得领土更甚于培养国际善意。他说,意大利必须恢复古罗马的光荣,它必须扩张。从和英法的谈判中,他在非洲得到了一些土地,又从 1924 年和南斯拉夫签订的条约中得到了争议中的亚得里亚海的阜姆港。阿尔巴尼亚实际上成了意大利的属国。

46.7 其他独裁统治

世界大战以后欧洲最重要的和最使人感兴趣的独裁统治是法西斯主义的意大利,但是此外还有一些其他的独裁统治,我们将简短地予以叙述。

在波兰　作为第一次世界大战的一个结果,波兰民族国家获得了自由和重新统一。它最初曾同它的邻国发生过武装冲突,但是 1921 年它安定了下来,从事于制定一部宪法。这部宪法和法国宪法相似,但并没有有效地执行。1923 年毕苏斯基将军声称波兰需要一个更强有力的政府,他向华沙进军并取得了政权。执政后他成了一个独裁者,但他是通过当时存在的共和形式进行统治的。1935 年他死后,这个共和形式的独裁统治在修改了的宪法下继续维持了下去。立陶宛也有一个独裁统治。

在匈牙利　这次世界大战结束时,匈牙利成立的共和国在 1919 年被一个共产主义者所推翻。他不久又被一个保守派的独裁者、海军上将霍尔蒂所代替。在后者的统治时代,匈牙利有了一个议会和一个内阁,但这个议会并不是十分民主的,而内阁的确是保守的。

在南欧的诸独裁者　希腊在 1924 年自称是一个共和国后,摇摆于独裁统治和民主主义之间。经过了 11 年的犹疑不定,在 1935 年希腊决定召回它被放逐的国王。保加利亚有几年由一个农民总理所统治,他镇压反对派与任何独裁者一样厉害,但他最后被推翻并枪决了。阿尔巴尼亚有一个独裁者,他僭取了国王的尊号。在南斯拉夫,有个国王取得了独裁者的权力。有一个时期,国王亚历山大掌握了绝对权力。1934 年他被暗杀,一个 11 岁的孩子继承了王位。

在西班牙　它的立宪政府在 1923 年被普里莫·德·里维拉将军搁在一边,他行使军事独裁统治超过 6 年之久,受到军官和商人们的支持,并显然得到国王的认可,但是受到大学、劳工领袖和自由主义政客们的抗议。当里维拉在 1930 年 1 月辞职时,另一个将军接替他做了首相。1931 年,如我们已经见到的,西班牙发生了一次革命,建立了一个共和国。

46.8 民主主义的表面胜利

威尔逊总统和其他许多人的希望是,世界大战将使世界成为民主政治安全发展之所。民主主义在战争结束时大有收获,但是也发现本身受到了独裁者的挑战。可是,总的说来,大势是趋向于民主主义的。

政治上的民主　除非我们了解民主是什么和它能做些什么,否则民主就不能很好地被用来解决我们的问题。一个著名的英国作家曾说过:"民主政治的真正意义是指全体人民用他们的选票表达他们作为主权者的意志而进行的全民统治。"

使全体人民能够用他们的选票来表达他们的意志的政治制度是件比较新近的事,多少还是在试验阶段。一个世纪以前,没有任何一个国家允许"全体人民"都来投票。在美国,直到 1865 年或以后投票的权利还只限于白种人,在美国的一些州里,某些阶级的成年公民现在还不准投票。直到 1918 年,英国才实行完全的成年男子选举权。每个男子都应当投票的观念是近代的新事,还没有充分被接受,但是完全接受的趋势很强大。妇女应当投票的观念更是新近才有的。有些国家现在已更进一步了,规定了强制投票。

代议制政府 在一个大的国家里,直接民主是不可能的,政治上的民主必须经常通过被选出的代表来实现。那么民主政治的一个重大问题是,人民所选举出来的代表应当行使多大的权力。迟至 1860 年,大多数国家还是由君主统治,其中有些拥有绝对的权力,有些只有有限的权力。美国是废除君主政治、把全部权力交到选民及其代表手里的唯一大国。

共和政体渐受欢迎 共和政体是一种间接民主制,由人民选举的代表制定法律并予以执行,没有任何王权形式。1870 年法兰西第三共和国创立后,美国和法国以外的其他许多国家也变成了共和国。第一次世界大战后,如我们所知道的,欧洲许多旧的君主国都变成了共和国。最近的一个,是西班牙这个历史悠久的王国。

一个共和国,正像一个有限君主国一样,是一个立宪政府。这就是说,一切法律都是按照一个根本法或宪法来制定和实施的。宪法具体表现了人民作为主权者的意志,并包含对自由和民主的具体保障。每个共和国都有一个国会或议会,还有若干行政官员或部长。

民主政治和公开宣传 在国家的内政上,民主政府通常把在讨论中或执行中的事务充分予以公布,但是有关外交的事宜则常常保密。外交关系是否也应充分公开还是一个没有决定的问题。

共和国的增加 法国的第三共和国在 1875 年制定了它的宪法;葡萄牙在 1910 年成立了共和国;中国是在两年之后;俄国,如我们已经见到的,是在 1917 年。到了这次世界大战结束时,德国、奥地利、捷克斯洛伐克、波兰、立陶宛、拉脱维亚、爱沙尼亚、芬兰、土耳其和希腊都变成共和国了。所以共和国风行于欧洲的大部分地区,虽然俄国和其他一些国家的共和国寿命不长。在亚洲有中国和土耳其是共和国,在非洲有黑人的利比里亚共和国。在新世界里有了 21 个共和国。

有一些情况必须打一点折扣,中国、土耳其和一些拉丁美洲的共和国实际上是被军事独裁者所控制的。在欧洲,同样出现了若干军事独裁统治。在欧洲和其他地方有若干国家依旧维持他们的皇帝、国王或女王,但是在大多数的事例中,君主的权力是被剥夺了的,它们的政府实际上很像一个共和国政府。

第47章　战后问题,远东和近东

在这一章里,我们将进一步注意亚洲和非洲的人民,他们已经不像古代那样发展各自的文明,而是在缔造世界历史中密切地同欧洲和美洲联系起来了。

47.1 中国的困难

第一次世界大战期间,日本加紧了对中国的控制。在1919—1920年的巴黎和会上,中国企图得到援助,但没有成功。它所遭受的耻辱甚至比起在1839—1842年鸦片战争中所受到的更深。

中国的混乱　第一次世界大战之后,中国十分混乱。北京政府不受尊重;内战爆发,南北对垒。军队和匪徒一样抢劫掠夺,无所不为。这一切对本国人民和在中国居住的外国侨民都有危险,列强时刻准备着进行干涉。混乱招致瓜分和民族灭绝。

青年中国　青年中国觉醒了,正如马志尼时代的青年意大利那样。一个主要由大学生支持的国民政府,在南方的广州成立了。它由国民党控制,国民党是孙逸仙博士所组织的革命集团的产物。

国民党主张:(1)民族主义——使中国摆脱外国的控制;(2)民主主义——人民的主权;(3)民生主义——社会和经济状况的改善。

1921年后,北京政府和广州政府各自宣称自己是全中国的合法政府。

在北京　在北京,行政机构被相争的军阀建立起来又推翻了。所有互相冲突的党派有多种原因争夺北京。它有政府的建筑和其他设备,有重要的税收来源。在北京有各国的使馆——列强代表的所在地,所以北京是和世界各国接触之点。此外,北京是古都,自古以

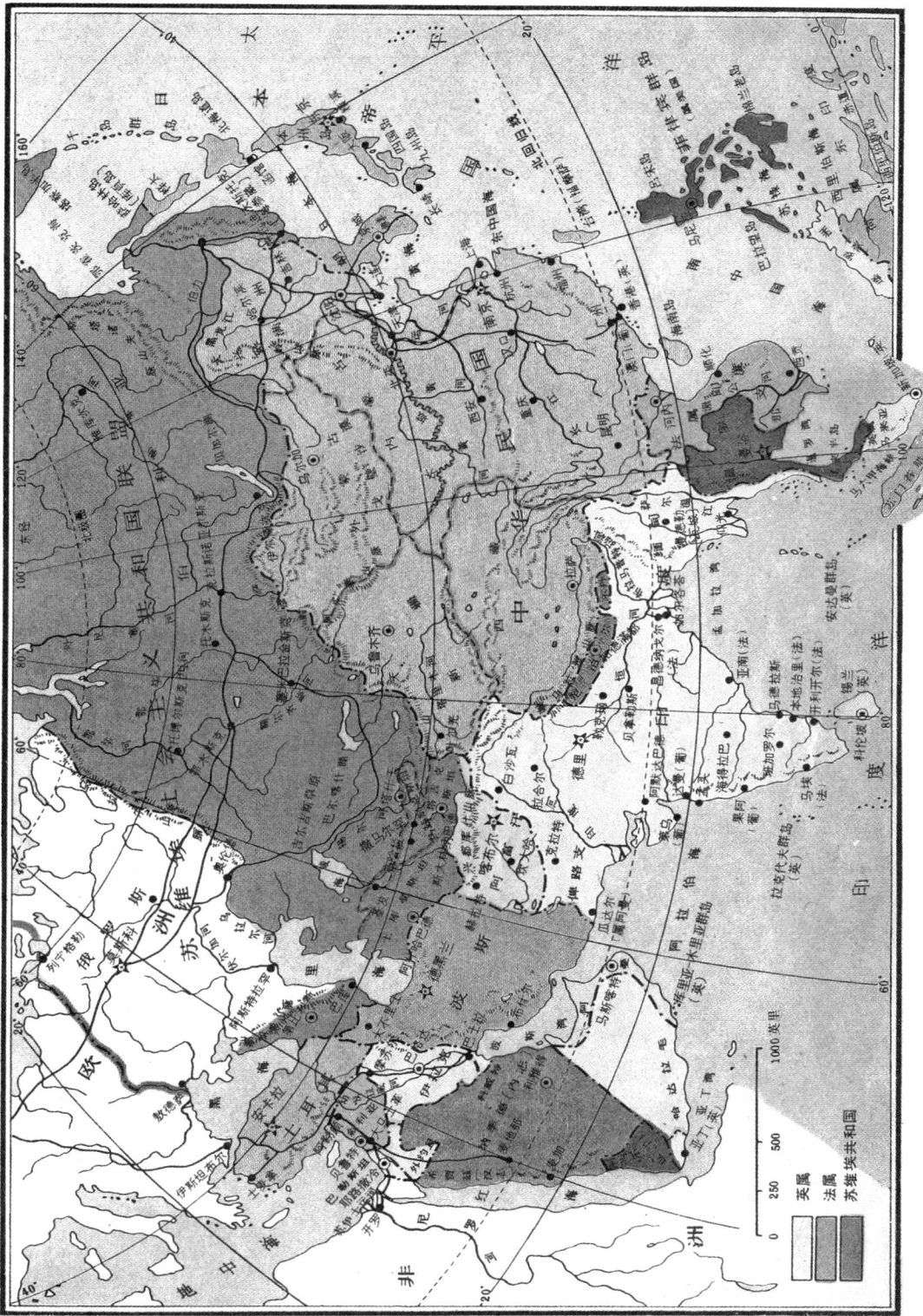

地图 47.1　1932 年的亚洲

来是被珍爱的权威之地,因此它是一种象征,北京掌握在谁的手里,谁就有统治的权利。

在广州　被赶出北京的国民党员和其他一些人聚集在广州,成立了他们的政府。1921年,他们选举孙逸仙为"中国的总统"。在1925年逝世前不久,他开始接受苏俄的援助,结果他的党内为此发生了严重的分歧。但是,广州政府依然是一个有生气的组织。

地方上的首领　在北京和广州以外的其他地方有地方的统治者。成功的军阀们在一省或两省,有时多至四省或五省,保持、建立或篡夺当权的地位。这些地方上的独裁者中,有些远在1912年时已经开始他们的事业,有些独裁者的权力是新近才打拼出来的。他们的权威常常是不牢靠的,而且几经起落。

排外的骚动　1925年在上海和广州的骚动更增加了中国人和外国人之间的恶感。随即发生了遍及全国的对列强的仇视。这同广州政府的民族主义政纲是一致的。

在中国的外国军队　鉴于中国的普遍混乱和对外侨的危险,有些外国在中国某些港口驻扎了军队。在交战中的中国各方军队都被禁止进入外国军队所占据的地区。

国民党的胜利　国民党得到一个继承孙博士的能干的人,他就是蒋介石。到了1927年夏天,蒋控制了长江以南的全部华东地区,在1928年底以前,他取得了北京(改名北平),并重新统一了中国,虽然还有一些将军继续策划反对他。首都从北平迁到南京。蒋当

图47-1　1919年夏季,巴黎和会将德国在中国的特权转让给日本的消息传来,中国舆论哗然,激愤的学生集中在天安门前抗议

了总统,但国民党是真正的政府。在地方性的事务上开始向民主主义发展。

　　社会和经济的进步　蒋的政府做出了计划,以兴修水利、改良农业及其他措施来帮助农民。制造业同样也得到鼓励,起草了保护雇佣劳动者的法律。现代教育得以推进,美国专家被雇用来计划进行财政改革,铁路系统统一了,较好的公路修建了,主要城市间的航空邮政也举办了起来。

　　和日本的冲突　蒋总统的政府由于满洲而遇到了灾难。这是个广大和富饶的地区,系中国所有,日本在这地区有几条铁路,由日本军队保卫。1931 年,日本军队开始夺取在满洲的中国城市。中国申诉于国际联盟和美国,但是日本继续征服满洲。日本并没有吞并满洲,而是给这个地区以一个新的名称——“满洲国”,任命以前的中国皇帝溥仪作为一个独立的帝国来统治。事实上,满洲国是受日本人控制的,他们还把权力扩张到蒙古和华北。

47.2 日本的改革

　　日本的独立和民族统一历时已久,但是争取民主的斗争仍在进行中。按照 1889 年的日本宪法,选举权仅限于能达到某些有关财产条件要求的少数人。由于多年的鼓动及追求,1925 年通过了一项法律,废除了财产条件,把选举特权扩大到所有的男子,不论贫富。不仅如此,由议会里的多数控制内阁的原则也逐步采用了。可是,1931 年这个政府落到了军阀们的控制之下。

47.3 印度的动乱

　　如我们已经见到的,多年来印度对民族主义和民族自决日益向往;但是第一次世界大战期间,在举行起义大有成功机会的时候,印度却普遍地效忠于英帝国的国旗。为了酬报这种效忠,满足印度民族主义者的要求,英国在 1919 年通过了印度政府法案——在英帝国统治和印度地方自治之间的一种折衷方案。方案创立了一个由富裕阶级选出的中央立法机关来通过法律和票决税收。在每一个省里也成立了一个由选举产生的立法机关,有权决定某些诸如教育和公共卫生等事务。但是英帝国的总督依旧大权在握。

　　刺激性的甜头　给印度人民尝到的政治特权的甜头,并没有缓和他们的不满,反而刺激了他们的不满。民族主义精神比起过去更加敢于坚持了。比较极端的民族主义者为革命做好了准备,必要时就进行武装斗争。温和派以和平手段在英帝国的国旗之下寻求自治。

　　莫汉达斯·甘地　近年来印度民族主义运动中突出的人物是莫汉达斯·甘地,通常称作圣雄甘地。“圣雄”是一个称号,意思是“伟大的灵魂”,或圣者。他的品格、他的目标、他的方法引起了全世界的注目。

图 47-2 甘地为抵制英国纺织品而主张印度人民重新使用手摇纺车。他带头每天织一定长度的土布

甘地并不赞成用战争来进行革命,也不主张驯服于外国的统治。他建议用拒绝合作和积极阻挠来破坏英属印度的政府。他说,印度人民不仅应当拒绝担任官职,而且也要拒绝上公立学校、纳税、购买英国货物和出席法庭。其中有些人在甘地教导的强烈魅力下,的确就对着火车坐下以阻止它的开行。甘地和他的追随者认为,这种消极抵抗、沉默而坚决的阻挠方法将使英印政府陷于瘫痪,并导致印度的自由。

对那些说印度还不配自决和自治的人,甘地回答说,被外国主子们看作不配自己治理的人们是永远也不会变得会治理自己的。

1935 年的新宪法 英帝国宣称印度可以指望会有一天得到自治,但不是现在。英帝国对印度军事和财政的控制,用 1935 年英国议会通过的一个新的印度政府法案细心地加以保障。另一方面,这个新的宪法给了较大数目的印度人民(虽然仍然是少数)以选举权,并给了选举出来的立法机关以更大的权力。它也规定了成立一个代表全印度的联邦立法机关。

47.4 近东的民族自决

土耳其帝国的瓦解 如我们已经知道的,土耳其或奥斯曼帝国的瓦解是第一次世界大战的结果。这分裂不仅在摆脱了土耳其统治的各个民族中,而且也在土耳其人本身中,促进了民族主义和民族自决。

按照巴黎和约所规定的条款,土麦拿和色雷斯将归属希腊;但是土耳其的民族主义者在凯末尔将军的领导下,却能够改变这个安排。凯末尔和他的政党在小亚细亚成立了一个共和政府。虽然英国反对他,法国和意大利却对他有好感,所以凯末尔能把希腊人从土麦拿和色腊基赶走。他还占据了君士坦丁堡,废黜了苏丹,并要求修改和约。

土耳其成为一个共和国　因此,1922 年到 1923 年,在瑞士洛桑举行的一次国际会议上允许土耳其保留土麦拿和色雷斯东部。土耳其被宣告为一个共和国,以凯末尔将军为第一任总统。小亚细亚的一个城市安卡拉变成首都。1924 年制定了一部宪法,设立了一个一院制的由所有男性公民投票选出的议会。

土耳其共和国的最高行政机关,即总统和内阁,是由议会选择的。在这方面土耳其政府和法国政府相似。宪法宣布土耳其共和国所有的公民在法律面前一律平等,不论种族或宗教。比起几年之前的情况,这是一个大收获,虽然凯末尔实际上是一个独裁者。

显著的变革　新土耳其的组织者渴望采取西方的观念和习惯。他们用罗马字母代替了阿拉伯字母,教会和国家分离了,以古兰经为基础的法律体系被废除了,甚至世世代代惯用的土耳其服装式样也被抛弃了。君士坦丁堡这个地名改为伊斯坦布尔。有很多年,它的土耳其名称曾叫斯坦布尔。

波斯的独立　在 1917 年和 1918 年,当俄国放弃了沙皇制度时,它也放弃了对波斯的领土要求,这个要求是 1907 年沙皇在和英国瓜分波斯时提出的。但是英国强迫波斯签订了一个新的条约,据此波斯成了英国的保护国。这在波斯引起了猛烈的反对。1921 年在俄国的鼓励下,波斯宣布它同英国所订的条约无效,并采取了实现独立的步骤。英国还算有风度地接受了这种情况,从波斯撤走了它的军队。

礼萨汗的纲领　使波斯获得自由的主要领袖是一个陆军军官礼萨汗·巴列维。他本来可以自立为共和国的总统和独裁者,正像凯末尔在土耳其那样,但是他恐怕人民会反对这样的变革。他没有这样做,而在 1925 年废黜了当政的国王,自己登上了王位。他定下了一个进步的纲领,改革财政体

图47-3　凯末尔用拉丁字母下达指示。

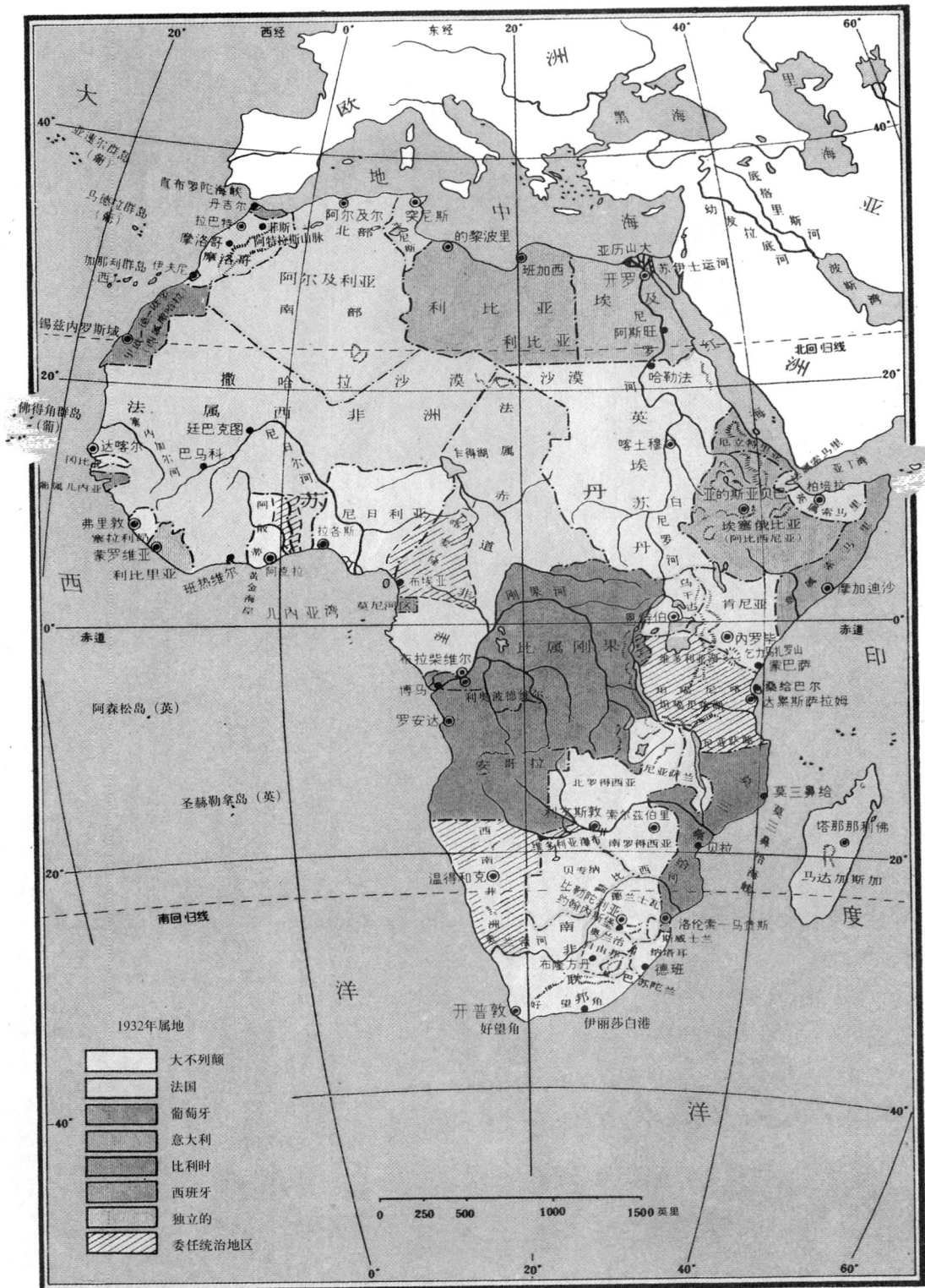

地图 47.2　1932 年的非洲

制,改进公路,并开始建造一条从里海到波斯湾的铁路。他还建立了无线电站,也设立了飞机航线。和凯末尔在土耳其一样,礼萨汗采取了使他的国家既得到解放又能现代化的步骤。他甚至把国名也改了,1935 年以后波斯正式称为伊朗。

埃及的不安　在埃及,民族主义和独立精神像波斯及其他古国一样高涨,但是英国对埃及可能比在第一次世界大战以前抓得更紧。埃及人要独立。他们要求英国撤军,埃及由埃及人治理。为了实现他们的要求,埃及的民族主义者采取了密谋、骚扰、暗杀和抵制等手段。事情闹得这样暴烈,英国震惊了。1922 年授予埃及"独立",但要受一定的限制。埃及被允许有一个自己的国王和一个自己的议会,但是英国依旧在埃及驻扎军队,使用埃及的亚历山大港作为英帝国的海军基地,并鼓励国王去抑制埃及的民族主义者。

47.5　委任统治地

在非洲和亚洲的许多"落后"民族,直到第一次世界大战还是德国和土耳其的殖民地或臣民,1919 年以后作为"委任统治地"分配给了胜利的协约国,主要是英国、法国和日本。国联的盟约宣称,这些殖民地和领地由于战争的缘故任其自流,它们还不能安全地自立,而强国有神圣的责任来保护和指导它们,直到它们能够自立。

这样一个受保护和指导的地方称作"委任统治地";而充当它的监护者的强国称作"受委任统治国"。我们在讲到那些强国在战争中的收获和损失时,已经提到过大部分战后的委任统治地。

非洲的委任统治地　英国是大部分原德属东非的受委任统治国,这地方改名为坦噶尼喀领地。比利时得到东非的一部分作为委任统治地。英帝国的南非联邦成了原德属西南非洲的受委任统治国。多哥被分成英国的和法国的两个委任统治地;喀麦隆也是这样。

亚洲的委任统治地　旧土耳其帝国的美索不达米亚和巴勒斯坦成为了英国的委任统治地,同时法国得到了叙利亚。在巴勒斯坦,犹太人设法建立了一个在英国保护下的"民族之家"。美索不达米亚变成了独立的伊拉克王国。同时法国使叙利亚成为一个共和国,但不是一个自由的民族国家。

太平洋的委任统治地　日本做了赤道以北原德属岛屿的受委任统治国。赤道以南,德属萨摩亚群岛归新西兰;瑙鲁岛归英帝国,新几内亚岛归澳大利亚。

按照国联盟约的规定,委任统治地的性质须适合当地人民的发展阶段、领土的地理位置、经济状况和其他因素;每一个受委任统治国须将它的委任统治地的情况提出年度报告。

第 48 章　国际联盟和国际法庭

48.1 联盟的种种方案

1919 年协约国下决心要开始为世界组织做出一些计划。它们认识到,这次世界大战的胜利是得力于合作。它们也认识到,维护胜利果实和保证巴黎和约有赖于继续合作。此外,它们曾告诉它们的公民说,新近的这次冲突是一场"结束战争的战争"。

种种方案　关于维护世界和平和促进世界福利的联盟,曾有种种方案。在英国,政府曾任命了一个专门委员会起草一个联盟的计划。在战争期间,法国和其他一些国家都提出过一些方案。国际联盟所据以建立的盟约是综合许多方案的特点和意见而成。不过美国威尔逊总统是联盟的最杰出的和最坚定的拥护者。

威尔逊总统的声明　1916 年伍德罗·威尔逊在接受再次提名为美国总统候选人时声明说:"世界上的各国必须联合起来,共同保证任何扰乱整个世界生活的举动在尝试前必须在全世界舆论的法庭上受到检验。"1917 年在建议美国参加反对德国的战争时,他确认:"我们将为我们一贯最心爱的事物而战——为民主,……为小国的权利和自由,为公理压倒一切而战,我们要以自由的各国人民的共同努力,来获得一切国家的和平和安全。"

1918 年在国会演说中,他提出了他著名的"十四点原则"之一:"各国必须依据特定的盟约成立一个国际总联合,其目的在于为大国和小国提供政治独立和领土完整的相互保证。"

威尔逊在欧洲　就是为了成立这样一个"国际总联合",威尔逊总统在 1919 年到欧洲去并积极参加巴黎和会。一个国际联盟成立了。国联盟约载入了从 1919 到 1920 年年间所缔结的 5 个和约之中。

48.2 国联盟约

国联盟约宣称,它的目的是促进一切国家之间的合作,并实现和平和安全。这个目的将通过反对战争的协定,鼓励国家之间的公平对待,推广国际法和忠实遵守一切条约来达到。

执行机关 国联的机构是:(1)大会,(2)理事会,(3)常设秘书处。

大会由国联会员国全体代表所组成。每一个国家在大会中可有多至 3 个代表,但只能投一票。

理事会是一个小的团体,由 5 个大国和 9 个(起初只有 4 个)小国的代表所组成。

秘书处设秘书长一人和若干助理。事实证明这是个十分重要的机构,它迅速成长,不久就有来自 51 个国家的六七百人。

地址和人员 国联的所在地规定在瑞士的日内瓦,虽然理事会的开会地点可以定在别处。国联之下或和国联有关的一切职位,男女同样可以担任。

维护和平的计划 国联盟约上载明(第十条),尊重和维护所有国联成员国的领土完整和现有的政治独立,以抵御外来的侵犯。成员国承诺把彼此间的争执提交仲裁或调查,在判决后 3 个月内相互间不得诉诸战争。

如果国联的某一个成员国违背它的诺言发动战争, 它将立刻丧失在国联里的地位;贸易关系将被中断;理事会将建议国联采取某种措施反对它。如果某一个非国联成员国挑起战争或以战争相威胁,理事会将同样建议国联对它采取措施。

国联和条约 国联盟约取消了成员国之间一切不符合它的条款的条约, 但明确地认可其他的条约,如仲裁条约等;还认可像门罗主义一样的地区性谅解。它也规定了成员国之间的一切条约应向国联的秘书处备案,并予以公布,以使周知。

国联和委任统治地 对作为委任统治地的受监护的殖民地和领地,国联负有监护的专责,受委托直接行使管理的各国,即受委任统治国,每年必须向理事会提出报告。有些国际共管地区例如但泽自由港、达达尼尔海峡和萨尔河流域,也受国联监督。

卫生和劳工 国联也与疾病做斗争,提倡卫生,抵制鸦片之类的危险毒品,反对邪恶,鼓励商业和运输的便利,并且改善各地工人的生活。为了达到这些目的,国联资助红十字会,在国际合作上采取了种种步骤。在国联盟约上特予载明,成员国将既在它们本国,又在它们的贸易关系所及的一切国家,努力使男工、女工和童工取得和维持公平和人道的劳动条件。

国联成员国 当国联盟约最初草定,并成为 1919 年巴黎和约的一部分时,它被包括美国在内的 32 个成员国的代表所接受和批准。

1920 年 1 月 10 日国联正式开始它的事业时,有 24 个成员国。到 1920 年 11 月第一次大会召开时,有 42 个成员国,在这次会上又接纳了 6 个成员国。

国联的成长　到了 1924 年,对国联的重视有显著的增长,它在履行职责时信心也加强了。例如,1925 年当希腊开始侵入保加利亚,声称保加利亚边界哨兵开枪射击希腊哨兵时,国联理事会立即坚决地要双方把他们的军队撤退到边境。随后进行了一次公平的调查。希腊承认了它的错误,付给保加利亚 21 万美元,作为它入侵所造成的损害的赔偿。1931 年,日本和中国之间的冲突却更难对付。尽管国联做出了制止战争的努力,日本还是夺取了满洲。 1933 年,国联谴责了日本的行动,并拒绝承认日本在满洲所设置的新政府。1935 年,国联不仅谴责了意大利对埃塞俄比亚的侵略,并且对意大利实行了制裁。

同时,国联成员国由 24 个增加到 60 个。甚至苏俄,它的领袖们以往曾嘲笑过国联,在 1934 年也参加了。但是日本和德国在 1935 年退出了国联。1936 年剩下的成员国有 58 个。

国联虽然缺乏强迫执行它的决议的有效工具,却在解决金融问题、限制疾病的传播、推进科学和禁止贩运鸦片上都做出了有益的贡献。

美国的反对　美国的参议院拒绝批准包括国联盟约在内的和平条约,它有它自己的理由。有些人认为加入国联会损害美国的国家主权和国会的权力。有些人害怕这将进一步使美国卷入国外事务。更有些人对巴黎和约感到失望,特别是不满于对日本和英国的让步。有些人(也许为数并不少)提出反对是因为个人的或政治的理由。从参议院投票情形来看,反对国联本身的只有一小部分参议员。多数是赞成参加的,但有所保留;少数主张无保留地参加。在赞成参加但有保留的人中,对于应当保留些什么意见又有分歧。最后表决时,这个条约因几票之差没有获得所需三分之二的多数而遭到了否决。

分别订立的条约　威尔逊总统退职后,1921 年 3 月,新的共和党政府分别和德国、奥地利、匈牙利签订和约,但是美国对国联依然淡漠。但是,在向往世界和平的许多重要措施上,美国一直起着重要的作用,和国联的一般目的也很一致。美国还参加了国联所创立的许多会议和委员会。

48.3 国际法庭

1920 年,国联计划成立一个法庭以判决各国可能提请解决的任何争端。这个法庭通常称做国际法庭,正式的名称是常设国际法庭,1922 年在海牙正式成立。法庭有法官 11 人(1930 年增至 15 人),由国联的大会和理事会选举。它比它的创始者所预期的更为有用。在其最初的十年中,判决了 16 个案件,向国联提供咨询意见的有其他 22 个案件。在它诞生 10 周年之前,有 45 个国家参加。它们中多数同意了在一切有关法律争端上接受它的判决。到那时为止,有 55 个国家在这个法庭的草约(非正式的协定草案)上签了字,但其中有 10 个国家没有批准。1929 年曾为美国的参加做出安排,只待参议院批准,但是参议院却没有批准。

48.4 争端和赔款

边界冲突　战争余波中突出的是边界争端。波兰为了扩张它的东部边疆,跟俄国在 1919 到 1920 年年间发生了冲突。波兰和德国差点为上西里西亚的丰富矿区打起仗来,好在 1921 年国联说服了它们在举行公民投票后予以分割。阜姆的海港引起了意大利和南斯拉夫的争吵,直到 1924 年被墨索里尼并吞。为了防止匈牙利收复它失去的诸省,捷克斯洛伐克、南斯拉夫和罗马尼亚结成一个联盟,称作小协约国。此外还有一些类似的例子。

边界争端不限于欧洲。在南美洲,秘鲁为了塔克纳和阿里卡地区跟智利发生争吵,直到 1928 年智利把塔克纳还给了秘鲁。玻利维亚和巴拉圭为了格兰查科区域的所有权发生了战争。在亚洲也是这样,有一些碰不得的痛处,如中国的满洲,是日本和俄国野心发生冲突的地方。在满洲,1931 年又爆发了敌对行动。在小亚细亚,1922 年希腊和土耳其的一场战争几乎把英国卷了进去。1925 年,土耳其对摩苏尔石油地区提出了领土要求,当国联把摩苏尔断给英国时,几乎引起了战争。

赔　款　另一个冲突的根源是赔款的处理。经过激烈的争论后,协约国在 1921 年把德国应付的赔款减到 320 亿美元。1923 年,法国和比利时夺取了鲁尔地区的德国煤矿。这使德国陷于破产,而法国和比利时从中所得的纯利也很少。

第二年,想出了一个向德国收取赔款的较好办法。以查尔斯·G·道威斯为主席的一个委员会做出了一个计划,规定每年德国应付的款额。德国同意了这个

图 48-1　1924—1925 年,法国入侵德国鲁尔工业区,造成急剧的通货膨胀。这是小孩在用马克堆积木

计划。于是军队从鲁尔撤出了，其后 5 年中，德国付出了 20 亿美元。

　　但是道威斯计划并没有说明赔款要继续偿付多少年；德国抱怨说他们负担太重。另一个以欧文·D·杨格为主席的委员会订出了另一个计划，据此德国应付 90 亿美元的赔款，外加利息，分 59 年付清（1988 年结束）。1930 年，杨格计划被采用不久，法国从德国的莱茵地区撤出了它的军队，这样消除了德国的主要不满之一。

　　协约国打算用从德国得到的赔款的三分之二来归还所欠美国的债务，可是在 1931 年由于经济不景气，德国和协约国所有应付的款项只好暂时停止了。

　　1932 年协约国和德国在洛桑签订了一个协定，终止了杨格计划，并将德国赔款债务降到更小的数目——7.15 亿美元。但是这个协定从来没有实行。德国不肯再付款了。

48.5 许愿的时期

　　从 1922 年到 1932 年这 10 年间，从字面的意义和比喻的意义来说，在许多方面都是一个许愿的时期。保持和平、促进贸易和限制军备的各项计划和公约，都是指向国际合作的显著努力。

　　华盛顿军备会议　在华盛顿军备会议上（1921—1922 年）就全面的裁减海军达成了协定。这意味着节省几十亿美元，海军军备竞赛降低，战争的危险因而减轻了。同时，日本同意归还胶州湾，并把胶济铁路卖给中国。九个强国，英、美、日、法、意大利、葡萄牙、比利时、荷兰和中国，再度承认了在中国的"门户开放"政策。在"四国条约"里，美、英、法、日互相许诺尊重各国在太平洋所占有的土地，并同意在太平洋或远东如果发生严重的争端，要进行和平协商。

　　洛迦诺公约和其他谈判　1925 年，在瑞士的洛迦诺，德国、法国、比利时、意大利和英国的代表保证，严守巴黎和约中有关德国西部边界和莱茵河沿岸非武装区的规定。德国、法国和比利时保证它们"在任何情形下相互间绝不进行攻击或侵略，或诉诸战争来侵犯对方"。

　　德国也和法国、比利时、波兰和捷克斯洛伐克缔结了仲裁条约。1926 年它加入了国联。同年，德国、法国和几个邻近国家的钢铁工业成立了一个"钢铁卡特尔"的联盟来促进经济合作。

　　1927 年，在日内瓦召开了世界经济会议，鼓吹降低关税以促进世界贸易，但是 1933 年在伦敦召开的第二次会议却以意见不合而散场。1929 年在日内瓦，法国总理白里安建议成立一个欧洲联邦，特别是为了促进经济合作。

　　巴黎公约　1928 年在巴黎签订了一项废弃战争的原则性的条约，到 1932 年有 60 个国家批准。阿根廷和巴西却观望到 1933 年，才做出了签字的许诺。

伦敦海军会议 1930 年, 在伦敦, 美国、英国、法国、意大利和日本签订了调整和限制海军的新条约。美国总统胡佛和英国首相麦克唐纳在促成"五国条约"中起了积极的作用。

世界会议 1932 年在国际联盟的邀请下, 几乎所有的国家都到日内瓦, 共同努力以裁减军备而使和平更有保障。德国坚持和其他强国在军备上有平等的权利。经过了几个月的辩论, 德国撤回了它的代表。但在几乎绝望的情形下, 会议继续进行。

这个会议同所有其他的会议和条约一样, 跟国联的目的和努力相一致。

第 49 章　和平的岁月

上章末所叙述的"许愿的时期"大部分是一个和平的时期。它给我们一个机会去鉴定和平的艺术和成就,这是我们在这一章里所要做的。如果这个考察引起我们的赞赏,它一定也会激起我们的责任感。无数的奇迹证明了人在物质世界里的创造才能,但是人的一些状况和关系似乎又使他为难。人总是他自己的最大问题。但是我们要以勇气和希望向前看。世世代代的经验应当为人们走向更高的福利和更好的文明提供智慧。对于认真的学生,过去的光辉将照耀前进的道路。

49.1 地球的缩小

我们和祖先相比是生活在一个更广阔得多的世界里;我们对它也知道得更多了。古代希腊人和罗马人的世界只是地中海周围的一圈之地。中世纪的基督教世界包括了欧洲和其余一小点地方。每个洲本身就是一个世界,因为它的大多数居民很少知道或根本不知道还有其他各洲的存在。

孤立已成过去　不过,自从 16 世纪商业革命以来,所有各洲的人民都已相互有了来往。就像我们所知道的,这个世界已经大得多了,但是我们所接触到的这个世界却小得多了——近得多了。我们的眼界已经不再限于一个单独的国家或单独的洲,而扩大到了整个地球。我们在旋转的车轮上,在快速的轮船上,在航空的飞机上旅行;我们用连接起来的电线,或者反向空中说话,使可以传送迅息。曾经一度居于遥远区域的陌生人,现在已成了我们的近邻。

贸易和旅行　工业革命不仅把纺纱、织布和其他工艺从人们手中解脱出来交给了机器；它也使一个发明接着一个发明，把贸易、旅行和交通变得更容易和更快速了。

斯蒂芬森和富尔顿笨重的火车头和汽船，原先带着喷烟和转轮，噗噗行驶，现在变成了优雅快速的庞然大物和富丽堂皇的浮动宫殿。1840 年英国的铁路只有 2142 公里，到了 1936 年已超过 3.2 万千米。1830 年美国的铁路只有 37 千米，到了 1939 年已有近 40 万千米。

在海上也是这样，蒸汽帮助了旅行和贸易。第一艘远洋轮船是木制的轮翼帆船。然后轮翼被螺旋桨所代替，铁板开始用来代替木材作为造船的原料。可是迟至 1870 年，英国所造的帆船依然多于轮船，木制的船多于铁制的船。但是到了 1900 年，大多数的大船已是用钢材制造，装有蒸汽发动机和螺旋桨。1910 年所造的"泰坦尼克"号是哥伦布初次横渡大西洋的船大小的 435 倍。更大的"利维坦"号是一艘 6 万吨的大船。并不那么大而似乎更快些的是德国轮船不来梅号和欧罗巴号；同时，法国的邮船诺曼底号和英国的玛丽

图 49-1　新的娱乐方式：福特 T 型车。在两次世界大战之间，科技的发展使得工人阶级的闲暇时间增多，促进了大众娱乐活动的大大扩展。对于中产阶级来说，大规模生产的汽车使得他们能够更加自由地行动

女王号都超过 8 万吨。

以汽油发动机推动的汽车和飞机是快速和有力的新事物。下面还要提到它们。

交通通讯　1844 年的莫尔斯电报机是科学和发明的奇迹;1876 年贝尔的电话机也是这样。人类和时空交战的一个更重大的胜利是 1897 年意大利的一个青年马可尼发明的无线电报。1902 年他在美国隔着大西洋讲了话。今天,几乎每一家都有无线电收音机;通过空间既能传送声音,又能传送图像。

自然资源的保护　要为大大增加了的人口提供衣、食、住的资料,我们得比我们的祖先更加合理地利用世界的资源。自然资源的节省和合理使用越来越必要了,如果我们不想把我们的后代留在一个破烂的世界里。由于轻率滥伐森林和浪费地力,地面上美好的田园已经不止一处变成了一片荒漠。然而,自然的财富如果能小心地节约使用是绰绰有余的。广大的地区还没有利用,有待于垦拓。即使现在已经耕种而收获极少的地区,如果精耕细作也可能得到倍增的收成。

经济联系　由于勘探、旅行、远洋轮船和世界商业、世界政治以及由于移民而引起的种族混合等等的结果,我们的思想境界扩大了。我们知道得多了。我们走得也多了。我们五官的接触广阔了。我们交往多了——贸易和商业更为活跃。从贸易协定,我们发展了具备明确政治和社会价值的相互关系。每一个接触的纽带产生了或加强了其他纽带。当法国的白里安建议成立一个欧洲的政治联邦时,他满怀信心地期望政治的和谐将最终产生商业的合作。即使没有什么计划,所有的国家在实际上已建立了一个全世界的经济结构。每一个洲和每一个国家在粮食和各项日常工业用品上都依赖于其他洲和国家。全世界的国际贸易从 1850 年的 40 亿美元增加到 1900 年的 200 亿美元,到 1929 年更几乎达到 700 亿美元。

向城市集中的倾向　近年来增长的人口大都集中在城市里。回溯到 1790 年,美国人民 10 个中有 9 个都住在市镇之外,到 1920 年 10 个中只有不到 5 个是乡村居民了。英国在一个世纪以前,10 个人中有 2 个住在城市里,而现在 10 个人中有 8 个是城市居民。

整个文明世界的人民都表现出同一倾向——成群地聚居在城市里。这部分是由于工业革命(工厂增多,商业发达,这些都需要工人),部分是由于城市里有剧院、方便的设备和奢侈品,这些对于无论老少都具有吸引力。

城市生活的问题　城市里的贫民窟常常证明是疾病和邪恶的渊薮。对于这些祸害,一定程度上有精心设置的卫生系统和警察系统予以纠正。但是过分拥挤的许多害处还是存在。儿童们常常没有适合游戏的场所。

鉴于这些事实,各种改良家声称,无论如何都要采取一些措施把世界上的人口分散得平均些,这样才能使所有的人不论贫富都有个真正的家;因而保证每个人都能有新鲜的空气,有游戏的场所,都有机会用部分时间做有益于身体的田园劳动。这是今后的问题之一。

49.2　社会平等的问题

封建势力的衰微　城市的成长促使旧的封建贵族统治，主要是乡间地主的贵族统治没落了。当封建贵族的权力没落时，主要居住在城市的资产阶级到处因之而起了。

社会平等的理想　封建贵族没落了，民主主义的理想家梦想建立起真正的社会平等。这就是 1789 年法国革命家热烈述说的希望。这正是 1829 年美国"杰克逊式民主主义"的目的。民主主义的理想是所有人都应该有平等机会的一种状态，在这里应该没有种姓或阶级，每个人的社会地位应该靠他的脑筋和品格，而不靠他的出身。

妇女在政治中　近代的平等理想对妇女地位很有影响。很久以来，基督教就为把妇女提高到尊敬和光荣的地位做了许多工作。但是在 19 世纪初期，妇女依旧没有选举权，没有担任大多数政治职务的资格；在许多国家里，她们在法庭上的权利也少于男子。大约在 1850 年开始了争取妇女权利的运动。英国的著名哲学家约翰·斯图尔特·穆勒在他所著的《妇女的屈从》一书中为妇女陈述了她们的问题，1867 年他又向议会提出请愿书，要求给予妇女政治权利。

但是英国太保守了，未能在这方面领先，虽然进行了一些激烈的鼓动。1867—1914 年之间，在美国西部某些州，在新西兰和澳大利亚，在芬兰和挪威，妇女获得了选举权。

1914 年后，这个运动进展得较快。墨西哥在 1917 年采用了妇女选举权。1918 年英国扩大了选举权的范围，使大约一半妇女有了选举权。1919 年到 1920 年，美国在联邦宪法

图 49-2　英国女权主义者艾米琳·潘克斯特(1858—1928 年，右三)在集会中要求授予女性选举权

里增加了一条妇女选举权的修正案。在此之前，许多州已经给了妇女选举权。承认男女有完全平等的政治权利，在俄国是 1918 年，在荷兰和德国是 1919 年，在许多新的国家诸如捷克斯洛伐克、波兰、拉脱维亚和立陶宛等大约也是这个时候。

妇女参加工作　男女平等的运动并不限于政治的范围。大量妇女已经参加了工作。女子大学成立了。有少数妇女敢于要求——当然，也敢于获得——允许从事律师、医生和其他专业的职务。在许多国家里，近年来，小学老师大多数都是妇女。自己赚得工资或薪水收入的妇女不像她们的母亲那样完全依靠父亲和丈夫的供养。她们在很大程度上得到了经济上的平等。

妇女走出了家庭　妇女地位的改变引起了家庭的深刻变化。成千上万的已婚妇女整天在商店、办公室和俱乐部里过活。家庭已不像早期那样受到重视，幸亏在某些方面也不需要那么重视了。城市里，至少在比较好的家庭里，烘烤面包、洗濯和缝纫已由面包房、洗衣店、裁缝铺去做了，或是有了电气化的设备减轻了劳务。儿童们在白天由学校去照管。

在家庭中，即在我们一切社会制度最基本的单位中所发生的这些变化，对文明将发生什么影响，还有待分晓。这种情况为当前和今后提出了许多问题。

49.3 资本主义的加强

我们当前生活另一显著的特征是资本主义的重要性和权力。近代资本主义的历史，如我们所知道的，可以追溯到中世纪，但是自从工业革命开始以来，资本主义的发展有五个重要的方面。

（1）资本大量的增长。美国在制造业上的投资 1880 年是 27.5 亿美元，到 1915 年已增加到 227.5 亿美元。一个世纪以前百万富翁尚属罕见，但今天已有很多了。此外，现在已有很大数量的人拥有小额资本或握有一些公司的少量股票。

（2）公司的发展。19 世纪后半期，银行和股份公司或集团有了巨大发展。1910 年在英国大约有 4 万个这种公司，资本总额达 90 亿美元。1927 年在德国有 1.2 万个公司，资本总额超过 50 亿美元。1929 年在美国，所得税的报告表明约有 50 多万个公司，总收入达 1300 亿美元。

以前，一个工厂的资本常常是由一个或两个人提供的，其中一人亲自主管这项事业。理查德·阿克赖特爵士就是一个例子。但是目前大多数的大企业是由有限公司或股份公司提供资金。它们出售公债券和股票给银行和个人，这些人并不直接参与营业。因此威尔士的煤矿可以为伦敦的金融家所有。其结果是旧式"工业巨头"的权利转移到银行家和金融家的手里。欧洲工业的控制权越来越集中在伦敦、巴黎、柏林、布鲁塞尔、阿姆斯特丹和罗马这些大金融中心。

（3）"托拉斯"。在过去 50 年，还有一种倾向，就是建立巨大的工业和金融的联合组织,在美国称为"托拉斯"。大多数欧洲国家也出现了同样的组织。例如,德国钢铁工业联盟从 1904 年开始,在一个短的时期控制了几乎整个德国的钢铁工业。

（4）国外投资。近代商业的另一发展是"资本输出",就是说,把剩余资本投到殖民地和外国去。例如,1914 年英国资本家在不列颠群岛之外的投资总数达 500 亿美元。第一次世界大战之后,美国的国外投资总额很快就达到 1930 年的 250 亿美元,政府发行的战时贷款 100 亿美元不包括在内。

（5）国债。最后,国债刺激了资本主义。为了支付战争费用,国家发行有息债券,由有钱投资的人去购买。第一次世界大战使国债大为增加。英国在美国革命时所负的债务不到 6.4 亿美元,1914 年还只有大约 30 亿美元,但在 1920 年就达到了大约 400 亿美元。法国的债务在第一次世界大战前是 340 亿法郎,战后是 2380 亿法郎。这些国债是欠大小私人资本家的钱;单从这个方面就很容易看出资本主义扩张到怎样巨大的程度了。

49.4　劳工运动

政治上的民主如果要得到成功,必须设法解决劳工问题。这个问题在 19 和 20 世纪已经变得十分严重。劳工问题是工业革命的一个后果。

工会的成长　劳工问题的一个方面是工会的成长和罢工的增加。到 1920 年,工会会员在德国已有 850 万人,在英国人数与此相近,在意大利、法国、波兰、美国、俄国和其他国家为数较少。这一切意味着工会主义已成为世界上的一个强有力运动。这是提高工资和减少工作时间的主要因素,但麻烦的是,在资本和劳工的争执上,唯一有效的武器是罢工。罢工对于公众常是一种严重的不便,对于被卷入的人们也是一种苦难。

社会主义的发展　社会主义是劳工问题的第二方面。1914 年以前,各种社会主义政党主张以工厂、铁路、矿山和土地的集体(国家)所有制代替私人或资本主义所有制。如我们已经见到的,1917 年布尔什维主义者在俄国取得了政权,废除了土地和工厂的私人所有制。较老的社会主义者卡尔·马克思的弟子们相信民主主义,而布尔什维主义者却不相同,他们建立了共产主义,一种无产阶级专政,较贫穷的工人阶级的专政。布尔什维主义不久就在欧洲其他各国赢得了许多依附者。俄国掌握在共产主义者手上,同时这样或那样的社会主义者和共产主义者在英国、德国、奥地利、瑞典等议会里几乎占了一半的席位。除了在意大利之外,他们到处都形成了强有力的少数派。

其他社会运动　社会主义之外,还有若干其他有力的运动,目的都在于采取这种或那种方法来解决劳工问题。美国的世界产业工人同盟会和法国的工团主义者主张罢工和"破坏",后者包括破坏机器和其他财产。他们的目的是推翻资本主义制度,废除政府而使工人掌权。

还有一些温和的运动,目的在于不通过暴力进行改良。在欧洲,最强的是社会天主教运动,除其他目标之外,还要争取养老金、健康保险和废止童工。此外,在各国都有许多"激进派",与其说他们是激进的,不如说他们是自由主义的。他们赞同工会、社会主义者和其他劳工团体所提出的一些改良要求,但是反对社会革命。在英国,这些"激进派"获得了养老金、疾病保险和其他社会公道的措施。

总之,近代的趋势是抛弃19世纪初期的自由放任学说,而要求政府采取一些措施来医治失业的弊病和贫穷的不公道。采取什么措施,是战后民主主义必须解决的最严肃和困难的一个问题。

49.5 应用科学的进步

工业革命的另一个后果是机器、发明和应用科学惊人的进步。

(1)铁和钢。从一开始,工业革命的主要特征之一,就是铁的使用的增加。不纯的"猪铁",在很多用途上都太脆,要把它炼成更纯和更韧的钢却很困难。但是1856年一个英国人亨利·贝塞麦爵士,找到了一个相当满意的炼钢方法。从此之后,"贝塞麦炼钢法"和"贝塞麦钢"就很出名。英国和德国大量使用贝塞麦炼钢法。法国和美国发展了一种较好的炼钢方法,就是"开炉法"。更好的方法是采用电炉炼钢,虽然成本较高。由于这些改进了的炼钢法,铁的时代才被钢的时代代替了。

(2)运输。另外一系列的科学发明使交通运输发生了惊人的变化。我们在本章的前面已经简单地提到了这方面的工业革命。瓦特、特里维西克和其他人对蒸汽发动机的改进使得斯蒂芬森能够把它结合在火车上,而富尔顿能够把它装置在轮船上。19世纪后期,许多轮船开始以石油代替煤作为燃料。一些工厂和火车头也用石油作燃料。石油没有煤那么笨重,所需要的添火工人也较少。

1885年一个德国人发明了汽油发动机,1887年一个法国人用它来推动一辆四

图 49-3 这幅雕刻画显示了1886年一个应用贝塞麦转炉法炼钢的铁厂。贝塞麦在1856年发明了低成本大量炼钢的方法,使得工业革命由早期的铁时代进入了钢时代

轮车。这是汽车的起源。法国最初在汽车制造上是领先的,但是不久美国取得了首位。到了 1929 年,在美国使用的汽车就有 2500 万辆。拖拉机和公共汽车,跟卡车和轿车一样,现在几乎到处司空见惯,对我们今天的文明有着深远的影响;它们当然也会影响未来。

从汽车到飞机只有一步之差,但却是一大步;也许我们应当说,是一个跳跃。19 世纪早期,人们对于飞行做出了许多尝试。将近该世纪之末,美国科学家兰利把一部蒸汽发动机装配在一架飞机上,飞行了 800 余米。但是蒸汽发动机不适宜于飞行。20 世纪初期,法国人开始使用汽油发动机,发现这种机器对于飞机较为适用。

第一架真正成功的飞机是两个美国人制造的,即莱特兄弟。1908 年他们的第一架机器飞行了 72 千米,用了 1 小时 15 分钟。这是我们所知道的关于空中航行更大奇迹的开端。22 世纪在这方面可能产生些什么,我们就只能猜想了。

石油工业在美国是 19 世纪 50 和 60 年代中产生的,在俄国、波兰、罗马尼亚、墨西哥、委内瑞拉、波斯和美索不达米亚等地产生得稍迟。它使汽车和飞机有可能使用汽油发动机,并供应燃油蒸汽机所需的燃料。

(3)电。第三套科学发明把电变成了为人类做奇妙工作的仆役。英国科学天才迈克尔·法拉第死于 1861 年,曾增加了相当多关于电的知识,使得发明家们因而能够制造发电机。到 1870 年发电机制造成功了;它所产生的电被小规模用来照明。1873 年制成了电力发动机。此后,电力就用来运转街上的和地下的电车。近年来在相当大的程度上,在工厂里和铁路上,电力已经代替了蒸汽力。

这样,电使黑暗转向光明。它运转机器。它把旅客和他们的行李快速地从一个地方运送到另一个地方。而且,如我们所知道的,它也可以在瞬息之间传递人们的语言文字。莫尔斯的电报,贝尔的电话,马可尼的无线电,使我们的语言文字成了空间和时间的主人。

电的其他用途 电已经表明它自身在工业和交通方面是人类最有魔力的奴隶。它也成了一个实用的仆役。它转动缝纫机和打字机;它和面、洗衣、烧熨斗、烤面包、冻结冰块、烹调食物、推动真空吸尘器、转动风扇。为了我们的娱乐,它开动无线电收音机和钢琴自奏器。儿童们现在会觉得奇怪,以前人们怎么能够在没有电气设备、没有电话、没有电灯的世界里生活。可是这些东西在前一个世纪一件也没有。

科学的其他应用 我们所提到的这些奇迹只是工业革命及其推广中的成千上万发明中的很少几件。麦考密克的收割机(1831 年)、照相机、爱迪生的留声机(1877 年)、潜水艇、电影(大约 1890 年)、电视以及其他几十个项目很容易添加在这张表格上。

科学的世纪 大部分新近的发明如果没有数学、物理学、化学以及其他科学是不可能产生的。如果说 19 世纪最重要的特征之一是科学的进步,也并不算夸大。伽利略和牛顿在前几个世纪为物理学奠定了基础,但最大的发展是在 19 世纪。1800 年以前关于电的原理知道得极少。近代化学主要是得力于过去 150 年中的发现。关于生物学的研究在 19 世纪有显著的进步。化学揭示了组成有生命的东西的各种要素。同时,巴斯德进行实验以证明一切生物都是生物的产物。其他生物学家通过有力的显微镜发现一切有生命的机体都是由微小的细胞组成的。也是在 19 世纪,查理·达尔文提出了他著名的学说:植物和动物的种类并不是永远固定和分离的,而是变化、发展并进化成为新的种类。这个学说并不是新的;但是达尔文在他的著作《物种起源》(1859 年)里的解释产生了极大的影响,他的名字从此常常和这个学说结合在一起。

医学上的内科和外科　内科和外科的应用科学方面所取得的进步尤其值得注意,因为它对我们所有的人都有影响。也许这方面最大的成就是出于法国科学家路易·巴斯德,他的工作大部分是在 1850 年到 1895 年之间进行的。

巴斯德发现了微小的有生命的机体,我们叫作细菌。这个发现是划时代的。他的发现立即对酿酒的人大有价值。稍后,巴斯德猜想当时流行的可能破坏法国丝业的一次蚕瘟是由于细菌所引起的。这个猜想证明是正确的,蚕瘟被制止了。同样的,他为牛的致命疾病找到了一种医治方法。单是这个发现的收益可能大于普法战争后法国付给德国的巨额赔款。巴斯德最著名的成就是发现了狂犬病的有效治疗方法。这也是基于这个基本理论:同发酵一样,许多疾病是由细菌引起的。

防腐剂、抗生素和环境卫生　疾病的细菌学说使得内科、外科和卫生方面若干令人惊奇的进步成为可能。英国人利斯特勋爵大约在 1860 年把这个学说应用到外科医疗上,采用石炭酸来防止细菌引起伤口化脓。这是防腐剂应用的开始。在内科医疗上利用同样的原理来制造抗生素,以医治白喉、肺炎和其他很多疾病。

细菌学说也使人们认识到环境卫生的重要,从而在城市里装置适当的排污管道。由于环境卫生而防止了的疾病,可能多于用医药治好了的疾病。

麻醉剂　在减少人们痛苦上的另一个伟大科学成就是使用麻醉剂,例如笑气(氧化亚氮)、乙醚、氯仿等,从而在牙科和外科手术中消除疼痛的感觉。笑气最初是在 1844 年由康

图 49-4　爱迪生在 12 岁左右便因意外几乎丧失了双耳听觉。他通过用牙齿咬住留声机外壳来感受震动,并听清楚留声机发出的声音。在佛罗里达的爱迪生博物馆里,收藏有爱迪生用过的留声机,其木制外壳上还留有爱迪生咬下的牙印

涅狄格州哈特福德的牙科医生霍勒斯·韦尔斯使用的,乙醚是 1842 年美国佐治亚州的外科医生克劳福德·W·朗最初使用的,氯仿是 1847 年由苏格兰的詹姆斯·辛普森爵士最初使用的。这三个人所减轻的人们的痛苦,比起亚历山大、恺撒和拿破仑所给予人们的痛苦还多。

伦琴射线　在这一张伟大科学发现的表格上必须加上 X 光这一项。1896 年德国科学家威廉·伦琴发现,电火花通过一个真空玻璃管时产生了一种可以透过人的皮肉、衣服甚至骨骼的强烈光线。因为想找一个更好的名称,他把这种奇异的光线叫作 X 光线,其他人常称为伦琴射线。利用 X 光线,外科医生能对人体摄影,显示骨头的位置或受伤的情况。X 光线在外科上的用处之大是尽人皆知的。

维生素　各种食物中包含保障健康和产生活力的特质,1900 年以来科学家获得了许多有关这方面的知识,发现如果我们的身体要活着、生长和健康,我们的食物里必须包含维生素。这种发现会怎样地影响我们后代的生活,即使最大胆的先知也不能预言。

死亡率的下降　新近在医药、卫生和外科手术等方面的进步所取得的成果可以用数字来表示。1881 年英国的死亡率是 21.2‰,1914 年降到不及 14‰。这是大多数国家的典型现象。换句话说,一个生活在 1914 年的人和一个生活在 1881 年的人相比活得较长的可能性要大得多。

也许读者会对这种说法提出异议,因为一个活在 1914 年的人有不少在第一次世界大战中被杀的机会。这个论点很正确。低死亡率在战争的情况下保持不住,因为不幸的是科学既应用于医治的技术,也应用于杀伤的技术。

49.6 教　会

关于宗教在近代生活中的地位,有许多不同的意见,但有一些无可争议的历史事实还是可以说一说的。

新教的新形式　自从 16 世纪新教革命以来,新教出现了许多新的形式。除了原有的新教教会——德国和斯堪的纳维亚的路德教,瑞士、尼德兰和苏格兰的加尔文教,英国的安立甘教或圣公会之外,在 16、17、18 世纪出现了新的宗派,诸如公理会、公谊会、浸礼会、循道宗和一位论派。

19 世纪看到的宗派种类更多了。19 世纪成立的最著名教会之一是"耶稣基督末日圣徒教会"(它的成员通常称作摩门教徒),1830 年由小约瑟夫·史密斯在纽约州创立。另一个是"基督教科学派",1866 年也是在美国由玛丽·巴克·G·艾迪夫人所创立。

到了 20 世纪开始时,美国有了 300 到 400 种新教教派。

新教徒之间的合作　另一方面,还有若干新教教派趋向于联合的重要运动。在破除它们之间的隔阂上,基督教青年会曾做了不少工作,这个教派是在 19 世纪创立的,在 20 世纪发展得很快。大约 1880 年在英国创立的救世军注重灵性的热忱,在贫民中间做福音工作和慈善事业,所以使注意力脱离了宗派的争论。

还有种种教会同盟;第一次世界大战之后,在一些地方若干新教教会实际上联合起来了。大多数教徒对于各宗派原来的争论不再认为很重要,这一事实使这些同盟和联合比较容易建立。

天主教会 在天主教方面,与以往如果有所不同的话,就是它对它的历史教义持守得更坚固了。1870 年一次全体主教会议上,肯定了教皇在正式对全教会的信仰和道义事务做出决定时是受神指导的教义。教皇永无谬误的教义受到很多非天主教徒的强烈反对,并引起了对天主教教会的多次政治攻击。但是它还是和其他天主教教义一起被坚持着。

虽然 1870 年教皇丧失了他在意大利的最后一块"世俗"(领土)财产,他在天主教教会里的精神权威却稳定地增长了。1929 年如我们已经见到的,根据梵蒂冈条约,他恢复了世俗权力。天主教在 20 世纪无疑比在 18 世纪更加强大和团结,尽管反教权主义的思想造成了新的困难。

反教权主义 反教权主义意味着一般地反对教士和教会,1850 年以后在大多数国家的政治上都非常突出。法国和若干其他国家"废除"了天主教会为国立教会,也就是说,剥夺了它作为正式国立教会的特权地位,也制定了反对宗教教团和宗教学校的法律。同样,普鲁士在 1918 年革命以后,也被废除了新教的国立教会。在英国也是如此,发生过一个反对安立甘教会特权的运动,虽然并没有成功。即使是在那些国立教会依旧维持其正式地位的国家里,宗教自由一般也都有所增进。

49.7 学校和它们日增的任务

在近代生活中,没有比教育的日趋重要更有意义的了。可是,使所有的人都得到教育的计划还是一件新近的事情——和民主主义一样的新近。但普及教育对一个安全有效的民主政体显然是必需的。

免费的初等学校 直到 19 世纪后期,为普通人民开设的免费的初等学校还没有大规模地建立。在很多"文明"国家里,直到今天,既不能读又不会写的人还是占全体人口中相当高的百分比。但最近教育的进步是很快的。教育在各阶级的人中间日益增长,对政治和文化都有深刻的影响。

书报的力量 印刷机成了教育的有力媒介。由于有了蒸汽和电力印刷机、排字机和赍纳排铸机的发明,出版的书籍、小册子、杂志和报纸很是便宜,穷人和富人都买得起。

其结果之一是，书报变成了政治上的极大力量。

书报的力量不是没有危险的。报纸的老板们能利用读者的无知加以愚弄，并把错误的东西灌输到他们头脑里。怎样防止这种坏事是一个严重的问题。

对于一般的文化，普及教育也有显著的影响——有时是好的，有时是坏的。廉价的印刷使流通数量大为增加，不仅最好的文学和科学的作品是如此，各种歪曲事实的宣传和极为拙劣的小说也是如此。

银幕的影响　无声和有声电影是极为新近的教育工具。在学校或剧院里用它们教课刚刚开始，没有人能预见到它

图 49-5　在 19 世纪后半期，欧洲国家广泛的实行了公共教育。这幅图显示英国学童在做早操

会发展到什么程度。广播也有助于教育。另一方面，低级的、哗众取宠的"电影"和"台词"对很多人来说已取代了良好的阅读，产生的结果有好也有坏。

教育的根本问题　所有这些教育的媒介，像机器，也像民主那样，都有巨大的力量可以为善，也可以为恶，这要看怎样去使用它们。

在我们的民主文明里，根本的问题确实就是教育问题。除非人民学会怎样明智地使用他们的选票、他们的金钱、他们的机器、他们的印刷机和他们的电影，否则就会给民主储藏可怕的祸患。对我们文明中的这些新特征有深切的理解是必要的。

道德的动机　不仅要有深切的理解，还必须加上一些东西。单有知识不能使人快乐和有用，甚至不能使人有所成就。他还需要有对正义的敏锐感，对责任的强烈感。在我们监狱里就有受过很高教育的犯人。最良好的意愿如果不是由知识来指导，就会成为危险的；但是知识如果不是由善意来引导，也是危险的。

简单地说，今天的世界需要知识和道德两者。不论男女，兼有这两种品质的才是良好的公民。没有这样的公民，我们国家的前途——世界的前途——肯定将是黑暗的。有了许多这样的公民，我们才能有面对未来的勇气和希望。

第 50 章　危机的年头

　　虽然我们临近本书的末页，但我们体会到，我们并没有到达历史的终结。历史仍在创造中，比以往任何时候创造得更迅速。世事从来没有以这种头晕目眩的速度飞奔前进过。但是奔向什么目标呢？很多国家似乎徘徊踟蹰，从这个目标转向那个目标，犹豫不决，不知要选择哪个正确的方向。紧接着第一次世界大战之后，大多数国家朝着民主、繁荣、裁军、和平的方向迈进。然后，突然地金融恐慌粉碎了繁荣，独裁者们向民主提出了挑战，裁军被丢弃，和平被战争毁坏了。这个世界面临的不仅是一种危机，而是几种危机：有经济危机、政治危机，还有战争危机。

50.1　商业危机

　　恐慌和贫穷　1929 年快到年终时，华尔街的股票价格像穿了孔的气球般地急剧下落，损失达几十亿美元。但这还仅仅是个开头。1931 年金融恐慌席卷欧洲，并以加倍的压力返袭美洲。工厂关门，银行倒闭，雇佣劳动者被解雇，对外贸易紧缩，农民们出卖的农产品简直达不到什么公平的价格。到 1933 年，全世界失业工人达到 3000 万。

　　恢复和"衰退"　1932 年到 1933 年，各处商业情况开始有所改善。当改善扩大时，人们希望经济萧条已经过去了。可是，1937 年到 1938 年冬天，人们又感觉到商业情况重新下落了。共产党人声称资本主义完蛋了。资本家声称是世界大战和政府的政策引起了麻烦。在危机时期，大多数国家的政府设法照顾失业工人，帮助农业，调整商业和金融。至于这种调整是否应当少些或多些，在大多数工业国家里是一个有分歧意见的问题。

图 50-1 大萧条中,失业的法国人排队领取免费食物

50.2 政府危机

独裁还是民主　因为人们指望政府在商业危机中给予帮助,他们对于那个极其古老的问题发生了更大的兴趣:究竟什么样的政府形式是最好的? 有些国家的答复是独裁,大多数西方国家却宣称是民主。我们知道,民主在战后有很大的进展。 1935 年,代议制政府扩及印度。同年, 美国给菲律宾人制定了一个准备在 10 年内让菲律宾完全独立的计划, 在这计划下它获得了更大的自治权。 1937 年在印度, 自治权又得到了进一步的扩展。另一方面,第一次世界大战后,俄国、意大利、波兰、匈牙利、南斯拉夫、土耳其、波斯和中国都建立了独裁政权。德国和奥地利也加入了这个行列。

希特勒的纳粹独裁政权　阿道夫·希特勒在 1933 年 1 月被冯·兴登堡总统任命为德意志共和国总理。次年,兴登堡逝世,希特勒掌握了最高权力,自称"元首"(Fueh rer),不称总统,并把德意志共和国改名为"第三帝国"。希特勒并未废除 1919 年的共和国宪法,而是根本不理睬它,把众议院当作一个橡皮图章,把他的权力扩大到各邦政府之上,并把他的纳粹党或国家社会党之外的一切政党全都镇压了。纳粹党徒迫害犹太人,并威胁基督教的宗教自由。政府调整财政、工业和农业,废除工会,禁止罢工。尽管这样,德国的经济恢复依旧落在民主国家的后面。但希特勒煊赫一时。报纸、广播、剧院、电影和学校全都在政府控制之下,全都用来为纳粹做宣传。不仅如此,许多德国人赞赏希特勒对待外国的胆大勇敢。他拒绝接受凡尔赛和约的约束;他不再偿付协约国的赔款;他退出了国际联盟;他收复了萨尔盆地;最重要的,他夸说他将使德国伟大强盛,拥有一支庞大的陆军、一支强大的海军和一支不亚于任何国家的空军。

奥地利的基督教独裁政权　1933 年发生了希特勒可能吞并奥地利的危险，或是纳粹阴谋家将夺取维也纳的危险。为了拯救自己的国家,奥地利总理多尔夫斯在国内禁止纳粹党,自己实行独裁,并颁布了一部新的宪法,要使奥地利成为基督教"社团"国家。在工业和农业方面,要组成协会或"社团"以保证社会公道。多尔夫斯在 1934 年被纳粹党徒暗杀了,但是他的政策为他的政党所继续。

1938 年春天,奥地利人曾在 1933 年所害怕并一直希望永远避免的事终于发生了。希特勒的力量增长得快, 已强大到足以推翻奥地利总理库特·舒士尼格博士而建立纳粹党的统治。德国把它的邻国并吞后不久举行了一次公民投票,用以确认同德国的合并。

德国和意大利同意保持友好关系,鼓励两国之间的贸易和遵守某种政治态度,它的真正内容对世界上其他国家是保密的。因此,很多人看出了对奥地利的占领是向罗马—柏林轴心迈进的一步。

在捷克斯洛伐克,纳粹党要求和德国联合,希特勒策划协助他们。这比起并吞奥地利更使其他国家震惊,特别是使法国和英国震惊。对当时的世界和平来说,幸亏捷克斯洛伐克政府表现得十分坚决,使希特勒改变了计划。

民主国家的恢复　在民主国家里, 商业的逐渐恢复使人们对他们的政府形式有了更大的信心。如我们已经见到的,英国的繁荣恢复得不差,并迎来了一个保守党的内阁。法国在货币问题、财政舞弊和经常的内阁变动上发生过种种麻烦,但是在商业危机上比起许多其他国家却损害较少。在美国,危机特别严重。胡佛总统的共和党政府不是被枪弹所推翻的, 而是在 1932 年的选举大失败中被选票所倾覆。当新总统富兰克林·罗斯福在 1933 年就职时,这个国家正处在金融恐慌的压力之下,银行纷纷关门。他的对策是管理银行,把美元贬值到 60 美分,限制农产品提高价格,举办公共工程以提供就业机会,允许雇主采用规章以调节竞争,并对劳工试行提高工资、减短工时和改善工作条件等措施。他的经济改良政策被称为新政。新政的主要立法在 1935 年被最高法院宣布为违宪。但是到这时商业已经恢复,看来美国没有乞求于独裁政治也渡过了这次经济危机。

50.3 国际危机

渴望和平　世界上所有的国家,几乎没有例外地表示了它们对和平的渴望,或是在巴黎公约上签了字,或是参加了国际联盟,或是缔结了其他和平公约。几乎所有的国家都参加了 1932 年的世界裁军会议。当时全世界有一个赞成和平和裁军的伟大的舆论运动。可是同时也存在着另一个扩大军备、进行新的征服和战争的相反趋势。

扩大军备　1932 年以后,裁减军备的尝试突然受到了挫折。德国在 1933 年退出了世界裁军会议。不久就开始组织一支 50 万人或更大的陆军,一支庞大的空军和一支巨大的

图 50-2 为了缓解失业问题，罗斯福政府以工代募，这是通过公民保护团招募的年轻人。它是美国历史上最闻名和最成功的公共项目之一，负责种植树木、重建公园，以及修建道路、桥梁和铁道等

海军。日本拒绝继续接受限制海军比率的体制，于是在华盛顿和伦敦订立的海军条约就在 1936 年期满时终止了。墨索里尼建造了两艘巨大的战舰；法国建造了四艘；同时美国和英国决定建造更多的小型战舰。俄国声称它受到德国和日本的威胁，把陆军增加到了近 100 万人，并宣告在 1936 年还要增加。俄国也试图通过同邻国签订和平公约、1934 年加入国际联盟以及在 1935 年同法国和捷克斯洛伐克结盟等外交手段来加强它的地位。法国也扩大了它的陆军，加强了边界的防御工程并寻觅同盟。所有这些强国都加速制造轰炸机和战斗机。世界在准备打仗。战争能不能防止呢？

领土扩张热 领土扩张热是引起战争的主要力量之一。日本、意大利和德国的领袖们公开表示他们渴望得到更多的领土，领土是很难赢得的，除非通过战争和征服。

日本侵略中国 日本渴望更多的土地来减轻它的人口"过剩"的负担，这导致它企图夺取满洲之外更多的地方。在国内，1935 年和 1936 年期间，侵略战争因受到反对而暂时被制止。但是在 1937 年，日本又向中国本部扩大了它的军事行动。北平和天津陷落在日本军队的手中；上海在它陷落前受到可怕的破坏；1938 年广州在日本军队进攻前就弃守了。中国向国联申诉，但是任何抗议都阻止不住不宣而战的日本军队。

如果日本能在战场上投入足够庞大的军队在短期内完成任务,它也许会达到永久征服中国的目的。但是,这次战争长期拖延下去,中国就有机会集结更多的资源并做出坚决的抵抗。这个斗争在结局难定之下继续拖延。

埃塞俄比亚的战争   领土扩张热和独裁政治把意大利引向战争。墨索里尼的经济改良并没有能带来繁荣,1934 年他面临了一次严重的金融危机。在 1935 年他宣称意大利必须有更多殖民地,他准备征服东非辽阔多山的埃塞俄比亚帝国。埃塞俄比亚信奉基督教的皇帝海尔·塞拉西惊惶地向国联申诉。法国和英国试图进行调停,但无效果。墨索里尼继续在埃塞俄比亚边境集结军队、坦克和飞机,待雨季一过,1935 年 10 月,他便下令进攻。多山的地形、严酷的气候和几十万赤脚的埃塞俄比亚兵士迎击侵略者。这个冬天,意大利人取得了一些进展。同时国联有 53 个国家投票谴责意大利挑起战争,违背盟约。不仅如此,国联成员国实行了"制裁":它们拒绝向意大利出售军火或贷款,拒绝供应某种原料或购买意大利货物。这是历史上第一次有 50 个国家试图用经济抵制和禁运来制止战争。不幸的是,这些制裁并未生效。意大利继续进行战争,占领一个又一个市镇。首都亚的斯亚贝巴沦陷了,海尔·塞拉西逃亡英国。1936 年 5 月 9 日,墨索里尼宣布埃塞俄比亚是意大利帝国的一部分,以维克托·伊曼纽尔三世为皇帝。很多国家拖延了一些时间,最后在 1938 年还是承认了意大利的征服。

西班牙内战   西班牙成立民主政府的尝试,曾经历一个困难的时期。普里莫·德·里维拉所建立的独裁政体在 1931 年被推翻了,但是保守党和激进党之间的激烈斗争并没有停止。情况虽然紧张,但直到 1936 年才公开决裂。左派在选举中获得了胜利,并提出要实行一个激进的、实际上是社会主义的纲领。1936 年内战随之爆发,弗朗西斯科·佛朗哥将军领导了反对政府的势力。经过了三年艰苦和破坏性的战争,佛朗哥在意大利和德国有力的援助下取得了控制权。他处死了许多保王党领袖(前政府的支持者),并建立了一个以意大利为榜样的法西斯国家。

第51章　第二次世界大战

　　第二次世界大战是阿道夫·希特勒企图对德国在第一次世界大战中的失败进行报复和使德国称霸欧洲、也许称霸世界的结果。他的政策和俾斯麦的一样，是铁和血的政策。我们也可以说，这次战争之所以可能，是由于国际联盟没有得到执行它的盟约的权力。

51.1 希特勒在国内

　　把德国人纠合起来　希特勒所著的《我的奋斗》一书是多年前在狱中写成的，它被搞成了类似德国的圣经。这本书之外，还要加上他的如簧之舌。他很快就发现用疯狂的演说能把群众煽动起来。除犹太人外，他对一切人许下了一切诺言，他指控犹太人许多罪恶。他用武装党徒来加强自己，使群众照他的命令办事。他训练了一支穿着褐色衬衫、戴有纳粹标志(卍)的"冲锋队"，和一个穿着黑色衬衫、佩戴骷髅徽章的较小团体"党卫军"。

　　纲领和宣传　希特勒使德国的一切努力都从属于训练兵士、制造武器和准备军需。他摧毁了所有的反对者，将一切权力集中在纳粹手中。共产党人和和平主义者都被置于非法的地位，工会被解散，它们的基金被没收。他自己党内的温和派和可疑分子都被清除掉。各党派中成千上万信天主教和新教的德国人同犹太人和共产党人一起，都被逮捕并投入集中营，受尽残酷的迫害。很多犹太人和其他被迫害的人逃往外国避难。公共舆论和思想都得听从全国教化和宣传部长约瑟夫·戈培尔的命令。每个人都得尊敬元首，盲目地服从他。人民不是为自己而生活的，而是为国家的光荣而生活的。德国人被抬高成得天独厚和高人一等的种族。

　　为了使每一个德国人的头脑中牢固地树立这些思想，戈培尔在报纸、杂志、电影和广

图 51-1 1938 年 9 月,纳粹在纽伦堡举行盛大集会

播节目中无止休地加以重复。纳粹举行了各种动人的游行场面,男女老少拥上街头,一起唱歌欢呼,摇旗呐喊。教育和科学都被用来加强纳粹的纲领,按照这种纲领,青年男子被训练成为士兵,青年女子则在家生儿育女,做菜烧饭并侍候士兵。

反基督教运动　当纳粹党徒开始夺取教会财产、囚禁天主教公职人员和封闭天主教学校时,教皇提出了抗议。他们之间的关系发展到甚至比 19 世纪 70 年代文化斗争时更不友好。若干新教教会名义上统一在一个帝国的主教之下。纳粹还曾试图用一种日耳曼经文代替圣经,把基督刻画成一个模范的纳粹战士。比较保守的基督徒们自然对这一切都有反感,他们拒绝承认这个帝国的主教,因此许多牧师被关进监狱或受到虐待。

纳粹的经济　政府的控制伸展到生产、贸易和银行。经济生活要和建立强大军备的需要相配合。对外贸易被削减了,科学家们造出了橡胶和石油等主要原料和各种食物的代用品。他们竭尽全力使德国能自给自足,虽然继续输入不能缺少的进口货,但也宁愿取自于附近的地区,比如巴尔干半岛一带。可是希特勒并没有做到他所预期的一切经济改革。1933 年后,大百货商店并没有关门;大地主依旧占有他们的地产;富有的资本家(非犹太人)在政府控制下保持了他们的工厂、矿山和银行的所有权。

战争机器　坦克和飞机成倍地增加,空军在第一次世界大战中的飞行英雄赫尔曼·戈林的手下扩大了。1935 年,凡尔赛和约中给德国军备规定的限制被公开地违反了,纳粹党徒下令实行普遍兵役制。

51.2　希特勒在国外

侵略性的外交政策　萨尔流域的收复和墨索里尼对埃塞俄比亚的横暴征服使希特勒的胆子更大了。他既号召奥地利人,也号召住在但泽、默麦尔、石勒苏益格和捷克斯洛伐克苏台德区的德意志人聚合到第三帝国里来。1936 年,德国公开挑衅法国,军队开进了莱茵地区并进行设防。同年,纳粹党徒援助了西班牙的佛朗哥并成立了柏林—东京轴心,不久意大利也参加了这个轴心。1938 年,夺取了奥地利,并把它合并于第三帝国。第二年,占领了捷克斯洛伐克,并从立陶宛夺取了德意志人居住的默麦尔镇。1939 年 9 月,由于但泽问题上的摩擦,德军侵入波兰,开始了第二次世界大战。英国和法国曾宣布,它们认为对波兰的进攻就是对它们的战争行为。

波兰又被瓜分　德国取得了波兰的西半部,俄国兼并了东半部。英国和法国并没有能及时有效地援助波兰。法国人确曾在萨尔流域进攻德军;但是当希特勒的"闪电战"的兵力打败了波兰之后转过来对付法国时,法国人只好退回防御地位。他们在沿着边境所筑的对付德国的强大筑垒体系——马其诺防线后面安顿下来,等待英国的援军。法国和英国开始准备打一场持久战,但是它们在飞机和其他战事装备上都大大落后于德国。不幸的是法国既被纳粹的宣传,又被各政党的对抗和社会各阶级的不满所大为削弱了。

俄国的侵略　俄国为了跟上德国的步伐,强迫爱沙尼亚、拉脱维亚和立陶宛为俄国开放军队驻地、机场和海军基地。芬兰拒绝了,在 1939 年 11 月被俄国侵略。弱小的芬兰军队英勇机智地进行抵抗,他们从英法得到军火,并从美国得到金钱,但 4 个月后,还是迫不得已把重要的领土让了俄国。俄国被国际联盟开除,但是不久它便进而公然地夺取了爱沙尼亚、拉脱维亚和立陶宛。稍后,在希特勒的协助下,俄国吞并了罗马尼亚的一部分。

纳粹的北进　1940 年春天,当英国在挪威海岸外的海面上布雷以阻止铁砂运往德国时,德国迅速地占领了丹麦和挪威的主要城市,尽管英国设法予以援救。到 5 月初,挪威事实上已全部落入纳粹手里,瑞典也已处在德俄两国的掌握之中。

法国被侧面包围　同月,德国从马其诺防线西北部,穿过荷兰、卢森堡和比利时突入法国。这些国家都进行了抵抗,但是很快也都被征服了。于是德军东从马其诺防线的后面迅速挺进法国境内,西向英吉利海峡推进,使沿海岸的几十万法国和英国军队都落入陷阱。不过靠着英国海军和辅助船只紧张的努力,并付出了昂贵代价,一部分军队被营救出来,从法国敦刻尔克海港运往英国。

图 51-2 1940 年 5 月,英法联军溃退到法国东北部的敦刻尔克,唯一的生机是西面的英吉利海峡,而此时德国最近距离它已仅有 16 千米。但此时,德军却收到希特勒亲自下达的停止追击的命令,英国因而得以进行当时历史上最大规模的军事撤退行动

法国被奴役 余下的法军英勇地战斗着,但是在 1940 年 6 月 14 日,纳粹军团未受抵抗地进入了巴黎。法国政府辞职,第一次世界大战中凡尔登的老英雄贝当元帅签署了一个停战协定,规定德国占领法国北部和西部,在维希上台的贝当所领导的法国新政府保持对法国其余部分名义上的控制。贝当拒绝了英国要他撤退到法国在非洲的殖民地的呼吁,虽然有些法国军队这样做了,并在那里继续抗战。

意大利的掠夺 当墨索里尼看到法国的崩溃时,他想和他的轴心同伙希特勒分取赃物;所以,在德军从巴黎横扫而下的同时,墨索里尼夺取了尼斯和其他靠近意大利的法国海岸地区,这些地区是意大利人早就要求得到的。

51.3 拦路的狮子

严阵以待的英国 法国崩溃时,英国没有求和,而是准备把战争进行到底。它的海岸被法国海边的大炮轰击,它的城市从空中遭受轰炸,它的许多船只在海里被鱼雷击沉,但是它以特有的顽强坚持了下来。刚勇大胆的温斯顿·丘吉尔代替张伯伦出任首相,同时英王乔治和王后伊丽莎白使全国人民恢复了希望和勇气。波兰、捷克斯洛伐克、挪威、荷兰和比利时的流亡政府都受到了英国的欢迎。这些政府带来了它们还保有的对广大殖民地的控制以及一些钱款和船只。法国受到谴责,因为它和德国签订了停战协定,大家十分担心法国舰队被移交给德国和意大利。

武装起来的英帝国 同第一次世界大战一样,英帝国的自治领和属地效忠不懈。不列颠群岛上的军队从澳大利亚、新西兰、印度、南非和加拿大得到了增援。加拿大迅速地变成了一个大兵工厂,供应船只、飞机和军火,并且训练人员,特别是为空军训练人员。这次战争很快就证实了空军的重要性,这是过去从来没有过的。

西方民主国家 鼓励英国在没有法国的情况下继续对纳粹德国和法西斯意大利进行战争的主要因素,是来自西半球强大的各共和国,特别是美国在道义上的支持和可以指望的物质援助。就在法国垮台时，1940 年 6 月，罗斯福总统有力地反对侵略性的独裁政权，并主张"全力援助英国"。8 月，美国给了英国 50 艘军舰，为美国换取到纽芬兰、百慕大和英属西印度群岛的防御基地的使用。同时，美国加速生产飞机和军火，既为自己防御之用，又为运输到英国去。国会通过了军训、扩大陆军、加强海军等法案，它认识到对英帝国的严重威胁意味着危及世界各处的民主政府和自由制度。德国和意大利公开地宣称它们敌视民主政体；日本是太平洋上的威胁；俄国是个危险的未知数；独裁者和共产党组织的代理人正在所有的民主国家里积极活动。

51.4　遍布世界的战场

巴尔干半岛的闪电战　1940 年 8 月，罗马尼亚被德国和俄国所征服和夺取，随后多布罗加南部划归保加利亚，特兰西瓦尼亚的一半划归匈牙利。同月，意大利军队夺取了东非的英属索马里；9 月，他们北面越过利比亚边界，侵入了埃及。下一个月，当希腊拒绝反对英国时，意大利军队从阿尔巴尼亚挺进，攻击了希腊。

"希腊的光荣"　但是在希腊，意大利法西斯头子的军队遭到了出乎意料的惨败。希腊把他们赶了出去，并在英国的援助下，乘胜追击到阿尔巴尼亚，攻占了那里的重要根据地。以后，1941 年，希特勒从北面穿过保加利亚和南斯拉夫进逼希腊和它的盟国。当时保加利亚被诱加入了轴心国，但是南斯拉夫拒绝了，也被无情地击溃。希腊和它的英国援兵寡不敌众，许多军队只好投降。其余的在纳粹弹雨猛烈轰炸下撤退到克里特岛，希腊的国王和他们在一起。希腊人和他们的同盟军进行顽强抵抗的一个地方，就是历史上著名的温泉关。

非洲的作战　当希腊人战胜意大利人的时候，英国及其帝国的军队把侵入埃及的意大利军队击退，夺回了大约半个利比亚，捕获了几千名俘虏。东非的其他英军征服了意属索马里和厄立特里亚，收复了英属索马里，并恢复埃塞俄比亚本国皇帝的皇位。

在远东　1941 年 4 月列强签订了一个公约，承认俄国对中国的外蒙古的"权利"和日本对满洲的"权利"。日本感到受了鼓励，可以加紧侵略中国，并在太平洋上对英美采取了更加咄咄逼人的态度。德日取得了在泰国（1939 年改名）的立脚点，威胁并最后攻下了英国的根据地新加坡。

在地中海东部　1941 年 5 月下半月，纳粹党徒从英国夺取了克里特岛，这样就获得了进攻埃及和苏伊士运河较近的基地。法国的委任统治地叙利亚威胁着埃及和波斯湾一带的英国势力。

胡德号和俾斯麦号　1941 年 5 月 24 日，英国巡洋战舰胡德号被德国的俾斯麦号击沉于北大西洋；但是几天之后，俾斯麦号在拼命设法驶达布勒斯特海港时也被击沉了。

51.5 决定性的夏天

希特勒入侵俄国 东面指向博斯普鲁斯海峡巴尔干半岛，是一个劈裂过许多同盟的楔子。它劈开了希特勒和斯大林之间脆裂的友谊。希特勒的进犯该地震惊了斯大林，斯大林聚集了大量军队在邻近边疆。希特勒于是不敢把他的军队都集中在西线去实施那个计划已久的对英攻击，因为他害怕斯大林在东线可能采取行动。此外，他需要乌克兰的小麦和石油；所以在 1941 年 6 月决定性的一天，他对俄国发动了闪电战。罗马尼亚、匈牙利和芬兰那些对俄国怀恨的国家纷纷参加了战争。从黑海到波的尼亚湾长达 1600 千米的战线上坦克隆隆，飞机怒吼。最初 3 个星期里，俄军被迅速地击退了；然后他们的抵抗加强了，侵略的浪潮被压慢了下来。

日本的侵略 在远东，日本的态度越来越威胁着英国和美国。美国派遣了一支军队到冰岛以保卫英、美在大西洋上的航运，当日本试图强迫自顾不暇的法国同意日本占领法属印度支那以帮助德国（和它自己）时，美国和英国联合对日本进行了严厉的经济制裁。

英国的活跃 纳粹党徒忙于对付俄国，英国加强了对德国以及德国在法国和荷兰所占据海港的空袭。英国军队在伊拉克登陆，推翻了该地的亲轴心国政府。他们夺取了德国影响的维希法国控制下的叙利亚，并加强了在埃及和本土的防御。在伊朗，英国和俄国终于克服了德国的影响。同时，他们也可以源源不绝地自美国获得实际的援助与同情。

珍珠港 1941 年 12 月 7 日，当日本的"和平"使节还在华盛顿的时候，日本飞机和出其不意地突然出现在天空，轰炸了夏威夷群岛珍珠港的美国舰队。美军死伤众多，损害严重。第二天，美国向日本宣战；三天后，向德国和意大利宣战。

不太平的太平洋 日本是有准备的；美国是没有准备的。因此，当美国正在征集士兵并进行训练时，日本蹂躏了菲律宾群岛和远近的其他许多岛屿。即使在白雪覆盖的阿留申群岛上，他们也建立了基地来威胁阿拉斯加及邻近地区。在菲律宾的少数美国兵得到效忠的菲律宾人的协助，进行了英勇的但节节败退的战斗。这种情况同太平洋其他许多地方是一样的。澳大利亚和新西兰的士兵在许多战场上赢得了荣誉，久经灾难的中国继续着它的英勇斗争。日本以本土为中心四方出击；美国必须出征到无边无际的远方，到大洋洲和北非，不久还到了欧洲。它的供应物资继续不断地运送到它的盟国去。

潮流的扭转 1942 年 11 月，美军进入北非，在该地协助英军抵抗纳粹党徒。1943 年年初，德军在斯大林格勒被俄军击败了，到 5 月中旬他们失去了非洲。后来美军和英军经过屡遭攻击而屹立不动的马耳他岛，横渡地中海，开始从西西里岛和意大利南部把纳粹党徒逐向北方。墨索里尼被撤换，1943 年 9 月意大利投降，不久参加了盟国。11 月，丘吉尔、罗斯福和斯大林会晤于伊朗的德黑兰。

钳形合围 1944 年年初，斯大林格勒从德国的攻击中完全解脱了出来，俄国人集中

图51-3 珍珠港事件发生时,日本尚在继续与美国进行谈判,属于不宣而战。它直接导致了美国参战。不过有一种看法认为,罗斯福政府早就知道珍珠港即将被攻击,却不加以阻止,为的是换取美国民众的参战意愿

他们的兵力向西大举反攻。6 月,盟国军队在诺曼底登陆,开始向东猛力进击。8 月,他们从法国南部向北和向东挺进。同月,罗马尼亚和保加利亚脱离了德军,巴黎得到了解放。德军仍然拼命作战,竭力进行破坏,狂热地试制新的武器。6 月,他们开始向英国发射了破坏力强大的飞弹。12 月,他们在阿登进行了一次突然的短暂反击。法国的爱国者到处协助盟国军队。

决定之年 1945 年 3 月,英、美和加拿大军队强渡莱茵河;5 月初,他们在柏林周围和俄军会师。希特勒之死被公布了,5 月 7 日德国人无条件投降。几天之前,墨索里尼被意大利的爱国者杀死。在太平洋上,艰苦的殊死战还在继续,但是美国于 8 月 6 日和 9 日在广岛和长崎两城市先后投掷了两枚原子弹,俄国也加入了对日战争,日本人求和。德国投降后,英国也协助攻打日本。9 月 2 日,在密苏里号战舰上,在道格拉斯·麦克阿瑟将军主持下,日本在投降书上签了字。

罗斯福总统于 1945 年 4 月 12 日逝世,副总统哈里·S·杜鲁门成了美国总统。7 月,克

莱门特·艾德礼继温斯顿·丘吉尔出任英国首相。

前景展望　在战争的破坏之后随之而来的是和平的问题。现在两大问题之一是为了更好和更安全的未来,如何对德国和日本进行监督;另一大问题是对被德国和日本所蹂躏的各国供应粮食和进行重建。中国的内战还在继续,巴勒斯坦、印度和许多东南亚国家政治上尚未安定。最大的问题是建立一个持久和平的世界秩序。

出版后记

　　在一本书的篇幅里写出从人类诞生到现代的整个世界历史，这绝非一件轻而易举之事。同时能够写得轻松愉悦，清晰明白，深受好评以至多次修订，则更为可贵。《世界史》便是这样一部颇有价值的佳作。

　　《世界史》写作于 20 世纪 30 年代，几经修订，时间下限拉长到第二次世界大战结束。1946 年，上海书店出版了邱祖翻译的《世界史》；1948 年，上海大学出版公司出版刘启戈译本，并请翦伯赞作序。本书为 1975 年三联出版的中央民族学院研究室译本，由费孝通、吴文藻等人主持翻译。它采取了当时在西方流行的文明史观，以文明的产生与发展作为主线，对错综复杂的史料进行组织编排，写成这样一部简单明了、有趣生动的作品。

　　由此出发，此书将人类历史分为四个阶段：文明的诞生、古典文明、基督教文明、近代文明。它虽然是从人类诞生之初开始写起，但却把新石器时代作为人类进入文明时代的开端，将基督教的诞生作为古典文明结束、基督教文明开始的转折点。这些都是特别的观点。

　　很自然的，这种观点也使得作者重视除政治之外的文化、经济等因素。最突出的自然是上述的基督教，成为一个人类发展阶段的标志，至于一向为世界史所强调的启蒙运动等，也被作者浓墨重书。经济方面，值得注意的是它特别强调科学和发明的作用，如新石器时代粗陋的工具制造和动植物驯养，工业革命中的层出不穷的发现和发明，以及两次世界大战之间的重大革新等，得到了比政治权力变迁更大的关注与描述。

　　当然，作为一部上世纪的作品，此书也有一些缺点，其中一些观点更是早已被西方主流学术界所抛弃，如它毫不掩饰的西方中心论，对西方之外的古典文明的认识等，充斥着当时西方的偏见，已被后来的新研究和新史料所推翻，希望读者在阅读过程中能加以鉴别。

　　本次修订，我们基本保留了译文原貌，但重新添加了插图，并且增写了图注，作为书中内容的延伸与补充，希望能够得到读者的认可。

服务热线：133-6631-2326　　188-1142-1266
读者信箱：reader@hinabook.com

后浪出版公司
2016 年 8 月

图书在版编目（CIP）数据

世界史 / (美) 海斯, (美) 穆恩, (美) 韦兰著；
冰心等译.--天津: 天津人民出版社，2016.11（2024.5重印）
ISBN 978-7-201-10642-7

Ⅰ.①世… Ⅱ.①海… ②穆… ③韦… ④冰… Ⅲ.
①世界史 Ⅳ.①K10

中国版本图书馆CIP数据核字（2016）第158254号

世界史
SHIJIESHI

[美] 海斯　　[美] 穆恩　　[美] 韦兰 著；
冰　心　吴文藻　费孝通 译

出　　版	天津人民出版社	出 版 人	刘锦泉
地　　址	天津市和平区西康路35号康岳大厦	邮政编码	300051
邮购电话	（022）23332469		
电子信箱	reader@tjrmcbs.com		
出版统筹	吴兴元	编辑统筹	张　鹏
责任编辑	金晓芸	特约编辑	方　理　沙芳洲
营销推广	ONEBOOK	装帧制造	墨白空间
印　　刷	天津中印联印务有限公司	封面设计	许晋维
开　　本	787毫米×1092毫米　1/16	经　　销	新华书店经销
字　　数	680千字	印　　张	36.5印张　插页4
版次印次	2016年11月第1版　2024年5月第4次印刷		
定　　价	88.00元		

后浪出版咨询(北京)有限责任公司　版权所有，侵权必究
投诉信箱：editor@hinabook.com　fawu@hinabook.com
未经许可，不得以任何方式复制或者抄袭本书部分或全部内容
本书若有印、装质量问题，请与本公司联系调换，电话010-64072833

身为东京大学历史学教授的父亲

心怀对女儿满满的爱

也为澄清历史的本来面貌

写下了这本更有趣、更真实的日本史

东大爸爸写给我的日本史

著者：（日）小岛毅

译者：王筱玲

ISBN：978-7-5502-6047-4　2015年10月第1版　定价：61.80元（共2册）

这套书是作者写给正值初中毕业的女儿的。第一本用通俗易懂的语言，设计了剑、心、宝、锄四个部分，深入浅出地介绍了日本从古代到中世的历史（明治维新以前），讨论了日本的国家形成、历史建构、宗教信仰、社会变动等方面的议题，涉及遣唐使、圣德太子、源平合战、南北朝分裂、幕府更替、黑船来航、尊王攘夷运动等诸多日本历史上重要的人物事件，并对日本中心论等流行观点进行了批判与反思。作者通过本书，希望传递给读者的不仅是日本史中具体的细节，更强调看待历史的角度与解读历史的方法，以宏大的胸怀与视野走近历史。

第二本接续前作，只选取事件大纲，向女儿讲述错综复杂又充满争议的日本近现代史。作者从比"开国"更早的18世纪末的宽政教育改革说起，透过近现代史上纷繁的政治事件，关注各个阶层的思想状况及社会文化的变化趋势，围绕尊王攘夷、忠义思想、教育改革、武士道精神、常民心态、国家神道等主题，以思想史家的敏锐，展开对日本近现代史的观察与思考。尤为难得的是，作者正视了18—20世纪日本发动的侵略战争。希望读者能够以更理性、更坦诚、更深刻的眼光回顾历史，走向未来。

中国经济史

作者:钱穆 口述 / 叶龙 整理

林毅夫作序 书号:978-7-5502-7473-0

2016 年 5 月第 1 版 定价:80.00 元(精装)

　　贯穿全书的主要经济问题包括农业经济及土地分配、基建及水利工程、工商业发展、货币制度改革、社会阶层现象、税制及徭役等。细读两千年的经济史,我们可以发现,今天中国的社会经济面貌深受历史传统的影响。希望此书能够帮助读者解读目前推行政策背后的原因和影响,同时起到镜鉴作用,将有益的经验应用于今日商业社会,避免重蹈覆辙。

丝绸之路新史

著者:(美)芮乐伟·韩森 译者:张湛

书号:978-7-5502-5341-4

2015 年 8 月第 1 版 定价:49.80 元

　　本书综合利用中、英、法、德、日、俄六种语言的前沿研究成果,讲述了一个有关考古发现、文化传播以及中亚与中国之间互动的迷人故事。从来没有一条单一的连续的丝绸之路,有的只是东西方之间的一连串市场。丝绸并不是这些商路上最重要的商品,中国发明的纸张对欧洲产生了更大的影响,而金属、香料和玻璃与丝绸一样重要。相比之下,这些商路上传播的思想、技术和艺术图案具有更大的意义。

十二幅地图中的世界史

作者:(英)杰里·布罗顿 译者:林盛

书号:978-7-2130-7331-1

2016 年 6 月第 1 版 定价:99.80 元(精装)

　　书中精选的十二幅世界地图来自不同历史阶段,出自不同国家、不同文化中的制图师之手。作者向我们揭示,地图远非客观的真实记录,而是受到一时一地的观念和动机的左右。通过解读地图背后的观念和动机,我们可以窥视制图师所处时代的风尚与精神。每一幅都蕴含着某种重大主题,从科学、政治、宗教、帝国,到地理大发现、民族主义和全球化,皆为世界史发生重大变革的关节点。

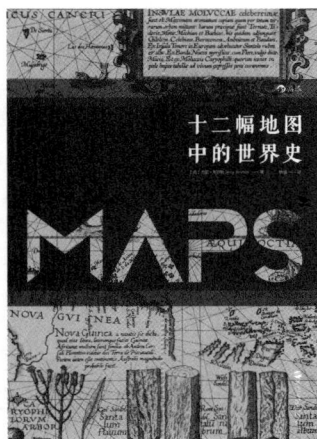

史家巨擘弃政从学的心血之作
西方学界最权威的五四研究

五四运动史

现代中国的知识革命

著者:(美)周策纵 译者:陈永明 张静
审校:欧阳哲生
书号:978-7-5100-7869-9
2016 年 3 月第 1 版 定价:99.80 元

作者简介:

　　周策纵(1916—2007),著名历史学家。抗战时期在中央政治大学获得学士学位,战后赴美国,获密歇根大学硕士、博士学位,美国威斯康星大学东亚系终身教授。曾担任哈佛大学访问学者、研究员,哈佛大学、哥伦比亚大学荣誉研究员,以及香港中文大学、新加坡国立大学、斯坦福大学客座教授。曾获美国福特基金会学术奖、美国卡耐基基金会学术奖、美国古根汉学术奖、美国科学院学术奖,专长研究中国哲学、五四运动史等领域。

内容简介:

　　本书是著名历史学家周策纵先生的代表作。全书分为上、下两编,上编集中细致地描述了五四运动的成因、社会支持力量和发展经过,厘清了由学生发动的"五四"事件如何一步步扩展为一场全国性的政治爱国运动;下编剖析了五四运动对政治、社会、文学和思想领域的影响,全面而系统地论述了新文化运动、文学革命以及当时的各种社会政治思潮。作者引用的资料翔实,论证客观,对新式知识分子的社会功能和历史命运进行了深入的分析和研究。本书呈现了一幅完整的"五四"历史图景。

　　本书是研究五四运动、了解近代中国,难以逾越的一部经典著作,避免了宽泛的宏大叙述,而是着眼回归事件现场,考证每一个细节,苦心孤诣还原历史真实。本书研究"五四"不仅仅停留在"五四"运动本身,还挖掘了运动对中国近代社会、思想、文化等方面的深刻影响。

来自纳粹地狱的报告

奥斯维辛犹太法医纪述

著者：(匈)米克洛斯·尼斯利
译者：刘建波
书号：978-7-5502-5767-2
2015年7月第1版　定价：32.00元

　　1944年，纳粹帝国占领匈牙利。米克洛斯·尼斯利一家被遣送至奥斯维辛集中营。尼斯利曾在德国学习医学，后来成为一名法医。在集中营的"筛选"中，尼斯利被迫担任"死亡天使"门格勒的医学助手，参与了臭名昭著的人体实验。像尼斯利这种被迫与纳粹合作的人被称为"特遣队员"。虽然他们暂时逃脱死神之手，但也只能苟活三四个月的时间。在"纳粹地狱中"，尼斯利见证了犹太人和其他无辜民众遭受迫害的过程，也纪述了受害者群体难以为外人道的心路历程。

　　作者米克洛斯·尼斯利既曾协助过杀人如麻的狂徒，又是那个悲剧时代的忠实记录者。透过他的眼睛，我们仿佛亲眼目睹那些特殊时刻；通过他的记录，我们得以重温一个帝国的缓慢瓦解。

1905帝国巡游

美国塑造亚太格局的伏笔

著者：(美)詹姆斯·布拉德利
译者：刘建波
书号：978-7-5502-5120-5
2016年2月第1版　定价：36.00元

内容简介：

　　1905年，西奥多·罗斯福派出一支美国历史上规模最大的政府代表团，出使西太平洋沿岸国家。这支使团由战争部部长威廉·霍华德·塔夫脱率领，以罗斯福总统长女爱丽丝·罗斯福为形象大使，巡游夏威夷、日本、菲律宾、中国、朝鲜等国家和地区，名义上传播雅利安文明，实际上却是罗斯福建立美国太平洋霸权、走上海权崛起之路的开端。在长达数月的巡游中，塔夫脱在罗斯福的授权下，与日本密谋瓜分中国、朝鲜、菲律宾等太平洋殖民势力范围。

　　作者认为，1905年的巡游是"二战"太平洋战争的隐源，是塑造当今亚太地区格局的伏笔，对20世纪的美国乃至当代国际关系格局都有深远影响。

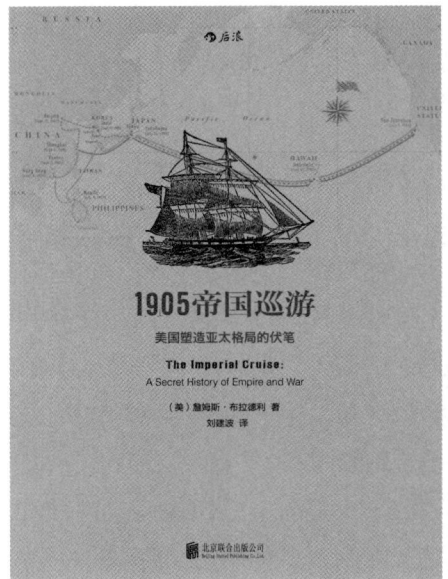